Risikoorientierte Unternehmenspublizität

Europäische Hochschulschriften
Publications Universitaires Européennes
European University Studies

Reihe V
Volks- und Betriebswirtschaft

Série V Series V
Sciences économiques, gestion d'entreprise
Economics and Management

Bd./Vol. 3076

PETER LANG
Frankfurt am Main · Berlin · Bern · Bruxelles · New York · Oxford · Wien

Uwe Vielmeyer

Risikoorientierte Unternehmenspublizität

Theorie und Empirie

PETER LANG
Europäischer Verlag der Wissenschaften

Bibliografische Information Der Deutschen Bibliothek
Die Deutsche Bibliothek verzeichnet diese Publikation in der Deutschen Nationalbibliografie; detaillierte bibliografische Daten sind im Internet über <http://dnb.ddb.de> abrufbar.

Zugl.: Leipzig, Handelshochsch., Diss., 2003

ISSN 0531-7339
ISBN 3-631-52436-6

www.peterlang.de

Geleitwort

Die vorliegende Dissertationsvorschrift ist der risikoorientierten Unternehmenspublizität und damit einem in der Unternehmensführung im Allgemeinen sowie in der Rechnungslegung im Speziellen zunehmend bedeutsameren Thema gewidmet:

Der Verfasser befasst sich mit der zugehörigen bilanztheoretischen Fundierung, die zum einen messtheoretisch, d. h. hinsichtlich einer zweckadäquaten Ausgestaltung, und zum anderen wirkungstheoretisch, d. h. hinsichtlich der Auswirkungen auf die asymmetrische Informationsverteilung zwischen Erstellern und Adressaten, vorgenommen wird. Ferner legt er eine empirische Studie zur Relevanz der risikoorientierten Publizitätselemente aus Sicht von Erstellern und Adressaten vor. Schließlich erfolgt die Analyse des State-of-the-Art durch eine Untersuchung der Geschäftsberichte der DAX 100-Unternehmen in den Geschäftsjahren 1999 - 2002.

Die vorliegende Dissertationsschrift zeichnet sich durch eine sorgfältige Analyse und umfassende Aufbereitung der themenbezogenen Inhalte aus. Dabei werden auch neue Ansätze, wie z. B. die Bestimmung eines „Risk Disclosure Scores" (RDScores), erstmals im deutschsprachigen Schrifttum, vorgestellt. Durch die Ergebnisse der von Vielmeyer durchgeführten schriftlichen Befragung wird, dank der sorgfältigen Aufbereitung der erhobenen Daten, gezeigt, in welchem Ausmaß risikoorientierte Unternehmenspublizität von Erstellern und Adressaten unterschiedlich beurteilt wird.

Ich wünsche der vorliegenden Dissertationsschrift eine erfolgreiche Aufnahme in Theorie und Praxis und bin sicher, dass sich hieraus wichtige Ansatzpunkte für die Weiterentwicklung der empirischen Forschung auf dem Gebiet der Rechnungslegung, insbesondere bei der Analyse der Akzeptanz von Rechnungslegungsinformationen im Hinblick auf die Entscheidungsfindung von Kapitalmarktakteuren, ergeben werden.

Ingolstadt, den 31. März 2004 Thomas M. Fischer

Vorwort

Die risikoorientierte Unternehmenspublizität ist eine Reaktion regulierender Institutionen der Rechnungslegung auf ein wahrgenommenes Missverhältnis der Darstellung unternehmerischer Chancen und Risiken. Die Frage der konkreten Ausgestaltung dieses Instruments einerseits und eine Auseinandersetzung mit dessen Nutzen für die Adressaten und Wirkungen auf die Ersteller andererseits stehen nach wie vor am Anfang der wissenschaftlichen Diskussion. In Gesprächen mit Verantwortlichen zeigte sich, dass eine Verunsicherung darüber besteht, wie mit der risikoorientierten Unternehmenspublizität umzugehen sei. Die vorliegende Arbeit widmet sich deshalb dieser Thematik und hat zum Ziel theoretische Rahmenbedingungen und empirische Hinweise auf eine Ausgestaltung der risikoorientierten Unternehmenspublizität zu finden. Ferner werden theoretische Wirkungen auf Adressaten und Ersteller der risikoorientierten Unternehmenspublizität erarbeitet und vor dem Hintergrund der gegenwärtigen Ausgestaltung dieses Instruments empirisch reflektiert. Die vorliegende Arbeit ist somit als ein erster Schritt zu verstehen, die risikoorientierte Unternehmenspublizität, welche in Deutschland 1998 durch das KonTraG gesetzlich verankert wurde, nach den ersten Jahren praktischer Anwendung in der Rechnungslegung einer kritischen Würdigung zu unterziehen. Vor dem Hintergrund der Modernisierungsrichtlinie der EU aus dem Jahr 2003, durch welche die risikoorientierte Unternehmenspublizität auch in ganz Europa Einzug gehalten hat, ist eine derartige Untersuchung notwendig.

Das Verfassen einer Dissertation ist ohne die Unterstützung anderer kaum zu erreichen. An dieser Stelle möchte ich mich deshalb bei den Menschen bedanken, die mir diese Unterstützung gewährt haben. An erster Stelle danke ich meinem akademischen Lehrer Herrn Prof. Dr. Thomas M. Fischer für seine konstruktiven Anmerkungen, die maßgeblich zur Verbesserung dieser Arbeit beigetragen haben. Während meiner Zeit am Lehrstuhl Unternehmensrechnung und Controlling, Revisions- und Treuhandwesen an der Handelshochschule Leipzig (HHL) prägte er ein offenes, äußerst kollegiales Arbeitsklima, welches er auch nach seinem Wechsel an die Katholische Universität Eichstätt stets aufrecht erhielt. Dafür bin ich ihm ebenfalls sehr dankbar. Besonderer Dank gebührt auch Herrn Prof. Dr. Bernhard Schwetzler, der sich trotz eines Forschungssemesters bereit erklärte, das Zweitgutachten zu übernehmen. Es sei ebenfalls Herrn Prof. Dr. Manfred Kirchgeorg für die freundliche Übernahme des Drittgutachtens herzlich gedankt.

Mein Dank richtet sich weiterhin an meine Lehrstuhlkollegen Dipl.-Kffr. Sabrina Becker, Constanze Hemmerling, Dr. Petra Schmöller und

Dipl.-Kffr. Julia Wenzel. Ebenso möchte ich den anderen Mitarbeitern der Handelshochschule danken, die maßgeblichen Anteil daran hatten, dass ich auf eine sehr schöne Zeit in Leipzig zurückblicken kann. Hervorzuheben ist hierbei auch die neue Lehrstuhlbesetzung mit Frau Prof. Dr. Annette G. Köhler, Kerstin Kaldenhoff, Dipl.-Ök. Jan Mauelshagen und Birgit Simmank. Neben den bereits genannten haben eine Vielzahl weiterer Personen in vielerlei Hinsicht zum Gelingen der Dissertation beigetragen. Besonderen Dank gebührt Dipl.-Kffr. Julia Wenzel, Dipl.-Kfm. Urs Cete und WP/StB Manfred Wagner für die jederzeitige Bereitschaft zu intensiven fachlichen Diskussionen.

Besonderen Dank möchte ich auch meiner Familie und meinen Freunden zollen, da sie meine Höhen und Tiefen in dieser Zeit mit Geduld, Verständnis und vor allem Humor ertragen haben. Sie haben mir stets die vielen anderen Dinge vergegenwärtigt, die im Leben von Bedeutung sind.

Mein größter Dank gebührt jedoch meinen Eltern. Sie haben mich Zeit meines Lebens in jeder erdenklichen Art und Weise unterstützt. Ihnen sei aus diesem Grund auch diese Arbeit gewidmet.

Uwe Vielmeyer

Inhaltsverzeichnis

Abbildungsverzeichnis

Tabellenverzeichnis

Abkürzungsverzeichnis

a. F.	alte Fassung
AAA	American Accounting Association
AB	Aktiebolag (schwedisch: Aktiengesellschaft)
Abb.	Abbildung
adjust.	adjustiert
ADS	Adler/Düring/Schmaltz – Bilanzrechtskommentar
AG	Aktiengesellschaft
AICPA	American Institute of Certified Public Accountants
AK	Anschaffungskosten
AktG	Aktiengesetz
ANOVA	Analysis of Variance
APB	Accounting Principles Board
ASOBAT	A Statement of Basic Accounting Theory
asymp.	Asymptotisch
BAWe	Bundesaufsichtsamt für den Wertpapierhandel
Begr.	Begründer
BFH	Bundesfinanzhof
BGB	Bürgerliches Gesetzbuch
BGBl	Bundesgesetzblatt
BiRiLiG	Bilanzrichtlinien-Gesetz
BörsG	Börsengesetz
BörsZulV	Börsenzulassungsverordnung
BT	Bundestag
c. p.	Ceteris paribus
CAP	Committee on Accounting Procedures
CAPM	Capital Asset Pricing Model
CAT	Catastrophe (Future)
CDAX	Composite DAX
CVA	Cash value added
DAX	Deutscher Aktienindex
DGAP	Deutsche Gesellschaft für Ad hoc-Publizität
Dipl.-Kfm.	Diplom Kaufmann
DJSI	Dow Jones Sustainability Index
DRS	Deutscher Rechnungslegungs Standard
DRSC	Deutsches Rechnungslegungs Standards Committee
DScore	Disclosure Score
DSR	Deutscher Standardisierungsrat
DV	Datenverarbeitung
e. V.	eingetragener Verein
EBIT	Earnings Before Interest and Taxes

EBITDA	Earnings Before Interest and Taxes Depreciation and Amortization
EDGAR	Electronic Data Gathering Analysis and Retrieval
E-DRS	Entwurf Deutscher Rechnungslegungs Standard
EG	Europäische Gemeinschaft
EGHGB	Einführungsgesetz zum Handelsgesetzbuch
Einf.	Einführung
et al.	et aliud
EU	Europäische Union
EVA	Economic Value Added
EWG	Europäische Wirtschaftsgemeinschaft
F&E	Forschung und Entwicklung
FASB	Financial Accounting Standards Board
FD	Fair Disclosure
FK	Fremdkapital
Fn.	Fußnote
FRBNY	Federal Reserve Bank of New York
FRR	Financial Reporting Release
GmbH	Gesellschaft mit beschränkter Haftung
GmbHG	GmbH-Gesetz
GoB	Grundsätze ordnungsmäßiger Buchführung
GOL	Grundsätze ordnungsmäßiger Lageberichterstattung
GuV	Gewinn- und Verlustrechnung
H	Hypothese
h. M.	herrschende Meinung
HFA	Hauptfachausschuss
HGB	Handelsgesetzbuch
HK	Herstellungskosten
Hrsg.	Herausgeber
HS	Halbsatz
i. e. S.	im engeren Sinne
i. V. m.	In Verbindung mit
i. w. S.	im weiteren Sinne
IAS	International Accounting Standard
IASB	International Accounting Standards Board
IASC	International Accounting Standards Committee
ICAEW	Institute of Chartered Accountants in England & Wales
IDW	Institut der Wirtschaftsprüfer in Deutschland e. V.
IFRS	International Financial Reporting Standard
IOSCO	International Organization of Securities Commissions
IT	Informationstechnologie
Jg.	Jahrgang
KapAEG	Kapitalaufnahmeerleichterungsgesetz

KonTraG	Gesetz zur Kontrolle und Transparenz im Unternehmensbereich
KS	Kolmogorov-Smirnov
KWG	Kreditwesengesetz
m. w. N.	mit weiteren Nachweisen
Makro	Makroökonomie
MD&A	Management's Discussion and Analysis of Financial Condition and Results of Operations
MDAX	Mid cap DAX
NEMAX	Neuer Markt Index
No.	Number
o. Jg.	ohne Jahrgang
o.V.	ohne Verfasser
Par.	Paragraph
PS	Prüfungsstandard
PublG	Publizitätsgesetz
RDScore	Risk Disclosure Score
RGBl	Reichsgesetzblatt
S.	Satz oder Seite
SA	Securities Act
SEA	Securities Exchange Act
SEC	Securities and Exchange Commission
SFAC	Statement of Financial Accounting Concepts
SFAS	Statement of Financial Accounting Standards
SIC	Standing Interpretations Committee
Sig.	Signifikanz
SOP	Statement of Position
Sp.	Spalte
T	Tausend
Tab.	Tabelle
Tz.	Textziffer
UK-GAAP	United Kingdom Generally Accepted Accounting Principles
UmwG	Umwandlungsgesetz
USA	United States of America
US-GAAP	United States Generally Accepted Accounting Principles
VAG	Versicherungsaufsichtsgesetz
VaR	Value at Risk
Vgl.	Vergleiche
WpHG	Wertpapierhandelsgesetz
WWW	World Wide Web
XBRL	Extensible Business Reporting Language
XML	Extended Markup Language
ZVEI	Zentralverband der Elekroindustrie

Symbolverzeichnis

ξ	Störterm
§	Paragraph
μ	Erwartungswert einer Normalverteilung
μ_j	Erwarteter Cash flow des Unternehmens j
€	Euro
a_i	Risikokoeffizient für das Risiko i
a_i	konstante Risikoaversion des Eigenkapitalgebers i
B	Anteil der risikofreien Rendite am Portfolio
Beta	ß-Faktor
B_t	Buchwert des Eigenkapitals in t
C_j	Publizitätskosten des Unternehmens j
df	Freiheitsgrad
e	Arbeitseinsatz des Managers oder Euler'sche Zahl
E(.)	Operator für den Erwartungswert
F	Marktrisikofaktor
H_0	Nullhypothese
H_n	Hypothese n
I_i	Informationsergebnis i
f(.)	Operator für Verteilungsfunktionen
MVAL	Marktkapitalisierung
N_j	Anzahl bekannter historischer Renditen
$\underline{N}$	Publizitätsstrategie aller Unternehmen j
n	Stichprobenumfang
n_2	Anzahl bekannter historischer Renditen
$\underline{N}_{-j}$	Publizitätsstrategie aller Unternehmens bis auf j
p	Irrtumswahrscheinlichkeit
P_j	Preis der Aktie j
P_t	Marktwert des Eigenkapitals in t
Q_0	Anzahl ausstehender Aktien
r	Unternehmenspublizität oder lineares Bestimmtheitsmaß
r_E	risikoadjustierter Eigenkapitalkostensatz
R_f	risikofreier Kalkulationszinsfuss
R_i	Risikokorrekturfaktor für das Risiko i
RoW_n	risikoadjustierter Erwartungswertansatz für einen Vermögensgegenstand oder eine Schuld n
S	Wertpapier oder Anzahl der Zustände s
S_{ij}	Anteil der risikobehafteten Unternehmens-Cash flows j am Portfolio i
S_n	Zustand n
t	Zeitvariable

T	Planungshorizont
u	Cash flow des Unternehmens, ink. Managementkompensation
v	Marktpreis einer Aktie
W	Vektor der Portfoliogewichte
w(.)	Operator für Wahrscheinlichkeiten
W_j	Portfolio des Unternehmens j
$X^a_{t+\tau}$	Residualgewinn in t+τ
X_j	risikobehaftete Auszahlung des Unternehmens j am Ende des Betrachtungszeitraums
Y	Risikopublizitätssystem
y_0	Ordinatenabschnitt der Regressionsgleichung
y^a_i	Publizitätssignal i des Systems a
y_n	Steigungsfaktor der Regressionsgleichung
γ_j	Sensitivität bezüglich des Marktrisikofaktors
δ	private Information des Händlers oder normalverteilter Störterm
Δ	private, proprietäre Information des Unternehmens
ε	Störterm
ε_j	Unternehmensspezifisches Risiko des Unternehmens j
η	Endbestand an Aktien des Liquiditätshändlers
π	Zahl Pi
σ	Standardabweichung einer Normalverteilung
$\bar{x}$	Mittelwert einer Stichprobe
φ_n	Zustand n
χ	Publizitätssignal
Me	Median
s_x	Standardabweichung einer Stichprobe

1 Einleitung

> „Es gibt keine Informationsfunktion des Jahresabschlusses, wenn damit entscheidungsrelevantes, zukunftsbezogenes Wissen, also die Prognosekraft irgendwelcher Zahlen, gemeint ist. Prognosefähiges Wissen liefern unmittelbar nur Hypothesen als Ergebnis von Theorien, in die als Anfangsbedingungen Informationen im Sinne von Tatsachenwissen, Erwartungen über Fremdereignisse und Neigungen anderer eingesetzt wird. Demgegenüber liefert Rechnungslegung bestenfalls bedingtes Tatsachenwissen."[1]

1.1 Problemstellung und Ziele der Untersuchung

Folgt man diesem Gedanken von *Dieter Schneider*, so ergibt sich ein nüchternes Bild, dessen, was Rechnungslegung, hier vorerst verstanden als Prozess der Jahresabschlusserstellung, tatsächlich zu leisten vermag. Jahresabschlussinformationen, d. h. die der Bilanz, der Gewinn- und Verlustrechnung sowie des Anhangs, sind grundsätzlich nicht geeignet, eigene Prognosen zu ersetzen, vielmehr stellen sie als Tatsachenwissen Eingangsinformationen für Prognosemodelle dar. Dieses ist hierbei definiert als Wissen um vergangene, vorhandene oder erwartete Tatbestände, welches nachprüfbar ist.[2] Aber auch Tatsachenwissen darf nicht als objektive, d. h. wahrhaftige Information interpretiert werden.[3] Es handelt sich lediglich um bedingt objektive, da objektivierte und somit nachprüfbare Informationen.[4] Nichtsdestoweniger ist in den letzten Jahren eine intensive Diskussion um die Objektivierung von Jahresabschlussinformationen in Gang gekommen.[5] Gesucht wird ein Ausweg aus dem grundlegenden Dilemma der Rechnungslegung. Zum einen wird der Ruf nach weitestgehender Transparenz laut.[6] Transparenz wird hierbei häufig gleichgesetzt mit der Befähigung von Adressaten der Rechnungslegung, Managemententscheidungen auf Basis subjektiver Einschätzungen über die Entwicklungsszenarien von Unternehmen nachzuvollziehen.[7] Auf der anderen Seite wird die

---

1 Vgl. Schneider, D. (1997), S. 201. Die Hervorhebungen Schneiders sind hier nicht wiedergegeben.

2 Vgl. Schneider, D. (1997), S. 201. Es wird ebenfalls deutlich, dass in der vorliegenden Arbeit nicht auf Wissensbegriffe rekurriert wird, wie sie bspw. auf dem Gebiet des „Knowledge-Managements" Verwendung finden; vgl. Amelingmeyer, J. (2000), S. 15-16.

3 Vgl. Baetge, J./Kirsch, H.-J./Thiele, S. (2002), S. 91.

4 Vgl. Moxter, A. (1982), S. 1.

5 Vgl. hierzu bspw. Schneider, D. (2001), S. 936 ff. Genauer gesagt müsste man von einem Wiederaufflammen dieser Diskussion sprechen, da sie eigentlich eine der Kernfragen der Bilanztheorie ist. Vgl. Schneider, D. (2001), S. 868 zur historischen Einordnung.

6 Vgl. bspw. DiPiazza Jr., S. A./Eccles, R. G. (2002), S. 3-4.

7 Vgl. SFAC No. 1, Highlights sowie IASB Framework, par. 11.

Notwendigkeit gesehen, die Ermessensspielräume der Rechnungslegung einzuschränken, also eine Objektivierung der publizierten Informationen zu gewährleisten.[8] Auswege aus diesem Dilemma werden in der Ausweitung der Lageberichterstattung oder der freiwilligen Unternehmenspublizität gesehen.[9]

In diesem Spannungsfeld bewegt sich auch die risikoorientierte Unternehmenspublizität. Auslöser der Diskussion um eine risikospezifische Ergänzung der Informationen der Rechnungslegung in Deutschland war die Einführung des Gesetzes zur Kontrolle und Transparenz im Unternehmensbereich (KonTraG) am 1.5.1998. Durch dieses wurde die handelsrechtliche Lageberichterstattung insofern erweitert, als nun auch auf „Risiken der künftigen Entwicklung" von Unternehmen eingegangen werden muss.[10] Das KonTraG wurde mit dem Ziel erarbeitet:[11]

1. Schwächen und Verhaltensfehlsteuerungen des geltenden Gesellschaftsrechtes zu beheben sowie
2. der zunehmenden Orientierung der Kapitalmärkte an einer langfristigen Wertsteigerung für die Anteilseigner gerecht zu werden.

Mit dieser allgemeinen Gesetzesbegründung wird vermutlich auf die Unternehmenskrisen Anfang der 90er Jahre angespielt, die den Gesetzgeber dazu veranlasst haben, das Risikobewusstsein in den Unternehmen zu stärken und somit de facto eine stärkere risikoorientierte Unternehmenspublizität herbeizuführen.[12] Vor diesem Hintergrund erscheint es aus heutiger Sicht nicht überraschend, dass auch in der Modernisierungsrichtlinie der EU, die zu einer Anpassung der 4. und 7. EG-Richtlinie geführt hat, ebenfalls eine Berichterstattung über Risiken im Rahmen des Lageberichts vorgesehen ist.[13] Weder im bereits geltenden deutschen Recht noch in der europäischen Richtlinie ist allerdings konkretisiert, was unter den „Risiken der künftigen Entwicklung" zu verstehen ist. Im Rahmen seiner Funktion zur Erarbeitung von Grundsätzen über die Konzernrechnungslegung[14] hat der DRSC bzw. dessen Standardisierungsrat DSR den DRS 5 zur Risikobe-

---

8 Vgl. Moxter, A. (1982), S. 1 oder auch Schneider, D. (1997), S. 333.

9 Vgl. Eccles, R. G. (1991). In diesem Beitrag wird sogar von einer bevorstehenden Revolution gesprochen. Vergleichbare Argumente finden sich in Boulton, R. E. S./Libert, B. D./Samek, S. M. (2001), S. 47 ff. Vgl. Selchert, F. W./Erhardt, M./Fuhr, A. et al. (2000), S. 1-2 für die Rolle des Lageberichts in diesem Zusammenhang.

10 § 289 I HGB für den Einzelabschluss und § 315 I HGB für den Konzernabschluss.

11 Vgl. hierzu in der Gesetzesbegründung zum KonTraG o. V. (1997), S. 25-26.

12 Der Begriff Risikoorientierung findet sich ebenfalls in der Gesetzesbegründung zum KonTraG; vgl. o. V. (1997), S. 26.

13 Vgl. Modernisierungsrichtlinie (2003).

14 Vgl. § 342 I Nr. 1 HGB.

richterstattung verabschiedet. Seit dessen Bekanntmachung durch das Bundesministerium der Justiz haben Konzernmutterunternehmen für Geschäftsjahre nach dem 31.12.2000 einen Risikobericht nach Maßgabe des DRS 5 zu erstellen. Als Ergänzung dieser allgemeinen Anforderungen an die Risikoberichterstattung wurden vom DSR mit dem DRS 5-10 und 5-20 branchenspezifische Standards für Kredit- und Finanzdienstleistungsinstitute sowie Versicherungsunternehmen entwickelt. Aber auch die vom DRSC herausgegebenen Vorschriften zur Erstellung von Risikoberichten sind eher genereller Natur. Dies ist auf die Einschätzung des DSR zurückzuführen, dass Risiken nur situativ und vor allem unternehmensspezifisch dargestellt werden können.[15]

Vor diesem Hintergrund befasst sich die vorliegende Arbeit mit einer bilanztheoretischen Analyse und empirischen Untersuchung der risikoorientierten Unternehmenspublizität über deren Ausgestaltung, zweckadäquate Umsetzung sowie Wirkungen auf Adressaten und Ersteller. Die Arbeit folgt hierbei zwei bilanztheoretischen Forschungsrichtungen:[16]

1. *Messtheorien* (reporting of risks):[17]

    a. Metrisierende Theorie der Publizitätszwecke: Wie lassen sich Informationsbedürfnisse der Adressaten von Unternehmenspublizität über unternehmensrelevante Risiken als Rechnungszwecke erfüllen?

    b. Gestaltende Theorie der Publizitätsziele: Wie sind die Ziele der risikoorientierten Unternehmenspublizität in den Einzelregelungen für den Aufbau entsprechender Messinstrumente umgesetzt?

2. *Wirkungstheorien* (risks of reporting): Welche Wirkungen übt die risikoorientierte Unternehmenspublizität auf die Beziehung zwischen Unternehmen und Informationsinteressenten aus?

Die Messtheorien stehen im Vordergrund der bislang in Deutschland angestellten Untersuchungen zur risikoorientierten Unternehmenspublizität.[18]

---

[15] Vgl. E-DRS 5, B1.

[16] Vgl. hierzu Schneider, D. (1997), S. 236-237.

[17] Wie in Kapitel drei dieser Arbeit detailliert beschrieben wird, lassen sich Zwecke der risikoorientierten Unternehmenspublizität nicht herleiten, sondern nur über Zweckhypothesen approximieren. Da die risikoorientierte Unternehmenspublizität aber gleichzeitig positives Recht darstellt, konzentriert sich diese Arbeit auf eine ökonomische Analyse des Rechts de lege lata. Vgl. wiederum Schneider, D. (1997), S. 237-238 zur ökonomischen Analyse des Rechts.

Hierbei liegt der Fokus auf dem durch das KonTraG geschaffenen Risikobericht als Pflichtbestandteil der Lageberichterstattung. Dieser ist ebenfalls Gegenstand dieser Arbeit und wird im Folgenden unter die explizite Risikoorientierung subsumiert.[19] Um die risikoorientierte Unternehmenspublizität messtheoretisch würdigen zu können, darf aber nicht verkannt werden, dass Risiken zukünftiger Entwicklungen sich auch in den Ansatz-, Bewertungs- und Ausweisvorschriften von Rechnungslegungsnormen widerspiegeln.[20] Es wird somit ebenfalls untersucht, wie diese, im Folgenden als implizite Risikoorientierung bezeichneten, Informationen ausgestaltet sind und inwieweit es zu Widersprüchen zwischen impliziter und expliziter Risikoorientierung kommt.

Die Messtheorien beschäftigen sich mit der Frage, welche Ausgestaltung Unternehmenspublizität annehmen muss, um die Informationsbedürfnisse der Adressaten zu befriedigen. Nicht problematisiert wird hingegen, welche Wirkungen von einer bestehenden Ausgestaltung der risikoorientierten Unternehmenspublizität auf das Unternehmen einerseits und Informationsinteressenten andererseits ausgehen. Dieser Aspekt wird im Rahmen der Wirkungstheorien aufgegriffen.

Auf Grundlage dieser Forschungsrichtungen können die beiden zu untersuchenden Ausgangsthesen wie folgt formuliert werden:

1. Die Ausgestaltung der risikoorientierten Unternehmenspublizität muss sich an den Informationsbedürfnissen der Adressaten orientieren. Da diese i. d. R. aufgrund mangelnder Operationalisierbarkeit nicht unmittelbar abgeleitet werden können, wird das Zwecksystem der Rechnungslegungsnormen als Bezugspunkt für die Ausgestaltung gewählt. Es wird somit die zweckadäquate Ausgestaltung der risikoorientierten Unternehmenspublizität untersucht.

2. Von einer Ausgestaltung der risikoorientierten Unternehmenspublizität gehen Wirkungen sowohl auf deren Adressaten als auch auf das Unternehmen selber aus. Diese Wirkungen haben einen maßgeblichen Einfluss auf die Art der Ausgestaltung der risikoorientierten Unternehmenspublizität.

Ausgestaltung und Wirkung risikoorientierter Unternehmenspublizität sind somit interdependente Probleme. Eine reine Fokussierung auf die Ausges-

18 Vgl. z. B. Kajüter, P./Winkler, C. (2003), Kajüter, P. (2001) oder auch Fröhling, O. (2000), S. 103 ff. als empirische Arbeiten. Eine theoretische Analyse findet sich bspw. bei Böcking, H.-J./Orth, C. (1998).

19 Vgl. exemplarisch Brieger, P. (2001), Küting, K./Hütten, C. (1997) oder auch Bitz, H. (2000).

20 Vgl. generell zu Bilanzierung unter Unsicherheit Moxter, A. (1982), S. 8-9.

taltung der risikoorientierten Unternehmenspublizität ist somit für deren Beurteilung nicht sinnvoll.[21] Aus diesem Grund werden im Rahmen der vorliegenden Arbeit sowohl mess- als auch wirkungstheoretische Aspekte der risikoorientierten Unternehmenspublizität untersucht.

1.2 Gang der Untersuchung

Nach der Einleitung erfolgt in *Kapitel zwei* die Abgrenzung der relevanten Begriffe. Hierzu werden zunächst die Begriffe Unternehmenspublizität, Berichterstattung, Transparenz und Rechnungslegung differenziert. Als Ergebnis dieses Abschnittes steht eine Definition von Unternehmenspublizität, die im weiteren Verlauf dieser Arbeit Anwendung findet. Darauf aufbauend wird anschließend untersucht, welche Instrumente der rechtlichen und freiwilligen Informationsgewährung zur Unternehmenspublizität im Sinne der zuvor erarbeiteten Definition gehören. Soweit möglich werden diejenigen Instrumente aus der Untersuchung ausgeschlossen, die von einem anderen dominiert werden.[22]

Ferner werden die Spezifika einer risikoorientierten Unternehmenspublizität im Vergleich zur allgemeinen Publizität herausgearbeitet. Hierzu wird eine Einordnung des Risikobegriffs erbracht, wie er in der Ökonomie Anwendung findet. Die Interpretation erfolgt zum einen aus entscheidungstheoretischer Sicht und zum anderen aus Sicht der Unternehmenspublizität. Das hiermit verfolgte Ziel ist, diejenigen Merkmale des Risikobegriffes zu beschreiben, die einen Einfluss auf die mess- und wirkungstheoretische Untersuchung ausüben und somit zu berücksichtigen sind. Abschließend wird der Risikomanagementprozess dargestellt. Es wird aufgezeigt, dass dieser grundlegend für die theoretische und empirische Untersuchung von Inhalten der risikoorientierten Unternehmenspublizität ist.

In Kapitel drei erfolgt die messtheoretische Untersuchung risikoorientierter Unternehmenspublizität. Ausschlaggebend für deren Ausgestaltung ist die Befriedigung der Informationswünsche der Adressaten. Somit werden zunächst die Anforderungen an einen Entscheidungsbezug der risikoorientierten Unternehmenspublizität in Hinblick auf deren Zwecksetzungen erarbeitet. Hierdurch wird sichergestellt, dass die anschließende Anwendung der Messtheorie auf das spezifische Zwecksystem der Rechnungslegungs-

---

21 Vgl. bspw. Kajüter, P./Winkler, C. (2003) oder Dörner, D./Wollmert, P./Bischof, S. (2003) für eine derartige Vorgehensweise.

22 Vgl. Laux, H. (2003a), S. 20 für eine Verwendung des Begriffs der Dominanz im Sinne des Dominanzprinzips.

norm in einem inhaltlichen Bezug zu dem Entscheidungsfeld der Adressaten steht.[23]

Im Anschluss an die Darstellung des Entscheidungsbezugs von risikoorientierter Unternehmenspublizität werden zunächst zweckunabhängige Ausgestaltungsmöglichkeiten der risikoorientierten Unternehmenspublizität diskutiert. Hierdurch sollen konstitutive Unterschiede zwischen impliziter und expliziter Risikoorientierung verdeutlicht werden, die sich aus den zugrunde liegenden Bezugsobjekten ergeben. Die implizite Risikoorientierung verwendet als Bezugsobjekte Vermögensgegenstände und Schulden, wohingegen die explizite Risikoorientierung in der Wahl der Risikobezugsgröße weitergehende Freiheiten aufweist. Denkbar ist bspw. eine Ausrichtung der Darstellung an den Unternehmensprozessen, wie Beschaffung, Produktion und Vertrieb, etc.[24]

Anschließend folgt eine Auseinandersetzung mit der zweckabhängigen risikoorientierten Unternehmenspublizität. Für die drei in Deutschland maßgeblichen Rechnungslegungsnormen, HGB, IAS/IFRS und US-GAAP, wird zunächst das Zwecksystem vorgestellt und darauf aufbauend die darin enthaltenen Instrumente der Risikoorientierung untersucht.[25]

In *Kapitel vier* werden die wirkungstheoretischen Aspekte der risikoorientierten Unternehmenspublizität beleuchtet. Die in der Literatur diskutierten wirkungstheoretischen Modelle beschränken sich auf die Kapitalgeber als Adressaten. Der Vorteil dieser Einschränkung ist, dass diese ihre Ansprüche an einem geregelten Markt handeln können.[26] Kapitalgeber können somit flexibler auf Erwartungsänderungen reagieren als andere Anspruchsgruppen, wie z. B. die Mitarbeiter. Des Weiteren gelten die Kapitalgeber, insbesondere nach den Rechnungslegungsnormen IAS/IFRS und US-GAAP, als dominante Zielgruppe der Unternehmenspublizität.[27] Da die meisten wirkungstheoretischen Arbeiten, die dieser Untersuchung zugrunde liegen, im angloamerikanischen Raum entwickelt worden sind, erscheint es nahe liegend, dass aufgrund der an Kapitalgebern orientierten Unternehmenspublizität in diesen Ländern eine solche Eingrenzung vorgenommen wird.[28] Für die vorliegende Arbeit wird die wirkungstheoretische

---

[23] Vgl. Adam, D. (1996), S. 8 ff. sowie Kapitel 3.1.1. Der Begriff Entscheidungsfeld umfasst in diesem Zusammenhang keine Lösungsmethode.

[24] Vgl. E-DRS 5, Anhang A i. V. m. B1 für eine Problematisierung im Entwurf des DRS 5.

[25] Deren Maßgeblichkeit ergibt sich aus § 292 a HGB.

[26] Der Ausdruck „geregelt" ist hier nicht zu verwechseln mit dem Rechtsbegriff des § 71 BörsG.

[27] Vgl. SFAC No. 1, Highlights sowie IASB Framework, par. 10.

[28] Vgl. Verrecchia, R. E. (2001) für einen Überblick über die wirkungstheoretischen Arbeiten, insbesondere in den USA.

Fokussierung auf die Kapitalgeber aus genannten Gründen ebenfalls vollzogen. Zu Beginn wird lediglich die Wirkung von zusätzlichen Informationen auf einen nicht näher spezifizierten Entscheidungsträger dargestellt. Ziel ist darzulegen, unter welchen Voraussetzungen ein einzelner Entscheidungsträger die Ausweitung der Unternehmenspublizität um zusätzliche Risikoinformationen wünscht.

Im Anschluss hieran werden die Auswirkungen asymmetrischer Informationsverteilung zwischen Kapitalgebern und Unternehmen beleuchtet. Da es sich bei risikoorientierter Unternehmenspublizität vielfach um nicht verifizierbare Informationen handelt, wird nachfolgend der Einfluss der Verifizierbarkeit auf die Erwartungen von Unternehmen und Kapitalgebern untersucht. Hierzu wird das Konzept der cheap-talk Gleichgewichte vorgestellt. In der Literatur wird mitunter die Vermutung angestellt, dass eine Ausweitung von Unternehmenspublizität im Allgemeinen und somit auch die Implementierung der risikoorientierten Unternehmenspublizität zu sinkenden Kapitalkosten führen, da Informationsasymmetrien abgebaut werden.[29] Es werden zum einen zwei transaktionskostenbasierte Modelle sowie ein Modell, welches die Ausweitung von Unternehmenspublizität mit dem Problem des Schätzrisikos in Verbindung bringt, vorgestellt. Zusätzlich werden noch die Grundzüge eines weiteren Modells in die Diskussion eingebracht, welches sich explizit mit der risikoorientierten Unternehmenspublizität auseinander setzt. Im Anschluss daran erfolgt jeweils eine Würdigung, indem deren Erklärungsbeitrag hinsichtlich der risikoorientierten Unternehmenspublizität untersucht wird.

Die wirkungstheoretische Untersuchung unterstellt i. d. R., dass sich die Unternehmenspublizität als Ergebnis von Angebot und Nachfrage nach Informationssystemen ergibt. In der Realität unterliegen Publizitätssysteme aber einer Regulierung durch staatliche Organe oder diesen für die Unternehmenspublizität gleichgestellten Körperschaften. Die wirkungstheoretische Betrachtungsweise wird fortgesetzt, indem ein Überblick über Regulierungsansätze gegeben wird, vor deren Hintergrund die risikoorientierte Unternehmenspublizität zu beurteilen ist. Abschließend werden bereits durchgeführte empirische Untersuchungen zur risikoorientierten Unternehmenspublizität ausgewertet.

In *Kapitel fünf* wird eine empirische Analyse der Ausgestaltungswünsche und deren wirkungstheoretischer Implikationen durchgeführt. Aufgrund der Tatsache, dass die explizite Risikoorientierung ein stärkeres Differenzierungsmerkmal darstellt als die implizite Risikoorientierung, wird in der

29 Vgl. bspw. The Institute of Chartered Accountants in England & Wales (ICAEW) (1999), S. 10.

Empirie nur auf die explizite Darstellung Bezug genommen.[30] Diesbezüglich werden folgende empirische Auswertungen durchgeführt:

1. Eine Befragung von Unternehmen, Analysten und Wirtschaftsprüfern bezüglich deren Einschätzung zur gegenwärtigen Ausgestaltung von risikoorientierter Unternehmenspublizität und möglicher Entwicklungsperspektive dieses Instrumentes. Mittels dieser Befragung sollen Erwartungslücken zwischen den publizierenden Unternehmen einerseits und den Nutzern von risikoorientierter Unternehmenspublizität andererseits aufgedeckt werden.

2. Ferner werden die Geschäftsberichte der Geschäftsjahre 1999 – 2002 in Bezug auf Risikoinformationen ausgewertet. Um diese Auswertung einer tiefer gehenden statistischen Analyse zugänglich zu machen, werden die gewonnenen Informationen zu einer Kennzahl (Risk Disclosure Score - RDScore) aggregiert.[31] Mittels des RDScores werden zwei Dinge untersucht:

    a. Gibt es eine *Umsetzungslücke* zwischen dem, was die Ersteller von risikoorientierter Unternehmenspublizität für sinnvoll halten und dem, was sie tatsächlich in Geschäftsberichten realisieren?

    b. Existiert eine *Übereinstimmungslücke* zwischen dem, was Ersteller von risikoorientierter Unternehmenspublizität als Informationen als wichtig erachten und den Anforderungen von Adressaten dieser Publizität?

Anschließend wird eine empirische Analyse der Wirkungen von risikoorientierter Unternehmenspublizität durchgeführt. Die risikoorientierte Unternehmenspublizität stellt lediglich einen kleinen, schwer abzugrenzenden Teil der Gesamtpublizität dar, sodass auch im Rahmen der Wirkungsanalyse auf die Ausgestaltung der Risikoberichte fokussiert wird. Anhand des RDScore können sowohl zeitliche als auch inhaltliche Muster zwischen den Risikoberichten identifiziert werden.[32] Methodisch wird hierzu hauptsächlich auf deskriptive, statistische Verfahren zurückgegriffen. Anschließend werden Hypothesen über die Wirkungszusammenhänge zwischen

---

30 Vgl. ebenso Kajüter, P./Winkler, C. (2003) sowie Dörner, D./Wollmert, P./Bischof, S. (2003).

31 Im Folgenden wird diese Kennzahl als RDScore bezeichnet. Vgl. Botosan, C. A. (1997) für die methodische Vorgehensweise zur Modellierung einer solchen Kennzahl.

32 Einschränkend muss hinzugefügt werden, dass RDScore ein subjektives Maß der Qualität risikoorientierte Unternehmenspublizität ist. Eine unvollständige Bewertung sowie Verzerrungen dieses Maßes durch eine subjektive Gewichtung einzelner Kriterien können somit nicht ausgeschlossen werden.

dem Maß der risikoorientierten Unternehmenspublizität (RDScore) und unternehmensspezifischen Größen formuliert, von denen zu vermuten ist, dass ihre Ausprägungen Einfluss auf die Wirkungen risikoorientierter Unternehmenspublizität haben. Neben den einfachen deskriptiven Auswertungsmöglichkeiten wird dabei insbesondere auch auf Regressions- bzw. Korrelationsanalysen sowie parametrische und nichtparametrische Testmethoden zurückgegriffen.

Abb. 1-1 fasst abschließend den Aufbau der vorliegenden Arbeit zusammen.

Kapitel 1: Einleitung

- Problemstellung der risikoorientierten Unternehmenspublizität.
- Ziele der Untersuchung zur risikoorientierten Unternehmenspublizität.
- Gang der Untersuchung.

↓

Kapitel 2: Risikoorientierte Unternehmenspublizität

- Abgrenzung des Publizitätsbegriffs.
- Untersuchung, ob die rechtlichen und freiwilligen Instrumente der Informationsgewährung Unternehmenspublizität darstellen.
- Beurteilung, inwieweit ein die Unternehmenspublizität dominierendes Instrument der Informationsgewährung vorliegt.

- Abgrenzung des Risikobegriffs,
  - entscheidungstheoretisch,
  - in der Unternehmenspublizität.
- Bedeutung des Risikomanagements für die risikoorientierte Unternehmenspublizität.

↓

Kapitel 3: Messtheoretische Analyse risikoorientierter Unternehmenspublizität

- Analyse des Entscheidungsbezugs der risikoorientierten Unternehmenspublizität für Adressaten durch Zwecksysteme.
- Zweckunabhängige Ausgestaltungsmöglichkeiten der risikoorientierten Unternehmenspublizität,
  - implizite Risikoorientierung,
  - explizite Risikoorientierung.
- Zweckabhängige Ausgestaltung der risikoorientierten Unternehmenspublizität nach HGB, IAS/IFRS und US-GAAP,
  - implizite Risikoorientierung,
  - explizite Risikoorientierung.

↓

Kapitel 4: Wirkungstheoretische Analyse risikoorientierter Unternehmenspublizität

- Wirkung der risikoorientierten Unternehmenspublizität auf einen einzelnen Adressaten.
- Wirkung der risikoorientierten Unternehmenspublizität auf Adressaten und Ersteller,
  - implizite Risikoorientierung,
  - explizite Risikoorientierung.
- Zweckabhängige Ausgestaltung der risikoorientierten Unternehmenspublizität nach HGB, IAS/IFRS und US-GAAP,
  - implizite Risikoorientierung,
  - explizite Risikoorientierung.
- Wirkung von Regulierung auf die risikoorientierte Unternehmenspublizität.
- Empirische Studien zur risikoorientierten Unternehmenspublizität.

↓

Kapitel 5: Empirische Untersuchung der risikoorientierten Unternehmenspublizität

- Befragung von Adressaten und Ersteller zur risikoorientierten Unternehmenspublizität,
  - Nutzen der risikoorientierten Unternehmenspublizität,
  - Ausgestaltungswünsche für die risikoorientierte Unternehmenspublizität.
- Geschäftsberichtsauswertung der DAX 100-Unternehmen hinsichtlich der risikoorientierten Unternehmenspublizität für die Geschäftsjahre 1999 – 2002.
- Identifikation von Einflussfaktoren auf die Ausgestaltung der risikoorientierten Unternehmenspublizität.

Abb. 1-1: Aufbau der Arbeit.

2 Risikoorientierte Unternehmenspublizität

Bevor die theoretischen und empirischen Implikationen der risikoorientierten Unternehmenspublizität adressiert werden können, ist zu klären, was die risikoorientierte Unternehmenspublizität inhaltlich darstellt. Hierzu erfolgt zunächst eine Auseinandersetzung mit dem Begriff der Unternehmenspublizität (Kapitel 2.1). Dieser wird abgegrenzt zur Unternehmensberichterstattung und zur Rechnungslegung (Kapitel 2.1.1), um hieraus Anforderungen an die Unternehmenspublizität herzuleiten.

Nachfolgend werden die in Deutschland maßgeblichen Instrumente der Informationsgewährung strukturiert und daraufhin untersucht, ob die zuvor formulierten Anforderungen an die Unternehmenspublizität erfüllt werden (Kapitel 2.1.2).[33] Ferner werden die Instrumente der Informationsgewährung, die Unternehmenspublizität darstellen, hinsichtlich ihrer Informationsinhalte verglichen, um diejenigen Instrumente von der weiteren Untersuchung auszuschließen, die von anderen dominiert werden.[34] Aufgrund der wachsenden Bedeutung alternativer Bekanntmachungsformen der Unternehmenspublizität, wie dem Internet, werden deren Auswirkungen auf die in Kapitel 2.1.1 hergeleiteten Anforderungen an Unternehmenspublizität diskutiert (Kapitel 2.1.3).

Im Anschluss an die Abgrenzung der Unternehmenspublizität folgt eine Auseinandersetzung mit deren Risikoorientierung. Zunächst wird dargelegt, wie Risiken in der Entscheidungstheorie abgebildet werden. Aus dieser grundlegenden Darstellung wird hergeleitet, welchen ökonomischen Prämissen eine Risikodefinition de lege lata unterliegt (Kapitel 2.2). Auf Basis dieser Prämissen wird untersucht, wie Risiken in der Unternehmenspublizität abgebildet werden können (Kapitel 2.3). Die Unterschiede in der Abbildung werden auf zwei differierende Bezugsobjekte der Risiken zurückgeführt. Zum einen können Vermögensgegenstände und Schulden (Kapitel 2.3.1), zum anderen die Prozesse des Risikomanagements (Kapitel 2.3.2) als Bezugsobjekte für Risiken herangezogen werden. Abschließend werden die Ergebnisse des zweiten Kapitels thesenförmig zusammengefasst (Kapitel 2.4).

---

33 Solange die Erfüllung der Anforderungen an Unternehmenspublizität nicht nachgewiesen worden ist, wird allgemein von Instrumenten der Informationsgewährung gesprochen.

34 Vgl. allgemein zum Dominanzprinzip Laux, H. (2003a), S. 20.

2.1 Unternehmenspublizität

Zunächst werden allgemeine Merkmale von Unternehmenspublizität hergeleitet. Es erfolgt hierbei einerseits eine Abgrenzung zur Rechnungslegung und andererseits zur Unternehmensberichterstattung. Anschließend werden die von den Unternehmen in Deutschland bereitgestellten Informationen systematisiert und daraufhin untersucht, ob diese in die nachfolgenden Untersuchungen einzubeziehen sind.[35]

2.1.1 Begriffliche Einordnung der Unternehmenspublizität

Um den Begriff der Unternehmenspublizität abzugrenzen, wird zunächst dessen sprachgeschichtlicher Werdegang untersucht. Der Begriff Publizität[36] ist dem lateinischen Verb „publico“ entlehnt und bedeutet soviel wie „zum öffentlichen Gebrauch hergeben“ oder „konfiszieren“. Gemäß dem *Duden* wird Publizität gleichgesetzt mit „Öffentlichkeit“ oder auch „Bekanntheit“.[37] Im *Brockhaus* ist Publizität zum einen bildungssprachlich als „das Bekanntsein; Öffentlichkeit; Offenkundigkeit“, zum anderen rechtlich als die „Offenlegung bestimmter Rechtsverhältnisse und Tatsachen durch Eintragung in öffentliche Bücher, z. B. in das Grundbuch, Güterrechts-, Vereins- oder Handelsregister, sowie durch Veröffentlichung des Jahresabschlusses“ definiert.[38] Vergleicht man das heutige Begriffsverständnis mit dem lateinischen Wortursprung, ruft dieses heutzutage neutralere Konnotationen hervor, da der staatlich ausgeübte Zwang, welcher ursprünglich noch im Vordergrund des Wortinhaltes stand, an Bedeutung verloren hat. Vielfach wird im deutschen Sprachgebrauch Publizität auch mit den Begriffen „Offenlegung“, „Bekanntmachung“ bzw. „Veröffentlichung“ gleichgesetzt.[39] Somit kann, basierend auf dieser semantischen Interpretation, festgehalten werden, dass neben den Zwang zur Publizität auch eine freiwillige Publizität treten kann. Ferner wird bereits deutlich, dass Publizität nicht auf einen spezifischen Empfängerkreis beschränkt ist. Diese Erkenntnisse werden im Folgenden vertieft.

---

35 Hierbei werden nur die von Unternehmen unmittelbar bereitgestellten Informationen berücksichtigt. Derivative Informationen von Informationsintermediären werden nicht berücksichtigt. Informationsintermediäre sind sämtliche Instanzen, die Informationen von Unternehmen weiterverarbeiten und als eigenes Produkt veräußern. Der Auftraggeber ist hierbei unbeachtlich. Informationsintermediäre sind bspw. Analysten, Ratingagenturen, etc. Vgl. Bittner, T. (1996), S. 24-25 grundlegend für Analysten als Informationsintermediäre sowie Kley, C. R./Everling, O. (2001) und Kley, C. R./Everling, O. (2001a) für Ratingagenturen und deren allgemeine Funktion.

36 Die Begriffe Unternehmenspublizität und Publizität werden äquivalent verwendet.

37 Vgl. o. V. (2000), S. 778.

38 O. V. (1997b), S. 605.

39 Vgl. Merkt, H. (2001), S. 6-7.

Gegenstand von Unternehmenspublizität sind Informationen[40] über das wirtschaftliche Umfeld von Unternehmen einerseits[41] und dem Handeln des Unternehmens in eben diesem Umfeld andererseits.[42] Somit ist die Publizität ein Prozess der Übermittlung von Informationen zur Schaffung von Transparenz.[43] Transparenz meint in diesem Zusammenhang Durchschaubarkeit von unternehmensrelevanten Ereignissen.[44] Eine solche Publizitätsdefinition wirft die Frage auf, für wen Transparenz geschaffen wird. Der Publizitätsbegriff soll im Folgenden so verstanden werden, dass dieser auf eine Informationsübermittlung an einen unbestimmten, offenen Adressatenkreis abzielt.[45] Die Informierung einzelner Adressaten mit der Absicht, über diese Repräsentanten einen unbestimmten Adressatenkreis zu erreichen, ist ebenfalls Bestandteil dieser Definition.[46] Unternehmen können somit bewusst Informationsintermediäre zum Zwecke der Publizierung von Unternehmensinformationen nutzen. Von der Publizität abzugrenzen ist allerdings die Einzelauskunft.[47] Der Umstand, dass Publizität die Einzelauskunft explizit ausschließt, konstituiert auch den dieser Arbeit zugrunde liegenden definitorischen Unterschied zum Begriff der externen Unternehmensberichterstattung. Dieser umfasst eben auch die Einzelauskünfte, die z. B. dem Wirtschaftsprüfer, Banken oder auch dem Aufsichts-

---

40 Vgl. allgemein zum Informationsbegriff o. V. (1997a), S. 524. Hier wird Information umschrieben als „Mitteilung, Nachricht, Auskunft über etwas oder über jemanden". Diese Definition ist syntaktisch, da es sich um das Ergebnis einer Informierung handelt. Neben dieser syntaktischen Definition, die sich auf das Vorliegen von Informationen bezieht, gibt es auch noch eine inhaltliche bzw. semantische Definition des Informationsbegriffes. Vgl. Nonaka, I./Takeuchi, H. (1995), S. 58 zum Informationsbegriff.

41 Vgl. für eine Strukturierung des Unternehmensumfeldes Porter, M. E. (1999), S. 33 ff.

42 Vgl. hierzu Porter, M. E. (1999a), S. 37 ff. für eine Ableitung von unternehmerischen Handlungsalternativen auf Basis der Marktstruktur bzw. grundlegend Prahalad, C. K./Hamel, G. (1990) für eine Darstellung von Handlungsalternativen ausgehend von den Fähigkeiten des Unternehmens.

43 Vgl. Merkt, H. (2001), S. 8.

44 Vgl. Merkt, H. (2001), S. 11.

45 Vgl. Merkt, H. (2001), S. 8-9. Für diese Definition reicht es vorläufig aus, von einem unspezifizierten Adressatenkreis zu sprechen. Für eine genaue Analyse der Informationsberechtigten sei auf die Ausführungen in Kapitel drei verwiesen. Vgl. grundlegend auch Schneider, D. (1997), S. 29.

46 Vgl. Merkt, H. (2001), S. 9. Somit zählen die Leistungen von Informationsintermediären ebenfalls zur Unternehmenspublizität, obwohl sie nicht Gegenstand dieser Arbeit sind.

47 Vgl. wiederum Merkt, H. (2001), S. 9 oder ähnlich Gassen, J. (2000), S. 11.

rat zur Verfügung gestellt werden.[48] Der Unterschied zwischen Publizität und Berichterstattung ist folglich, dass Publizität die exklusive Gewährung von Informationen an einen bestimmten Adressatenkreis ausschließt.[49] Es ist dabei unbeachtlich, ob die Exklusivität intendiert ist oder nicht. Ausschlaggebend ist allein ihr Vorhandensein.[50] Der in der englischsprachigen Literatur verwendete Begriff des „Reporting" wird mit dem der Berichterstattung gleichgesetzt.

Vom Begriff der Publizität ebenfalls abzugrenzen ist die Rechnungslegung. Diese ist definiert als „der Teil des Rechnungswesens, der der Rechenschaft über abgewickelte und laufende Geschäfte durch Übermittlung nachprüfbarer Informationen durch den Rechenschaftspflichtigen an den Rechenschaftsberechtigten dient."[51] Die Aufgabe des Rechnungswesens lässt sich dabei wie folgt definieren: „Das betriebliche Rechnungswesen erfasst, speichert und verarbeitet betriebswirtschaftlich relevante quantitative Informationen über realisierte oder geplante Geschäftsvorgänge und -ergebnisse."[52] Aus dieser Ableitung von Rechnungslegung als ein Produkt des betrieblichen Rechnungswesens ergibt sich, dass in der Rechnungslegung nur quantifizierbare Informationen berücksichtigt werden, die zudem einer Objektivierung unterliegen.[53] Der Publizitätsbegriff ist anders zu ver-

---

48 Als Beispiel für derartige Informationen kann die Darstellung der rechtlichen Lage angesehen werden. Diese ist der Allgemeinheit nur bedingt zugänglich. Durch den Prüfungsbericht der Wirtschaftsprüfer, der diese Information enthält, können der Aufsichtsrat und die Banken als Kreditgeber entsprechende Informationen mittelbar erhalten. Allerdings muss hier konstatiert werden, dass sowohl die Wirtschaftsprüfer als auch der Aufsichtsrat nicht als unternehmensexterne Adressaten qualifiziert werden können, vgl. auch Schneider, D. (1997), S. 29.

49 Der Adressatenkreis umfasst in diesem Zusammenhang sowohl Informationsinteressenten, wie Konkurrenten, als auch Anspruchsberechtigte an Informationen, wie Mitarbeiter, Kunden, etc. Dieses globale Verständnis der Adressaten von Unternehmenspublizität resultiert direkt aus der Nichtexklusivität der Informationsnutzung. Informationsinteressenten können nicht von der Publizität ausgeschlossen werden.

50 Vielfach werden die Begriffe Unternehmenspublizität und Unternehmensberichterstattung synonym verwendet. Insbesondere in den aus dem amerikanischen übersetzten Werken finden sich undifferenzierte Verwendungen des Begriffes Reporting, vgl. hierzu bspw. DiPiazza Jr., S. A./Eccles, R. G. (2002). Bei Schneider, D. (1997), S. 29 findet sich eine andere Begriffsdefinition. Hier wird nicht zwischen Publizität und Berichterstattung unterschieden. Vielmehr wird zwischen externer und interner Rechnungslegung differenziert, wobei sich letztere auf einen begrenzten Adressatenkreis bezieht, der unternehmensexterne Adressaten umfasst, vgl. hierzu insbesondere Schneider, D. (1997), S. 29, Fn. 36.

51 O. V. (1998), S. 599.

52 Baetge, J./Kirsch, H.-J./Thiele, S. (2002), S. 1.

53 Vgl. grundsätzlich Moxter, A. (1982), S. 8-9 zur Bedeutung der Objektivierung von Informationen der Rechnungslegung.

stehen. Er wird unabhängig von Informationsinhalten als Prozess oder dessen Ergebnis definiert.[54] Aus diesem Grund umfasst Unternehmenspublizität den Begriff der Rechnungslegung vollständig. Der in der Literatur ebenfalls häufig anzutreffende Ausdruck „Disclosure“ soll in einem engen Begriffsverständnis dem Publizitätsbegriff gleichgesetzt werden.[55] In einer weiteren Definition impliziert „Disclosure“ allerdings die Bindung der Publizität an internationale Rechnungslegungsnormen, insbesondere die US-GAAP und die IAS/IFRS.[56] Dieses erweiterte Begriffsverständnis von „Disclosure“ findet in dieser Arbeit keine Anwendung.

Die Schnittmenge der Begriffe Publizität, Berichterstattung und Rechnungslegung wird abschließend noch einmal grafisch dargestellt (vgl. Abb. 2-1).

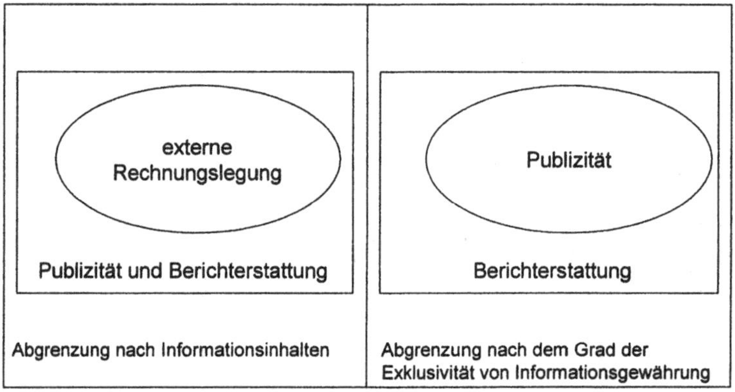

Abb. 2-1: Schnittmengen von Publizität, Berichterstattung und Rechnungslegung (eigene Darstellung).

Unternimmt man eine Abgrenzung nach Informationsinhalten, so ist die externe Rechnungslegung ein Bestandteil sowohl von Unternehmenspublizität als auch von Unternehmensberichterstattung. Unter Informationsinhalten sind in diesem Zusammenhang lediglich die allgemeinen Instrumente, bspw. Bilanz sowie GuV zu verstehen, und nicht deren konkrete Ausgestaltung, wie HGB, IAS/IFRS oder US-GAAP. Unternehmenspublizität und Unternehmensberichterstattung lassen sich nicht trennscharf nach Informationsinhalten abgrenzen. Ein geeigneteres Trennkriterium stellt die Abgrenzung nach dem Grad der Exklusivität von Informationsgewährung

[54] Vgl. Merkt, H. (2001), S. 8-9.
[55] Vgl. Korn, E./Lengsfeld, S./Schiller, U. (2002), Sp. 549.
[56] Vgl. Korn, E./Lengsfeld, S./Schiller, U. (2002), Sp. 549.

dar.[57] Demnach beinhaltet Publizität diejenigen Informationen, die nicht exklusiv durch einen bestimmten Adressatenkreis ausgewertet werden können. Die Berichterstattung hingegen ist umfangreicher definiert, insofern als sie öffentliche und private Informationen umfasst. In der Berichterstattung ist die Unternehmenspublizität somit vollständig eingeschlossen. Im weiteren Verlauf der Untersuchung wird u. a. der Begriff der Risikoberichterstattung verwendet, da dieser Begriff sich in der Literatur durchgesetzt hat.[58] Es ist aber zu beachten, dass hierbei eigentlich das engere Begriffsverständnis einer Risikopublizität zugrunde gelegt ist. Vor dem Hintergrund dieser Abgrenzung sind zum einen private und zum anderen öffentliche Informationen voneinander zu unterscheiden. Von privater Information wird gesprochen, wenn diese nur einem bestimmten Adressatenkreis zur Verfügung stehen.[59] Das bedeutet, dass Informationsgewährung, die private Informationen beinhaltet, der Unternehmensberichterstattung zuzuordnen ist. Öffentliche Informationen sind hingegen Elemente der Unternehmenspublizität und der –berichterstattung, da sie nicht exklusiv sind. In der praktischen Einordnung von Informationsinhalten in dieses System der Exklusivität verbleibt allerdings ein Graubereich zwischen dem, was tatsächlich exklusiv nutzbar ist und dem, was einer breiten Öffentlichkeit an Informationen zur Verfügung steht.[60]

2.1.2 Unternehmenspublizität in Deutschland

Nach der begrifflichen Abgrenzung von Unternehmenspublizität erfolgt nun eine Systematisierung des Publizitätsbegriffes nach dessen Informationsinhalten, wobei sich drei Dimensionen der Publizität identifizieren lassen (vgl. Abb. 2-2).

57 Vgl. Gassen, J. (2000), S. 10-11.

58 Vgl. hierzu Kajüter, P./Winkler, C. (2003), S. 218, wonach dies auf die Betitelung des DRS 5 zurückzuführen ist.

59 Vgl. Gassen, J. (2000), S. 12-14 zur Abgrenzung privater und öffentlicher Informationen.

60 Vgl. z. B. Eccles, R. G./Herz, R. H./Keegan, E. M. et al. (2000), S. 99 ff.

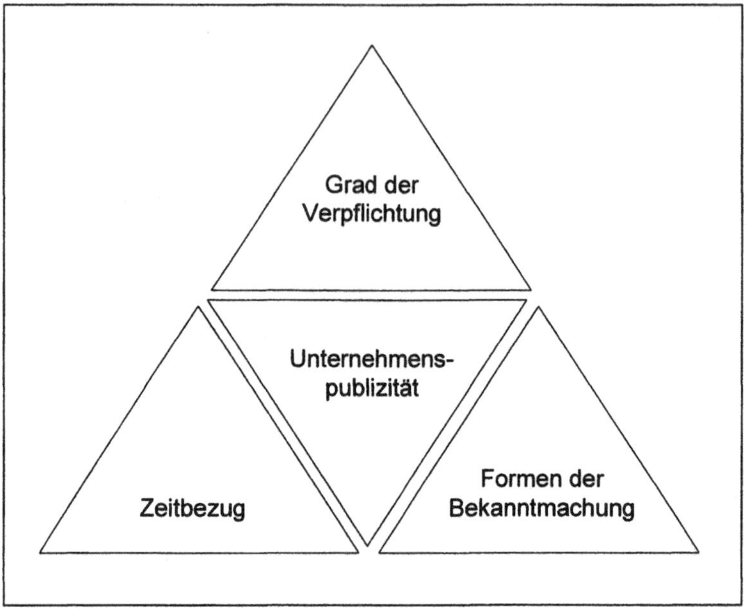

Abb. 2-2: Dimensionen des Publizitätsbegriffes (eigene Darstellung).

Der Grad der Verpflichtung umfasst die Zwangspublizität und die freiwillige Publizität. Zwangspublizität sei definiert als Publizität von Gesetzes wegen.[61] Hierunter ist nicht nur diejenige Publizität zu verstehen, die sich Kraft des öffentlichen Rechts ergibt.[62] Zusätzlich fallen auch Publizitätspflichten, die sich aus privatrechtlichen Regelungen ergeben können, in diese Kategorie, soweit diese einem unspezifizierten Adressatenkreis zugänglich sind.[63] Die freiwillige Unternehmenspublizität umfasst sämtliche Publizitätsbestandteile, die nicht Elemente der gesetzlichen Zwangspublizität sind. Der Grad der Freiwilligkeit ist in diesem Zusammenhang allerdings zu relativieren. Grundsätzlich könnte man von der These ausgehen, dass aufgrund von Wirtschaftlichkeitsüberlegungen kaum ein Unternehmen bereit sein wird, Informationen zu veröffentlichen, für die es keine

61 Vgl. Merkt, H. (2001), S. 16.

62 Vgl. Creifelds, C. (Begr.) (2002), S. 1094 für eine Abgrenzung öffentlichen Rechts.

63 Vgl. Küting, K. (2001), S. 1 sowie abgrenzend dazu Deutsche Börse AG (Hrsg.) (2001).

Nachfrage bei den Anspruchsgruppen gibt.[64] In Abhängigkeit von der Nachfragemacht nach entsprechender Information kann die freiwillige Unternehmenspublizität faktisch eine Zwangspublizität des Marktes darstellen.[65]

Der Zeitbezug der Publizität lässt sich differenzieren in regelmäßige und unregelmäßige Publizität. Diese ist regelmäßig, wenn sie in gleichen Zeiträumen wiederkehrt. Die Definition der unregelmäßigen Publizität umfasst somit nach dem Prinzip der Negativabgrenzung sämtliche Publizitätselemente, die nicht regelmäßig von Unternehmen zur Verfügung gestellt werden.[66]

Es ist zu berücksichtigen, dass durch die sachliche und zeitliche Dimension des Publizitätsbegriffes lediglich der publizierte Informationsinhalt konkretisiert wird. Offen bleibt, wie Informationsinhalte an die Adressaten transportiert werden. Diese Fragestellung wird als dritte Dimension der Unternehmenspublizität unter der Rubrik Bekanntmachungsform erörtert.

Zunächst gilt es zu systematisieren, welche Informationen sich der sachlichen und der zeitlichen Dimension der Publizität zuordnen lassen (vgl. Tab. 2-1).[67]

---

64 Natürlich kann in diesem Zusammenhang Freiwilligkeit von Informationsgewährung auch im Schumpeter'schen Sinne als ein Prozess von Innovation und Imitation verstanden werden. Hiernach könnte ein Unternehmen, welches freiwillig mehr an Informationen publiziert unter Umständen einen zeitlich begrenzten Vorsprungsgewinn realisieren. Dieser Vorsprungsgewinn könnte bspw. in zeitweilig geringeren Kapitalkosten liegen (vgl. Schumann, J. (1992), S. 360-361 grundlegend zu den Thesen von Schumpeter). Allerdings muss hierbei bedacht werden, dass die Publizitätsinnovation auch am Markt für Unternehmensinformationen eine entsprechende Nachfrage produzieren muss, sodass der mit der Informationsgewährung realisierte Grenzgewinn positiv ist.

65 Dies setzt allerdings auch einen funktionsfähigen Markt für Unternehmensinformationen voraus. Vgl. allgemein Schumann, J. (1992), S. 38-41 zu den möglichen Defekten marktlicher Koordination sowie bezogen auf die Unternehmenspublizität Gassen, J. (2000), S. 15 ff. Vgl. insbesondere Hayek, F. A. von (1975) für die impliziten, normativen Prämissen des Marktversagens.

66 Internetpräsenzen, die fallweise aktualisiert werden, fallen gemäß obiger Systematisierung unter die Rubrik unregelmäßige Publizität.

67 Vgl. allgemein Henes, F. (1994) für eine ähnliche Einteilung.

Sachliche Dimension / Zeitliche Dimension	Rechtlich verpflichtende Informationsgewährung	Freiwillige Informationsgewährung
Regelmäßig	Handels- und gesellschaftsrechtlich Kapitalmarktrechtlich	Anspruchsgruppenorientiert
Unregelmäßig	Handels- und gesellschaftsrechtlich Kapitalmarktrechtlich	Berichte über freiwillige Sonderprüfungen.

Tab. 2-1: Systematisierung von Publizitätsinhalten in Deutschland (eigene Darstellung, inhaltlich ähnlich: Merkt, H. (2001), S. 21 ff.).

Die Darstellung in Tab. 2-1 ist nicht vollständig in dem Sinne, dass sämtliche Elemente der unternehmensbezogenen Informationsgewährung in Deutschland aufgegriffen worden sind. Vielmehr soll beispielhaft aufgezeigt werden, wie sich die bedeutendsten Bestandteile anhand der sachlichen und zeitlichen Dimension systematisieren lassen. Nachfolgend werden die Instrumente der Informationsgewährung dahingehend gewürdigt, ob Unternehmenspublizität vorliegt. Damit die Frage beantwortet werden kann, muss die nachfolgende Analyse neben der sachlichen und zeitlichen Dimension parallel die Bekanntmachungsformen der darzustellenden Instrumente miteinbeziehen. Entsprechend ergibt sich folgendes Analyseraster:

- Vorstellung der Auslöser von Informationsgewährung und ggf. der Rechtsnormen und ihrer Systematik,
- Darstellung der jeweiligen Informationsinstrumente sowie
- Würdigung, ob die Informationsinstrumente Publizität im Sinne dieser Arbeit darstellen.

Diese Vorgehensweise wird aus zwei Gründen gewählt. Zum einen sollen diejenigen Informationsinstrumente identifiziert werden, die nicht Publizität darstellen, um sie von der anschließenden Untersuchung ausschließen zu können. Ferner werden Instrumente bestimmt, die ggf. andere hinsichtlich Umfang (sachliche Dimension) und Häufigkeit (zeitliche Dimension) dominieren, sodass auch diese im Folgenden nicht mehr berücksichtigt werden müssen.[68]

[68] Aufgrund des Umfangs von Unternehmenspublizität sollen diese Dominanzüberlegungen zum Tragen kommen. Publizitätselemente, die vollständig in anderen umfangreicheren Publizitätselementen enthalten sind, sollen nicht gesondert in die Analysen der Kapitel drei und vier eingehen.

2.1.2.1 Handels- und gesellschaftsrechtliche Elemente

Der in Deutschland gesetzlich kodifizierte Zwang zur Berichterstattung beruht im Wesentlichen auf zwei Säulen.[69] Zum einen ist hier das Handels- und Gesellschaftsrecht, zum anderen das Kapitalmarktrecht zu nennen.[70] Zunächst wird das Handels- und Gesellschaftsrecht umrissen. Dessen Kern ist das Bürgerliche Gesetzbuch (BGB) vom 18. August 1896. Die Vorschriften des BGB sind hierbei subsidiäres Recht zum deutschen Handelsgesetz (HGB) vom 10. Mai 1897,[71] welches die Grundlage bildet für die zu gewährenden Informationen der Rechnungslegung in Deutschland.[72] Das Handelsrecht ist somit ein Sonderrecht, welches die wirtschaftliche Betätigung bestimmter gewerblicher Unternehmen, d. h. das der Kaufleute im Sinne §§ 1-7 HGB, regelt.[73] Die Rechnungslegung als Bestandteil der Berichterstattung ist im Wesentlichen Gegenstand des dritten Buches des HGB.[74] Im zweiten Buch (§§ 105-236 HGB) werden lediglich Vorschriften für Handelsgesellschaften und stille Gesellschaften aufgestellt. Das HGB regelt somit die gesellschaftsrechtlichen Fragestellungen für die Rechtsform der offenen Handelsgesellschaft, der Kommanditgesellschaft sowie der stillen Gesellschaft. Andere Rechtsformen, die ursprünglich ebenfalls Gegenstand des Handelsgesetzbuches waren, sind nunmehr in separaten Gesetzen geregelt.[75] Da diese Arbeit sich auf Berichterstattungspflichten für Aktiengesellschaften sowie Kommanditgesellschaften auf Aktien bezieht, ist hier das Aktiengesetz (AktG) statt dem HGB als gesellschaftsrechtliche Norm heranzuziehen. Das dritte Buch des HGB, welches erst durch das Bilanzrichtliniengesetz (BiRiLiG) 1985 in das Handelsgesetzbuch integriert wurde, regelt hingegen die Rechnungslegung von Kauf-

69 Im Folgenden wird der Begriff der Berichterstattung verwendet. Von Unternehmenspublizität wird erst gesprochen, wenn deren Eigenschaften festgestellt worden sind.

70 Vgl. Merkt, H. (2001), S. 21.

71 Vgl. Art. 2 I EGHGB sowie Kallwass, W. (1992), S. 29 ff. für eine rechtsgeschichtliche Einordnung des HGB.

72 Dies gilt zumindest seit der Umsetzung des BiRiLiG 1985, vgl. hierzu auch Leffson, U. (1987), S. 18-19.

73 Zu beachten ist, dass das HGB auf einem sog. subjektiven System gründet. D. h. die Geltung der Publizitätsvorschriften ist, wie das gesamte HGB, an die Rechtsperson des Kaufmanns gebunden, vgl. hierzu Fleischer, H. (2002), S. IX. Vgl. Kallwass, W. (1992), S. 291 ff. sowie Jasmer, S./Ramm, M./Stöterau, M. (2003), S. 3 ff zur rechtlichen Einordnung des Kaufmannsbegriffes.

74 Diese Aussage bezieht sich auf die sachliche und zeitliche Dimension des Publizitätsbegriffes. Wie später noch aufgezeigt wird, stellt die im ersten Buch des HGB eingeführte Handelsregisterpublizität (§§ 8-16 HGB) eine Form der Bekanntmachung von Publizität dar.

75 Neben dem AktG sind hier auch das GmbHG sowie das PublG zu nennen.

leuten.[76] Aufgrund einer Abwägung zwischen den Anforderungen an Informationsinhalte der Rechnungslegung einerseits und der Komplexität von Unternehmen andererseits,[77] lässt sich das dritte Buch des HGB in vier Abschnitte mit unterschiedlichem Geltungsbereich unterteilen. Der erste Abschnitt des dritten Buches des HGB umfasst sämtliche Regelungen, die für alle Kaufleute im Sinne des HGB gelten sollen. Der zweite Abschnitt ist hingegen nur für Kapitalgesellschaften sowie haftungsbeschränkte Personengesellschaften gültig. Abschnitt drei beschäftigt sich mit der Rechnungslegung von Genossenschaften und Abschnitt vier umfasst die ergänzenden Vorschriften für Unternehmen bestimmter Geschäftszweige, namentlich der Kreditinstitute und der Versicherungen. Das Handelsrecht greift auf Generalnormen und unbestimmte Rechtsbegriffe zurück, um außerhalb gesetzlicher Vorgaben bindende Grundsätze zu entwickeln, die selber Rechtsnormcharakter haben.[78] Auf diese bereits entwickelten und sich entwickelnden Grundsätze der ordnungsmäßigen Buchführung (GoB) wird durch die Generalnormen §§ 238 I, 264 II, 297 II HGB verwiesen.[79] Soweit Sachverhalte auftreten, die nicht durch eine Anwendung der GoB hinreichend präzisiert werden können, muss als letzte Instanz auf die Generalnormen selber abgestellt werden.[80] Aus dieser Skizzierung der Rechtsnormen des Handels- und Gesellschaftsrechts, welche sich mit der Rechnungslegung auseinander setzen, wird die Komplexität der Rechtsanwendung deutlich. Im Folgenden soll die Rechtsanwendungssystematik des Handels- und Gesellschaftsrechts kurz zusammengefasst werden, indem die Rangfolge der Rechtsnormen gemäß ihrer Subsidiarität[81] festgelegt wird:[82]

- Spezialgesetze für bestimmte Geschäftszweige (vierter Abschnitt des HGB, i. V. m. dem Kreditwesengesetz (KWG) und dem Versicherungsaufsichtsgesetz (VAG),
- Spezialgesetze für bestimmte Rechtsformen (insbesondere §§ 150-160 AktG),

---

[76] Vgl. Baetge, J./Kirsch, H.-J./Thiele, S. (2002), S. 25 zur Umsetzung der 4. und 7.-EG-Richtlinie mittels des BiRiLiG in nationales Recht.

[77] Das HGB verwendet für den Einzelabschluss lediglich Indikatoren, welche die Komplexität eines Unternehmens beschreiben. In erster Linie werden hierzu die Rechtsform des Unternehmens (§§ 264 und 264 a HGB), die Unternehmensgröße (§ 267 I und II HGB) sowie die Größe des öffentlichen Interesses (§ 267 III HGB) herangezogen.

[78] Vgl. hierzu Moxter (2003), S. 9.

[79] Vgl. Baetge, J./Kirsch, H.-J./Thiele, S. (2002), S. 79-80 sowie Baetge, J./Kirsch, H.-J./Thiele, S. (2002a), S. 46.

[80] Vgl. Baetge, J./Kirsch, H.-J./Thiele, S. (2002), S. 79-80.

[81] Vgl. Creifelds, C. (Begr.) (2002), S. 1333 zur Subsidiarität im Rechtssinne. Diese meint, dass die Spezialgesetzgebung einer allgemeinen Gesetzgebung vorgeht.

[82] Vgl. Winnefeld, R. (2002), Einf. Tz. 63 m. w. N.

- ergänzende Vorschriften für Kapitalgesellschaften und haftungsbeschränkte Personengesellschaften sowie eingetragene Genossenschaften (zweiter und dritter Abschnitt des HGB),
- allgemeine Vorschriften zum (Konzern-) Jahresabschluss und über die Buchführung und das Inventar,
- nicht kodifizierte GoB zur Konkretisierung der Generalnorm,
- die Generalnormen des §§ 264 II S. 1 bzw. 297 II S. 2 HGB.

2.1.2.1.1 Regelmäßige Elemente

Im Folgenden werden die regelmäßigen handels- und gesellschaftsrechtlichen Rechnungslegungsinstrumente kurz dargestellt. Aus den Vorschriften für alle Kaufleute ergibt sich gemäß § 242 HGB die Verpflichtung, für jedes Geschäftsjahr einen Jahresabschluss, bestehend aus der Bilanz sowie der Gewinn- und Verlustrechnung, zu erstellen. Für die im Rahmen dieser Arbeit untersuchten Unternehmen gelten aber ausnahmslos die Bestimmungen für Kapitalgesellschaften und haftungsbeschränkte Personengesellschaften.[83] Nach der Generalnorm der Rechnungslegung für diese Gesellschaften in § 264 II S. 1 HGB soll der Jahresabschluss so gestaltet sein, dass er unter Beachtung der Grundsätze ordnungsmäßiger Buchführung ein den tatsächlichen Verhältnissen entsprechendes Bild der Vermögens-, Finanz- und Ertragslage vermittelt. Der in § 264 II S. 1 HGB verwendete Begriff des Jahresabschlusses deckt sich hierbei nicht mehr vollständig mit der für alle Kaufleute geltenden Definition. Gemäß § 264 I S. 1 HGB tritt neben die Bilanz sowie die Gewinn- und Verlustrechnung noch der Anhang gemäß §§ 284 - 288 HGB als dritter Bestandteil des Jahresabschlusses. Zusätzlich zum Jahresabschluss haben Kapitalgesellschaften und haftungsbeschränkte Personengesellschaften einen Lagebericht zu erstellen.[84] Für Konzerne im Sinne des § 290 I und II HGB i. V. m. § 297 I HGB sind ebenfalls ein Konzernabschluss, bestehend aus einer Konzernbilanz, Konzern-Gewinn- und Verlustrechnung sowie einem Konzernanhang, inkl. einer Segmentberichterstattung, Kapitalflussrechnung und Eigenkapitalspiegel zu erstellen, welcher durch einen Konzernlagebericht ergänzt wird.[85] Bedeutsam ist in diesem Zusammenhang, dass Elemente der Lageberichterstattung nach §§ 289 und 315 HGB Pflicht- und Sollbestandteile der Unternehmensberichterstattung umfassen. Zu den Pflichtbestandteilen

---

83 Die größenabhängigen Erleichterungen der Publizitätspflichten werden im Folgenden außer Acht gelassen, da die Anteile von Unternehmen des DAX 100 an einem organisierten Markt im Sinne des § 2 V WpHG gehandelt werden. Diese Unternehmen sind gemäß § 267 III S. 3 HGB stets als große Kapitalgesellschaften zu betrachten.

84 § 264 I S. 1 HGB i. V. m. § 289 HGB.

85 §§ 313, 314 HGB regeln die Inhalte des Konzernanhangs. § 315 HGB enthält die Bestimmungen zum Konzernlagebericht.

des Lageberichts gehört nur der Wirtschaftlichkeitsbericht, in welchem die wirtschaftliche Lage der Gesellschaft entsprechend den tatsächlichen Verhältnissen und unter besonderer Berücksichtigung der Risiken der künftigen Entwicklung darzustellen ist.[86] Die Sollbestandteile sind dadurch charakterisiert, dass sie verpflichtend zu erstellen sind, wenn der Lageberichtsersteller hierzu die Möglichkeit hat.[87] Zu den Sollbestandteilen des Lageberichts werden der Nachtrags-, der Prognose-, der Forschungs- und Entwicklungs- sowie der Zweigniederlassungsbericht gezählt.[88]

Ferner sind folgende weitere Informationen offen zu legen:[89]

- Bestätigungsvermerk bzw. der Vermerk über dessen Versagung,
- Bericht des Aufsichtsrates,
- Vorschlag für die Ergebnisverwendung, soweit er sich nicht aus dem Jahresabschluss ergibt.[90]

Gemäß §§ 158 und 160 AktG müssen zusätzlich noch der Bilanzgewinn hergeleitet[91] sowie Angaben zu Aktien und Bezugsrechten gemacht werden.[92] Die ergänzenden Vorschriften für Unternehmen bestimmter Geschäftszweige, d. h. den Kredit- und Finanzdienstleistungsinstituten einerseits und den Versicherungsunternehmen andererseits, passen Informationsinhalte entsprechend der Anforderungen dieser Geschäftszweige an.[93] An den Informationsinstrumenten Bilanz, GuV, Anhang und Lagebericht wird aber festgehalten. Festzustellen bleibt somit, dass es eine komplexe handels- und gesellschaftsrechtliche Rechtsanwendungssystematik gibt, welche die regelmäßige Rechnungslegung kodifiziert. Im Zentrum dieser Regelungen stehen zum einen quantitative Informationen des Rechnungswesens, d. h. der Bilanz und GuV, ergänzt um den Anhang und die vielfach qualitativen Informationen des Lageberichts.[94]

Einen Sonderfall der handelsrechtlichen Rechnungslegung für Konzerne stellt die Öffnungsklausel nach § 292 a HGB dar.[95] Diese Vorschrift er-

86 Vgl. §§ 289 I und 315 I HGB.
87 Vgl. Creifelds, C. (Begr.) (2002), S. 1241.
88 Vgl. hierzu §§ 289 II und 315 II sowie Winnefeld, R. (2002), K Tz. 35.
89 Vgl. hierzu § 325 I HGB.
90 Vgl. hierzu § 152 III AktG.
91 Vgl. hierzu § 158 AktG.
92 Vgl. hierzu § 160 AktG.
93 Vgl. für Kreditinstitute §§ 340-340 o HGB sowie für Versicherungsunternehmen §§ 341-341 p HGB. Für Versicherungsunternehmen sind bspw. zwei Gewinn- und Verlustrechnungen zu erstellen, da versicherungstechnische Erfolgswirkungen separat darzustellen sind.
94 Vgl. Winnefeld, R. (2002), K Tz. 5.
95 Vgl. Berger, A./Lütticke, S. (2003), Tz. 2 für die Einführung der Öffnungsklausel in das Handelsrecht durch das KapAEG 1998.

möglicht es börsennotierten Konzernmuttergesellschaften mit Sitz im Inland, auf die Aufstellung eines handelsrechtlichen Konzernabschlusses und –lageberichtes zu verzichten. Ein Mutterunternehmen gilt dann als börsennotiert im Sinne des § 292 a HGB, wenn es einen organisierten Markt gemäß § 2 V WpHG in Anspruch nimmt. Ferner müssen folgende Voraussetzungen erfüllt sein:

- die Anforderungen des HGB in Bezug auf die Abgrenzung des Konsolidierungskreises müssen berücksichtigt werden.[96] Diese Anforderung stellt bei Anwendung der IAS/IFRS oder US-GAAP faktisch keine wesentliche Einschränkung dar.[97] Im deutschen Handelsrecht existieren zwei Methoden der Einbeziehung. Neben dem Konzept der einheitlichen Leitung gemäß § 290 I HGB ist alternativ das sog. Control-Konzept nach § 290 II HGB anzuwenden. In der praktischen Anwendung ergeben sich keine materiell unterschiedlichen Abgrenzungen des Konsolidierungskreises in Abhängigkeit von der gewählten Einbeziehungsmethode.[98] Zudem entspricht das deutsche Control-Konzept in weiten Teilen den Einbeziehungsvorschriften der IAS/IFRS und US-GAAP.[99]
- der Konzernabschluss und –lagebericht müssen
    - o nach international anerkannten Rechnungslegungsgrundsätzen aufgestellt worden sein. Dass sowohl Abschlüsse nach IAS/IFRS als auch US-GAAP nach Meinung des deutschen Gesetzgebers anerkannt sind, ist der Gesetzesbegründung zu entnehmen.[100]
    - o im Einklang mit der Richtlinie 83/349/EWG[101] und gegebenenfalls den für Kreditinstitute und Versicherungsunternehmen in § 291 II S. 2 HGB bezeichneten Richtlinien stehen. Die Fragestellung, ob die Rechnungslegung nach IAS/IFRS und US-GAAP richtlinienkonform ist, kann nicht eindeutig bejaht werden.[102] Allerdings spricht die faktische

96 Vgl. Berger, A./Lütticke, S. (2003), Tz. 14 und 15.

97 Unterschiede im Konsolidierungskreis ergeben sich zumeist aus Grenzfällen der Beurteilung einer Einbeziehungspflicht. Ein in diesem Zusammenhang zu erwähnender Unterschied zwischen dem HGB und den internationalen Regelungen ist das Einbeziehungsverbot nach § 295 HGB, welches nach IAS/IFRS bzw. US-GAAP kein Pendant hat. Da § 295 HGB eng auszulegen ist, resultiert hieraus in der Bilanzierungspraxis kein nennenswerter Unterschied, vgl. Baetge, J./Kirsch, H.-J./Thiele, S. (2002a), S. 109.

98 Vgl. Coenenberg, A. G. (2003), S. 526-527.

99 Vgl. Coenenberg, A. G. (2003), S. 526-527.

100 Vgl. Deutscher Bundestag (Hrsg.), BT-Drucksache 13/9909, S. 16 f.

101 Dies ist die 7. EG-Richtlinie.

102 Vgl. hierzu insbesondere Baetge, J./Kirsch, H.-J./Thiele, S. (2002a), S. 111-112 sowie Berger, A./Lütticke, S. (2003), Tz. 27-28.

Inanspruchnahme der Befreiungsregel nach § 292 a HGB dafür, dass in der Bilanzierungspraxis von einer Konformität dieser Abschlüsse ausgegangen wird.[103]

- die Aussagekraft der danach aufgestellten Unterlagen muss derjenigen eines nach den Vorschriften dieses Unterabschnittes aufgestellten Konzernabschlusses und Konzernlageberichts gleichwertig sein.[104] Werden die Regelungen der IAS/IFRS auf den § 292 a HGB übertragen, so ergibt sich hieraus das Problem, dass die IAS/IFRS bislang noch keine verpflichtende Lageberichterstattung vorsehen.[105] Diese ist aber nach den Regelungen der Richtlinie 83/349/EWG verpflichtend aufzustellen. Aus diesem Grund müssen die in Deutschland veröffentlichten IAS/IFRS-Abschlüsse um einen Lagebericht nach deutschem Recht ergänzt werden.[106] Eine vergleichbare Problematik existiert auch bei Anwendung der US-GAAP. In der Pflichtpublizität gegenüber der Securities Exchange Commission (SEC) muss eine sog. Management's Discussion and Analysis of Financial Condition and Results of Operations (MD&A-Report) erstellt werden. Diese weist zwar gewisse Ähnlichkeiten zur deutschen Lageberichterstattung auf, entspricht ihr aber nicht.[107]
- der Anhang oder die Erläuterungen zum Konzernabschluss müssen die folgenden Angaben enthalten:
    - die Bezeichnung der angewandten Rechnungslegungsgrundsätze,
    - eine Erläuterung der vom deutschen Recht abweichenden Bilanzierungs-, Bewertungs- und Konsolidierungsmethoden;
- die befreienden Unterlagen sind von dem nach § 318 HGB bestellten Abschlussprüfer geprüft worden; vom Abschlussprüfer ist außerdem bestätigt worden, dass die Bedingungen für die Befreiung erfüllt sind.

Zusammenfassend kann festgestellt werden, dass Konzernabschlüsse nach IAS/IFRS und US-GAAP im Wesentlichen den Anforderungen des § 292 a HGB gerecht werden. Somit sind auch international gültige Rechnungslegungsnormen mit einem bedeutenden Einfluss auf das deutsche Handelsrecht ausgestattet und entsprechend in die Diskussion der risikoorientierten Unternehmenspublizität aufzunehmen. Beim § 292 a HGB handelt es sich um eine zeitlich befristete Regelung, die am 31.12.2004

103 Vgl. Baetge, J./Kirsch, H.-J./Thiele, S. (2002a), S. 112.
104 Vgl. Baetge, J./Kirsch, H.-J./Thiele, S. (2002a), S. 112.
105 IAS 1.8 empfiehlt die Erstellung eines dem Lagebericht vergleichbaren Berichtes über die Unternehmenslage außerhalb des Abschlusses.
106 Vgl. Baetge, J./Kirsch, H.-J./Thiele, S. (2002a), S. 112-113.
107 Vgl. Baetge, J./Kirsch, H.-J./Thiele, S. (2002a), S. 112-113 sowie Johnen, J./Ganske, T. (2002), Sp. 1522.

auslaufen wird.[108] Ab dem 1.1.2005 wird die sog. „EU-Verordnung IAS/IFRS" gelten, die die Anwendung dieser Rechnungslegungsnormen zumindest für börsennotierte Unternehmen in Europa zwingend vorschreibt.[109] Die US-amerikanischen Bilanzierungsnormen dürfen von deutschen börsennotierten Unternehmen noch bis zum 31.12.2006 angewendet werden.[110] Allerdings ist auch hier eine Umstellung auf die IAS/IFRS nach Ablauf dieser zusätzlichen, zweijährigen Übergangsfrist zwingend erforderlich. Zusammenfassend ist festzustellen, dass die IAS/IFRS und US-GAAP die gleichen Instrumente der Rechnungslegung vorsehen. Unterschiede ergeben sich aber hinsichtlich der Lageberichterstattung.

2.1.2.1.2 Bekanntmachungsformen regelmäßiger Elemente

Die Darstellung des Handels- und Gesellschaftsrechts hinsichtlich Verpflichtungsgrad und Zeitbezug reicht nicht aus, um beantworten zu können, ob diese auch Publizität darstellen. Hierzu muss analysiert werden, auf welche Weise die handels- und gesellschaftsrechtlichen Informationen den Adressaten zur Verfügung gestellt werden.

Die Offenlegung ist die dem deutschen Handelsrecht zugrunde liegende Bekanntmachungsform, welche ausschließlich für Kapitalgesellschaften gilt.[111] Unter Offenlegung ist die Einreichung von in § 328 HGB näher konkretisierten Unterlagen bei einem Handelsregister und der nachfolgenden Bekanntmachung der Einreichung im Bundesanzeiger zu verstehen.[112] Für die Offenlegung existieren größenabhängige Befreiungen, die dazu führen, dass lediglich große Kapitalgesellschaften eine Verpflichtung in der dargelegten Form haben. Bei mittleren und kleinen Kapitalgesellschaften entfällt die Bundesanzeigerpublizität, sodass hier die alleinige Einreichung zum Handelsregister ausreicht.[113] Für die gesetzlichen Vertreter einer Kapitalgesellschaft, die einen Konzernabschluss aufzustellen hat, ist dieser, einschließlich des Bestätigungsvermerks bzw. des Vermerks über dessen Versagung, zusammen mit dem Konzernlagebericht beim Handelsregister einzureichen.[114] Im Bundesanzeiger ist eine Bekanntmachung der Hinterlegung vorgeschrieben. Falls eine Kapitalgesellschaft als Mutterunternehmen einen befreienden Konzernabschluss nach internationalen Rechnungslegungsnormen aufstellt, besteht nach wie vor eine Offenlegungspflicht nach §§ 325 und 328 HGB.

---

[108] Vgl. Baetge, J./Kirsch, H.-J./Thiele, S. (2002a), S. 114-115.
[109] Vgl. Baetge, J./Kirsch, H.-J./Thiele, S. (2002a), S. 114-115.
[110] Vgl. Baetge, J./Kirsch, H.-J./Thiele, S. (2002a), S. 114-115.
[111] Vgl. §§ 325-329 HGB.
[112] Vgl. § 325 I HGB.
[113] Vgl. Ellrott, H./Spremann, B. (2003), Tz. 3-7 zu den Größenkriterien.
[114] Vgl. Ellrott, H./Spremann, B. (2003a), Tz. 20 ff.

In § 325 I HGB werden die beizubringenden Unterlagen für die Offenlegung abschließend aufgeführt. Offen zu legen sind:

- der Jahresabschluss, bestehend aus Bilanz, GuV sowie Anhang,
- der Lagebericht,
- bei prüfungspflichtigen Kapitalgesellschaften der Bestätigungsvermerk oder Versagungsvermerk des Abschlussprüfers,
- der Bericht des Aufsichtrates (bei GmbHs, sofern ein obligatorischer oder fakultativer Aufsichtsrat existiert),[115]
- der Ergebnisverwendungsvorschlag, soweit eine solche Information nicht bereits aus dem Jahresabschluss hervorgeht,
- ggf. Änderungen des Jahresabschlusses aufgrund des Feststellungsbeschlusses,
- ggf. Änderungen des Bestätigungsvermerks aufgrund einer Nachtragsprüfung.

Bei den offen zu legenden Abschlüssen handelt es sich jeweils nur um Jahresabschlüsse bzw. um Abschlüsse, die zugleich Schlussbilanz einer (ggf. übertragenden) Gesellschaft sind, wie z. B. der Abschluss von Rumpfgeschäftsjahren, jedoch nicht um handels- bzw. gesellschaftsrechtliche Sonderbilanzen.[116]

Von der Offenlegung nach § 325 HGB abzugrenzen ist die Veröffentlichung. Diese beschreibt nach HGB die Bekanntgabe an die Öffentlichkeit außerhalb der gesetzlichen Offenlegung.[117] Die in dieser Arbeit gewählte Abgrenzung von Publizität und Berichterstattung nach dem Grade der Exklusivität der Informationsgewährung macht eine Einordnung der Begriffe Offenlegung und Veröffentlichung notwendig. Für die Offenlegung gilt § 9 I HGB. Hiernach ist die Einsicht des Handelsregisters sowie der zum Handelsregister eingereichten Schriftstücke jedem gestattet. Aus dieser Regelung wird deutlich, dass die Offenlegung unabhängig von dem Bestehen einer Bundesanzeigerpublizität nicht exklusiv ist. Somit sind die offen gelegten Informationen grundsätzlich Bestandteil der Publizitätsdefinition. Diese Aussage wird einzig durch die Nutzung der Handelsregister relativiert. Es ist zu vermuten, dass nur eine geringe Zahl von Informationsinteressenten tatsächlich Einsicht in die Register verlangt. Des Weiteren sind die gesetzlichen Sanktionsmöglichkeiten bei Verstößen gegen die Offenlegungspflicht gering.[118] Ein zuständiges Registergericht kann nicht eigenständig sanktionieren. Vielmehr ist es darauf angewiesen, dass ein Gesellschafter, ein Gläubiger oder ein Betriebsrat einen entsprechenden Antrag

---

[115] Vgl. § 171 II AktG i. V. m. § 52 GmbHG.
[116] Vgl. Ellrott, H./Spremann, B. (2003a), Tz. 6 ff.
[117] Vgl. Ellrott, H./Spremann, B. (2003a), Tz. 2.
[118] Vgl. Hense, B. (2003), Tz. 21.

stellt. Die Antragsberechtigung ist dabei glaubhaft zu machen.[119] Da die Festsetzung eines Ordnungsgeldes auf die Höhe von 2,5 - 25 T€ begrenzt ist, dürfte diesem Sanktionsmechanismus in der Praxis kaum Bedeutung zukommen.[120]

Die Veröffentlichung im Sinne des Handelsrechts ist ex-definione Teil der Publizitätsdefinition, da hier auf die Informationsgewährung an eine nicht näher bestimmte Öffentlichkeit abgestellt wird.[121]

Das bedeutendste Instrument der Veröffentlichung stellt der Geschäftsbericht dar.[122] Bislang noch nicht geklärt wurde dessen Funktion, die sich aus den Regelungen für die freiwillige Publizität nach § 328 II HGB ergibt. Diese besagen, dass freiwillige Zusatzinformationen, z. B. in Form eines Geschäftsberichtes, mit der Wiedergabe des Jahresabschlusses, Konzernjahresabschlusses, des Lageberichtes bzw. des Konzernlageberichtes, etc. verbunden werden können. Soll der Geschäftsbericht gleichzeitig zur Erfüllung der Pflichtpublizität verwendet werden, sind die Zusatzinformationen besonders kenntlich zu machen.[123] Geschäftsberichte werden von allen Unternehmen im DAX 100 als primäres Informationsmittel sowohl für die freiwilligen Angaben nach § 328 II HGB als auch für die verpflichtenden Angaben nach § 328 I HGB i. V. m. § 175 II AktG verwendet.[124] Kommunikation von freiwilligen Informationen und Erfüllung der Mindestpublizitätspflicht werden somit in der Praxis durch den Geschäftsbericht abgedeckt.

Die bisherige Darstellung bezog sich nur auf die nationalen Publizitätspflichten. Wie bereits dargestellt wurde, stellen viele Unternehmen des DAX 100 ihre Konzernabschlüsse nach internationalen Rechnungslegungsnormen auf. Bezüglich der Charakterisierung als Publizität hat die internationale Rechnungslegung, soweit sie in Deutschland angewandt wird, keine Auswirkungen, da die handels- und gesellschaftsrechtlichen Publizitätsvorschriften auch dann befolgt werden müssen, wenn ein nach § 292 a HGB befreiender Konzernabschluss aufgestellt worden ist. Bei Anwendung der US-GAAP von Unternehmen, die zusätzlich in den USA notiert sind, liegen aufgrund der Einreichungsbestimmungen bei der SEC (sog. Filing), welche grundsätzlich öffentlich sind, sogar erweiterte Publi-

[119] Vgl. § 335 S. 4 HGB.
[120] Vgl. § 335 a HGB.
[121] Vgl. hierzu ADS (1995 ff.), § 328 Anm. 13.
[122] Vgl. Baetge, J./Kirchhoff, K. R. (1997), S. 18.
[123] Vgl. Ellrott, H./Spremann, B. (2003a), Tz. 16. Bei vielen Geschäftsberichten wird dies durch unterschiedliches Papier erreicht, wie z. B. in den Geschäftsberichten von Siemens.
[124] Diese Erkenntnis ist im Rahmen der empirischen Untersuchung gewonnen worden, vgl. Kapitel fünf dieser Arbeit.

zitätsvorschriften vor.[125] Die Informationen, die mittels der internationalen Rechnungslegungssysteme produziert werden, können folglich ebenfalls von einem nicht spezifizierten Adressatenkreis ausgewertet werden. Insofern muss auch für die internationalen Rechnungslegungssysteme in Deutschland die exklusive Informationsnutzung verneint werden, sodass Publizität vorliegt.

2.1.2.1.3 Unregelmäßige Elemente

Die unregelmäßige Berichterstattung ist von der regelmäßigen handels- und gesellschaftsrechtlichen Informationsgewährung zu trennen. Ihr obliegt es, ein Informationsbedürfnis zu erfüllen, welches durch die regelmäßige Publizität nicht bzw. erst durch Modifikation zweckgerichteter Bilanzierungsregeln befriedigt werden kann.[126] Die Entwicklung einer generellen für alle Sonderbilanzen geltenden Rechtsanwendungssystematik muss wiederum im Wege des Subsidiaritätsprinzips erfolgen. Da hierzu eine Vielzahl von Spezialgesetzen erläutert werden müssten, werden zur Verdeutlichung lediglich einige Anlässe aufgezählt, die zu einer unregelmäßigen handels- und gesellschaftsrechtlichen Berichterstattung führen:[127]

- Geschäftsaufnahme oder Gründung,
- Kapitalerhöhung aus Gesellschaftsmitteln,
- Einbringung, Vermögensübertragung,
- Verschmelzung, Übernahmebilanzierung,
- Spaltung, Formwechsel,
- Betriebsaufgabe,
- Realteilung,
- Überschuldung, Sanierung,
- Konkurs, Insolvenz sowie
- Liquidation (Abwicklung).

Wie dieser Aufzählung entnommen werden kann, sind hier eine Vielzahl von Aufstellungsanlässen enthalten, die ggf. nur einer begrenzten Gruppe von Adressaten zur Verfügung stehen. Beispielhaft sei hier auf die Sonderbilanzen im Rahmen des Formwechsels nach § 226 UmwG verwiesen. Unter bestimmten Voraussetzungen ist es hier möglich, die Publizität des Umwandlungsberichts zu vermeiden.[128] Vor diesem Hintergrund wird im Folgenden angenommen, dass es sich bei der unregelmäßigen, handels- und gesellschaftsrechtlichen Berichterstattung generell nicht um Publizität

[125] Vgl. www.sec.gov mit einer Möglichkeit, die Filingdokumente online einzusehen.
[126] Vgl. Winnefeld, R. (2002), N Tz. 1 m. w. N.
[127] Vgl. Förschle, G./Kofahl, G. (1999), B Tz. 1 sowie Winnefeld, R. (2002), N Tz. 1
[128] Vgl. § 192 III UmwG, kommentiert von Förschle, G./Hoffmann, K. (1999), L Tz. 26.

im Sinne dieser Arbeit handelt, sodass diese nicht mehr Gegenstand der folgenden Untersuchung sein wird.

2.1.2.2 Kapitalmarktrechtliche Elemente

Die zweite Säule der regelmäßigen Berichterstattung stellt, wie bereits erwähnt, das Kapitalmarktrecht dar, welches seinen Niederschlag im Wertpapierhandels- (WpHG) und dem Börsengesetz (BörsG) gefunden hat. Das Börsengesetz setzt sich grundlegend mit der rechtlichen Ausgestaltung von Börsen und der Zulassung von Wertpapieren an diesen Handelsplätzen auseinander. Nach § 38 I BörsG wird die Bundesregierung ermächtigt, im Wege einer Rechtsverordnung Vorschriften zum Schutz des Publikums und für einen ordnungsgemäßen Börsenhandel zu erlassen. Diese Verordnung über die Zulassung von Wertpapieren zur amtlichen Notierung an einer Wertpapierbörse, kurz Börsenzulassungsverordnung (BörsZulV), wurde am 9.9.1998 bekannt gemacht. Mit der BörsZulV werden im BörsG niedergelegte Vorschriften zu Instrumenten der Berichterstattung im Detail ausgestaltet.

2.1.2.2.1 Regelmäßige Elemente

Der Abschnitt III des BörsGs regelt die Zulassung von Wertpapieren zum Börsenhandel mit amtlicher Notierung.[129] Eine Pflicht, die sich aus der Zulassung eines Wertpapiers zum amtlichen Handel ergibt, ist die Pflicht zur Zwischenberichterstattung seitens des Emittenten gemäß § 44 b I BörsG:

> „Der Emittent zugelassener Aktien ist verpflichtet, innerhalb des Geschäftsjahres regelmäßig mindestens einen Zwischenbericht zu veröffentlichen, der anhand von Zahlenangaben und Erläuterungen ein den tatsächlichen Verhältnissen entsprechendes Bild der Finanzlage und des allgemeinen Geschäftsganges des Emittenten im Berichtszeitraum vermittelt.“

Eine Konkretisierung, welche Mindestinformationen in die Zwischenberichterstattung eingehen müssen, liefern die §§ 53-60 BörsZulV. Gemäß § 54 BörsZulV sind zu veröffentlichen:

- Umsatzerlöse und
- das Ergebnis vor oder nach Steuern, welches sich aus der Anwendung der geltenden handelsrechtlichen Vorschriften ergibt. Vorjahresvergleichszahlen müssen angegeben werden.

---

[129] Die Unternehmen des DAX 100 sind amtlich notiert, sodass auf andere Zulassungsformen nicht eingegangen wird.

Werden Zwischendividenden gewährt, so muss der Betrag, der zur Ausschüttung bestimmt ist, ebenfalls offen gelegt werden. Für den Fall, dass die Zahlenangaben durch einen Abschlussprüfer geprüft worden sind, ist der Bestätigungsvermerk ebenfalls zu veröffentlichen.[130]

§ 55 I HS. 1 BörsZulV konkretisiert die Erläuterungen, die gemäß der Norm nach § 44 b I BörsG publiziert werden müssen:

> „Erläuterungen sind in dem Umfang zu tätigen, als sie für die Beurteilung der Entwicklung der Geschäftstätigkeit und der Ergebnisse des Emittenten erforderlich sind."

Gefordert sind insbesondere:[131]

- eine Aufgliederung der Umsatzerlöse,
- Ausführungen über die Auftragslage,
- die Entwicklung der Kosten und Preise,
- die Zahl der Arbeitnehmer sowie
- Investitionen und Vorgänge von besonderer Bedeutung für das Ergebnis der Geschäftstätigkeit.

Da die gesetzlich kodifizierten Pflichtangaben zur Zwischenberichterstattung nach Ansicht einer breiten Öffentlichkeit nicht den Anforderungen an eine kapitalmarktorientierte Rechnungslegung entsprechen,[132] hat sich der DRSC mit dem DRS 6 neuerlich mit dieser Frage auseinander gesetzt. Die wesentliche Aufgabe des DRSC ist gemäß § 342 I Nr. 1 HGB in der „Entwicklung von Empfehlungen zur Anwendung der Grundsätze über die Konzernrechnungslegung" zu sehen. Laut § 342 II HGB wird die Beachtung der die Konzernrechnungslegung betreffenden Grundsätze vermutet, soweit vom Bundesministerium der Justiz eine solche Empfehlung bekannt gemacht wird. Die Bekanntmachung des DRS 6 ist am 13.02.2001 erfolgt. Somit gilt die Vermutung, dass es sich bei den in DRS 6 niedergelegten Vorschriften um Konzern-GoB handelt. Der Geltungsbereich der DRS 6 erstreckt sich im Allgemeinen auf sämtliche Konzernunternehmen. Er ist folglich größer als der kapitalmarktrechtliche Geltungsbereich zur Zwischenberichterstattung. Um die Pflicht der Zwischenberichterstattung nicht auch auf andere Konzernunternehmen auszudehnen, wurde in DRS 6 Tz. 4 eine Selbstbeschränkung des Anwendungsbereichs eingeführt, indem festgelegt wird, dass nur diejenigen Unternehmen, die nach § 44 II BörsG i. V. m. §§ 53-62 BörsZulV einen Zwischenbericht erstellen, unter die Regelungen des DRS 6 fallen. Dies führt dazu, dass Unternehmen, die nach § 44 b II BörsG zur Zwischenberichterstattung verpflichtet

[130] Vgl. § 54 III BörsZulV.
[131] Vgl. § 55 BörsZulV.
[132] Vgl. Strieder, T. (2002), S. 222.

sind und gleichzeitig als Konzernunternehmen gemäß § 294 HGB gelten, einen Zwischenbericht nach DRS 6 aufzustellen haben. Nach DRS 6 sind folgende Pflichtangaben zu machen:[133]

- Bilanz und GuV,
- Kapitalflussrechnung,
- erläuternde Angaben:
    - o Angaben zu Bilanzierungs- und Bewertungsmethoden,
    - o Vorgänge von besonderer Bedeutung für die Vermögens-, Finanz- und Ertragslage,
    - o Angaben zu Konsolidierungskreisänderungen,
    - o Angaben zu Restrukturierungen,
    - o Erläuterungen zu Investitionen sowie F&E-Aktivitäten,
    - o Angabe der Berechnungsmethode für das Ergebnis je Aktie,
    - o Umsätze und Ergebnisse für jedes Segment,
    - o Änderungen in der Segmentberichterstattung,
    - o Zahl der Arbeitnehmer sowie
- Angaben zum Geschäftsverlauf und der voraussichtlichen Entwicklung des Geschäftsjahres.

Ferner wird die Halbjahresberichterstattung als Mindestberichtszeitraum des § 44 b II BörsG i. V .m. § 53-62 BörsZulV zu Gunsten einer Quartalsberichterstattung aufgehoben.[134] Außerdem ist das Wahlrecht des § 56 S. 1 BörsZulV, die Zwischenberichterstattung entweder auf Basis des Einzelabschlusses des Emittenten oder anhand des Konzernabschlusses aufzustellen, aufgehoben. Der Konzernabschluss wird Gegenstand der Zwischenberichterstattung.[135]

Grundsätzlich lässt sich feststellen, dass mit der Zwischenberichterstattung ein Instrument vorliegt, welches hinsichtlich seines Informationsumfanges hinter der verpflichtenden handels- und gesellschaftsrechtlichen Berichterstattung zurückbleibt. Dieses Ergebnis bleibt auch nach Analyse der Auswirkungen des DRS 6 bestehen, obwohl der Umfang der zu veröffentlichenden Informationen deutlich größer geworden ist. Der Vorteil der Zwischenberichterstattung ist in der Bereitstellung zeitnäherer Informationen zu sehen. Insofern existiert ein trade-off zwischen dem Umfang von Berichterstattung einerseits und der Zeitnähe andererseits. Zusammenfassend kann konstatiert werden, dass die regelmäßige Kapitalmarktberichterstattung lediglich die Zwischenberichterstattung als zusätzliches Informationsinstrument vorsieht, welche insgesamt hinter den handels- und gesell-

[133] Vgl. DRS 6 Tz. 13 und 26.
[134] Vgl. DRS 6 Tz. 11-12.
[135] Vgl. DRS 6 Tz. 3.

schaftsrechtlichen Anforderungen zurückbleibt.[136] Publizität gemäß der Definition dieser Arbeit liegt allerdings vor. Zwar ist als Adressat der Zwischenberichterstattung primär der Erwerber eines emittierten Titels zu verstehen. Allerdings ergibt sich aus § 61 I BörsZulV, dass der Zwischenbericht mindestens in einem überregionalen Börsenpflichtblatt, im Bundesanzeiger oder als Druckschrift veröffentlicht werden muss. Aus dieser Form der Offenlegung folgt, dass die Informationen nicht exklusiv von einem Käufer eines Wertpapiers genutzt werden können, sondern einer nicht näher zu bestimmenden Öffentlichkeit zugänglich sind.[137]

2.1.2.2.2 Unregelmäßige Elemente

Auch das Kapitalmarktrecht sieht eine unregelmäßige Berichterstattung vor. Aus dem Gleichbehandlungsgrundsatz der Wertpapierinhaber, welcher sich aus der Generalnorm für den Wertpapierhandel in § 44 I Nr. 1 BörsG ergibt, folgt der Grundsatz, dass die Inhaber der nach der BörsZulV zugelassenen Wertpapiere unter gleichen Voraussetzungen auch gleich zu behandeln seien. Aus diesen Gerechtigkeitsüberlegungen heraus ist auch das Verbot des Insiderhandels zu interpretieren, welches sich aus §§ 13 und 14 WpHG ergibt. Als eine Ursache für das Entstehen von Insiderinformationen ist der Zeitraum zwischen dem Bekanntwerden Kurs beeinflussender Tatsachen für einzelne Wertpapierinhaber und der Informationsbereitstellung für sämtliche Wertpapierinhaber zu sehen.[138] Um dieser Gefahr der Übervorteilung von einzelnen Wertpapierinhabern vorzubeugen, ist die sog. Ad hoc-Publizität gemäß § 15 WpHG eingeführt worden.[139] Die Verpflichtung zur Ad hoc-Publizität ist an sechs Kriterien gebunden:[140]

- Die Wertpapiere eines Emittenten sind zum amtlichen Handel oder zum geregelten Markt zugelassen.[141]

---

[136] Dies liegt in der Tatsache begründet, dass die Zwischenberichterstattung zumindest halbjährlich zu erstellen ist. Wirtschaftlichkeit § 65 BörsZulV fordert die unverzügliche Einreichung des Jahresabschlusses und des Lageberichts nach deren Feststellung.

[137] Konsequent müsste daher eigentlich von „Zwischenpublizität" gesprochen werden. Da allerdings auch das Gesetz den Begriff „Zwischenberichterstattung" verwendet, wird die entsprechende Bezeichnung auch im Folgenden so beibehalten.

[138] Vgl. ähnlich hierzu Röder, K. (2002), Sp. 36.

[139] Die Einführung des Wertpapierhandelsgesetzes und damit auch der Ad hoc-Publizität in das deutsche Recht erfolgte durch das zweite Finanzmarktförderungsgesetz vom 26.07.1994.

[140] Vgl. Röder, K. (2002), Sp. 36.

[141] Die Zulassung zur amtlichen Notierung ist geregelt in §§ 36-49 BörsG. Die Vorschriften zum geregelten Markt finden sich in §§ 71-77 BörsG.

- Es handelt sich um Tatsachen und nicht um Meinungsäußerungen.
- Es muss ein Unternehmensbezug der Tatsache vorliegen.
- Die Tatsache muss nicht öffentlich bekannt sein.
- Die Tatsache muss einen Einfluss auf die Vermögens-, Finanz- und Ertragslage bzw. Auswirkungen auf den allgemeinen Geschäftsverlauf haben.
- Die Tatsache muss eine Eignung zur wesentlichen Kursbeeinflussung haben.[142]

Die Verbreitung von Ad hoc-Informationen erfolgt in Deutschland zumeist über die Deutsche Gesellschaft für Ad hoc-Publizität (DGAP), welche gegen Entgelt die Information der zuständigen Börsenaufsicht, die Meldung an das Bundesaufsichtsamt für den Wertpapierhandel (BAWe) sowie die Information der sog. Bereichsöffentlichkeit sicherstellt.[143] Hierunter sind die professionellen Handelsteilnehmer zu verstehen.[144] Diese Form der Veröffentlichung von Informationen ist ebenfalls nicht exklusiv, da die DGAP die Meldungen auch im Internet veröffentlicht.[145] Folglich handelt es sich bei Ad hoc-Veröffentlichungen ebenfalls um Publizität im Sinne dieser Arbeit. Da die Ad hoc-Publizität ereignisbezogen über Sachverhalte berichtet, die handelsrechtlich zu einem späteren Zeitpunkt wieder aufzugreifen sind, soll diese Publizitätsform nicht Gegenstand der folgenden Betrachtung sein.

Neben der Ad hoc-Publizität als Informationsinstrument der unregelmäßigen, kapitalmarktrechtlichen Informationsgewährung existieren noch Emissionsprospekte als situatives Informationsinstrument. Die Erstellung und Veröffentlichung eines Prospektes ist nach § 36 III Nr. 2 BörsG eine Zulassungsvoraussetzung zur amtlichen Notierung. Die Zulassung selber ist dabei von dem Emittenten der Wertpapiere zusammen mit einem Kredit- bzw. Finanzdienstleistungsinstitut bei der Zulassungsstelle einer Börse zu beantragen.[146] In dieser werden die notwendigen Prospektinhalte konkretisiert.[147] Entsprechend obiger Vorgehensweise sind bei der Beurteilung von Prospekten zwei Fragen zu beantworten. Erstens handelt es sich bei diesen um Publizität im Sinne dieser Arbeit. Zweitens stellt sich die Frage, ob die Inhalte über die handels- und gesellschaftsrechtlichen Informationsinhalte hinausgehen. Die erste Fragestellung lässt sich beantworten, indem man die Vorschriften zur Veröffentlichung der Prospekte im Hinblick auf die Exklusivität der Informationsgewährung untersucht. Gemäß

---

142 Vgl. Röder, K. (2002), Sp. 36.
143 Vgl. Röder, K. (2002), Sp. 36.
144 Vgl. Röder, K. (2002), Sp. 36.
145 Im Internet unter www.dgap.de.
146 Vgl. § 36 II BörsG.
147 §§ 13- 42 BörsZulV.

§ 36 IV Nr. 1 und 2 BörsG ist ein Prospekt nach Zulassung der Börsenzulassungsstelle zu veröffentlichen:

„1. durch Abdruck in den Börsenblättern, in denen der Zulassungsantrag eröffentlicht ist, oder
2. durch Bereithalten zur kostenlosen Ausgabe bei den im Prospekt benannten Zahlstellen und bei der Zulassungsstelle; in den Börsenpflichtblättern, in denen der Zulassungsantrag veröffentlicht ist, ist bekannt zu machen, bei welchen Stellen der Prospekt bereitgehalten wird.".

Außerdem ist im Bundesanzeiger der Prospekt oder ein Hinweis darauf bekannt zu machen, wo der Prospekt veröffentlicht und für das Publikum zu erhalten ist. Aus diesen umfassenden Veröffentlichungspflichten wird deutlich, dass es sich beim Prospekt nicht um ein Informationsinstrument handelt, welches exklusiv durch einen abgeschlossenen Adressatenkreis genutzt werden kann. Aus diesem Grund fallen auch Prospekte unter die Publizität im Sinne dieser Arbeit. Dieses Ergebnis ist vor dem Hintergrund der Generalnorm in § 44 BörsG, welche die Gleichbehandlung aller Wertpapierinhaber fordert, auch nicht verwunderlich.

Die mit den Prospekten verbundenen Informationsinhalte, welche in der BörsZulV geregelt sind, umfassen die Jahresabschlüsse für die letzten drei Geschäftsjahre und den Lagebericht des Emittenten für das letzte Geschäftsjahr vor Antragstellung.[148] Darüber hinaus sind den Prospekten allerdings eine Vielzahl weiterer Informationen beizufügen. Hier sollen nur die wesentlichen Informationsinhalte aufgezählt werden:

- allgemeine Angaben über die Wertpapiere (§ 15 BörsZulV),
- besondere Angaben über Aktien (§ 16 BörsZulV),
- besondere Angaben über andere Wertpapiere als Aktien (§ 17 BörsZulV),
- allgemeine Angaben über den Emittenten (§ 18 BörsZulV),
- Angaben über das Kapital des Emittenten (§ 19 BörsZulV),
- Angaben über die Geschäftstätigkeit des Emittenten (§ 20 BörsZulV),
- Angaben über die Vermögens-, Finanz- und Ertragslage des Emittenten (§ 21 BörsZulV),
- Angaben aus der Rechnungslegung des Emittenten (§ 22 BörsZulV),
- Aufstellung über die Herkunft und Verwendung der Mittel (§ 23 BörsZulV),
- Angaben über die Beteiligungsunternehmen (§ 24 BörsZulV),
- Angaben von Ergebnis und Dividende je Aktie (§ 25 BörsZulV),

[148] Vgl. § 21 I Nr. 1 BörsZulV.

- Aufnahme von Konzernabschlüssen (§ 26 BörsZulV),
- Angabe der Verbindlichkeiten des Emittenten der zuzulassenden Schuldverschreibungen (§ 27 BörsZulV),
- Angaben über Geschäftsführungs- und Aufsichtsorgane des Emittenten (§ 28 BörsZulV),
- Angaben über den jüngsten Geschäftsgang und die Geschäftsaussichten des Emittenten (§ 29 BörsZulV),
- Angaben über die Prüfung der Jahresabschlüsse des Emittenten und anderer Angaben im Prospekt (§ 30 BörsZulV),
- Angaben über Zertifikate, die Aktien vertreten (§ 31 BörsZulV) sowie
- Angaben über den Emittenten der Zertifikate, die Aktien vertreten (§ 32 BörsZulV).

Aus dieser Übersicht ist zu schließen, dass für die Berichterstattung, welche mit der Emission von Wertpapieren verbunden ist, eine höhere Informationspflicht einhergeht, als mit der regelmäßigen Unternehmenspublizität. Diese höhere Priorisierung ist vor dem Hintergrund des Schutzinteresses von Kapitalgebern und damit auch der Sicherstellung des Vertrauens in und somit der Funktionsfähigkeit von Kapitalmärkten zu verstehen.[149]

Zusammenfassend kann festgestellt werden, dass neben die handels- und gesellschaftsrechtlichen Informationsinstrumente zusätzlich noch die ergänzenden Informationsinhalte des Kapitalmarktrechts treten. Grundsätzlich stehen auch bei der kapitalmarktrechtlichen Publizität die Informationsinstrumente des Handelsrechts im Mittelpunkt der Informationsgewährung.[150] Die damit verbundenen Informationsinhalte werden für Zwecke des Kapitalmarktes verringert, wie im Falle der halbjährlichen bzw. quartalsweisen Zwischenberichterstattung, was mit der höheren Frequenz der Publizitätspflicht zu begründen ist. Die Ad hoc-Publizität umfasst ebenfalls geringere Informationsgewährungspflichten als die handels- und gesellschaftsrechtliche Rechnungslegung. Dies lässt sich damit begründen, dass wesentliche unternehmensrelevante Informationen, die zwischen den Publizitätszeitpunkten auftreten, publiziert werden müssen. Es handelt sich folglich mehr um eine ereignisbezogene Ergänzung der Zwischenberichterstattung. Das einzige Instrument, welches höhere Informationspflichten als die handelsrechtliche Rechnungslegung aufweist, sind die Emissionsprospekte für den Wertpapierhandel.

Im weiteren Verlauf der Arbeit wird aus dem gesamten Spektrum handels- und gesellschaftsrechtlicher sowie kapitalmarktrechtlicher Instrumente der Informationsgewährung nur die regelmäßige handels- und gesellschafts-

[149] Vgl. § 44 BörsG.

[150] Und sei es nur in Form von Gewinnwarnungen wie bei der Ad hoc-Publizität.

rechtliche Publizität betrachtet, da sie die andere Unternehmenspublizität mit Ausnahme der Emissionsprospekte hinsichtlich ihres Umfanges dominieren. Für eine aussagekräftige Untersuchung der Unternehmenspublizität erscheint es vorteilhaft, auf eine ereignisunabhängige, regelmäßige Publizität zugreifen zu können. Zwar ist die Informationsquantität bei Emissionsprospekten höher als bei der regelmäßigen handels- und gesellschaftsrechtlichen Publizität, aber die Einzelfallbezogenheit wiegt diesen Vorteil mehr als auf.[151] Aufgrund der Tatsache, dass die handels- und gesellschaftsrechtliche Publizität immer noch den wesentlichen Anteil an den in Deutschland gesetzlich vorgeschriebenen Publizitätsinstrumenten ausmacht, erscheint diese Einschränkung als nicht wesentlich.

2.1.2.3 Anspruchsgruppenorientierte freiwillige Elemente

Bislang noch nicht diskutiert wurde die freiwillige Berichterstattung. Grundsätzlich kann die freiwillige Unternehmensberichterstattung in zwei Gruppen unterteilt werden:

- Erweiterung finanzieller Informationen, z. B. die Berichterstattung über Wertsteuerungskonzepte, wie EVA;[152]
- Erweiterung der Publizität um nichtmonetäre Informationsinhalte, wie Kundenbindung, Mitarbeiterzufriedenheit, Nachhaltigkeit, etc.[153]

In diesem Zusammenhang kann man auf die Vielzahl der verwendeten Begrifflichkeiten, wie Value Reporting, Öko- und Sozialbilanzen sowie der daraus hervorgegangenen Nachhaltigkeitsberichterstattung verweisen.[154] Die Notwendigkeit einer umfassenderen, freiwilligen Publizität wird auf die sich verändernden Rahmenbedingungen zurückgeführt, innerhalb derer sich die Unternehmen bewegen. Zu nennen sind hierbei insbesondere:[155]

- Globalisierung der Unternehmenstätigkeit und somit komplexere und folglich auch intransparentere Unternehmensmodelle, die in der

---

[151] Die geringe Häufigkeit von Emissionen durch ein Unternehmen dürfte letztlich auch den höheren Erstellungsaufwand für Emissionsprospekte rechtfertigen.

[152] Letztlich sind diese beiden Erweiterungsmöglichkeiten nicht überschneidungsfrei. Um die Entwicklung, z. B. eines EVA, darstellen zu können, sind auch Informationen über die Entwicklung nichtmonetärer Werttreiber notwendig, vgl. hierzu Lorson, P./Schedler, J. (2002), S. 276-277 sowie Kayser, R. (2002), S. 249.

[153] Diese beiden Gruppen lassen sich durch Managementinstrumente, wie z. B. der Balanced Scorecard, miteinander vernetzen, vgl. hierzu allgemein Kayser, R. (2002), S. 249 sowie zur Balanced Scorecard Wefers, M./Fleckenstein, T. (2002), S. 477.

[154] Vgl. Eccles, R. G. (1991), Beets, S. D./Souther, C. C. (1999).

[155] Vgl. Eccles, R. G./Herz, R. H./Keegan, E. M. et al. (2002), S. XI ff.

traditionellen Publizität noch nicht hinreichend Berücksichtigung gefunden haben.[156]

- Ferner die Komplexität der internationalen Kapitalaufbringung und die Möglichkeit einer Nivellierung von Informationsdifferenzen durch freiwillige Berichterstattung.[157]
- Das Aufkommen neuer Technologien und der damit verbundenen Neugründung von Unternehmen.[158] Für solche Start-ups, die sich in der Anfangsphase eines Unternehmenslebenszyklus befinden, sind die gegenwärtigen Informationsinstrumente nicht gedacht.[159] Insofern müssen aufgrund einer unzureichenden quantitativen Informationsbasis neue, vielfach qualitative Elemente Anwendung finden.[160]

Die oben kurz angesprochenen, möglichen Instrumente einer freiwilligen aber regelmäßigen Informationsgewährung sind nicht mit den handels- und gesellschaftsrechtlichen Publizitätsvorschriften vergleichbar.[161] Im Gegenteil, ihr Ziel ist gerade die sachgerechte Schließung von Informationslücken, welche durch die handels- und gesellschaftsrechtliche Publizität entstanden sind.[162] Insofern kann ein Vergleich zwischen den Informationselementen der handels- und gesellschaftsrechtlichen Publizität und der freiwilligen Berichterstattung entfallen.

Ebenso ist ein wesentliches Merkmal freiwilliger Publizität der Wille zur Kommunikation mit den Anspruchsgruppen eines Unternehmens. Obwohl die Kapitalmarktteilnehmer als Zielgruppe der Kommunikationsbemühungen angesehen werden können, sind diese Informationen mit Bekanntgabe auf den Kapitalmärkten faktisch für alle anderen Anspruchsgruppen einsehbar.[163] Gleiches gilt für die nicht ausschließlich kapitalgetriebene Publizität wie z. B. Öko- und Sozialbilanzen, bzw. die Nachhaltigkeitsberichterstattung in einer integrativeren Sicht. Man kann folglich davon ausgehen, dass es sich bei freiwilliger Informationsverbreitung auch um Publizität im Sinne dieser Arbeit handelt.

Innerhalb der anspruchsgruppenorientierten, freiwilligen Berichterstattung besitzen in der Praxis die Investor Relations eine hohe Bedeutung. Diese

---

[156] Vgl. Boulton, R. E. S./Libert, B. D./Samek, S. M. (2001), S. 36.
[157] Vgl. Krisement, V. M. (1993), S. 2-3.
[158] Vgl. Küting, K. (2001), S. 17.
[159] Vgl. Küting, K. (2001), S. 18.
[160] Vgl. Lev, B. (2001), S. 2.
[161] Vgl. Lev, B. (2001), S. 122-127.
[162] Vgl. für die USA Eccles, R. G./Herz, R. H./Keegan, E. M. et al. (2002), S. 7 ff.
[163] Insbesondere wenn das Internet oder der Geschäftsbericht als Kommunikationsplattform genutzt werden.

sollen daher hinsichtlich ihrer Publizitätseigenschaft untersucht werden.[164] Da die Investor Relations keiner Regulierung unterliegen und somit keine Norm zur Systematisierung herangezogen werden kann, wird deren Zielsetzung kurz dargestellt. Das Ziel von Investor Relations könnte definiert werden als Minimierung von Informationsdefiziten und die Berücksichtigung der Interessen des Kapitalmarktes bei der strategischen Planung als Schlüssel zur Realisierung einer angemessenen Aktienbewertung.[165] Dabei können folgende Teilziele identifiziert werden:[166]

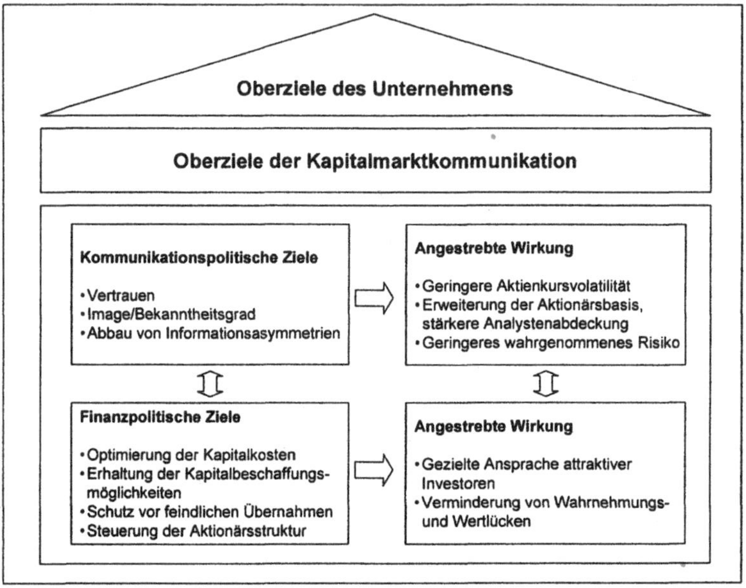

Abb. 2-3: Zielsystem der Kapitalmarktkommunikation (ähnlich: Achleitner, A.-K./Bassen, A./Pietzsch, L. (2001), S. 16).

Wie Abb. 2-3 zeigt, können die Instrumente der Investor Relations nur aus den Oberzielen der Kapitalmarktkommunikation abgeleitet werden.[167] Nachfolgende Tab. 2-2 gibt einen Überblick über die im Rahmen der Investor Relations herangezogenen Informationsinstrumente.

---

164 Zumindest, was die normativen Ziele risikoorientierter Unternehmenspublizität in Kapitel drei betrifft. Im Rahmen der Wirkungsanalysen, die in Kapitel vier durchgeführt werden, sind die Investor Relationsmaßnahmen allerdings wieder aufzunehmen, weil sie ein unternehmensspezifischen Gestaltungsmittel der Kapitalmarktbeziehung sind.

165 Vgl. Kirchhoff, K. R. (2001), S. 26.

166 Vgl. Kirchhoff, K. R. (2001), S. 28-31.

167 Zu der Problematik der Ableitung konsistenter Zielsysteme; vgl. Kapitel drei dieser Arbeit.

	Persönlich	Unpersönlich
Pflicht	• Hauptversammlung	• Emissionsprospekt • Geschäftsbericht • Zwischenbericht • Ad hoc Publizität
Freiwillig	• Roadshows • One-on-Ones • Analystenmeetings • Pressekonferenzen • Telefon- und E-Mail-Kontakte • Aktionärsmessen • Investorentage	• Investor-Handbuch • Internet • Aktionärsbriefe • Finanzanzeigen

Tab. 2-2: Instrumente der Kapitalmarktkommunikation (ähnlich: Achleitner, A.-K./Bassen, A./Pietzsch, L. (2001), S. 20).

Es wird deutlich, dass Investor Relations primär auf die Ausgestaltung des Kommunikationskanals mit den Finanzmärkten ausgerichtet sind. Neue Informationsquellen werden nicht erschlossen.[168] Aus diesem Grund werden die Investor Relations im Weiteren nicht berücksichtigt.

Inwieweit die Maßnahmen der Investor Relations lediglich exklusiv nutzbar sind, kann nur vermutet werden.[169] Wenn man die US-amerikanischen Erfahrungen zugrunde legt, schien es in der jüngeren Vergangenheit üblich, aus Unternehmenssicht besonders bedeutsamen Interessengruppen Informationen zukommen zu lassen, die nicht öffentlich waren. Vor dem Hintergrund dieser Erfahrungen entstand die Regulation FD, die ein solches Verhalten aus Gründen der Gleichbehandlung gegenüber allen Kapitalmarktteilnehmern unterbinden sollte.[170] Somit scheinen die Maßnahmen der Investor Relations insgesamt eine Position zwischen Berichterstattung

[168] Es kann aber vermutet werden, dass zumindest Hintergrundinformationen zur Verbesserung der Informationsverarbeitung aus Unternehmenssicht angeboten werden, z. B. mittels Analystenmeetings.

[169] Vgl. hierzu Täubert, A. (1998), S. 57-60.

[170] Vgl. zur Regelung SEC (2000) sowie Heflin, F./Subramanyam, K. R./Zhang, Y. (2003) und Irani, A. J./Karamanou, I. (2003) für erste empirische Untersuchungen.

und Publizität einzunehmen. Auch dies bestätigt die gewählte Vorgehensweise, Investor Relations im Weiteren nicht zu berücksichtigen.

Ein Sonderfall dürfte die unregelmäßige, freiwillige Informationsgewährung sein. Wie bei der Systematisierung der Kommunikationsinstrumente der Investor Relations bereits deutlich wurde, werden hier neben regelmäßigen Berichterstattungen auch situative Elemente, wie z. B. Pressemeldungen oder die Veröffentlichung der Ergebnisse freiwilliger Sonderprüfungen, mit abgedeckt. Für die unregelmäßige freiwillige Informationsgewährung gelten letztlich die gleichen Überlegungen wie für deren regelmäßiges Pendant. Von Publizität kann nur dann ausgegangen werden, wenn sichergestellt ist, dass die Informationsgewährung nicht nur exklusiv nutzbar ist. Dies ist bei Pressemitteilungen sicherlich gegeben. Bei der Kommunikation von Ergebnissen einer Sonderprüfung kann dies nicht unbedingt sichergestellt werden.

2.1.3 Alternative Bekanntmachungsformen der Unternehmenspublizität

Durch die weitgehende Verbreitung elektronischer Kommunikationsmedien ist eine Integration von DV-Systemen der Unternehmenspublizität in die Verarbeitungssysteme der Adressaten dieser Informationen möglich geworden.[171] Unternehmenspublizität ist nicht mehr allein an Druckversionen der Berichte gebunden, um die Adressaten zu erreichen. Eine besondere Rolle bei der Verbreitung von Informationen spielt das World Wide Web (WWW).[172] Die meisten Unternehmen dürften mittlerweile über eine Internetpräsenz verfügen.[173] Diese Tendenz zur Virtualisierung von Informationen statt einer physischen Vervielfältigung wird mit der Weiterentwicklung dieses Instrumentes voranschreiten. Werden bislang vervielfältigte Informationen lediglich virtualisiert bereitgestellt, ist gegenwärtig verstärkt eine Verknüpfung der Informationssysteme von Publizitätserstellern und –nutzern in die Diskussion geraten. Das Schlagwort in diesem Zusammenhang heißt XBRL (e**X**tensible **B**usiness **R**eporting **L**anguage).[174] Dies ist eine frei erhältliche, auf dem XML-Standard beruhende Textauszeichnungssprache zur internetbasierten Berichterstattung, die diese Integrationsfunktion erfüllen könnte, da sie weitgehend unabhängig von Systemkonfigurationen arbeitet und somit Schnittstellenprobleme überwin-

---

[171] Vgl. Gassen, J. (2000), S. 111.

[172] Vgl. Fischer, N. (2002), S. 98.

[173] Vgl. Fischer, T. M./Becker, S./Wenzel, J. (2002) sowie Xiao, Z./Jones, M. J./Lymer, A. (2002).

[174] Eine Demonstration dieser Textauszeichnungssprache findet sich unter www.xbrl.org.

det.[175] Das bislang im Wesentlichen diskutierte Anwendungsgebiet von XBRL ist die kostengünstige Möglichkeit der direkten Unternehmenskommunikation.[176]

Für Zwecke der Unternehmenspublizität ist mit XBRL die Möglichkeit der elektronischen Verbreitung standardisierter Informationen möglich.[177]

Ein Effekt, der sich aus der Virtualisierung von Unternehmenspublizität ergeben könnte, ist die Erhöhung der Frequenz regelmäßiger Informationsgewährung. In diesem Zusammenhang sei auf die Diskussionen um eine Verkürzung der Zeit zwischen Jahresabschlusserstellung und Veröffentlichung einerseits, bzw. dem Zeitraum zwischen zwei Erstellungszeitpunkten andererseits (sog. Fast Closing) verwiesen.[178]

Die Nutzung des Internets für die Unternehmenspublizität weist insbesondere unter Kostenaspekten Vorteile für Adressaten und Ersteller auf.[179] Allerdings sind auch Nachteile zu konstatieren. Durch die Möglichkeiten der Verlinkung zwischen einzelnen Informationsinhalten wird die Verifizierbarkeit der Informationsinhalte erschwert, da der Eindruck entsteht, dass verlinkte Informationsinhalte eine Einheit bilden. Dies wurde insbesondere nachgewiesen für eine Differenzierung von geprüften und ungeprüften Informationsinhalten, die im Internet angeboten werden.[180]

Wie Tab. 2-2 zu entnehmen ist, kann das Internet als Bekanntmachungsform der unpersönlichen und freiwilligen Unternehmenspublizität den Maßnahmen der Investor Relations zugeordnet werden. In Kapitel 2.1.2 ist bereits dargelegt worden, dass durch diese keine neuen Informationsquellen erschlossen werden. Aus diesem Grund ist eine Ausweitung der nachfolgenden Untersuchungen auf das Internet nicht notwendig.

2.2 Inhaltliche Abgrenzung des Risikobegriffs

Nach der Abgrenzung was unter Unternehmenspublizität zu verstehen ist, wird nun erarbeitet, wie Risiko in der ökonomischen Entscheidungstheorie abgebildet wird. Hieraus werden Prämissen hergeleitet, denen ein Risiko-

---

175 Vgl. O'Rourke, J. (2001).

176 Vgl. Xiao, Z./Jones, M. J./Lymer, A. (2002), S. 269 kritisch zur Anwendung von XBRL.

177 Vgl. Wagenhofer, A. (2003), S. 270 ff.

178 Vgl. Botosan (2002) dafür, dass eine Erhöhung der Frequenz von Zwischenberichten in Theorie und Praxis umstritten ist. Vgl. Eggemann, G./Petry, M. (2002) allgemein zum Fast Closing.

179 Vgl. Wagenhofer, A. (2003), S. 272-273 für eine Beschreibung möglicher Effekte von XBRL, die auf die Kosten der Unternehmenspublizität wirken könnten.

180 Vgl. Hodge, F. D. (2001).

begriff de lege lata und somit auch die risikoorientierte Unternehmenspublizität unterliegt. Um dieses Ziel zu erreichen, werden die konstituierenden Merkmale von Entscheidungssituationen unter Risiko dargestellt. Anschließend wird untersucht, welchen impliziten Prämissen derartige Entscheidungssituationen unterliegen.

Entscheidungssituationen sind gekennzeichnet durch das Vorhandensein von Entscheidungsalternativen und Umweltsituationen.[181] Zunächst sei angenommen, dass eine solche Entscheidungssituation geprägt sei durch unvollkommene Informationen.[182] Unvollkommene Information bezeichnet eine mangelnde Kenntnis künftiger Entwicklungen.[183] Vollkommene Information ergibt sich somit aus einer vollständigen Voraussicht zukünftiger Ereignisse und Handlungsalternativen, wohingegen fehlende Information ein vollkommenes Unwissen über die Zukunft impliziert.[184] Nimmt man den Grad des Wissens über die Zukunft als trennendes Element zwischen vollkommener, unvollkommener und fehlender Information, so ergibt sich, dass der unvollkommenen Information zumindest ein Mindestwissen zugrunde liegen muss,[185] das vier Merkmale aufweist:[186]

- Das Entscheidungsproblem ist exakt beschrieben.
- Die Ziele des Entscheidenden sind bekannt.
- Es liegt Kenntnis über mindestens zwei sich gegenseitig ausschließende Handlungsmöglichkeiten vor.
- Die künftigen Zustände der Umwelt sind zumindest teilweise bekannt.

Ein Entscheidungsproblem ist nicht exakt beschrieben, wenn Begriffe im Zusammenhang mit einer Wahlentscheidung nicht eindeutig sind.[187] Solche Begriffe werden auch als unscharf bezeichnet. Es lassen sich mehrere Formen von Unschärfe identifizieren:[188]

- Intrinsische (terminologische, lexikale) Unschärfe: Sie ist der Ausdruck der Unschärfe menschlicher Empfindungen. Beispiele hierfür sind Formulierungen wie „hoher Gewinn“, „vertretbare Kosten“ oder „angemessener Marktanteil“.
- Informationelle Unschärfe: Bei der informationellen Unschärfe sind die lexikalischen Begriffe zwar exakt definiert. Allerdings können

181 Vgl. Hahn, D./Hungenberg, H. (2001), S. 72.
182 Vgl. Laux, H. (2003), S. 339.
183 Vgl. Schneider, D. (1992), S. 427.
184 Vgl. Schneider, D. (1992), S. 427.
185 Vgl. Schneider, D. (1992), S. 427.
186 Vgl. Schneider, D. (1992), S. 427-429.
187 Vgl. hierzu Adam, D. (1996), S. 422.
188 Vgl. Gleißner, W./Wolfrum, M. (2001), S. 141.

diese scharfen Begriffe wegen der mangelnden Fähigkeit, die dazugehörigen Informationen zu verarbeiten, nicht operationalisiert werden. Beispiele für Unschärfe dieser Art sind Begriffe wie „kreditwürdig“ oder „marktbeherrschend“.
- Relationale Unschärfe: Hierbei handelt es sich um Aussagen, bei denen die Beziehungen zwischen den angesprochenen Größen keinen dichotomen Charakter aufweisen. Beispiele für relationale Unschärfe sind Formulierungen wie „viel kleiner als“ oder „in etwa gleich“.

Die Ziele des Entscheidungsträgers müssen bekannt sein. Nur so ist ein Vergleich von Handlungsalternativen überhaupt möglich. Zielsysteme sind, wie noch im Zusammenhang mit der Operationalisierbarkeit von Publizität aufzuzeigen ist, i. d. R. nicht gut strukturiert.[189] Dies liegt an einer beschränkten Rationalität des Entscheidungsträgers hinsichtlich seiner Risikopräferenzen.[190]

Die Kenntnis von mindestens zwei Handlungsalternativen ist deswegen Bestandteil des Mindestwissens von Entscheidenden, weil nur so ein Entscheidungsproblem existiert.[191] Läge nur eine Handlungsalternative vor, ist eine Entscheidung faktisch obsolet. Das andere Extrem wäre die Kenntnis sämtlicher, möglicher Handlungsalternativen, inklusive der damit verbundenen Folgealternativen.[192]

Ferner müssen dem Entscheidungsträger die künftigen Umweltzustände mindestens teilweise bekannt sein.[193] Eine vollständige Enumeration aller denkbaren, entscheidungsrelevanten Umweltsituationen ist nicht immer möglich und aus Wirtschaftlichkeitserwägungen nicht sinnvoll.[194] Vielfach wird man sich daher aus Gründen der Komplexitätsreduktion von Entscheidungsprozessen auf einige wenige Umweltsituationen beschränken müssen.[195]

Der Fall, dass die Unvollkommenheit der Information über eine Entscheidungssituation nur in der Unwissenheit über die zukünftigen Umweltzu-

---

189 Vgl. Kapitel drei dieser Arbeit.

190 Vgl. Laux, H. (2003a), S. 60.

191 Vgl. Schneider, D. (1992), S. 427.

192 Vgl. Laux, H. (2003), S. 283.

193 Vgl. Laux, H. (2003), S. 286. Sind die künftigen Umweltzustände vollständig bekannt, liegt eine Entscheidungssituation unter Sicherheit vor. Liegen keine Informationen hinsichtlich der künftigen Umweltzustände vor, kann nicht rational zwischen Handlungsalternativen gewählt werden, vgl. hierzu Hahn, D./Hungenberg, H. (2001), S. 72.

194 Vgl. Adam, D. (1996), S. 300.

195 Vgl. Adam, D. (1996), S. 300.

stände begründet liegt, wird auch als Unsicherheit bezeichnet.[196] Diese lässt sich wiederum auf drei Ursachen zurückführen:[197]

- Es wird zunächst nur ein einziger Umweltzustand zur Entscheidungsfindung herangezogen. Hierdurch wird eine planungssichere Entscheidung suggeriert. Andere für möglich gehaltene Umweltzustände werden zurückgestellt.
- Die Gesamtheit der bekannten Umweltzustände wird als vollständig angenommen. Dieser Fall wird auch als Entscheidung unter Ungewissheit bezeichnet.
- Eine Entscheidung mit Informationsrisiken liegt hingegen vor, wenn bei der Entscheidung bewusst berücksichtigt wird, dass nicht alle möglichen Umweltzustände mitberücksichtigt worden sind.

Bislang wurde bei der Darstellung von Entscheidungssituationen bei unvollkommener Information implizit davon ausgegangen, dass die Wahrscheinlichkeit für das Eintreten von zukünftigen Umweltzuständen für jeden Zustand gleich ist.[198] Im Folgenden wird nicht auf die Möglichkeiten zur Ermittlung von Wahrscheinlichkeiten eingegangen.[199] Vielmehr werden kurz die drei möglichen Typen von Wahrscheinlichkeiten erläutert, die sich ergeben, wenn man diesen Begriff nach der Vollständigkeit der Information über Wahrscheinlichkeiten abgrenzt. Diese sind:

- fehlende Wahrscheinlichkeiten: Dies wird als eine Entscheidungssituation unter Unsicherheit i. e. S. verstanden.[200]
- subjektive Wahrscheinlichkeiten: Hierbei handelt es sich um eine Entscheidungssituation unter Risiko i. w. S. Man muss allerdings berücksichtigen, dass die subjektive Schätzung von Wahrscheinlichkeiten sog. Pseudowahrscheinlichkeiten liefert, die lediglich das zum Zeitpunkt der Wahrscheinlichkeitsbestimmung vorliegende Verständnis eines Entscheidenden reflektiert.[201] Diese Wahrscheinlichkeiten dürften eher ein Erwartungswert der für möglich gehaltenen Wahrscheinlichkeitsverteilung eines Umweltzustandes sein. Nichtsdestotrotz suggerieren subjektive Wahrscheinlichkeiten das Vorhandensein einer Punktwahrscheinlichkeit. Wahrscheinlichkeiten, die im Zusammenhang mit der risikoorientierten Unternehmenspublizität auftreten, dürften mehrheitlich subjektive Wahrscheinlichkeiten sein.

---

[196] Vgl. Schneider, D. (1992), S. 429.
[197] Vgl. Schneider, D. (1992), S. 429.
[198] Vgl. Schneider, D. (1992), S. 436-437.
[199] Vgl. Schneider, D. (1992), S. 430 ff. sowie Adam, D. (1996), S. 226-227 für eine detaillierte Auseinandersetzung mit dieser Fragestellung.
[200] Vgl. Laux, H. (2003), S. 22-23.
[201] Vgl. Laux, H. (2003), S. 22-23 sowie Adam, D. (1996), S. 226-227.

- objektive Wahrscheinlichkeiten: Diese konstituieren eine Entscheidungssituation unter Risiko i. e. S.[202] Objektive Wahrscheinlichkeiten lassen sich bestimmen, wenn aus einer Vielzahl gleichartiger Transaktionen, wie z. B. bei Versicherungen, Abweichungen von einem Zielwert bestimmt werden können.[203] Sie erhalten ihre Objektivität dadurch, dass sie aus einer Vielzahl von Fällen ermittelt worden sind.[204] Objektive Wahrscheinlichkeiten sind somit i. d. R. aus der Vergangenheit gewonnene Wahrscheinlichkeiten. Inwieweit diese im Rahmen einer risikoorientierten Unternehmenspublizität extrapolationsfähig sind, muss zumindest kritisch hinterfragt werden.[205]

Aus den vorangegangenen Ausführungen wird deutlich, dass der entscheidungstheoretische Risikobegriff auf der zumindest unvollkommenen (subjektiven) Kenntnis über die Eintrittswahrscheinlichkeiten einer bekannten und in die Entscheidungsfindung einbezogenen Anzahl von Umweltzuständen basiert.[206] Gelingt eine wie auch immer geartete Zuordnung von Wahrscheinlichkeiten zu den Umweltzuständen und wird ferner davon ausgegangen, dass alle Handlungsalternativen sowie die Ziele des Entscheidungsträgers bekannt sind und dass alle Begriffe scharf formuliert sind, wird von einem gut strukturierten Entscheidungsfeld gesprochen.[207] Das Auswahlproblem unter Risiko zwischen Handlungsalternativen kann in diesem Fall gelöst werden, wenn ein entsprechendes Lösungsverfahren vorliegt. Die Funktion der risikoorientierten Unternehmenspublizität besteht unter diesen Umständen darin, den Adressaten Informationen bezüglich möglicher Handlungsalternativen, potenzieller künftiger Umweltzustände und deren Eintrittswahrscheinlichkeiten aufzuzeigen.

Das bislang vorgestellte Risikoverständnis ist statisch. Die angesprochenen Entscheidungsregeln klammern die Frage der zeitlichen Entwicklung aus. Um zu dokumentieren, welche Konsequenzen aus einer Dynamisierung des Entscheidungsproblems erwachsen, wird im Folgenden kurz auf die Erwartungsbildung eingegangen.

Der Erwartungswert in der klassischen Entscheidungstheorie entspricht dem Mittelwert der möglichen Ausprägungen einer Zufallsvariablen.[208] Da die zeitliche Dimension eines Entscheidungsfeldes nicht berücksichtigt

202 Vgl. Laux, H. (2003), S. 125.
203 Vgl. Laux, H. (2003), S. 125.
204 Vgl. Adam, D. (1996), S. 225.
205 Vgl. Laux, H. (2003), S. 125.
206 Vgl. Laux, H. (2003), S. 22-23.
207 Vgl. Adam, D. (1996), S. 15.
208 Vgl. Bleymüller, J./Gehlert, G./Gülicher, H. (2002), S. 13.

wird, spricht man auch von zeitlich invariaten Erwartungsbildungen.[209] Diese Form der Erwartungsbildung ist exogen, denn die Entscheidungsträger können ihre Erwartungen nicht durch Lernen ändern. Vielmehr sind sie autonom aus stochastischen Schwankungen ermittelt. Die Erwartungen der Vergangenheit werden in die Zukunft extrapoliert. Abweichungen vom prognostizierten Erwartungswert ergeben sich aus innovativen Handlungen, die bislang nicht in die Prognose eingeflossen sind. Das eigentliche Risiko besteht somit in einer innovationsbedingten Abweichung vom prognostizierten Erwartungswert.

Aus dieser kurzen Darstellung der dynamischen Effekte der Erwartungsbildung kann abgeleitet werden, dass ein statisches Risikoverständnis in der Unternehmenspublizität eine Komplexitätsreduktion darstellen würde. Risikoorientierte Unternehmenspublizität ist somit nicht als eine isolierte, zeitpunktbezogene Informationsgewährung zu verstehen. Vielmehr löst sie bei den Adressaten einen Lernprozess über die Risikosituation des betrachteten Unternehmens aus.[210]

Eine weitere implizite Prämisse dieser betriebswirtschaftlichen Risikodefinition ist das rationale Verhalten von Entscheidenden. Rational ist dabei diejenige Entscheidung, die entsprechend einer axiomatisierten Entscheidungstheorie gefällt wird.[211] Das wohl gängigste axiomatische System, auf welchem die meisten Entscheidungsregeln unter Unsicherheit beruhen, geht auf *von Neumann* und *Morgenstern* zurück.[212] Gemäß diesem sind Entscheidungen dann rational, wenn sie folgenden fünf Bedingungen gehorchen:[213]

- Vollständigkeit der Entscheidungsergebnisse,
- Transitivität der Entscheidungsergebnisse,
- Stetigkeit,
- Substitutionsprinzip,
- Wahrscheinlichkeitsdominanz.

Dieses Axiomensystem, welches grundlegend für die klassische Entscheidungstheorie ist, wird in der Literatur, insbesondere auch von anderen sozialwissenschaftlichen Disziplinen in Frage gestellt.[214] Dass Entscheidende

---

209 Vgl. Gleißner, W./Wolfrum, M. (2001), S. 141 ff. für die folgende Darstellung adaptiver Erwartungsbildung. Vgl. auch Grieve, H. R. (1998).

210 Vgl. Kapitel 3.1.1.

211 Vgl. Laux, H. (2003), S. 31-34 für die Darstellung des klassischen Axiomensystems der Entscheidungstheorie.

212 Vgl. Laux, H. (2003), S. 31 sowie Copeland, T. E./Weston J. F. (1992), S. 79-80.

213 Vgl. Laux, H. (2003), S. 31 sowie Copeland, T. E./Weston J. F. (1992), S. 79-80.

214 Vgl. Copeland, T. E./Weston J. F. (1992), S. 77-78.

gegen diese Axiome des Rationalverhaltens verstoßen, ist Gegenstand einer Reihe von Untersuchungen.[215]

Die Entscheidungsregeln, welche auf Basis der Axiome der Entscheidungstheorie formuliert worden sind, unterstellen, dass Entscheidungsträger ein risikoaverses Verhalten aufweisen.[216] Risikoaversion drückt sich hierbei formal in einem konkaven Verlauf der Risikopräferenzfunktionen aus.[217] *Kahnemann* und *Tversky* haben als Alternative zu dem klassischen Axiomensystem die Theorie der Präferenzumkehr entwickelt.[218] Die Entwicklung dieser Theorie wird durch empirische Untersuchungen der Risikowahrnehmung von Entscheidungsträgern gestützt.[219] Aus dieser Untersuchung wird ersichtlich, dass die bislang beschriebene Prämisse, dass Entscheidungsträger immer risikoavers sind, nicht aufrechterhalten werden kann. Durch eine Reihe empirischer Untersuchungen konnte festgestellt werden, dass Entscheidungsträger in Situationen, in denen sie einen Verlust erfahren, Risiko zugeneigt sind. Hier scheint das Phänomen vorzuliegen, dass Entscheidungsträger bestehende Verluste durch das Eingehen höherer Risiken auszugleichen versuchen. Für Gewinnsituationen konnte wiederum eine Risikoaversion nachgewiesen werden. Augenscheinlich verfolgen die Entscheidungsträger hierbei die Strategie, bestehende Gewinne abzusichern, indem versucht wird, Risiko zu verringern.[220] Auf Basis dieser Erkenntnisse wurden modifizierte Axiomensysteme entwickelt, die diesem Umstand gerecht werden. Allerdings haben diese bislang entgegen den Entscheidungsregeln, welche auf dem klassischen Axiomensystem beruhen, in der praktischen Anwendung keine große Bedeutung erlangt.

Es bleibt abschließend festzustellen, dass das gegenwärtig in der Wirtschaftswissenschaft angewandte Axiomensystem der Entscheidungstheorie empirisch nicht bestätigt werden kann.[221] Es kann folglich auch nicht eindeutig bestimmt werden, welche Wirkungen tatsächlich von Risiko auf

---

215 Vgl. ohne Anspruch auf Vollständigkeit Blondel, S. (2002), Brachinger, H.W./Weber, M. (1997), Fishburn, P. C. (1982), Fishburn, P. C. (1984), Keenan, D. C./Snow, A. (2002), Kritzman, M./Rich, D. (2002), Neilson, W./Stowe, J. (2002), Terrell, D. (1998), Weber, E. U. (1988), Weber, E. U./Hsee, C. (1998), Weber, E. U./Milliman, R. A. (1997) sowie Sjöberg, L. (2002).

216 Vgl. Copeland, T. E./Weston J. F. (1992), S. 85 ff. zur Messung von Risikoaversion.

217 Vgl. Copeland, T. E./Weston J. F. (1992), S. 85-86.

218 Vgl. grundlegend Kahneman, D./Tversky, A. (1979) sowie Neilson, W./Stowe, J. (2002).

219 Vgl. Schierenbeck, H./Lister, M. (2001), S. 312-313 sowie allgemein Seidl, C. (2001).

220 Vgl. Siebenmorgen, N. (2001), S. 8.

221 Vgl. Schierenbeck, H./Lister, M. (2001), S. 312-313 mit Beispielen für experimentelle Untersuchungen.

Entscheidungen ausgehen.[222] Es sollen im Folgenden insbesondere bei der Wirkungsanalyse von risikoorientierter Unternehmenspublizität die klassischen Entscheidungsprinzipien zugrunde gelegt werden, um auf Basis einer handhabbaren Komplexität argumentieren zu können. Allerdings muss sich immer vergegenwärtigt werden, dass die Wirkungen von Risiko auf Entscheidungen und damit auch die risikoorientierte Unternehmenspublizität eine höhere Komplexität aufweisen könnte, als die Verwendung dieses spezifischen Axiomensystems suggeriert.

Zusammenfassend lässt sich durch die Darstellung des entscheidungstheoretischen Risikobegriffes aufzeigen, welchen Prämissen die risikoorientierte Unternehmenspublizität bei Verwendung eines solchen Risikobegriffes unterliegt.

- Das Ziel der risikoorientierten Unternehmenspublizität ist es, den Adressaten Informationen über mögliche Handlungsalternativen und potenzielle künftige Umweltzustände sowie deren Eintrittswahrscheinlichkeiten aufzuzeigen.
- Eine derartige Zielformulierung ist zunächst statisch. Es muss zusätzlich berücksichtigt werden, dass die risikoorientierte Unternehmenspublizität bei den Adressaten einen Lernprozess auslöst, von welchem Wirkungen ausgehen können, die über das im ersten Punkt formulierte Ziel der risikoorientierten Unternehmenspublizität hinausgehen. Als Beispiel hierfür können enttäuschte Erwartungen angeführt werden, die einen Adressaten dazu veranlassen, die Informationen der risikoorientierten Unternehmenspublizität in Zukunft skeptisch zu betrachten.
- Die Entscheidungsregeln, die ein Adressat der risikoorientierten Unternehmenspublizität auf die im ersten Punkt dargestellten Informationen, anwenden soll, unterstellen ein risikoaverses Verhalten. Eine derartige Annahme kann empirisch nicht zweifelsfrei belegt werden. Die risikoorientierte Unternehmenspublizität kann somit eine andere Entscheidung bewirken, als es bei Anwendung der normativen Entscheidungstheorie rational wäre.

2.3 Merkmale risikoorientierter Unternehmenspublizität

Nachdem im vorhergehenden Kapitel die Prämissen des entscheidungstheoretischen Risikobegriffs und deren Auswirkungen bei Anwendung auf die risikoorientierte Unternehmenspublizität dargestellt worden sind, wird nun die Abbildbarkeit von Risiko im Rahmen der risikoorientierten Unternehmenspublizität untersucht. Zu diesem Zweck werden zwei Aspekte der risikoorientierten Unternehmenspublizität näher beleuchtet. Zum einen wird

[222] Vgl. Brealey, R. A./Myers, S. C. (1996), S. 993-994.

auf deren Explizierungsgrad eingegangen, zum anderen ist deren Einbindung in das Risikomanagement zu adressieren. Zur Verdeutlichung der Bedeutung des Explizierungsgrades von risikoorientierter Unternehmenspublizität werden sowohl der Einfluss von Eintrittswahrscheinlichkeiten von Risiken als auch deren Auswirkungen auf mögliche Zielgrößen untersucht. Auf Basis dieser Erkenntnisse wird hergeleitet, warum es unterschiedliche Explizierungsgrade der risikoorientierten Unternehmenspublizität gibt.

2.3.1 Explizierungsgrad der risikoorientierten Unternehmenspublizität

Grundsätzlich kann sich der Explizierungsgrad der risikoorientierten Unternehmenspublizität auf zwei Arten ausdrücken:

- *Ansatz, Ausweis und Bewertung* von Aktiva und Passiva in der Bilanz erfolgt unter besonderer Berücksichtigung der zum Bilanzstichtag bekannten Risiken der zukünftigen Unternehmensentwicklung. Aufgrund der Tatsache, dass in Ansatz, Ausweis und Bewertung nicht nur die Abbildung zukünftiger Risiken zum Tragen kommt, sondern auch andere Bilanzierungszwecke zu berücksichtigen sind, wird im Folgenden von einer *impliziten Risikoorientierung* gesprochen.
- In den *narrativen oder verbalisierten Bestandteilen* der Unternehmenspublizität, wie z. B. dem Lagebericht nach HGB oder der Management's Discussion and Analysis of Financial Condition and Results of Operations nach US-GAAP wird auf die Risiken der zukünftigen Unternehmensentwicklung hingegen separat und somit *explizit* eingegangen.[223]

Damit eine implizite oder explizite Risikoorientierung der Unternehmenspublizität sinnvoll abgegrenzt werden kann, müssen zunächst die Sachverhalte geklärt werden, wann ein Risiko im Sinne der Unternehmenspublizität vorliegt.

Wie bereits in der betriebswirtschaftlichen Analyse der Charakteristika von Risikoorientierung deutlich wurde, kann das Risikoausmaß ursächlich auf das Produkt von Eintrittswahrscheinlichkeiten von Umweltzuständen und Auswirkung des Risikos auf eine Zielgröße zurückgeführt werden (vgl. Abb. 2-4). In der Unternehmenspublizität werden i. d. R. vorwiegend subjektive Einschätzungen der Risikoparameter Anwendung finden.[224] Auch die Schätzung der Auswirkungen auf eine wie auch immer geartete Ziel-

[223] Vgl. Ballwieser, W. (1982) für eine ähnliche Begriffsverwendung.
[224] Vgl. Moxter, A. (1982), S. 8.

größe dürfte folglich im Publizitätssystem der Unternehmen vielfach eine subjektive, auf (Experten-)urteilen beruhende Einschätzung notwendig sein.[225]

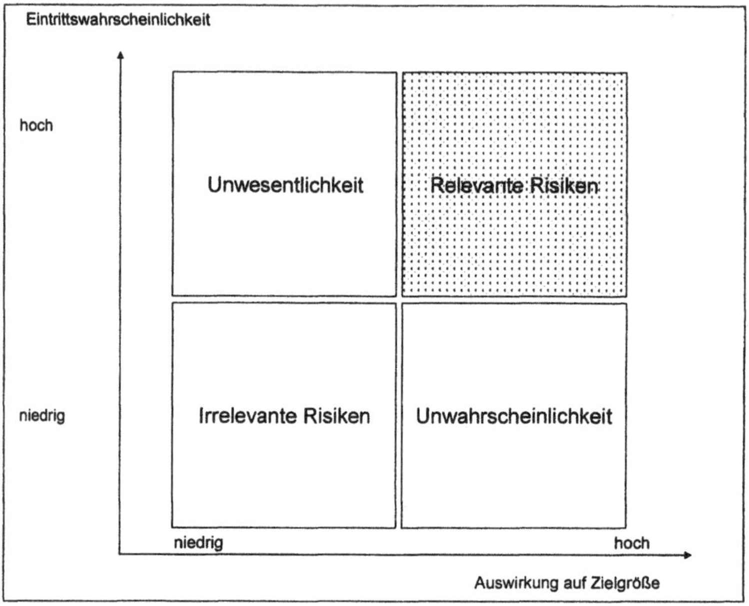

Abb. 2-4: Kategoriale Darstellung der Risikodeterminanten (ähnlich Weber, J./Weißenberger, B. E./Liekweg, A. (2001), S. 58).

Zunächst muss untersucht werden, was eigentlich die *Zielgröße* der Unternehmenspublizität sein soll, bei deren Verfehlung ein Risiko entsteht.[226] Diese wird im Folgenden als *Trennwert* zwischen Chancen und Risiken bezeichnet.[227] Aufgrund der vielfältigen Interessengruppen gibt es im Rahmen der Ausgestaltung von Unternehmenspublizität keinen dominanten Zweck sondern lediglich eine Zweckadäquanz.[228] Somit gestaltet sich

---

225 Vgl. Adam, D. (1996), S. 196 allgemein zu Expertenurteilen.

226 Abb. 2-4 dient allein der Darstellung der Dimensionen des Risikos. Natürlich unterliegt eine solche schematische Darstellung jeweils der Kritik, dass die Flächen nicht abgrenzbar sind und dass Interdependenzen zwischen den Feldern keine Berücksichtigung finden etc.

227 Vgl. Weber, J./Weißenberger, B. E./Liekweg, A. (2001), S. 50 Fn. 9 für ein Beispiel. Risiken, die nur negative Abweichungen von einem Erwartungswert darstellen, werden als „reine Risiken" bezeichnet. Konstituieren positive und negative Abweichungen von einem Erwartungswert den Risikobegriff, spricht man von „spekulativen Risiken", vgl. hierzu Mikus, B. (2001), S. 7.

228 Vgl. Kapitel drei dieser Arbeit.

die Festlegung eines Trennwertes schwierig. Folgt man bspw. dem Institut der Wirtschaftsprüfer (IDW) oder dem DRS 5, so ist Risiko allgemein die Möglichkeit ungünstiger künftiger Entwicklungen.[229] Diese Aussage ist insofern interessant, als dass sie nur negative Abweichungen vom Trennwert als für die Rechnungslegung relevant betrachtet. Diese Einschätzungen werden sowohl in Deutschland als auch im Verständnis nach IAS/IFRS und US-GAAP geteilt.[230] Hieraus ergibt sich ein Unterschied des in der Entscheidungstheorie verwendeten Risikoumfanges von dem Risiko der Unternehmenspublizität. In dieser werden auch positive Abweichungen von einem Trennwert als Risiko erfasst.[231] Diese Eingrenzung des rechtlichen Risikoverständnisses ist allerdings nicht als ein willkürlicher Akt anzusehen. Für Deutschland hat der Gesetzgeber in der Begründung zum KonTraG explizit darauf hingewiesen, dass er eine vollständige Darstellung der wirtschaftlichen Lage des Unternehmens wünsche.[232] Diese müsse ausgewogen Chancen und Risiken umfassen.[233]

Die Frage des Trennwertes ist weder im IDW PS 340 noch im DRS 5 adressiert worden. Im Rahmen der Rechnungslegung werden eine Vielzahl möglicher Rechnungslegungszwecke diskutiert, die eine entsprechende Ausgestaltung des bilanziellen Ansatzes, der Bewertung und des Ausweises erfordern. Vereinzelt sind Einzelaspekte dieser Rechnungslegungszwecke, wie bspw. die Veröffentlichung prognostischer Informationen, bilanziell aufgrund konfligierender anderer Rechnungslegungszwecke (z. B. die steuerliche Einkommensbemessung bei Einzelabschlüssen) gar nicht darstellbar, sodass Informationen in narrativer Form als Ergänzung zum Jahresabschluss, aber von dessen Inhalten abgekoppelt verbreitet werden müssen.[234] Einige in der Bilanztheorie diskutierte Rechnungslegungszwecke seien hier genannt, um einen Eindruck ihrer Unterschiedlichkeit zu vermitteln, die sich auch auf die Darstellung eines zweckbezogenen Risikos auswirkt.[235] Auf eine Detailanalyse wird hier zugunsten einer Analyse der risikoorientierten Unternehmenspublizität im Rechtssinne, wie sie in Kapitel drei erfolgt, verzichtet. Als mögliche

---

229 Vgl. IDW PS 340 (1999), Abschnitt 2,(3) sowie DRS 5, Tz. 9.

230 Vgl. Löw, E./Lorenz, K. (2001) für eine vergleichende Darstellung.

231 Vgl. Huch, B./Tecklenburg, T. (2001), S. 302-303 für eine aus dem KonTraG abgeleitete Risikodefinition, die sowohl Risiken als auch Chancen einschließt. Gerechtfertigt wird eine derartige Ausweitung des Risikobegriffs der Unternehmenspublizität mit einem Verweis auf das Zweckadäquanzprinzip.

232 Vgl. o. V. (1997), S. 25.

233 Vgl. o. V. (1997), S. 25.

234 Vgl. Ellrott, H. (2003), Tz. 3.

235 Vgl. Kapitel drei dieser Arbeit.

Trennwerte für Risiken in der Rechnungslegung können aber, ohne Anspruch auf Vollständigkeit, genannt werden:[236]

- Veränderung des Effektivvermögens[237], approximiert durch
    - o den gemeinen Marktwertzuwachs,
    - o den Substanz- oder Reproduktionswert (Teilwerte),
    - o den Liquidationswert (Gemeinwert),
- Veränderung des Buchvermögens,
- Veränderung der pränumerando Durchschnittsausschüttung[238] sowie
- Veränderung der bilanziellen Liquidität.

Zusammenfassend wird deutlich, dass die Trennwertfrage entscheidend ist, für die Herstellung des Entscheidungsbezugs der risikoorientierten Unternehmenspublizität. Nur eine hinreichende Auseinandersetzung mit dieser Frage kann zur Analyse der risikoorientierten Unternehmenspublizität beitragen. Bezogen auf die Abb. 2-4 kann somit als erstes festgestellt werden, dass es keine theoretisch begründbare vertikale Trennlinie gibt. Dieses Faktum zu verneinen, hieße zu suggerieren, dass es ein operationales Zwecksystem der Rechnungslegung gäbe. Auch eine verbalisierte Darstellung, bspw. im Lagebericht heilt dieses Problem nicht, es sei denn, dass im Sinne einer Abkopplung ein für narrative Publizitätsbestandteile eigenes, operationalisiertes Zwecksystem existiert.[239]

Mittels einer prozessorientierten Darstellung der risikoorientierten Unternehmenspublizität können Risiken allerdings verursachungsgerechter identifiziert werden, als wenn eine Zuordnung anhand von Vermögensgegenständen oder Schulden erfolgt.[240] Soweit es also im Rahmen der gesetzlichen Vorschriften zur Unternehmenspublizität möglich erscheint, sollten Unternehmensrisiken prozessorientiert dargestellt werden.[241]

---

236 Vgl. Moxter, A. (1982), S. 31 ff.

237 Vgl. Moxter, A. (1993), S. 112 für eine Definition des Effektivvermögens als Ertragswert. In dieser Arbeit werden die Barwertmethoden der Unternehmensbewertung durchgängig als Ertragswert bezeichnet. Vgl. Steiner, M./Wallmeier, M. (1999), S. 3 für einen Überblick zu den Barwertmethoden der Unternehmensbewertung.

238 Vgl. zum Begriff der pränumerando Durchschnittsausschüttung Moxter, A. (1982), S. 142 ff. Dieser Begriff steht für eine nach Schmalenbachs dynamischer Bilanztheorie ermittelten Durchschnittsausschüttung.

239 Vgl. hierzu Kapitel 3.2.2.

240 Eine Darstellungsmöglichkeit der prozessorientierten, verbalisierten Risikoorientierung wird in Kapitel 2.3.2 vorgestellt.

241 Vgl. auch DRS 5, Tz. 17. Vgl. Kapitel 2.3.2 für eine ausführliche Darstellung, wie sich Risiken aus den Unternehmensprozessen ableiten lassen.

Die zweite Determinante des Risikos ist die *Eintrittswahrscheinlichkeit.* Diese dürfte in der Rechnungslegung lediglich in kategorialer Ausprägung angewandt werden. Bspw. sei hier an die Wahrscheinlichkeitsbemessung von Rückstellungen gedacht. Bei Rückstellungen nach HGB wird eine Wahrscheinlichkeitsgrenze von 50 % vorgegeben.[242] Nach dieser sind Verpflichtungen, die dem Grunde nach mit einer Wahrscheinlichkeit von mehr als 50 % eintreten, zu passivieren. Diese Wahrscheinlichkeiten sind nur in seltenen Fällen zu objektivieren.[243] Objektivierungen treten bspw. auf bei Gewährleistungsrückstellungen. Hier können aus den Erfahrungen der Vergangenheit c. p. Wahrscheinlichkeiten abgeleitet werden, die in die Zukunft extrapoliert werden. Diese Problematik lässt sich ohne weiteres auch auf die risikoorientierte Unternehmenspublizität übertragen. Somit ist bezogen auf die horizontale Achse in Abb. 2-6 auch hier ein nicht sachlogisch objektivierbarer Trennwert gegeben.

Risikoorientierte Unternehmenspublizität ist ein Instrument, welches die Bandbreite möglicher negativer Konsequenzen aus dem in der Unternehmenspublizität reflektierten Tatsachenwissen in Bezug auf einen Publizitätszweck widerspiegelt.[244] Zusammenfassend kann konstatiert werden, dass es keine objektive sondern nur eine objektivierte risikoorientierte Unternehmenspublizität geben kann.[245] Insofern ist eine alleinige zweckunabhängige Analyse von Risiken der Unternehmensentwicklung nicht sinnvoll. Allerdings erlaubt die zeitweilige Abstraktion von den Zwecken der Unternehmenspublizität mögliche Ausgestaltungsformen für eine Risikoorientierung zu identifizieren.[246]

Bislang wurden die Begriffe implizite und explizite Risikoorientierung zwar definiert, aber die Begründung, warum eine solche Differenzierung erfolgt, steht noch aus. Das Kernargument für eine Trennung von impliziter und expliziter Risikoorientierung ist, dass mit einer Verbalisierung von unternehmensrelevanten Sachverhalten Restriktionen einer rein monetären Darstellung, wie in der Bilanz und der Gewinn- und Verlustrechnung, theoretisch umgangen werden können. Hieraus könnten sich auch abweichende Zwecke ergeben, die mit einer impliziten bzw. einer expliziten Risikoorientierung verbunden werden. Die wesentlichen Unterschiede, die

---

[242] Vgl. Daub, S. (2000), S. 77. Die Formulierung der Rechtsprechung nennt keine Prozentsätze. Eine Rückstellung ist zu bilden, wenn mehr Gründe für das Entstehen sprechen als dagegen.

[243] Vgl. Daub, S. (2000), S. 78. Die Subjektivität ergibt sich aus einer vernünftigen kaufmännischen Beurteilung.

[244] Vgl. hierzu Schneider, D. (1997), S. 201.

[245] Vgl. Moxter, A. (1982), S. 11.

[246] Vgl. Kapitel drei dieser Arbeit.

eine Aufhebung der Zweckidentität von impliziter und expliziter Risikoorientierung ermöglichen, sind die Folgenden:[247]

- Zeitbezug:
  - Stichtagsprinzip,
  - Periodisierungsprinzip;
- Sachbezug:
  - Informationsverdichtung,
  - Einzelbewertungsgrundsatz.

Zunächst wird die Wirkung des unterschiedlichen Zeitbezuges erläutert. Die Bilanz sowie die Gewinn- und Verlustrechnung sind unabhängig von den Rechnungslegungsnormen an das *Stichtagsprinzip* gebunden. Die Bilanz stellt Vermögen, Schulden und Eigenkapital zu einem Zeitpunkt dar. Die Gewinn- und Verlustrechnung ist eine Zeitraumrechnung zwischen zwei Stichtagen. Aus dem Stichtagsprinzip folgt, dass zum Zeitpunkt der Fertigstellung des Jahresabschlusses der Referenzzeitpunkt in der Vergangenheit liegt. Informationen, die einem Jahresabschlussersteller nach dem Bilanzstichtag bekannt werden und die gleichzeitig einen wesentlichen Einfluss auf in der Bilanz darzustellenden Sachverhalte des vergangenen Geschäftsjahres haben, müssen auch nach dem Bilanzstichtag verwertet werden. Diese Vorgehensweise wird auch als Wertaufhellungsprinzip bezeichnet.[248] Im Unterschied hierzu gelten Sachverhalte nach dem Bilanzstichtag, als Wert begründend, wenn aus ihrer Berücksichtigung ein ansatzpflichtiges Aktivum oder Passivum in der Bilanz des vergangenen Geschäftsjahres entstünde.[249] Eine Berücksichtigung Wert begründender Sachverhalte erfolgt bei der Jahresabschlusserstellung nicht.[250] Ziel des Stichtagsprinzips ist es folglich eine Trennung zweier Geschäftsjahre zu ermöglichen.[251] Hand in Hand mit dem Stichtagsprinzip geht das *Periodisierungsprinzip*. Das Periodisierungsprinzip besagt allgemein, dass gewisse Sachverhalte entsprechend zweckabhängiger Regeln auf die Rechnungsperioden zu verteilen sind.[252] Hieraus wird deutlich, dass es sich bei den Ausgestaltungen des Periodisierungsprinzips um eine Zurechnung von Sachverhalten auf eine oder mehrere Perioden handelt.[253] Die monetären Systeme der Rechnungslegung, wie die Bilanz und Gewinn- und Verlustrechnung fußen unabhängig von den Rechnungslegungsnormen auf diesen Prinzipien des zeitlichen Bezugs. Dies darf aber im Umkehrschluss nicht

---

247 Vgl. Coenenberg, A. G. (2003), S. 38-40 zu den Grundsätzen.
248 Vgl. Baetge, J./Kirsch, H.-J./Thiele, S. (2002), S. 105.
249 Vgl. Baetge, J./Kirsch, H.-J./Thiele, S. (2002), S. 105.
250 Vgl. Baetge, J./Kirsch, H.-J./Thiele, S. (2002), S. 105.
251 Vgl. Baetge, J./Kirsch, H.-J./Thiele, S. (2002), S. 106.
252 Vgl. Baetge, J./Kirsch, H.-J./Thiele, S. (2002), S. 106.
253 Vgl. Baetge, J./Kirsch, H.-J./Thiele, S. (2002), S. 106.

zu der Vermutung führen, dass die Elemente der Rechnungslegung, wie z. B. Vermögensgegenstände, Schulden und der Gewinn vergangenheitsbezogene und daher sichere Wertansätze seien.[254] Aus dem Periodisierungsprinzip erwächst die Notwendigkeit, sog. sinnvolle Periodisierungshypothesen aufzustellen, die, wie später noch aufgezeigt wird, Elemente enthalten können, die unsicher sind. Das Stichtagsprinzip gewährleistet somit den Vergangenheitsbezug. Das Periodisierungsprinzip leistet hingegen eine zweckentsprechende Allokation der monetären Auswirkungen eines Sachverhaltes unter Einschluss von Unsicherheit. Ein Verzicht zumindest auf das Stichtagsprinzip ist nicht möglich, es sei denn, eine monetäre Erfassung über die Totalperiode sei als Ziel formuliert.[255] Auf ein Periodisierungsprinzip könnte vom Grundsatz her verzichtet werden. Als monetäres Ergebnis würde dann eine Zahlungsmittelüberschussbilanz entstehen.[256] Ein den Jahresabschluss ergänzendes narratives System könnte, soweit gesetzliche Vorschriften dem nicht entgegenstehen, derart ausgestaltet werden, dass eine Zuordnung von Sachverhalten zu einzelnen Abrechnungsperioden unterbleibt. Hierdurch könnte es möglich sein, Sachverhalte in ihrer Gesamtheit so zu beschreiben, dass sie die Erwartungen der Jahresabschlussersteller widerspiegeln. Somit würde der Weg für eine auch prognostische Informationen umfassende Darstellung frei. Allerdings müsste dann die Periodisierung, bspw. von Zahlungen, die einem Investitionsobjekt zugeordnet werden, veröffentlicht werden. Nur hieraus könnten z. B. die Zinseffekte und damit die Seriosität der Ermittlung, abgeleitet werden.

Hinsichtlich des Sachbezuges sei auf zwei wiederum konzeptionelle, von den Rechnungslegungsnormen unabhängige Probleme verwiesen, die mit einer monetären, bilanziellen Darstellung einhergehen. Zum einen ist hier das Problem der Informationsverdichtung zu nennen. Die publizierten Daten der Rechnungslegung sind hoch aggregierte Größen. Mit diesem Aggregationsniveau ist folglich ein Informationsverlust verbunden. Die den Daten zugrunde liegenden Einflussfaktoren, würden den Adressaten der monetären Unternehmenspublizität wichtige Informationen an die Hand gegeben, die ihnen die Einschätzung der zukünftigen Entwicklung des Unternehmens vereinfachen würden.[257] Eine solche disaggregierte Darstellung kann in Bilanzen nicht abgebildet werden. Dies liegt an dem zweiten Grundprinzip, nämlich demjenigen der Einzelbewertung. Das Prinzip der Einzelbewertung dient der Objektivierung von Sachverhalten. Ziel ist die

---

[254] Vgl. Moxter, A. (1982), S. 51.

[255] Vgl. Schneider, D. (1994), S. 1165.

[256] Vgl. Wöhe, G. (1992), S. 36 zum steuerrechtlichen Pendant der Einnahmen-Ausgabenrechnung.

[257] Vgl. Eccles, R. G./Herz, R. H./Keegan, E. M. et al. (2002), S. 15.

Gewährleistung der Nachprüfbarkeit von Informationen.[258] Ein Effekt der Einzelbewertung ist allerdings, dass Regelungen entwickelt werden müssen, welche Werte überhaupt ansatzfähig sind. Den Rechnungslegungsnormen gemein ist, dass nicht sämtliche Vermögensgegenstände und Schulden aufgenommen werden. Als Beispiel sei auf Marketingaufwendungen verwiesen, die nur in Ausnahmefällen ansatzfähig sind.[259] Ferner wird auch deutlich, dass Verbundeffekte zwischen einzelnen Elementen der Rechnungslegung nicht berücksichtigt werden können, wenn keine Zurechenbarkeit des Verbundeffektes auf diese Elemente möglich ist.[260] Ergebnis ist, dass monetäre Systeme, wie die Bilanz, unternehmensrelevante Sachverhalte nicht vollständig aufgreifen und diejenigen, die aufgegriffen werden, durch das hohe Aggregationsniveau nicht vollständig expliziert sind. Ein weiterer Punkt, der diesen monetären Systemen gemein ist, ist, dass sie die Einzelbewertung an Vermögensgegenständen und Schulden festmachen. Andere rein theoretisch denkbare Abgrenzungen werden nicht unternommen. Auch diese Nachteile könnten durch ein narratives System geheilt werden. Grundsätzlich können Informationen nach Gutdünken disaggregiert werden. Eine Darstellung von Informationen über Unternehmensprozesse ist durchaus möglich und wird vielfach auch schon versucht.[261] Die Perspektive Vermögensgegenstände und Schulden wird somit aufgegeben. An ihre Stelle tritt eine prozessabhängige Darstellung von Informationen.

Eine andere Art der Risikokategorisierung ist durch die Größen des externen Rechnungswesens vorgegeben. Grundsätzlich liegt der Gedanke nahe, eine Zuordnung der Risiken auf einzelne Vermögensgegenstände und Schulden vorzunehmen, wie es bei einer gewissen Risikowahrscheinlichkeit nach den hier betrachteten Rechnungslegungsnormen auch üblich ist. Zu denken ist hier bspw. an außerplanmäßige Wertberichtigungen bzw. an den Ansatz von Rückstellungen, denen zum Zeitpunkt der Jahresabschlusserstellung keine sichere rechtliche Verpflichtung zugrunde liegt. Eine solche Vorgehensweise ist allerdings bereits vordergründig nicht unproblematisch, da eine Vielzahl von unternehmensrelevanten Risiken sich nicht verlässlich mit den Daten des Rechnungswesens abbilden lassen. Probleme, z. B. der mangelnden Qualifikation von Vertriebsmitarbeitern, werden nicht unmittelbar aufwandserhöhend berücksichtigt werden können. Dies wäre auch nicht sachgerecht, da durch schlechte Qualifikation in späteren Perioden ein Umsatzrückgang verzeichnet werden könnte. Eine vorherige Verbuchung des Aufwands aus Qualifikationsmängeln würde zu

258 Vgl. Moxter, A. (1982), S. 25.
259 Vgl. IDW (Hrsg.) (2000), E 187.
260 Vgl. Moxter, A. (1982), S. 107.
261 Vgl. Eccles, R. G./Herz, R. H./Keegan, E. M. et al. (2002), S. 268.

einer doppelten Erfassung führen.[262] Wie im nachfolgenden Kapitel noch aufgezeigt wird, kommt hier das Periodisierungs- und Einzelbewertungsproblem zum Tragen, welches eine verursachungsgerechte Zuordnung von Risiko nur in Grenzen zulässt.

Zusammenfassend kann festgestellt werden, dass zwei Explizierungsgrade der risikoorientierten Unternehmenspublizität vorliegen. Zum einen gibt es die, auf bilanziellen Informationen beruhende, implizite Risikoorientierung, die durch Objektivierungen geprägt ist. Zum anderen kann eine explizite Risikoorientierung festgestellt werden, die sich in den Informationen narrativer Unternehmenspublizität, wie z. B. dem Risikobericht, widerspiegelt. Die risikoorientierte Unternehmenspublizität beurteilt die Wesentlichkeit von Risiken aus deren Eintrittswahrscheinlichkeiten und Auswirkungen. Eine Operationalisierung wesentlicher Eintrittswahrscheinlichkeiten und Auswirkungen unterliegt einem subjektiven Ermessen. Dies gilt sowohl für die implizite als auch für die explizite Risikoorientierung.

2.3.2 Risikomanagement als Grundlage risikoorientierter Unternehmenspublizität

Bislang wurden lediglich Fragen adressiert, die unmittelbar mit der Ausgestaltung von risikoorientierter Unternehmenspublizität in Zusammenhang stehen. Nunmehr wird dargestellt, wie Risiken von Erstellern risikoorientierter Unternehmenspublizität gemanagt werden. Dies ist notwendig, weil das Risikomanagement letztlich direkt Auswirkungen darauf hat, welche und wie Risiken in der Unternehmenspublizität abzubilden sind. Aus diesem Grund wird der Risikomanagementprozess beschrieben. Dieser bildet auch die Basis der empirischen Befragung von Adressaten und Erstellern risikoorientierter Unternehmenspublizität sowie der Geschäftsberichtsauswertung der DAX 100-Unternehmen, deren Ergebnisse in Kapitel fünf vorgestellt werden.

Das Institut der Deutschen Wirtschaftsprüfer (IDW) stellt in dem Prüfungsstandard IDW PS 340 „Prüfung des Risikomanagementsystems nach § 317 Abs. 4 HGB“ Maßnahmen zur Ausgestaltung des Risikomanagements vor, die als Grundlage für die Beschreibung des Risikomanagements dienen.[263]

[262] Vgl. hierzu Rennie, M. (1999) für ein Beispiel zur Erfassung von Wert treibenden Vermögensgegenständen.

[263] Vgl. HFA (1999), S. 658.

In einem ersten Schritt sind die Risikofelder festzulegen.[264] Hierzu muss entschieden werden, welche *Risikodefinition* dem Risikomanagement zugrunde gelegt werden soll. Eine grundsätzliche Auseinandersetzung mit dieser Frage erfolgte im vorherigen Kapitel, sodass hier nicht näher auf dieses Element des Risikomanagements eingegangen wird. Anschließend folgt die Risikoerkennung und –analyse.[265] Die Erkennung von Risiken erfordert, dass sowohl im Vorfeld definierte Risiken als auch bislang unspezifizierte *Risiken identifiziert* werden müssen. Im Rahmen der Risikoanalyse sind die *Risiken* entsprechend ihrer Eintrittswahrscheinlichkeit und ihrer potentiellen Tragweite zu *bewerten.* Als weiterer Schritt der Risikoanalyse fordert das IDW, dass gewährleistet werden müsse, dass die erfassten Risiken bewältigt werden.[266] Hier wird somit explizit die Forderung nach einer *Risikosteuerung* erhoben. Der bislang dargestellte Risikomanagementprozess muss *kontrolliert* werden, damit die Einhaltung der eingerichteten Maßnahmen sichergestellt wird.[267] Als letzter Prozessschritt wird die Risikoberichterstattung sowie Dokumentation der getroffenen Maßnahmen gefordert.[268]

Das Risikomanagement lässt sich in eine Reihe von Teilprozessen zerlegen. Die nachfolgende Beschreibung eines Risikomanagements folgt dabei einer Einteilung in Teilprozesse, wie sie auch in der klassischen Managementlehre vorzufinden ist (vgl. Abb. 2-5).[269]

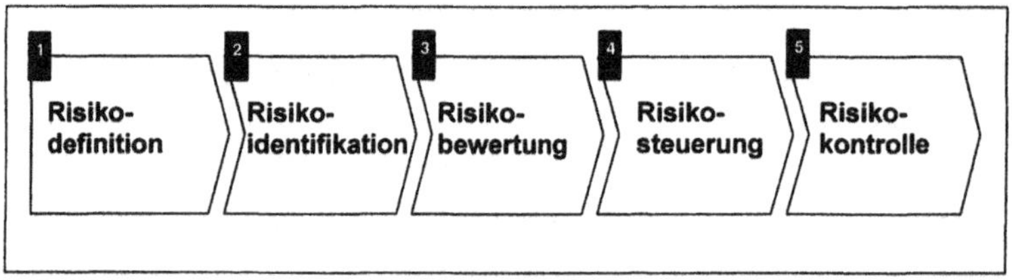

Abb. 2-5: Der Risikomanagementprozess (eigene Darstellung).

Ferner sind auch regulative, gesetzlich vorgeschriebene Bestandteile Gegenstand des Risikomanagements. Zu nennen sind hierbei:[270]

- Risikoberichterstattung und
- Prüfung des Risikomanagementsystems.

264 Vgl. HFA (1999), S. 659.
265 Vgl. HFA (1999), S. 659.
266 Vgl. HFA (1999), S. 659.
267 Vgl. HFA (1999), S. 659-660.
268 Vgl. HFA (1999), S. 659-660.
269 Vgl. bspw. Kromschröder, B./Lück, W. (1998), S. 1574.
270 Vgl. Dörner, D./Doleczik, G. (2000), S. 199-200.

Da die Risikoberichterstattung als Bestandteil der risikoorientierten Unternehmenspublizität Gegenstand dieser Untersuchung ist, werden nur die vorgelagerten Teilprozesse des Risikomanagements berücksichtigt. Die Prüfung des Risikomanagementsystems wird nicht weiter thematisiert, da von der Prüfung der risikoorientierten Unternehmenspublizität keine für diese Arbeit zu beachtenden Auswirkungen auf die mess- und wirkungstheoretische Analyse zu erwarten sind.[271]

Da die Frage der Risikodefinition bereits behandelt worden ist, wird nunmehr auf die Risikoidentifikation eingegangen. Es können drei unterschiedliche Entwicklungsstufen der Risikoidentifikation ausgemacht werden:[272]

- Frühwarnsysteme,
- Früherkennungssysteme und
- Frühaufklärungssysteme.

In einer ersten Entwicklungsstufe wurden *Frühwarnsysteme* entwickelt. Diese waren darauf ausgerichtet, negative Entwicklungen frühzeitig zu erkennen. Sie beruhten im Wesentlichen auf Kennzahlensystemen des internen und externen Rechnungswesens.[273] Die Aufgabe der Frühwarnsysteme besteht in der rechtzeitigen Ortung von Bedrohungen. Zu diesem Zweck werden Kennzahlen gebildet, für die Soll-Ist Vergleiche durchgeführt werden.[274] Bei der Überschreitung vorher definierter Schwellenwerte werden Warnungen an den Risikoverantwortlichen abgegeben. Eine Analyse der Risiken wird durch Kennzahlensysteme wie dem DuPont-Schema oder dem ZVEI-System sichergestellt.[275] Durch die Konzentration auf quantitative Kennzahlen eignet sich ein Frühwarnsystem insbesondere zur Identifizierung operativer Risiken, die im Verlauf der Geschäftstätigkeit regelmäßig auftreten. Auf diese kann i. d. R. kurzfristig reagiert werden. Struktur- bzw. Trendbrüche sind mit einer derartigen Methodik nicht zu analysieren, da Frühwarnsysteme eine geringe Reaktionszeit liefern.[276]

In einer Weiterentwicklung wurden *Früherkennungssysteme* eingeführt. Diese berücksichtigten neben den Risiken auch die Chancen zukünftiger Entwicklungen.[277] Im Rahmen dieser zweiten Entwicklungsstufe werden die vollständig quantifizierbaren Kennzahlensysteme durch indikatorba-

271 Vgl. Selchert, F. W./Erhardt, M./Fuhr, A. et al. (2000), S. 199 ff.
272 Vgl. Hahn, D./Krystek, U. (2000), S. 78.
273 Vgl. Hahn, D./Krystek, U. (2000), S. 76.
274 Vgl. Küting, K./Weber, C.-P. (2001), S. 11.
275 Vgl. Küting, K./Weber, C.-P. (2001), S. 33-35.
276 Vgl. Hahn, D./Krystek, U. (2000), S. 76.
277 Vgl. Hahn, D./Krystek, U. (2000), S. 78.

sierte Systeme ersetzt.[278] Früherkennungssysteme sind eine konsequente Weiterentwicklung von Frühwarnsystemen, die neben den Bedrohungen auch die Chancen eines Unternehmens zu identifizieren vermögen. Wesentliche Merkmale von Früherkennungssystemen sind die systematische und zielgerichtete Suche nach möglichen Chancen und Risiken, wobei das Unternehmensumfeld explizit mit in die Analyse einbezogen wird.[279] Neben quantitativen Kennzahlen werden vor allem qualitative Indikatoren für mögliche Risiken und Chancen in die Analyse mit einbezogen.[280]

Im Gegensatz zur Frühwarnung stellt die Früherkennung einen umfassenderen Ansatz zur präventiven Erkennung von Chancen und Risiken dar. Früherkennungssysteme sind im Gegensatz zu Frühwarnsystemen zukunftsbezogen. Durch die Systematisierung der Zielfindung sollte eine bessere Abdeckung identifizierter Chancen und Risiken erreicht werden können. Trendbrüche sind allerdings nach wie vor schwierig zu identifizieren, was daran liegt, dass die ausgewählten Indikatoren statisch auf zukünftige Entwicklungen übertragen werden.[281] Um Trendbrüche analysieren zu können, müsste im Vorfeld nach geeigneten Indikatoren gesucht werden, die diese Trendbrüche beschreiben. Dies wird mit Frühaufklärungssystemen zu erreichen versucht, die den dritten Entwicklungsschritt der Risikoidentifikation darstellen.

Strategische *Frühaufklärungssysteme* versuchen strategische Unternehmensrisiken durch Identifizierung von Diskontinuitäten in zukünftigen Entwicklungen auszumachen und geben Hinweise auf mögliche Gegenmaßnahmen.

Die Systeme der strategischen Frühaufklärung basieren auf dem von *Ansoff* konzipierten Konzept schwacher Signale.[282] Gemäß diesem ist die zukünftige Entwicklung des sozioökonomischen Umfeldes eines Unternehmens durch Ereignisse geprägt, die zu diskontinuierlichen, sprunghaften Änderungen führen. Aufgrund des hohen strategischen Risikopotentials solcher Diskontinuitäten ist es erforderlich, möglichst frühzeitig Signale zu erfassen, die auf solche Trendbrüche hindeuten. Schwache Signale sind in diesem Zusammenhang zu verstehen als Anzeichen für das Heranrücken von Diskontinuitäten.[283] Die Signale werden dabei als schwach bezeichnet, weil sie zu einem Zeitpunkt auftreten, zu dem sie lediglich unstrukturierte Informationen darstellen. Es ist somit nicht möglich, anhand dieser Informationen deterministische Aussagen über Trendentwicklungen einer Bran-

---

278 Vgl. Hahn, D./Krystek, U. (2000), S. 82.
279 Vgl. Hahn, D./Krystek, U. (2000), S. 84.
280 Vgl. Hahn, D./Krystek, U. (2000), S. 85.
281 Vgl. Hahn, D./Krystek, U. (2000), S. 82.
282 Vgl. Hahn, D./Krystek, U. (2000), S. 86 sowie Ansoff, H. I. (1976).
283 Vgl. Hahn, D./Krystek, U. (2000), S. 88.

che oder Industrie zu machen.[284] Da die Kontextbeziehung zwischen den schwachen Signalen und dem sozioökonomischen Unternehmensumfeld aufgrund der schwachen Informationsstruktur schwer zu identifizieren ist, können solche Signale zumeist nur durch Experten beobachtet werden.[285]

Die Festlegung von Risikokategorien wird ebenfalls der Risikoidentifikation zugerechnet. Es gibt in der Literatur zum Risikomanagement eine Vielzahl von möglichen Kategorisierungen.[286] Die Festlegung ist hierbei letztlich eine subjektive Zuordnung. Da aufgrund der Vielschichtigkeit risikoverursachender Umstände eine überschneidungsfreie Zuordnung von einzelnen Risiken zu diesen Kategorien nicht möglich sein wird, ist letztlich eine, für Zwecke dieser Untersuchung als geeignet erachtete, Kategorisierung des Risikomanagements, die sich an den Unternehmensprozessen und dem Wettbewerbsumfeld orientiert, vorgenommen worden.[287] Eine prozessorientierte Darstellung von Risiken im Rahmen der expliziten Risikoorientierung von Unternehmenspublizität, die von der impliziten Risikoorientierung abgekoppelt ist, kann durch die auf *Porter* zurückgehende Wertschöpfungskette dargestellt werden (vgl. Abb. 2-6).[288] Diese identifiziert primäre sowie unterstützende Aktivitäten, die der Wertschöpfung dienen. Da mit dem Prozess der Wertschöpfung Risiken verbunden sind, kann die Wertschöpfungskette auch im Rahmen des Risikomanagements Anwendung finden.[289]

284 Vgl. Hahn, D./Krystek, U. (2000), S. 90-91.
285 Vgl. Hahn, D./Krystek, U. (2000), S. 91.
286 Vgl. hierzu bspw. Vogler, M./Gundert, M. (1998), Lück, W. (1998), Hornung, K./Reichmann, T./Diederichs, M. (1999) oder auch Kless, T. (1998).
287 Vgl. o. V. (2000a), S. 221.
288 Vgl. Porter, M. E. (1999), S. 66.
289 Vgl. Weber, J./Weißenberger, B. E./Liekweg, A. (2001), S. 51.

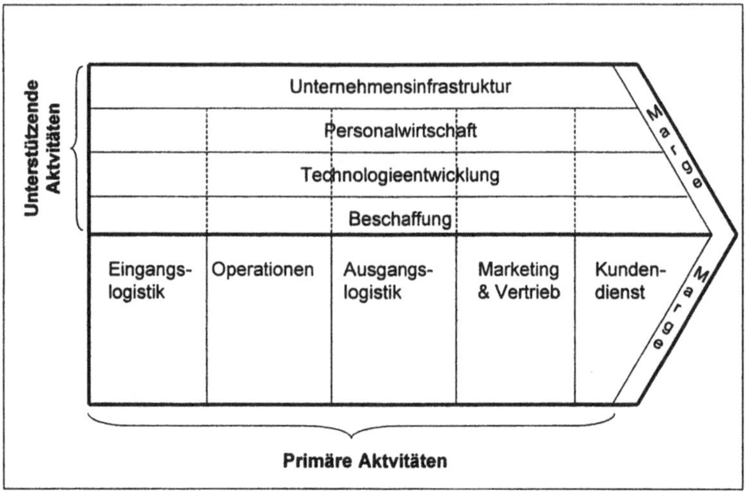

Abb. 2-6: Wertschöpfungskette und Unterstützungsprozesse (ähnlich: Porter, M. E. (1999), S. 66).

Allerdings wird hierdurch der Einfluss des Wettbewerbsumfeldes eines Unternehmens hinsichtlich Absatz und Beschaffung nur unzureichend konkretisiert. Das ebenfalls auf *Porter* zurückgehende Schaubild zur Darstellung des Wettbewerbsumfeldes zeigt Abb. 2-7.

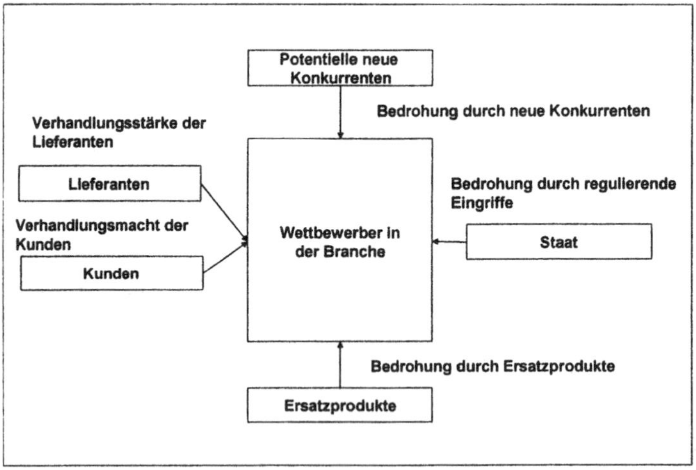

Abb. 2-7: Risiken aus dem Wettbewerbsumfeld (ähnlich: Porter, M. E. (1999a), S. 34).

Die Darstellung der Wertschöpfungskette von Unternehmen und deren Wettbewerbsumfeld lässt sich somit als Ausgangspunkt für die Herleitung von folgende Risikokategorien heranziehen:

- Marktrisiken (Abb. 2-7: Wettbewerbsumfeld),
- Finanzrisiken (Abb. 2-7: Wettbewerbsumfeld und Abb. 2-6: Beschaffung),
- Organisations- und Personalrisiken (Abb. 2-6: Personalwirtschaft und Unternehmensinfrastruktur),
- leistungswirtschaftliche Risiken (Abb. 2-6: Eingangs- und Ausgangslogistik, Operationen, Marketing und Vertrieb, Kundendienst),
- IT-Risiken (Abb. 2-6: Unternehmensinfrastruktur) und
- sonstige Risiken (Abb. 2-7: Wettbewerbsumfeld).

Diese Risikokategorien werden im Folgenden kurz vorgestellt. Des Weiteren werden den Risikokategorien Indikatoren zugeordnet, die in der Risikomanagementliteratur verwendet werden, um die Risikokategorien zu operationalisieren.[290]

Marktrisiken entstehen aus unsicheren, zukünftigen Entwicklungen, die mit den Beziehungen eines Unternehmens zu seinen relevanten Märkten einhergehen.[291] Zu unterscheiden sind hierbei Risiken des Absatz- und des Beschaffungsmarktes. Die Absatzmarktrisiken müssen weiter unterteilt werden. Zum einen ergeben sich Risiken aus den Kundenbeziehungen und –transaktionen, zum anderen muss aber auch das Konkurrenzverhalten auf ein Agieren am Absatzmarkt berücksichtigt werden. Die Beschaffungsmarktrisiken resultieren aus den Beziehungen und Transaktionen mit den Zulieferern. Die Marktrisiken werden folglich differenziert in:[292]

- Kundenrisiken,
- Zuliefererrisiken,
- Wettbewerberrisiken.

Zur Beurteilung der *Kundenrisiken* werden folgende Indikatoren vorgegeben:[293]

---

290 Vgl. Hahn, D./Krystek, U. (2000) zu einer Operationalisierung anhand von Checklisten.

291 Vgl. Töpfer, A./Heymann, A. (2000), S. 227-228.

292 Vgl. Töpfer, A./Heymann, A. (2000), S. 229-230.

293 Vgl. hierzu ausführlich Töpfer, A./Heymann, A. (2000).

- Spezifität von Kundenaufträgen,[294]
- Abhängigkeit von einzelnen Kunden,
- Auftragsvolumen,
- Anzahl Neukunden,
- Wiederkaufsrate,
- Kundenbindungsdauer,
- Preissensitivität,
- Zugang zu Vertriebskanälen sowie
- Kundenrisiken (gesamt).[295]

Nach den Kundenrisiken wurden Indikatoren für Zuliefererrisiken vorgegeben:[296]

- Abhängigkeit von einzelnen Zulieferern,
- Rohstoffknappheit,
- Bindungsdauer der Zulieferer,
- Qualität der bezogenen Vorleistungen sowie
- Zuliefererrisiken (gesamt).

Abschließend sind die *Wettbewerberrisiken* zu operationalisieren. Dies wird durch folgende Indikatoren erreicht:[297]

- Marktanteile,
- Marktwachstum,
- Produktdifferenzierung,
- Reaktionsmöglichkeiten von Wettbewerbern,
- Markenimage,
- Bedrohung durch Ersatzprodukte,
- Restnutzungsdauer von Patenten sowie
- Wettbewerberrisiken (gesamt).

---

[294] Vgl. Schumann, J. (1992), S. 440-441. Aus der Spezifität von Kundenaufträgen kann sich ein zusätzliches Erfolgspotenzial für Unternehmen ergeben, indem eine individuell an die Kundenwünsche angepasste Leistung angeboten wird. Mit diesem individualisierten Leistungsangebot ist aber gleichzeitig auch das Risiko verbunden, dass dieses zukünftig nicht mehr nachgefragt werden könnte.

[295] Die hier aufgeführten Indikatoren werden im Rahmen einer Befragung in Kapitel fünf wieder aufgegriffen. Für jede Gruppe von Risiken wurde den Befragten auch eine Position „gesamt" zur Beantwortung vorgegeben, um zu identifizieren, ob die ausgewählten Indikatoren die Informationswünsche der Befragten hinsichtlich der jeweiligen Risikokategorie auch entsprechend hinreichend reflektieren. Wie in Kapitel fünf ersichtlich ist, entspricht die durchschnittliche Bewertung der Indikatoren auch der Gesamtbewertung, sodass davon auszugehen ist, dass die Auswahl der Indikatoren, die Risikokategorien tatsächlich hinreichend beschreibt. Die Position „gesamt" wird hier nur der Deutlichkeit halber mit aufgenommen.

[296] Vgl. Töpfer, A./Heymann, A. (2000), S. 230.

[297] Vgl. Töpfer, A./Heymann, A. (2000), S. 230 ff.

Neben den Risiken aus den Marktbeziehungen von Unternehmen entstehen Risiken ebenfalls aus den Unternehmensressourcen. Eine bedeutsame Ressource stellen hierbei die Mitarbeiter eines Unternehmens und deren Einbindung in die Organisation dar.[298] Im Folgenden wird die These vertreten, dass nicht die Struktur einer Organisation, sondern lediglich das Verhalten von Mitarbeitern in einer Organisation Risiken verursacht. Auswirkungen unterschiedlicher Organisationsformen bleiben aus diesem Grund unberücksichtigt.[299] Die *Organisations- und Personalrisiken* werden durch folgende Indikatoren operationalisiert:[300]

- Personalbedarfsrisiken,
  - Personalbeschaffung,
  - Fluktuation,
  - Personalabbau,
  - Personalbedarfsrisiken (gesamt),
- Sicherheit am Arbeitsplatz,
- Personalführung,
- Qualifikation der Mitarbeiter,
- Individuelles Fehlverhalten,
  - Fehlzeiten,
  - Betrug/Unterschlagung sowie
  - Individuelles Fehlverhalten (gesamt),
- Organisations- und Personalrisiken (gesamt).

Die Finanzrisiken sind sowohl den Markt- als auch den Ressourcenrisiken zuzurechnen. Zu differenzieren sind zum einen der Markt der Kapitalaufnahme sowie der Markt für Investitionen in Kapitalanteile.[301] Aus diesen Marktbeziehungen resultieren Rückwirkungen auf die Fähigkeiten des Unternehmens. Zu denken ist hierbei an Kapitalstrukturrisiken, die unter Umständen die Fähigkeit zur Fremdkapitalaufnahme begrenzen. Ähnliches gilt für Liquiditätsrisiken von Unternehmen, die sich aus einer mangelnden Refinanzierungsfähigkeit ergeben können. Den Finanzrisiken ebenfalls zugerechnet werden versicherungstechnische Risiken.[302] Diese beziehen sich auf den Abschluss von Versicherungen zur Deckung möglicher Risiken aus der allgemeinen Geschäftstätigkeit. Die versicherungstechnischen Risiken werden den Finanzrisiken untergeordnet, da hierdurch Risiken durch Vertragsschließung an Dritte transferiert werden. Ebenfalls den Finanzrisiken zuzurechnen sind Gefahren aus der Entwicklung des eigenen Aktien-

[298] Vgl. Lück, W. (2000), S. 313-314.
[299] Vgl. Lück, W. (2000), S. 317.
[300] Vgl. ausführlich Lück, W. (2000), Bühner, R. (1994), S. 63 ff. sowie Osterwalder, D. (2001).
[301] Vgl. Scharpf, P. (2000), S. 255.
[302] Vgl. DRS 5-20, Tz. 23 und 25.

kurses. Aus einer anhaltenden geringen Marktkapitalisierung kann die Gefahr einer Übernahme erwachsen, die unter Umständen negative Wirkungen auf das Unternehmen und deren Anspruchsgruppen haben kann. Demzufolge lassen sich die folgenden Risiken unterscheiden:[303]

- Finanzanlagerisiken,
- Kapitalstrukturrisiken,
- Risiken aus der Entwicklung des eigenen Aktienkurses,
- Liquiditätsrisiken sowie
- versicherungstechnische Risiken.

Die Finanzanlagerisiken umfassen generell alle Risiken aus Finanzaktiva und Verträgen, die zur Absicherung dieser Finanzaktiva eingegangen worden sind. Somit ergibt sich folgende Struktur der Indikatoren für Finanzanlagerisiken:[304]

- Grund- und Spekulationsgeschäfte,
    - o Liquiditätsrisiken,
    - o Kontrahentenausfallrisiken,
    - o Marktpreisrisiken,
    - o Zinsänderungsrisiken,
    - o Währungsrisiken,
- Sicherungsgeschäfte (Hedging),
    - o Ausmaß der Absicherung,
    - o Bestimmung der Hedge Ratio,
    - o Zeitbezug des Sicherungsgeschäftes,
    - o Art der eingesetzten Instrumente und deren Risiken,
- Finanzanlagerisiken (gesamt).

Als Kapitalstrukturrisiken werden diejenigen Risiken bezeichnet, die in einem Zusammenhang mit den Passiva stehen. Hierzu zählen:[305]

- Verschuldungsrisiken,
- Eigenkapitalrisiken,
- Fremdkapitalrisiken,
    - o langfristig,
    - o kurzfristig,
    - o Refinanzierungsrisiko,
- Rating,
- Kapitalstrukturrisiko (gesamt).

---

303 Vgl. Scharpf, P. (2000), S. 256 ff.
304 Vgl. ausführlich Scharpf, P. (2000) und Holst, J. (2001).
305 Vgl. ausführlich Scharpf, P. (2000) und Holst, J. (2001).

Ferner werden die folgenden zusätzlichen Indikatoren für Finanzrisiken verwendet:[306]

- Risiko aus der Entwicklung des eigenen Aktienkurses,
- Liquiditätsrisiko des Unternehmens,
- versicherungstechnische Risiken,
    - Prämienrisiken,
    - Leistungsrisiken,
    - versicherungstechnische Risiken (gesamt),
- Finanzrisiken (gesamt).

Unter Leistungsrisiken werden diejenigen Risiken verstanden, die sich aus den primären Wertschöpfungsaktivitäten eines Unternehmens ergeben. Zu den primären Wertschöpfungsaktivitäten zählen:[307]

- Forschungs- und Entwicklungsrisiken (Operationen),
- Logistikrisiken (Ein- und Ausgangslogistik),
- Produktionsrisiken (Operationen) sowie
- Vertrieb- und Servicerisiken (Marketing, Vertrieb sowie Kundendienst).

Aufgrund seiner besonderen strategischen Bedeutung werden auch Standortrisiken zu den leistungswirtschaftlichen Risiken gezählt.[308]

Als diesen Überlegungen resultiert die folgende Struktur von leistungswirtschaftlichen Risikoindikatoren:[309]

- Forschung und Entwicklung,
- Logistik,
- Produktion,
    - Anlagenrisiko,
    - Beständerisiko,
    - Fertigungsrisiko (z. B. Qualität),
    - Betriebsunterbrechungsrisiko,
    - Produktion (gesamt),
- Vertrieb- und Service,
    - Zahlungsausfälle,
    - Kulanznachlässe,
    - Gewährleistungsrisiko,
    - Vertrieb- und Service (gesamt),

---

[306] Vgl. insbesondere Martin, E. (2000) und DRS 5-20, Tz. 23 ff. für versicherungstechnische Risiken. Vgl. ferner Brauner, H. U./Lescher, J. (2002).

[307] Vgl. Freidank, C.-C. (2000), S. 351.

[308] Vgl. Bloech, J. (2001).

[309] Vgl. Freidank, C.-C. (2000) sowie Bloech, J. (2001).

- Standortrisiko,
- leistungswirtschaftliche Risiken (gesamt).

Eine besondere Stellung bei den unterstützenden Unternehmensprozessen nehmen die Risiken der Informationstechnologie (IT) ein. Diese ergibt sich aus der hohen Bedeutung, die IT bei der Umsetzung der Unternehmensprozesse hat.[310] Folgende Indikatoren für IT-Risiken werden hierbei verwendet.[311]

- Datenverlust,
- unerlaubte Zugriffe,
- Zugriff auf Kommunikationsdaten,
- Risiken des Informationsflusses,
- Stillstandszeiten,
- elektronischer Betrug,
- IT-Risiken (gesamt).

Risikokategorien, die sich lediglich mittelbar aus der Darstellung des Wettbewerbsumfeldes nach *Porter* herleiten lassen, werden als sonstige Risiken bezeichnet. Zu diesen werden gezählt:

- politische Risiken,[312]
    - o Risiken aus der Gesetzgebung,
    - o Dispositionsrisiken (Handlungsfreiheit),
    - o Enteignungsrisiken,
    - o politische Risiken (gesamt),
- rechtliche Risiken,[313]
    - o wettbewerbsrechtliche Risiken,
    - o öffentlich-rechtliche Risiken,
    - o zivilrechtliche Risiken,
    - o steuerrechtliche Risiken,
    - o rechtliche Risiken (gesamt),
- makroökonomische Risiken,[314]
    - o konjunkturelle Risiken,
    - o Inflationsrisiken,
    - o Währungsrisiken,
    - o Arbeitsmarktrisiken,
    - o makroökonomische Risiken (gesamt),
- ökologische Risiken,[315]

---

310 Vgl. Paulus, S. (2000), S. 382.
311 Vgl. Paulus, S. (2000).
312 Vgl. Weber, J./Weißenberger, B. E./Liekweg, A. (2001), S. 55.
313 Vgl. Meyding, T./Fabian, C.-P. (2000).
314 Vgl. Hahn, D./Krystek, U. (2000), S. 84-85 sowie Weber, J./Weißenberger, B. E./Liekweg, A. (2001), S. 55.

  - o Ressourcenbeschränkung,
  - o Entsorgungsrisiken,
  - o Naturkatastrophen,
  - o ökologische Risiken (gesamt),
- sonstige Risiken (gesamt).

Nachdem die Risiken, welchen das Unternehmen ausgesetzt sein könnte, identifiziert worden sind, gilt es diese zu bewerten, um sie anschließend priorisieren und steuern zu können. Auf die Bedeutung von Eintrittswahrscheinlichkeiten und den Auswirkungen von Risiken für deren Bewertung ist bereits eingegangen worden.[316] Um Risiken bewerten zu können, kann eine Vielzahl betriebswirtschaftlicher Methoden herangezogen werden:

- Barwertmethoden,
- Optionspreismodelle,
- Simulationen,
- Sensitivitätsanalysen, etc.

Auf eine vollständige Beschreibung potenzieller Bewertungsmethoden wird verzichtet.[317] Es wird im Folgenden lediglich der Value-at-Risk (VaR) als Bewertungsmethode vorgestellt, da dieser insbesondere im Risikomanagement von Banken und Versicherungsunternehmen eine hohe Bedeutung erlangt hat.[318]

Der VaR ist definiert als:[319]

- der geschätzte minimale Ertrag (i. d. R. ein negativer Wert, also ein Verlust),
- der unter üblichen Marktbedingungen
- mit einem Sicherheitsniveau von (100-α) Prozent
- innerhalb einer bestimmten Periode nicht unterschritten wird.

In Abhängigkeit von der Bezugsgröße des Verlustes können verschiedene zusätzliche Varianten des „At-Risk-Modells" abgeleitet werden, wie z.B. die Earnings-at-Risk sowie der Cash flow–at-Risk. Die VaR-Modelle unterstellen als Verteilung der Ergebnisgröße eine Standardnormalverteilung. Das Verlustpotential wird aus der vorgegebenen Verteilungsfunktion unter Zugrundelegung eines Konfidenzintervalls bestimmt.

---

315 Vgl. Eyerer, P./Schöch, H./Betz, M. (2000).

316 Vgl. Kapitel 2.2 dieser Arbeit.

317 Vgl. hierzu Schneider, D. (1992) und Adam, D. (1996) für eine Auseinandersetzung mit diesen Methoden.

318 Vgl. Wilkens, M./Völker, J. (2001) für die nachfolgenden Ausführungen zum VaR.

319 Vgl. Jorion, P. (1997), S. 19.

Um den VaR berechnen zu können, kann sowohl auf parametrische als auf simulative Modelle zurückgegriffen werden.[320] Bei den parametrischen Verfahren wird unterstellt, dass die Veränderungen der Risikofaktoren normalverteilt sind. Die Bewertungsfunktion zur Bestimmung des VaR wird dann mathematisch bestimmt. Der Vorteil der parametrischen Verfahren ist in dem zumindest vordergründig geringeren Informationsbedarf zu sehen. Bei den simulativen Verfahren werden für die relevanten Risikofaktoren Wahrscheinlichkeitsverteilungen festgelegt. Diese Verteilungen werden entweder aus historischen Daten ermittelt (historische Simulation) oder aber als Prämisse angenommen (Monte-Carlo Simulation).

Im Folgenden sollen einige Anwendungsprobleme des VaR dargestellt werden. Das VaR-Modell unterstellt eine Konstanz der Korrelationen zwischen den Risikofaktoren. Gerade bei strategischen Risiken dürfte dies eine nicht haltbare Annahme sein. Insofern sind die Modelle in regelmäßigen Abständen an die neuen Umfeldbedingungen anzupassen. Es ist soweit ungeklärt, in welchem Umfang historische Daten in die Berechnung eingehen sollten. Es muss ex-ante festgelegt werden, in welchem Umfang eine Projektion des VaR-Maßes in die Zukunft geplant ist. Es werden mithin eine Vielzahl von Daten benötigt, um den VaR bestimmen zu können.[321]

Klassische Anwendungsbereiche des VaR finden sich bei Finanzunternehmen wie Banken und Versicherungen. Hier wird der VaR insbesondere zur Bewertung von Marktpreisrisiken eingesetzt, um den aufsichtsrechtlichen Hinterlegungsvorschriften mit Eigenkapital gerecht zu werden.[322] Gegenwärtig wird auch der Einsatz des VaR zur Bewertung von Kredit- und Bonitätsrisiken diskutiert. Bei Industrieunternehmen ist der VaR ebenfalls einsetzbar, solange es sich um Risiken handelt, für die die entsprechenden Inputdaten ermittelt werden können. Zu denken ist hierbei an Risikopotentiale im Rohstoffgeschäft (Ölpreise, Kupfer, etc.).

Im Anschluss an die Bewertung von Einzelrisiken sind diese aggregiert zu bewerten, um das vollständige Ausmaß der Risiken auf ein Unternehmen oder dessen Geschäftsbereiche abschätzen zu können.[323] Eine Methode der Risikoaggregation, die zur Beurteilung von Bonitätsrisiken angewandt wird, stellt das Rating dar.[324] Dieses Verfahren aggregiert Einzelrisiken zu

---

[320] Vgl. Jorion, P. (1997), S. 87 ff.
[321] Vgl. Jorion, P. (1997), S. 93 ff.
[322] Vgl. Jorion, P. (1997), S. 41 ff.
[323] Vgl. Mott, B. P. (2001), S. 206 sowie Gleißner, W./Meier, G. (2001), S. 55 zur Risikoaggregation.
[324] Vgl. Perridon, L./Steiner, M. (2002), S. 197.

einem Gesamtrisiko auf Basis von Punktwertverfahren.[325] Ergebnis des Ratings ist eine Einordnung in ein ordinales Skalierungsschema.[326]

Im Rahmen der Risikosteuerung muss über den Umgang mit den identifizierten und bewerteten Risiken entschieden werden. Zu diesem Zweck werden im Folgenden die Methoden der aktiven und der passiven Risikosteuerung vorgestellt.[327]

Unter einer aktiven Risikosteuerung werden diejenigen Maßnahmen verstanden, die direkt Einfluss auf die Risikostruktur nehmen, indem auf die Eintrittswahrscheinlichkeit und auf die Tragweite des Risikos eingewirkt wird. Zu unterscheiden sind hierbei die Risikovermeidung, -minderung und -diversifikation. Mit der Risikovermeidung wird versucht, die Eintrittswahrscheinlichkeit oder die Tragweite eines Risikos zu eliminieren. Bei der Risikoverminderung werden diese beiden Risikoparameter lediglich verringert. Die Risikodiversifikation nutzt die Gegenläufigkeit der Eintrittswahrscheinlichkeiten verschiedener Risiken aus, sodass diese sich gegenseitig teilweise kompensieren. Ein Beispiel für eine Risikodiversifikation ist, dass das Auslastungsrisiko der Fertigung sinkt, wenn der Umsatz mit einem Großkunden wesentlich gesteigert werden kann (zunehmendes Risiko der Abhängigkeit von einem Kunden).

Durch die passive Risikosteuerung soll hingegen nur die Risikotragfähigkeit verbessert werden. Die Risikostrukturen werden als gegeben hingenommen. Darauf aufbauend werden Maßnahmen entwickelt, die Vorsorge für eventuell eintretende Risiken treffen. Da bei einer passiven Risikosteuerung lediglich der Umgang mit den finanziellen Konsequenzen von zukünftigen Risiken diskutiert wird, spricht man in diesem Zusammenhang auch von Risikofinanzierung. Mögliche Finanzierungsformen sind hierbei die Versicherung von Risiken, das Selbsttragen von Risiken durch das Unternehmen sowie der Transfer der finanziellen Risiken an die Kapitalmärkte.

Die Selbsttragung von Risiken kann sowohl bewusst als auch unbewusst erfolgen. Eine bewusste Selbsttragung kann unternehmensintern durch die Bildung von Reserven finanziert werden. Diese Reserven stehen einem Unternehmen vor allem in Form von Rücklagen zur Verfügung, aber auch Rückstellungen können der Finanzierung von Risiken dienen. Die Reservebildung kann auch extern in der Form kollektiver Entschädigungssysteme realisiert werden. In diesem Fall bilden mehrere Unternehmen für bestimmte Risiken eine Art Vorsorgepool in einer rechtlich selbständigen Gesellschaft, die als Versicherungsgesellschaft geführt wird.

---

325 Vgl. o. V. (2001) für eine Darstellung des Ratings.
326 Vgl. Perridon, L./Steiner, M. (2002), S. 197.
327 Vgl. Rücker, U. (2000) für die folgenden Ausführungen zur Risikosteuerung.

Eine Vorsorgefinanzierung dieser Art wird auch als Captive-Finanzierung bezeichnet. Diese wird für Risiken vorgenommen, die über eine „reguläre" Versicherung nicht abgesichert werden können. Unternehmen, die ein derartiges Risiko steuern möchten, können durch den Zusammenschluss einen höheren Risikodiversifikationseffekt erzielen.

Eine Übertragung von Risiken kann entweder zeitlich befristet und im Umfang begrenzt oder aber zeitlich unbefristet und definitiv sein. Beispiele für unbefristete, definitive Übertragungen von finanziellen Risikokonsequenzen sind zum einen Versicherungsverträge zum anderen aber auch die Finanzmärkte. Im letzten Fall sei bspw. auf „CAT-Futures" hingewiesen, die dazu genutzt werden können, eine Absicherung gegen den Eintritt von Naturkatastrophen durchzuführen. Eine befristete und begrenzte Übertragung von finanziellen Risikokonsequenzen stellen die sog. finiten Risikokonzepte dar. In diesem Fall werden fällige Schadenszahlungen auf einen Versicherer transferiert. Die zu leistende Schadenszahlung aber über mehrere Perioden beim Versicherer getilgt. Es handelt sich bei diesem Konzept um eine Kombination aus Bank- und Versicherungsleistung, die es einem Versicherungsnehmer ermöglicht, eine Schadenszahlung, die er selbst zu tragen beabsichtigt, über mehrere Perioden zu strecken. Eine vergleichbare Streckung von Zahlungsverpflichtungen kann auch durch die Ausnutzung von Kreditlimiten erreicht werden.

Das Hedging stellt eine Methode dar, Risikoabsicherung zu betreiben.[328] Neben dem Ziel der Risikoabsicherung kann Hedging auch zur Erzielung von Gewinnen bzw. zur Realisierung von Arbitragegewinnen verwendet werden. Für den Fall, dass es mittels des Hedging gelingt eine vollständige Absicherung von Risiken zu erreichen, spricht man auch von einem „perfect hedge", der Kassarisiken vollständig eliminiert. Sollte diese Absicherung aufgrund der unvollständigen Korrelation zwischen Hedge- und Kassainstrument nicht möglich sein, spricht man von einem „cross hedge", mit dem lediglich eine Risikoreduktion erreicht wird. Die Funktionsweise des hedging besteht darin, Kursverluste, die durch ein Kassageschäft verursacht werden, durch eine Gegenposition in Futures, Forwards oder Optionen auf dasselbe oder ein ähnliches Grundgeschäft zu kompensieren.

Um ein Hedging einer Kassaposition durchführen zu können, müssen geeignete Hedge-Instrumente identifiziert werden. An Finanzmärkten werden Terminkontrakte gehandelt, die zum Hedging eingesetzt werden können, wie Futures, Forwards, Finanzoptionen, Swaps oder Zinsbegrenzungsverträge. Hedge-Kontrakte können i. d. R. auf Kassapositionen abgeschlossen werden, die an einem regulären Markt gehandelt werden können. Hierunter

[328] Vgl. Perridon, L./Steiner, M. (2002), S. 314 ff.

fallen insbesondere Währungsoptionen, Zinsverträge, Aktien- und Aktienindizes.

Auf Basis dieser Überlegungen zur Risikosteuerung lassen sich folgende Indikatoren zu deren Operationalisierung herleiten:

- Vermeidung von Risiken,
  - Verzicht auf Investitionen,
  - Ausstieg aus Geschäftsfeldern,
  - Vermeidung von Risiken (gesamt),
- Verminderung von Risiken,
  - Anpassung von Geschäftsprozessen,
  - Verminderung von Risiken (gesamt),
- Überwälzung von Risiken,
  - Gestaltung von Verträgen,
  - Anpassung des Versicherungsschutzes,
  - Risikotransfer auf Kapitalmärkte,
  - Risikotransfer an Beteiligungsgesellschaften,
  - Risikotransfer an Dritte,
  - Überwälzung von Risiken (gesamt),
- Risikoakzeptanz,
  - mit Bildung von Reserven,
  - ohne Bildung von Reserven,
  - Risikoakzeptanz (gesamt).

Bislang wurde dargestellt, wie Risiken identifiziert, bewertet und dann gesteuert werden können. Im Folgenden wird ein Überblick darüber gegeben, wie der Risikomanagementprozess als Ganzes kontrolliert werden kann.[329] In einem ersten Schritt werden hierzu organisatorische Aspekte des Risikomanagements berücksichtigt.

Die aufbauorganisatorischen Mindestanforderungen an ein Risikomanagement werden am Beispiel einer Aktiengesellschaft dargestellt.[330] Beauftragt durch die Hauptversammlung hat der Aufsichtsrat den Vorstand zu überwachen (§ 111 AktG). Dem Vorstand wiederum obliegt es, die Risikostrategie festzulegen und zu implementieren (§ 91 AktG). Aus der Kodifizierung der Risikomanagementfunktion im deutschen Aktiengesetz wird deutlich, dass die Kontrolle der Funktionsfähigkeit des Risikomanagements ein Element der Corporate Governance darstellt.[331] Das Unternehmenscontrolling und die Risikomanager sind dann die originären Träger des Risikomanagements. Im Rahmen der durch den Vorstand definierten Schwellenwerte führen die Risikomanager der jeweiligen Hierarchiestufe

---

329 Vgl. Franz, K.-P. (2000), S. 51 ff.

330 Vgl. Henselmann, K. (2001) für die folgenden Ausführungen.

331 Vgl. hierzu allgemein Pohle, K./Werder, A. v. (2001).

eigenständig ein Risikomanagement durch, wobei etwaige Wechselwirkungen zu anderen Risiken nicht außer Acht gelassen werden dürfen. Aus diesem Grund ist über alle wesentlichen Risiken zu berichten, auch dann, wenn bereits Risikobewältigungsmaßnahmen eingeleitet worden sind. Die Innenrevision hat die Aufgabe das Risikomanagement im Auftrag des Vorstands zu überwachen. Den vom Aufsichtsrat bestellten Wirtschaftsprüfern obliegt die Beurteilung der Effektivität des Gesamtsystems Risikomanagement.

Das interne Kontrollsystem eines Unternehmens sollte aus einem internen Steuerungssystem und einem internen Überwachungssystem bestehen.[332] Das interne Überwachungssystem lässt sich dabei weiter in ein prozessintegriertes und ein prozessunabhängiges Überwachungssystem differenzieren. Unter die prozessintegrierten Maßnahmen werden organisatorische Sicherungsmaßnahmen und Kontrollen gefasst, wohingegen die Innenrevision als Beispiel für eine einzelfallbezogene, prozessunabhängige Überwachung dient.

Die Komponenten des internen Kontrollsystems lassen sich in die Dimensionen Ziele, Funktionen und Gegenstand einteilen. Die Ziele des internen Kontrollsystems sind:[333]

- die Sicherstellung der Wirksamkeit und der Wirtschaftlichkeit der Geschäftstätigkeit,
- die Ordnungsmäßigkeit und Verlässlichkeit der Rechnungslegung,
- die Einhaltung von sonstigen Gesetzen und Vorschriften.

Gegenstand der internen Kontrollen können zum einen die Unternehmensfunktionen und –prozesse bzw. Unternehmenseinheiten sein. Die Funktionen, die das interne Kontrollsystem vor den genannten Zielen und Bezugsobjekten zu erfüllen hat, sind:[334]

- die Abgrenzung des Kontrollumfeldes,
- eine Beurteilung der umfeldrelevanten Risiken,
- die Festlegung von Kontrollaktivitäten,
- die Bereitstellung entsprechender Informations- und Kommunikationsstrukturen sowie
- die Überwachung des internen Kontrollsystems.

Die Aufgaben des internen Kontrollsystems werden am Beispiel der internen Kontrollen für prozessintegrierte Überwachungsmaßnahmen und am Beispiel der Innenrevision für prozessunabhängige Überwachungs-

---

[332] HFA (1999), S. 659-660.
[333] Vgl. Buderath, H./Amling, T. (2000), S. 131 ff.
[334] Vgl. Buderath, H./Amling, T. (2000), S. 131 ff.

maßnahmen dargestellt. Die internen Kontrollen entstehen durch die Implementierung von Überwachungsgrundsätzen, wie z. B. der Funktionstrennung. Ziel der Implementierung interner Kontrollen ist die Sicherstellung des ordnungsmäßigen Ablaufs der Prozesse des Risikomanagements. Im Rahmen der Implementierung interner Kontrollen sind die Entscheidungsbefugnisse der einzelnen Hierarchiestufen festzulegen. Die hierdurch geschaffenen Entscheidungsfreiräume sind aber in regelmäßigen Abständen durch Managementkontrollen zu überprüfen.

Die Innenrevision ist eine einzelfallbezogene Überwachungsmaßnahme. Ihre Aufgabe ist die Überprüfung der Effektivität und Effizienz des Risikomanagementsystems. Aus den im Rahmen der Revisionstätigkeiten gewonnenen Erkenntnissen sind von der Innenrevision auch diejenigen Überwachungsgrundsätze abzuleiten, die zukünftig als interne Kontrollmaßnahme zu implementieren sind. Ferner sind die Prüfungsergebnisse für den unternehmensinternen Auftraggeber aufzubereiten.

Aus der Darstellung der Kontrolle des Risikomanagementprozesses lassen sich folgende Indikatoren zu deren Operationalisierung herleiten:[335]

- institutionelle (prozessunabhängige) Angaben,
    - Grundsätze und Prüfungsstrategien der Innenrevision,
    - Angaben über Prüfungen und Ergebnisse der Innenrevision,
- systembezogene (prozessintegrierte) Angaben,
    - interne Risikoberichte,
    - Schwellenwerte,
    - Aufgabenteilung,
    - Risikopolitik.

Hierbei wird davon ausgegangen, dass die Innenrevision, die zentrale Institution der Risikokontrolle darstellt. Die systembezogenen Angaben fokussieren hingegen auf die Implementierung von Risikokontrolle in der Unternehmensorganisation. Es wird davon ausgegangen, dass Unternehmen allgemein eine Risikopolitik als Maxime des Umganges mit Risiken formulieren. Aufbauend auf dieser Maxime werden Zuständigkeiten für das Risikomanagement formuliert, die sich in der Aufgabenteilung innerhalb der Unternehmensorganisation manifestieren. Unterstellt man wiederum eine hierarchische Zuständigkeit für das Risikomanagement, so müssen Schwellenwerte definiert werden, anhand welcher eine Übergabe der Risikoverantwortung auf eine übergeordnete Hierarchieebene erfolgt. Das Medium, mit dem eine derartige Übergabe der Zuständigkeit verbunden sein könnte, ist die unternehmensinterne Risikoberichterstattung.

---

[335] Vgl. HFA (1999), S. 659 ff.

Zusammenfassend lässt sich konstatieren, dass risikoorientierte Unternehmenspublizität ein Spiegelbild des Erfolges des Risikomanagements ist. Ziel des Risikomanagements ist es hierbei nicht, Risiken vollständig zu eliminieren. Vielmehr sind diese bewusst einzugehen und in ihren Auswirkungen zu begrenzen. Anschließend wurde der Risikomanagementprozess dargestellt, um zu demonstrieren:

- welche Risiken Gegenstand der risikoorientierten Unternehmenspublizität sind und
- wie mit diesen Risiken umzugehen ist.

Das Ergebnis dieses Prozesses sind diejenigen Informationen, die in der risikoorientierten Unternehmenspublizität abzubilden sind.

2.4 Zusammenfassung der Ergebnisse

Mit diesem Kapitel wurde das Ziel verfolgt, zu klären, was die risikoorientierte Unternehmenspublizität inhaltlich darstellt. Hierzu wurde zunächst der Begriff der Unternehmenspublizität abgegrenzt.

Unternehmenspublizität ist eine Informationsgewährung an einen unbestimmten, offenen Adressatenkreis.

Auf Basis dieser Definition wurden die gesetzlichen und freiwilligen Instrumente der Informationsgewährung in Deutschland daraufhin untersucht, ob sie Unternehmenspublizität im Sinne obiger Definition darstellen. Weiterhin wurden die Instrumente gegeneinander abgewogen, um zu identifizieren, ob es Instrumente der Informationsgewährung gibt, die nicht hinsichtlich ihrer Risikoorientierung untersucht werden müssen, da sie bereits von anderen Instrumenten dominiert werden. Es konnte aufgezeigt werden, dass es einen trade-off zwischen Aktualität und Umfang der Unternehmenspublizität gibt. Vor diesem Hintergrund konnte die regelmäßige handels- und gesellschaftsrechtliche Publizität als dominant identifiziert werden. Dieses Ergebnis ändert sich auch nicht, wenn neue Informationsmedien, wie das Internet, berücksichtigt werden.

Um die risikoorientierte Unternehmenspublizität der DAX 100-Unternehmen beurteilen zu können, ist somit die regelmäßige handels- und gesellschaftsrechtliche Publizität, wie sie in Geschäftsberichten vorliegt, heranzuziehen.

Nach der Abgrenzung der im Folgenden zu untersuchende Unternehmenspublizität wurde der entscheidungstheoretische Risikobegriff untersucht, um Prämissen herzuleiten, denen eine risikoorientierte Unternehmenspublizität unterliegt. Es konnte festgestellt werden, dass es kein einheitliches

Risikoverständnis in der Entscheidungstheorie gibt.[336] Es gibt lediglich einen Konsens über die konstituierenden Merkmale einer Entscheidungssituation. Diese sind die erwarteten Umweltzustände, deren Eintrittswahrscheinlichkeiten sowie die Handlungsalternativen. Das Risiko dieser Entscheidungssituation basiert auf den Risikopräferenzen der Entscheidungsträger. In der Entscheidungstheorie wird zumeist von risikoaversen Entscheidungsträgern ausgegangen. Ein Risiko, welches unter Einbeziehung der Risikopräferenzen aus der obigen Entscheidungssituation abgeleitet wird, unterliegt gewissen Prämissen:

- das Risiko ist statisch, d. h. Lerneffekte des Entscheidungsträgers bleiben bei der Würdigung der risikoorientierten Unternehmenspublizität unberücksichtigt;
- die empirisch feststellbare Risikowahrnehmung von Entscheidungsträgern weicht von den entscheidungstheoretischen, normativen Vorgaben ab. Da die anschließenden Untersuchungen der risikoorientierten Unternehmenspublizität keinen normativen Charakter aufweisen, muss ggf. mit abweichenden Wahrnehmungen des Nutzens risikoorientierter Unternehmenspublizität gerechnet werden.

Die messtheoretische Untersuchung der risikoorientierten Unternehmenspublizität kann nicht auf einem entscheidungstheoretischen Risikobegriff basieren. Lediglich der wirkungstheoretischen Untersuchung der risikoorientierten Unternehmenspublizität kann ein entscheidungstheoretischer Risikobegriff als Sollobjekt gegenübergestellt werden.

Um herzuleiten, welcher Risikobegriff einer messtheoretischen Untersuchung risikoorientierter Unternehmenspublizität zugrunde liegt, muss festgestellt werden, wie Risiken in der Unternehmenspublizität abgebildet werden.

Die risikoorientierte Unternehmenspublizität spiegelt sich sowohl implizit in bilanziellen Ansatz-, Ausweis- und Bewertungsvorschriften als auch explizit in den narrativen Publizitätsinstrumenten wider.

Aufgrund der normierten Bezugsobjekte der impliziten Risikoorientierung im Gegensatz zu den weitergehenden Abbildungsfreiheiten der expliziten Risikoorientierung ist davon auszugehen, dass der risikoorientierten Unternehmenspublizität unterschiedliche Risikodefinitionen zugrunde liegen.

Die implizite Risikoorientierung unterliegt den Normierungen der bilanziellen Ansatz-, Ausweis- und Bewertungsvorschriften. Die implizite und die explizite Risikoorientierung sind ermessensbehaftet. Die Objektivierung der impliziten Risikoorientierung begrenzt die Ermessensspielräume,

---

[336] Vgl. Mikus, B. (2001), S. 5.

ohne sie vollständig zu beseitigen. Aufgrund der größeren Darstellungsfreiheiten der expliziten Risikoorientierung kann von Vermögensgegenständen und Schulden als Bezugsobjekt risikoorientierter Unternehmenspublizität abgewichen werden. Soweit es im Rahmen der gesetzlichen Vorschriften zur Unternehmenspublizität möglich ist, sollten Unternehmensrisiken prozessorientiert dargestellt werden, da Risiken diesen Prozessen verursachungsgerechter zugeordnet werden können.

Die implizite und explizite Risikoorientierung sind lediglich Abbildungsregeln für Risiken. Um festzustellen, welche Risiken abzubilden sind, muss ein Risikomanagement vorliegen. Aus diesem Grund wurde abschließend erläutert, welche Risiken im Folgenden zu berücksichtigen sind und wie diese gemanagt werden können.

Sowohl die implizite als auch die explizite Abbildung von Risiken in der Unternehmenspublizität basiert auf den Erkenntnissen aus dem Risikomanagementprozess.

3 Messtheoretische Analyse risikoorientierter Unternehmenspublizität

Im Vorfeld der messtheoretischen Analyse müssen die Begriffe „Zweck" und „Ziel" von risikoorientierter Unternehmenspublizität abgegrenzt werden, da diese im Folgenden unterschiedliche Perspektiven kennzeichnen. Der Zweck der risikoorientierten Unternehmenspublizität ergibt sich aus deren Beitrag zu einem Umsystem.[337] Ein Umsystem ist zu verstehen als ein System, das mehr Elemente aufweist als das betrachtete System der risikoorientierten Unternehmenspublizität.[338] Das für diese Untersuchung relevante Umsystem resultiert aus Angebot und die Nachfrage nach Unternehmensinformationen. Von den Zwecken der risikoorientierten Unternehmenspublizität zu unterscheiden sind deren Ziele.[339] Die Adressaten der risikoorientierten Unternehmenspublizität verfolgen Ziele, aus denen sich Anforderungen an die Ausgestaltung risikoorientierter Unternehmenspublizität ergeben. Wird im Folgenden untersucht, was mit einer spezifischen Ausgestaltung risikoorientierter Unternehmenspublizität, z. B. durch den Gesetzgeber, beabsichtigt ist, wird von Zwecken gesprochen. Bezieht sich die Analyse auf das, was die Adressaten mit den Informationen der risikoorientierten Unternehmenspublizität erreichen wollen, wird dies als deren Ziel bezeichnet. Weiterhin wird im Folgenden auf die Bilanz bzw. bilanzielle Informationen abgestellt. Diese Begriffe sind in diesem Zusammenhang weit aufzufassen. Gemeint sind die monetären Daten, die im Rahmen des Jahresabschlusses und Lageberichts zur Verfügung gestellt werden.

Nach der begrifflichen Abgrenzung risikoorientierter Unternehmenspublizität (Kapitel zwei) wird nun der Frage nachgegangen, wie die gegenwärtige und eine mögliche zukünftige Ausgestaltung der risikoorientierten Unternehmenspublizität zu bewerten ist. Fragestellungen dieser Art sind Gegenstand der Messtheorie.[340] Da die risikoorientierte Unternehmenspublizität geltendes Recht darstellt, erfolgt die messtheoretische Auseinandersetzung als ökonomische Analyse dieses Rechts. Eine derartige Vorgehensweise wird auf Fragestellungen bezogen, die sich mit der Allokationseffizienz von knappen Ressourcen aufgrund rechtlicher Regelungen beschäftigen.[341] Infolgedessen ist zu überprüfen, ob die Ausgestaltung der risikoorientierten Unternehmenspublizität effizient ist. Effizienz ist in diesem Zusammenhang ein normativer Begriff, da unterstellt wird, dass es eine „optimale" Ausgestaltung der risikoorientierten Unternehmenspublizität

337 Vgl. Schäfer, J. (1999), S. 8.
338 Vgl. Schäfer, J. (1999), S. 8.
339 Vgl. Schäfer, J. (1999), S. 8.
340 Vgl. Schneider, D. (1997), S. 235.
341 Vgl. Schneider, D. (1997), S. 238.

gibt. *Demski* hat nachgewiesen, dass normative Regelungen für die Unternehmenspublizität im Allgemeinen nicht hergeleitet werden können.[342]

Da für die risikoorientierte Unternehmenspublizität keine normativen Erkenntnisse abgeleitet werden können, wird im Folgenden Effizienz als erreicht angesehen, wenn ein Entscheidungsbezug der risikoorientierten Unternehmenspublizität nachgewiesen werden kann.[343]

Somit sind im Vorfeld einer messtheoretischen Analyse risikoorientierter Unternehmenspublizität Anforderungen an deren Entscheidungsbezug herzuleiten (Kapitel 3.1). Dies wird erreicht, indem zunächst die Rolle der risikoorientierten Unternehmenspublizität im Entscheidungsprozess der Adressaten dargestellt wird (Kapitel 3.1.1). Der Entscheidungsprozess ist, wie nachfolgend aufgezeigt wird, abhängig von den Zielen der Adressaten. Es muss folglich analysiert werden, mit welchen Problemen die messtheoretische Analyse der risikoorientierten Unternehmenspublizität konfrontiert ist, wenn operationalisierbare Ziele der Entscheidungsträger nicht vorliegen (Kapitel 3.1.2). Diese werden im Folgenden als Zielsetzungsdefekte bezeichnet.

Geht man von der Annahme aus, dass Zielsetzungsdefekte bei den Adressaten vorliegen, ist zu untersuchen, welche grundsätzlichen Ausgestaltungsmerkmale der risikoorientierten Unternehmenspublizität vorliegen (Kapitel 3.2). Diese werden im Folgenden als zweckunabhängige Ausgestaltung bezeichnet. Hierdurch gelingt es, einen Bezugsrahmen zu entwickeln, anhand dessen die zweckabhängige Ausgestaltung der risikoorientierten Unternehmenspublizität sowohl für die implizite (Kapitel 3.2.1) als auch für die explizite Risikoorientierung (Kapitel 3.2.2), analysiert werden kann.

Der abgeleitete Bezugsrahmen der Ausgestaltung risikoorientierter Unternehmenspublizität wird im Folgenden jeweils auf die Rechnungslegungsnormen nach HGB, IAS/IFRS und US-GAAP angewandt, um zu untersuchen, welche Messhypothesen der Ausgestaltung risikoorientierter Unternehmenspublizität zugrunde liegen (Kapitel 3.3). Hierzu werden jeweils die Zwecksysteme der Rechnungslegungsnormen vorgestellt, um anschließend hieraus, die mit den Instrumenten der risikoorientierten Unternehmenspublizität verfolgten Ziele, identifizieren zu können. Abschließend werden die Ergebnisse der messtheoretischen Analyse in Thesen zusammengefasst (Kapitel 3.4).

[342] Vgl. Demski, J. S. (1973).
[343] Vgl. Schneider, D. (1997), S. 201.

3.1 Anforderungen an den Entscheidungsbezug von risikoorientierter Unternehmenspublizität

Zunächst werden die Anforderungen an den Entscheidungsbezug risikoorientierter Unternehmenspublizität hergeleitet. Dies wird erreicht, indem die Rolle der risikoorientierten Unternehmenspublizität im Entscheidungsprozess der Adressaten dargestellt wird. Da der Entscheidungsprozess abhängig ist von den Zielen der Adressaten, muss anschließend analysiert werden, mit welchen Problemen die messtheoretische Analyse der risikoorientierten Unternehmenspublizität konfrontiert ist, wenn operationalisierbare Ziele der Entscheidungsträger nicht vorliegen.

3.1.1 Die risikoorientierte Unternehmenspublizität im Entscheidungsprozess

Um die Funktion der risikoorientierten Unternehmenspublizität im Entscheidungsprozess herleiten zu können, wird zunächst allgemein anhand der Unternehmenspublizität argumentiert. Eine Übertragung auf die risikoorientierte Unternehmenspublizität erfolgt zum Abschluss dieses Kapitels. Es wird im Folgenden untersucht, wie der Entscheidungsprozess von Adressaten unter Einbeziehung der Informationen der Unternehmenspublizität systematisiert werden kann. Welche Wirkungen von zusätzlichen, z. B. Unternehmensrisiken betreffenden Informationen, auf die Entscheidung eines Adressaten ausgehen können, wird anhand des Bayes-Theorems verdeutlicht. Dieses impliziert, dass das Entscheidungsfeld eines Adressaten vollständig definiert ist. Aus diesem Grund wird abschließend erläutert, welche Strukturdefekte in einem Entscheidungsfeld vorliegen können, die dazu führen, dass dieses unvollständig definiert ist. Bezogen auf die risikoorientierte Unternehmenspublizität wird durch Beispiele aufgezeigt, dass keine vollständige Definition des Entscheidungsfeldes vorliegt.

In der einleitenden Abgrenzung des Begriffes Unternehmenspublizität (Kapitel zwei) wurde festgestellt, dass das hiermit verbundene Ziel die Schaffung von Transparenz, verstanden als verständliche Abbildung unternehmensrelevanter Sachverhalte, ist.[344] Zu klären bleibt die Frage, wie Publizität Transparenz schaffen kann. Die Informationen, die publiziert werden, sollen einen Entscheidungsbezug aufweisen. Dieser Umstand wird in den Rechnungslegungsnormen IAS/IFRS und US-GAAP als „decision usefulness" bezeichnet, ist aber auch nach HGB ein Grundprinzip der In-

[344] Vgl. Merkt, H. (2001), S. 11-12, zur Transparenzfunktion der Unternehmenspublizität. Soweit diese sich aber auf die Rechnungslegung als Instrument der Publizität bezieht, müssen auch die damit einhergehenden Objektivierungsfunktionen, welche die Transparenz relativieren, berücksichtigt werden.

formationsfunktion von Unternehmenspublizität.[345] Ein solcher Entscheidungsbezug ist dann erreicht, wenn die gewährte Information dazu geeignet ist, die Entscheidungen der Adressaten in Hinblick auf das publizierende Unternehmen zu beeinflussen.[346] Nach *Schneider* ist der Entscheidungsbezug von Unternehmenspublizität nicht dadurch zu bewerkstelligen, dass die publizierten Informationen als Lösung eines Entscheidungsproblems interpretiert werden. Vielmehr dient transparente Informationsgewährung als neutrale Datengrundlage oder Tatsachenwissen für die Erstellung eigener Prognosen.[347] Da permanent neue Ereignisse auftreten werden, die einen Entscheidungsbezug zu einem Unternehmen aufweisen, ist Transparenz ein nicht zu erreichender Zustand, sondern, wie Abb. 3-1 zeigt, ein dynamischer Prozess, in dessen Verlauf sich, in Anlehnung an den Planungsprozess, verschiedene Phasen identifizieren lassen.

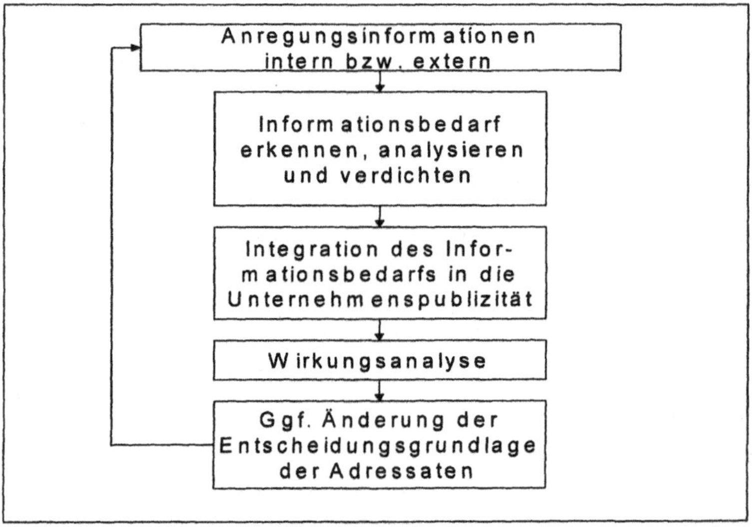

Abb. 3-1: Prozess der Schaffung von Transparenz (eigene Darstellung in Anlehnung an den betriebswirtschaftlichen Planungsprozess; ähnlich: Adam, D. (1996), S. 36).

345 Im HGB ergibt sich die Informationsfunktion aus den Generalnormen §§ 264 II sowie 297 II HGB. Der Entscheidungsbezug nach IAS/IFRS ergibt sich implizit aus den Primärgrundsätzen des Frameworks; vgl. hierzu auch Pellens, B. (2001), S. 441. Für die US-GAAP ergibt sich aus SFAC No. 1.9, dass Informationen der Rechnungslegung entscheidungsnützliche Informationen bereitzustellen haben.

346 Beeinflussung bedeutet in diesem Zusammenhang sowohl die Änderung einer Entscheidung als auch deren Bestätigung, vgl. SFAC No. 1.9.

347 Vgl. Schneider, D. (1997), S. 201.

Unternehmen bekommen entweder aus internen oder aus externen Quellen Anregungsinformationen über ein Ereignis, welches ggf. Transparenz für die Adressaten der Unternehmenspublizität schaffen könnte. Durch derartige Anregungsinformationen werden Identifikationsprozesse ausgelöst, welche die erhaltenen Signale systematisch erfassen.[348] Wird festgestellt, dass es sich um ein relevantes Informationsbedürfnis handelt, werden weitere Analysen durchgeführt, die es anschließend erlauben, den Informationsbedarf in eine kommunizierbare Form zu bringen.[349] Das Ergebnis dieses Prozesses wird in die Unternehmenspublizität integriert. Hierdurch soll bei den Adressaten der Unternehmenspublizität eine Wirkung auf die Entscheidungsgrundlage ausgelöst werden. Diese stellt wiederum eine Anregungsinformation dar, welche den Prozess der Transparenzschaffung erneut initiieren könnte.[350]

Die Funktion der risikoorientierten Unternehmenspublizität im Entscheidungsprozess des Adressaten ist die Schaffung von Transparenz. Diese ist ein dynamischer Prozess und nicht ein zu erreichender Zustand.

Dieser idealtypische und sehr vereinfachte Prozess der Transparenz lässt sich auch als Veränderung der a-priori Wahrscheinlichkeiten zu a-posteriori Wahrscheinlichkeiten durch das Theorem von Bayes verdeutlichen, dessen Grundzüge im Folgenden kurz dargestellt werden sollen, um die Wirkung zusätzlicher Information auf die Entscheidungen eines Adressaten identifizieren zu können.[351]

Aus Sicht eines beliebigen Adressaten von Unternehmenspublizität seien auf Basis seines bisherigen Informationsstandes die Wahrscheinlichkeiten für die möglichen Zustände des Unternehmens durch den Vektor S_s $(s=1,2,...,S)$ gegeben. Die Ausprägungen der Informationsergebnisse durch zusätzliche Information und somit Schaffung von Transparenz seien gegeben durch den Vektor I_i $(i=1,2,...,I)$. Die stochastische Abhängigkeit zwischen den Zuständen S_S und den Informationsergebnissen I_i lässt sich durch folgende bedingte Wahrscheinlichkeiten ausdrücken:[352]

---

348 Vgl. hierzu allgemein Krampe, G./Müller, G. (1981) sowie Müller, A. (2001).

349 Vgl. allgemein Eggers, B./Eickhoff, M. (1996), Geißler, J. (1995), Hahn, D. (1979), für eine Darstellung geeigneter Instrumente sowie Hahn, D./Krystek, U. (2000), Krystek, U./Müller, M. (1999) und Bitz, H. (2000) für eine Einordnung in die risikoorientierte Unternehmenspublizität.

350 Vgl. Adam, D. (1996), S. 379 für eine allgemeine Beschreibung derartiger Feedback-Prozesse.

351 Vgl. Laux, H. (2003), S. 340-345.

352 Vgl. Bleymüller, J./Gehlert, G./Gülicher, H. (1994), S. 33.

$w(I_i|S_s) \equiv$ Wahrscheinlichkeit für das Informationsergebnis I_i unter der Annahme, dass der Zustand S_s eintritt bzw. vorliegt (a-priori-Wahrscheinlichkeit).

$w(S_s|I_i) \equiv$ Wahrscheinlichkeit für den Zustand S_s unter der Voraussetzung, dass I_i das Ergebnis der Unternehmenspublizität ist (a-posteriori-Wahrscheinlichkeit).

$w(S_s) \equiv$ Wahrscheinlichkeit für den Zustand S_s

Gemäß dem Theorem von Bayes ergibt sich folgender Zusammenhang:

$$(3\text{-}1) \quad w(S_s|I_i) = \frac{w(I_i|S_s) \cdot w(S_s)}{\sum_{s=1}^{S} w(I_i|S_s) \cdot w(S_s)}$$

Die Wahrscheinlichkeiten, die ein Adressat der Unternehmenspublizität nach Erhalt der Informationen I_i den Zuständen $S_1, S_2, ..., S_s$ zuordnet, hängen somit davon ab,

- welche Wahrscheinlichkeiten er den Zuständen vor Information, also bei dem Informationsstand vor der zusätzlichen Unternehmenspublizität beimisst,
- wie er vor der zusätzlichen Publizität die stochastischen Abhängigkeiten zwischen den möglichen Informationsergebnissen und den Zuständen einschätzt und
- welches Informationsergebnis tatsächlich erzielt wird.

Wie der Darstellung des Bayes-Theorems zu entnehmen ist, können zusätzliche Informationen, z. B. über bislang nicht kommunizierte unternehmensspezifische Risiken, zu einer Veränderung der Einschätzungen von Eintrittswahrscheinlichkeiten von Umweltzuständen einer Entscheidungssituation führen. Das Bayes-Theorem zeigt somit eine Wirkung auf, die durch risikoorientierte Unternehmenspublizität erreicht werden kann. Eine zweite mögliche Wirkung besteht darin, dass risikoorientierte Unternehmenspublizität den Adressaten bislang nicht bewusst wahrgenommene Handlungsalternativen aufzeigt. Der Entscheidungsbezug von Unternehmenspublizität ist bislang als Prozess der Schaffung von Transparenz dargestellt worden. Diese kann aber nur dann erreicht werden, wenn bekannt ist, welches Zwecksystem den Informationswünschen der Adressaten von Unternehmenspublizität zugrunde liegt. Denn aus dem Zwecksystem ergibt sich, was als entscheidungsrelevant einzustufen ist.[353] Zunächst soll das

---

[353] Vgl. hierzu Demski, J. S. (1976), der aufzeigt, dass Relevanz von Informationen im normativen Sinn nicht aus dem Unternehmen selber erwachsen kann, sondern aus den Informationswünschen der Adressaten.

Entscheidungsproblem eines beliebigen Adressaten strukturiert werden, um Hinweise auf die Ableitung eines konsistenten Zwecksystems der Unternehmenspublizität herleiten zu können.

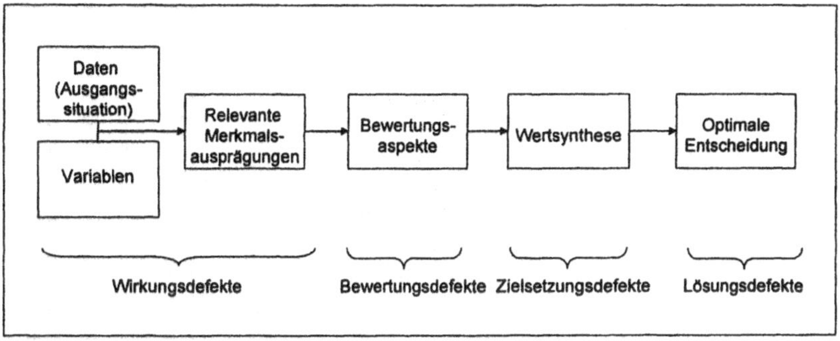

Abb. 3-2: Das Entscheidungsfeld (ähnlich: Adam, D. (1996), S. 8).

Das Entscheidungsfeld i. e. S. ist definiert durch die Variablen eines Entscheidungsproblems und verschiedener, durch den Adressaten nicht zu beeinflussender Umfeldparameter, den sog. Daten.[354] Diese stellen zusammen den Input des Entscheidungsproblems dar. Die relevanten Merkmalsausprägungen dieses Inputs stellen den Output dar. Aus der Beziehung zwischen In- und Output lässt sich der Wirkungszusammenhang des Entscheidungsproblems erkennen. Von einer wirkungsdefekten Entscheidungssituation wird gesprochen, wenn:[355]

- keine Informationen über mögliche Handlungsalternativen vorliegen,
- die Wirkungszusammenhänge zwischen den Inputvariablen zur Erzeugung von Outputvariablen nicht bestimmbar sind.

Eine Übertragung dieser Wirkungsdefekte auf die risikoorientierte Unternehmenspublizität ist ohne weiteres möglich. Mangelnde Informationen über Handlungsalternativen der Adressaten können u. a. Ausdruck einer unvollständigen Publizität sein. Ein unvollständiges Verständnis der Adressaten über die Kausalitäten, die der risikoorientierten Unternehmenspublizität zugrunde liegen, ist ebenfalls ein möglicher Wirkungsdefekt.[356]

---

[354] Vgl. Adam, D. (1996), S. 8.
[355] Vgl. Adam, D. (1996), S. 14-15.
[356] Vgl. Schneider, D. (1997), S. 201 sowie Moxter (1982), S. 36.

Die relevanten Merkmalsausprägungen sind in einem nächsten Schritt in Werte zu transformieren. Hierbei können wiederum zwei Ursachen für Bewertungsdefekte identifiziert werden:[357]

- die Handlungsalternativen sind noch nicht hinreichend konkretisiert, sodass eine Bewertung auf dieser Informationsbasis noch nicht möglich ist,
- die ökonomischen Konsequenzen von Handlungsalternativen werden bewusst ausgeklammert, indem aus einem Gesamtentscheidungsproblem unabhängige, dezentrale Teilprobleme separiert werden.[358] Durch diese Dekomposition eines Entscheidungsfeldes werden Wirkungszusammenhänge aufgehoben. Ziel dieser Vorgehensweise ist die Reduktion von Komplexität eines Entscheidungsproblems. Eine isolierte Optimierung derartiger Teilprobleme würde aber zu einer suboptimalen Gesamtlösung führen. Eine das Gesamtproblem optimierende Lösung kann nur erreicht werden, wenn es gelingt, die Partialprobleme zu koordinieren.

Die Adressaten der risikoorientierten Unternehmenspublizität können sich möglicher Handlungsalternativen bewusst sein. Aufgrund ihres geringen Informationsstandes sind sie aber nicht in der Lage diese Handlungsalternativen zu bewerten. Wird davon ausgegangen, dass die Ersteller der risikoorientierten Unternehmenspublizität ihren Informationsstand den Adressaten vollständig offen legen,[359] ist in diesem Fall der unzureichende Informationsstand der Ersteller mit dafür verantwortlich, dass die Adressaten nicht in der Lage sind, Handlungsalternativen zu bewerten. Zu denken sei hierbei an die Informationen, die im Rahmen der Risikoidentifikation generiert werden.[360] Insbesondere schwache Signale, die im Rahmen einer expliziten Risikoorientierung von Unternehmenspublizität dargestellt werden könnten, fallen in diese Kategorie.[361] Diese durch die risikoorientierte

---

[357] Vgl. Adam, D. (1996), S. 14-16.

[358] Bewertungsdefekte führen zu sachlich oder zeitlich offenen Entscheidungsfeldern. Sachlich offene Entscheidungsfelder ergeben sich aus einer mangelnden Koordination interdependenter Teilprobleme. Eine Optimierung kann entweder durch die Wahl von Restriktionen oder durch Lenkpreise erreicht werden. Da die Ableitung theoretisch richtiger Lenkpreise aber eine simultane Planung notwendig machen würde, werden Lenkpreise mittels heuristischer Annahmen abgeleitet. Zeitlich offene Entscheidungsfelder resultieren aus der zeitlichen Interdependenz von Entscheidungsproblemen. Das Problem der zeitlichen Beschränkung lässt sich faktisch nicht lösen. Hier werden in der Regel heuristische Annahmen über den Planungshorizont angestellt. Sämtliche Effekte, die über den Planungshorizont hinausgehen, werden durch Restwertprämissen abgedeckt.

[359] Diese Prämisse wird in Kapitel vier aufgehoben.

[360] Vgl. Geißler, J. (1995), S. 163-164.

[361] Vgl. Ansoff, H. I. (1976) zu schwachen Signalen.

Unternehmenspublizität bereitgestellten Informationen können durch deren Adressaten allerdings nicht bewertet werden.

Die Problematik der sachlichen Dekomposition ist bspw. der impliziten Risikoorientierung immanent. Zumindest, wenn man von der Hypothese ausgeht, dass unternehmensspezifische Risiken aus der Geschäftstätigkeit resultieren und nicht frei von heuristischen Annahmen einem Vermögensgegenstand oder einer Schuld zugeordnet werden können. Berücksichtigt ein Adressat der risikoorientierten Unternehmenspublizität somit lediglich implizite Risiken, so unterliegt er der hier beschriebenen Herausforderung der Teilproblemkoordination.[362] Die zeitliche Dekomposition betrifft sowohl die implizite als auch die explizite Risikobewertung. Bei der impliziten Risikobewertung wird der Planungshorizont am Geschäftsjahresende abgebrochen. Bei der expliziten zukunftsbezogenen Risikobewertung wird ebenfalls ein künstlicher Planungshorizont abgebildet.[363] Die Adressaten der Unternehmenspublizität müssen beachten, dass ihr individueller Planungshorizont von denen, die der risikoorientierten Unternehmenspublizität zugrunde liegt, abweichen kann.

In dem letzten Bewertungsschritt des Entscheidungsproblems erfolgt eine Synthese der Werte zu einem einzelnen Wert, der in Bezug steht zu einer eindimensionalen und somit operationalen Zielsetzung. Zielsetzungsdefekte haben ebenfalls zwei Ausprägungen:[364]

- es scheitert die Ableitung konsistenter Unterziele (vertikaler Zielsetzungsdefekt),
- es gibt konfligierende Ziele (horizontaler Zielsetzungsdefekt).

Die Bedeutung von Zielsetzungsdefekten, die für einen Entscheidungsträger aus der risikoorientierten Unternehmenspublizität resultieren, werden aufgrund ihrer Bedeutung für die Ausgestaltung der Publizität im nachfolgenden Kapitel dargestellt.

Auf das Entscheidungsfeld i. w. S. wird abschließend eine effiziente Lösungsmethode angewandt, die aus den bewerteten Handlungsalternativen diejenige identifiziert, die optimal ist. Lösungsdefekte liegen vor, wenn es zu einem Entscheidungsproblem keine effiziente Lösungsmethode gibt.[365]

---

362 Vgl. detailliert im Zusammenhang mit der zweckunabhängigen Risikoorientierung (Kapitel 3.2). Wie dort aufgezeigt wird, ist die Teilkoordinationsproblematik auch Gegenstand der expliziten Risikoorientierung.

363 Gemäß DRS 5, Tz. 24 liegt dieser bei zwei Jahren oder für bestandsgefährdende Risiken bei einem Jahr.

364 Vgl. Adam, D. (1996), S. 11-12.

365 Vgl. Adam, D. (1996), S. 10-11. Adam erwähnt als Beispiel hierfür Reihenfolgeprobleme, die aufgrund ihrer schwachen mathematischen Struktur eine Vollenumeration zur Findung eines Optimums nötig machen würden.

Lösungsmethoden im Sinne von Auswertungsmethoden für die risikoorientierte Unternehmenspublizität sind Fragestellungen, die lediglich mittelbar im Zusammenhang mit der Ausgestaltung von risikoorientierter Unternehmenspublizität adressiert werden.

Das Entscheidungsfeld der Adressaten ist gekennzeichnet durch Strukturdefekte. Risikoorientierte Unternehmenspublizität kann nur dann hinsichtlich ihrer Effizienz beurteilt werden, wenn sich die Strukturdefekte beseitigen lassen.[366]

Da insbesondere die Wirkungs- und Bewertungsdefekte grundsätzlichen Charakter für Bewertungen aufweisen, spiegeln sich diese konsequenterweise in der Unternehmenspublizität wieder, da hier eine Vielzahl an Bewertungen durchzuführen sind. Spezifischer ist allerdings die Frage, welche Rolle die risikoorientierte Unternehmenspublizität im Rahmen der Beseitigung von Zielsetzungsdefekten spielen kann. Dieser Frage soll nun nachgegangen werden.

3.1.2 Der Einfluss von Zielsetzungsdefekten auf den Entscheidungsbezug von risikoorientierter Unternehmenspublizität

Da der Entscheidungsprozess abhängig von den Zielen der Adressaten ist, muss nunmehr analysiert werden, mit welchen Problemen die messtheoretische Analyse der risikoorientierten Unternehmenspublizität konfrontiert ist, wenn operationalisierbare Ziele der Entscheidungsträger nicht vorliegen. Um den Einfluss von Zielsetzungsdefekten auf den Entscheidungsbezug von Unternehmenspublizität beurteilen zu können, wird zunächst eine Strukturierung der Interessenten risikoorientierter Unternehmenspublizität vorgenommen. Aus der hergeleiteten Struktur der Interessengruppen werden in einem ersten Schritt mögliche Interessenkonflikte zwischen diesen Gruppen identifiziert. In einem zweiten Schritt wird dann untersucht, ob Informationsansprüche seitens dieser Interessengruppen bestehen. Sollte dies der Fall sein, könnte eine These formuliert werden, nach der eine Vernachlässigung bestimmter Interessengruppen mit der mangelnden Validität ihrer Informationsansprüche gerechtfertigt werden könnte. Im Anschluss an die Untersuchung der Informationsansprüche werden Zwecksysteme von Rechnungslegungsnormen als Möglichkeit vorgestellt, Informationsansprüche in der risikoorientierten Unternehmenspublizität zu priorisieren. Abschließend wird kurz aufgezeigt, dass die Wahl eines Zwecksystems Rückwirkungen auf die zweckadäquate Ausgestaltung der Instrumente der Risikoorientierung haben.

---

366 Vgl. Adam, D. (1996), S. 9.

Bislang wurden die Empfänger publizierter Informationen unter dem Begriff Adressaten subsumiert. Hierunter fallen letztlich sämtliche Informationsinteressenten eines publizierenden Unternehmens:[367]

- Anteilseigner,
- Gläubiger,
- Mitarbeiter,
- Kunden,
- Zulieferer,
- Staat,
- Gesellschaft sowie
- Wettbewerber.

Jede dieser Interessengruppen lässt sich wiederum in tatsächliche oder potenzielle Mitglieder unterteilen. Die tatsächlichen Mitglieder einer Interessengruppe haben eine Entscheidungsalternative gefällt, die sie in eine Beziehung zu einem Unternehmen bringt. Die potenziellen Mitglieder von Interessengruppen haben lediglich die Handlungsoption, eine Beziehung zu einem Unternehmen einzugehen. Obige Einteilung suggeriert, dass es sich hierbei um Interessengruppen mit jeweils homogenen Informationsbedürfnissen handelt. Dies würde verkennen, dass die Mitglieder einer Interessengruppe ein individuell unterschiedliches Entscheidungsumfeld besitzen können. Zur Verdeutlichung dieses Arguments sei bspw. auf die unterschiedlichen Informationsbedürfnisse von Kleinanlegern im Vergleich zu institutionellen Anlegern verwiesen.[368] Zwar dürften die nachgefragten Informationen ähnlich sein. Allerdings ist allein aufgrund unterschiedlicher Ressourcen zur Informationsverarbeitung bei institutionellen Anlegern eine andere Informationsnachfrage zu vermuten.[369] In ähnlicher Weise kann die Interessengruppe der Mitarbeiter bspw. in Vorstände, leitende und gewerbliche Mitarbeiter differenziert werden. Als erstes Teilergebnis kann somit festgehalten werden, dass für die o. g. Interessengruppen keine vollständig homogenen Informationsbedürfnisse vorliegen.[370]

---

[367] Vgl. SFAC No. 1.24. Vgl. Pellens, B. (2001), S. 438 für den Interessenpluralismus der IAS/IFRS. Vgl. Baetge, J./Kirsch, H.-J./Thiele, S. (2002), S. 90 für eine Darstellung des handelsrechtlichen Interessenpluralismus. Die Auswahl der Informationsinteressenten lässt sich bereits mit der Darstellung der Wertkette von Unternehmen und deren Wettbewerbsumfeld in Kapitel 2.3.2 begründen. Lediglich die Gesellschaft als Informationsinteressent ist hier noch zusätzlich zu berücksichtigen.

[368] Vgl. Moxter, A. (2003), S. 223.

[369] Diese Aussage darf nicht so verstanden werden, dass institutionelle Investoren vollständig rational an Kapitalmärkten agieren. Vgl. De Bondt, W. F. M./Thaler, R. (1985), S. 793 zur beschränkten Rationalität an Kapitalmärkten.

[370] Vgl. Moxter, A. (2003), S. 203.

Weiterhin ist zu berücksichtigen, dass jedes Mitglied einer Interessengruppe in unterschiedlichen Gruppen aktiv sein kann. Dies wird z. B. beim Staat deutlich, der sowohl als Wettbewerber (staatliche versus private universitäre Ausbildung), Kunde (Nachfrage von Bauleistungen) oder aber auch als Zulieferer (Erstellung der Verkehrswege) auftritt.[371] Ferner nimmt der Staat durch seine legislative und judikative Hoheitsfunktion (insbesondere BFH) auch direkt Einfluss auf die Unternehmenspublizität.[372] Im Falle der Mitarbeiter könnten diese auch als Kunden eines Unternehmens auftreten. Es wird deutlich, dass selbst auf individueller Ebene aufgrund des Rollenpluralismus nicht von einem einseitig auf eine Interessengruppe ausgerichteten Informationsbedürfnis ausgegangen werden kann.

Ein weiteres Phänomen, welches ebenfalls einen Einfluss auf den Umfang der Informationsbedürfnisse der einzelnen Interessengruppen hat, ist, dass die Unternehmenspublizität häufig nicht als direkter Kommunikationsprozess[373] zwischen dem Unternehmen einerseits und den Interessengruppen andererseits abläuft, sondern vielmehr unter Einschaltung von sog. Informationsintermediären.[374] Auf Basis von transaktionskosten- und agencytheoretischen Überlegungen kann Intermediation erklärt werden.[375] Als Beispiele für Intermediation seien das Rating sowie die Analystenempfehlungen angeführt. Das Rating kann sowohl in der Form eines Emissions- als auch Emittentenrating, insbesondere für Fremdkapitalgeber, als wichtige Informationsquelle dienen.[376] Diejenigen unternehmensspezifischen Faktoren, welche das Ratingurteil begründen, sind allerdings nicht vollständig Gegenstand der Unternehmenspublizität.[377] Analystenurteile sind ebenfalls eine wichtige Informationsquelle für Adressaten der Unternehmenspublizität. Allerdings ist deren Funktion, insbesondere im Rahmen

371 Vgl. Porter, M. E. (1999a), S. 63-64.

372 Auch bei Wahrnehmung der Hoheitsfunktionen ist nicht von einem homogenen Willen auszugehen. Vielmehr kommt es im Zeitablauf durch das Prinzip der Rechtsfortbildung im Rahmen des Richterrechts zu ggf. neuen Auslegungen von Recht, welches den historischen Willen des Gesetzgebers weiterentwickelt, vgl. hierzu grundlegend Leffson, U. (1987), S. 31 ff. Eine zusätzliche Komplexität entsteht, wenn das Europarecht mit in eine solche Analyse einbezogen wird, vgl. hierzu ebenfalls grundlegend Schäfer, P. (2000), S. 30 ff. Allgemein zu dieser Problematik auch Zeff, S. A. (2002).

373 Vgl. Moll, G. (2002), S. 123 ff. zur begrifflichen Abgrenzung von Kommunikation.

374 Vgl. Leland, H. E./Pyle, D. H. (1977), S. 382-383 sowie weniger formal Eccles, R. G./Mavrinac, S. C. (1995).

375 Vgl. Leland, H. E./Pyle, D. H. (1977), S. 382-383.

376 Vgl. allgemein Kley, C. R./Everling, O. (2001) sowie Kley, C. R./Everling, O. (2001a).

377 Vgl. o. V. (2001) für eine Übersicht, welche Informationen zur Herleitung eines Ratingurteils herangezogen werden.

der effizienten Marktpreisbildung, gegenwärtig Gegenstand einer vielfältigen kritischen Auseinandersetzung.[378]

Die risikoorientierte Unternehmenspublizität wird von einer Vielzahl an Informationsinteressenten begleitet. Homogene Informationsinteressen sind nicht herleitbar. Hieraus ergibt sich, dass ein unmittelbarer Entscheidungsbezug von risikoorientierter Unternehmenspublizität nicht gewährleistet werden kann.

Bislang ist dargelegt worden, dass verschiedene Interessengruppen jeweils unterschiedliche Informationsbedürfnisse aufweisen. Unbeantwortet bleibt i. d. R. dabei die Frage, ob auch ein Informationsanspruch dieser Gruppen begründet werden kann.

Der Anspruch auf Informationsgewährung seitens der Interessengruppen des Unternehmens kann auf drei Ursachen zurückgeführt werden:

- rechtlich durchsetzbare Ansprüche,
- sozialethisch begründete Ansprüche (Koalitionsmodell) sowie
- Ansprüche aufgrund unvollständiger Leistungskompensation, die rechtlich allerdings nicht durchsetzbar sind (Residualmodell).

Im Folgenden werden zunächst die rechtlich durchsetzbaren Ansprüche diskutiert. Der Anspruch der Kapitalgeber lässt sich hierbei am einfachsten demonstrieren. Eigenkapitalgeber erwerben durch die zeitlich i. d. R. unbefristete Hingabe finanzieller Mittel oder Vermögenswerte einen Anspruch an dem Residuum des Unternehmens, welches nach Bedienung aller anderen finanziellen Ansprüche als Gewinn der unternehmerischen Aktivitäten verbleibt.[379] Aufgrund dieses Umstandes ist ein Anspruch auf Information für die Eigenkapitalgeber begründbar. Ähnliches gilt für die Fremdkapitalgeber. Allerdings ist ihr Anspruch auf die von ihnen geleistete Einlage zu-

---

[378] Vgl. für die grundsätzliche Problematik sehr anschaulich Eccles, R. G./Herz, R. H./Keegan, E. M. et al. (2002), S. 81 ff. Für Untersuchungen, die sich mit Analystenverhalten und -erwartungen auseinandersetzen, vgl. nicht abschließend Abarbanell, J./Lehavy, R. (2003), Brown, L. D. (1996), Brown, L. D. (1997), Dempsey, S. J./Gatti, J. F. (1997), Givoly, D./Hayn, C. (2002), Gleason, C. A./Lee C. M. C. (2003), Hope, O.-K. (2003), Hunton, J. E./McEwen, R. A. (1997), Kasznik, R./McNichols, M. F. (2002), Kross, W./Ro, B./Schroeder, D. (1990), Lang, M. H./Lins, K. V./Miller, D. P. (2003), Lang, M. H./Lundholm, R. J. (1996), Lim, T. (2001), McEwen, R. A./Hunton, J. E. (1999) sowie Sougiannis, T./Yaekura, T. (2001).

[379] Vgl. Coenenberg, A. G. (2003), S. 257.

züglich eines darauf entfallenden Verzinsungsanspruchs begrenzt.[380] Für den Fall, dass diese Ansprüche durch das Unternehmen bedient werden, könnte man sich auf den Standpunkt stellen, dass somit der Informationsanspruch der Fremdkapitalgeber erlischt.

Dass dem nicht so ist, kann mittels der Optionspreistheorie erklärt werden.[381] Zu diesem Zweck wird vereinfachend von einem verschuldeten Unternehmen ausgegangen, welches genau einen Fremdkapitalgeber hat. Das Fremdkapital sei in der Form eines endfälligen Kredites gewährt worden.[382] Das Eigenkapital eines verschuldeten Unternehmens kann interpretiert werden als eine Kaufoption auf den Marktwert des Eigenkapitals.[383] Den Eigenkapitalgebern fällt dabei die Rolle des Käufers der Kaufoption zu, wohingegen der Kreditgeber als deren Verkäufer auftritt. Die Option wird von den Eigenkapitalgebern ausgeübt, wenn am Ende der Kreditlaufzeit der Marktwert des Eigenkapitals höher ist als der Rückzahlungsbetrag des Kredites. Ansonsten verfällt die Option und der Eigenkapitalanspruch an dem Unternehmen fällt an den Fremdkapitalgeber. Der Marktwert des Fremdkapitals muss hingegen in zwei Bestandteile aufgeteilt werden. Wie bereits bei der optionspreistheoretischen Erklärung des Marktwertes des Eigenkapitals gesehen, unterliegt ein Kredit einem Ausfallrisiko am Ende seiner Laufzeit. Somit muss bei der Bewertung des Fremdkapitals eines Unternehmens berücksichtigt werden, dass ein solches Ausfallrisiko vorliegt. Folglich setzt sich der Wert des Fremdkapitals zusammen aus einem risikofreien Kredit abzüglich einer Risikoprämie. Der risikofreie Kredit ergibt sich aus dem Barwert des Kredites, welcher mit dem risikofreien Zinssatz zu diskontieren ist. Die Risikoprämie, welche den Wert des Fremdkapitals mindert, entspricht dem Wert einer Verkaufsoption. Dies lässt sich damit erklären, dass der Kreditgeber von den Eigenkapitalgebern eine Verkaufsoption erwirbt. Sollten die Letzteren sich entscheiden, der Kreditverpflichtung nicht nachzukommen, hat der Kreditgeber ein Anrecht auf den Vermögensanspruch der Eigenkapitalgeber. Dieser kann interpretiert werden als eine Verkaufsoption, deren Ausübungspreis dem risikofreien Barwert des Kredites entspricht.

Durch diese Analyse des Vermögensanspruchs von Fremdkapitalgebern kann aufgezeigt werden, dass aufgrund des Wertes des Ausfallrisikos auch

---

380 Dies bedeutet nicht, dass durch die Fixierung der Verzinsungsansprüche das Fremdkapital grundsätzlich risikofrei ist, vgl. hierzu Copeland, T. E./Weston J. F. (1992), S. 248. sowie Beatty, A./Weber, J. (2003), S. 120-121 für eine zusätzliche Berücksichtigung von Sicherheitsleistungen.

381 Vgl. Black, F./Scholes, M. (1973), S. 649 ff. sowie Copeland, T. E./Weston J. F. (1992), S. 248 ff.

382 Diese beiden Prämissen dienen allein der Übersichtlichkeit der nachfolgenden Argumentation.

383 Vgl. Copeland, T. E./Weston J. F. (1992), S. 248 ff. für das folgende Beispiel.

seitens der Fremdkapitalgeber ein valider Anspruch auf Information besteht, da sie zumindest einen zeitlich begrenzten und bedingten Anspruch auf Vermögen und ggf. Residuum[384] des Unternehmens haben.[385]

Es konnte demonstriert werden, dass die Kapitalgeber aufgrund von Residual- und Vermögensansprüchen einen Informationsanspruch haben, der sich auch rechtlich durchsetzen lässt.[386] Es bleibt zu klären, wie das Informationsinteresse der anderen Interessengruppen eines Unternehmens legitimiert werden kann. *Bischoff* führt hierzu eine Literaturauswertung durch, die der Frage nachgeht, warum der „Stakeholder-Ansatz" im Rahmen des Wertmanagements diskutiert wird.[387] An diese Erkenntnisse wird angeknüpft, um einen Informationsanspruch der Stakeholder abzuleiten. Im Rahmen des Koalitionsmodells ist die Einbindung der Ansprüche der Koalitionäre in das unternehmerische Zielsystem nicht näher begründet.[388] Nach diesem Modell ist den Interessen sämtlicher Koalitionäre eines Unternehmens im Rahmen der Zielbildung und der Erfolgsmessung Rechnung zu tragen. Das übergeordnete Unternehmensziel sei es, einen angemessenen Gewinn zu erzielen, der zukunftsorientierte Investitionen und das Überleben des Unternehmens sicherstellen soll. Wenn man davon ausgeht, dass zukunftsorientierte Investitionen ohnehin notwendig sind, um das Satisfaktionsziel „Überleben des Unternehmens" zu erreichen, kann man das übergeordnete Unternehmensziel auf die Überlebenssicherung reduzieren. Der Informationsanspruch der Koalitionäre bezieht sich dann folglich auf die Erreichung dieses Satisfaktionszieles. Allerdings ergibt dieser Informationsanspruch sich nicht aus einem durchsetzbaren Recht, sondern lediglich aus nicht näher konkretisierten Gerechtigkeitsmotiven heraus.

Die Ableitung von Informationsansprüchen aus dem Koalitionsmodell erscheint aus mehreren Gründen problematisch. Zum einen fehlt eine Eingrenzung der Koalitionäre. Sämtliche tatsächlichen und potenziellen Interessenten sollen Berücksichtigung finden. Eine Auseinandersetzung mit der Frage möglicher Interessenkonflikte zwischen Anspruchsgruppen einerseits und den Anspruchsgruppen und dem Management eines Unternehmens andererseits findet nicht statt. Somit ist auch eine Gewichtung der Ansprüche nicht möglich, sodass eine Operationalisierung des Zielsystems eines Unternehmens nicht erreicht wird. Ferner werden durch die den Inte-

---

384 Anspruch auf das Residuum würde dann entstehen, wenn sich ein Fremdkapitalgeber nach Kreditausfall um eine Fortführung der Unternehmenstätigkeit bemühen würde.

385 Grundsätzlich ist die Optionspreistheorie auch in der Lage, kompliziertere Fremdkapitalkonstruktionen zu erklären. Allerdings steigt der damit verbundene Aufwand ebenfalls deutlich.

386 Die rechtliche Durchsetzbarkeit ergibt sich insbesondere aus § 131 AktG.

387 Vgl. Bischoff, J. (1994), S. 168.

388 Vgl. Bischoff, J. (1994), S. 169 ff. für die Darstellung des Koalitionsansatzes.

ressenpluralismus kennzeichnende fehlende Operationalisierung des unternehmerischen Zielsystems falsche Anreize für das Management geschaffen. Inwieweit diese zu einer nicht satisfizierenden Zielerreichung führen, kann aufgrund der fehlenden Objektivierbarkeit der Zielerreichung nicht kontrolliert werden.[389] Zusammenfassend kann festgestellt werden, dass die Ableitung eines Informationsanspruches unabhängig von der Bestimmung der Informationsinhalte von Koalitionären eines Unternehmens auf Basis der oben geschilderten Problematiken nicht begründet ist.[390] Festzuhalten bleibt die nach dem Koalitionsmodell intuitive Feststellung, dass es Informationsinteressen anderer Anspruchsgruppen als die der Kapitalgeber geben könnte.

Eine weitere Möglichkeit, die Informationsinteressen der Stakeholder einzubeziehen, besteht darin, sich auf die Unvollständigkeit von Kapital-, Güter- und Arbeitsmärkten zu berufen.[391] Die Entlohnung der Leistung einer Anspruchsgruppe erfolgt zu vertraglich fixierten Preisen. Das Residuum aus Umsatz und dem bewerteten Faktoreinsatz steht allein den Anteilseignern zu. Geht man aber von der These aus, dass es Leistungen gibt, die ein Stakeholder erbringt, die nicht vollständig durch die Verträge mit dem Unternehmen abgegolten werden, könnte ein Teil des Unternehmensgewinns, diesen nicht vollständig kompensierten Stakeholdern zustehen. Was genau unter diesen nicht abgegoltenen Leistungen verstanden wird, versuchen die Vertreter dieser Denkrichtung durch Beispiele zu belegen. Im Falle der Mitarbeiter kann es sich bspw. um die Karriereplanung, die berufliche Selbstverwirklichung oder die Arbeitsplatzsicherheit handeln. Die Argumente für eine Einbeziehung von Stakeholdern in die Unternehmenspublizität erscheinen zwar besser geeignet als das Koalitionsmodell, allerdings ist auch diese Anspruchsbegründung nicht wirklich ausreichend. Insbesondere scheint hier das Problem der Bewertung von Residualansprüchen nicht lösbar. Inwieweit tatsächlich eine spezifische Leistung vorliegt, die vertraglich nicht abgegolten wird, ist reine Ermessenssache. Das Mengengerüst eines solchen Anspruchs ist nicht feststellbar. Ferner ist die Leistungsmenge aufgrund ihrer Spezifität auch nicht mit einem gemeinen Wert bestimmbar. Anzusetzen wäre hier ein subjektiver Teilwert.[392] Vor diesem Hintergrund erscheint die Bewertung dieser Ansprüche in doppelter Weise ermessensbehaftet. Dies dürfte im Umkehrschluss der Grund dafür sein, dass solche Ansprüche vertraglich nicht erfasst werden. Ein genereller Anspruch auf Information dieser Anspruchsgruppen erscheint auf diesem Wege nicht möglich. Das Einzige, was hiermit in geeigneterer

---

[389] Vgl. Bühner, R. (1993), S. 764.
[390] Vgl. Madrian, J.-P. (1998), S. 46.
[391] Vgl. Bischoff, J. (1994), S. 175.
[392] Vgl. Moxter, A. (1982), S. 29-30 zum Teilwert.

Form als bei einem Verweis auf das Koalitionsmodell begründet werden kann, ist, dass ein valides Informationsinteresse von Stakeholdern vorliegen könnte.

Als Ergebnis ist festzuhalten, dass Informationsansprüche primär rechtlicher Natur sind. Für diejenigen Anspruchsgruppen eines Unternehmens, die keine unmittelbaren privatrechtlich durchsetzbaren Informationsansprüche haben, bleiben folgende Wege offen:

- Regulierung: der gesetzliche Zwang zur Unternehmenspublizität führt dazu, dass Informationen veröffentlicht werden, die ansonsten nur den Kapitalgebern zur Verfügung stehen.[393]
- Marktmechanismen: der ökonomische Druck, den ein Informationsinteressent auf ein Unternehmen ausüben kann, ist so hoch, dass das Unternehmen freiwillig dessen Informationsbedürfnisse befriedigt.[394]

Es wird deutlich, dass sich eine messtheoretische Untersuchung risikoorientierter Unternehmenspublizität mit konfligierenden Informationsinteressen auseinander setzen muss. Aus entscheidungstheoretischer Sicht handelt es sich um Zielsetzungsdefekte, die auf zwei Wegen gelöst werden können.[395] Der erste Lösungsansatz besteht darin, aus den im Einzelnen zu verfolgenden Zielen der Unternehmenspublizität eine übergeordnete Nutzenfunktion zu generieren, die anschließend zu maximieren ist. Das Problem bei dieser Vorgehensweise ist, dass die konsistente Ableitung von Nutzenfunktionen in der praktischen Umsetzung auf nahezu unlösbare Probleme stößt. Die zweite Lösungsmöglichkeit für den mit der Unternehmenspublizität verbundenen Zielsetzungsdefekt besteht darin, eine einzelne der möglichen Zielfunktionen zu maximieren, wobei die anderen Zielfunktionen in der Form von Nebenbedingungen auf einem im Vorfeld festzulegenden Niveau konstant zu halten sind. Die in jüngerer Zeit intensiv diskutierte Maximierung des Shareholder-Value ist ein Beispiel für eine derartige Lösung des Zielsetzungsdefekts.[396] Aufgrund seiner Handhabbarkeit ist ein solcher Ansatz zur Operationalisierung der mit der Unternehmenspublizität verbundenen Ziele gegenüber der zuerst geschilderten Vorgehensweise vorzuziehen. Dass diese Überlegungen, die Unternehmenspublizität mit einer Fokussierung auf die Interessen der Eigenkapitalgeber zu operationalisieren, gegenwärtig eine große Resonanz findet, ist

[393] Die Regulierung wird im Rahmen der wirkungstheoretischen Analyse näher beleuchtet; vgl. Kapitel vier dieser Arbeit.

[394] Vgl. kritisch Gassen, J. (2000), S. 15.

[395] Vgl. Adam, D. (1996), S. 109-112.

[396] Zur Denaturierung des Aktionärs; vgl. Madrian, J.-P. (1998), S. 137 ff. Vgl. Bischoff, J. (1994), S. 83 zur Beseitigung von Zielsetzungsdefekten durch die Maximierung des Shareholder Value.

insbesondere aus den Veröffentlichungen zur wertorientierten Unternehmenspublizität zu erkennen.[397]

Im Folgenden wird dargestellt, wie die geschilderte entscheidungstheoretische Lösung des Zielsetzungskonflikts auf die Operationalisierung von Unternehmenspublizität übertragen werden kann. Wie aus den vorangegangenen Abschnitten deutlich geworden ist, handelt es sich bei dem Publizitätssystem um ein Element zielsetzungsdefekter Entscheidungssituationen. Die Formulierung einer übergeordneten Nutzenfunktion der Unternehmenspublizität scheidet aus Machbarkeitsüberlegungen aus, da bei einer solchen Vielzahl denkbarer Interessenten der Unternehmenspublizität deren Komplexität kaum bewältigt werden kann.[398] Folglich scheint der Weg der Maximierung einer Zielerreichung unter der Prämisse der Einhaltung von Mindestzielerreichungsgraden für die verbleibenden Ziele zunächst praktikabel. Übertragen auf die Unternehmenspublizität bedeutet dies, dass lediglich eine Interessengruppe ausgewählt werden kann, die fortan im Mittelpunkt der Befriedigung von Informationsbedürfnissen steht. Diese Operationalisierung reicht allerdings nicht aus, da zudem auch noch ein dominierendes Informationsinteresse innerhalb der ausgewählten Interessengruppe identifiziert werden muss. Nur ein derart fokussiertes Ziel könnte zu einer Operationalisierung der Unternehmenspublizität beitragen. Diese aus dem entscheidungstheoretischen Gedankengut abgeleitete Operationalisierung der Unternehmenspublizität ist in diesem Detaillierungsgrad ebenfalls ein nicht gangbarer Weg, da wesentliche Fragen unbeantwortet bleiben. Insbesondere die Frage, wer für die Auswahl einer solchen dominierenden Zielsetzung der Unternehmenspublizität verantwortlich sein sollte, müsste beantwortet werden. Vom Grundsatz her wäre es wünschenswert, wenn es einen Marktmechanismus gäbe, der zu einem Ausgleich der Informationsinteressen führen würde. Allerdings ist ein solcher marktlicher Wettbewerb, um die Ausgestaltung der Unternehmenspublizität nur eingeschränkt zu beobachten.[399]

Dominierend ist die regulative Vorgabe von Zwecksystemen der Unternehmenspublizität.[400]

---

[397] Vgl. bspw. Lorson, P./Schedler, J. (2002).

[398] Vgl. generell Keeney, R. L./Raiffa, H. (1976) für eine nutzentheoretische Lösung von Entscheidungsproblemen. Für die Komplexität einer konsistenten Ableitung von Nutzenfunktion; vgl. insbesondere S. 16.

[399] Vgl. Gassen, J. (2000), S. 15.

[400] Nach den Rechnungslegungsnormen US-GAAP und IAS/IFRS wird diese Vorgabe als Ziel der Rechnungslegung formuliert, vgl. SFAC No.124 sowie IASB-Framework, par. 10.

Es obliegt folglich einem Regulierer, sei es eine staatliche Behörde oder eine privatrechtliche Institution, ein konsistentes Zwecksystem der (risikoorientierten) Unternehmenspublizität vorzugeben, von welchem vermutet wird, dass es einen Entscheidungsbezug für die Adressaten aufweist.

Zusammenfassend ergibt sich, dass die Frage zur Ausgestaltung von risikoorientierter Unternehmenspublizität nur dann beantwortet werden kann, wenn folgende Sachverhalte bereits im Vorfeld geklärt worden sind:

- Wie wird in den zu untersuchenden Systemen der Unternehmenspublizität der Adressatenkreis abgegrenzt und wie wird dies begründet? Ausgehend von einer Festlegung der Adressaten müssen die Zwecke der risikoorientierten Unternehmenspublizität bestimmt werden.[401]
- Welche Instrumente lassen sich aus der Ausgestaltung der Zwecke der risikoorientierten Unternehmenspublizität ableiten?[402]

Die Rechnungslegung in dem engen Begriffsverständnis, welches dieser Arbeit zugrunde gelegt wurde, umfasst nur quantitative Informationen. Schränkt man die Instrumente der Rechnungslegung auf die Bilanz sowie Gewinn- und Verlustrechnung ein, so werden nur monetär erfassbare Informationen ausgewiesen. Es stellt sich nunmehr die Frage, welche rein monetären Ziele der Anspruchsgruppen sich durch die Bilanz und Gewinn- und Verlustrechnung abbilden lassen. Diese Frage wird in der deutschen, bilanztheoretischen Diskussion, um eine zweckadäquate Ausgestaltung der Rechnungslegung ausgeführt.

Beschränkt man sich zunächst auf monetäre Zielsetzungen, so ist zu erwarten, dass ein rationaler Stakeholder versuchen wird, seinen Zahlungsüberschuss, welcher sich durch die Beziehung zu einem Unternehmen ergibt, zu maximieren.[403] Beim Vorliegen fixer Ansprüche aus einer unternehmensspezifischen Transaktion kann eine solche Maximierung entweder durch Gestaltung des Transaktionspreises oder aber der Transaktionsmenge erfolgen.[404] Transaktionen dieser Art werden zwar buchhalterisch erfasst, sind aber Ausdruck der Dokumentation einzelner Transaktionen.[405] Das Ergebnis aller dokumentierten Transaktionen eines Unternehmens ist eine periodisierte Reinvermögensänderung bzw. Periodener-

---

401 Vgl. Schneider, D. (1997), S. 237.

402 Vgl. Schneider, D. (1997), S. 237.

403 Vgl. IASB-Framework, par. 15. Hier werden z. B. monetäre Zielsetzungen der Adressaten unterstellt.

404 Vgl. Baetge, J./Kirsch, H.-J./Thiele, S. (2002), S. 11 für die Erfassung von Transaktionen in der Rechnungslegung.

405 Vgl. Baetge, J./Kirsch, H.-J./Thiele, S. (2002), S. 82-83 zur Dokumentationsfunktion der Rechnungslegung.

gebnis. D. h., Bilanz sowie Gewinn- und Verlustrechnung ermitteln residuale Ansprüche bzw. das Ergebnis aus allen unternehmensspezifischen Transaktionen. Ungeklärt ist damit allerdings die Frage, wie ein Residuum zu bestimmen bzw. wie einzelne Geschäftsvorfälle zu bewerten sind, da hierdurch die Ergebnisgröße erst konkretisiert wird.[406] Der Gewinn z. B. ist keine objektive Größe, sondern lediglich ein Konstrukt mit wünschenswerten Eigenschaften.[407] Diese ergeben sich aus den Bilanzierungszwecken. In der Literatur zur Bilanztheorie werden eine Fülle möglicher Bilanzierungszwecke und die hierdurch erforderliche Ausgestaltung der Bilanzierungsgrundsätze diskutiert:[408]

- Ertragswertbeitrag,
- Zerschlagungswert,
- pränumerando Durchschnittsausschüttung,[409]
- Leistungsfähigkeitskontrolle.

Gewinne sind aufgrund ihres Konstruktionsprinzips vergangenheitsbezogene und unsichere Größen.[410] Vergangenheitsbezogen sind Gewinne, da sie die Reinvermögensänderung am Abschlussstichtag einer Periode aufzeigen. Unsicher sind Gewinne, da Hypothesen über die Wertänderungen von Aktiva und Schulden angestellt werden.[411] Festzustellen bleibt, dass die Rechnungslegung der Reinvermögensermittlung dient.[412] Folglich können auch nur die Informationsbedürfnisse befriedigt werden, die im Zusammenhang mit der Gewinnermittlung stehen. Die Darstellung der unternehmensspezifischen Transaktionen ist diesem Ziel untergeordnet. Informationsinteressenten ohne Residualanspruch können aber durch bilanzanalytische Maßnahmen zumindest einige Hinweise auf sie betreffende Transaktionen bekommen.[413]

---

406 Welche normativen Vorstellungen mit dem Reinvermögenszuwachs bzw. dem Gewinn verbunden sind, soll in diesem Zusammenhang nicht thematisiert werden. Vgl. Moxter, A. (1982), S. 13 ff. zu den hieraus erwachsenden Implikationen.

407 Vgl. Ballwieser, W. (2002), S. 115.

408 Vgl. Moxter, A. (1993) für mögliche Bilanzierungszwecke.

409 Der Begriff der pränumerando Durchschnittsausschüttung bezeichnet den ausschüttbaren Gewinn, der sich bei Anwendung der dynamischen Bilanztheorie von Schmalenbach ergibt.

410 Vgl. Moxter, A. (1982), S. 51.

411 Vgl. Moxter, A. (1982), S. 51.

412 An dieser Stelle ist ein Hinweis angebracht, dass die Reinvermögensermittlung statisch als Vermögenswertermittlung als auch dynamisch als betriebswirtschaftlicher Gewinn ausgestaltet werden kann, vgl. Moxter, A. (1993), S. 28 ff.

413 Vgl. IASB-Framework, par. 9 sowie SFAC No. 1.24 für eine ähnliche Vermutung in den IAS/IFRS und US-GAAP.

Neben der Bilanz sowie der Gewinn- und Verlustrechnung steht die narrative Publizität. Diese erfüllt kompensatorische Zwecke.[414] Informationen, die in Bilanz sowie Gewinn- und Verlustrechnung nicht hinreichend abgebildet werden können, da sie zukünftigen Wert begründen bzw. für dieses Abbildungsinstrument zu komplex sind.[415] Eine Beschränkung auf monetäre Größen zur Beschreibung von unternehmensrelevanten Sachverhalten, wie bei den bilanziellen Instrumenten, ist nicht notwendig. Der letzte Gedanke würde aber eine bewusste Abkehr von der Vorstellung bedeuten, dass die Rechnungslegung ein Instrument sei, welches durchgängig einem einzigen Zwecksystem folgen sollte, der sich aus dem Primat der quantitativen Jahresabschlussinformationen ergibt.[416]

Die Effizienz risikoorientierter Unternehmenspublizität kann somit nicht beurteilt werden. Eine messtheoretische Analyse der risikoorientierten Unternehmenspublizität ist hinsichtlich der Zweckadäquanz durchzuführen.

Abschließend werden die Ergebnisse hinsichtlich des Einflusses von Zielsetzungsdefekten auf den Entscheidungsbezug von Unternehmenspublizität zusammengefasst. Es ist festzustellen, dass es eine Vielzahl von Interessengruppen gibt, die Informationen der risikoorientierten Unternehmenspublizität nachfragen könnten. Die Informationsbedürfnisse innerhalb und zwischen diesen Gruppen können grundsätzlich heterogen sein. Einen rechtlich begründeten Informationsanspruch hinsichtlich Informationen der risikoorientierten Unternehmenspublizität können nur für die Kapitalgeber abgeleitet werden. Die anderen Gruppen sind den Informationsinteressenten zuzurechnen. Im Anschluss an die Untersuchung der Informationsansprüche wurden die Zwecksysteme von Rechnungslegungsnormen als Möglichkeit vorgestellt, Informationsansprüche in der risikoorientierten Unternehmenspublizität zu priorisieren. Abschließend wurde kurz aufgezeigt, dass die Wahl eines möglichen Zwecksystems Rückwirkungen auf die zweckadäquate Ausgestaltung der Instrumente der Risikoorientierung hat.

---

414 Vgl. Baetge, J./Fischer, T. R./Paskert, D. (1989), S. 8.

415 Vgl. Winnefeld, R. (2002), K Tz. 5.

416 Nachhaltigkeitspublizität stellt eine derartige Abweichung von dem Primat finanzieller Zielsetzungen der Unternehmen dar. Diese weisen lediglich einen mittelbaren Bezug zu finanziellen Zielsetzungen auf, der darin besteht, dass die Imagewirkungen nachhaltigen Wirtschaftens einen positiven Einfluss auf die finanziellen Ziele entwickeln können, vgl. hierzu allgemein Eccles, R. G. (1991), Griemert, S. (2001) sowie Figge, F./Schaltegger, S. (2000).

3.2 Zweckunabhängige Ausgestaltung risikoorientierter Unternehmenspublizität

Die Würdigung der Ausgestaltung risikoorientierter Unternehmenspublizität kann nur zweckspezifisch erfolgen. Nichtsdestoweniger erscheint es sinnvoll, sich zunächst mit den zweckunabhängigen Konstruktionsmöglichkeiten risikoorientierter Unternehmenspublizität auseinander zu setzten, da diese letztlich allen drei betrachteten Rechnungslegungsnormen zugrunde liegen.

3.2.1 Implizite Risikoorientierung

Die implizite Risikoorientierung ergibt sich aus den Inhalten der Bilanz, der Gewinn- und Verlustrechnung sowie ggf. aus den hieraus abgeleiteten Rechenwerken, wie der Kapitalflussrechnung, dem Eigenkapitalspiegel und der Segmentberichterstattung. Bedeutsam ist in diesem Zusammenhang lediglich, dass es sich um monetäre Informationen des externen Rechnungswesens handelt, die aus dem bestehenden Normensystem gewonnen werden. Die nichtmonetären Informationen sind Gegenstand der expliziten Risikoorientierung.

Es stellt sich nunmehr die Frage nach möglichen Instrumenten zur Ausgestaltung der impliziten Risikoorientierung. Die Abbildung von Risiko kann sich dabei beziehen auf den bilanziellen:[417]

- Ansatz,
- Bewertung und
- Ausweis.

Der risikoadäquate *bilanzielle Ansatz* ist dann erreicht, wenn die Aktivierungs- und Passivierungsgrundsätze sowie die Grundsätze der Gewinnermittlung so ausgestaltet sind, dass zuordenbare Risiken adäquat berücksichtigt werden. Im Einzelfall ist somit die Frage zu klären, wann eine Aktivierung bzw. Passivierung aus Risikoerwägungen erfolgen darf. Als ein gegenwärtig diskutiertes Problem sei die bilanzielle Erfassung von selbst geschaffenen immateriellen Vermögensgegenständen aufgegriffen.[418] § 248 II HGB verbietet die Aktivierung selbst erstellter immaterieller Vermögensgegenstände.[419] Dem Risiko, den Zeitraum und die Höhe der

---

[417] Vgl. Coenenberg, A. G. (2003), S. 77 für diese Dreiteilung bei der Bilanzerstellung.

[418] Risiko in diesem Zusammenhang resultiert aus der Unsicherheit über die zukünftige Nutzbarkeit von intangiblen Werten. Zur aktuellen Diskussion, vgl. u. a. AAA Financial Accounting Standards Committee (2002), Daum, J. H. (2002), Hornung, K. (2002), Lev, B. (2001), Schmidt, A. (2002). Vgl. Tichy, G. E. (2001) für die Ansatzproblematik intangibler Werte im Rahmen der Unternehmensbewertung.

[419] Vgl. Moxter, A. (1999), S. 11 zur bilanzrechtlichen Geschichte dieser Regelung.

aus selbst erstellten immateriellen Vermögensgegenständen resultierenden Erfolgswirkungen nicht verlässlich bestimmen zu können, wird durch eine Ansatzhypothese Rechnung getragen. Es wird ein vollständiger Verbrauch selbst erstellter immaterieller Vermögensgegenstände in der Periode der Ansatzfähigkeit unterstellt.[420] Dem Prinzip der Abgrenzung der Sache nach ist diese Vorgehensweise dann zu wählen, wenn davon ausgegangen werden kann, dass der hieraus erwachsende ökonomische Nutzen sich ebenfalls in dieser Periode realisiert. Diese Ansatzhypothese trägt somit lediglich dem Umstand Rechnung, dass die Kausalität zwischen Faktoreinsatz in Form selbst erstellten immateriellen Vermögens und dessen monetarisierten Outputs, dem Umsatz bzw. den ersparten Aufwendungen, nicht bekannt ist. IAS/IFRS und US-GAAP formulieren für dieses Problem andere Ansatzhypothesen.[421] Auch diese Rechnungslegungsnormen negieren nicht, dass sie der Unsicherheit unterliegen, die Kausalitäten zwischen den selbst erstellten immateriellen Vermögensgegenständen und dem Umsatz bzw. den ersparten Aufwendungen nicht zu kennen. Als Ansatzhypothese wird unter Auflagen das Prinzip der Abgrenzung der Zeit nach, welches gemäß HGB für entgeltlich erworbene immaterielle Vermögensgegenstände sowie für das Sachanlagevermögen gilt, angewandt. Die Ansatzunterschiede zwischen dem HGB einerseits und den IAS/IFRS und US-GAAP andererseits haben somit lediglich eine Wirkung auf die Periodisierung von Ein- und Auszahlungen. Die Unterschiede in der Abbildung des impliziten Ansatzrisikos werden somit ebenfalls auf die Periodisierung reduziert.[422]

Um die implizite Risikoorientierung des bilanziellen Ansatzes untersuchen zu können, sind die Ansatzhypothesen der Aktivierung und Passivierung zu beurteilen.

Für eine risikoadäquate Bewertung sind unterschiedliche Vorgehensweisen denkbar (vgl. Tab. 3-1).

---

[420] Vgl. Moxter, A. (1999), S. 11-14.

[421] Vgl. Pellens, B. (2001), S. 455 sowie S. 177. Das Prinzip des Ansatzes nach APB No. 17 ist in SFAS No. 141/142 nicht geändert worden.

[422] Vgl. Rennie, M. (1999) zur Diskussion dieser Problematik.

Bewertung \ Wahrscheinlichkeiten	Wahrscheinlichkeitsverteilung	Verteilungsfreie Annahmen
Einwertig	Auf Wahrscheinlichkeitsverteilungen beruhende Risikokorrekturen	Typisierungen, heuristische Risikokorrekturen
Mehrwertig	Bandbreiten	-

Tab. 3-1: Abbildungsmöglichkeiten der impliziten Risikoorientierung (eigene Darstellung).

Eine mehrwertige Abbildung liegt vor, wenn die bilanziellen Konsequenzen von Risiko unter Berücksichtigung einer geeigneten Wahrscheinlichkeitsverteilung dargestellt werden. Grundsätzlich muss ein Ersteller von Unternehmenspublizität hierzu die vollständige Verteilung ex-ante bestimmen können. Das Ableitungsproblem ließe sich dann vereinfachen, wenn die Normalverteilungshypothese zugrunde gelegt wird.[423] Dann ist es möglich, mittels des Erwartungswertes und der Varianz die Verteilung vollständig zu beschreiben. Zu dieser Problematik konnte bereits festgestellt werden, dass bilanzielle Risiken vielfach einer subjektiven Wahrscheinlichkeitsschätzung bedürfen. Dies führt dazu, dass eine Wahrscheinlichkeitsverteilung aufgrund mangelnder Information nicht hergeleitet werden kann. An ihre Stelle tritt die Expertenmeinung, bspw. aufgrund von unternehmensübergreifenden, langjährigen Erfahrungen.[424] Eine weniger anspruchsvolle, mehrwertige Abbildung kann durch eine Berücksichtigung von Bandbreiten sichergestellt werden.[425] Darunter wird im Folgenden die Differenz zwischen dem Minimum und dem Maximum einer Wahrscheinlichkeitsverteilung verstanden.[426] Informationen über die Häufigkeitsverteilung zwischen diesen Randwerten sind nicht notwendig. Aufgrund der Feststellung, dass eine Ableitung von vollständigen Wahrscheinlichkeitsverteilungen im bilanziellen Kontext nicht umsetzbar erscheint, wird im Folgenden unter Mehrwertigkeit lediglich die Abbildung von Bandbreiten verstanden.[427] Einwertige Abbildungen liegen hingegen dann vor, wenn ein einzelner Wert einer Wahrscheinlichkeitsverteilung zur risikoadäquaten Abbildung verwendet werden soll. Dies impliziert allerdings, dass der Ersteller von Unternehmenspublizität sich der Wirkungen von Risiko insoweit bewusst ist, als dass er Verteilungen implizit ableiten kann. Verteilungsfreiheit einer einwertigen Abbildung wird nur dann er-

[423] Vgl. grundlegend Perridon, L./Steiner, M. (2002), S. 264-265.

[424] Vgl. Adam, D. (1996), S. 196 zur Delphi-Methode.

[425] Vgl. Baetge, J./Kirsch, H.-J./Thiele, S. (2002), S. 114 m. w. N. für eine entsprechende Forderung bei der Bewertung von Rückstellungen

[426] Vgl. Bleymüller, J./Gehlert, G./Gülicher, H. (2002), S. 23.

[427] Die Ableitung einer vollständigen Wahrscheinlichkeitsverteilung würde ein operationalisierbares Zwecksystem implizieren.

reicht, wenn die bilanzielle risikoorientierte Bewertung auf Typisierungen zurückgreift, die unter spezifischen Annahmen eine Risikoorientierung darstellen.[428] Es handelt sich folglich um eine heuristische Approximation von implizitem Risiko. Bei der einwertigen, impliziten Risikoorientierung sei wiederum darauf hingewiesen, dass Wahrscheinlichkeitsverteilungen im bilanziellen Kontext aufgrund der Komplexität der Bestimmung faktisch gegriffene Größen darstellen.[429] Insofern wird im Folgenden unterstellt, dass einer einwertigen, impliziten Risikoorientierung eine Typisierung zugrunde liegt.[430]

Nach dieser grundlegenden Systematisierung von Ein- und Mehrwertigkeit in der risikoorientierten bilanziellen Bewertung muss im Folgenden konkretisiert werden, wie eine risikoadäquate Bewertung ausgestaltet werden kann. Die bilanzielle Bewertung folgt dem Prinzip der Einzelbewertung.[431] Eine Risikoadjustierung dieser Einzelwerte kann erreicht werden durch:[432]

- Bewertungskorrekturen,
- Darstellung der Bandbreiten.

Zunächst wird der Fall der Einwertigkeit durch Bewertungskorrekturen vorgestellt. Geht man von der vereinfachten Hypothese aus, dass die jeweiligen Erwartungswerte von Vermögensgegenständen und Schulden abgeschrieben werden sollten, kann eine Bewertungskorrektur wie folgt stattfinden:[433]

(3-2) $$RoW_n = E_n - \sum_i a_i R_i$$

- RoW_n Vermögens	risikoadjustierter Erwartungswertansatz für den Vermögensgegenstand bzw. die Schuld n
- E_n die	Erwartungswert für den Vermögensgegenstand bzw. die Schuld n
- a_i	Risikokoeffizient für das Risiko i
- R_i	Risikokorrekturfaktor für das Risiko i

Für Vermögensgegenstände muss ein Risikoabschlag erfolgen, sodass der Risikokoeffizient a positiv ist. Für Schulden muss ein Risikozuschlag er-

428 Im Falle der bilanziellen Bewertung kann bspw. das Anschaffungskostenprinzip bei steigenden Wiederbeschaffungspreisen angeführt werden.

429 Vgl. Moxter, A. (1982), S. 52.

430 Die einzige Anforderung, die an eine Typisierung zu stellen ist, lautet, dass sie zweckadäquat sein muss.

431 Vgl. Moxter, A. (1982), S. 27.

432 Vgl. Adam, D. (1996), S. 241-242.

433 Vgl. Jacob, H. (1974), S. 314 ff.

folgen. In diesem Fall hat a ein negatives Vorzeichen. Der Risikokoeffizient gibt ansonsten den Anteil eines Risikos an, der einer einzelnen Bilanzposition zugerechnet werden kann. Aus dieser Aufteilungsfunktion folgt:

(3-3) $0 \leq a_i \leq 1 \text{ und} \sum_i a_i = 1$

Der Risikokorrekturfaktor R ist das Produkt aus der Eintrittswahrscheinlichkeit des Risikos und der potenziellen negativen Abweichung vom Erwartungswert E_n.[434] Auf die Problematik der Ermittlung eines bilanziellen Erwartungswertes sowie eines bilanziellen Risikos ist bereits ausführlich eingegangen worden. Aus dieser einfachen Darstellung einer möglichen impliziten risikoadäquaten Bewertung werden auch schon die grundsätzlichen Probleme einer solchen Vorgehensweise ersichtlich. Es wird nämlich davon ausgegangen, dass das Wertadditivitätsprinzip gültig ist.[435] Dies impliziert mehrere Dinge. Zum einen wird suggeriert, dass das Gesamtrisiko eines Unternehmens auf einzelne Vermögensgegenstände und Schulden verteilt werden kann. Neben der Problematik der Verursachungsgerechtigkeit einer solchen Zuordnung muss ebenfalls berücksichtigt werden, dass die Verteilung des Risikos vom Prinzip vollkommen willkürlich sein kann, insofern als Risiken, die bilanziell nicht berücksichtigt sind, wie diejenigen, die aus dem originären Goodwill stammen, trotzdem zugeordnet werden müssen.[436] Geht man den anderen denkbaren Weg und sieht sich in der Lage, Einzelrisiken zu erfassen und auf die zugehörigen Vermögensgegenstände und Schulden zu verteilen, kann eine solche Zuordnung nicht vollständig sein, da durch das Prinzip der Einzelbewertung eine Reihe von Risiken nicht berücksichtigt wird. Es sei hier z. B. an zukünftige Risiken aus Forschungsaktivitäten erinnert.[437]

Ferner unterstellt Wertadditivität, dass es keinerlei Interdependenzen zwischen den Risikozuordnungen auf Vermögensgegenstände und Schulden gibt.[438] Diese Prämisse der stochastischen Unabhängigkeit von Risken dürfte kaum erfüllt sein. Dies liegt in dem Umstand begründet, dass Risiken sich nicht allein aus einzelnen Vermögensgegenständen ergeben, sondern aus der Unternehmenstätigkeit selbst. Mit anderen Worten ist das implizite Abgrenzungsobjekt für Risiko, namentlich Vermögensgegenstände

---

[434] Die Eingrenzung auf negative Abweichungen vom Erwartungswert erfolgt hier in Einklang mit dem Risikobegriff, wie er in der Rechnungslegung üblich ist, vgl. DRS 5 Tz. 9.

[435] Vgl. zum Wertadditivitätsprinzip Perridon, L./Steiner, M. (2002), S. 514 ff.

[436] Vgl. allgemein zur Wertallokation Moxter, A. (1982), S. 108.

[437] Vgl. Moxter, A. (1982), S. 109.

[438] Vgl. Moxter, A. (1982), S. 107 ff.

und Schulden, nicht vollständig deckungsgleich mit dem Entstehungsgrund für Risiken. Die hier vorgestellte Methode zur Risikokorrektur dient lediglich zur Explizierung der Bedeutung der Wertadditivitätsprämisse. Versucht man mit Methoden der finanzwirtschaftlichen Risikobewertung sich der oben geschilderten Problematik zu nähern, wie z. B. dem CAPM, so wird das Problem der Parameterbestimmung sachlogisch nicht mehr lösbar. Zum einen weicht das Risikoverständnis nach dem CAPM (ß-Faktor) vom Risikoverständnis der Rechnungslegung (Gefahr negativer Abweichungen) ab, zum anderen müssten ß-Faktor-basierte Risikokorrekturen auf spezifischen Anpassungen für Vermögensgegenstände und Schulden basieren. Hierdurch ergäbe sich ein zur Ermittlung divisionaler Kapitalkostensätze vergleichbares Problem.[439]

Neben dieser sachlichen Interdependenz existieren auch zeitliche Interdependenzen. Hieraus folgt, dass eine Risikokorrektur auf Periodenbasis notwendig ist.[440] Dies bedeutet, dass der Ersteller von Unternehmenspublizität in der Lage sein muss, Risiken über die Zeit hinweg zu allokieren.[441] Aus dieser kurzen Darstellung ist bereits ersichtlich, dass eine solche Vorgehensweise einer Risikokorrektur aufgrund der faktischen Nichtbestimmbarkeit der notwendigen Parameter nicht in Frage kommt. Es kann notwendigerweise nur mit Typisierungen gearbeitet werden, die bilanzielle Risiken im Wege heuristischer Korrekturen berücksichtigen. Welcher Natur derartige Typisierungen sind, kann letztlich nur zweckabhängig beurteilt werden, da das Zwecksystem der impliziten Risikoorientierung, die Ausgestaltung der Bewertungsmethoden vorgibt. Aus den vorangegangenen Überlegungen können wiederum zwei Thesen abgeleitet werden.

Eine einwertige, bilanzielle Bewertung kann Risiken nur durch Typisierungen abbilden, da auf Wahrscheinlichkeitsfunktionen beruhende Risikokorrekturen der Bewertungsansätze eine zu hohe Komplexität aufweisen können.

Typisierte, einwertige Bewertungsmethoden allokieren Risiken mittels heuristischer Annahmen auf Vermögensgegenstände und Schulden. Eine vollständige, verursachungsgerechte Zuordnung ist aus diesem Grund nicht zwangsläufig gewährleistet. Werden Unternehmensrisiken auf Vermögensgegenstände und Schulden allokiert, wird das Wertadditivitätsprinzip zugrunde gelegt.

---

439 Vgl. Brealey; R. A./Myers, S. C. (1996), S. 209-212.

440 Das CAPM ist ein Zweizeitpunktemodell; vgl. hierzu Copeland, T. E./Weston J. F. (1992), S 202. Vgl. Merton, R. C. (1973) für eine mehrperiodige Darstellung.

441 Hier kommt wiederum das Prinzip der Abgrenzung der Zeit nach zum Tragen, vgl. Baetge, J./Kirsch, H.-J./Thiele, S. (2002), S. 196.

Ein anderer Ansatz der impliziten Risikobewertung ist mit der Bilanzierung von Bandbreiten verbunden. In einer solchen Bilanz müssten an jedem Stichtag die Informationen bezüglich Minimum, Maximum und Erwartungswert von Vermögensgegenständen und Schulden offen gelegt werden.[442] Auch diese Vorgehensweise bringt eine Vielzahl an Problemen mit sich.

Zum einen ist hier auf das Problem der Informationsbewältigung hinzuweisen. Die Bilanzierung von Bandbreiten würde zumindest ein Grundverständnis über die Wahrscheinlichkeitsverteilung der Wertansätze von Vermögensgegenständen und Schulden notwendig machen. Nur so könnten die Randpunkte der Verteilungsfunktionen bestimmt werden. Aufgrund des hohen Subjektivitätsgrades bei der Unterlegung von Vermögensgegenständen und Schulden mit Wahrscheinlichkeitsverteilungen erscheint eine mehrwertige Darstellung gegriffen. In diesem Zusammenhang ist zu erwähnen, dass die mehrwertige Berücksichtigung von Risiken nach dem Prinzip der Einzelbewertung erfolgen muss. Vielfach beruhen die publizierten Informationen aber auf Gruppen von Einzelvermögensgegenständen und Schulden. Als Beispiel seien hier die „technischen Anlagen" als Untergruppe des Sachanlagevermögens genannt.[443] Hinter den „technischen Anlagen" stecken i. d. R. eine Vielzahl einzelner Vermögensgegenstände, die entsprechend ihrer betrieblichen Verwendung auch unterschiedliche Risiken tragen. Somit würden in der Bilanz bzw. im Anlagespiegel nur die Mittelwerte einer abgeleiteten Verteilung offen gelegt werden. Ohne weitere Informationen über deren Lageparameter ist eine sinnvolle Interpretation nur bedingt möglich.

Ferner wird das grundlegende Prinzip der Einzelbewertung nicht gelöst. Eine verursachungsgerechte Allokation von Risiken auf einzelne Vermögensgegenstände und Schulden ist nicht möglich.[444] Zeitliche Interdependenzen, die aus der Periodisierung resultieren, bleiben unberücksichtigt. Die Probleme der Risikokorrektur bei der einwertigen Risikoorientierung werden nur verlagert. An die Stelle des Korrekturwertes tritt lediglich eine ansatzweise Darstellung der zugrunde liegenden Verteilungsfunktion. Somit erscheint als Ergebnis für eine implizite Risikoorientierung festzustehen, dass eine einwertige, typisierte Risikokorrektur am sinnvollsten ist.

Eine mehrwertige bilanzielle Bewertungsmethodik ist somit ebenfalls zu komplex. Die implizite Risikoorientierung ist folglich mittels einwertiger, typisierter Risikokorrekturen abzubilden.

---

442 Vgl. Baetge, J./Kirsch, H.-J./Thiele, S. (2002), S. 390-391.

443 Vgl. § 266 HGB.

444 Vgl. Moxter, A. (1982), S. 107.

Der risikoadäquate *bilanzielle Ausweis* kann ebenfalls unterschiedlich ausgestaltet werden. Zum einen ist eine risikoorientierte Bilanzgliederung vorstellbar. Allerdings können sich in Abhängigkeit von dem unterstellten Risikoverständnis eine Vielzahl möglicher Gliederungen ergeben.

3.2.2 Explizite Risikoorientierung

Bezog sich die implizite Risikoorientierung lediglich auf monetäre Informationen des externen Rechnungswesens, so ist es im Rahmen der expliziten Risikoorientierung möglich, auch nichtmonetäre, ggf. auch qualitative Informationen, zu berücksichtigen. Somit können durch die explizite Risikoorientierung weitere unternehmensspezifische Risikotreiber erläutert werden.[445] Hierdurch wird es möglich, auf Grundprinzipien der impliziten Risikoorientierung zu verzichten, weil die explizite Risikoorientierung nicht im gleichen Maße Objektivierungskriterien unterliegt. Im Wesentlichen ist hier das Prinzip der Periodisierung und der Einzelbewertung zu nennen. Somit kann in der expliziten Risikoorientierung das Wertadditivitätsprinzip, wie es bei der impliziten Risikoorientierung vorliegt, vernachlässigt werden.[446] Wie aus obigen Ausführungen deutlich geworden ist, kann eine explizite Risikoorientierung nicht allein im Rahmen des bilanziellen Rechnungswesens erfolgen. Vielmehr stellt die explizite Risikoorientierung eine Kompensationsmöglichkeit der Mängel der impliziten Risikoorientierung dar.[447] Instrumente der expliziten Risikoorientierung in der Unternehmenspublizität sind dabei die narrative Pflichtpublizität sowie die freiwillige Unternehmenspublizität.

Die explizite Risikoorientierung soll die Nachteile der objektivierten impliziten Risikoorientierung kompensieren. In Verbindung mit dem Risikomanagementprozess, der in Kapitel 2.3.2 beschrieben wurde, kann eine mögliche Ausgestaltungsform der expliziten Risikoorientierung formuliert werden. Diese sollte sich am Risikomanagementprozess eines Unternehmens orientieren.

Diskussionswürdig erscheint allerdings, wie weit der Kompensationszweck der expliziten Risikoorientierung gehen kann und inwieweit überhaupt noch Zweckidentität mit der impliziten Risikoorientierung besteht.[448]

---

445 Vgl. Weber, J./Weißenberger, B. E./Liekweg, A. (2001), S. 51.

446 Bei Anwendung von Bewertungsmethoden, wie dem VaR, im Rahmen der expliziten Risikoorientierung gilt allerdings ebenso das Prinzip der Wertadditivität. Vgl. Hendricks, D. (1996), Jorion, P. (1997) sowie Wehrspohn, U. (2001) für die Wertadditivität sowie allgemein zum VaR.

447 Vgl. Winnefeld, R. (2002), K Tz. 5 zu dieser Abbkopplungsthese.

448 Moxter, A. (2003), S. 221 oder auch Winnefeld, R. (2002), K Tz. 6-9.

Der risikoorientierten Unternehmenspublizität liegen zumindest zwei Risikodefinitionen zugrunde. Bei der impliziten Risikoorientierung ist diese geprägt durch Typisierungen und Objektivierungen. Die Risikodefinition, die sich aus der Ausgestaltung der expliziten Risikoorientierung ergibt, ist hingegen entobjektiviert.

3.2.3 Zwischenfazit

Im Kapitel 3.2 wurden Anforderungen an eine messtheoretische Analyse der risikoorientierten Unternehmenspublizität formuliert. Zunächst wurde der Entscheidungsbezug von risikoorientierter Unternehmenspublizität aufgearbeitet. Die Funktion der risikoorientierten Unternehmenspublizität im Entscheidungsprozess des Adressaten ist die Schaffung von Transparenz. Hierbei handelt es sich um einen dynamischen Prozess und nicht um einen zu erreichenden Zustand. Im Anschluss wurde untersucht, inwieweit risikoorientierte Unternehmenspublizität eine effiziente Entscheidungsfindung von Adressaten gewährleisten kann. Das Entscheidungsfeld der Adressaten ist gekennzeichnet durch Strukturdefekte. Risikoorientierte Unternehmenspublizität kann nur dann hinsichtlich ihrer Effizienz beurteilt werden, wenn sich die Strukturdefekte beseitigen lassen. Als ein bedeutsamer Strukturdefekt wurden die Zielsetzungsdefekte identifiziert. Die risikoorientierte Unternehmenspublizität wird von einer Vielzahl an Informationsinteressenten begleitet. Homogene Informationsinteressen sind nicht herleitbar. Somit kann ein unmittelbarer Entscheidungsbezug von risikoorientierter Unternehmenspublizität nicht hergeleitet werden. Um zumindest einen mittelbaren Entscheidungsbezug herstellen zu können, sind Zwecksysteme der Unternehmenspublizität heranzuziehen. Es obliegt somit einem Regulierer, sei es eine staatliche Behörde oder eine privatrechtliche Institution, ein konsistentes Zwecksystem der (risikoorientierten) Unternehmenspublizität vorgeben zu müssen, von welchem vermutet wird, dass es einen Entscheidungsbezug für die Adressaten aufweist. Die Effizienz risikoorientierter Unternehmenspublizität kann nicht beurteilt werden. Eine messtheoretische Analyse der risikoorientierten Unternehmenspublizität ist hinsichtlich der Zweckadäquanz durchzuführen.

Im Vorfeld der Untersuchung der Zweckadäquanz wurden zweckunabhängige Ausgestaltungsmöglichkeiten diskutiert, um ein Beurteilungsschema für die zweckabhängige Untersuchung ableiten zu können. Die implizite Risikoorientierung wird hinsichtlich der Messhypothesen des Ansatzes und der Bewertung beurteilt. Um die implizite Risikoorientierung des bilanziellen Ansatzes untersuchen zu können, sind die Ansatzhypothesen der Aktivierung und Passivierung zu beurteilen.

Die bilanzielle Bewertung kann ein- bzw. mehrwertig erfolgen (vgl. Tab. 3-1). Eine einwertige, bilanzielle Bewertung kann Risiken nur durch Typisierungen abbilden, da auf Wahrscheinlichkeitsfunktionen beruhende Risikokorrekturen der Bewertungsansätze eine zu hohe Komplexität aufweisen. Typisierte, einwertige Bewertungsmethoden allokieren Risiken mittels heuristischer Annahmen auf Vermögensgegenstände und Schulden. Eine verursachungsgerechte Zuordnung ist aus diesem Grund nicht zwangsläufig gewährleistet. Werden Unternehmensrisiken vollständig auf Vermögensgegenstände und Schulden allokiert, muss das Wertadditivitätsprinzip gelten. Erfolgt keine vollständige Risikoallokation im Rahmen der impliziten Risikoorientierung, so sind nicht berücksichtigte Risiken Gegenstand des originären Goodwills. Eine mehrwertige bilanzielle Bewertungsmethodik ist ebenfalls zu komplex. Die implizite Risikoorientierung ist folglich mittels einwertiger, typisierter Risikokorrekturen abzubilden.

Anschließend wurde die explizite Risikoorientierung untersucht, um Kriterien herzuleiten, die zweckabhängige Ausgestaltung der expliziten Risikoorientierung zu beurteilen. Die explizite Risikoorientierung soll die Nachteile der objektivierten impliziten Risikoorientierung kompensieren. Die Ausgestaltung der expliziten Risikoorientierung sollte sich am Risikomanagementprozess eines Unternehmens orientieren.

Beurteilt man abschließend die Merkmale sowohl der impliziten als auch der expliziten Risikoorientierung, lassen sich grundsätzlich zwei unterschiedliche Risikodefinitionen identifizieren. Bei der impliziten Risikoorientierung ist diese geprägt durch Typisierungen und Objektivierungen. Die Risikodefinition, die sich aus der Ausgestaltung der expliziten Risikoorientierung ergibt, ist hingegen entobjektiviert.

3.3 Zweckabhängige Ausgestaltung risikoorientierter Unternehmenspublizität

Aus der Untersuchung der zweckunabhängigen Ausgestaltungsmöglichkeiten der risikoorientierten Unternehmenspublizität sind Beurteilungskriterien für die nun folgende zweckabhängige Analyse risikoorientierter Unternehmenspublizität abgeleitet worden. Die Vorgehensweise zur Beurteilung der zweckabhängigen Ausgestaltung ist für die zu untersuchenden Rechnungslegungsnormen HGB, IAS/IFRS und US-GAAP identisch. Zunächst wird das jeweilige Zwecksystem vorgestellt, um zu identifizieren, wie und für wen die Rechnungslegungsnormen jeweils den Entscheidungsbezug zu erreichen versuchen, die dann den Messhypothesen von Ansatz und Bewertung zugrunde liegen. Hierbei wird bei den internationalen Rechnungslegungsnormen lediglich auf die Rahmengrundsätze eingegangen.[449] Anschließend werden die Instrumente der impliziten Risikoorientierung vor dem Hintergrund der Messhypothesen vorgestellt, um

[449] Aufgrund der kasuistischen Struktur wäre ansonsten jede Norm zu untersuchen.

die Art der Abbildung von Risiko würdigen zu können. Ergänzt wird die Untersuchung der impliziten Risikoorientierung um eine jeweils kurze Abwägung, welche Informationen der bilanzielle Ausweis hinsichtlich der impliziten Risikoorientierung bereitstellt.

Abschließend wird für jede der drei Rechnungslegungsnormen analysiert, welche Funktion der expliziten Risikoorientierung zukommt. Insbesondere wird beurteilt, ob die typisierungs- und objektivierungsbedingten Mängel der impliziten Risikoorientierung kompensiert werden.

3.3.1 Risikoorientierung der handels- und gesellschaftsrechtlichen Publizität

Als erste der drei Rechnungslegungsnormen werden die Vorschriften des HGB herangezogen. Aufgrund der zunehmenden Bedeutung des DRSC für die Normgebung werden der DRS 5 und der Entwurf der Rahmengrundsätze ebenfalls berücksichtigt.

3.3.1.1 Zwecksystem

Wie bereits ausführlich erläutert wurde, stehen der handelsrechtliche Konzernabschluss sowie der Konzernlagebericht im Mittelpunkt der Unternehmenspublizität in Deutschland. Eine gesetzliche Kodifizierung der Adressaten von Unternehmenspublizität bzw. der handelsrechtlichen Rechnungslegung liegt nicht vor. Dieser Umstand resultiert aus der Entstehungsgeschichte des HGB. Aus der Tatsache heraus, dass das HGB ein Subjektgesetz ist, welches auf die Rechte und Pflichten von Kaufleuten rekurriert, kann man erwarten, dass Informations- und Schutzinteressen Dritter lediglich implizit durch dem Kaufmann auferlegte Pflichten, in Form von Rechnungslegungsnormen, berücksichtigt werden.[450] Daher müssen die Rechnungslegungszwecke aus dem bestehenden Normensystem heraus entwickelt werden. Diese Aussage suggeriert, dass die Entwicklung von Rechnungslegungsnormen deduktiv erfolgen könnte.[451] Deduktivität hat der Gesetzgeber ausgeschlossen, indem er sog. Generalnormen erlassen hat, die kein operationalisiertes Zwecksystem darstellen.[452] Für den hier betrachteten Konzernabschluss wird in § 297 II S. 2 HGB gefordert, dass er unter Beachtung der Grundsätze ordnungsmäßiger Buchführung (GoB) ein den tatsächlichen Verhältnissen entsprechendes Bild der Vermögens-, Finanz- und Ertragslage zu vermitteln habe. Hierbei handelt es sich um ein Ziel, welches für die Ersteller von Konzernabschlüssen postuliert wird.

---

450 Vgl. Coenenberg, A. G. (2003), S. 25.

451 Vgl. kritisch hierzu Leffson, U. (1987), S. 29 ff.

452 Vgl. Leffson, U. (1987), S. 59 ff. Leffsons Argumentation lehnt sich hierbei an diejenige an, die Karl Popper zur Deduktion aufstellt, vgl. Popper, K. R. (2002), S. 3-6.

Aus diesem lässt sich allerdings kein operationalisierbarer Zweck herleiten, dem sich Messhypothesen zuordnen lassen.[453] Die Zwecke des Konzernabschlusses lassen sich lediglich hermeneutisch aus der Gesamtheit der gesetzlich kodifizierten Normen sowie der Grundsätze ordnungsmäßiger Rechnungslegung ableiten.[454] Im Rahmen der teleologischen Ableitung von Zwecken der Rechnungslegung lässt sich erkennen, dass nach dem Handelsrecht kein eindeutiger abgrenzbarer Adressatenkreis vorliegt. Die deutsche Rechnungslegung folgt dem Weg, einen Interessenausgleich zwischen den Anspruchsgruppen zu erreichen.[455] Faktisch führte dies zu einer parallelen Implementierung von Schutz- und Informationsinstrumenten in die Rechnungslegungsnormen.[456] Als Zwecke der Rechnungslegung nach deutschem Recht gelten insbesondere:[457]

- die Dokumentation,
- die Information,
- die Einkommensbemessung.

Die Dokumentationsfunktionen als Zweck der Rechnungslegung ist kodifiziert als Generalnorm der Buchführung in § 238 I S. 1 HGB, in welcher gefordert wird, dass jeder Kaufmann verpflichtet sei, Bücher zu führen und in diesen seine Handelsgeschäfte und die Lage seines Vermögens nach den Grundsätzen ordnungsmäßiger Buchführung ersichtlich zu machen. Aufgrund dieses Fundamentalcharakters ist die Dokumentationsfunktion nicht Gegenstand der nachfolgenden Ausführungen. Die Informations- und die Einkommensbemessungsfunktion sind in Abb. 3-3 dargestellt.

[453] Vgl. Baetge, J./Kirsch, H.-J./Thiele, S. (2002a), S. 31.
[454] Vgl. Baetge, J./Kirsch, H.-J./Thiele, S. (2002a), S. 28-29.
[455] Vgl. Baetge, J./Kirsch, H.-J./Thiele, S. (2002), S. 91.
[456] Vgl. Moxter, A. (2003), S. 221.
[457] Vgl. Coenenberg, A. G. (2003), S. 14-15.

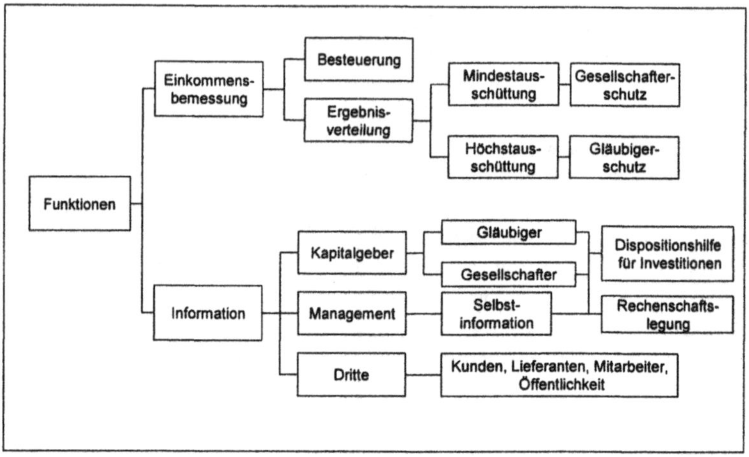

Abb. 3-3: Zwecksystem der handelsrechtlichen Rechnungslegung (ähnlich: Pellens, B. (2001), S. 155).

Der Gläubigerschutz wird insbesondere durch das Prinzip der Kapitalerhaltung erreicht.[458] Die Gläubigerschutzfunktion ist vor dem Hintergrund der historischen Entwicklung der Rechnungslegung in Deutschland zu beurteilen.[459] Durch das rezipierte römische Recht, welches in Deutschland bis heute eine grundlegende Bedeutung hat, wurde lediglich die gesellschaftsrechtliche Unternehmensform der „Societas" kodifiziert. Die Einlagen, die Gesellschafter in diese Unternehmensform tätigten, galten als unbefristet. Entnahmen der Gesellschafter aus laufenden Gewinnen führten hingegen zu einer Schuld gegenüber dem Unternehmen. Diese Schuld war verzinslich. Aufgrund dieser schuldrechtlichen Beziehung von Eigen- und Fremdkapitalgebern mit den Unternehmen hatte der Gläubigerschutz bis Ende des 19. Jahrhunderts, also bis in die Entstehungszeit des HGB, eine hohe rechtliche Relevanz. Des Weiteren dominiert in Deutschland bis zum heutigen Tage im Wesentlichen die Fremdfinanzierung, was zu einer hohen Gewichtung des Gläubigerschutzes geführt hat.[460] Ein anderer wesentlicher Einflussfaktor auf die Rechnungslegung stellt die steuerliche Bemessung dar, die durch die Prinzipien der Maßgeblichkeit (§ 5 I S. 1 EStG) sowie der Umkehrmaßgeblichkeit (§ 5 I S. 2 EStG) eine unmittelbare Verknüpfung mit der handelsrechtlichen Rechnungslegung aufweist. Bis 2000 war ein Boom an Börsengängen zu verzeichnen. Hierdurch und durch den zunehmenden Einfluss internationaler Rechnungslegung in Deutschland ist

458 Vgl. Moxter, A. (2003), S. 285 sowie Arbeitskreis Bilanzrecht der Hochschullehrer Rechtswissenschaft (2002), S. 2375.

459 Vgl. sehr eindrucksvoll Schneider, D. (1994) für die nachfolgende Darstellung der historischen Entwicklung.

460 Vgl. Coenenberg, A. G. (2003), S. 73.

eine Diskussion um die Zeitmäßigkeit des Gläubigerschutzes entbrannt.[461] Vielfach wird eine Zuwendung der Rechnungslegung zu den Informationsbedürfnissen der Eigenkapitalgeber gefordert.[462] Insbesondere die Tätigkeit des DRSC scheint faktisch dieser Entwicklung Rechnung zu tragen.[463] Der Kern der bilanzrechtlichen Ausgestaltung der Rechnungslegung folgt aber nach wie vor dem Prinzip des Gläubigerschutzes.[464] Zusammenfassend kann festgestellt werden, dass die deutsche Rechnungslegung die Operationalisierung der Rechnungslegung nicht erreicht, da eine Vielzahl zu berücksichtigender Einzelinteressen bewusst in Kauf genommen wurden. Der Ausgleich dieser Interessen findet im Wege der Rechtsetzung und insbesondere der richterlichen Rechtsfortbildung statt.[465] Der Nachteil dieses Systems ist, dass ein deduktives System der Rechnungslegung, an welchem sich eine Risikoorientierung ausrichten könnte, nicht erreicht werden kann. Vielmehr muss in Deutschland das Verfahren der hermeneutischen Auslegung angewandt werden, um eine fallbezogene Interessenwahrung der Adressaten vornehmen zu können. In diesem Zusammenhang sind insbesondere die GoB bedeutsam. Wie aufzuzeigen ist, spielt bei diesen die Risikoorientierung aber lediglich eine untergeordnete Rolle.

Ein besonderes Instrument der deutschen Rechnungslegung ist der Lagebericht. Der Lagebericht war vor Einführung des Bilanzrichtliniengesetzes (BiRiLiG) 1985 lediglich für Aktiengesellschaften vorgeschrieben.[466] Die Rolle des Lageberichts wurde in Deutschland somit durch die Umsetzung der 4. und 7. EG-Richtlinie aufgewertet.[467] Mit diesem Instrument steht den Jahresabschlusserstellern eine Möglichkeit zur Verfügung, über komplexe Sachverhalte weitestgehend befreit von Objektivierungsregeln zu berichten.[468]

Insgesamt wird als Ergebnis sichtbar, dass die materiellen Zwecke der handelsrechtlichen Rechnungslegung miteinander konkurrieren. Die beiden Zwecke erfordern unterschiedliche Instrumente. Somit könnten auch unterschiedliche Formen der Risikoorientierung Anwendung finden. Die Diskussion, inwieweit unterschiedliche Formen von Risikoorientierung vorliegen, wird anhand der die Rechnungslegungszwecke konkretisieren-

---

461 Vgl. Coenenberg, A. G. (2003), S. 73.
462 Vgl. Copeland, T. E./Weston J. F. (1992), S. 22-25.
463 Wenn man das gegenwärtig in Diskussion befindliche Framework des DRSC zugrunde legt, drängt sich ein derartiger Eindruck auf; vgl. E-DRS Rahmenkonzept, Tz. 7-13.
464 Vgl. Pellens, B. (2001), S. 578 zur Subsidiarität.
465 Vgl. Leffson, U. (1987), S. 31-35.
466 Vgl. ADS (1995 ff.), § 289 Tz. 29.
467 Vgl. ADS (1995 ff.), § 289 Tz. 2.
468 Vgl. ADS (1995 ff.), § 289 Tz. 12-14.

den GoB erfolgen. Es wird im Folgenden zwischen den sog. Gewinnermittlungs- und Informations-GoB unterschieden.[469]

In letzter Zeit hat der DRSC Rahmengrundsätze vorgestellt, welche in einigen Punkten von dem handelsrechtlichen Zwecksystem abweichen.[470] Seit Oktober 2002 liegt seitens des DRSC ein Rahmenkonzeptentwurf für Grundsätze ordnungsmäßiger Rechnungslegung vor. Es soll Leitlinie für die Fortentwicklung geltenden Rechts und bestehender Standards sein.

Ziel des Entwurfs eines Rahmenkonzeptes ist die Aufstellung von Grundsätzen ordnungsmäßiger Rechnungslegung. Hierdurch soll gewährleistet werden, dass:[471]

- eine Grundlage für die fachliche Tätigkeit des DSR gebildet wird,
- Regelungen entstehen, die alle DRS binden,
- eine Deduktionsgrundlage für den Ansatz, die Bewertung, die Gliederung und für die Erläuterung von und für Angaben zu Sachverhalten, die bislang nicht geregelt sind, entsteht,
- eine Verständnis- und Auslegungshilfe für die Anwender der DRS und die Abschlussadressaten vorliegt.

Der Geltungsbereich soll sich auf den Konzernabschluss und Konzernlagebericht, den Jahresabschluss und Lagebericht sowie auf Zwischenberichte erstrecken.[472]

Ein Novum bietet der Entwurf des Rahmenkonzepts bei der Festlegung der Adressaten der Rechnungslegung. Hier werden nur die Eigen- und Fremdkapitalgeber genannt.[473] Diese Eingrenzung wird dadurch begründet, dass die Eigenkapitalgeber als Residualanspruchsberechtigte das höchste Risiko tragen würden und Rechnungslegung ein Instrument sei, das hilft, eben dieses Risiko abzuschätzen.[474] Bei den Fremdkapitalgebern sei die vertragsgerechte Bedienung des ausgegeben Fremdkapitals vordringliches Informationsbedürfnis. Rechnungslegung unterstütze die Befriedigung dieser Interessen.[475] Trotz der vordergründigen Fokussierung dieses Entwurfs eines Rahmenkonzeptes auf die Kapitalgeber ist hierdurch eine Zweckhomogenität nach wie vor nicht gewährleistet. Diese Erkenntnis ist auch dem Entwurf zu entnehmen. Hier wird konstatiert, dass zwei Prinzipien zu be-

---

[469] Vgl. Moxter, A. (2003), S. 221.
[470] Vgl. E-DRS Rahmenkonzept.
[471] Dem Anspruch einer Deduktionsgrundlage kann das Framework nur dann gerecht werden, wenn es operationalisiert ist, vgl. Leffson, U. (1987), S. 29.
[472] Vgl. E-DRS Rahmenkonzept, Tz. 2.
[473] Vgl. E-DRS Rahmenkonzept, Tz. 7.
[474] Vgl. E-DRS Rahmenkonzept, Tz. 8.
[475] Vgl. E-DRS Rahmenkonzept, Tz. 8.

rücksichtigen seien.[476] Zum einen komme das Prinzip der Gewinnermittlung zum Tragen, welches in seiner gegenwärtigen Ausgestaltung dem Gläubigerschutz dient.[477] Zum anderen sei die entscheidungsunterstützende Information vordringlich. Faktisch bewegt sich der Entwurf im Rahmen des in Abb. 3-3 dargestellten Zwecksystems nach HGB. Dieser Umstand erklärt sich daraus, dass das HGB trotz vielfältigerer Interessenwahrung eine implizite Gewichtung von Rechnungslegungszwecken vornimmt.

In diesem Kapitel wurde untersucht, für wen und wie sich ein Entscheidungsbezug der Informationen des handels- und gesellschaftsrechtlichen Zwecksystems herleiten lässt. Das handels- und gesellschaftsrechtliche Zwecksystem hat eine Einkommensbemessungs- und eine Informationsfunktion. Die Einkommensbemessungsfunktion wird dominiert durch das Gläubigerschutzprinzip. Dieses wird umgesetzt, indem der ausschüttungsfähige Gewinn verkürzt wird. Die Gewinnverkürzung dient der Kapitalerhaltung. Mit dem Gläubigerschutz konkurriert die Informationsfunktion. Diese ist dem Gläubigerschutz untergeordnet. Bei Kenntnis der Gewinnverkürzungsregeln kann diesen ebenfalls ein Informationswert beigemessen werden.[478]

3.3.1.2 Würdigung der Instrumente der Risikoorientierung

Nach der Darstellung des handels- und gesellschaftsrechtlichen Zwecksystems werden nun dessen Instrumente der Rechnungslegung bezüglich der ihnen zugrunde liegenden Messhypothesen untersucht, um hieraus die Auswirkungen auf die implizite und explizite Risikoorientierung herleiten zu können.

Wie bereits dargelegt, steht die implizite Risikoorientierung unter dem Einfluss sowohl der Gewinnverkürzung als auch der Informationsvermittlung. Das Handelsrecht bildet Risiken durch heuristische Typisierungen ab. Diese finden ihren Ausdruck in den sog. Gewinnermittlungs-GoB. Allgemein gilt, dass die Grundsätze ordnungsmäßiger Buchführung ein unbestimmter Rechtsbegriff sind.[479] Diese stellen, obwohl nur teilweise kodifiziert, nach heutigem Verständnis Rechtsnormen und somit mehr als Rechtstatsachen dar.[480] Mittels der GoB soll es gelingen, all diejenigen Tatbestände aufzugreifen, die nicht explizit gesetzlich geregelt sind.[481] GoB dienen somit dem systematischen Schließen von Rechtslücken. Die

[476] Vgl. E-DRS Rahmenkonzept, Tz. 10-12.
[477] Vgl. E-DRS Rahmenkonzept, Tz. 12.
[478] Vgl. Ballwieser, W. (1999), Tz. 70-71.
[479] Vgl. Ballwieser, W. (1999), Tz. 1.
[480] Vgl. Moxter (2003), S. 9.
[481] Vgl. Leffson, U. (1987), S. 22.

Informationsfunktion handelsrechtlicher Konzernabschlüsse und -lageberichte werden durch die Informations-GoB konkretisiert.

3.3.1.2.1 Risikoorientierter Ansatz

Aufgrund der bereits abgeleiteten handelsrechtlichen Zwecke werden die GoB vielfach in die Kategorien Gewinnermittlungs- sowie Informations-GoB eingeteilt. Diese Einteilung findet im Folgenden auch hier Verwendung. Zunächst wird das Zusammenwirken von dynamischer Gewinn- und statischer Vermögensermittlung abgegrenzt, da sich Elemente von beiden in den Ansatzhypothesen wieder finden. Hier werden zwei Beziehungskonstellationen dargestellt. Man kann sich wie *Ballwieser* auf den Standpunkt stellen, dass Gewinn- und Vermögensermittlung interdependente Zwecke der Rechnungslegung sind.[482] Dies bedeutet, dass entweder der Zweck der Vermögensermittlung zulasten der Gewinnermittlung dominiert, wie bei der Verfolgung einer statischen Bilanzauffassung oder umgekehrt bei der Verfolgung einer dynamischen Bilanzauffassung.[483] Im Sinne *Schmalenbachs* tritt die Ermittlung eines „echten", betriebswirtschaftlichen Gewinns als Bilanzierungszweck in den Vordergrund.[484] Um diesen erfüllen zu können, wird die Bilanz zu einer Verrechnungspostenbilanz umgestaltet. Dies bedeutet, dass bilanziell das erfasst wird, was zu einem ökonomischen Nutzen führt.[485] Unter dieser Bilanzauffassung leidet entsprechend die Vermögensermittlung,[486] da in eine Vermögensbilanz nur diejenigen Vermögensgegenstände und Schulden eingehen, die für sich genommen selbstständig verwertbar sind, d. h. für die ein Dritter zum Zwecke des Erwerbs eigenes Vermögen hingeben würde.[487] Aufgrund des Verrechnungscharakters gelingt dies in *Schmalenbachs* dynamischer Bilanz nicht. Bei einer statischen Fortführungsbilanz würde hingegen nur ein objektiviertes, da einzeln greifbares Vermögen angesetzt, sodass es zu einer Verzerrung des Gewinns kommen kann, da nicht sämtliche Vermögenswerte, die einen zukünftigen Nutzen stiften könnten, einbezogen werden. Dieses bilanztheoretische Problem wird aufgrund der sowohl von *Simon* als auch von *Schmalenbach* für notwendig erachteten Typisierungen in dem Sinne entschärft, als dass sich die Bilanzierungspraktiken sowohl bei Anwendung der statischen als auch bei Anwendung der dynamischen Bilanztheorie annähern.[488] *Ballwieser* zieht aus dieser Grundproblematik den Schluss, dass es sich bei der Vermögens- und Gewinnermittlung um

---

[482] Vgl. Ballwieser, W. (1999), Tz. 15.
[483] Vgl. Moxter, A. (1993), S. 29-30.
[484] Vgl. Schneider, D. (1994), S. 1172.
[485] Vgl. Moxter, A. (1993), S. 30-31.
[486] Vgl. Moxter, A. (1993), S. 31.
[487] Vgl. Moxter, A. (1999), S. 29.
[488] Vgl. Moxter, A. (1993), S. 34.

konfligierende Ziele handelt.[489] Jede Art von Bilanzierung stellt folglich einen Kompromiss zwischen diesen beiden Extremen dar. Eine leicht modifizierte Sicht hierzu nimmt *Schneider* ein, der Gewinn- und Vermögensermittlung nicht unter dem Aspekt der Interdependenz einordnet. *Schneider* stellt grundsätzlich die Gewinnermittlung als Ziel der Rechnungslegung fest.[490] Dessen Ausgestaltung hänge aber entscheidend von der Zwecksetzung der Rechnungslegung ab.[491] Hier sei eine Grundsatzentscheidung zu treffen, ob die Messung des Einkommens oder die Vermögenszurechnung den Zweck der Rechnungslegung bestimmt.[492] Aus der Zwecksetzung ist entsprechend oben skizzierter bilanztheoretischer Erwägungen eine entsprechende Ausgestaltung der Gewinnermittlung abzuleiten. Die Interpretation *Schneiders* verschiebt die Problematik auf die Zwecksetzungsebene.

Vor dem Hintergrund dieser bilanztheoretischen Erwägungen werden nun die Ansatzvorschriften im Rechtssinne und die ihnen zugrunde liegenden Ansatzhypothesen diskutiert. Zunächst wird erläutert, was einen Vermögensgegenstand im Sinne der GoB konstituiert. Im Wesentlichen sind dies die Folgenden zwei Merkmale:[493]

- selbstständige Verwertbarkeit,
- bilanzielle Greifbarkeit.

Eine selbstständige Verwertbarkeit von Vermögensgegenständen ist dann gegeben, wenn ein Gut durch Veräußerung, Einräumung von Nutzungsrechten, durch einen bedingten Verzicht oder durch Zwangsvollstreckung in Geld umgewandelt werden kann.[494] Ein Gut gilt als greifbar, wenn es bei einer Gesamtveräußerung des Betriebes als Einzelheit ins Gewicht fällt.[495] Basierend auf der soeben dargestellten abstrakten Aktivierungsfähigkeit muss nun anschließend die konkrete Aktivierungspflicht untersucht werden. Obwohl selbst erstellte immaterielle Vermögensgegenstände durchaus selbstständig verwertbar sein können, war dem Gesetzgeber die Konkretisierung nicht hinreichend, sodass es zu einem Ansatzverbot entsprechend § 248 II HGB kam. Für die Bilanzierungshilfen wurde ein Aktivierungs-

489 Vgl. Ballwieser, W. (1999), Tz. 16-17.
490 Vgl. Schneider, D. (1997), S. 45.
491 Vgl. Schneider, D. (1997), S. 45.
492 Vgl. Schneider, D. (1997), S. 44.
493 Vgl. Moxter, A. (1999), S. 13; kritisch zur handelsrechtlichen Gültigkeit des Greifbarkeitskriteriums, vgl. Baetge, J./Kirsch, H.-J./Thiele, S. (2002), S. 130-131.
494 Vgl. Baetge, J./Kirsch, H.-J./Thiele, S. (2002), S. 129.
495 Vgl. Baetge, J./Kirsch, H.-J./Thiele, S. (2002), S. 130.

wahlrecht geschaffen, obwohl sie die Aktivierungsvoraussetzungen im Sinne obiger Definition nicht erfüllen.[496]

Die abstrakte Passivierungsfähigkeit einer Schuld ist hingegen an folgende Bedingungen geknüpft:[497]

- Verpflichtung,
  - Außenverpflichtung,
  - Innenverpflichtung;
- Wirtschaftliche Belastung,
- Quantifizierbarkeit,
  - punktuell,
  - in Bandbreiten;
- Bilanzielle Greifbarkeit.

Das Vorliegen einer Verpflichtung kann nicht nur als rechtliche Verpflichtung gegenüber Dritten, sondern auch als Innen- bzw. wirtschaftliche Verpflichtung (Verpflichtung des Unternehmens gegenüber sich selbst) vorliegen. Eine wirtschaftliche Belastung aufgrund einer Verpflichtung liegt dann vor, wenn es zu einer Bruttovermögensminderung kommt.[498] Für die Quantifizierung von Schulden gibt es zwei Quellen der Unsicherheit. Zum einen ist die Entstehung einer Schuld, zum anderen deren Zeitbezug Grund für die Unsicherheit. Das Kriterium der bilanziellen Greifbarkeit entspricht wiederum dem Verständnis, welches bereits im Zusammenhang mit der Aktivierungsfähigkeit diskutiert wurde. Die konkrete Passivierungspflicht relativiert insbesondere die Passivierung von Innenverpflichtungen. Für Aufwandsrückstellungen, also Rückstellungen für wirtschaftliche Sachverhalte innerhalb des Betriebes, besteht ein Ansatzwahlrecht nach § 249 II HGB. Eine Passivierungspflicht für Rückstellungen nach § 249 I S. 2 Nr. 1 HGB liegt nur für unterlassene Instandhaltungen, sofern diese in den ersten drei Monaten des neuen Geschäftsjahres nachgeholt werden und für Aufwendungen aus der Abraumbeseitigung, welche innerhalb des nachfolgenden Geschäftsjahres durchgeführt wird, vor.

Durch die oben dargestellte Objektivierungsfunktion der Aktivierungs- und Passivierungsfähigkeit wird eine Risikoorientierung der Rechnungslegung in Bezug auf den Ansatz deutlich.

Der Ansatz von Vermögensgegenständen wird begrenzt auf Vermögenswerte, die ein Schuldendeckungspotenzial aufweisen. Risiken, die sich aus

[496] Vgl. Baetge, J./Kirsch, H.-J./Thiele, S. (2002), S. 135.
[497] Vgl. Moxter, A. (1999), S. 106-110 sowie Baetge, J./Kirsch, H.-J./Thiele, S. (2002), S. 137.
[498] Vgl. Baetge, J./Kirsch, H.-J./Thiele, S. (2002), S. 138.

nicht ansatzfähigen Vermögenswerten ergeben, werden nicht erfasst. Der Ansatz von Schulden erstreckt sich hingegen auch auf nicht rechtlich verpflichtende Risiken. Eine Kongruenz der passivischen Ansatzfähigkeit mit dem aktivischen Schuldendeckungspotenzial ist somit nicht gegeben.

Diese Form der Risikoabbildung darf nicht missverstanden werden als eine neutrale Information über die Risiken der zukünftigen Unternehmensentwicklung. Vielmehr handelt es sich um eine bewusste Verkürzung der Ansatzfähigkeit von Vermögensgegenständen und eine auch um Innenverpflichtungen erweiterte Ansatzfähigkeit von Schulden zur Begrenzung des gegenwärtigen Ausschüttungspotenzials.[499] Durch die handelsrechtlichen Ansatzvorschriften erfolgt eine Begrenzung der Risikoaufnahmefähigkeit des bilanziellen Eigenkapitals.

3.3.1.2.2 Risikoorientierte Bewertung und Ausweis

Die Risikoorientierung der bilanziellen Bewertung ergibt sich aus § 253 I HGB, wonach Vermögensgegenstände höchstens mit den Anschaffungs- oder Herstellungskosten, vermindert um planmäßige Abschreibungen angesetzt werden dürfen. Schulden sind zu ihrem Rückzahlungsbetrag zu bewerten.

Durch diese Skizzierung der Bewertungsgrundlagen der handelsrechtlichen Bilanz wird das Primat des Anschaffungskostenprinzips deutlich. Unabhängig von den einzelnen Aufwandsbestandteilen, die den Anschaffungs- oder Herstellungskosten zugerechnet werden dürfen, stellt dieses Prinzip eine Bewertungsheuristik dar. Diese besagt, dass Wertänderungen am ruhenden Vermögen, wie *Fritz Schmidt* es bspw. in seiner organischen Bilanztheorie beschreibt, nicht existieren.[500] Wertansätze oberhalb der Anschaffungskosten kommen grundsätzlich nicht in Betracht. Hierdurch sind Bewertungen zu Wiederbeschaffungskosten nicht möglich. Bei steigenden Wiederbeschaffungspreisen kommt es somit aufgrund der geringeren periodischen Abschreibungen zu sog. Scheingewinnen.[501] Diese ergeben sich aus der Differenz der planmäßigen Abschreibungen bezogen auf die historischen Anschaffungskosten respektive bezogen auf die Wiederbeschaffungskosten.[502] Die Anschaffungskosten können als ein Grenzfall der Wiederbeschaffungskosten interpretiert werden. Sie stellen nämlich die Kosten der Wiederbeschaffung eines Vermögensgegenstandes zum Zeitpunkt der

---

[499] Vgl. allgemeiner Moxter, A. (1982), S. 163.

[500] Vgl. Moxter, A. (1993), S. 57 ff.

[501] Vgl. z. B. Wöhe, G. (1992), S. 387 zu inflationsbedingten Scheingewinnen.

[502] Scheingewinne können nicht nur inflationsbedingt entstehen. Vgl. ausführlich Moxter, A. (1982), S. 69 ff. zur Zweckabhängigkeit von Scheingewinnen.

Auftragserteilung dar.[503] Das Anschaffungskostenprinzip ist das Ergebnis bilanzieller Objektivierung. Im Ergebnis resultiert hieraus eine nominelle Kapitalerhaltung bzw. Substanzerhaltung.[504] Aus dieser Art der bilanziellen Bewertung wird aber auch ersichtlich, dass durch die operative Tätigkeit des Unternehmens, welches lediglich das nominale Kapital sichert, eine Risikovorsorge für Inflations- und Technologieeffekte nicht gewährleistet wird. Es bedarf einer erneuten Kapitalzuführung, um die Substanz des Unternehmens zukünftig zu erhalten.[505]

Bezogen auf die Risiken der Erstbewertung, kann festgehalten werden, dass es sich um eine Heuristik handelt, die der objektivierten Wertbestimmung dient.[506] Der Informationsaspekt der Bewertung hinsichtlich des zweckadäquaten Risikos ist als gering einzuschätzen, da Bewertungstypisierungen zum Tragen kommen.

Die Anschaffungskostenbilanz des HGB begrenzt die mit der Bewertung zu erfassende Risiken auf diejenigen, die zum Zeitpunkt der Anschaffung bekannt sind. Aus diesem Grund unterliegen die bilanziellen Wertansätze der Scheingewinnproblematik.

Für niedrig bzw. nicht verzinsliche Forderungen kommt nach dem Handelsrecht auch noch die Bewertung zum Barwert in Betracht.[507] Abstrahiert man von den subjektiven Komponenten dieser Barwertbestimmung, so ergibt sich wiederum, dass mit dem Barwert lediglich ein Wertansatz unterhalb der Anschaffungskosten (Nominalbetrag) angesetzt werden darf. Eine risikoorientierte Bewertung kommt hierbei nur dann in Betracht, wenn der verwendete Kalkulationszinsfuß risikoadjustiert ist.[508]

Für Schulden ist grundsätzlich der Rückzahlungsbetrag anzusetzen. Haben Rückstellungen noch den Charakter eines Postens zur Risikovorsorge, so haben Verbindlichkeiten vielmehr einen rechtlichen Verpflichtungscharakter und sind somit nicht notwendigerweise Ausdruck von Unternehmensrisiko.

---

503 Vgl. Moxter, A. (1982), S. 97.

504 In diesem Fall ist eine Differenzierung zwischen Kapitalerhaltung und Substanzerhaltung nicht notwendig, da deren Unterschiedlichkeit erst bei realen Wertansätzen zum Tragen käme.

505 Vgl. Moxter, A. (1982), S. 187 ff. für einen Literaturüberblick zu diesem Thema.

506 Vgl. Moxter, A. (1982), S. 8-9.

507 Vgl. Winnefeld, R. (2002), E Tz. 195

508 In den Kommentierungen finden sich lediglich Hinweise auf eine marktgerechte Verzinsung; vgl. IDW (Hrsg.) (2000), E Tz. 425. Bei dieser sollte entsprechend der Kapitalmarkttheorie von einer impliziten Risikoadjustierung ausgegangen werden können.

Nach der Beurteilung der bilanziellen Erstbewertung wird nun die Folgebewertung untersucht.

Die Vermögensgegenstände des Umlaufvermögens unterliegen dem strengen Niederstwertprinzip. Unter diesem wird die Abschreibung von Vermögensgegenständen auf ihren niedrigeren beizulegenden Wert verstanden.[509] Die Vermögensgegenstände, die entsprechend der Auslegung des § 247 HGB zum Anlagevermögen zählen, unterliegen dem sog. gemilderten Niederstwertprinzip nach § 253 II HGB, d. h., dass die Vermögensgegenstände nur beim Vorliegen einer dauerhaften Wertminderung wertberichtigt werden müssen. Darüber hinaus besteht ein Zuschreibungswahlrecht für diese Vermögensgegenstände, wenn der Grund der Wertberichtigung im Nachhinein entfallen sollte.[510] Für Kapital- sowie haftungsbeschränkte Personengesellschaften besteht nach § 280 I HGB ein Zuschreibungsgebot, welches durch die gegenwärtige Steuergesetzgebung zu einer faktischen Zuschreibungspflicht führt.[511] Die Zuschreibung ist auf die historischen Anschaffungs- oder Herstellungskosten beschränkt.

Die planmäßige Folgebewertung beugt sich nach deutschem Recht in der Regel den Erfordernissen des Steuerrechts.[512] Diese Dominanz des Steuerrechts entfällt zwar bei der Konzernbilanzierung, aber es werden nichtsdestoweniger aus fehlender Kenntnis der verursachungsgerechten Abschreibungen pro-rata Abschreibungskonzepte angewandt, die wiederum lediglich eine Wertheuristik darstellen.[513] Bewertungsrisiken, die sich zusätzlich zu den Verbrauchshypothesen der planmäßigen Abschreibungen ergeben, spiegeln sich in den außerplanmäßigen Abschreibungen wider. Eine besondere Bedeutung in diesem Zusammenhang weist das Vorsichtsprinzip auf. Gemäß § 252 I Nr. 4 HGB wird das Vorsichtsprinzip durch das Imparitätsprinzip konkretisiert. Hierdurch werden Aufwendungen bereits dann realisiert, wenn eine zukünftige Nettovermögensminderung hinreichend absehbar ist.[514] Eine entsprechende Vorwegnahme von Erträgen scheidet dem Wortlaut des Gesetzes entsprechend aus.[515] Mit dieser Ungleichbehandlung („Imparität") soll erreicht werden, dass der Nettovermögenszuwachs einer Periode bereits Risiken einer negativen, zukünftigen Entwicklung berücksichtigt. Dies erfolgt mit dem Ziel das Ausschüttungspotenzial

---

509 Vgl. Coenenberg, A. G. (2003), S. 181. Hier findet sich auch eine sehr gute Beschreibung der steuerlichen Teilwertnachweise für in Vorjahren vollzogene Wertminderungen bei Vermögensgegenständen des Umlaufvermögens.

510 Vgl. § 253 V HGB.

511 Vgl. Hense, B./Taetzner, T. (2003), Tz. 26.

512 Vgl. Coenenberg, A. G. (2003), S. 179.

513 Vgl. Coenenberg, A. G. (2003), S. 169 ff.

514 Vgl. Moxter, A. (1999), S. 139 ff. mit entsprechender Rechtsprechung bei Drohverlustrückstellungen.

515 Vgl. § 252 I Nr. 4 HGB.

bzw. den höchsten entziehbaren Gewinn zu reduzieren, um so eine zu hohe Ausschüttung an die Gesellschafter zu verhindern, die in späteren Perioden, wenn der antizipierte Aufwand ursächlich zum Tragen käme, zu einer Gefährdung des Unternehmens führen könnte.[516] Das Imparitätsprinzip dient somit dem Gläubigerschutz. Natürlich kann den hierdurch imparitätisch verkürzten Werten der Bilanz und GuV bei Kenntnis dieses Prinzips ein Informationswert beigemessen werden. Allerdings sind die Wertansätze keine Gemein- oder Teilwerte.[517] Risiken der Bewertung, unter Rückgriff auf das Imparitätsprinzip, werden z. B. durch die außerplanmäßigen Abschreibungen expliziert. Diese bedingen, dass auf den niedrigeren beizulegenden Wert abzustellen sei.[518] Für den beizulegenden Wert ergeben sich eine Reihe möglicher Wertansätze:[519]

- Marktwerte (gemeiner Wert),
- Barwerte (Teilwerte),
- Vergleichspreise.

Allerdings ist bei der Vielzahl möglicher beizulegender Werte und der damit verbundenen Risikovorsorge zu beachten, dass abhängig von dem beigelegten Wert eine jeweils unterschiedliche Basis für die Beurteilung des Risikos herangezogen wird.[520] Durch die Aggregation im Rahmen der Geschäftsberichtserstellung können die Adressaten der Unternehmenspublizität die unterschiedlichen beizulegenden Werte nicht hinreichend differenzieren, sodass das Ausmaß der Risikovorsorge nicht hinreichend verifiziert werden kann.[521] Der Informationsfunktion wird man somit nur bedingt gerecht.

Auch die bilanzielle Folgebewertung bildet Risiken der zukünftigen Entwicklung ab. Durch die planmäßigen Abschreibungen verringert sich der Wertansatz, auf den eine imparitätische Risikovorsorge angewandt werden kann. Abhängig von der Bestimmung des beizulegenden Wertes erfolgt durch außerplanmäßige Abschreibungen eine Vorsorge für künftige Risiken.

Der Ausweis in der Handelsbilanz ist im Wesentlichen geprägt durch die Anordnung nach der Liquidierbarkeit auf der Aktivseite sowie nach der

---

516 Vgl. Moxter, A. (2003), S. 33.

517 Vgl. Moxter, A. (1982), S. 24 ff.

518 Bei der außerplanmäßigen Abschreibung werden keine Verbrauchsmuster festgelegt. Vielmehr wird der Wertansatz aufgrund revidierter Werterwartungen korrigiert, vgl. Leffson, U. (1987), S. 314.

519 Vgl. Coenenberg, A. G. (2003), S. 108.

520 Vgl. Moxter, A. (1982), S. 28 ff.

521 Hierzu bräuchten Adressaten detaillierte Informationen darüber, welcher Typus des „beizulegenden Werts“ Anwendung gefunden hat.

Verweildauer der Finanzierungsmittel auf der Passivseite.[522] Diejenigen Vermögensgegenstände, die dem Unternehmen langfristig dienen und insofern einen gewissen Grad an Faktorspezifität aufweisen, werden vor den liquiditätsnahen bzw. -gleichen Vermögensgegenständen ausgewiesen. Ferner zeigen Anhangangaben eine Darlegung von Fristigkeiten der Verbindlichkeiten, mit einer Restlaufzeit kürzer als einem Jahr und mehr als fünf Jahren.[523] Wenn man den bilanziellen Ausweis hinsichtlich seiner Risikoorientierung würdigt, so kommt man lediglich zu dem Schluss, dass hierbei eine Risikoorientierung ausgerichtet an bilanzieller Liquidität zustande kommt.[524]

3.3.1.2.3 Fazit zur impliziten Risikoorientierung der handels- und gesellschaftsrechtlichen Publizität

Zusammenfassend bleibt festzustellen, dass die handels- und gesellschaftsrechtlichen Instrumente eine implizite Risikoorientierung für Ansatz, Bewertung und Ausweis aufweisen. Die Ansatzhypothesen führen dazu, dass nur eine begrenzte Anzahl von Vermögenswerten, die ein Unternehmen besitzt, aktiviert werden dürfen. Andererseits wird der Ansatz von Schulden auch auf Verpflichtungen des Unternehmens gegenüber sich selbst ausgedehnt. Beide Ansatzhypothesen bewirken eine Reduzierung des Eigenkapitals. Die grundlegende Bewertungshypothese, die Anwendung findet, ist das Anschaffungskostenprinzip. Hierdurch werden nur diejenigen Risiken abgebildet, die sich zum Zeitpunkt des Ansatzes aus den Anschaffungspreisen ergeben. Hierdurch soll eine Objektivierung des Wertansatzes erreicht werden. Durch die Anwendung dieser Objektivierungsregel können allerdings Scheingewinne realisiert werden. Auch durch die bilanzielle Folgebewertung wird eine Risikovorsorge erreicht. Deren Höhe ist abhängig von der Bestimmung des beizulegenden Wertes. Bei Vermögensgegenständen des Anlagevermögens ist zusätzlich die Verbrauchshypothese, die der planmäßigen Abschreibung zugrunde liegt, zu berücksichtigen. Für die Schulden erfolgt eine Begrenzung der Bewertung auf die Rückzahlungsbeträge. Eine Risikovorsorge ergibt sich insbesondere aus den Rückstellungen. Deren Bewertung basiert zumeist auf einer vernünftigen kaufmännischen Beurteilung und ist daher rein subjektiv geprägt.

Ein Fazit zur impliziten Risikoorientierung fällt schwer. Neben den grundsätzlich limitierten Möglichkeiten, Risiken in der Bilanz abbilden zu kön-

522 Vgl. § 266 HGB.

523 Vgl. § 285 Nr. 1 HGB.

524 Dieses Verständnis ist nicht deckungsgleich mit dem umfassenderen Risikoverständnis des DRS 5 Tz. 9. Eine Risikoorientierung der GuV-Gliederungen nach § 275 HGB ist nicht erkennbar. Gesamt- bzw. Umsatzkostenverfahren stellen alternative Ausweisformen von Aufwendungen und Erträgen dar.

nen, ergeben sich eine Vielzahl typisierungsbedingter Einschränkungen, die zumindest den Informationswert hinsichtlich der berichteten Risiken einschränken. Die Risikovorsorge und die zweckbedingte Gewinnkürzung als Schutzinstrument für Gläubiger führen dazu, dass weder eine objektive noch eine subjektive einheitliche Risikoorientierung zustande kommt.[525] Es wird mit einer Vielzahl möglicher Trennwerte gearbeitet.[526] Die Bilanz stellt gemäß dem Handelsrecht somit eher einen Indikator für Unternehmensrisiko dar.[527] Zweck der impliziten Risikoorientierung ist nicht, über Risiken der künftigen Entwicklung zu informieren, sondern die Gläubiger vor diesen zu schützen.

3.3.1.2.4 Explizite Risikoorientierung

Wie bereits im Kapitel zwei herausgearbeitet wurde, stellt nach deutschem Recht der Lagebericht gemäß § 289 HGB sowie der Konzernlagebericht gemäß § 315 HGB ein verpflichtendes Instrument der risikoorientierten Unternehmenspublizität dar. Im Folgenden wird nun einerseits das Informationsinstrument Lagebericht und andererseits dessen Risikoorientierung ausgearbeitet.

Im Folgenden wird hierbei auf den § 315 HGB abgestellt und somit eine Gleichwertigkeit zu § 289 HGB unterstellt. Soweit interpretatorische Unterschiede, die über den Geltungsbereich der Paragrafen hinausgehen vorliegen, wird dies entsprechend deutlich gemacht. Konstituierend für die Risikoorientierung der Konzernlageberichterstattung ist § 315 I HGB. Dieser besagt:

> „Im Konzernlagebericht sind zumindest der Geschäftsverlauf und die Lage des Konzerns so darzustellen, dass ein den tatsächlichen Verhältnissen entsprechendes Bild vermittelt wird; dabei ist auch auf die Risiken der künftigen Entwicklung einzugehen."

Seit November 2003 liegt der E-DRS 20 „Lageberichterstattung" zur Stellungnahme vor. In diesem wird eine vergleichbare Generalnorm der Konzernlageberichterstattung formuliert:[528]

> „Der Konzernlagebericht vermittelt aus Sicht der Unternehmensleitung sämtliche Informationen, die ein verständiger Adressat benötigt, um den Geschäftsverlauf im abgelaufenen Geschäftsjahr und die Lage des Konzerns

[525] Die implizite Risikoorientierung beugt sich der Interessenregelung. Unternehmensspezifische Risiken stellen hierbei lediglich einen Teilaspekt dar.

[526] Hierbei kommt es insbesondere zu einer Vermischung von Vergangenheits- und Zukunftsbezug von durch das Imparitätsprinzip.

[527] Vgl. Baetge, J. (1998), S. 582 oder Baetge, J./ Manolopoulos, P. R. (1999) sowie Baetge, J./Jerschensky, A. (1999).

[528] E-DRS 20, Tz. 9.

sowie die voraussichtliche Entwicklung unter Einfluss der Chancen und Risiken beurteilen zu können."

Der Umfang der Konzernlageberichterstattung nach § 315 I HGB ist dadurch gekennzeichnet, dass eine Vielzahl unbestimmter Rechtsbegriffe herangezogen werden.[529] Es fehlt insbesondere eine hinreichende Konkretisierung folgender Rechtsbegriffe:

- Geschäftsverlauf und Lage,
- ein den tatsächlichen Verhältnissen entsprechendes Bild,
- Risiken der künftigen Entwicklung.

Eine Beurteilung der Risikoorientierung kann folglich nur dann erfolgen, wenn es gelingt, diese unbestimmten Rechtsbegriffe auszulegen.[530] Hierzu ist zunächst der Zweck der Lageberichterstattung herauszuarbeiten. Anschließend gilt es hieraus in Anlehnung an die Grundsätze ordnungsmäßiger Buchführung (GoB) die Grundsätze ordnungsmäßiger Lageberichterstattung (GoL) abzuleiten.[531] Zum Zeitpunkt der GoL-Entwicklung gab es in der Formulierung des § 315 I HGB allerdings noch keinen expliziten Verweis auf die Offenlegung der Risiken der künftigen Entwicklung, was aber im Umkehrschluss nicht bedeutet, dass es keine Auseinandersetzung mit diesem Thema gab.[532]

Der Lagebericht als Instrument der Rechnungslegung wurde erst mit dem BiRiLiG handelsrechtlich kodifiziert. Gemäß dem § 160 AktG a. F. gab es zwar vormals ein als Geschäftsbericht bezeichnetes vergleichbares Instrument, welches aber nur bedingt deckungsgleich mit dem gegenwärtigen Lagebericht war.[533]

Der Zweck der Konzernlageberichterstattung lässt sich zunächst aus dem Wortlaut des Gesetzes ableiten. Die Generalnorm der Konzernlageberichterstattung in § 315 I HGB fordert, dass „ein den tatsächlichen Verhältnissen entsprechendes Bild" gezeichnet werden müsse. Auffallend an dieser Formulierung ist insbesondere, dass sie von der Generalnorm des Konzernabschlusses § 297 II HGB abweicht. In dieser wird gefordert, dass „ein den tatsächlichen Verhältnissen entsprechendes Bild der Vermögens- Finanz- und Ertragslage" zu zeichnen sei. Wie bereits im Rahmen der impliziten Risikoorientierung des Handelsrechts diskutiert, spiegeln sich in der

---

529 Zum Konzept unbestimmter Rechtsbegriffe; vgl. Leffson, U. (1987), S. 21.

530 Vgl. Leffson, U. (1987), S. 31 ff. für die hierzu heranzuziehende hermeneutische Auslegungsmethode.

531 Vgl. Baetge, J./Fischer, T. R./Paskert, D. (1989), S. 16 ff. für die nachfolgende Herleitung der GoL.

532 Vgl. Baetge, J./Fischer, T. R./Paskert, D. (1989), S. 40-41 für die Diskussion um den Prognosebericht.

533 Vgl. Baetge, J./Fischer, T. R./Paskert, D. (1989), S. 1.

Vermögens-, Finanz- und Ertragslage neben den Informations-GoB insbesondere auch die Schutzinteressen der Gewinn-GoB wider. Somit kann man zunächst feststellen, dass das Ziel der Kapitalerhaltung bzw. der Einkommensbemessung zumindest dem Wortlaut nach nicht Gegenstand der Lageberichterstattung sein kann. Es können aber mittelbare Wirkungen der Lageberichterstattung auf die Einkommensbemessung durch die Darstellung der zukünftigen Lage der Gesellschaft vermutet werden. Als Beispiel soll hier die Darstellung von strukturellen Problemen am Absatzmarkt dienen, die im berichtspflichtigen Geschäftsjahr noch nicht zu spüren waren, aber aufgrund eines geringen Auftragsbestandes im Folgejahr wirksam werden könnten. Dies könnte einen Vorstand dazu veranlassen, die Ausschüttungen an die Gesellschafter zu verringern oder zumindest nicht zu steigern. Somit kann durch Auslegung darauf geschlossen werden, dass der Lagebericht unmittelbar eine Informationsaufgabe hat.[534] Nach h. M. lässt sich diese Informationsfunktion in zweierlei Hinsicht konkretisieren.[535] Zum einen erfüllt der Lagebericht eine Verdichtungsfunktion, indem der nach der Generalnorm aufgestellte Jahresabschluss nochmals komprimiert dargestellt wird.[536] Ferner obliegt der Lageberichterstattung zusätzlich eine Ergänzungsfunktion des Jahresabschlusses, sowohl in zeitlicher als auch in sachlicher Hinsicht.

Die *sachliche Ergänzungsfunktion* resultiert daraus, dass der Lagebericht eine wirtschaftliche Gesamtbeurteilung des Unternehmens widerspiegeln soll.[537] Hierzu erscheint es notwendig, die an Aktiva und Passiva ausgerichtete finanzwirtschaftliche Unternehmenspublizität um eine prozessorientierte Sicht zu ergänzen. Mögliche Elemente hierzu könnten sein:[538]

- Gesamtwirtschaftliche Situation,
- Branchensituation,
- Situation des Unternehmens:
    - Beschaffung,
    - Produktion,
    - Auftragsbestand,
    - Investitionen,
    - Finanzierung,
    - Haftungsverhältnisse,
    - Verwaltung sowie
    - Personal- und Sozialangelegenheiten.

534 Vgl. Baetge, J./Fischer, T. R./Paskert, D. (1989), S. 8.
535 Vgl. Baetge, J./Fischer, T. R./Paskert, D. (1989), S. 9 m. w. N.
536 Vgl. Baetge, J./Fischer, T. R./Paskert, D. (1989), S. 9.
537 Vgl. Baetge, J./Fischer, T. R./Paskert, D. (1989), S. 10.
538 Vgl. ADS (1995 ff.), § 289, Tz. 66. Vgl. Ellrott, H. (2003), Tz. 22 für zusätzliche Informationsinhalte, wie Sozial- und Umweltberichte sowie immaterielle Werte.

Bereits vor der Umsetzung des KonTraGs und der damit einhergehenden Explizierung der Risikoberichterstattung war der Grundtenor der Diskussion, dass eine Lageberichterstattung in ausgewogener Art und Weise sowohl über Chancen als auch Risiken zu berichten habe.[539]

Neben dieser sachlichen Ergänzungsfunktion besitzt der Lagebericht aber auch eine *zeitliche Ergänzungsfunktion*.[540] Deren Ausgestaltung ist allerdings strittig.[541] Grundsätzlich lassen sich zwei Positionen ausmachen, die statische und die dynamische Lageberichtsinterpretation. Die unterschiedlichen Interpretationen werden zunächst allgemein für den Lagebericht ohne Risikobericht diskutiert. Die unterschiedlichen Interpretationen ergeben sich aus § 315 II HGB. In diesem wird formuliert:

> „Der Lagebericht soll auch eingehen auf:
> 1. Vorgänge von besonderer Bedeutung, die nach dem Schluss des Geschäftsjahres eingetreten sind;
> 2. die voraussichtliche Entwicklung der Kapitalgesellschaft;
> 3. den Bereich Forschung und Entwicklung."[542]

Zunächst ist auffallend, dass es sich bei diesem Absatz um eine Sollvorschrift handelt. Entsprechend juristischer Auslegung bedeutet dies, dass eine solche Publizität vollzogen werden muss, wenn es der Gesellschaft möglich ist.[543] Der Streit der zeitlichen Auslegung dieses Absatzes rankt sich darum, ob die in § 315 II HGB aufgezählten Bestandteile der Konzernlageberichterstattung deklaratorisch sind und somit nur eine Klarstellungsfunktion zu § 315 I HGB ausüben, oder ob sie eine eigenständige Bedeutung haben.[544] Die statische Bilanztheorie billigt der Konzernlageberichterstattung nach § 315 II HGB eine eigenständige Bedeutung zu.[545] Zukunftsorientierte Informationen ergeben sich dementsprechend allein aus § 315 II Nr. 1 und Nr. 2. Hier wird die Kapitalgesellschaft verpflichtet, entsprechend Angaben über die zukünftige Entwicklung, d. h. über den Bilanzstichtag hinausgehende Informationen zu veröffentlichen. Die dynamische Bilanztheorie hingegen billigt § 315 II HGB lediglich deklaratorischen Charakter zu. Gemäß dieser Lesart umfasst bereits der Konzernlagebericht nach § 315 I HGB zukunftsgerichtete Informationen. In der praktischen Anwendung kommt diesen interpretatorischen Unterschieden dann eine Bedeutung zu, wenn sich eine Gesellschaft außerstande sieht, der

---

539 Vgl. o. V. (1997), S. 74-75.
540 Vgl. ADS (1995 ff.), § 289, Tz. 83.
541 Vgl. Baetge, J./Fischer, T. R./Paskert, D. (1989), S. 28-29 zu dieser grundsätzlichen Diskussion.
542 § 298 II HGB fordert zusätzlich noch die Aufstellung eines Zweigniederlassungsberichts für Kapitalgesellschaften und haftungsbeschränkte Personengesellschaften.
543 Vgl. Creifelds, C. (Begr.) (2002), S. 1241.
544 Vgl. Baetge, J./Fischer, T. R./Paskert, D. (1989), S. 28-29.
545 Vgl. Baetge, J./Fischer, T. R./Paskert, D. (1989), S. 28-29.

Sollvorschrift des § 315 II HGB hinsichtlich des Nachtragsberichtes (§ 315 II Nr. 1 HGB) bzw. des Prognoseberichtes (§ 315 II Nr. 2 HGB) nachzukommen. In diesem Fall könnte bei einer statischen Auffassung der Regelung des § 315 I HGB eine Publizität unterbleiben. Der statischen Auffassung kann allerdings durch die Umsetzung des KonTraGs kaum noch Folge geleistet werden. In § 315 I HGB wurde durch das KonTraG explizit eingefügt, dass auf Risiken der zukünftigen Entwicklung einzugehen sei. Somit scheint der Gesetzgeber der dynamischen Auffassung Folge zu leisten, dass § 315 II HGB einen deklaratorischen Charakter aufweist.[546] Dies wird insbesondere auch dadurch gestützt, dass eine ausgewogene Publizität über zukünftige Entwicklungsperspektiven ermöglicht werden muss. Dies bedeutet, dass nicht nur über zukünftige Risiken sondern auch über Chancen berichtet werden soll. Eine Chancenberichterstattung ist allerdings nicht in § 315 I HGB vorgesehen. Somit kann eine Berichterstattung über Chancen lediglich als Gegenstand des Prognoseberichtes angesehen werden. Wenn diese allerdings nur im Wege der Sollvorschrift des § 315 II HGB umgesetzt wird, könnte es im Grenzfall einer Unmöglichkeit der Prognoseberichterstattung zu einer asymmetrischen Darstellung von Chancen und Risiken im Konzernlagebericht kommen. Dies entspricht natürlich nicht dem Willen des Gesetzgebers, der in der Gesetzesbegründung zum KonTraG zum Ausdruck bringt, dass der Teilsatz zur Risikoberichterstattung mit dem Ziel zu § 315 I HGB hinzugefügt wurde, dass eine ausgeglichene Berichterstattung über Chancen und Risiken erfolgt.[547] Der Gesetzesbegründung kann entnommen werden, dass der Eindruck vorlag, dass über Risiken nur unzureichend, über Chancen aber entsprechend überproportional berichtet wurde. Somit dient der Teilsatz zur Risikoberichterstattung lediglich der Klarstellung.[548] Abb. 3-4 fasst die Aufgaben der Konzernlageberichterstattung zusammen:

546 Vgl. ADS (1995 ff.), § 289, Tz. 85-86. Die Regelungen des § 289 HGB gelten entsprechend für § 315 HGB.

547 Vgl. o. V. (1997), S. 74-75.

548 Vgl. o. V. (1997), S. 74-75.

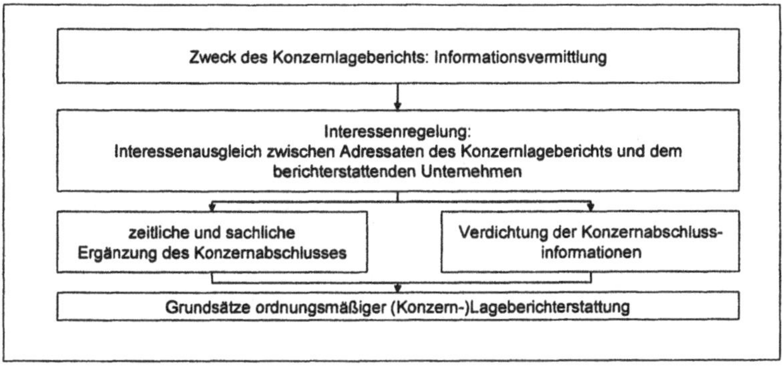

Abb. 3-4: Das System der Grundsätze ordnungsmäßiger Lageberichterstattung (ähnlich: Baetge, J./Fischer, T. R./Paskert, D. (1989), S. 27).

Aus dem bislang skizzierten Zweck der Konzernlageberichterstattung unter besonderer Berücksichtigung von Risiken der zukünftigen Unternehmensentwicklung können nunmehr die Grundsätze ordnungsmäßiger (Konzern-)Lageberichterstattung abgeleitet werden. Aufgrund der fehlenden Funktion der Kapitalerhaltung treten die Gewinn-GoB, wie sie bereits beschrieben worden sind, in den Hintergrund. Die GoL entsprechen somit im Wesentlichen den Informations-GoB. Im Folgenden werden die zwei GoL Grundsatz der Vergleichbarkeit sowie der Vorsicht erläutert. Das Vorsichtsprinzip wird aufgegriffen, da es im Rahmen der GoL auf den Informations-GoB beruht. Es müssen sich interpretatorische Unterschiede zwischen dem Vorsichtsprinzip der Gewinn- (implizite Risikoorientierung) und dem der Informations-GoB (explizite Risikoorientierung) ergeben, die es herauszustellen gilt. Die implizite Risikoorientierung erreicht durch die Objektivierungen eine Vergleichbarkeit von Ansatz, Bewertung und Ausweis. Auch die GoL formulieren das Ziel eine Vergleichbarkeit der (Konzern-) Lageberichterstattung erreichen zu wollen. Es wird untersucht, inwieweit dies bei der expliziten Risikoorientierung umgesetzt wird.

Zunächst muss erläutert werden, was unter dem *Grundsatz der Vorsicht* im Rahmen der Lageberichterstattung zu verstehen ist. Dieser Grundsatz korrespondiert mit dem allgemeinen Grundsatz der Berichterstattungsneutralität.[549] Dies bedeutet, dass sowohl Risiken als auch Chancen des Unternehmens ausgewogen in der Lageberichterstattung zu berücksichtigen sind. Zuweilen findet sich auch die Einschätzung, dass die Vorsicht in einer gemäßigten Art überwiegen solle, damit der Schutzfunktion gegenüber den Adressaten der Lageberichterstattung entsprochen werde.[550] Diesem Gedanken wird hier nicht gefolgt, da dem Lagebericht eine Informations-

549 Vgl. Ballwieser, W. (1999), Tz. 72-73.
550 Vgl. Baetge, J./Fischer, T. R./Paskert, D. (1989), S. 25-26.

funktion zukommt, die ein den tatsächlichen Verhältnissen entsprechendes Bild der Unternehmenslage vermitteln soll.[551] Eine wie auch immer geartete Überbetonung von pessimistischen Entwicklungsszenarien des Unternehmens sollte vermieden werden. Sinnvoller wäre es, die Annahmen, die der Einschätzung der künftigen Unternehmensentwicklung zugrunde liegen, zu veröffentlichen, um somit den Adressaten der Lageberichterstattung zu befähigen, sich ein eigenständiges Urteil über die Einschätzungen des Managements zu verschaffen.[552] Dem Grundsatz der Vorsicht kann im Rahmen der expliziten Risikoorientierung durch eine Ausweitung des *Detaillierungsgrades* der risikoorientierten Unternehmenspublizität nachgekommen werden.

Die explizite Risikoorientierung des deutschen Handels- und Gesellschaftsrechts greift, wie die implizite Risikoorientierung, das Vorsichtsprinzip auf. In der expliziten Risikoorientierung erfolgt keine mit der Gewinnverkürzung vergleichbare Überbetonung von Risiken. Über Risiken und Chancen der künftigen Entwicklung eines Unternehmens ist ausgewogen zu berichten. Hiermit korrespondieren die Prinzipien der *Nachvollziehbarkeit* und *Verlässlichkeit* der risikoorientierten Unternehmenspublizität.

Ferner soll kurz erläutert werden, was unter dem *Grundsatz der Vergleichbarkeit* zu verstehen ist, da hiermit eine für die Risikoorientierung besonders wichtige Fragestellung verbunden ist. Die Vergleichbarkeit bezieht sich zum einen auf die *zeitliche Dimension*. Dies bedeutet, dass es für die Adressaten des Konzernlageberichts möglich sein muss, über mehrere Geschäftsjahre hinweg bei unterstellter Konstanz des Unternehmensumfeldes eine vergleichbare Struktur der Publizität zu erhalten.[553] Dies entspricht der Forderung nach *Stetigkeit* bei der risikoorientierten Unternehmenspublizität. Ferner ist aber auch ein Vergleich zwischen Unternehmen einer Branche zu ermöglichen. Hierdurch wird die *sachliche Dimension* der Vergleichbarkeit konstituiert. Es wird eine Struktur benötigt, die zumindest in den Grundzügen unternehmensübergreifende Vergleiche erlaubt. Für die risikoorientierte Unternehmenspublizität impliziert dies, dass das Vorliegen eines publizitätspflichtigen Risikos sich nicht allein aus dem Produkt von Eintrittswahrscheinlichkeit und Risikoausmaß ergibt, sondern zumindest in groben Zügen einem Bezugsrahmen folgen sollte, der unternehmensübergreifend einsetzbar ist.[554] Wie bereits allgemein für die Kon-

---

[551] Vgl. Selchert, F. W./Greinert, M. (2002), Tz. 17.

[552] Vgl. ADS (1995 ff.), § 289, Tz. 108-109 für eine derartige Forderung. Nach Ellrott, H. (2003), Tz. 25 sind Annahmen und Quantifizierzungen von Risiken nicht nötig. Vgl. ebenfalls Selchert, F. W./Greinert, M. (2002a), Tz. 90 kritisch zur Quantifizierung.

[553] Vgl. Baetge, J./Fischer, T. R./Paskert, D. (1989), S. 20.

[554] Vgl. Selchert, F. W./Greinert, M. (2002a), Tz. 14.

zernlageberichterstattung abgeleitet, könnte auch bei der risikoorientierten Unternehmenspublizität der im Rahmen der Ergänzungsfunktion vorgestellten prozessorientierten Risikokategorisierung gefolgt werden. Aus der sachlichen Dimension der Vergleichbarkeit lässt sich entsprechend die Forderung nach *Vollständigkeit* der risikoorientierten Unternehmenspublizität erheben.

Aufgrund der Ergänzungsfunktion des (Konzern-)Lageberichts entfallen die Objektivierungsregeln der impliziten Risikoorientierung. Aus diesem Grund kann eine Vergleichbarkeit bei der expliziten Risikoorientierung nur bedingt erreicht werden. Eine Möglichkeit dieses Ziel zu fördern, ist eine Risikokategorisierung verbindlich vorzugeben.

Abschließend ist noch zu klären, wie der trade-off zwischen Selbstschutz des Unternehmens einerseits und Adressatenschutz andererseits abzuwägen ist. Hierfür muss auf § 313 III HGB i. V. m. § 286 III Nr. 2 HGB abgestellt werden, welcher für den Anhang eine Publizität ausschließt, wenn diese „nach vernünftiger kaufmännischer Beurteilung dazu geeignet sind, der Kapitalgesellschaft oder dem anderen Unternehmen einen erheblichen Nachteil zuzufügen.“. Diese Unterlassungsmöglichkeit von Informationsgewährung ist formal beschränkt auf den Anhang.[555] Allerdings würde diese Regelung konterkariert, wenn im Zusammenhang mit der Lageberichterstattung faktisch eine Verpflichtung zur Berichterstattung vorliegen würde, weil z. B. ein bedeutsames Risiko im Zusammenhang mit dieser Unterlassung steht.[556] Der Geltungsbereich des § 313 II HGB ist jedoch eng auszulegen.[557] Diese enge Auslegung ist insbesondere notwendig, um die Schutzfunktion der Jahresabschlussadressaten zu gewährleisten, denn diese gehen den Schutzinteressen des Unternehmens vor. Nur dann, wenn das Unternehmen und damit auch mittelbar die Stakeholder des Unternehmens durch die risikoorientierte Unternehmenspublizität einen Schaden erleiden würden, käme ein Ausschluss überhaupt in Betracht. Somit ist der Selbstschutz des Unternehmens kein Selbstzweck.[558]

Aus der bisherigen Darstellung ist deutlich geworden, dass die Einfügung der Risikoberichterstattung in die §§ 289 und 315 HGB lediglich der Klarstellung diente, dass auch über Risiken der zukünftigen Unternehmensentwicklung hinreichend zu berichten sei. Im Gesetz findet sich allerdings keine Definition dessen, was unter Risiken zu verstehen sei. Dass allerdings nicht das entscheidungstheoretische Risiko im Sinne einer Abweichung vom Erwartungswert der zukünftigen Entwicklungen gemeint sein

---

[555] Vgl. ADS (1995 ff.), § 286, Tz. 6.

[556] Vgl. für den umgekehrten Fall einer unausgewogenen Publizität ADS (1995 ff.), § 286, Tz. 8.

[557] Vgl. ADS (1995 ff.), § 286, Tz. 8.

[558] Vgl. Ellrott, H. (2003a), Tz. 9.

kann, ergibt sich schon aus der Gesetzesbegründung. Aus dieser wird deutlich, dass dieser Teilsatz die Disparität zwischen Chancendarstellung und risikoorientierte Unternehmenspublizität aufheben soll. Somit umfasst der Risikobegriff de lege lata lediglich die Gefahr negativer zukünftiger Entwicklungen.[559]

Allerdings stellt dies noch keine hinreichend Konkretisierung dar, weil hierzu bekannt sein müsste, was die „normale" zukünftige Entwicklung ist. Wiederum stellt sich hier die Frage nach einem geeigneten Trennwert zwischen Chancen und Risiken.[560]

Aus diesem Grunde hat sich der Deutsche Standardisierungsrat für Rechnungslegung einer Operationalisierung der Risikoberichterstattung gewidmet und hierzu den Standard DRS 5 veröffentlicht. Da die Anforderungen an die Risikoberichterstattung von Kredit- und Finanzdienstleistungsinstituten sowie von Versicherungsunternehmen zusätzlichen regulativen Bestimmungen (KWG bzw. § 341 Abs. 1 und 2 HGB sowie § 341 i Abs. 2 HGB) unterliegen, sind mit dem DRS 5-10 (Kredit- und Finanzdienstleistungsinstitute) und dem DRS 5-20 (Versicherungen) branchenspezifische Standards veröffentlicht worden. Im Folgenden werden die Regelungen des DRS 5 kurz dargestellt. Diese erstrecken sich in erster Linie auf die Konzernmuttergesellschaften, die nach § 315 Abs. 1 HGB zur Aufstellung eines Konzernlageberichts verpflichtet sind. Hiervon betroffen sind folglich sämtliche Mutterunternehmen in der Rechtsform einer Kapitalgesellschaft gemäß § 290 HGB sowie die haftungsbeschränkten Personengesellschaften nach § 264 a HGB, die Kapitalgesellschaften gleichgestellt sind, sowie große Personengesellschaften, die nach § 11 PublG publizitätspflichtig sind. Ferner ist der Standard auch auf die Rechnungslegung gemäß § 292 a HGB anzuwenden.[561] Die Anwendung derselben Grundsätze auf einzelne Kapitalgesellschaften, welche nach § 289 I HGB zur Lageberichterstattung verpflichtet sind, wird empfohlen.[562] Diese Empfehlung hat allerdings nicht den Charakter einer Sollvorschrift, da die Arbeit des privaten Standardisierungsgremiums DRSC gemäß § 342 I Nr. 1 HGB auf Empfehlungen zur Anwendung der Grundsätze über die Konzernrechnungslegung beschränkt ist.[563] Da im Rahmen der risikoorientierten Unternehmenspublizität ohnehin Konzernberichte dominieren dürften, stellt die Begrenzung des Anwendungsbereiches faktisch keine bedeutende Einschränkung dar.

---

559 Vgl. Ellrott, H. (2003), Tz. 26.
560 Vgl. Selchert, F. W./Greinert, M. (2002a), Tz. 74 ff.
561 Vgl. DRS 5, Tz. 6.
562 Vgl. DRS 5, Tz. 8.
563 Vgl. DRS 5, Tz. 1.

Das Ziel, welches mit der Risikoberichterstattung nach DRS 5 verfolgt wird, ist die Bereitstellung entscheidungsrelevanter und gleichzeitig verlässlicher Informationen, die es den Adressaten der Risikoberichterstattung erlauben, sich ein zutreffendes Bild über die Risiken der zukünftigen Entwicklung des Konzerns zu machen.

Diese Formulierung der Zielsetzung ist in mehrfacher Hinsicht problematisch für die Operationalisierung der risikoorientierten Unternehmenspublizität. Zum einen werden die Adressaten der Risikoberichterstattung nicht spezifiziert.[564] Dies entspricht zwar der handelsrechtlichen Interessenregelung führt aber im Grundsatz dazu, dass der Risikobegriff nur zweckunabhängig festgelegt werden kann.[565] Risiko im Sinne des DRS 5 wird definiert als „die Möglichkeit von negativen künftigen Entwicklungen der wirtschaftlichen Lage des Konzerns".[566] Wie sich eine negative Entwicklung ermessen lässt, wird nicht operationalisiert, da hierzu eine Kenntnis der Ziele der Stakeholder des Unternehmens von Nöten wäre.[567] Der „true and fair view"-Gedanke der Risikoberichterstattung entspricht inhaltlich der Kodifizierung in § 315 I HGB. Als erstes Ergebnis der Analyse des DRS 5 kann man feststellen, dass dieser nicht die „outside-in"-, sondern die „inside-out"-Perspektive anstrebt. Mit anderen Worten sollen die Adressaten der Lageberichterstattung in die Lage versetzt werden, das Unternehmen aus Sicht des Managements zu sehen.[568] Das Risiko nach diesem Verständnis würde sich als negative Abweichung von den Planungen des Managements in Bezug auf deren (ggf. auch multiplen) Steuerungsziele ergeben.

Im Folgenden werden die Regelungen des DRS 5 im Einzelnen vorgestellt, um ihre Auswirkung auf die risikoorientierte Unternehmenspublizität erfassen zu können.

Zunächst wird gefordert, dass grundsätzlich über Risiken zu berichten sei, die die Entscheidungen der Adressaten des Konzernlageberichts beeinflussen könnten.[569] Erklärend wird angemerkt, dass hierbei in erster Linie die finanziellen Entscheidungen der Kapitalmarktteilnehmer gemeint seien.[570] Die Einschränkung auf finanzielle Ziele erscheint sinnvoll, um nicht sämtliche denkbaren Szenarien negativer Entwicklungen berücksichtigen zu

564 Vgl. DRS 5, Tz. 5.
565 Dieser Umstand wird durch E-DRS Rahmengrundsatz, Tz. 9 zu heilen versucht.
566 DRS 5, Tz. 9.
567 Vgl. Selchert, F. W./Greinert, M. (2002a), Tz. 74 ff.
568 Vgl. anders Selchert, F. W./Greinert, M. (2002a), Tz. 74 ff. Mittels einer engen Auslegung des Wortlautes der Regelungen wird eine „inside-out"-Perspektive ausgeschlossen. Die Autoren weisen allerdings auf diese Interpretationsmöglichkeit hin.
569 Vgl. DRS 5, Tz. 10.
570 Vgl. DRS 5, Tz. 11.

müssen. Die Einschränkung auf Kapitalmarktteilnehmer ist zwar willkürlich, aber entsprechend internationaler Praxis üblich. Hier wird unabhängig vom Rahmenkonzept des DRSC eine Annäherung an die internationale Bilanzierungspraxis geübt. Es muss aber nach wie vor festgehalten werden, dass das Handelsrecht als subsidiäre Rechtsnorm die Interessenregelung vorsieht, sodass nur bedingt von einer wirklich rechtswirksamen Eingrenzung gesprochen werden kann. Diese kann aber weder aus dem Wortlaut noch im Sinne einer teleologischen Analyse aus § 315 I HGB hergeleitet werden.[571] Es käme hierbei aber nur dann zu einem Problem rechtlicher Art, wenn durch die Eingrenzung tatsächlich Informationsbeschränkungen wirksam würden. Allerdings muss zugestanden werden, dass eine solche Risikoberichterstattung aus Sicht eines Adressaten möglicherweise nicht hinreichend operationalisiert ist. Mit anderen Worten, die von ihm gewünschten Informationen liegen nicht vollständig vor. Außerdem grenzt es natürlich den Kreis der publizitätspflichtigen Risiken ein, da Risiken bereits hinreichend konkretisiert sein müssen, bevor sie überhaupt dazu geeignet sein können, finanzielle Entscheidungen der Kapitalmarktteilnehmer zu beeinflussen. Beachtenswert ist in diesem Zusammenhang, dass die Publizitätspflicht über Risiken daran geknüpft wird, ob diese geeignet erscheinen, eine finanzielle Entscheidung zu ändern.[572] Diese Definition erlaubt einen erheblichen Freiraum bei der Einschätzung, welche Risiken tatsächlich gegenüber dem Kapitalmarkt kommuniziert werden sollen. Eine spezifischere Regelung wäre jedoch in diesem Zusammenhang auch kaum zielführend, wenn die explizite Vorgabe von Schwellenwerten, die zu einer Publizitätspflicht führen, letztlich von weiteren Kontextfaktoren, wie Branchenzugehörigkeit etc., abhängen könnte.[573] Diese Problematik wird im Folgenden aufgegriffen.

Der DRS 5 legt fest, dass der Gegenstand und Umfang der Publizität von den Gegebenheiten des Konzerns und seiner Unternehmen als auch von deren markt- und branchenbedingtem Umfeld abhängen.[574] Schwerpunkt der Risikoberichterstattung bilden die mit den spezifischen Gegebenheiten des Konzerns und seiner Geschäftstätigkeit verbundenen Risiken. Publizitätspflichtig sind insbesondere Risikokonzentrationen, d. h. Konzentrationen auf einzelne Kunden, Lieferanten, Produkte, Patente und Länder.[575]

Ein Risiko, das den Bestand des Konzerns gefährden könnte, ist als solches zu bezeichnen.[576] Diese Regelung stellt sicher, dass bestandsgefährdende

---

[571] Vgl. ADS (1995 ff.), § 315, Tz. 1 für den Subjektcharakter dieser Norm.
[572] Vgl. DRS 5, Tz. 11.
[573] Vgl. Selchert, F. W./Greinert, M. (2002a), Tz. 17.
[574] Vgl. DRS 5, Tz. 12.
[575] Vgl. DRS 5, Tz. 13-14.
[576] Vgl. DRS 5, Tz. 15.

Risiken, die nach § 91 II AktG frühzeitig zu identifizieren sind, auch an externe Adressaten der Risikoberichterstattung kommuniziert werden.[577]

Ferner sind die einzelnen Risiken in geeigneter Form zu Risikokategorien zusammenzufassen.[578] Dabei hat sich das Unternehmen an der für Zwecke des Risikomanagements intern vorgegebenen Risikokategorisierung zu orientieren.[579] Der hier formulierte Managementansatz der Risikokategorisierung soll sicherstellen, dass für Zwecke der risikoorientierten Unternehmenspublizität keine „Kunstkategorien" gebildet werden, die in der Risikobeurteilung und –steuerung des Managements nicht relevant sind. Aus dieser Regelung wird wiederum deutlich, dass an die Adressaten des Lageberichts ein Bild vermittelt werden soll, welches der Managementsicht entspricht. Ferner erlaubt erst eine sinnvolle Kategorisierung von Risiken, die auch von Unternehmen zumindest der gleichen Branche anwendbar sind, einen angemessenen Vergleich hinsichtlich der Risikosituation.

Die Risikoberichterstattung ist so aufzubereiten, dass sie aus sich heraus verständlich ist. Die einzelnen Risiken sind zu beschreiben und mögliche Konsequenzen der Risiken sind zu erläutern.[580]

Ferner gilt: „Risiken sind zu quantifizieren, wenn dies nach anerkannten und verlässlichen Methoden möglich und wirtschaftlich vertretbar ist und die quantitative Angabe eine entscheidungsrelevante Information für die Adressaten des Konzernlageberichts ist. In diesem Fall sind die verwendeten Modelle und deren Annahmen zu erläutern."[581] Da eine Bewertung von Risiken, die aus unternehmensspezifischen Gegebenheiten resultiert, subjektiv sein muss, gilt es, die Offenlegung der Bewertungsmodelle und der verwendeten Annahmen sicherzustellen, um die Adressaten der Risikoberichterstattung in die Lage zu versetzen, zu überprüfen, inwieweit die Annahmen und die Qualität der von Unternehmen verwendeten Bewertungsmodelle den eigenen Erwartungen entsprechen. In den Erläuterungen zum Exposure Draft des DRS 5 wird konstatiert, dass eine hinreichend verlässliche Bewertung lediglich für finanzwirtschaftliche Risiken möglich sei.[582] Nichtsdestoweniger wäre eine Veröffentlichung der Bewertung von nicht finanzwirtschaftlichen Zielen wünschenswert, da hierdurch wiederum deutlich wird, mit welchen Instrumenten vom Management auf identifizierte Risiken reagiert wird. Allerdings ist es, wie bereits erwähnt, dann auch zwingend notwendig, Annahmen und Bewertungsmethoden zu erläu-

[577] Vgl. DRS 5, Tz. 15.
[578] Vgl. DRS 5, Tz. 16.
[579] Vgl. DRS 5, Tz. 16.
[580] Vgl. DRS 5, Tz. 18.
[581] DRS 5, Tz. 20.
[582] Vgl. E-DRS 5, B3.

tern, um nicht den Eindruck einer Bewertungsgenauigkeit zu suggerieren, die faktisch nicht vorhanden ist.[583] Gegen eine umfassende Quantifizierung von Risiken spricht, dass hierdurch die Verdichtungsfunktion des Lageberichts unterlaufen wird.[584]

Soweit ein Risiko durch wirksame Maßnahmen zuverlässig kompensiert wird, beschränkt sich die Darstellung und Erläuterung auf das Restrisiko. Andernfalls sind die Risiken sowie die Maßnahmen zu deren Bewältigung darzustellen.[585]

Bei der Risikoeinschätzung ist von einem dem jeweiligen Risiko adäquaten Prognosezeitraum auszugehen.[586] Es wird hierzu ausgeführt, dass für wesentliche Risiken grundsätzlich von einem Prognosezeitraum von zwei Jahren ausgegangen werden sollte. Ist ein Risiko hingegen als bestandsgefährdend einzuschätzen, sollte aus Gründen der Vorsicht lediglich ein Zeitraum von einem Jahr zur Prognose herangezogen werden. Es können auch andere Prognosezeiträume gewählt werden, falls dies sinnvoll erscheint.[587]

Eine Darstellung der Interdependenzen zwischen einzelnen Risiken ist wünschenswert. Sie ist erforderlich, wenn die Risiken ansonsten nicht zutreffend eingeschätzt werden können.[588] Diese Regelung muss im Zusammenhang mit der Risikobewertung gesehen werden. Da der DSR bereits konstatierte, dass eine vollständige Bewertung der Risiken zum gegenwärtigen Stand nicht möglich ist, ist auch der Bewertung von Interdependenzen eine klare Grenze gesetzt.[589] Interdependenzen könnten nur in einem simultanen Prognosemodell der Unternehmen erfasst werden.[590] Neben der Modellkomplexität würde dies zusätzlich auch voraussetzen, dass sämtliche Wechselwirkungen in Unternehmen bekannt und bewertbar sind.

Risiken dürfen nicht mit Chancen verrechnet werden.[591] Diese Bruttodarstellung der Risikoposition eines Unternehmens ist sinnvoll. Eine separate Darstellung von Chancen und Risiken erhöht den Informationsgehalt des Risikoberichtes.[592]

583 Vgl. ADS (1995 ff.), § 289, Tz. 108.
584 Vgl. Selchert, F. W./Greinert, M. (2002a), Tz. 90-91.
585 Vgl. DRS 5, Tz. 21.
586 Vgl. DRS 5, Tz. 23.
587 Vgl. DRS 5, Tz. 24.
588 Vgl. DRS 5, Tz. 25.
589 Vgl. E-DRS 5, Tz. 20.
590 Vgl. Adam, D. (1996), S. 169.
591 Vgl. DRS 5, Tz. 26.
592 Vgl. DRS 5, Tz. 27.

Das Risikomanagement ist in angemessenem Umfang zu beschreiben.[593] Diese Regelung ermöglicht es den Adressaten der Risikoberichterstattung, ein Urteil über die Effektivität und Effizienz des implementierten Risikomanagementprozesses zu bilden.[594] Dies ist notwendig, da keine dritte unabhängige Kontrollinstanz die Prozessqualität des Risikomanagements gegenüber den externen Adressaten beurteilt.

Aus Gründen der Klarheit hat die Risikoberichterstattung in einer geschlossenen Darstellung zu erfolgen.[595] Diese Regelung greift letztlich nur einen der GoL auf und könnte somit entfallen, da GoL bereits Rechtsnormen sind.[596]

Die Risikoberichterstattung hat von der Prognoseberichterstattung im Konzernlagebericht getrennt zu erfolgen.[597] Diese Regelung fördert zwar zum einen die Klarheit, ist andererseits aber auch eine willkürliche sachliche Abgrenzung von der Prognosepublizität.

Die Risikoberichterstattung bezieht sich auf die Lage des Konzerns zum Zeitpunkt der Aufstellung des Konzernlageberichts.[598] Folgt man dieser Aussage, so könnte man zu dem Schluss kommen, dass es sich um eine statische Sichtweise der Risikoberichterstattung handelt. Dies ist allerdings nur in der Hinsicht korrekt, als dass nicht auf potenzielle zukünftige Risiken rekurriert wird, denen das Unternehmen nicht gegenwärtig, aber in Zukunft unterliegen könnte, bspw. bei geplanten Markteintritten. Würde eine statische Risikobewertung zum Stichtag gefordert, erscheint dies schwerlich möglich. Erst eine auf Szenarien der zukünftigen Entwicklungen basierende Bewertung bzw. eine Simulation ermöglicht eine Einschätzung der Risikotragweite bzw. des Gefährdungspotenzials. Somit würde eine solche Interpretation auch nicht dem Sinn der bereits beschriebenen Regelungen entsprechen.

Soweit für die Beurteilung der Risiken erforderlich, sind wesentliche Veränderungen gegenüber dem Vorjahr zu beschreiben.[599] Aus dieser Regelung wird deutlich, dass die Publizität über Risiken stetig sein sollte, damit ein zeitlicher Vergleich der Risikoberichterstattung möglich ist.

Auf die detaillierte Darstellung der Risikoberichterstattung von Kredit- und Finanzdienstleistungsinstituten sowie von Versicherungsunternehmen

---

593 Vgl. DRS 5, Tz. 28.
594 Vgl. DRS 5, Tz. 28.
595 Vgl. DRS 5, Tz. 30.
596 Vgl. Baetge, J./Fischer, T. R./Paskert, D. (1989), S. 19-20.
597 Vgl. DRS 5, Tz. 32.
598 Vgl. DRS 5, Tz. 34.
599 Vgl. DRS 5, Tz. 36.

wird im Folgenden verzichtet. Die Kernelemente der Berichterstattung entsprechen denen des DRS 5. Auf die branchenspezifischen Ergänzungen wird nicht eingegangen, da hierdurch keine zusätzlichen Erkenntnisse zu deren Ausgestaltung abgeleitet werden können.

Abschließend gilt es nun, die explizite Risikoorientierung der Unternehmenspublizität nach HGB und DRS 5 zu würdigen. Grundsätzlich lässt sich festhalten, dass eine Risikoberichterstattung schon seit der Einführung des BiRiLiG notwendig war. Aufgrund der fehlenden Umsetzung in der Praxis sah sich der Gesetzgeber genötigt, die Risikoberichterstattung explizit als Bestandteil der Lageberichterstattung festzuschreiben. Die Risikoberichterstattung lässt sich hierbei mittels der GoL konkretisieren. Sie unterliegt unmittelbar nur der Informationsfunktion. Im Rahmen der hiermit verbundenen Ergänzungsfunktion entsteht die Möglichkeit, eine von den Objektivierungserfordernissen der bilanziellen Rechnungslegung weitgehend befreite Darstellung von Risiken, orientiert an den Unternehmensprozessen und den Interaktionen mit dem Unternehmensumfeld, darzustellen. Um die hiermit verbundene Subjektivierung der Darstellung zu kanalisieren, wurde der DRS 5 verabschiedet. Er soll einen Bezugsrahmen für die Risikoberichterstattung auch hinsichtlich der internationalen Berichterstattung, die im Rahmen des § 292 a HGB Verwendung findet, schaffen. Im Gesamtergebnis muss festgestellt werden, dass dieser Bezugsrahmen aber nicht in der Lage ist, alle Probleme, die mit der Risikoberichterstattung verbunden sind, zu klären, da z. B. Aussagen über Bewertungsgrundsätze fehlen. Natürlich kann ein Bezugsrahmen keine Auswertung von Best Practices sein.[600] Aber es wäre wünschenswert gewesen, die Anforderungen an Bewertungen als Kernproblem herauszuarbeiten. Im DRS 5 fehlt bspw. auch eine Auseinandersetzung mit der Problematik der Offenlegung von Risiken und deren Wirtschaftlichkeit. Sollten Risiken in der Tat inklusive ihrer wesentlichen Wechselwirkungen beschrieben und bewertet werden, so bedarf es ausführlicher Informationen für die Lageberichtadressaten, um mit diesen Ergebnissen umgehen zu können. Eine Veröffentlichung von Annahmen und Methode in der Bewertung würde für komplexe Unternehmen, wie sie sich im DAX 100 befinden, dazu führen, dass Lageberichtsadressaten ausführlich mit dem Unternehmensmodell vertraut gemacht werden. Diese Anforderungen können leicht in zwei Extreme ausschlagen. Zum einen könnte das Resultat eine oberflächliche Risikoberichterstattung sein, die die wesentlichen Risiken benennt und es dabei belässt.[601] Diese Informationen sind für den Lageberichtadressaten dann aber auch entsprechend nicht wertvoll. Zum anderen kann eine um-

---

[600] Vgl. Kajüter, P./Winkler, C. (2003), S. 227 für den Versuch Best Practices zu identifizieren.

[601] Dieser Aspekt wird im Rahmen der wirkungstheoretischen Analyse nochmals aufgegriffen.

fassende Berichterstattung angestrebt werden, die leicht zum informatorischen Kollaps führen kann. Eine derart disaggregierte Information wäre nicht nur aufwendig für das Unternehmen im Hinblick auf den Erstellungsprozess, sondern würde sehr wahrscheinlich auch die Lageberichtsadressaten überfordern.[602] Abschließend können die Erkenntnisse, die bezüglich der Funktion des DRS 5 für die explizite Risikoorientierung erarbeitet worden sind, in Thesen formuliert werden.

Der DRS 5 wird seiner Funktion als Bezugsrahmen der expliziten Risikoorientierung nur bedingt gerecht. Dies resultiert insbesondere aus der Allgemeinheit der postulierten Anforderungen hinsichtlich der Risikokategorisierung und der –bewertung.

Aus dem DRS 5 kann eine Verpflichtung zur Risikobewertung nicht abgeleitet werden.[603]

3.3.2 Risikoorientierung der IAS/IFRS

Nach der Untersuchung der Ausgestaltung risikoorientierter Unternehmenspublizität gemäß HGB und DRS wird im Folgenden auf die risikoorientierte Unternehmenspublizität nach IAS/IFRS eingegangen. Aufgrund des geringeren Regulierungsumfanges und der gegenwärtig nur europarechtlichen Anbindung an das deutsche Rechtssystem über den § 292 a HGB hinaus, erfolgt eine komprimiertere Darstellung dieser Regelungen.

3.3.2.1 Zwecksystem

Im Unterschied zu den Normsystemen nach HGB und US-GAAP sind die Normen nach IAS/IFRS nicht in ein nationales Rechtssystem eingebunden, sondern sie sind vielmehr ein Produkt internationaler Harmonisierungsbestrebungen in der Rechnungslegung.[604] Am 29. Juni 1973 wurde in London das International Accounting Standards Committee (IASC) als privatrechtliche Organisation gegründet.[605] Die Mitglieder entstammten ursprünglich diversen nationalen Wirtschaftsprüferverbänden, namentlich Australien, Deutschland, Frankreich, Großbritannien, Japan, Kanada, Mexiko, Niederlande und den USA.[606] Die Organisation sollte entsprechend der angelsächsischen Rechtssystematik des Case Laws einen Gegenpol zu der durch die Europäische Union ausgelösten Verrechtlichung der Rechnungslegung

602 Vgl. Selchert, F. W./Greinert, M. (2002a), Tz. 82 und 90.
603 Vgl. Selchert, F. W./Greinert, M. (2002a), Tz. 82 und 90.
604 Vgl. Kleekämper, H./Kuhlewind, A.-M./Alvarez, M. (2002), Tz. 20.
605 Vgl. Pellens, B. (2001), S. 415.
606 Vgl. Pellens, B. (2001), S. 415.

bilden,[607] die von den Briten als zu unflexibel empfunden wurde.[608] Die Initiative zur Gründung ging folgerichtig von den Briten aus, die mit dem Beitritt ihres Landes zur Europäischen Gemeinschaft im Jahr 1973 ihren Einfluss auf die nationale Rechnungslegung zu verlieren glaubten. Vor diesem Hintergrund erklärt sich auch die ursprüngliche Ausgestaltung der IAS/IFRS. Diese waren in ihrer ersten Form an die UK-GAAP angelehnt.[609] Durch den supranationalen Charakter der Organisation kam es im Wege der Kompromissfindung aber gleichzeitig zu einer Vielzahl von Ansatz- und Bewertungswahlrechten. Mit der Aufnahme der IOSCO (International Organization of Securities Commissions) in die beratenden Organe des IASC im Jahr 1987 kam es zu einer schrittweisen Eliminierung von Ansatz- und Bewertungswahlrechten, mit dem Ziel, die Akzeptanz der Rechnungslegung nach IAS/IFRS an den internationalen, insbesondere aber den US-amerikanischen, Kapitalmärkten zu erhöhen.[610] Vor diesem Hintergrund wurde das Framework des IASC entwickelt, welches vergleichbar mit den amerikanischen SFAC die Funktion einer Deduktionsgrundlage hat, ohne aber bindend für die Neu- bzw. Weiterentwicklung der Standards zu sein.[611] Beginnend mit dem Jahr 1993 wurde eine weitere Überarbeitung der IAS/IFRS initiiert. Durch die Formulierung sog. Core Standards durch die IOSCO wurde dem IASC ein Arbeitsprogramm auferlegt, welches als Mindestvoraussetzung für eine Empfehlung der IOSCO an seine Mitglieder galt, die IAS/IFRS als kapitalmarktadäquate Rechnungslegung zu akzeptieren.[612] Die Vereinheitlichung ist bis heute nicht abschließend vollzogen. Eine besondere Bedeutung haben diese Normen allerdings durch die IAS/IFRS-Verordnung der Europäischen Gemeinschaft bekommen. Hierdurch wird es für die im amtlichen Handel registrierten Unternehmen für Geschäftsjahre, die nach dem 31.12.2004 beginnen, zu einer verpflichtenden Konzernabschlusserstellung nach IAS/IFRS kommen.[613] Die IAS/IFRS müssen vorab ein europäisches Anerkennungsverfahren durchlaufen, bevor sie auch innerhalb der Europäischen Union als Recht anerkannt sind.[614] Parallel zu der gewachsenen Bedeutung des IASC wurde dieses reorganisiert, um der Aufgabe im Prozess der Harmonisierung von Rechnungslegung weltweit besser gerecht werden zu können. Die Reorganisation wurde im April 2001 umgesetzt. Abgesehen von für die Themenstellung nicht weiter relevanten organisatorischen

---

607 Vgl. Kleekämper, H./Kuhlewind, A.-M./Alvarez, M. (2002), Tz. 21.

608 Vgl. Pellens, B. (2001), S. 415.

609 Vgl. bspw. Pellens, B. (2001), S. 454 für die ursprünglichen Ausführungen zur Aktivierung von Entwicklungsaufwendungen, die der britischen Regelung entsprechen.

610 Vgl. Kleekämper, H./Kuhlewind, A.-M./Alvarez, M. (2002), Tz. 25.

611 Vgl. Kleekämper, H./Kuhlewind, A.-M./Alvarez, M. (2002), Tz. 25.

612 Vgl. Kleekämper, H./Kuhlewind, A.-M./Alvarez, M. (2002), Tz. 26.

613 Vgl. Pellens, B. (2001), S. 412-413.

614 Vgl. Pellens, B. (2001), S. 413.

Änderungen, ergeben sich zusätzliche nomenklatorische Veränderungen. Das zentrale Gremium nennt sich nunmehr International Accounting Standards Board (IASB). Ferner werden zukünftige Standards als International Financial Reporting Standards (IFRS) bezeichnet.[615]

Aus der Darstellung der Entwicklungsgeschichte wird deutlich, dass es sich beim IASB um das zentrale Gremium zur Harmonisierung der Rechnungslegung handelt. Lediglich die amerikanische Börsenaufsicht SEC hat die IAS/IFRS bislang nicht als uneingeschränkt gleichwertig zur nationalen Rechnungslegung eingestuft.[616] Durch die feste Anbindung der IAS/IFRS in das europäische Normensystem der Rechnungslegung erscheint eine Analyse der Risikoorientierung der IAS/IFRS trotz der dargestellten, gegenwärtig schwachen rechtlichen Verankerung geboten.

Gemäß par. 2 des Frameworks ist dieses kein „overriding principle", d. h., dass die IAS/IFRS materiell von den im Framework dargelegten Zielsetzungen der Rechnungslegung abweichen können. Die Zielsetzungen der Rechnungslegung nach IAS/IFRS bestehen in der Vermittlung entscheidungsrelevanter Informationen.[617] Die Jahresabschlussadressaten sollen Informationen über die Vermögens-, Finanz- und Ertragslage, deren Veränderung sowie über die Leistungsfähigkeit des Unternehmens erhalten, um ihrerseits ökonomische Entscheidungen treffen zu können.[618] Wie bereits im Rahmen der Vorstellung des HGB deutlich geworden ist, spiegeln Vermögens-, Finanz- und Ertragslage ein Konglomerat von Schutz- und Informationsinteressen wider. Das IASB fokussiert im Unterschied zum HGB vorwiegend auf die Informationsfunktion des Jahresabschlusses.[619] Als Jahresabschlusselemente werden genannt:[620]

- Bilanz,
- Gewinn- und Verlustrechnung,
- Kapitalflussrechnung,
- Anhang,
- Eigenkapitalspiegel,
- weitere Rechnungen und erläuternde Angaben, sofern sie integraler Bestandteil des Jahresabschlusses sind.

---

615 Vgl. Pellens, B. (2001), S. 418-419.
616 Vgl. Pellens, B. (2001), S. 434.
617 Vgl. IASB-Framework, par. 12.
618 Vgl. IASB-Framework, par. 15
619 Das bedeutet im Umkehrschluss aber nicht, dass Elemente, die durch Ansatz und Folgebewertung Gewinn verkürzend wirken, nicht auch in der IAS/IFRS – Rechnungslegung vorliegen können (Anschaffungskostenprinzip).
620 Vgl. IASB-Framework, par. 7.

Hierzu sind insbesondere die Segmentberichterstattung sowie ein den Jahresabschluss ergänzender Lagebericht zu zählen. Im Gegensatz zur Segmentberichterstattung, die in IAS 14 geregelt ist, findet sich für die Lageberichterstattung kein Pendant. Durch die Einbettung der IAS/IFRS in die europäische Rechnungslegung kommt allerdings die 4. sowie 7. EG-Richtlinie zum Tragen, die eine Lageberichterstattung fordert, wie sie bspw. in den Vorschriften des HGB und des DRS 5 umgesetzt worden ist.[621]

Im Framework wird explizit zu den Grenzen des Jahresabschlusses Stellung genommen, indem konstatiert wird, dass dieser nicht in der Lage ist, sämtliche für die Entscheidungsfindung der Jahresabschlussadressaten nützlichen Informationen bereitzustellen.[622] Verpflichtend sollten nur die finanziellen Auswirkungen vergangener Transaktionen integriert werden. Mit einer solchen Aussage bleibt der Anspruch der IAS/IFRS im Vergleich zu den deutlich umfangreicheren Publizitätsverpflichtungen des nationalen Rechts zunächst hinter diesen zurück, da narrative Bestandteile keine Rolle in dieser Rechnungslegungsnorm spielen.

Auch das IASB-Framework fokussiert nicht auf einen einzelnen Adressaten der Rechnungslegung. Somit ist das Zwecksystem der Rechnungslegung nach IAS/IFRS ebenfalls nicht operationalisierbar. Aus diesem Grund werden die Investoren als primäre Adressaten der Rechnungslegung festgelegt. Durch die Befriedigung von deren Informationsbedürfnissen sollen auch den Interessenten der übrigen Adressaten weitgehend entsprochen werden.[623]

Vergleicht man die Zwecksysteme nach IAS/IFRS und HGB miteinander, so ist zu erkennen, dass beide Systeme der Interessenregelung folgen. Allerdings ist der Ansatz nach IAS/IFRS im Wesentlichen auf die Informationsvermittlung gegründet. Die Entfaltung von Schutzinteressen durch Gewinnverkürzung, wie nach HGB vorgesehen, wird von den IAS/IFRS nicht genutzt.[624]

Das Zwecksystem der IAS/IFRS stellt die Informationsansprüche der Kapitalgeber in den Vordergrund, ohne andere Informationsinteressen zu ver-

---

621 Vgl. ADS (1995 ff.), § 289, Tz. 2.

622 Vgl. IASB-Framework, par. 10.

623 Vgl. IASB-Framework, par. 10.

624 Vgl. sehr kritisch auch zur Informationsfunktion Moxter, A. (2003), S. 323-324. Da das Framework kein „overriding principle“ darstellt, kann es bei Anwendung einzelner Standards dennoch zu einer imparitätischen Gewinnverkürzung kommen. Vgl. am Beispiel Drohverlust- und Restrukturierungsrückstellungen Daub, S. (2000), S. 306-307.

leugnen. Das Prinzip der Kapitalerhaltung durch Gewinnverkürzung ist im Framework der IAS/IFRS nicht vorgesehen.

3.3.2.2 Würdigung der Instrumente der Risikoorientierung

Wie die Beschreibung des Zwecksystems im IASB-Framework deutlich gemacht hat, beruht das Zwecksystem nach IAS/IFRS auf einer anderen Basis als das handelsrechtliche Zwecksystem, da auf das Prinzip der Kapitalerhaltung durch Gewinnverkürzung verzichtet wird. Dies muss folglich Rückwirkungen auf die implizite Risikoorientierung der Jahresabschlusselemente haben.

Die Informationsgrundsätze der IASB sind vergleichbar mit denen nach HGB. Der wesentliche Unterschied besteht in der Einordnung des Vorsichtprinzips.[625] Während es sich nach HGB um ein materielles Prinzip handelt, an welches, wie bereits beschrieben, das Prinzip der Gewinnverkürzung gebunden ist, handelt es sich nach IAS/IFRS nur um den Grundsatz maßvoll zu bilanzieren, ohne Reserven zu legen.[626] Konkrete Bilanzierungsanweisungen können hieraus nicht abgeleitet werden. Letztlich drückt sich hierdurch nur aus, dass die IAS/IFRS der Informationsvermittlung einen höheren Stellenwert zumessen. Darüber hinaus sind die Informationsgrundsätze aber durchaus vergleichbar, wie Abb. 3-5 zusammenfassend zu entnehmen ist.

---

625 Vgl. Moxter, A. (2003), S. 324.

626 Vgl. IASB-Framework, par. 37.

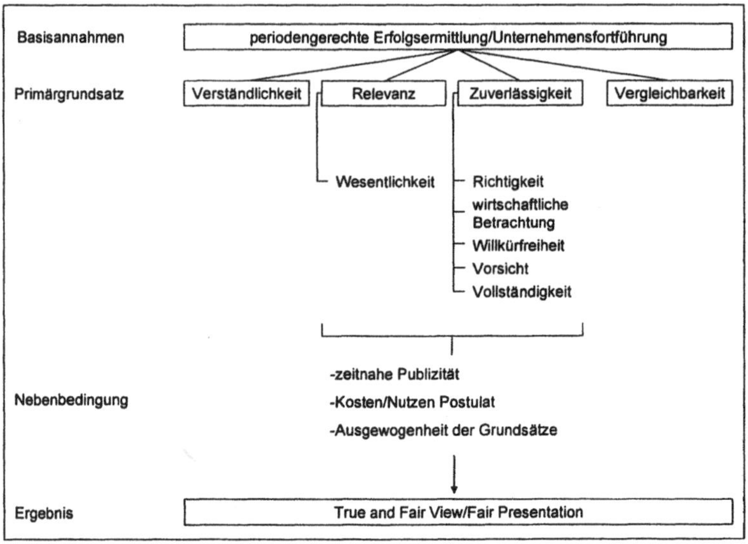

Abb. 3-5: Rechnungslegungsgrundsätze des IASB (Pellens, B. (2001), S. 442).

Die Grundsätze der Rechnungslegung nach IAS/IFRS werden im Folgenden wieder getrennt nach Ansatz, Ausweis und Bewertung analysiert.

3.3.2.2.1 Risikoorientierter Ansatz

Vermögensgegenstände werden im IASB-Framework definiert:[627]

> „An asset is a resource controlled by the enterprise as a result of past events and from which future economic benefits are expected to flow to the enterprise."

Vordergründig abstrahiert der Aktivierungsgrundsatz nach IAS/IFRS von dem handelsrechtlichen Prinzip der selbstständigen Verwertbarkeit. Es wird vielmehr darauf abgestellt, dass ein zukünftiger ökonomischer Nutzen realisiert werden kann. Dies kann erfolgen durch:[628]

- den Einsatz als Produktionsfaktor,
- im Tausch gegen andere Vermögensgegenstände,
- im Einsatz zur Tilgung von Verbindlichkeiten,
- oder in der Herausgabe an die Anteilseigner.

---

627 Vgl. IASB-Framework, par. 89.
628 Vgl. IASB-Framework, par. 55.

Eine Begrenzung der Risikoorientierung nach IAS/IFRS liegt beim Aktivierungsgrundsatz nur insoweit vor, als dass Vermögensgegenstände, deren zukünftiger ökonomischer Nutzen zweifelhaft ist, nicht ansatzfähig sind. Hierdurch wird eine Objektivierung des Jahresabschlusses erreicht. Unterschiede ergeben sich hingegen aus den kodifizierten Aktivierungsverboten nach HGB, die nach IAS/IFRS nicht gelten. Selbst erstellte immaterielle Vermögensgegenstände sind mit Ausnahmen grundsätzlich ansatzfähig.[629] Hierzu werden nach vorgegebenen qualitativen Kriterien Forschungs- und Entwicklungsaufwendungen getrennt und hieraus Aktivierungsvoraussetzungen hergeleitet.[630] Die IAS/IFRS versuchen somit die Objektivierung des Ansatzes zu erreichen, wohingegen das HGB lediglich ein generelles Aktivierungsverbot beinhaltet.[631]

Für die Passivierung nach IAS/IFRS gilt Folgendes:[632]

> „ A liability is a present obligation of the enterprise arising from past events, the settlement of which is expected to result in an outflow from the enterprise of resources embodying economic benefits".

Im Unterschied zum HGB ist nach IAS/IFRS das Vorliegen einer rechtlichen Verpflichtung verbindlich für deren Passivierung. Eine wirtschaftlich bedingte Risikovorsorge, wie sie das HGB mit Aufwandsrückstellungen kennt, liegt nicht vor. Hieraus ergibt sich gemäß dem Passivierungsgrundsatz der einzige wesentliche Unterschied zu HGB in Bezug auf die Risikovorsorge.[633]

Zusammenfassend ist zu erkennen, dass nach IAS/IFRS im Vergleich zu HGB die Ansatzmöglichkeiten von Vermögensgegenständen ausgeweitet und von Schulden begrenzt werden. C. p. ist zu erwarten, dass hierdurch die Eigenkapitalbasis steigt und damit einhergehend auch die Möglichkeit zur zukünftigen Risikovorsorge.

3.3.2.2.2 Risikoorientierte Bewertung und Ausweis

Die Erstbewertung nach IAS/IFRS ist komplexer als nach HGB. Nach IAS/IFRS basiert die bilanzielle Bewertung nicht allein auf dem AK/HK-

---

629 Vgl. Pellens, B. (2001), S. 454-457.

630 Vgl. Pellens, B. (2001), S. 457.

631 Allerdings sind die Aktivierungskriterien für selbsterstellte immaterielle Vermögensgegenstände qualitativ formuliert, sodass es faktisch ein Aktivierungswahlrecht darstellt.

632 Vgl. IASB-Framework, par. 91.

633 Vgl. Daub, S. (2000), S. 307 für begrenzte Möglichkeiten der Bildung von Aufwandsrückstellungen für Restrukturierungsmaßnahmen nach IAS/IFRS. Vgl. IAS 37.10 für eine allgemeine Darstellung von constructive obligations.

Prinzip. Vielmehr ist es für bestimmte marktgängige Vermögensgegenstände gestattet, eine Bewertung mit dem Fair Value durchzuführen.[634] Welche Implikationen von einer Anschaffungskostenbilanz auf die Risikoorientierung ausgehen, wurde bereits im Rahmen der handelsrechtlichen Regelungen diskutiert. Nach IAS/IFRS ergibt sich folgerichtig bei einer solchen konzeptionellen Fragestellung keine Abweichung. Mit der Möglichkeit der Fair Value Bewertung, bspw. für marktgängige selbst erstellte immaterielle Vermögensgegenstände oder für Eigenkapitaltitel, ergeben sich Möglichkeiten, bilanzielle Ansätze oberhalb der historischen AK/HK zu realisieren.[635] Hieraus wird bereits deutlich, dass eine Fair Value Bewertung nicht mit dem handelsrechtlichen Realisationsprinzip vereinbar ist. Es ist zu erkennen, dass implizit andere Risikobewertungen zugrunde gelegt werden. Es handelt sich hier um eine Annäherung an eine Wiederbeschaffungswertbilanz, welche wie oben ausgeführt (vgl. Kapitel 3.3.1.2.2) unter den ihr eigenen Limitationen, eine Approximation des Ertragswertbeitrags darstellt.[636] Wertänderungen werden hierbei differenziert behandelt. Unrealisierte Wertverluste werden erfolgswirksam verbucht, wohingegen unrealisierte Wertsteigerungen erfolgsneutral erfasst werden.[637] Diese Erfassung von Wertänderungen deckt sich zwar nicht mit der *Schmidt'schen* Wertänderung am ruhenden Vermögen, ist aber in der Zielsetzung durchaus vergleichbar.[638] Im Ergebnis wird hieraus deutlich, dass die IAS/IFRS nicht allein Risikoorientierung im Sinne einer Risikovorsorge betreiben, die den Schutzinteressen von Gläubigern durch Gewinnverkürzungen nachkommt. Vielmehr werden Chancen und Risiken, in der Bewertung berücksichtigt. Hierdurch wird die Informationsfunktion der bilanziellen Bewertung betont. Eine Differenzierung der Bedeutung von Chancen und Risiken ergibt sich lediglich aus der Erfolgswirksamkeit der damit einhergehenden Erträge und Aufwendungen.

Die Anschaffungskostenbilanz der IAS/IFRS wird erweitert um Bewertungen zum Fair Value. Mit dieser Ausweitung der bilanziellen Bewertung nach IAS/IFRS wird deren Informationsfunktion betont. Die Informationsfunktion erstreckt sich auf Chancen und Risiken.

Bestimmungen hinsichtlich des risikoorientierten Ausweises sind in den IAS/IFRS nicht enthalten. Dies liegt daran, dass kein verbindliches Ausweisschema existiert. Zwar werden einige Ausweisfragen grundlegend in

[634] Vgl. IASB-Framework, par. 101.

[635] Vgl. IASB-Framework, par. 102-104 für die zugrunde liegenden Kapital- bzw. Substanzerhaltungskonzeptionen.

[636] Vgl. Moxter, A. (1982), S. 103 ff. Hier wird implizit von Substanzerhaltungskonzeptionen ausgegangen.

[637] Vgl. Pellens, B. (2001), S. 463 am Beispiel von Wertpapieren.

[638] Vgl. Moxter, A. (1993), S. 66. Die Wertänderungen würden bei Schmidt als Passivum erfasst. Die IAS/IFRS realisieren hingegen Verluste erfolgswirksam.

IAS 1 geregelt, aber leider nicht in der Detaillierung, dass Aussagen zur Risikoorientierung getroffen werden könnten.[639]

3.3.2.2.3 Fazit zur impliziten Risikoorientierung der IAS/IFRS

Die implizite Risikoorientierung der IAS/IFRS ist nur bedingt mit derjenigen des HGB vergleichbar. Dies liegt in dem Umstand begründet, dass die IAS/IFRS auf eine Gewinnverkürzung, wie sie im HGB kodifiziert ist, weitestgehend verzichtet. Die Ansatzvorschriften nach IAS/IFRS führen im Vergleich zum HGB c. p. zu einer Erhöhung des bilanziellen Eigenkapitals und damit der Risikovorsorgefähigkeit. Hinsichtlich der Bewertung ist das AK/HK-Prinzip nach IAS/IFRS im Vergleich zu HGB nicht durchgehend implementiert. In den IAS/IFRS wird der Bewertung zum Fair Value ein größeres Gewicht eingeräumt. Hierdurch wird die Informationsfunktion der bilanziellen Bewertung betont.

3.3.2.2.4 Explizite Risikoorientierung

Das Framework nach IAS/IFRS sieht eine Lageberichterstattung nicht vor, ermutigt aber zu deren Erstellung.[640] Da in der untersuchten Gesamtheit nur deutsche Unternehmen vorliegen, ist diese Rechnungslegungsnorm in den entsprechenden EG-Richtlinien zu suchen. Die 4. sowie die 7. EG-Richtlinie erzwingen ein dem Lagebericht entsprechendes Instrument.[641] Allerdings ist im gegenwärtigen Stand dieser Richtlinien keine Risikoberichterstattung explizit vorgesehen. Mittlerweile existiert aber eine Modernisierungsrichtlinie, die einen Risikobericht als Bestandteil des Lageberichts sowohl von Kapitalgesellschaften, von haftungsbeschränkten Personengesellschaften sowie von Konzernen vorsieht. Aufgrund der IAS/IFRS-Verordnung der EU für Geschäftsjahre ab 2005 ist somit eine Risikoberichterstattung für all diese Gesellschaften verpflichtend. Eine vergleichbare Konkretisierung wie bspw. durch den DRS 5 liegt bei den IAS/IFRS noch nicht vor, sodass deren Konkretisierungsgrad hinter der deutschen Rechnungslegung zurückbleibt. Gegenwärtig wird für Unternehmen, die einen befreienden Konzernabschluss nach IAS/IFRS aufstellen, mittels des § 292 a HGB allerdings eine Konformität mit den Regelungen des DRS 5 erzwungen.

---

[639] Vgl. hierzu IAS 1 Tz. 10.
[640] Vgl. IAS 1 Tz. 9.
[641] Vgl. § 292 a HGB.

3.3.3 Risikoorientierung der US-GAAP

Abschließend wird die Ausgestaltung der risikoorientierten Unternehmenspublizität in den US-GAAP analysiert. Auch hier wird zunächst das Zwecksystem vorgestellt, um darauf aufbauend die Ausgestaltung zu erläutern.

3.3.3.1 Zwecksystem

Die Zieloperationalisierung nach US-GAAP ist ohne grundlegendes Wissen über deren institutionelle Strukturen nicht möglich. Daher werden zunächst die wichtigsten historischen und institutionellen Rahmenbedingungen kurz dargestellt. Die Rechnungslegung in den USA ist nicht gesellschaftsrechtlich, sondern im Wesentlichen kapitalmarktrechtlich kodifiziert.[642] Das Gesellschaftsrecht unterliegt im Allgemeinen der Rechtsetzung durch die Einzelstaaten. Dies hat zu einer Konkurrenz der Gesellschaftsrechtssysteme innerhalb der USA geführt.[643] Das Ergebnis ist eine auch als Delaware-Effekt bezeichnete, weitgehende Liberalisierung des Gesellschaftsrechts.[644] Das amerikanische Kapitalmarktrecht fällt aufgrund seines Charakters als „Interstate Commerce" in den Rechtssetzungsbereich des Bundesstaates.[645] Die Gewichtung des Gesellschaftsrechts in der amerikanischen Unternehmenspublizität ist im Vergleich zum Kapitalmarktrecht gering.[646] Dadurch kann bereits abgeleitet werden, dass die amerikanische Rechnungslegung sich grundsätzlich auf die Wahrung der Interessen von Kapitalmarktteilnehmer beschränkt.[647] Die Korrekturfunktion des Kapitalmarktrechtes ergibt sich hierbei vor dem Hintergrund der Erkenntnis, dass die Rechnungslegung und die Unternehmenspublizität durch marktliche Fehlallokation Krisen ausgelöst wurden, die eine Regulierung bewirkten.[648] Eine solche stellt die Weltwirtschaftskrise dar, die im Jahr 1929 ihren Anfang nahm. Im Verlauf des von *Roosevelt* initiierten New Deals wurde im Jahr 1933 der Securities Act (SA) und im Folgejahr der Securities Exchange Act (SEA) erlassen.[649] Diese beiden Gesetze bilden bis zum heutigen Tag die institutionelle Grundlage der Kapitalmarktpublizität in den USA. Der SA beschäftigt sich mit der Zulassung von Wertpapieren zu den Primärmärkten. Der SEA regelt entsprechend die Sekundär-

642 Vgl. Kühne, M. (2002), S. 30.
643 Vgl. Pellens, B. (2001), S. 37.
644 Vgl. Pellens, B. (2001), S. 40.
645 Vgl. Pellens, B. (2001), S. 37.
646 Vgl. Pellens, B. (2001), S. 61.
647 Vgl. Pellens, B. (2001), S. 62.
648 Vgl. zur spontanen Ordnung Schneider, D. (2001), S. 447 ff. sowie Pellens, B. (2001), S. 64.
649 Vgl. Pellens, S. 62.

märkte.[650] Im Zuge dieser Gesetzgebungsaktivitäten wurde die Securities and Exchange Commission (SEC) gegründet. Diese Institution vereinigt sowohl legislative, exekutive und judikative Gewalt im Rahmen der Unternehmenspublizität auf sich.[651] Dies bedeutet, dass Rechnungslegungsnormen in den USA unmittelbar oder zumindest mittelbar einer Billigung durch die SEC bedürfen. Die SEC hat dabei die legislative Gewalt, also die Entwicklung von Rechnungslegungsnormen mehrfach an verschiedene Organisationen delegiert. Die erste dieser Organisationen war das 1938 gegründete Committee on Accounting Procedure (CAP), in welchem ausschließlich Wirtschaftsprüfer ehrenamtlich an der Normsetzung mitwirkten. 1959 wurde das CAP durch das Accounting Principles Board (APB) ersetzt. Dessen Mitglieder waren wiederum ehrenamtlich tätige Wirtschaftsprüfer und erstmals auch Hochschullehrer. Die Arbeit des APB wurde zunehmend politisiert. Ein weiterer Kritikpunkt war, dass das APB in starker Abhängigkeit zum American Institute of Certified Public Accountants (AICPA) stand. Aus diesen Gründen wurde das APB im Jahr 1972 durch das Financial Accounting Standards Board (FASB) ersetzt, welches bis heute besteht. Die Normsetzung des FASB gründet sich auf einer größeren Gruppe von Beteiligten. Neben Wirtschaftsprüfern und Hochschullehrern werden erstmals auch die Rechnungslegungsadressaten mit in die Normsetzung einbezogen, die somit induktiv funktioniert. Aus den Erfahrungen der Rechnungslegungsadressaten und –ersteller werden allgemeine Normen abgeleitet. Das amerikanische Normsetzungssystem ist aufgrund dieses Konstruktionsprinzips kasuistischer Natur. Identifizierte Sachverhalte der Rechnungslegung, die einer Normgebung bedürfen, werden fallweise geregelt. Eine dem deutschen System vergleichbare Struktur mit Gesetz und ergänzenden Grundsätzen existiert somit nicht. Diese abweichende Rechtssystematik ist dafür verantwortlich, dass es eigentlich erstmals mit Implementierung des FASB zu einer konsistenten Darstellung eines Frameworks der amerikanischen Rechnungslegung kam. Das Conceptual Framework wurde sukzessiv zwischen 1978 und 1985 in sechs Statements of Financial Accounting Concepts (SFAC) entwickelt bzw. herausgegeben. Im Jahr 2000 wurde zusätzlich ein siebtes SFAC herausgegeben. Der Entwicklung der SFAC ging ein Paradigmenwechsel in der amerikanischen Rechnungslegung voraus. Mit Veröffentlichung des Positionspapieres mit dem Titel „A Statement of Basic Accounting Theory" (ASOBAT) wurde 1966 die Entwicklung einer informationsorientierten Rechnungslegung eingeläutet.[652] Die Rechnungslegung in den USA war vor diesem Paradigmenwechsel ähnlich wie die deutsche Rechnungslegung in den 60er Jahren auf die Ermittlung eines betriebswirtschaftlichen Gewinns im Sinne der dynamischen Bilanztheorie *Schmalenbachs* ausge-

---

[650] Vgl. Pellens, S. 64 und 67.

[651] Vgl. Pellens, S. 79 sowie 102 ff. für die folgende historische Darstellung.

[652] Vgl. Gassen, J. (2000) , S. 31-37.

richtet. Ähnlich wie in Deutschland haben sich die Norm setzenden Institutionen von dieser bilanztheoretischen Sicht abgewandt.[653] In den USA entstand daraus die Zwecksetzung, dass den Adressaten von Rechnungslegung entscheidungsbezogene Informationen an die Hand zu geben seien. Hiermit ist eine Loslösung vom Gewinn als dem wesentlichen Informationsträger für Adressaten verbunden.[654] Diese Sichtweise der Informationsorientierung darf aber nicht darüber hinwegtäuschen, dass der Gewinn und dessen Struktur auch im Sinne von SFAC No. 1 sehr bedeutsam sind:[655]

> „The primary focus of financial reporting is information about earnings and its components."

Die übergeordnete Zwecksetzung lautet indes:[656]

> „Financial reporting should provide information to help present and potential investors and creditors and other users in assessing the amounts, timing, and uncertainty of prospective cash receipts from dividends or interest and the proceeds from the sale, redemption or maturity of securities and loans. Since investors' and creditors' cash flows are related to enterprise cash flows, financial reporting should provide information to help investors, creditors and others assess the amounts, timing, and uncertainty of prospective net cash flows to the related enterprise."

Ferner gilt:[657]

> „Financial reporting should provide information about the economic resources of an enterprise, the claims to those resources (obligations of the enterprise to transfer resources to other entities and owners' equity), and the effect of transactions, events, and circumstances that change its resources and claims to their resources."

Auch das Framework der US-GAAP impliziert, dass mehrere Adressatengruppen ein Informationsinteresse haben. Es wird davon ausgegangen, dass die Informationsinteressen der Kapitalgeber, insbesondere der Eigenkapitalgeber dominieren. Die Informationsbedürfnisse von anderen Interessengruppen werden durch die Informationen für die Kapitalgeber als im Wesentlichen berücksichtigt angesehen. Hier erfolgt eine, wenn auch nicht näher begründete, Gewichtung von Informationsinteressen der Adressaten der Rechnungslegung. Eine strikte Differenzierung zwischen den Gläubigerinteressen und denen der Eigenkapitalgeber findet nicht statt. Somit kann bei der amerikanischen Rechnungslegung von einer zumindest teilweisen Behebung der Mehrdimensionalitätsproblematik gesprochen wer-

[653] Vgl. Moxter, A. (1999), S. 6.
[654] Vgl. SFAC No. 1.24-27.
[655] Vgl. SFAC No. 1, Highlights.
[656] Vgl. SFAC No. 1, Highlights.
[657] Vgl. SFAC No. 1, Highlights.

den. Eine weitere Beobachtung ist, dass als Ziel festgelegt wurde, die Adressaten in die Lage zu versetzen, zukünftige Cash flows abzuschätzen. Hierdurch wird es möglich, einen Ertragswert von Unternehmen zu bestimmen. Gleichzeitig wird im SFAC No. 1 aber auch konstatiert:[658]

> „Financial reporting is not designed to measure directly the value of a business enterprise, but the information it provides may be helpful to those who wish to estimate its value."

Vergleicht man diese beiden Aussagen miteinander, so kann man wieder auf die Probleme der bilanziellen Ermittlung des Ertragswertbeitrags verweisen.[659] Auch nach US-GAAP stellt die Rechnungslegung nicht die Lösung eines Entscheidungsproblems dar.[660] Vielmehr wird nur Tatsachenwissen generiert, welches als Grundlage für die spezifische Prognose der Adressaten dient.

Das Zielsystem offenbart allerdings einige Konsistenzprobleme, die einer abschließenden Operationalisierung entgegenstehen:

- Gewinn- und Vermögensermittlung sollen gleichzeitig verfolgt werden. Das Prinzip der Vermögensermittlung wird allerdings dadurch relativiert, dass das Gewinnprinzip als dominierend erklärt wird.
- Zukünftige Cash flows lassen sich nur unter Hypothesen auf Basis vergangenheitsbezogener Gewinne ermitteln. Diese Hypothesen werden nach US-GAAP gesetzt, ohne diese näher zu begründen.

Insgesamt kann festgestellt werden, dass die bilanztheoretischen Erkenntnisse über das, was Rechnungslegung leisten kann, auch von den US-GAAP anerkannt wird. Somit muss konstatiert werden, dass im Zwecksystem der US-GAAP Zielsetzungsdefekte enthalten sind. Rechnungslegung stellt Indikatoren bzw. Tatsachenwissen zur Verfügung.[661] Für die Beurteilung der risikoorientierten Unternehmenspublizität auf Basis der US-GAAP kann die folgende These aufgestellt werden:

Das Zwecksystem der US-GAAP stellt wie die IAS/IFRS die Informationsansprüche der Kapitalgeber in den Vordergrund. Das Prinzip der Kapitalerhaltung durch Gewinnverkürzung ist im auch in den US-GAAP nicht vorgesehen.

---

658 Vgl. SFAC No. 1, Highlights.
659 Vgl. Moxter, A. (1982), S. 95 ff.
660 Vgl. SFAC No. 1, Highlights.
661 Vgl. allgemein Ballwieser, W. (1982).

3.3.3.2 Würdigung der Instrumente der Risikoorientierung

Nach der Vorstellung des Conceptual Frameworks gemäß US-GAAP werden wiederum die implizite und explizite Risikoorientierung auf ihre Entsprechung hinsichtlich des zugrunde liegenden Risikoverständnisses untersucht.

Wie aus der Beschreibung des Zwecksystems der US-GAAP deutlich geworden ist, ähnelt es dem der IAS/IFRS. Die Effekte auf die implizite Risikoorientierung der Jahresabschlusselemente sind weitestgehend mit den IAS/IFRS vergleichbar.[662]

Die Informationsgrundsätze der US-GAAP sind ähnlich zu denen nach HGB. Allerdings weisen diese Elemente auf, die sich nicht unmittelbar aus den deutschen GoB ergeben. Diese sind Gegenstand der Generalnorm des Jahresabschlusses. Neutralität der Publizität ergibt sich im deutschen Handelsrecht aus dem „true and fair view"-Gedanken der Rechnungslegung. Dies gilt ebenso für die Abbildungstreue. Da die Generalnorm subsidiär zu den GoB ist, werden Neutralität und Abbildungstreue der Rechnungslegung im deutschen Handelsrecht durch die GoB relativiert. Insbesondere das deutsche Vorsichtsprinzip steht einer neutralen Publizität entgegen. Das Vorsichtsprinzip nach US-GAAP findet hingegen seinen Ausdruck in der Verlässlichkeit der Rechnungslegung. Auch die Relevanz der Rechnungslegung nach US-GAAP wird abweichend vom deutschen Verständnis definiert. Eine Kodifizierung der Voraussagetauglichkeit sowie der Erwartungsüberprüfung findet im deutschen Handelsrecht nicht statt.

662 Es gibt hier zwar Detailunterschiede, insbesondere hinsichtlich der Normgewinnung. Diese haben aber keinen Einfluss auf die zugrunde liegenden Messhypothesen. Aus diesem Grund ist eine weitergehende Differenzierung nicht notwendig.

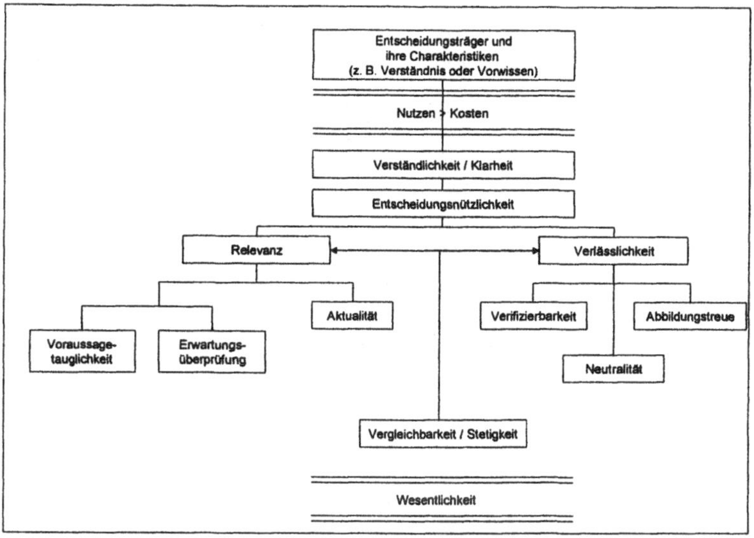

Abb. 3-6: Rechnungslegungsgrundsätze der US-GAAP (Pellens, B. (2001), S. 138).

Die implizite Risikoorientierung der US-GAAP wird im Folgenden wieder getrennt nach Ansatz, Bewertung und Ausweis analysiert.

3.3.3.2.1 Risikoorientierter Ansatz

Vermögensgegenstände werden gemäß den US-GAAP definiert als:[663]

> „... probable future economic benefits obtained or controlled by a particular entity as a result of past transactions or events."

Die Definition eines Vermögensgegenstandes basiert nach US-GAAP somit ausschließlich auf der wirtschaftlichen Betrachtungsweise.[664] Die konkrete Aktivierungsfähigkeit eines Vermögensgegenstandes ist aus dieser konzeptionellen Definition aber nur eingeschränkt zu beurteilen. Die Aktivierungsfähigkeit ist Gegenstand der einzelnen Standards, in welchen festgelegt ist, ob eine Aktivierung aufgrund wirtschaftlicher Zurechenbarkeit gegeben ist.

Wie auch schon bei den IAS/IFRS ist aber zu beobachten, dass die Aktivierungsmöglichkeiten nach US-GAAP weiter gefasst sind als nach HGB. Auch hier besteht bspw. die Möglichkeit, selbst erstellte immaterielle

663 SFAC No. 6 par. 25
664 Vgl. Pellens, B. (2001), S. 144.

Vermögensgegenstände zu aktivieren. Unter welchen Voraussetzungen dies erfolgt, ist dabei standardspezifisch.

Für die Passivierung gilt nach US-GAAP Folgendes:[665]

> „Liabilities are probable future sacrifices of economic benefits arising from present obligations of a particular entity to transfer assets or provide services to other entities in the future as a result of past transactions or events".

Vergleichbar mit den IAS/IFRS konstituieren lediglich Verpflichtungen gegenüber Dritten eine Schuld. Risiken, wie sie durch Aufwandsrückstellungen gemäß § 249 II HGB antizipiert werden sollen, sind nach US-GAAP nicht ansatzfähig.[666] Zusammenfassend ist also zu erkennen, dass die Aktivierungsmöglichkeiten nach US-GAAP umfangreicher sind als nach HGB. Die Passivierungsfähigkeiten sind hingegen eingeschränkt. Die hieraus resultierenden Unterschiede in der Risikobelastung des Gewinns resultieren aus dem handelsrechtlichen Prinzip der Gewinnverkürzung.

Zusammenfassend ist zu erkennen, dass auch nach US-GAAP im Vergleich zu HGB die Ansatzmöglichkeiten von Vermögensgegenständen ausgeweitet und von Schulden begrenzt werden. C. p. ist zu erwarten, dass hierdurch die Eigenkapitalbasis steigt und damit einhergehend auch die Möglichkeit zur künftigen Risikovorsorge.

3.3.3.2.2 Risikoorientierte Bewertung und Ausweis

Die für die Risikoorientierung der Unternehmenspublizität relevanten Bewertungsgrundsätze nach US-GAAP entsprechen letztlich denen nach IAS/IFRS. Auch nach US-GAAP dominiert das AK/HK-Prinzip als Bewertungsbasis. Für einige Vermögensgegenstände kommt auch eine Fair Value Bewertung in Betracht. Hierbei zu erwähnen sind Stock Options, Derivate, Wertpapiere des Anlage- und Umlaufvermögens. Die konzeptionelle Grundlage der Fair Value Bewertung ist der SFAC No. 7, der sich mit der Bestimmung von Barwerten in der Rechnungslegung auseinander setzt.[667] Grundsätzlich sind aber mit der Anwendung optionspreistheoretischer Modelle wie bei der Bewertung von Stock Options auch andere Bewertungsmethoden heranzuziehen. Die Implikationen einer Anschaffungskostenbilanz sind bereits wiedergegeben worden. Durch eine (begrenzte) Anwendung der Fair Value Bilanzierung kommt es, wie bereits beschrieben, wiederum zur gedanklichen Annäherung an die Wiederbeschaffungskostenbilanz. Ob eine Ertragswertbeitragsapproximation hierbei das Ziel ist, kann allerdings bezweifelt werden, da lediglich für einige wenige mo-

---

[665] SFAC No. 6 par. 36.
[666] Vgl. Pellens, B. (2001), S. 145.
[667] Vgl. Pellens, B. (2001), S. 155-156.

netäre Vermögensgegenstände eine solche Bewertung zulässig ist. Bei diesen ist aufgrund ihrer unterstellten Marktliquidität eine Fair Value Bewertung eine aktuellere und somit entscheidungsnützlichere Information als die historischen Anschaffungskosten.

Die Anschaffungskostenbilanz der US-GAAP wird, wie bei den IAS/IFRS, erweitert um Bewertungen zum Fair Value. Mit dieser Ausweitung der bilanziellen Bewertung nach IAS/IFRS wird deren Informationsfunktion betont. Die Informationsfunktion erstreckt sich auf Chancen und Risiken.

Die Bestimmung des risikoorientierten Ausweises findet nach US-GAAP wie auch nach IAS/IFRS nur bedingt statt. Zwar werden in den Regulation S-X Vorgaben gemacht, wie eine Bilanz und GuV zu strukturieren sei. Allerdings scheint hierbei für die Bilanz die Risikoorientierung liquiditätsgetrieben zu sein. Für die GuV ergibt sich ähnlich wie bei IAS/IFRS mit dem Umsatzkostenverfahren eine Orientierung an der Ressourcenverwendung und nicht an der Art der verwendeten Ressourcen. Hieraus ergeben sich Grenzen in der Analyse der Risikoquellen in der GuV.

3.3.3.2.3 Fazit zur impliziten Risikoorientierung der US-GAAP

Die Erkenntnisse, die hinsichtlich der impliziten Risikoorientierung der US-GAAP gewonnen werden können, sind deckungsgleich mit denen nach IAS/IFRS. Auch die US-GAAP verzichten weitestgehend auf eine Gewinnverkürzung, wie sie im HGB kodifiziert ist. Die Ansatzvorschriften nach US-GAAP führen ebenso wie die IAS/IFRS im Vergleich zum HGB c. p. zu einer Erhöhung des bilanziellen Eigenkapitals und damit der Risikovorsorgefähigkeit. Hinsichtlich der Bewertung ist das AK/HK-Prinzip nach US-GAAP im Vergleich zu HGB um eine Bewertung zum Fair Value ergänzt. Hierdurch wird wiederum die Informationsfunktion der bilanziellen Bewertung betont.

3.3.3.2.4 Explizite Risikoorientierung

Wie für die Rechnungslegung nach IAS/IFRS werden auch für die US-GAAP die vorhandenen Elemente der Lageberichterstattung kurz vorgestellt, um einen geeigneteren Überblick über die Risikoorientierung der gesamten, originären Rechnungslegungsnorm zu erhalten. Die Management's Discussion and Analysis of Financial Condition and Results of Operations (MD&A) ist ein sehr umfangreiches und komplexes Instrument der narrativen Darstellung der Geschäftstätigkeit und Lage eines US-amerikanischen Unternehmens.[668] Die hier zu leistenden Informations-

[668] Vgl. Pellens, B. (2001), S. 356-357.

pflichten sind deutlich detailreicher als die deutsche Lageberichterstattung.[669] 1999 wurden die Vorschriften der IOSCO für die ausländischen Emittenten übernommen.[670] Hierdurch wurde der MD&A-Report formal durch den „Operating and Financial Review and Prospects“ ersetzt.[671] Für die US-amerikanischen Unternehmen gelten aber weiterhin die Regeln des Items 303 der Regulation S-K. Da der Begriff MD&A-Report aber auch von nichtamerikanischen Emittenten aus Deutschland zumeist Verwendung findet, wird im Folgenden lediglich vom MD&A-Report gemäß Item 303 gesprochen.

Der amerikanische MD&A-Report lässt sich nur bedingt mit der Lageberichterstattung nach deutschem Recht vergleichen. Die Elemente des Risiko- und Prognoseberichtes sind nicht in vergleichbarem Umfang enthalten.[672] Eine Anwendung der Befreiungsregelung des § 292 a HGB macht es somit erforderlich, den MD&A-Report um diese Elemente zu ergänzen oder einen eigenständigen Lagebericht aufzustellen.[673]

Die explizite Risikoorientierung ergibt sich nach US-GAAP ebenfalls aus der Kasuistik der Rechnungslegung.[674] War die implizite Risikoorientierung noch konzeptionell, also im Wesentlichen unabhängig von einzelnen Rechnungslegungsstandards, darstellbar, so gilt dies für die Risikoberichterstattung lediglich eingeschränkt. Die wichtigsten Rechtsquellen stellen nach US-GAAP die Disclosure Rules der einzelnen Standards dar. Diese behandeln neben Ansatz, Bewertung und Ausweis auch weitergehende sachbezogene Informationspflichten.[675] Eine Darstellung dieser risikoorientierten Informationen ist aber somit ausschließlicher Bestandteil der Notes (Anhang). Aufgrund der Tatsache, dass die SFAC keine overriding principles der US-GAAP darstellen, liegt diesen zusätzlichen Disclosure-Elementen keine eigene Systematik zugrunde.[676]

Dies wird sehr allgemein durch SOP 94-6 „Disclosure of significant risks and uncertainties“, welcher vom AICPA herausgegeben wurde, versucht. Dieser verfolgt das Ziel, die Risiken und Unsicherheiten, die am Jahresab-

[669] Vgl. Johnen, J./Ganske, T. (2002), Sp. 1522.
[670] Vgl. Johnen, J./Ganske, T. (2002), Sp. 1521.
[671] Vgl. Johnen, J./Ganske, T. (2002), Sp. 1521.
[672] Vgl. Johnen, J./Ganske, T. (2002), Sp. 1522.
[673] Vgl. Johnen, J./Ganske, T. (2002), Sp. 1522.
[674] Vgl. Pellens, B. (2001), S. 37.
[675] Vgl. bspw. SFAS 133.
[676] Vgl. Pellens, B. (2001), S. 159.

schlussstichtag bestehen, offen zu legen. Hierzu werden folgende Bereiche genannt:[677]

- Das Wesen der Geschäftstätigkeit (wesentliche Märkte, Standorte, die relative Bedeutung der Geschäftstätigkeit in jedem Geschäftsfeld);
- Die Verwendung von Schätzungen bei der Erstellung von Jahresabschlüssen;
- Bestimmte bedeutende Schätzungen (die für die nahe Zukunft bedeutsamen Effekte von Schätzungen auf den Fortführungswert der Vermögensgegenstände und Schulden);
- Die gegenwärtige Anfälligkeit aufgrund bestimmter Konzentrationen (wie Umsatzerlöse, Ressourcen oder Rechte, das Geschäftsvolumen bezogen auf Märkte oder Regionen), die zum Bilanzstichtag existieren und eine bedeutende, in der nahen Zukunft gelegene, Auswirkung auf hinreichend wahrscheinliche Ereignisse haben könnten.

Viele dieser Informationen sind bereits aufgrund anderer Rechtsquellen erforderlich.[678] Eine geschlossene Darstellung dieser Informationen ist nicht erforderlich. Informationen über derartige Risiken dürfen auch in andere Elemente des Jahresabschlusses integriert werden.[679] Allerdings ist darauf zu achten, dass sie nicht in Widerspruch zu MD&A Angaben hinsichtlich Risiken stehen dürfen.[680]

Der MD&A-Report gliedert sich im Allgemeinen in drei Teile:[681]

- Überblick:
    - o wesentliche Unternehmensvorgänge,
    - o sehr hohe Volatilität oder sehr starke Ergebnisschwankungen,
    - o makroökonomische und gesellschaftliche Entwicklungen,
    - o Branchentrends,
    - o umsatz- und ergebniswirksame Sonderfaktoren,
    - o regulatorische Entwicklungen;
- Ergebnis der Geschäftstätigkeit:
    - o Grundlegende Änderungen,
    - o Aufschlüsselung aggregierter Größen zur Trendillustrierung,
    - o Erläuterung von Preis- und Mengeneffekten,

---

677 Vgl. Muir, R. A./Levan, G. P. (2000), 6200.5 oder auch allgemein Baker, C. R. (1997) und Metz, J. T. (1997).

678 Vgl. z. B. SFAS 133 FRR No. 48.

679 Vgl. Muir, R. A./Levan, G. P. (2000), 6200.5.

680 Vgl. Muir, R. A./Levan, G. P. (2000), 6200.5.

681 Vgl. Johnen, J./Ganske, T. (2002), Sp. 1525 ff.

  - o Veränderung eines Postens muss durch alle wesentlichen Ursachen erläutert werden;
- Liquidität und Kapitalausstattung:
  - o Herkunft und Verwendung von Liquidität,
  - o Darstellung interner und externer Finanzierungsquellen.

Obwohl die detaillierte Aufgliederung und Analyse der Ergebnisse der Geschäftstätigkeit sowie der Liquidität und Kapitalausstattung eine Vielzahl risikorelevanter Informationen enthalten, sind diese doch zumeist nur aus der Vergangenheit abgeleitet.[682] Soweit Trendinformationen wesentlich sind, soll sowohl auf positive als auch auf negative Trends eingegangen werden.

Die MD&A-Vorschriften ermutigen Emittenten, auch zukunftsgerichtete Informationen und somit auch dynamische Risikoinformationen zu veröffentlichen. In den Regelungen der IOSCO wird dies sogar explizit verlangt.[683] Aufgrund zivilrechtlicher Haftungsrisiken bei einer Veröffentlichung zukunftsgerichteter Informationen werden diese Informationen aber selten veröffentlicht.[684] Um dennoch prognostische Informationselemente zu erhalten, wurden im US-Wertpapierrecht sog. „Safe Harbour Rules" implementiert, die zu einem Schutz der Emittenten vor Zivilklagen führen sollen. Da diese wiederum aber auch nicht umfassend schützen, ist deren Wirkung begrenzt.[685] Zusammenfassend werden folgende Thesen aufgestellt:

Die explizite Risikoorientierung der US-GAAP dient wie die implizite Risikoorientierung der Informationsfunktion. Unterschiede zwischen impliziter und expliziter Risikoorientierung, wie durch die Gewinnverkürzung nach HGB verursacht, treten nicht auf.

Die explizite Risikoorientierung, wie sie in den einzelnen Normen der US-GAAP als „Disclosure requirements" festgelegt werden, sind somit als Ergänzung der Risikoorientierung des bilanziellen Ansatzes und Bewertung zu interpretieren. Die explizite Risikoorientierung der Management's Discussion and Analysis of Financial Condition and Results of Operations bezieht sich nur teilweise auf Vermögensgegenstände und Schulden. Im Unterschied zum DRS 5 werden hier aber Risikokategorien vorgegeben.

---

682 Vgl. Johnen, J./Ganske, T. (2002), Sp. 1533.
683 Vgl. Johnen, J./Ganske, T. (2002), Sp. 1529.
684 Vgl. Muir, R. A./Levan, G. P. (2000), 6200.5. Dies ist ein Beispiel dafür, dass zivilrechtliche Regelungen schwerer wiegen als Zwecke der Unternehmenspublizität. Nach SFAC No. 1.33 ist Risikoorientierung explizit vorgegeben, vgl. hierzu auch Löw, E./Lorenz, K. (2001), S. 218.
685 Vgl. Johnen, J./Ganske, T. (2002), Sp. 1529.

Der MD&A umfasst im Vergleich zum DRS 5 weniger zukunftsbezogene Risikoinformationen. Aufgrund zivilrechtlicher Sanktionsgefahren findet eine Bewertung i. d. R. nicht statt. Lediglich für Finanzrisiken formulieren die Normen der US-GAAP Bewertungspflichten.

3.3.4 Ergebnisse der Analyse der zweckabhängigen Ausgestaltung risikoorientierter Unternehmenspublizität

In diesem Kapitel wurde der Frage nachgegangen, wie die gegenwärtige und eine mögliche zukünftige Ausgestaltung der risikoorientierten Unternehmenspublizität vor dem Hintergrund der jeweiligen Zwecksysteme zu bewerten ist.

Als erstes lässt sich feststellen, dass sich das adressatenspezifische Risiko nicht hinreichend operationalisieren lässt. Die Informationsinteressen innerhalb und zwischen den Stakeholdergruppen sind nicht notgedrungen deckungsgleich. Publizität steht somit in der Pflicht, eine Abwägung zwischen den einzelnen Informationsinteressen vornehmen zu müssen. Lediglich das HGB nimmt eine entsprechende Gewichtung der Informationsinteressen vor. Die Einkommensbemessungsfunktion des HGB ist geprägt durch das Gläubigerschutzprinzip, welches im Wege der Gewinnverkürzung der Schutzfunktion gegenüber den Gläubigern nachzukommen versucht. Die internationalen Rechnungslegungsnormen verfolgen lediglich informatorische Zwecksetzungen. Eine Gewichtung einzelner Zwecke wird nicht näher begründet, sondern als These formuliert. Dies bedeutet, dass die Informationsinteressen der Kapitalgeber in den Vordergrund gestellt werden. Gleichzeitig wird aber die Auffassung vertreten, dass die Informationsinteressen der anderen Stakeholdergruppen durch eine derartige Fokussierung weitestgehend erfüllt werden. Eine Risikoorientierung durch Gewinnverkürzung ist diesen Rechnungslegungsnormen weitestgehend fremd. Aufgrund der mangelnden Operationalisierbarkeit der Informationsinteressen der Stakeholder werden Informationen vielfach so aufbereitet, dass sie der Managementsicht auf das Unternehmen entsprechen. Hierdurch wird nicht automatisch erreicht, dass die Stakeholder diejenigen Informationen bekommen, die für sie unmittelbar entscheidungsrelevant sind. Allerdings wird versucht, die Informationen so aufzubereiten, dass die Stakeholder in der Lage sind, die Entscheidungen des Managements nachzuvollziehen und dessen zukünftige Einschätzungen kennen zu lernen.

Im Anschluss an die zwecksystemabhängige Operationalisierungsdiskussion wurde die implizite Risikodefinitionen untersucht. Es konnte festgestellt werden, dass das Risiko sich zwischen den internationalen Rechnungslegungsnormen IAS/IFRS, und US-GAAP von dem des HGB unterscheidet. Verursacher dieser Differenz ist wiederum die handelsrechtliche Gewinnverkürzung. Auch die Abgrenzungen für das explizite Risiko nach US-GAAP und HGB sind nur bedingt miteinander zu vergleichen. Während das HGB bewusst auf zukunftsbezogene Risiken abstellt, sind in den US-GAAP vorwiegend die aus der Vergangenheit ableitbaren Risikotrends zu zeigen.

Es konnte aufgezeigt werden, dass die implizite Risikoorientierung geprägt ist durch Objektivierungen und Typisierungen. Dies gilt nicht nur für die implizite Risikoorientierung nach HGB sondern auch für die nach IAS/IFRS und US-GAAP. Die explizite Risikoorientierung ist hingegen weitestgehend frei von Objektivierungsregeln. Die gegenwärtige Ausgestaltung der expliziten Risikoorientierung setzt sich allerdings nur unzureichend mit den Informationsbedürfnissen der Adressaten auseinander. Insbesondere die Zielsetzung des DRS 5 wird nicht deutlich. Da, wie aufgezeigt wurde, eine Effizienz der Regelungen der expliziten Risikoorientierung nicht festgestellt werden kann, können Aussagen über eine Eignung dieser Regelungen nur empirisch erhoben werden. Aus diesem Grund erfolgt in Kapitel fünf eine empirische Untersuchung des gegenwärtigen Entscheidungsbezugs sowie von Informationsbedürfnissen hinsichtlich der expliziten Risikoorientierung.

4 Wirkungstheoretische Analyse der risikoorientierten Unternehmenspublizität

Gegenstand des vorherigen Kapitels war es, zu identifizieren, wie die risikoorientierte Unternehmenspublizität in den Rechnungslegungsnormen nach HGB, IAS/IFRS und US-GAAP ausgestaltet ist. Im Anschluss an diese messtheoretische Analyse von risikoorientierter Unternehmenspublizität werden nunmehr deren wirkungstheoretische Implikationen untersucht. Es wird folglich analysiert, welches Verhalten durch die risikoorientierte Unternehmenspublizität, bei deren Adressaten und Erstellern induziert wird.[686] Ziel dieser wirkungstheoretischen Analyse ist es, aufzuzeigen, inwieweit die risikoorientierte Unternehmenspublizität deren Adressaten und Erstellern einen Nutzen bringen kann.

Im vorherigen Kapitel wurde aufgezeigt, dass das Entscheidungsfeld der Adressaten Strukturdefekten unterliegen kann (Kapitel 3.1). Statt einer normativen Effizienzanalyse wurde infolgedessen in Kapitel drei die Zweckadäquanz der Ausgestaltung risikoorientierter Unternehmenspublizität gewürdigt.

Da Strukturdefekte ebenfalls bei der Untersuchung des durch die risikoorientierte Unternehmenspublizität induzierten Verhaltens bei den Adressaten und Erstellern zu berücksichtigen sind, erscheint eine normative Argumentation im Sinne einer Effektivitätsuntersuchung nicht möglich.[687] Die im Folgenden diskutierten Wirkungsmodelle sind somit lediglich deskriptiv zu interpretieren.

Wie bereits im dritten Kapitel stellt sich auch im Falle der Wirkungsanalyse die Frage, welche der möglichen Anspruchsgruppen der risikoorientier-

---

686 Vgl. hierzu Schneider, D. (1997), S. 236-237. Die Wirkungstheorien lassen sich nach Schneider in drei Forschungsrichtungen einteilen. Neben der deskriptiven Wirkungstheorie zählen auch die Forschungsarbeiten zu Anreizwirkungen von Unternehmenspublizität sowie die explikativen Theorien über Wirkungen von Unternehmenspublizität, wie z. B. die Steuerwirkungslehre, ebenfalls zu den Wirkungstheorien. In dieser Arbeit werden nur die deskriptiven Wirkungstheorien untersucht. Vgl. Verrecchia, R. E. (2001), S. 97-98 zu einer anderen Kategorisierung von Wirkungstheorien. Verrecchia unterscheidet drei Formen wirkungstheoretischer Arbeiten. Die erste wird als „association-based disclosure" bezeichnet. Sie beschreibt die Wirkung von Publizität als exogene Variable auf Änderungen des Investorenverhaltens. Bei der zweiten Kategorie handelt es sich um „discretionary-based disclosure". Diese Arbeiten beschreiben, wie Unternehmen Gestaltungsspielräume bei der Publizierung privater Informationen ausnutzen. Unternehmenspublizität stellt in diesem Zusammenhang eine endogene Variable dar. Die dritte Kategorie wird als „efficiency-based disclosure" bezeichnet. Die in diesem Kapitel diskutierten Modellansätze werden jeweils in das Schema von Verrecchia eingeordnet.

687 Vgl. Demski, J. S. (1973) sowie Schneider, D. (1997), S. 236-237.

ten Unternehmenspublizität zu untersuchen ist. Systematisiert man die wirkungstheoretischen Analysen und deren empirische Fundierung, so stehen die Kapitalgeber als Anspruchsgruppe im Vordergrund des wissenschaftlichen Interesses.[688] Dies hat letztlich zwei Gründe. Zum einen können auf den Kapitalmärkten Kursreaktionen auf Unternehmenspublizität beobachtet werden. Dieser Vorteil ist bei den anderen Anspruchsgruppen nicht gegeben, da deren Ansprüche nicht auf organisierten Märkten gehandelt werden.[689] Zum anderen hat die Diskussion um die wertorientierte Unternehmensführung der letzten Jahre zu einer verstärkten Eigenkapitalgeberfokussierung der Unternehmenspublizität geführt.[690] Aus diesem Grund steht die Wirkung der risikoorientierten Unternehmenspublizität auf die Kapitalgeber im Vordergrund der folgenden Analyse.[691] Wenn im Folgenden allgemein von Adressaten gesprochen wird, sind hiermit ebenso die Kapitalgeber gemeint.

Die wirkungstheoretischen Untersuchungen abstrahieren regelmäßig von risikoorientierten Informationsinhalten. Es wird vorwiegend allgemein mit Unternehmenspublizität argumentiert.[692] Allerdings sind die für die allgemeine Unternehmenspublizität aufzuzeigenden Zusammenhänge auf die risikoorientierte Unternehmenspublizität übertragbar. Soweit es möglich

---

688 Vgl. Verrecchia, R. E. (2001), S. 97.

689 Vgl. Laux, H. (1998), S. 99, zu diesem Vorteil von Kapitalmärkten. Grundsätzlich können auch die Kontrakte des Unternehmens mit anderen Anspruchsgruppen handelbar sein. Zu denken ist hierbei bspw. an den Rohstoffhandel auf organisierten Märkten, wie z. B. Gold, Küpfer und Öl.

690 Vgl. Bühner, R. (1993), AAA Financial Accounting Standards Committee (2002), Ballwieser, W. (2002a).

691 Vgl. Verrecchia, R. E. (2001), S. 97 für die Gängigkeit dieser Vorgehensweise.

692 Wie in Kapitel drei erläutert, werden Informationsinhalte im Rahmen der Messtheorien problematisiert. Allerdings werden hierbei deren Wirkungen auf die Adressaten der Unternehmenspublizität außer Acht gelassen. Die Forschung in den angloamerikanischen Ländern ist sehr stark an den Wirkungstheorien ausgerichtet. Dies lässt sich durch die Dominanz der Informationsorientierung von Rechnungslegung begründen. Die Legitimität der Rechnungslegung wird insbesondere in den USA, aber auch nach IAS/IFRS, durch den Metazweck der Entscheidungsnützlichkeit von Informationen für Rechnungslegungsadressaten im Allgemeinen und den Kapitalgebern im besonderen begründet. Um den Zweck der Entscheidungsnützlichkeit untermauern zu können, benötigt man Wissen über die Wirkungen von Unternehmenspublizität auf Adressaten und Ersteller von Rechnungslegungsinformationen. Die handels- und gesellschaftsrechtliche Rechnungslegung ist hingegen mehr dem Gläubigerschutz verpflichtet. Hieraus erklärt sich die in Deutschland dominierende messtheoretische Auseinandersetzung mit Unternehmenspublizität. Erst mit der beginnenden Rezeption amerikanischen Rechts in das hiesige Gesellschafts- und Kapitalmarktrecht, gewinnt eine Auseinandersetzung mit wirkungstheoretischen Fragestellungen an Gewicht.

ist, explizite Bezüge zur risikoorientierten Unternehmenspublizität herzustellen, wird dies nachfolgend aufgezeigt.[693]

Die Wirkungsanalyse der risikoorientierten Unternehmenspublizität auf die Kapitalgeber wird in drei Schritten vollzogen:

1. Zunächst werden die Wirkungen risikoorientierter Unternehmenspublizität auf einzelne Adressaten untersucht (Kapitel 4.1). Dies erfolgt mit dem Ziel, zu problematisieren, unter welchen Voraussetzungen die Informationen der risikoorientierten Unternehmenspublizität von den Adressaten in eine vollständige (transitive) Ordnung gebracht werden können.[694] Dies ist notwendig, da in Kapitel drei aufgezeigt worden ist, dass die implizite und explizite Risikoorientierung nach HGB, IAS/IFRS und US-GAAP jeweils Nuancierungen aufweisen, die eine Vergleichbarkeit hinsichtlich risikoorientierter Informationen erschweren könnte.

2. Anschließend wird der Untersuchungsgegenstand auf mehrere Entscheidungsträger ausgeweitet (Kapitel 4.2), d. h., dass neben den Adressaten nun auch die Ersteller der risikoorientierten Unternehmenspublizität in die Wirkungsanalyse einbezogen werden. Es werden dabei zwei Problemkreise adressiert. Grundlegend für diese ist das unraveling-Prinzip, da es, auf Basis der Annahme asymmetrischer Informationsverteilung zwischen Adressaten und Erstellern, aufzeigt, welche Wirkungen hiervon auf diese beiden Gruppen ausgehen (Kapitel 4.2.1). Zum einen wird untersucht, welche Wirkungen von risikoorientierter Unternehmenspublizität zu erwarten sind, wenn diese von den Adressaten nicht verifiziert werden kann (Kapitel 4.2.2). Unter Verifizierbarkeit von Informationen wird im Folgenden verstanden, dass diese durch die Adressaten hinsichtlich ihrer Richtigkeit beurteilt werden können. In Kapitel drei wurde aufgezeigt, dass die explizite Risikoorientierung weitestgehend gestaltungsfrei ist. Auch die Anwendung des HGB, welches die explizite Risikoorientierung durch den DRS 5 konkretisiert, führt nicht zu verifizierbaren Informationen für die Adressaten, da z. B. die Annahmen, die der Risikobewertung zugrunde gelegt werden, nicht veröffentlicht werden müssen. Zum anderen wird untersucht, ob von der Gestaltung der risikoorientierten Unternehmenspublizität durch die Ersteller Wirkungen auf die Adressaten ausgehen. Diese ergeben sich hierbei auf die Kapitalkostensätze, wobei von der Annahme

---

693 Vgl. grundsätzlich Jorgensen, B. N./Kirschenheiter, M. T. (2003) für eine wirkungstheoretische Auseinandersetzung mit Risikopublizität. Diese Arbeit wird im weiteren Verlauf noch näher erläutert.

694 Vgl. Copeland, T. E./Weston J. F. (1992), S. 79 zur Transitivität und Vollständigkeit.

ausgegangen wird, dass eine Ausweitung der Unternehmenspublizität um risikoorientierte Informationen eine Änderung von Kapitalkostensätzen bewirken kann.[695] Hierzu wird ein Modell von *Jorgensen/Kirschenheiter* vorgestellt, welches sich mit der Wirkung risikoorientierter Unternehmenspublizität auf Kapitalkostensätze auseinander setzt (Kapitel 4.2.3.4). Da dieses Modell spezifische Annahmen hinsichtlich der asymmetrischen Informationsverteilung zwischen Adressaten und Erstellern aufstellt, werden im Vorfeld des *Jorgensen/Kirschenheiter*-Modells weitere Modelle diskutiert, welche die Konsequenzen der getroffenen Annahmen explizieren (Kapitel 4.2.3.1 - 4.2.3.3).

3. Abschließend wird die risikoorientierte Unternehmenspublizität vor dem Hintergrund der Regulierung untersucht (Kapitel 4.3). In den ersten zwei Schritten der Untersuchung wird unterstellt, dass Entscheidungsträger einen Wahlakt zwischen angebotenen Informationssystemen ausüben können. Diese Wahlentscheidung ist allerdings in der Realität durch regulative Vorgaben stark eingeschränkt.[696] Eine derartige Einschränkung ist auch für die risikoorientierte Unternehmenspublizität gegeben, da sie zum einen als Rechtsbegriff handelsrechtlich kodifiziert und zum anderen durch den DRS 5 konkretisiert ist. Im Rahmen der Regulierungstheorie werden Ansätze vorgestellt, die aufzeigen, warum risikoorientierte Unternehmenspublizität rechtlich implementiert worden sein könnte.

An die wirkungstheoretische Analyse schließt sich eine Darstellung wesentlicher empirischer Untersuchung bezüglich der Wirkung von Unternehmenspublizität auf die Kapitalgeber an (Kapitel 4.4). Die Studien werden dabei hinsichtlich ihrer Übertragbarkeit auf die Fragestellung der Risikoorientierung beurteilt. Dieses Kapitel endet mit einer Würdigung der gewonnenen Erkenntnisse hinsichtlich der möglichen Wirkungen, die von risikoorientierter Unternehmenspublizität auf Adressaten und Ersteller ausgehen (Kapitel 4.5).

---

[695] Modelle dieser Art werden zu den „efficiency-based disclosure" Arbeiten gezählt, vgl. Verrecchia, R. E. (2001), S. 164-165.

[696] Die Befreiungsregelung nach § 292 a HGB stellt z. B. eine Möglichkeit dar, zwischen mehreren Informationssystemen zu wählen. Allerdings wird dieses Wahlrecht, wie in Kapitel drei bereits beschrieben, relativiert durch eine Verpflichtung zur Überleitung wesentlicher Unterschiede auf die Anforderungen des HGB bzw. der 4. und 7. EG-Richtlinie.

4.1 Wirkungen auf einzelne Entscheidungsträger

Um die komplexen Wirkungszusammenhänge zwischen risikoorientierter Unternehmenspublizität und den Kapitalgebern transparent zu machen, wird zunächst untersucht, wie das Angebot an risikoorientierter Unternehmenspublizität auf die Entscheidungen eines einzelnen Kapitalgebers wirken kann. Hierdurch werden die Risikoteilungsmöglichkeiten, die ein Kapitalmarkt mit sich bringt, vorerst außer Acht gelassen.[697] Anhand der Untersuchung möglicher Wirkungen risikoorientierter Unternehmenspublizität auf einen einzelnen Kapitalgeber wird hergeleitet, unter welchen Voraussetzungen die Informationen der risikoorientierten Unternehmenspublizität von den Adressaten in eine vollständige (transitive) Ordnung gebracht werden können. Wie einleitend bereits festgestellt wurde, ist eine solche Fragestellung relevant, da, wie in Kapitel drei aufgezeigt wurde, zum Teil abweichende Konzeptionen der risikoorientierten Unternehmenspublizität nach HGB, IAS/IFRS und US-GAAP vorliegen (vgl. Kapitel 3.3).

Zunächst wird das sog. *Feinheitstheorem* vorgestellt. Durch dieses wird es möglich zu erklären, warum unterschiedliche Ausgestaltungen der risikoorientierten Unternehmenspublizität in den untersuchten Rechnungslegungsnormen Auswirkungen auf die Adressaten haben. Anschließend wird untersucht, welcher Einfluss den Kosten der risikoorientierten Unternehmenspublizität für die Adressaten zukommt. Es wird vorerst grundsätzlich unterstellt, dass eine Ausweitung der risikoorientierten Unternehmenspublizität den Adressaten einen zusätzlichen Nutzen stiftet. Infolgedessen fragen Adressaten risikoorientierte Unternehmenspublizität nach, bis deren Grenznutzen den Grenzkosten entspricht. Die Gültigkeit dieser These wird kritisch beleuchtet, weil hierdurch verdeutlicht werden kann, welche Einflussfaktoren bei der Beurteilung des Umfangs risikoorientierter Unternehmenspublizität vorliegen.

Obwohl nachfolgend die Wirkungsanalyse risikoorientierter Informationen vorgestellt wird, muss festgehalten werden, dass die folgenden Analysen unabhängig von der Art der Information sind. Eine Differenzierung zwischen risikoorientierter und allgemeiner Unternehmenspublizität wird somit auf diesem Abstraktionsniveau nicht vorgenommen. Außerdem wird die Fragestellung asymmetrischer Informationsverteilung zwischen Kapitalgebern und Unternehmensmanagement zunächst nicht problematisiert.

---

697 Vgl. Laux, H. (1998), S. 1.

4.1.1 Feinheitstheorem

Zunächst wird die Analyse der Vorteilhaftigkeit von zusätzlicher risikoorientierter Unternehmenspublizität für einen einzelnen Kapitalgeber auf den Fall ohne Informationskosten beschränkt, um hieraus das *Feinheitstheorem* ableiten zu können. Die Wirkungen einer Ausweitung von risikoorientierter Unternehmenspublizität auf einen Kapitalgeber lassen sich durch das Bayes-Theorem abbilden.[698] Durch dieses lässt sich zeigen, dass zusätzliche Informationsbeschaffung für einen Adressaten niemals nachteilig ist.[699] Dies liegt daran, dass ein Adressat stets auch die Entscheidung treffen kann, die vor dem Erhalt neuer Informationen optimal gewesen ist.[700] Folglich ist eine Ausweitung der risikoorientierten Unternehmenspublizität für einen Kapitalgeber immer vorteilhaft, wenn hiermit für den Adressaten keine Kosten verbunden sind.

Sind die Informationen der risikoorientierten Unternehmenspublizität unvollkommen, kann indes nicht davon ausgegangen werden, dass ex-post die Entscheidung eines Adressaten auf Basis der a-posteriori Wahrscheinlichkeiten zu einem besseren Ergebnis führt als bei Verwendung der a-priori Wahrscheinlichkeiten.[701] Die Verarbeitung unvollkommener Informationen impliziert somit eine Entscheidung unter Risiko.[702]

Das Bayes-Theorem beruht auf der Prämisse, dass die vom Adressaten empfangenen Informationen von diesem eindeutig zu bewerten sind. Somit wird unterstellt, dass die Informationsverarbeitung durch den Adressaten unabhängig von der Ausgestaltung der risikoorientierten Unternehmenspublizität (*Risikopublizitätssystem*) erfolgt. Im Folgenden wird dargestellt, dass die Entscheidung eines Adressaten abhängig von der Feinheit des Risikopublizitätssystems ist.[703] Ein Risikopublizitätssystem ist im Vergleich zu einem zweiten feiner, wenn es aus der gleichen Anzahl an Umweltzuständen mehr Informationen generiert.

---

[698] Vgl. Laux, H. (2003), S. 340-342.
[699] Vgl. Wagenhofer, A./Ewert, R. (2003), S. 67-68.
[700] Vgl. Wagenhofer, A./Ewert, R. (2003), S. 67-68 sowie Laux, H. (2003), S. 353.
[701] Vgl. hierzu Laux, H. (2003), S. 353.
[702] Vgl. Laux, H. (2003), S. 349.
[703] Vgl. Wagenhofer, A./Ewert, R. (2003), S. 70 ff.

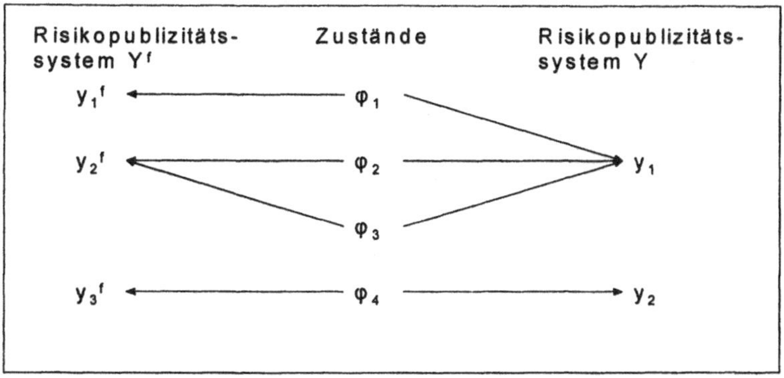

Abb. 4-1: Zustandsbaum und zwei Publizitätssysteme (ähnlich: Wagenhofer, A./ Ewert, R. (2003), S. 70).

Um beurteilen zu können, welches Risikopublizitätssystem feiner ist, muss ausgewertet werden, wie differenziert dieses die erhaltenen Informationen partitioniert.[704] Aus Abb. 4-1 ist ersichtlich, dass das Risikopublizitätssystem Y^f die vier möglichen Zustände φ_n in drei Partitionen y_n^f erfasst. Das Risikopublizitätssystem Y hingegen ist nur in der Lage, zwei Partitionen y_n aus den gleichen vier Zuständen φ_n zu generieren. Folglich spricht man bei System Y^f von einem feineren System als Y, da dem Teilsystem y_1 des Risikopublizitätssystems Y genau die Teilsysteme y_1^f und y_2^f gegenüberstehen. Es wird deutlich, dass neben der Anzahl der Zustände auch die Ausgestaltung der risikoorientierten Unternehmenspublizität zu berücksichtigen ist, um deren Wirkungen auf einen Adressaten zu ermessen. Dieser wählt dasjenige Risikopublizitätssystem aus, welches den höchsten Feinheitsgrad aufweist. Eine solche Auswahl setzt allerdings voraus, dass:[705]

- die Risikopublizitätssysteme in eine vollständige, transitive Ordnung gebracht werden können,
- sämtliche Risikopublizitätssysteme auch wählbar sind und
- alle Zustände eine Bedeutung für den Entscheidungsträger haben.

---

[704] Vgl. Wagenhofer, A./Ewert, R. (2003), S. 70 ff. für das folgende Beispiel zum Feinheitstheorem.

[705] Vgl. Wagenhofer, A./Ewert, R. (2003), S. 70 ff.

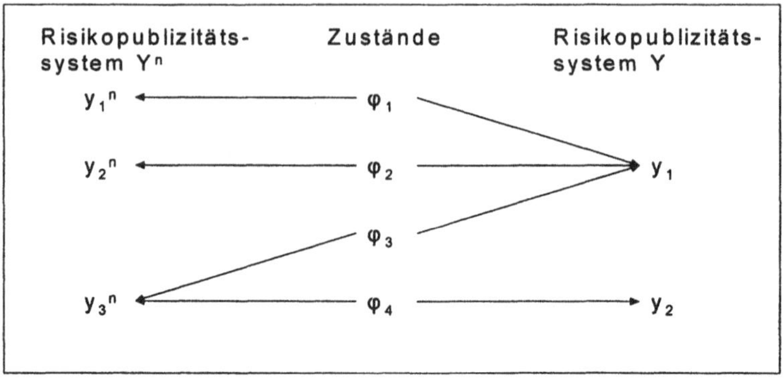

Abb. 4-2: Zustandsbaum mit nicht zu ordnenden Informationssystemen (ähnlich: Wagenhofer, A./Ewert, R. (2003), S. 71).

Abb. 4-2 zeigt den Fall, dass zwei Risikopublizitätssysteme hinsichtlich ihrer Feinheit nicht geordnet werden können. Zwar partitioniert Risikopublizitätssystem Y^n in drei Teilsysteme, wohingegen Y nach wie vor nur zwei Teilsysteme differenziert. Allerdings hat sich die Zuordnung geändert. Das Teilsystem y_1 lässt sich nicht mehr nur mit y_1^n und y_2^n vergleichen. Das Teilsystem y_3^n muss ebenfalls in den Vergleich einbezogen werden. Umgekehrt lassen sich auch y_2 und y_3^n nicht mehr vergleichen, ohne y_1 zu berücksichtigen. Eine Beurteilung hinsichtlich der Feinheit zwischen den beiden Risikopublizitätssystemen ist nicht möglich. Es handelt sich um zwei Risikopublizitätssysteme, die hinsichtlich des Feinheitskriteriums nicht geordnet werden können.

Es stellt sich die Frage, ob eine Feinheitsbeurteilung nicht auch scheitert, wenn ein Zustand, welcher von besonderer Bedeutung für einen Adressaten ist, nicht oder abweichend von dieser statischen Sichtweise sehr spät identifiziert und verarbeitet würde.[706] Ferner kann der Fall auftreten, dass Zustände nicht nur einer einzelnen Partitionierung zuzurechnen sind, sondern ggf. auf mehrere Partitionen aufgeteilt werden.[707] Hier müsste vorausgesetzt werden, dass der Adressat auch die Aufteilungsregel des Zustands auf die Partitionierungen kennt. Dies führt zur problematischsten Eigenschaft dieser grundsätzlichen Feinheitsbeziehung, dass der Adressat

[706] Vgl. Ansoff, H. I. (1976) zu der Bedeutung der Erkennung schwacher Signale sowie erweiternd hierzu Krystek, U./Müller-Stewens, G. (1993), S. 5, Hahn, D./Krystek, U. (2000), S. 86-88.

[707] Dies dürfte bspw. für die schwachen Signale, wie bei Ansoff, H. I. (1976) beschrieben, gelten, da diese aufgrund ihrer nur zu erahnenden Auswirkungen nicht nur einer möglichen Partition zugerechnet werden können.

zur Ordnung nach dem Feinheitskriterium ein vollständiges Wissen über die angebotenen Publizitätssysteme benötigt.[708]

Fasst man die Aussagen des Feinheitstheorems zusammen, so kommt man zu dem Schluss, dass eine Ausweitung der risikoorientierten Unternehmenspublizität nur dann hinsichtlich ihres Nutzens für einen Adressaten beurteilt werden kann, wenn die vorliegenden Risikopublizitätssysteme hinsichtlich ihrer Feinheit geordnet werden können (sog. *Blackwell-Theorem*).[709]

Somit kann die Frage, ob zusätzliche risikoorientierte Unternehmenspublizität tatsächlich zu einem Nutzenzuwachs bei einem Adressaten führt, nicht eindeutig beantwortet werden. Es muss berücksichtigt werden, dass die Informationen der risikoorientierten Unternehmenspublizität, die durch den Adressaten beschafft werden, unvollkommen sind und dass die Risikopublizitätssysteme zwischen denen sich der Adressat entscheiden kann, nicht eindeutig hinsichtlich ihrer Feinheit geordnet werden können.[710] Die Rechnungslegungsnormen nach HGB, IAS/IFRS und US-GAAP stellen alternative Risikopublizitätssysteme dar.[711] Art und Umfang risikoorientierter Informationen sind, wie Kapitel 3.3 zu entnehmen ist, unterschiedlich. Der Umfang risikobezogener Informationen ist bei Anwendung des DRS 5 größer als nach IAS/IFRS oder US-GAAP.[712] Hieraus kann aber nicht abgeleitet werden, dass die handels- und gesellschaftsrechtliche risikoorientierte Unternehmenspublizität einem Adressaten einen größeren Nutzen stiftet als die entsprechenden Informationen aus den anderen beiden Risikopublizitätssystemen. Eine solche Aussage ließe sich nur dann treffen, wenn HGB, IAS/IFRS und US-GAAP sich vollständig hinsichtlich der Feinheit ihrer risikoorientierten Informationen ordnen ließen.[713]

---

708 Vgl. Laux, H. (2003), S. 33-34 für eine Darstellung empirischer Erkenntnisse und theoretischer Erklärungen dafür, dass das Transitivitätsaxiom nicht notwendigerweise gilt.

709 Vgl. Blackwell, D./Girshik, M. A. (1954), zitiert nach Wagenhofer, A./Ewert, R. (2003), S. 73 Fn. 15.

710 Hierbei handelt es sich zunächst um eine These. Aufbauend auf den Überlegungen von Demski, J. S. (1973) zur Unmöglichkeit normativer Rechnungslegungsstandards kann aber abgeleitet werden, dass auch in einer Entscheidungssituation mit einem einzelnen Entscheidungsträger eine Vorteilhaftigkeitsbeurteilung der risikoorientierten Unternehmenspublizitätssysteme nicht möglich sein kann, da die Axiome rationalen Verhaltens verletzt werden, vgl. hierzu auch Demski, J. S. (1976).

711 Dass es sich nach gegenwärtiger Rechtslage um Alternativen handelt, ergibt sich aus § 292 a HGB.

712 Vgl. Löw, E./Lorenz, K. (2001), S. 221.

713 Vgl. wiederum Demski, J. S. (1973) für eine formale Darstellung der Unmöglichkeit eines solchen Vorhabens. Aus bilanztheoretischer Sicht muss dieses Unterfangen bereits aufgrund unterschiedlicher Zwecksetzungen der Publizitätssysteme scheitern, vgl. insbesondere Moxter, A. (1993), S. 150.

4.1.2 Nachfrage nach risikoorientierter Unternehmenspublizität

Nun wird untersucht, welchen Einfluss die dem Adressaten entstehenden Kosten der risikoorientierten Unternehmenspublizität auf diesen haben. Bislang wurde aufgezeigt, unter welchen Bedingungen zusätzliche Informationen der risikoorientierten Unternehmenspublizität vorteilhaft für den Adressaten sind. Da die Informationsbeschaffung und -verarbeitung des Adressaten i. d. R. Kosten verursachen wird, müssen diese in die Wirkungsanalyse von risikoorientierter Unternehmenspublizität einbezogen werden.[714] Diese Kosten sowie der Informationsnutzen risikoorientierter Unternehmenspublizität sind für die Adressaten zustands- und aktionsabhängig.[715] *Zustandsabhängigkeit* meint in diesem Zusammenhang, dass die Informationskosten ebenso wie der Informationsnutzen zu einem Teil durch das Ausgangsniveau an Informationen, welches ein Adressat vorweisen kann, determiniert werden.[716] Für die risikoorientierte Unternehmenspublizität bedeutet dies, dass der Adressat ein bereits vorliegendes Verständnis hinsichtlich der unternehmensspezifischen Risiken eines publizierenden Unternehmens aufweist. Abhängig von diesem Vorwissen kann risikoorientierte Unternehmenspublizität zu neuen Erkenntnissen bei dem Adressaten führen. Grundsätzlich ist aber auch vorstellbar, dass die risikoorientierte Unternehmenspublizität keine Informationen umfasst, über die der Adressat nicht bereits verfügt. Hieraus folgt, dass das Vorwissen des Adressaten einen Einfluss auf die entstehenden Kosten hat. Diese entstehen sowohl aus der Beschaffung risikoorientierter Unternehmenspublizität, z. B. Bestellung von Geschäftsberichten als auch für die Verarbeitung der hierin enthaltenen Informationen, wie z. B. das Anstellen von Prognosen der künftigen Entwicklung unter Einbeziehung der Informationen der risikoorientierten Unternehmenspublizität.

Aktionsabhängigkeit resultiert daraus, dass der Informationsnutzen sowie dessen Kosten abhängig sind von den Handlungsentscheidungen, die der Adressat treffen kann. Der Umfang der Investition eines Kapitalgebers in ein Unternehmen kann als Beispiel für eine derartige Aktionsabhängigkeit angeführt werden. Ist die Investition für den Kapitalgeber lediglich von geringer Bedeutung, so hat die zusätzliche risikoorientierte Unternehmenspublizität mutmaßlich einen geringen Einfluss auf dessen Entscheidungen hinsichtlich der Investition. Aus diesem Grund wird der Kapitalgeber auch nicht gewillt sein, in die Informationsbeschaffung und –verarbeitung zu investieren. Ihm entstehen somit geringe Informationskosten. Legt man den in Kapitel zwei vorgestellten Transparenzprozess zugrunde, kann die

---

[714] Vgl. Laux, H. (2003), S. 337.
[715] Vgl. Wagenhofer, A./Ewert, R. (2003), S. 74.
[716] Vgl. Laux, H. (1998), S. 5-6.

risikoorientierte Unternehmenspublizität aber auch eine Verhaltensänderung des Kapitalgebers auslösen. Hierin äußert sich eine Veränderung des beigemessenen Informationsnutzens der risikoorientierten Unternehmenspublizität. Beispielsweise kann die Höhe der Investition angepasst werden. Im Falle einer Steigerung des Investitionsvolumens kann vermutet werden, dass der zukünftigen risikoorientierten Unternehmenspublizität ein höherer Stellenwert zukommt. Infolgedessen könnte der Kapitalgeber bereit sein, höhere Kosten für die Informationsbeschaffung oder –verarbeitung einzugehen.

Aus der Zustands- und Aktionsabhängigkeit von Informationsnutzen und -kosten der risikoorientierten Unternehmenspublizität folgt letztlich, dass Nutzen und Kosten der Informationsbeschaffung und –verarbeitung nicht separierbar sind, weil, wie obige Beispiele zeigen, zwischen ihnen Interdependenzen bestehen.[717] Somit ist eine Ausweitung der Informationsbeschaffung und –verarbeitung auf Basis eines Partialmodells, d. h. bis der Grenznutzen der risikoorientierten Unternehmenspublizität deren Grenzkosten entspricht, nicht notwendigerweise rational. Vielmehr wäre ein Totalmodell erforderlich, um die Vorteilhaftigkeit der Ausweitung der Informationsbeschaffung und –verarbeitung zu bestimmen.[718] Dieses dürfte aber aufgrund der zu vermutenden Komplexität nicht herleitbar sein.

Wenn aber Kosten und Nutzen der risikoorientierten Unternehmenspublizität nicht separierbar sind, kann auch die Vorteilhaftigkeit der Ausweitung der risikoorientierten Unternehmenspublizität bzw. deren Einführung in die allgemeine Unternehmenspublizität nicht eindeutig beurteilt werden.

4.1.3 Zwischenfazit

Es wurde aufgezeigt, dass selbst für den Fall, dass die Beschaffung und Verarbeitung risikoorientierter Unternehmenspublizität für den einzelnen Adressaten kostenlos ist, die Wirkung, die von risikoorientierter Unternehmenspublizität ausgeht, nicht beurteilt werden kann. Die Ausgestaltung der risikoorientierten Unternehmenspublizität hat ebenfalls einen Einfluss auf den Informationsnutzen des Adressaten. Anhand des Feinheitstheorems in Verbindung mit den Erkenntnissen aus Kapitel drei konnte verdeutlicht werden, dass die Unterschiede der Risikopublizitätssysteme, wie sie nach HGB, IAS/IFRS und US-GAAP vorliegen, eine Beurteilung der Wirkung risikoorientierter Unternehmenspublizität auf den Adressaten nur bedingt ermöglicht.

---

[717] Vgl. Wagenhofer, A./Ewert, R. (2003), S. 75.

[718] Vgl. Adam, D. (1996), S. 77 ff. für eine ausführliche Diskussion der Anwendung von Partial- und Totalmodellen.

Ferner konnte demonstriert werden, dass Nutzen und Kosten der risikoorientierten Unternehmenspublizität für den Adressaten aufgrund ihrer Zustands- und Aktionsabhängigkeit voneinander abhängig sind. Hieraus folgt, dass eine Ausweitung der risikoorientierten Unternehmenspublizität bzw. deren Einführung in die allgemeine Unternehmenspublizität nicht notgedrungen einen positiven Einfluss auf den Adressaten hat. Dies gilt auch dann, wenn die Beschaffung risikoorientierter Unternehmenspublizität aufgrund rechtlicher Vorgaben nahezu kostenlos ist, wie dies bspw. bei der Beschaffung der Geschäftsberichte von Unternehmen der Fall ist.

4.2 Wirkung auf mehrere Adressaten bei asymmetrischer Information

Bislang wurden lediglich die Wirkungen risikoorientierter Unternehmenspublizität auf die Adressaten untersucht. Im Folgenden wird der Untersuchungsgegenstand auf die Ersteller der risikoorientierten Unternehmenspublizität ausgeweitet.[719] Hierzu wird eine asymmetrische Informationsverteilung zwischen dem Unternehmensmanagement und den Adressaten eingeführt.[720] In einer solchen Situation muss das Unternehmen eine Risikopublizitätsstrategie festlegen und der Adressat muss auf seine Erwartungen hinsichtlich der gewählten Risikopublizitätsstrategie reagieren.[721] Grundlegend für eine derartige Ausweitung der Wirkungsanalyse ist das unraveling-Prinzip, da es, auf Basis der Annahme asymmetrischer Informationsverteilung zwischen Adressaten und Erstellern, aufzeigt, welche Wirkungen hiervon auf diese beiden Gruppen ausgehen. Es können hierdurch die grundlegenden Prämissen identifiziert werden, die im Verlauf dieses Kapitels von weiterführenden Modellen stillschweigend gesetzt werden. Im Anschluss an die Darstellung des unraveling-Prinzips wird untersucht, welche Wirkungen von risikoorientierter Unternehmenspublizität zu erwarten sind, wenn diese von den Adressaten nicht verifiziert werden kann. Zu diesem Zweck wird das Konzept der cheap-talk Gleichgewichte vorgestellt.[722] Die Diskussion der cheap-talk Gleichgewichte ist von besonderer Bedeutung, da die Problematik nicht verifizierbarer Informationen im besonderen

---

[719] Vgl. Keeney, R. L./Raiffa, H. (1976) für eine geschlossene Darstellung multiattributiver Nutzentheorie unabhängig von der Fragestellung der Unternehmenspublizität.

[720] Vgl. Hirshleifer, J. (1973), Grossman, S. J./Hart, O. D. (1983) sowie Demougin, D./Jost, P.-J. (2001) einführend zu den Implikationen solcher Informationsasymmetrien.

[721] Vgl. allgemein zu diesem Ablauf Bloomfield, R. (1996), Gigler, F. B./Hemmer, T. (2001), How, J. C. Y./Yeo, J. J. L. (2000) sowie mit einer internationalen Empirie Hope, O.-K. (2003).

[722] Cheap-talk Gleichgewichte stellen nach der Systematik aus Verrecchia, R. E. (2001) „discretionary-based disclosures“ dar.

Maße auch für die zukunftsgerichtete risikoorientierte Unternehmenspublizität gegeben ist.

Zum anderen wird untersucht, ob von der Gestaltung der risikoorientierten Unternehmenspublizität durch die Ersteller Wirkungen auf den Marktwert des Unternehmens ausgehen. Es wird folglich von der Annahme ausgegangen, dass eine Einführung bzw. Ausweitung der risikoorientierten Unternehmenspublizität eine Änderung der Kapitalkostensätze bzw. des freien Cash flows bewirken kann.[723] Hierzu wird ein Modell von *Jorgensen/Kirschenheiter* vorgestellt, welches sich mit der Wirkung risikoorientierter Unternehmenspublizität auf den Marktwert des Unternehmens auseinander setzt. Da dieses Modell spezifische Annahmen hinsichtlich der asymmetrischen Informationsverteilung zwischen Adressaten und Erstellern aufstellt, werden im Vorfeld des *Jorgensen/Kirschenheiter*-Modells weitere Modelle diskutiert, welche die Konsequenzen der getroffenen Annahmen explizieren.

4.2.1 Unraveling-Prinzip

Im Folgenden wird das unraveling-Prinzip vorgestellt, welches in einfacher Form die asymmetrische Informationsverteilung zwischen den Kapitalgebern[724] und dem Unternehmensmanagement (Ersteller) sowie deren Reaktionen darauf analysiert.[725]

Zunächst wird wiederum von den Kosten der Unternehmenspublizität abstrahiert.[726] Der tatsächliche Unternehmenswert ist unsicher. A-priori ergibt sich für die Kapitalgeber ein Erwartungswert für den Unternehmenswert. Das Unternehmen kommt in den Besitz wertrelevanter Informationen über unternehmensspezifische Risiken. Das Unternehmen kann nun entweder die Informationen über seinen besseren Informationsstand veröffentlichen oder aber diese Information zurückhalten. Es wird im Folgenden unterstellt, dass die Kosten der Veröffentlichung falscher Informationen prohibitiv hoch sind, sodass nur wahrheitsgetreu berichtet wird.[727] Bei einer Übertragung des unraveling-Prinzips auf die risikoorientierte Unterneh-

---

[723] Modelle dieser Art werden zu den „efficiency-based disclosure" Arbeiten gezählt, vgl. Verrecchia, R. E. (2001), S. 164-165.

[724] In diesem Kapitel wird aus Gründen sprachlicher Vereinheitlichung der Begriff der Adressaten bzw. Kapitalgeber verwendet. Die Ausführungen zum unraveling-Prinzip beziehen sich hier streng genommen auf die Eigenkapitalgeber.

[725] Die folgende Darstellung des unraveling-Gleichgewichts beruht auf Wagenhofer, A./Ewert, R. (2003), S. 287 ff.

[726] Vgl. Wagenhofer, A./Ewert, R. (2003), S. 287 für ein identisches Beispiel.

[727] Vgl. Wagenhofer, A./Ewert, R. (2003), S. 288. Vgl. auch Wilks, T. J. (2002) sowie vgl. McEnroe, J. E./Martens, S. C. (2001), Mochty, L. (2001), Ruhnke, K. (2002) für die Funktion von Wirtschaftsprüfung in diesem Zusammenhang.

menspublizität ist diese Prämisse jedoch nur bedingt aufrecht zu erhalten, da dies voraussetzen würde, dass die Wahrheitstreue der risikoorientierten Informationen über Plausibilitätsprüfungen hinaus prüfbar ist.[728] Dieser Aspekt wird im Rahmen der cheap-talk Gleichgewichte näher untersucht. Zunächst wird aber vereinfachend davon ausgegangen, dass eine wahrheitsgetreue Publizität stattfindet.

Da das Unternehmen einen Entscheidungsspielraum hat, den im Vergleich zu den Kapitalgebern besseren Informationsstand zu kommunizieren, muss es eine Risikopublizitätsstrategie festlegen. Diese bezieht sich auf Art und Umfang der risikoorientierten Unternehmenspublizität.[729] Vereinfachend sei diese auf zwei mögliche Strategien begrenzt:[730]

- wahrheitsgetreue, vollständige risikoorientierte Unternehmenspublizität,
- keine risikoorientierte Unternehmenspublizität (Nichtveröffentlichung).

Der Marktwert des Unternehmens ergibt sich aus den Erwartungen der Kapitalgeber. Diese sind abhängig von den a-priori Erwartungen der Kapitalgeber hinsichtlich des tatsächlichen Unternehmenswertes und der vom Unternehmen gewählten Risikopublizitätsstrategie.

Ein Unternehmen mit einem höheren Informationsstand als die Kapitalgeber wird folglich immer dann publizieren, wenn der a-posteriori Unternehmenswert höher ist als der gegenwärtige a-priori Marktwert, da die Publizierung des höheren Informationsstandes ein Ansteigen des Marktwertes bewirken würde. Ein solches Verhalten impliziert allerdings, dass die Marktteilnehmer nicht antizipieren, dass das Unternehmen nur Marktwert steigernde Informationen veröffentlicht. Wenn die Kapitalgeber aber wissen, dass das Unternehmen in Besitz des höheren Informationsstandes ist, sie aber dessen Ausprägung nicht kennen, wird der Nichtausweis dahingehend interpretiert, dass der Marktwert des Unternehmens größer ist als der tatsächliche Unternehmenswert. Folglich wird der Marktpreis des Unternehmens sinken. Da das Unternehmen wiederum eine derartige Reaktion der Kapitalgeber antizipiert, ist das Unternehmen geneigt auch ungünstige Informationen zu veröffentlichen, wenn der höhere Informationsstand, den das Unternehmen hat, einen höheren Marktpreis rechtfertigen würde, als er in dem durch die Kapitalgeber revidierten Preis widergespie-

[728] Vgl. zu der Plausibilitätsprüfung von risikobezogenen Informationen im Lagebericht Selchert, F. W./Erhardt, M./Fuhr, A. et al. (2000), S. 191.

[729] In Kapitel drei wurde bereits verdeutlicht, dass die Ersteller risikoorientierter Unternehmenspublizität diesen Ermessensspielraum haben.

[730] Vgl. Wagenhofer, A./Ewert, R. (2003), S. 288 ff. für folgende Darstellung des unraveling-Prinzips.

gelt wird. Dieser Prozess setzt sich weiter fort, bis ein Gleichgewicht erreicht ist, in dem das Unternehmen seine Risikopublizitätsstrategie nicht mehr ändert, da der Marktpreis für jede Information maximiert ist und die Kapitalgeber ihre Erwartungen nicht mehr anpassen, weil der Marktwert des Unternehmens dem der gewählten Risikopublizitätsstrategie zugrunde liegenden höheren Informationsstand entspricht. Dieses Prinzip wird auch als unraveling-Prinzip bezeichnet.

Der Marktwert eines Unternehmens wird beeinflusst durch die a-priori Erwartungen der Kapitalgeber sowie durch deren Erwartungen hinsichtlich der Risikopublizitätsstrategie des Unternehmens. Die a-posteriori Erwartungen der Kapitalgeber in Bezug auf den Unternehmenswert können das Unternehmen dazu veranlassen, die Risikopublizitätsstrategie anzupassen.

Das unraveling-Prinzip geht in dieser Form von einer einfachen Ausgestaltung der risikoorientierten Unternehmenspublizität aus, da nur zwei Risikopublizitätsstrategien gewählt werden können. Grundsätzlich kann auch eine teilweise Publizität des höheren Informationsstandes erfolgen. Ein Erklärungsansatz für eine teilweise risikoorientierte Unternehmenspublizität sind deren Kosten für die Ersteller.[731]

Geht man davon aus, dass die Publizierung des höheren Informationsstandes mit konstanten, dissipativen, d. h. den Unternehmenswert unmittelbar verringernden, Kosten verbunden ist, ergibt sich für das Unternehmen ein Anreiz zu publizieren, wenn der tatsächliche Unternehmenswert abzüglich der Kosten der Veröffentlichung des höheren Informationsstandes größer ist, als der Erwartungswert der Adressaten hinsichtlich des a-priori Unternehmenswertes unter Berücksichtigung der beobachteten Risikopublizitätsstrategie des Unternehmens.[732] Beispiele für derartige dissipative Kosten der risikoorientierten Unternehmenspublizität können die Kosten der Aufbereitung von Informationen sowie die zusätzlichen Druckkosten der erweiterten Geschäftsberichte sein. In diesem Fall kann es zu einer Nichtpublizität kommen, wenn die Kosten der Publizität höher sind als die mögliche Marktwertsteigerung, die aufgrund der Änderung der Erwartungen der Kapitalgeber bewirkt wird. Dies könnte eine Erklärung für das Zurückhalten risikoorientierter Informationen sein, da die durch die risikoorientierte Unternehmenspublizität verursachten Kosten den Effekt der Erwartungswertanpassung, d. h. des a-posteriori Unternehmenswertes überkompensiert.[733]

---

[731] Vgl. Wagenhofer, A./Ewert, R. (2003), S. 292.
[732] Vgl. Wagenhofer, A./Ewert, R. (2003), S. 292.
[733] Vgl. Wagenhofer, A./Ewert, R. (2003), S. 293 für eine grafische Darstellung dieser Nichtpublizität.

Es besteht grundsätzlich auch die Möglichkeit, eine bestimmte Publizitätsstrategie gegenüber den Kapitalmarktteilnehmern glaubwürdig zu versichern.[734] Falls es dem Unternehmen gelingt, zu versichern, dass eine Publizität spezifischer Risiken nicht erfolgen wird, kann der negative Effekt von Nichtinformation gemindert werden.[735] Ferner werden die Kosten der risikoorientierten Unternehmenspublizität gesenkt.[736]

Eine gesetzliche Verpflichtung zu einer risikoorientierten Unternehmenspublizität würde hingegen die Publizitätskosten erhöhen, ohne dass gleichzeitig ex-ante eine entsprechende a-posteriori Unternehmenswertsteigerung vermutet werden kann.[737] In diesem Fall könnte der gesamtwirtschaftliche Effekt negativ sein.[738] Allerdings setzt eine solche Interpretation voraus, dass die risikoorientierte Unternehmenspublizität zu keiner Anpassung der Portfolios der Kapitalgeber aufgrund geänderter Risikoeinschätzungen führt.[739] Es kann daher nicht notwendigerweise auf eine negative gesamtwirtschaftliche Auswirkung geschlossen werden.

Eine gesetzlich erzwungene risikoorientierte Unternehmenspublizität kann negative gesamtwirtschaftliche Effekte haben.

Diese These wird relativiert, wenn die Standardisierung als zusätzlicher Einflussfaktor auf die Kosten der risikoorientierten Unternehmenspublizität berücksichtigt wird.[740] Die Kosten der Erstellung risikoorientierter Unternehmenspublizität könnten sinken, da die Einführungs- und Anpassungskosten der risikoorientierten Unternehmenspublizität verringert werden könnten.[741] Durch eine Branchen übergreifende Verwendung eines Standards der risikoorientierten Unternehmenspublizität könnten die Kosten, die mit einer vergleichenden Auswertung für die Adressaten verbun-

---

[734] Vgl. Holler, M . J./Illing, G. (1996), S. 222 ff. sowie Dixit, A. K./Nalebuff, B. J. (1997), S. 139 ff.

[735] Vgl. Wagenhofer, A./Ewert, R. (2003), S. 294-295.

[736] Vgl. Wagenhofer, A./Ewert, R. (2003), S. 294.

[737] Vgl. Wagenhofer, A./Ewert, R. (2003), S. 295.

[738] Vgl. Wagenhofer, A./Ewert, R. (2003), S. 295.

[739] Vgl. Wagenhofer, A./Ewert, R. (2003), S. 295.

[740] Vgl. hierzu am Beispiel der ökologieorientierten Unternehmenspublizität Beets, S. D./Souther, C. C. (1999).

[741] Dieses Argument gilt allerdings nur dann, wenn die Unternehmen nicht eigenständig eine Vereinheitlichung der Konzernberichterstattung verfolgen. Eine konzernweite Berichterstattung dürfte zwar vielfach Standard sein. Aber gerade im Bereich der nicht verifizierbaren Informationen, wie sie im Rahmen der Risikopublizität entstehen, dürften konzernweite Vorgaben einen geringeren Stellenwert haben.

den sind, gesenkt werden.[742] Allerdings steht diesen ersparten Kosten auch ein negativer Effekt gegenüber, wenn man bedenkt, dass die Standardisierung der risikoorientierten Unternehmenspublizität auch zweckadäquat sein muss.[743] Durch Standardisierung geht Differenzierung der Informationen verloren, was die Zweckadäquanz für einzelne Adressaten einschränken könnte. Die Standards des DRS 5 zur Risikoberichterstattung könnten somit durch die Vorgabe einheitlicher Risikoberichterstattung in der Lage sein, Kosten für Adressaten und Ersteller zu senken. Wenn man aber die Ausgestaltung der Regelungen, wie in Kapitel drei geschehen, näher untersucht, so ist zu erkennen, dass diese Standards einen sehr weiten Ermessensspielraum für die Ausgestaltung der risikoorientierten Unternehmenspublizität eröffnen.[744] Bspw. sei hier an die Sollvorschrift zur Risikobewertung gedacht, die, folgt man der Begründung des Entwurfes dieses Standards, lediglich den Charakter einer Kannvorschrift hat.[745] Wenn aber im Prinzip jede Form der Risikoberichterstattung als zweckadäquat akzeptiert wird, sind geringere Kosten aufgrund der geschilderten Effekte aufseiten der Ersteller und Adressaten nicht zu erwarten. Aufgrund der faktisch nicht vorhandenen Standardisierung könnten aber differenziertere Informationen veröffentlicht werden. Inwieweit dem nachgekommen wird, ist u. a. Gegenstand der empirischen Untersuchung in Kapitel fünf.[746]

Bislang wurde unterstellt, dass die Kapitalgeber wissen, dass das Unternehmen über einen höheren Informationsstand verfügt. Er kennt lediglich nicht dessen Ausprägung.[747] Wenn man aber unterstellt, dass die Kapitalgeber nur vermuten, dass das Unternehmen über einen höheren Informationsstand verfügt, so müssen entsprechende Wahrscheinlichkeiten in das Modell integriert werden. Es ergeben sich dann drei Entscheidungssituationen:

- das Unternehmen hat Informationen, publiziert aber nicht,
- das Unternehmen hat Informationen und publiziert,
- das Unternehmen hat keine Informationen.

Ein Unternehmen kann beim Vorliegen einer derartigen Entscheidungssituation die Unsicherheit der Kapitalgeber bewusst dazu nutzen, negative

742 Die Adressaten könnte bei einer Standardisierung der risikoorientierten Unternehmenspublizität durch Erfahrungseffekte die Kosten einer derartigen Analyse senken. Vgl. Ewert, R./Wagenhofer, A. (2003), S. 166 für eine Darstellung des Erfahrungskurveneffekts.

743 Vgl. allgemein für den Informationsverlust durch Aggregation von Informationen Baetge, J./Kirsch, H.-J./Thiele, S. (2002), S. 585-586.

744 Vgl. Kapitel drei.

745 Vgl. E-DRS 5, Tz. 19-20.

746 Vgl. Kapitel fünf.

747 Vgl. Wagenhofer, A./Ewert, R. (2003), S. 295 ff. für eine umfassende Darstellung.

Informationen zurückzuhalten. Es kann gezeigt werden, dass in einer einfachen Gleichgewichtssituation Unternehmen, die Informationen besitzen, aber nicht ausweisen, immer überbewertet sind. Im Gegenzug sind Unternehmen, die keine Informationen besitzen, immer unterbewertet.[748]

Ein weiterer Faktor, um den das unraveling-Prinzip erweitert werden könnte, ist die explizite Berücksichtigung von Konkurrenzwirkungen auf die Risikopublizitätsstrategie. Bislang wurde von dem Gedanken abstrahiert, dass die Veröffentlichung von unternehmensspezifischen Risiken auch durch Konkurrenten genutzt werden kann. Die Auswirkungen von Konkurrenz sind allerdings schwer zu erfassen. Es kann nicht abgeleitet werden, dass durch die Konkurrenzgefahr risikoorientierte Unternehmenspublizität unterbunden werden sollte. Bei einer nur latent bestehenden Konkurrenzgefahr, d. h. der potenziellen Gefahr des Markteintritts eines Konkurrenten, ergibt sich kein einheitliches Bild, wie die Wirkungen auf risikoorientierte Unternehmenspublizität aussehen. Ob diese einen negativen Effekt hat, hängt wesentlich davon ab, wie groß die Gefahr des Markteintritts eines potenziellen Konkurrenten ist. Auch bei bestehender Konkurrenz kann nicht notwendigerweise davon ausgegangen werden, dass das unraveling-Prinzip grundsätzlich nicht mehr gilt. Dies erscheint besonders beachtenswert, da die Unwilligkeit der risikoorientierten Unternehmenspublizität nachzukommen, vielfach mit dem Konkurrenzeffekt begründet wird.[749]

4.2.2 Cheap-talk Gleichgewichte

Bislang wurde stillschweigend unterstellt, dass die risikoorientierte Unternehmenspublizität verifizierbar ist.[750] Gleichzeitig wurde bereits deutlich gemacht, dass dies für zukunftsorientierte Risikoinformationen annahmegemäß nicht gelten kann.[751] Die Kapitalgeber sind nicht in der Lage, den Informationsgehalt von nicht verifizierbarer Publizität zu bestimmen.[752] Aus diesem Grund könnten sie diese Informationen ignorieren, da sie hiermit der Gefahr entgehen, getäuscht zu werden.[753] Die Kapitalgeber treffen ihre Entscheidung damit auf Basis ihrer a-priori Erwartungen.[754] Dieses Verhalten der Adressaten führt zu einer gleichgewichtigen Situati-

---

748 Vgl. Wagenhofer, A./Ewert, R. (2003), S. 298.

749 Dieser Verweis auf die Konkurrenzwirkungen wurde insbesondere in persönlichen Gesprächen mit den Teilnehmern der Fragebogenaktion als Argument gegen die risikoorientierte Unternehmenspublizität vorgebracht.

750 Vgl. Wagenhofer, A./Ewert, R. (2003), S. 332 allgemein zur Verifizierbarkeit.

751 Vgl. Kapitel drei.

752 Vgl. Verrecchia, R. E. (2001), S. 158.

753 Vgl. Farrell, J. (1987), S. 35.

754 Vgl. Wagenhofer, A./Ewert, R. (2003), S. 333.

on, dem sog. babbling-Gleichgewicht.[755] Da die Unternehmen wissen, dass die Kapitalgeber nicht verifizierbaren Informationen keinen Glauben schenken und sie daher ignorieren, macht es aus Unternehmensperspektive keinen Sinn, nicht verifizierbare Informationen auszuweisen.[756] Bei einem babbling-Gleichgewicht handelt es sich folglich um ein nichtinformatives Gleichgewicht.[757] Eine empirische Untersuchung von *Penman* zeigt, dass diese These so nicht bestätigt werden kann.[758]

Abweichungen von einem babbling-Gleichgewicht können durch sog. cheap-talk Modelle erklärt werden.[759] Cheap-talk Informationen sind dadurch gekennzeichnet, dass sie weder verifizierbar noch bindend sind.[760] Cheap-talk Informationen werden nicht ausschließlich zu dem Zweck generiert, den Nutzen des Empfängers dieser Informationen direkt zu beeinflussen.[761] Cheap-talk Informationen verursachen keine direkten Kosten für die Ersteller.[762] Cheap-talk Modelle unterstellen, dass Unternehmen als Sender von cheap-talk Informationen an die Empfänger mehre Zielsetzungen verfolgen, die miteinander in Konflikt stehen.[763] Diese heterogenen Zielsetzungen des Unternehmens resultieren bspw. daraus, dass die zu publizierenden Informationen bei einem Kapitalgeber A einen erwünschten Effekt auslösen, gleichzeitig aber Informationsinteressent B (z. B. ein Kunde des Unternehmens) zu Aktionen veranlassen, die nicht erwünscht sind. Es besteht für das Unternehmen ein Anreiz, unpräzise Informationen zu publizieren, die einerseits dazu geeignet sein könnten, den Kapitalgeber A zu der intendierten Aktion zu veranlassen, ohne bei Informationsinteressent B die unerwünschte Handlung zu bewirken.[764] In cheap-talk Modellen besteht immer die Möglichkeit der Nichtpublizierung verfügbarer Informationen. In diesem Fall liegt ein uninformatives babbling-Gleichgewicht vor. Alle anderen cheap-talk Gleichgewichte sind dadurch gekennzeichnet, dass es zu keiner vollständigen risikoorientierten Unternehmenspublizität kommt. Gleichzeitig wird aber der risikoorientierten Unternehmenspublizi-

[755] Vgl. zu dieser Form eines uninformativen Gleichgewichtes Wagenhofer, A./Ewert, R. (2003), S. 333 sowie Blume, A./DeJong, D. V./Kim, Y.-G. et al. (1998), S. 1324.
[756] Vgl. Wagenhofer, A./Ewert, R. (2003), S. 333.
[757] Vgl. Wagenhofer, A./Ewert, R. (2003), S. 336.
[758] Vgl. Penman, S. H. (1980).
[759] Vgl. Park, I.-U. (2002), S. 378 sowie allgemein Farrell, J./Gibbons, R. (1989).
[760] Vgl. Farrell, J./Gibbons, R. (1989), Lev, B./Penman, S. H. (1990), S. 49-50 sowie Wagenhofer, A./Ewert, R. (2003), S. 335.
[761] Vgl. Wagenhofer, A./Ewert, R. (2003), S. 335.
[762] Vgl. Wagenhofer, A./Ewert, R. (2003), S. 335.
[763] Vgl. Farrell, J./Gibbons, R. (1989), S. 1215.
[764] Vgl. für eine allgemeine Darstellung Farrell, J./Gibbons, R. (1989), S. 1217.

tät nicht vollständig geglaubt. Dass dies der Fall sein muss, ergibt sich aus folgender Überlegung:[765]

Ein Unternehmen hat in einem Publizitätsbereich die Möglichkeit, einen zu publizierenden Informationsstand über unternehmensspezifische Risiken frei zu wählen. Die Reaktion der Kapitalgeber auf diesen Informationsstand hat Einfluss auf den Marktpreis des Unternehmens. Somit gibt es unter den alternativen Risikopublizitätsstrategien eine, die den Unternehmenswert maximieren würde. Das Unternehmen hat folglich einen Anreiz, dieser Risikopublizitätsstrategie nachzukommen. Dies wird von den Kapitalgebern antizipiert. Sie schenken der vom Unternehmen gewählten Risikopublizitätsstrategie keinen Glauben, da sie unabhängig vom tatsächlichen Informationsstand des Unternehmens vermuten müssen, dass dieses die für sich vorteilhafteste Risikopublizitätsstrategie wählt. Hieraus resultiert, dass ein Unternehmen keinen Anreiz hat, eine vollständige risikoorientierte Unternehmenspublizität zu erstellen, und gleichzeitig ein Kapitalgeber dieser nicht vollständig glaubt. Für die durch das Unternehmen zu wählende Risikopublizitätsstrategie ergibt sich auf Basis dieser Vorüberlegungen eine Stufenfunktion, wie sie in Abb. 4-3 gezeigt wird.

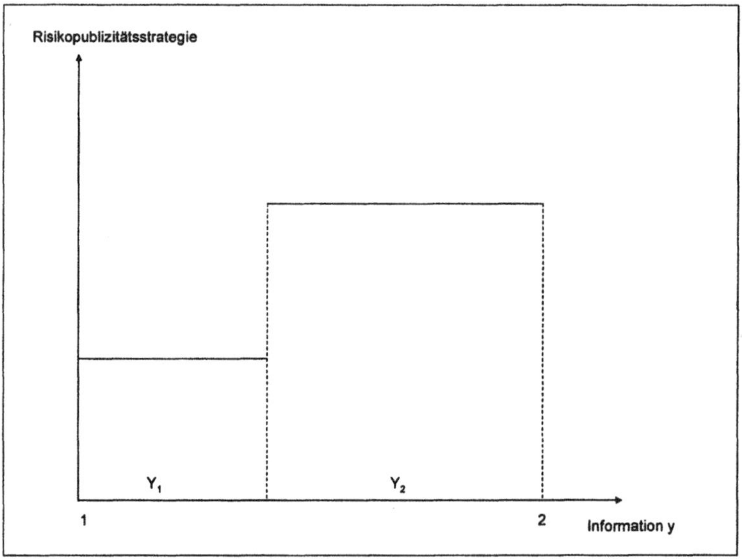

Abb. 4-3: Risikopublizitätsstrategie mit zwei Partitionen (ähnlich: Wagenhofer, A./Ewert, R. (2003), S. 337).

765 Vgl. Wagenhofer, A./Ewert, R. (2003), S. 336 ff. für die Nomenklatur der folgenden Darstellung des cheap-talk Gleichgewichts. Vgl. Blume, A./DeJong, D. V./Kim, Y.-G. et al. (1998) sowie Farrell, J./Gibbons, R. (1989) für formalere Darstellungen.

Je nach gewählter Risikopublizitätsstrategie Y_1 oder Y_2 ergibt sich ein unterschiedlicher Zielwert für das Unternehmen. Dies ist in Abb. 4-4 verdeutlicht.

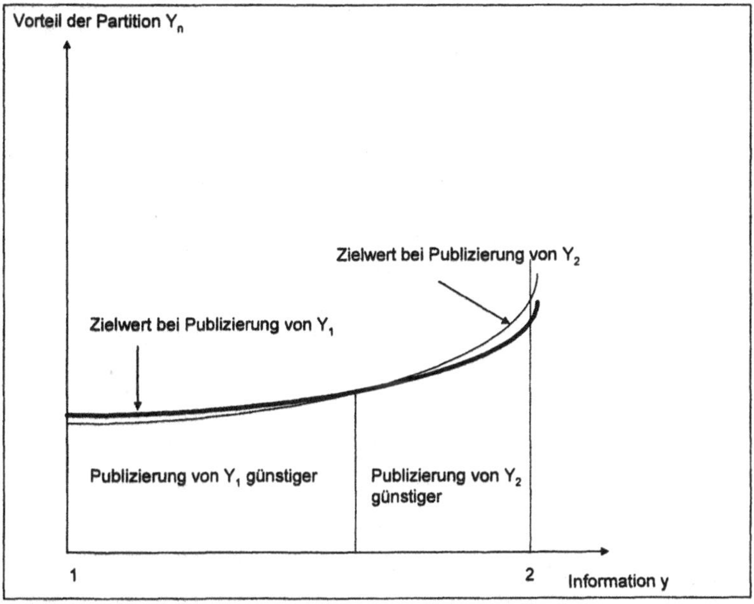

Abb. 4-4: Zielwerte bei Publizierung der Partitionen (Wagenhofer, A./Ewert, R. (2003), S. 338).

Der Zielwert der Publizierung von Y_n ist für das Unternehmen letztlich das Ergebnis einer trade-off Beziehung zwischen den positiven bzw. negativen Zielwertwirkungen auf die unterschiedlichen Informationsempfänger.

Es zeigt sich, dass die risikoorientierte Unternehmenspublizität eben nicht notgedrungen unglaubwürdig ist, nur weil sie nicht verifizierbar ist.[766] Eine derartige Argumentation zeigt aber auf, dass bei konfligierenden Zielen zwischen Kapitalgebern und anderen Informationsinteressenten das Unternehmen einen Anreiz hat, wahrheitsgetreu aber unpräzise zu veröffentlichen.[767] Da die Annahme konfligierender Zielsetzungen von Unternehmen realistisch sein dürfte (vgl. Kapitel 3.1.2), resultiert hieraus die Erwartung der Kapitalgeber, dass Unternehmen unpräzise Intervallaussagen ma-

766 Vgl. Lev, B./Penman, S. H. (1990), S. 74 sowie Verrecchia, R. E. (2001), S. 158-159.

767 Vgl. Park, I.-U. (2002), S. 378.

chen.[768] Dies ist, wie später in der empirischen Untersuchung noch zu zeigen ist, ein im Kontext der risikoorientierten Unternehmenspublizität beobachtbarer Punkt.[769] Dies bedeutet dann allerdings, dass von einer unpräzisen risikoorientierten Unternehmenspublizität nicht darauf geschlossen werden kann, dass dieses Verbesserungspotenzial aufweist.[770] Es kann lediglich ausgesagt werden, dass das Unternehmen durch die gewählte Risikopublizitätsstrategie den Informationsinteressen der Kapitalgeber nur eingeschränkt nachkommt, weil sie gleichzeitig auch andere Informationsinteressen berücksichtigen muss, die in Konflikt mit denen der Kapitalgeber stehen. Würde ein Unternehmen sich zu einer wahrheitsgetreuen und präzisen risikoorientierten Unternehmenspublizität entschließen, würde dies aufgrund der mangelnden Verifizierbarkeit dieser Informationen von den Kapitalgebern nicht geglaubt. Unterstellt man, dass die Kosten der risikoorientierten Unternehmenspublizität dissipativ sind, würde das Unternehmen seinen Marktwert durch die zusätzlichen Kosten der risikoorientierten Unternehmenspublizität verringern, ohne eine a-posteriori Änderung des Erwartungswertes der Kapitalgeber bewirken zu können.

Unternehmen haben somit einen Anreiz, die risikoorientierte Unternehmenspublizität unpräzise zu gestalten.

Die unpräzise Ausgestaltung der risikoorientierten Unternehmenspublizität kann sich hierbei auf den kompletten Risikomanagementprozess (vgl. Kapitel 2.3.2) beziehen. In Kapitel fünf wird empirisch untersucht, inwieweit eine unpräzise:

- Risikoidentifikation,
- Risikobewertung,
- Risikosteuerung und
- Risikokontrolle

vorliegt.

Die Adressaten werden folglich mit einer risikoorientierten Unternehmenspublizität konfrontiert, die bewusst unpräzise gestaltet worden sein könnte. Sie reagieren hierauf, indem der risikoorientierten Unternehmenspublizität nur teilweise Glauben geschenkt wird.

Zusammenfassend ist erkennbar, dass das Verhalten von Adressaten und Erstellern sich gegenseitig beeinflusst. Mithilfe des unraveling-Prinzips

[768] Vgl. Adam, D. (1996) für konfligierende Ziele sowie Farrell, J. (1987) für deren Effekt auf cheap-talk Gleichgewichte.
[769] Vgl. Kapitel fünf.
[770] Dieses Verbesserungspotenzial wird in Kapitel 5.1 als System von Risikopublizitätslücken fundiert.

sowie der cheap-talk Gleichgewichte lassen sich die Einflussfaktoren dieser Verhaltensbeeinflussung herausarbeiten. Neben den Kosten der Bereitstellung risikoorientierter Unternehmenspublizität sind dies insbesondere die wechselseitigen Reaktionen der Ersteller und Adressaten auf diese Publizität. Abb. 4-5 verdeutlicht zusammenfassend die Wechselwirkungen noch mal grafisch.

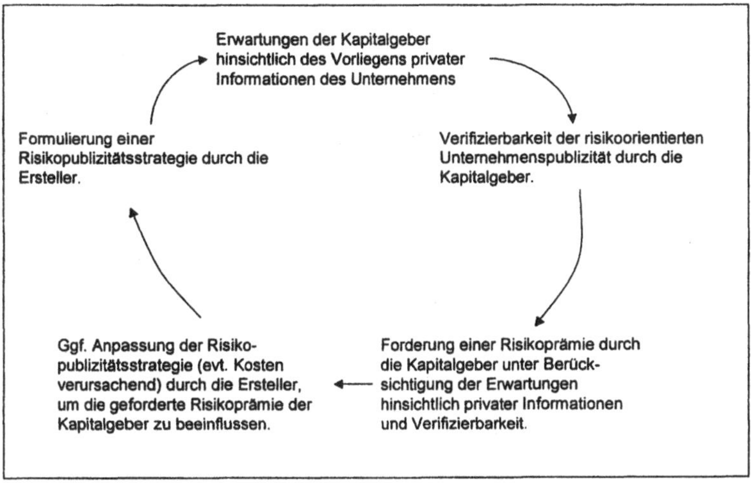

Abb. 4-5: Auswirkungen risikoorientierter Unternehmenspublizität auf Adressaten und Ersteller (eigene Darstellung).

4.2.3 Wirkung auf den Unternehmenswert

Ein Aspekt, der im Zusammenhang mit der Publizierung risikoorientierter Informationen genannt wird, ist, dass es hierdurch möglich sei, die Kapitalkostensätze zu senken und somit den Unternehmenswert zu steigern.[771] Diese Aussage wird im Folgenden untersucht. In den vorangegangenen Ausführungen wurde bislang unterstellt, dass die Informationen zwischen

[771] Vgl. z. B. The Institute of Chartered Accountants in England & Wales (ICAEW) (1999), S. 10.

Kapitalgebern und Unternehmen asymmetrisch verteilt sind.[772] Es werden Modelle vorgestellt, die sich mit der Wirkung von Unternehmenspublizität auf den Unternehmenswert bei asymmetrischer Informationsverteilung beschäftigen. Diese Modelle werden hinsichtlich ihrer Übertragbarkeit auf risikoorientierte Unternehmenspublizität untersucht.

Zunächst erfolgt eine Darstellung der liquiditätsorientierten Ansätze. Hierzu entwickelten *Diamond/Verrecchia* 1991 ein Modell, welches auf dem Bid-Ask Spread beruht.[773] Hierbei wird ein Wertpapierhandel unterstellt, der nach dem Market Maker Prinzip funktioniert.[774] Ein Market Maker ist ein Unternehmen, welches Wertpapiere regelmäßig an- und verkauft, wobei es verpflichtet ist, einen öffentlichen Kurs vorzugeben (im Unterschied zu dem Selbsteintritt eines Brokers in den Wertpapierhandel).[775] Zunächst wird kurz das Konzept des Bid-Ask Spreads vorgestellt.

Anbieter von Wertpapieren müssen für die sofortige Ausübung ihrer Verkaufsorder (Bid) einen Preisabschlag hinnehmen.[776] Umgekehrt müssen auch Nachfrager von Wertpapieren einen Abschlag für die sofortige Ausübung ihrer Kauforder (Ask) akzeptieren.[777] Diese Rente aus dem Wertpapierhandel fällt dem Market Maker zu.[778] Der Market Maker kann ex-ante nicht erkennen, warum ein Händler eine Order abgibt.[779] Hat ein Händler

---

[772] Die Frage, inwieweit Kapitalmärkte informationseffizient sind, ist Gegenstand einer Vielzahl theoretischer und empirischer Abhandlungen. Von besonderer Bedeutung sind hierbei die Effizienzthesen Famas, vgl. hierzu Fama, E. F. (1970) und Fama, E. F. (1991). Diese werden z. T. heftig kritisiert, vgl. hierzu grundlegend Grossman, S. J./Stiglitz, J. E. (1980), Affleck-Graves, J./Callahan, C. M./Chipalkatti, N. (2002) sowie Beaver, W. H. (2002). Behavioristische Erklärungsansätze, wie z. B. De Bondt, W. F. M./Thaler, R. (1985), De Bondt, W. F. M./Thaler, R. H. (1987) sowie Michaely, R./Thaler, R. H./Womack, K. L. (1995), heben die Irrationalität von Anlegern am Kapitalmarkt hervor, die ihre Ursache in einer Übergewichtung vergangener Ereignisse für die zukünftige Kursentwicklung am Kapitalmarkt haben. Für eine empirische Untersuchung der Informationseffizienzthesen von Fama, vgl. bspw. Kara, A./Denning, K. C. (1998). Einen Überblick über die Gesamtproblematik findet sich bei Sapusek, A. (1998).

[773] Vgl. Diamond, D. W./Verrecchia, R. E. (1991).

[774] Die europäischen Wertpapiermärkte funktionieren mitunter nicht auf Basis eines stetigen Handels, sondern mittels eines Handels zu diskreten Abwicklungszeitpunkten. Zu den Implikationen, die hieraus auf die Bedeutung des Bid-Ask Spread ausgehen, vgl. Amihud, Y./Mendelson, H. (1987), S. 547-551. Um den stetigen Handel zu ermöglichen ist es notwendig, dass die Market Maker Wertpapiere auf Vorrat halten, vgl. hierzu Amihud, Y./Mendelson, H. (1980), S. 32.

[775] Vgl. SEC (2000a).

[776] Vgl. Amihud, Y./Mendelson, H. (1986), S. 223.

[777] Vgl. Amihud, Y./Mendelson, H. (1986), S. 223.

[778] Vgl. Amihud, Y./Mendelson, H. (1980), S. 31.

[779] Der Market Maker ist somit auf ein Monitoring-System, wie Unternehmenspublizität eines ist, angewiesen, vgl. hierzu Muller, K. A. III/Riedl, E. J. (2002), S. 866.

private Informationen, die ihn zu einem sofortigen Handel motivieren, kann der Market Maker, der nicht über diese privaten Informationen verfügt, übervorteilt werden.[780] Dieser Handel kann für den Market Maker insbesondere deshalb zu Nutzeneinbußen führen, da er den Handel aus den eigenen Wertpapiervorräten durchführt.[781] Die private Information ist somit noch nicht im Ankaufkurs des Market Makers enthalten.[782] Der Market Maker unterliegt bei Ausübung dieser Orders der Unsicherheit, dass die Gegenpartei über private Informationen verfügt, sodass der Market Maker übervorteilt wird.[783] Der Market Maker wird infolgedessen nur dann bereit sein eine Order anzunehmen, wenn das Risiko des Informationsnachteils kompensiert wird.[784] Diese Kompensation erfolgt durch eine Erhöhung des Bid-Ask Spreads.[785] Durch eine derartige Erhöhung der Transaktionskosten sinkt die Marktliquidität des Wertpapiers.[786] Die Transaktionskosten, die sich im Bid-Ask Spread widerspiegeln, sind aber nicht nur auf die Informationsasymmetrien zwischen Market Maker und Händlern zurückzuführen, da auch die Höhe der Vorratshaltung an Wertpapieren Einfluss auf den Bid-Ask Spread hat.[787]

Die Modelle von *Diamond/Verrecchia* sowie von *Baiman/Verrecchia* unterstellen, dass es zumindest einen uninformierten Händler gibt. Dessen Motivation zu handeln, besteht in einem Liquiditätsbedarf.[788] Ferner gibt es einen mit privaten Informationen versehenen Händler, der handelt, um seinen Informationsvorsprung zu nutzen.[789]

Neben den liquiditätsorientierten Ansätzen wird noch das *Barry/Brown*-Modell vorgestellt. Dieses erklärt die Kapitalkosten senkende Wirkung risikoorientierter Unternehmenspublizität nicht mittels der asymmetrischen Informationsverteilung zwischen den Adressaten und Erstellern. Vielmehr wird unterstellt, dass die Kapitalkostensätze sich mit dem CAPM bestimmen lassen. Dieses unterliegt parametrischen Schätzrisiken. Risikoorien-

---

780 Vgl. Muller, K. A. III/Riedl, E. J. (2002), S. 866. Vgl. Grossman, S. (1976), S. 573 allgemein zu der Problematik ohne Market Maker.

781 Vgl. Amihud, Y./Mendelson, H. (1980), S. 32-33 zu den Effekten der Vorratshaltung auf die Preisbildung im Zeitablauf.

782 Vgl. wiederum Amihud, Y./Mendelson, H. (1980), S. 32 zu den Auswirkungen der Vorratshaltung auf die Markteffizienz.

783 Vgl. Muller, K. A. III/Riedl, E. J. (2002), S. 866.

784 Vgl. Amihud, Y./Mendelson, H. (1986), S. 223.

785 Vgl. Amihud, Y./Mendelson, H. (1986), S. 223.

786 Vgl. Amihud, Y./Mendelson, H. (1986), S. 224.

787 Beispielsweise auch Kosten für das Vorhalten von Wertpapieren Bestandteil des Bid-Ask Spreads.

788 Vgl. Amihud, Y./Mendelson, H. (1980), S. 33.

789 Vgl. Amihud, Y./Mendelson, H. (1980), S. 33.

tierte Unternehmenspublizität führt zu einer Senkung der Kapitalkostensätze, wenn die Schätzrisiken verringert werden können.

Abschließend wird das *Jorgensen/Kirschenheiter*-Modell dargestellt. Dieses stellt unmittelbar eine Beziehung zwischen der risikoorientierten Unternehmenspublizität und den Kapitalkostensätzen her. Das *Jorgensen/Kirschenheiter*-Modell basiert auf den Erkenntnissen von *Barry/Brown*. Daher ist die Darstellung der asymmetrischen Informationsverteilung zwischen den Adressaten und Erstellern lediglich verkürzt abgebildet. Aus diesem Grund wird der Aussagegehalt des *Jorgensen/Kirschenheiter*-Modells vor dem Hintergrund der Erkenntnisse des unraveling-Prinzips sowie der liquiditätsorientierten Ansätze gewürdigt.

4.2.3.1 Diamond/Verrecchia-Modell

Das Modell von *Diamond/Verrecchia* verbindet die Elemente Unternehmenspublizität, Marktliquidität für Unternehmenswertpapiere und Kapitalkostensätze. Ein solches Modell ist, obwohl von genereller Natur, auch für die Beurteilung der Wirkung von risikoorientierter Unternehmenspublizität hilfreich, um beschreiben zu können, ob durch deren Einführung Informationsasymmetrien abgebaut werden können. Aus diesem Grund soll es auf den Fall der Ausweitung der allgemeinen um eine risikoorientierte Unternehmenspublizität angewandt werden.[790] Die bisherigen Ausführungen haben gezeigt, dass zusätzliche Informationen unter bestimmten Voraussetzungen für die Kapitalgeber zu einem Nutzenzuwachs führen.[791] Aus dem resultierenden ökonomischen Vorteil kann eine Verringerung der Kapitalkostensätze des publizierenden Unternehmens folgen. Wie zu zeigen ist, ergibt sich nach diesem Modell, dass eine vollständige Beseitigung von Informationsasymmetrien zwischen Kapitalgebern und dem Unternehmen nicht sinnvoll ist. Diese Aussage ist konsistent zu derjenigen, die für Informationskosten bei einem einzelnen Adressaten hergeleitet wurde (vgl. Kapitel 4.1). Im Folgenden wird auf die Struktur, Prämissen und Ergebnisse dieses Modells abgestellt. Auf die detaillierte formale Herleitung der Ergebnisse wird verzichtet.

Ein wesentliches Merkmal dieses Modells ist, dass die Market Maker risikoavers und lediglich begrenzt bereit sind, Risiken aus dem Wertpapier-

---

[790] In Kapitel drei wurde detailliert beschrieben, dass die implizite Risikoorientierung sich aus den Messhypothesen der Unternehmenspublizität ergibt. Eine Ausweitung der Unternehmenspublizität kann sich insofern nur auf die explizite Risikoorientierung erstrecken, wie in Deutschland 1998 durch das KonTraG geschehen.

[791] Wie bereits bei der Darstellung des unraveling-Prinzips, sind in diesem Modell unter den Kapitalgebern letztlich nur die Eigenkapitalgeber zu verstehen, da dieses Modell auf den Handel mit Aktien untersucht.

handel zu übernehmen.[792] Für die beiden Händler wird angenommen, dass sie risikoneutral sind.[793]

Es wird von zwei ex-ante gleich großen institutionellen Händlern ausgegangen.[794]

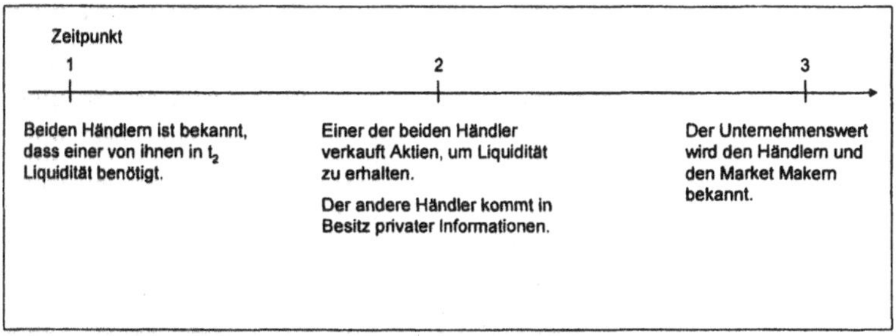

Abb. 4-6: Zeitlicher Ablauf des Modells von *Diamond/Verrecchia* (eigene Darstellung).

Betrachtet werden drei Zeitpunkte (vgl. Abb. 4-6). Im Zeitpunkt t_3 wird der Unternehmenswert pro Aktie v offenbar. Q_0 bezeichnet die Anzahl der ausstehenden Aktien in allen drei Zeitpunkten. Der gesamte Unternehmenswert ergibt sich folglich zu vQ_0. Zum Zeitpunkt t_2 benötigt einer der beiden Händler Liquidität, wohingegen der andere Händler zu diesem Zeitpunkt private Informationen bekommt. Die Wahrscheinlichkeit dafür, welcher der Händler private Informationen bekommt oder Liquidität benötigt, beträgt im Zeitpunkt t_1 jeweils 0,5. Sämtliche Zufallsvariablen sind normalverteilt mit einem Erwartungswert von null und einer nicht näher bestimmten Varianz.[795] Die Zufallsvariablen sind stochastisch unabhängig voneinander.

Der Händler, der zum Zeitpunkt zwei liquiditätsbedingt Aktien verkaufen muss, hält einen Endbestand von η Aktien. Die Verteilung von η und der Umstand, dass Liquidität im Zeitpunkt zwei mit einer Wahrscheinlichkeit von 0,5 benötigt wird, sind im Zeitpunkt eins bekannt.

Der Wert einer Aktie ergibt sich aus den drei unabhängigen Zufallsvariablen:

---

792 Vgl. Diamond, D. W./Verrecchia, R. E. (1991) sowie Labhart, P. A. (1999), S. 84-87.

793 Die Modellergebnisse sind allerdings auch bei risikoaversen Händlern dieselben.

794 Diese Annahme ist notwendig, da private Informationen nur bei großen Transaktionen einen Einfluss auf den Bid-Ask-Spread haben, vgl. hierzu Labhart, P. A. (1999), S. 85.

795 Dies bedeutet, dass eine Standardnormalverteilung als Grenzfall vorliegt.

(4-1) $v = u + \delta + \Delta$

mit:

- u Unternehmenspublizität,
- δ private Information des Händlers,
- Δ private, proprietäre Information des Unternehmens.

Der Händler, der zum Zeitpunkt t_2 private Informationen erhält, bekommt diese in Form von δ. Das Unternehmen kann sich bereits vor dem Zeitpunkt t_2 dazu entscheiden, δ zu publizieren. Die Information wird nicht unmittelbar veröffentlicht, sondern in einen Kontext χ eingebettet. χ könnte bspw. für die risikoorientierte Unternehmenspublizität stehen, wohingegen δ das Wissen um ein spezifisches Unternehmensrisiko ist. Die publizierte Information hat annahmegemäß die Form:

(4-2) $\chi = \delta + \varepsilon$

Zum Zeitpunkt t_2 kann sich das Unternehmen ebenfalls dazu entscheiden, die private Information Δ zu veröffentlichen, über die keiner der beiden Händler verfügt:

(4-3) $y = \Delta + \xi$

Wie bereits in Gleichung 4-5 erfolgt auch in Veröffentlichung der proprietären Information des Unternehmens mittelbar durch die Publizierung von y. Die Realisation von u ist zum Zeitpunkt zwei allen Parteien unbekannt. *Diamond/Verrecchia* nennen auch Beispiele für derartige Unternehmenspublizität. Diese könnte zum einen in der Anwendung eines spezifischen Wahlrechts der Rechnungslegung begründet liegen. Zum anderen könnte es sich aber ebenso um zusätzliche Informationen über das Jahresergebnis oder Entwicklungsprognosen handeln, deren Informationsgehalt verifizierbar ist.[796] *Diamond/Verrecchia* modellieren folglich die Zufallsvariable u derart, dass sie öffentlich bekannte Information darstellt. Da die öffentliche Bekanntgabe Merkmal der Definition von Unternehmenspublizität ist, wird im Folgenden unterstellt, dass es sich bei u um die allgemeine Unternehmenspublizität handelt.

Die Ergebnisse des in den Grundzügen dargelegten Modells sind:

Unter Annahme einer vorgegebenen linearen Preisfunktion des Market Makers ergibt sich, dass mit zunehmender Annäherung der publizierten Information χ an die private Information δ, die der informierte Händler besitzt, dies zu einem höheren Gleichgewichtspreis der Aktie im Zeitpunkt t_1

---

[796] Mit dieser Prämisse werden die in cheap-talk Gleichgewichten diskutierten Auswirkungen nicht verifizierbarer Informationen ausgeklammert.

führt. Durch die Publizierung von χ erhöht sich die Liquidität des Marktes für die Unternehmensaktie im Zeitpunkt t_2. Dies ist im Zeitpunkt t_1 ein Anreiz, eine größere Position zu erwerben. Dies erhöht die Nachfrage im Zeitpunkt t_1, die den Preis erhöht und somit die Kapitalkostensätze senkt.

Die Steigerung des Aktienwertes durch Senkung der Kapitalkostensätze ist abhängig von der Unternehmensgröße, da kleine Handelsvolumina geringere Informationen beinhalten.[797] Dieses Ergebnis bleibt auch erhalten, wenn bei größeren Unternehmen proportional zu deren Größe höhere Publizitätskosten unterstellt werden.

Die Steigerung des Aktienwertes verursacht durch die Unternehmenspublizität, erhöht aber nicht notwendigerweise den Wohlstand der Händler. Dies liegt in dem Umstand begründet, dass der informierte Händler die zum Zeitpunkt t_2 erhaltene private Information nicht vollständig nutzen kann, da das Unternehmen sich entschieden hat, diese Information δ in Form von χ zu veröffentlichen. Ferner ist die ursprünglich vom Händler gehaltene Anzahl an Aktien relevant. Durch die Einbeziehung von χ in die Unternehmenspublizität zum Zeitpunkt t_1 kann der Händler einen Kursgewinn realisieren, den er im Zeitpunkt t_2 bei Ausgabe der Kauforder nicht mehr realisieren könnte. Würde die Publizität entfallen, könnte der Händler zum Zeitpunkt t_3 aufgrund der von ihm gehaltenen privaten Information aus dem Zeitpunkt t_2, ebenfalls einen Kursgewinn realisieren. Dieser könnte folglich nur realisiert werden, wenn bereits eine gewisse Grundmenge an Aktien bei dem Händler vorliegt und die private Information δ eine Ausprägung besitzt, die tatsächlich einen Einfluss auf die Preissetzung der Market Maker hat. Die erste Bedingung entspricht der Allokation einer Rente zwischen dem Unternehmen (niedrigere Kapitalkosten) und den Händlern (Informationsvorsprung). Die zweite Bedingung ist die Verteilung der Rente zwischen Market Maker und Händler. Je geringer die Anzahl an informierten Händlern, umso niedriger ist das totale Orderungleichgewicht, welches von den Market Makern zu tragen ist. Solange der Bid-Ask Spread eine ausreichende Höhe hat, um die Market Maker im Markt zu halten, führt eine Verringerung der Informationsasymmetrie zu einer Wohlfahrtssteigerung der Händler. Dies gilt auch dann, wenn sie die Kursgewinne zu dem höheren Preis aufgrund der erweiterten Unternehmenspublizität erwerben müssen.

Die maximale Wertpapierrendite ergibt sich allerdings dann, wenn eine restliche Informationsasymmetrie verbleibt. Dies liegt daran, dass bei Informationsasymmetrien ein Order-Ungleichgewicht zu beobachten ist, welches die Rente für den Market Maker darstellt. Ist diese Rente zu gering, verlässt der Market Maker den Markt für den Wertpapierhandel, was

[797] Vgl. bereits Anmerkung in Fn. 794.

zu einer Reduktion der Risikoaufnahmekapazität führt. Dies schränkt die Möglichkeiten größerer Transaktionen ein, sodass der Preis liquiditätsbedingt sinkt. Um geringere Kapitalkostensätze zu erreichen, ist vorauszusetzen, dass die Informationsasymmetrien entsprechend hoch sind und signifikante, d. h. Preis beeinflussende, Informationen veröffentlicht werden.

Abschließend sollen die Erkenntnisse aus dem Modell von *Diamond/Verrecchia* noch hinsichtlich ihrer Verwendbarkeit für eine Wirkungsanalyse der risikoorientierten Unternehmenspublizität gewürdigt werden.

Durch die Einführung der risikoorientierten Unternehmenspublizität (explizit) kann bei den Kapitalgebern nur bedingt von einer Wohlfahrtssteigerung durch eine Kapitalkostensenkung ausgegangen werden.

Diese Erkenntnis lässt sich unmittelbar aus den Vorüberlegungen ableiten. Unterstellt wird hierbei, dass χ stellvertretend für mögliche Ausgestaltungsformen der risikoorientierten Unternehmenspublizität steht und das ein Wahlrecht vorliegt, ob dieser nachgekommen wird. Legt man eine verpflichtende risikoorientierte Unternehmenspublizität zugrunde, ist diese Bestandteil der allgemeinen Publizität u. Da u bereits in t_1 sowohl den Market Makern als auch den Händlern bekannt ist, kann eine risikoorientierte Unternehmenspublizität unter diesen Voraussetzungen nicht zu einer Senkung der Kapitalkostensätze führen.

Eine Restinformationsasymmetrie ist sinnvoll. D. h. der vollständige Abbau aller Informationsasymmetrien zwischen Kapitalgebern und Market Makern durch die Einführung bzw. Ausweitung der risikoorientierten Unternehmenspublizität ist nicht erstrebenswert.

Speziell auf risikoorientierte Unternehmenspublizität bezogen, ergeben sich weitere Einschränkungen der Anwendbarkeit dieses Modells. Der Zeiteffekt der risikoorientierten Unternehmenspublizität wird nicht hinreichend berücksichtigt. Die oben genannte Forderung lautete, dass die zunehmende Informationsgenauigkeit einen positiven Einfluss auf das Preisfunktional der Market Maker haben muss. Die Aussage hieraus ist, dass mit zunehmender Genauigkeit der Unternehmenspublizität, von oben bereits dargelegten Ausnahmen abgesehen, ein positiver Kurseffekt zu erwarten ist. Die Aussage erscheint plausibel. Allerdings müssen auch andere Wirkungen der risikoorientierten Unternehmenspublizität auf das Preisfunktional der Market Maker berücksichtigt werden, die den oben geschilderten positiven Preiseffekt der Informationsgenauigkeit überkompensieren könnten. Neben der Wirkung auf Kapitalkostensätze kann ebenfalls eine Wirkung auf den künftig von Händlern und Market Makern erwarteten freien Cash flow möglich sein. Zu denken wäre hier insbesondere an einen

„bad news"-Effekt.[798] Wenn ein Unternehmen Informationen über unternehmensspezifische Risiken aufgrund gesetzlicher Verpflichtung publiziert, die bislang nicht eingepreist waren, ist intuitiv anzunehmen, dass der Preis zunächst sinkt, da abhängig vom Planungshorizont des informierten Investors diese schlechte Nachricht eine Verkaufsorder zusätzlich zu der des Händlers mit Liquiditätsbedarf ausgelöst werden könnte. Es ist zwar vorstellbar, dass die Kapitalkostensätze des Unternehmens aufgrund geringerer Informationsasymmetrien sinken. Gleichzeitig könnten die schlechten Informationen aber auch die Erwartungen zukünftiger freier Cash flows reduzieren, sodass der Unternehmenswert trotzdem sinken könnte.[799] Lediglich, wenn diese Glaubwürdigkeitsprämie (Publizität trotzt der Erwartung negativer Kursentwicklungen) die revidierten Erwartungen des freien Cash flows im Planungshorizont des Händlers überkompensiert, könnte ein positiver Effekt abgeleitet werden.

Das Unternehmen könnte versuchen die Informationen über Risiken so zu gestalten, dass den gesetzlichen Publizitätsanforderungen genüge getan wird, aber gleichzeitig die Informationsverarbeitung durch die Händler und Market Maker durch nicht verifizierbare Informationen soweit erschweren, dass der potenzielle negative Kurseffekt nicht so stark ausfällt (vgl. Kapitel 4.2.2). Dies würde aber auch bedeuten, dass die Publizitätsgenauigkeit abnehmen könnte. Somit würde der Kurseffekt geringer ausfallen als bei verifizierbarer Information, wie in dem Modell angenommen. Entsprechend würden die Kapitalkostensätze nicht in dem ursprünglichen Ausmaß sinken.

Es wird deutlich, dass das Abstraktionsniveau des Modells sehr hoch ist. Wechselwirkungen zwischen Informationsgenauigkeit und Art der Information werden vereinfachend nicht berücksichtigt. Da bereits in dieser stark vereinfachten Modellwelt keine klare Wirkung von Unternehmenspublizität auf den Wohlstand von Unternehmen und Kapitalgebern ermittelt werden konnte, zeigt sich, dass bei einer Spezifizierung der Publizität zu einer risikoorientierten Unternehmenspublizität die generierbaren Wirkungsaussagen noch deutlich geringer sind. Die zeitweilig vertretene These, dass risikoorientierte Unternehmenspublizität dazu geeignet ist, die Kapitalkostensätze zu senken, kann letztlich in dieser Absolutheit auf Basis dieses Modells als nicht haltbar angesehen werden.

---

798 Der Begriff wurde angelehnt an Milgrom, P. R. (1981).

799 Das Modell führt die Änderung des Marktwertes des Unternehmens lediglich auf die Veränderung der Kapitalkostensätze zurück. Vgl. Moxter, A. (1982), S. 61 für eine detailliertere Darstellung, welche Einflussfaktoren eine Änderung des Marktwertes bewirken können.

4.2.3.2 Baiman/Verrecchia-Modell

Das Modell von *Baiman/Verrecchia* wird angeführt, weil es dasjenige von *Diamond/Verrecchia* um das Verhalten sowie Verhaltensanreize der Ersteller risikoorientierter Unternehmenspublizität ergänzt.[800] Dies ist von besonderer Bedeutung, da es hierdurch möglich wird, Wechselwirkungen der Entscheidungen von Adressaten und Erstellern hinsichtlich der Ausgestaltung von risikoorientierter Unternehmenspublizität zu identifizieren. In diesem Modell wird versucht, die Kurs bildenden Elemente:

- Kapitalmarkt,
- Unternehmenspublizität,
- Kapitalkostensätze,
- Informationsasymmetrie zwischen Management und Kapitalgebern sowie
- Insiderhandel

in einem geschlossenen Modell zu verbinden.[801] Hierbei identifizieren die Autoren zwei gegenläufige Effekte. Zum einen sinkt mit zunehmender Publizität, bspw. durch die Einführung der risikoorientierten Unternehmenspublizität, die Leistung des Unternehmens sowie die Möglichkeit zur indirekten Managementkompensation durch Insiderhandel. Zum anderen erhöht sich aber die Marktliquidität, in deren Folge die Kapitalkosten für das Unternehmen sinken. Die Leistung des Unternehmens sinkt durch eine Publizitätsausweitung, da eine Zunahme publizierter Unternehmensinformationen mit einer Abnahme des Aktionsniveaus der Manager einhergeht.[802] Die Verringerung des Aktionsniveaus der Manager wird dadurch erklärt, dass die Möglichkeiten durch Nutzen privater Informationen eine zusätzliche Entlohnungskomponente zu erschließen, durch eine Ausweitung der Unternehmenspublizität eingeschränkt wird. Das Modell unterstellt ein kursbasiertes Performancemaß (Cash flow inkl. Managementkompensation) anhand dessen die Leistung des Unternehmens gemessen wird. Aufgrund der Verringerung des Aktionsniveaus des Managements wird dieses weniger effizient und die Unternehmensleistung geht zurück. Dass die Managementkompensation mit zunehmender Unternehmenspublizität abnimmt, erscheint intuitiv, da eine Verringerung der Informationsasymmetrien am Kapitalmarkt die Möglichkeiten der Manager von ihrem Informationsvorsprung Gebrauch zu machen, reduziert. Die Argumentation

---

[800] Bei Diamond/Verrecchia werden die Verhaltensanreize der Ersteller risikoorientierter Unternehmenspublizität ausgeklammert. Es werden lediglich Verhaltensoptionen aufgezeigt. Im Modell erstrecken sich diese auf die Zufallsvariablen y und χ.

[801] Vgl. Baiman, S./Verrecchia, R. E. (1996), für das gesamte Modell sowie Labhart, P. A. (1999), S. 87-91. Vgl. Stocken, P. C./Verrecchia, R. E. (1999) für eine Modifikation.

[802] Vgl. Baiman, S./Verrecchia, R. E. (1996), S. 1-2 u. 6.

hinsichtlich der Beziehung Marktliquidität und Kapitalkosten entspricht der, wie sie auch bei *Diamond/Verrecchia* geführt worden ist. Das Modell beschreibt insgesamt sieben Zeitpunkte (vgl. Abb. 4-7).

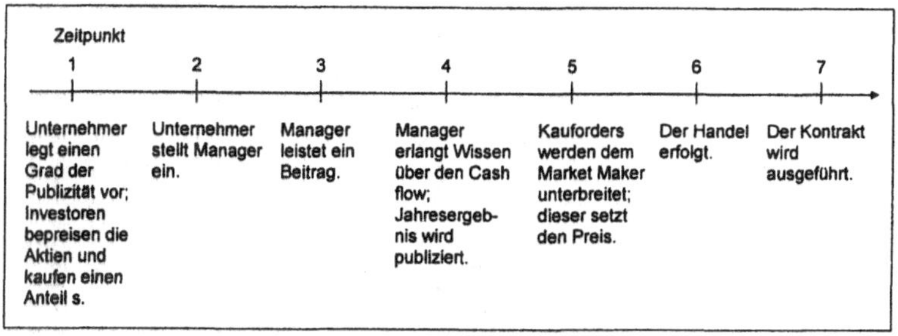

Abb. 4-7: Zeitlicher Ablauf des Modells von *Baiman/Verrecchia* (ähnlich: Baiman, S./Verrecchia, R. E. (1996), S. 88).

Zum Zeitpunkt t_1 hat ein Unternehmer Liquiditätsbedarf. Um diesen zu stillen, legt er zunächst die Publizitätsstrategie fest und verkauft einen Anteil von s Aktien, die vom Markt aufgenommen werden. Zum Zeitpunkt t_2 wird ein Manager eingestellt, der im Folgenden das Unternehmen für die Kapitalgeber führt. Der Manager leistet dann im Zeitpunkt t_3 seinen Arbeitseinsatz. Dessen Ergebnis erfährt er zum Zeitpunkt t_4. Von nun an ist ihm der Cash flow, den das Unternehmen erwirtschaftet hat, bekannt. Der Manager gestaltet nun im Rahmen regulativer Vorgaben die Unternehmenspublizität, wissend, dass er seinen Informationsvorsprung durch Insidergeschäfte zu seinem Nutzen gebrauchen kann. Im Zeitpunkt t_5 werden nun Kaufaufträge des Managers oder anderer informierter Investoren ausgeübt. Liquiditätshändler bieten hingegen Aktien an. Der Liquiditätsbedarf ist hierbei exogen vorgegeben. Der Manager kann durch Insidergeschäfte seine Gesamtkompensation steigern. Der Kompensationsvertrag mit dem Unternehmer basiert ausschließlich auf der Unternehmenspublizität (bspw. in Form des publizierten Jahresergebnisses) und dem Aktienpreis zum Zeitpunkt t_5.

Zum Zeitpunkt t_3 leistet der Manager einen durch die Marktteilnehmer nicht direkt beobachtbaren Arbeitseinsatz. Dieser beeinflusst den Cash flow des Unternehmens wie folgt:

(4-4) $u = e + x$ und

(4-5) $r = u + \delta$.

Es gilt hierbei:

- u Cash flow des Unternehmens inkl. Managementkompensation;

- e Arbeitseinsatz des Managers im Zeitpunkt t_3;
- x normalverteilter Störterm;
- r Unternehmenspublizität;
- δ normalverteilter Störterm, (u. a. Maß der Qualität der Unternehmenspublizität).

Zum Zeitpunkt t_4 erlangt der Manager Informationen über die Ausprägung des Cash flows. Dieser ist abhängig zum einen von der Arbeitsleistung des Managers e und allen anderen für den Manager exogenen Faktoren x. Im Anschluss wird die Genauigkeit der Unternehmenspublizität durch den Manager festgelegt. Die Unternehmenspublizität hängt zum einen von der Realisation des Cash flows u sowie anderer exogener Faktoren δ ab. Hierbei kann es sich zum einen um das ursprüngliche Niveau der Unternehmenspublizität oder aber auch um die Wirkung inhaltlich abweichender Publizität konkurrierender Unternehmen handeln.

In Zeitpunkt t_5 werden die Orders eingereicht, wobei diejenigen des Managers dem Markt nicht bekannt sind. Der Market Maker legt in Zeitpunkt t_6 den Preis fest. Hierzu schätzt er den Cash flow des Unternehmens, welchen er nach wie vor nicht direkt als Information vorliegen hat. Die Approximation erfolgt unter Verwendung der Unternehmenspublizität r, dem Orderungleichgewicht und einem öffentlichen Signal über den Arbeitseinsatz des Managers.

In der abschließenden Phase t_7 wird der Cash flow abzüglich der Managementkompensation an die Investoren ausgezahlt. Es lassen sich folgende Aussagen ableiten:

Die Marktliquidität nimmt mit zunehmender Unternehmenspublizität zu. Folglich könnte die Einführung bzw. Ausweitung der risikoorientierten Unternehmenspublizität zu einer Verbesserung der Marktliquidität führen. Bei der Preisbildung durch den Market Maker verliert die Information über das Orderungleichgewicht an Bedeutung. Die in den Kapitalkostensätzen enthaltene Risikoprämie wird reduziert. Die Kapitalkosten sinken. Diese Aussage ist konsistent mit dem Ergebnis von *Diamond/Verrecchia.*

Durch die Einführung bzw. Ausweitung der risikoorientierten Unternehmenspublizität verringert sich die Möglichkeit des Managers, von Insidergeschäften Gebrauch zu machen. Da die indirekte Kompensationskomponente zurückgeht, kann davon ausgegangen werden, dass der Manager diese vertraglich kompensiert sehen möchte.

Eine Einführung bzw. Ausweitung der risikoorientierten Unternehmenspublizität könnte somit zu einer Reduktion der Leistung des Unternehmens führen. Der Market Maker nutzt, wie bereits erwähnt, drei Informationsquellen zur Preisbestimmung. Je präziser die Unternehmenspublizität ist, desto weniger private Informationen hat das Management und entsprechend mehr Informationen erhält er über den Cash flow. In dem Maße, wie Informationen über den Cash flow präzisiert werden, nimmt die Bedeutung des Orderungleichgewichtes ab, da es lediglich dazu genutzt wird, Rückschlüsse auf die privaten Informationen des Managers zu ziehen. Dieser Weg der Bestimmung privater Informationen des Managers durch das Orderungleichgewicht bedingt aber wiederum, dass das Signal über die Managerleistung verarbeitet wird. Die Verarbeitungsqualität sei hierbei höher, wenn die Genauigkeit der Unternehmenspublizität niedrig ist. Der Aktienkurs verliert somit bei zunehmender Genauigkeit der Unternehmenspublizität seine Funktion als Maß für den Einsatz des Managers. Hieraus könnten Anreize bestehen, den Managementvertrag im Sinne der Agencytheorie suboptimal zu erfüllen.

Das Modell von *Baiman/Verrecchia* ist hinsichtlich der Preisfindungsproblematik auf den Kapitalmärkten komplexer als das vorherige Modell von *Diamond/Verrecchia*. Ergebnis ist auch hier wieder, dass es theoretisch eine Ausgestaltung von risikoorientierter Unternehmenspublizität geben muss, die nicht darin liegt, dass Informationsasymmetrien vollständig eliminiert werden. Im Gegenteil, es konnte sogar aufgezeigt werden, dass durch eine Einführung bzw. Ausweitung der risikoorientierten Unternehmenspublizität negative Leistungsanreize auf den Manager entstehen können. *Labhardt* beschreibt dieses Ergebnis zunächst als nicht intuitiv und plausibilisiert es anhand der Überlegungen von *Baiman/Verrecchia*. Allerdings vermag dieses Argument aus Sicht der Bilanztheorie nicht zu überzeugen. Grundsätzlich besteht die in Kapitel drei bereits dargelegte Problematik, wonach die Unternehmenspublizität zweckadäquat ausgestaltet sein muss, um operationalisierbar zu sein. Aus der Bedingung der Zweckadäquanz wird auch deutlich, dass Unternehmenspublizität entweder so ausgestaltet werden kann, dass sie die gegenwärtige Unternehmensperformance misst oder aber derart, dass von ihr die gewünschten Anreizwirkungen auf das Management ausgehen. Beides zu erreichen ist aus grundsätzlichen Erwägungen nicht möglich. Insofern scheint die obige Argumentation nicht schlüssig. Selbst wenn der Market Maker bessere Informationen über die Höhe des Cash flows des Unternehmens bekommt, besteht für ihn kein rationaler Grund zu glauben, dass die Anreizkomponente der Preisbildung durch eine entsprechende Einführung bzw. Ausweitung der risikoorientierten Unternehmenspublizität nicht mehr wichtig sei. Wenn auch die Erwartungen über das zukünftige Verhalten des Managers mit in die Preisfindung eingehen sollten, wäre es aufgrund des Zweckadäquanzprinzips irrational, wenn er seine Anreizinformationen nicht mehr zur Preisfindung heranzieht.[803] Eine in der Leistung des Unternehmens selber liegende negative Auswirkung von risikoorientierter Unternehmenspublizität erscheint

[803] Vgl. allgemein Moxter, A. (1991), S. 5 ff. zum Zweckadäquanzprinzip.

in dieser Form nicht sinnvoll, wenn auch die Auswahl der Parameter, die in die Preisfindung eingehen, einen bedeutenden Fortschritt verglichen mit *Diamond/Verrecchia* darstellt.

Die anderen Argumente, dass die hier dargestellten bedingten Auswirkungen von Unternehmenspublizität auf die risikoorientierte Unternehmenspublizität haben, bleiben ebenfalls bestehen. Es fehlt eine Differenzierung der publizierten Informationsarten. In dem Modell wird zwar von Genauigkeit der Unternehmenspublizität gesprochen. Deren tatsächliche Gestalt bzw. die Elemente, die eben diese Genauigkeit konstituieren, bleiben aber im Dunkeln. Aufgrund dieser vereinfachten Betrachtungsweise kommt der „bad news"-Effekt, wie er bereits dargestellt wurde, auch in diesem Modell nicht zum Tragen. Anders formuliert beantwortet dieses Modell nicht, was eigentlich zu einer Präzisierung von Unternehmenspublizität führt. Dass risikoorientierte Unternehmenspublizität hierbei eine Rolle spielen kann, ist lediglich zu vermuten.

Auch das zeitliche Auseinanderfallen von risikoorientierter Unternehmenspublizität (jährliche Lageberichtserstellung im Rahmen des Jahresabschlusses bzw. quartalsmäßig bei einer Zwischenberichterstattung ohne Lagebericht) wird nicht adressiert. Die Zeitpunkte dieses Modells unterstellen letztlich viel geringere Publizitätsspannen. Der Market Maker hat ansonsten im Zeitpunkt t_6 nur zwei aktuelle Informationsquellen, d. h. das öffentliche Signal über die Arbeitsleistung des Managers und das Orderungleichgewicht. In diesen Fällen nähert sich dieses Modell doch wieder dem Preisbildungsprozess des Modells nach *Diamond/Verrecchia* an.

Ferner zu kritisieren ist das Abstellen auf Insiderhandel. Der Vorteil, welcher dem Insiderhandel beigemessen wird, ist in dem Modell zu hoch ausgewiesen, denn eigentlich müssten auch die Kosten berücksichtigt werden, die einem Manager dadurch entstehen, dass er beim Insiderhandel durch die staatlichen Aufsichtsbehörden überführt wird. Diese Problematik ist allerdings grundlegender Natur, da der Handel bei Vorliegen maßgeblicher Insiderinformationen jedem Händler untersagt wäre. Also wäre auch das Modell von *Diamond/Verrecchia* hiervon betroffen. Letztlich stellt die Annahme des Insiderhandels ein mögliches Extrem indirekter Managementkompensation dar. Die Vorstellung, dass diese Kompensationskomponente aufgrund des gesetzlichen Verbots vollständig entfällt, ist hierbei das andere Extrem. Aus Gründen der Komplexitätsreduktion realer Sachverhalte kann ein Rückgriff auf diese Modellannahme gerechtfertigt werden.

4.2.3.3 Barry/Brown-Modell

Die Preisbildungsmodelle von *Diamond/Verrecchia* und *Baiman/Verrecchia* modellieren die Kursbildung unter Einbeziehung von Unternehmenspublizität durch Rückgriff auf Informationsasymmetrien zwischen Kapitalgebern, Market Makern und Unternehmensmanagement. Einen anderen Weg beschreiten *Barry/Brown*. Sie analysieren anhand eines Gleichgewichtsmodells die Auswirkungen von Schätzrisiken auf die Marktpreisbildung.[804] Das zugrunde gelegte Gleichgewichtsmodell beruht auf dem Capital Asset Pricing Model (CAPM). Das Schätzrisiko kann in zwei Ausprägungen vorliegen.

- Die Modellparameter zur Bestimmung der Gleichgewichtsrendite mittels des CAPMs sind durch alle Marktteilnehmer zu schätzen. Das Ausmaß der Schätzunsicherheit ist für alle Wertpapiere im Marktportefeuille gleich groß. Aus dem Modell wird deutlich, dass ein derartiges Schätzrisiko keine Auswirkungen auf die Gleichgewichtsrendite hat.
- Das zweite Szenario für ein Schätzrisiko ist dadurch charakterisiert, dass das Schätzrisiko der im Marktportefeuille enthaltenen Wertpapiere ungleich verteilt ist.

Barry/Brown modellieren die zweite Form des Schätzrisikos, indem sie ein Marktportefeuille mit S Wertpapieren konstruieren. Die Anzahl bekannter historischer Renditen für das Wertpapier S_1 ist N, für alle anderen Wertpapiere S_n ist die Anzahl der bekannten historischen Renditen n_2, wobei gilt: $n_2<N$. Das Wertpapier S_1 wird im Folgenden als Hochinformationspapier bezeichnet, weil es mehr historische Renditeinformationen umfasst. Alle anderen Wertpapiere werden als Niedriginformationspapiere klassifiziert. Die Wertpapierrenditen folgen einer Normalverteilung. Die Kovarianzmatrix dieser Wertpapiere ist bekannt. Der Erwartungswertvektor ist hingegen nur unvollständig bekannt.[805] Die a-priori Informationen über den Erwartungsvektor werden abgebildet durch eine multivariate Normalverteilung. Das Modell von *Barry/Brown* überträgt diese vektoriellen Informationen auf die Herleitung des CAPM.[806]

---

[804] Vgl. Barry, C. B./Brown, S. J. (1985) für eine Gesamtdarstellung sowie Labhart, P. A. (1999), S. 91-94. Vgl. ebenfalls Brown, S. (1979), Clarkson, P./Guedes, J./Thompson, R. (1996), Klein, R. W./Bawa, V. S. (1976) zur Konzeption des Schätzrisikos.

[805] Das Modell ist auch dann robust, wenn unterstellt wird, dass die Kovarianzmatrix nicht vollständig bekannt ist.

[806] Auf eine formale Ableitung wird verzichtet, vgl. hierzu ausführlich Barry, C. B./Brown, S. J. (1985).

Ergebnis des Modells ist, dass Hochinformationswertpapiere aufgrund der geringeren Schätzrisiken auch geringere ß-Faktoren aufweisen.

Werden Gleichgewichtsrenditen berechnet, indem das klassische CAPM unterstellt wird, ergibt sich, dass für Wertpapiere mit einem geringeren Informationsstand abnormale Renditen erwirtschaftet werden können, da aufgrund des unterstellten höheren ß-Faktors bei Anwendung des klassischen CAPMs eine Unterbewertung stattfindet, die ein Marktteilnehmer ausnutzen kann.

Das Modell bildet den Unterschied zwischen Hochinformations- und Niedriginformationswertpapieren durch die Anzahl der bekannten historischen Renditen ab. Das Modell ist aber allgemein gültig für Informationsunterschiede. Hierunter fällt insbesondere auch die Einführung bzw. Ausweitung der risikoorientierten Unternehmenspublizität. Allerdings ist auch in diesem Modell, wie in den zuvor dargestellten Modellen, nicht ersichtlich, was eine mit einer Einführung bzw. Ausweitung von risikoorientierter Unternehmenspublizität verbunden ist. Diese Lücke muss empirisch geschlossen werden.

Ein wesentlicher Unterschied zwischen dem unterstellten Gleichgewichtsmodell und den oben angeführten Modellen besteht darin, dass im Gleichgewichtsmodell ein mehr an Informationen gleichzeitig auch ein Absinken der (Markt-) Risikoprämie verursacht. Diese Aussage steht im Widerspruch zu den obigen Erkenntnissen. Allerdings muss nach wie vor berücksichtigt werden, dass die Gleichgewichtsmodelle restriktiven Prämissen unterworfen sind, die eine empirische Validierung letztlich unmöglich machen.[807]

Da theoretisch die Frage der Wirksamkeit risikoorientierter Unternehmenspublizität nicht beantwortet werden kann, ist letztlich der empirische Weg die verbleibende Alternative.

Ein grundsätzlicher Kritikpunkt am CAPM ist, dass homogene Erwartungen der Kapitalmarktteilnehmer vorausgesetzt werden. Wie bereits durch *Lintner* aufgezeigt wurde, ist eine Aufgabe dieser Prämisse grundsätzlich möglich, ohne dass das CAPM an Gültigkeit verlieren würde.[808] *Barry/Brown* nehmen diese Überlegungen auf und demonstrieren, dass auch in ihrem Modell die Annahme homogener Erwartungen nicht notwendig ist.

Zusammenfassend kann konstatiert werden, dass es auch diesem Modell nicht gelingt, einen Indikator zu entwickeln, anhand dessen es möglich wäre, die Vorteilhaftigkeit einer risikoorientierten Unternehmenspublizität

[807] Vgl. hierzu auch Copeland, T. E./Weston J. F. (1992), S. 212 ff.

[808] Vgl. Lintner, J. (1969), zitiert nach Perridon, L./Steiner, M. (2002), S. 278.

theoretisch abzuleiten. Dieser Fakt liegt darin begründet, dass das Modell letztlich nur eine Adaption des Bayes'schen Lernens ist.[809] Eine grundlegende Adaption der Idee einer Einführung bzw. Ausweitung der risikoorientierten Unternehmenspublizität ist letztlich nicht Gegenstand dieses Modells.

Ferner bleibt es in der Modellierung des Preissetzungsmechanismuses deutlich hinter den auf Informationsasymmetrien aufbauenden Modellen zurück. Die Grundidee eines Investors, der versucht sein Portfolio so zu diversifizieren, dass er nur dem systematischen Risiko unterliegt, bleibt erhalten. Gerade hier liegt auch der Schwachpunkt der Argumentation von *Barry/Brown*. Unternehmensspezifische Risiken sind, soweit sie unsystematischen Charakter aufweisen, nach wie vor diversifizierbar. Wenn man von der Hypothese ausgeht, dass jeder Investor aus Gründen der Rationalität bemüht ist, sich vollständig zu diversifizieren, erscheint es sinnlos, in risikoorientierte Unternehmenspublizität zu veröffentlichen, die der Kapitalgeber nicht tragen muss. Dies würde wiederum erforderlich machen, dass bei der risikoorientierten Unternehmenspublizität zwischen systematischen und unsystematischen Elementen differenziert werden kann. Was aus dieser Argumentation letztlich deutlich wird, ist, dass keine eindeutigen Rückschlüsse auf die Wirkung der risikoorientierten Unternehmenspublizität anhand dieser Modellierung geschlossen werden können.

4.2.3.4 Jorgensen/Kirschenheiter-Modell

Dis bislang dargestellten Modelle bezogen sich auf die Unternehmenspublizität im Allgemeinen. Die Spezifika hinsichtlich der Übertragbarkeit auf Risikoorientierung wurden aus den Modellprämissen abgeleitet. Das Modell von *Jorgensen/Kirschenheiter* versucht hingegen die Wirkungen von freiwilliger risikoorientierter Unternehmenspublizität direkt abzubilden.[810] Im Folgenden wird dieses Modell kurz vorgestellt und hinsichtlich der bereits im Rahmen der anderen Modelle gewonnenen Erkenntnisse gewürdigt.

Motiviert durch empirische Untersuchungen, die den Nutzen des FRR No. 48 „Disclosure of Accounting Policies for Derivative Financial Instruments and Derivative Commodity Instruments and Disclosure of Quantitative Information About Market Risk Inherent in Deriviative Financial Instruments, Other Financial Instruments and Derivative Commodity Instruments" dokumentieren, versuchen *Jorgensen/Kirschenheiter* ein Modell zu entwickeln, welches auch freiwillige risikoorientierte Unternehmenspubli-

---

[809] Vgl. Jorgensen, B. N./Kirschenheiter, M. T. (2003).
[810] Vgl. Jorgensen, B. N./Kirschenheiter, M. T. (2003).

zität berücksichtigt. Das Modell unterstellt den in Abb. 4-8 dargestellten zeitlichen Ablauf.

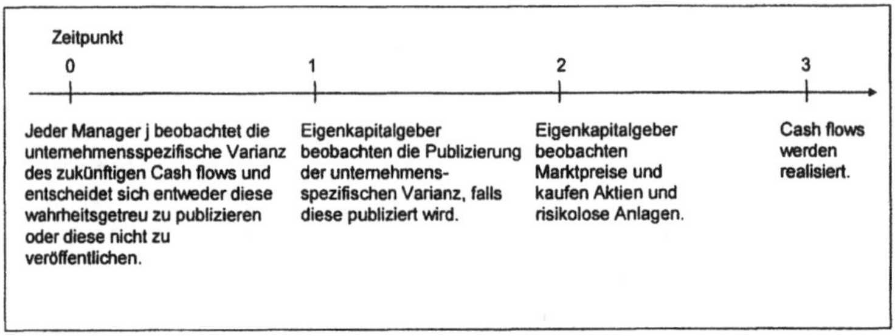

Abb. 4-8: Zeitlicher Ablauf des Modells von *Jorgensen/Kirschenheiter* (ähnlich: Jorgensen, B. N./Kirschenheiter, M. T. (2003), S. 453).

Dem Modell werden einige Annahmen zugrunde gelegt.

Es wird unterstellt, es gäbe J Unternehmen. Die Auszahlungen am Ende der Zeitreihe lassen sich beschreiben durch:

(4-6) $X_j = \mu_j + \gamma_j F + \varepsilon_j$

mit

- X_j risikobehaftete Auszahlung des Unternehmens j am Ende des Betrachtungszeitraums;
- μ_j erwarteter Cash flow des Unternehmens j;
- F Marktrisikofaktor;
- γ_j Sensitivität bezüglich des Marktrisikofaktors;
- ε_j unternehmensspezifisches Risiko des Unternehmens j.

Es wird folglich unterstellt, dass es zwei Einflussfaktoren auf den erwarteten Cash flow des Unternehmens j gibt. Dies ist zum einen das allen Marktteilnehmern bekannte marktspezifische Risiko. Das unternehmensspezifische Risiko ist hingegen eine Information, die zunächst nur dem Manager des Unternehmens j bekannt ist.

Das marktspezifische Risiko ist normalverteilt mit. Das unternehmensspezifische Risiko folgt einer bedingten Wahrscheinlichkeitsfunktion. Die risikobehaftete Auszahlung eines Unternehmens j folgt somit ebenfalls einer bedingten Wahrscheinlichkeitsfunktion.

Zum Zeitpunkt t_0 erfährt der Manager des Unternehmens j, welche Ausprägung vj annimmt. Er kann sich nun entscheiden, das Wissen über v_j zu publizieren, wobei Publizitätskosten $C_j > 0$ entstehen, die den Cash flow des Unternehmens vermindern. Alternativ kann er auf die Publizität verzichten, wobei keine Kosten anfallen. Es können nun drei Vektoren abgeleitet werden:

$$\text{(4-7)} \quad \begin{array}{l} 1.\, N_j \subseteq \Re^+ \\ 2.\, \underline{N} \\ 3.\, \underline{N}_{-j} \end{array}$$

Vektor 1 umfasst die Varianzen, die von den Managern j nicht veröffentlicht werden. Vektor 2 beschreibt die dichotomen Ausprägungen der Publizitätsstrategien aller Manager j. Vektor 3 entspricht Vektor 2 mit Ausnahme eines Unternehmens j.

Es gibt I Kapitalgeber, die einer konstanten Risikoaversion $a_i>0$ unterliegen. Diese teilen ihr Portefeuille in B-Anteile einer risikofreien Anlage und S-Anteile der risikobehafteten Cash flows der Unternehmen j auf. Die risikofreie Rendite sowie der Aktienpreis P_j werden von den Kapitalgebern als gegeben angenommen. Die Kapitalgeber beobachten, ob ein Manager j die unternehmensspezifische Varianz publiziert. Tut er dies nicht, treffen die Kapitalgeber Annahmen über dessen Ausprägung. Die Kapitalgeber gehen dabei automatisch von der höchst möglichen unternehmensspezifischen Varianz aus. Der Kurs der Unternehmensanteile j lässt sich wie folgt beschreiben:

$$\text{(4-8)} \quad P_j = P_j(v_j, N_j \mid \underline{N}_{-j}, \hat{N})$$

Das Circumflex soll ausdrücken, dass die Kapitalgeber Annahmen über die Ausprägungen der unternehmensspezifischen Varianz anstellen.

Nach dem Modell von *Jorgensen/Kirschenheiter* ergibt sich der gleichgewichtige Kurswert eines Unternehmens j, welches nicht publiziert, somit aus der unternehmensspezifischen Varianz v_j und dem Vektor der nicht publizierten Ausprägungen der unternehmensspezifischen Risiken unter Berücksichtigung der Publizitätsstrategien aller anderen Unternehmen j sowie ihrer eigenen Einschätzungen der nicht publizierten unternehmensspezifischen Varianz. Die Kapitalgeber i teilen nun ihr Portefeuille auf die risikofreie Anlage sowie auf die Wertpapiere P_j auf. Hieraus ergibt sich ein Endwert des Portefeuilles von:

$$\text{(4-9)} \quad W_i = B_i R_f + \sum_{j=1}^{J} S_{ij}(X_j - 1_{\{v_j \notin N_j\}})C_j$$

Dieser Endwert wird maximiert. Auf eine Darstellung der Maximierung soll hier verzichtet werden. Allerdings sollen die wesentlichen Erkenntnisse aus diesem Modell vorgestellt werden.

In einer ex-post Betrachtung kann aufgezeigt werden, dass Unternehmen, die der risikoorientierten Unternehmenspublizität nachkommen, einen höheren Kurswert aufweisen, als Unternehmen, die unternehmensspezifische Risiken nicht veröffentlichen.

Dies ist letztlich in dem Umstand begründet, dass Kapitalgeber automatisch vom schlimmsten Möglichen und somit von der höchst möglichen unternehmensspezischen Varianz ausgehen. Das Modell reduziert hierdurch letztlich den Nichtausweisbereich auf einen Punkt der Verteilung. Die Annahme eines durch Publizitätskosten verursachten Nichtausweisbereichs ist konsistent mit den Erkenntnissen des unraveling-Prinzips. Allerdings verkürzen *Jorgensen/Kirschenheiter* den unraveling-Prozess, indem sie Reaktionen des Managements auf die Erwartungen der Kapitalgeber über das nicht publizierte unternehmensspezifische Risiko ausschließen. Dies gilt insbesondere für die Verhaltensanreize wie bei *Baiman/Verrecchia* dargestellt. Diese Annahme erscheint folglich sehr restriktiv. Zusätzlich müssten Kapitalgeber Schätzungen der Publizitätskosten vorzunehmen, um hieraus ein Nichtausweisintervall abzuleiten.

Eine Verpflichtung zur risikoorientierten Unternehmenspublizität aufgrund der entstehenden Publizitätskosten führt ex-ante immer zu niedrigeren Gleichgewichtspreisen der jeweiligen Wertpapiere, als bei einer freiwilligen risikoorientierten Unternehmenspublizität.

Der niedrigere Gleichgewichtspreis wird hierbei allerdings nicht durch höhere Kapitalkostensätze verursacht, sondern vielmehr durch eine Verringerung des freien Cash flows durch die Kosten der verpflichtenden risikoorientierten Unternehmenspublizität.

In Anlehnung an die bereits dargestellte Arbeit von *Barry/Brown* kommen *Jorgensen/Kirschenheiter* zu der Erkenntnis, dass ihr Modell vereinbar mit dem CAPM sei.

Der ß-Faktor von Unternehmen, die keine Angaben zum unternehmensspezifischen Risiko machen, ist höher als der von Unternehmen, die das unternehmensspezifische Risiko kommunizieren.

Das Modell unterstützt letztlich die Forderung, dass der risikoorientierten Unternehmenspublizität aus freiwilligen Erwägungen des Managements nachzukommen sei. Allerdings ist dieses Ergebnis nur haltbar, wenn die Prämissen hinsichtlich des Verhaltens der Kapitalgeber und Manager aufrechterhalten werden. Hebt man die Prämisse auf, dass Kapitalgeber Preisnehmer sind, wie in den Modellen von *Diamond/Verrecchia* und *Baiman/Verrecchia*, so ist nicht mehr sichergestellt, dass die Modellergebnisse halten. Dies wird von *Jorgensen/Kirschenheiter* selber bestätigt. Gleiches gilt, wenn der unraveling-Prozess realistischer modelliert wird. Das

Modell hatte zum Ziel, die Wirkungen freiwilliger risikoorientierter Unternehmenspublizität zu untersuchen. Der Risikobezug ergibt sich aus der Verdichtung der Unternehmensrisiken auf eine Varianz des erwarteten zukünftigen Cash flows einer Unternehmung. Diese Varianz setzt sich additiv aus der markt- und der unternehmensspezifischen Varianz zusammen. Eine derartige Modellierung erlaubt den Übergang auf das *Barry/Brown*-Modell, stellt, aber wie in Kapitel drei deutlich wird, eine sehr einfache Abbildung von Risiko in der Unternehmenspublizität dar.

4.2.4 Zwischenfazit

Ziel des Kapitels 4.2 war es, die Wirkungen risikoorientierter Unternehmenspublizität auf die konfligierenden Ziele von Adressaten und Erstellern zu untersuchen. In einer solchen Situation muss das Unternehmen eine Risikopublizitätsstrategie festlegen und die Kapitalgeber müssen auf seine Erwartungen hinsichtlich der gewählten Risikopublizitätsstrategie reagieren.[811] Grundlegend für eine derartige Ausweitung der Wirkungsanalyse ist das unraveling-Prinzip, da es, auf Basis der Annahme asymmetrischer Informationsverteilung zwischen Adressaten und Erstellern, aufzeigt, welche Wirkungen hiervon auf diese beiden Gruppen ausgehen. Der Marktwert eines Unternehmens wird hiernach beeinflusst durch die a-priori Erwartungen der Kapitalgeber sowie durch deren Erwartungen hinsichtlich der Risikopublizitätsstrategie des Unternehmens. Die a-posteriori Erwartungen der Kapitalgeber in Bezug auf den Unternehmenswert können das Unternehmen dazu veranlassen, die Risikopublizitätsstrategie anzupassen.

Im Anschluss an die Darstellung des unraveling-Prinzips wurde untersucht, welche Wirkungen von risikoorientierter Unternehmenspublizität zu erwarten sind, wenn diese von den Adressaten nicht verifiziert werden kann. Zu diesem Zweck wurde das Konzept der cheap-talk Gleichgewichte vorgestellt.[812] Die Diskussion der cheap-talk Gleichgewichte ist von besonderer Bedeutung, da die Problematik nicht verifizierbarer Informationen im besonderen Maße auch für die zukunftsgerichtete risikoorientierte Unternehmenspublizität gegeben ist. Es konnte aufgezeigt werden, dass Unternehmen einen Anreiz haben, die risikoorientierte Unternehmenspublizität unpräzise zu gestalten. Da die Adressaten mit einer risikoorientierten Unternehmenspublizität konfrontiert werden, die bewusst unpräzise gestaltet worden ist, reagieren sie hierauf, indem der risikoorientierten Unternehmenspublizität nur teilweise Glauben geschenkt wird.

---

811 Vgl. allgemein zu diesem Ablauf Bloomfield, R. (1996), Gigler, F. B./Hemmer, T. (2001), How, J. C. Y./Yeo, J. J. L. (2000) sowie mit einer internationalen Empirie Hope, O.-K. (2003).

812 Cheap-talk Gleichgewichte stellen nach der Systematik aus Verrecchia, R. E. (2001) „discretionary-based disclosures“ dar.

Zum anderen wird untersucht, ob von der Gestaltung der risikoorientierten Unternehmenspublizität durch die Ersteller Wirkungen auf den Marktwert des Unternehmens ausgehen können. Es wird folglich von der Annahme ausgegangen, dass eine Ausweitung der risikoorientierten Unternehmenspublizität eine Änderung von Kapitalkostensätzen oder des freien Cash flows bewirken kann.[813] Hierzu wird ein Modell von *Jorgensen/Kirschenheiter* vorgestellt, welches sich mit der Wirkung risikoorientierter Unternehmenspublizität auf den Marktwert des Unternehmens auseinander setzt. Da dieses Modell spezifische Annahmen hinsichtlich der asymmetrischen Informationsverteilung zwischen Adressaten und Erstellern aufstellt, wurden im Vorfeld des *Jorgensen/Kirschenheiter*-Modells weitere Modelle diskutiert, welche die Konsequenzen der getroffenen Annahmen explizieren. Es konnte herausgearbeitet werden, dass eine Steigerung des Marktwertes der Unternehmen durch die Einführung bzw. Ausweitung der risikoorientierten Unternehmenspublizität nicht eindeutig bestätigt werden kann, da hieran über die Erkenntnisse des Kapitels 4.1 hinaus eine Vielzahl an Prämissen geknüpft werden.

4.3 Theorie der Regulierung der risikoorientierten Unternehmenspublizität

Ein in der Wirkungsanalyse bislang unberücksichtigter Punkt ist, dass Rechnungslegung als wesentliches Element der Unternehmenspublizität nicht das Ergebnis von Markttransaktionen ist, sondern vielmehr einer Regulierung unterliegt.[814] Das Ausmaß der Gestaltbarkeit von Unternehmenspublizität ist somit begrenzt. Natürlich bestehen insbesondere Ansatz- und Bewertungswahlrechte, aber eben nur in einem gesetzlichen Rahmen. Da von der Annahme ausgegangen werden kann, dass die verpflichtende Unternehmenspublizität in ihrem Umfang die freiwillige Unternehmenspublizität dominiert, erscheint es sinnvoll, sich auch mit den Gründen für eine Regulierung von Unternehmenspublizität auseinander zu setzen. Dieses Argument gewinnt zusätzlich an Bedeutung, wenn man sich vergegenwärtigt, dass die risikoorientierte Unternehmenspublizität das Ergebnis eines regulierenden Eingriffs in die Rechnungslegung ist, da es in Deutschland positives Recht darstellt. Eine Regulierung risikoorientierter Unternehmenspublizität findet gegenwärtig auch auf europäischer Ebene statt, was in der nationalen Auslegung zu unterschiedlichen Niveaus der risikoorientierten Unternehmenspublizität führen könnte.[815] Gleichzeitig hat eine derartige Regulierung in den USA keine Umsetzung gefunden. Im Folgenden werden Erklärungsansätze für Regulierung vorgestellt.

---

813 Modelle dieser Art werden zu den „efficiency-based disclosure" Arbeiten gezählt, vgl. Verrecchia, R. E. (2001), S. 164-165.

814 Vgl. Gassen, J. (2000), S. 78.

815 Vgl. als Beispiel zur Konvergenz Black, E. L./White, J. J. (2003).

4.3.1 Gerechtigkeitsmotive

Unternehmenspublizität ist nicht nur ein Gegenstand des Interesses der Betriebswirtschaftslehre sondern auch anderer Wissenschaften, insbesondere aber der Rechtswissenschaft.[816] Neben diesen wissenschaftlichen Einflüssen steht die Unternehmenspublizität auch im Spannungsfeld der öffentlichen Diskussion, insbesondere über die Verteilungsgerechtigkeit.[817] Diese Diskussionen sind vielfach von Interessenvertretern beeinflusst. Im Ergebnis ist Unternehmenspublizität somit ein Gegenstand der Politik.[818] Im Kontext der Gerechtigkeit steht die Ungewissheit, ob eine Regelung, wie die Einführung der risikoorientierten Unternehmenspublizität, gerecht ist. In diesem Zusammenhang wird vom *Rawlschen* Schleier der Ungewissheit gesprochen.[819] Demnach ist eine Regelung dann gerecht, wenn sie ex-ante von allen Betroffenen als derart empfunden wird.

Bezogen auf die risikoorientierte Unternehmenspublizität besagt der *Rawlsche* Schleier, dass private Risikoinformationen einer breiten Öffentlichkeit dann zugänglich gemacht werden sollen, wenn die Empfänger dieser Informationen der Meinung sind, dass dies aus ihrer Sicht gerechter sei, als Risikoinformationen privat zu halten.

Wie aufgezeigt wurde, ist eine solche Reallokation von Informationen nicht notgedrungen immer wohlfahrtssteigernd im ökonomischen Sinne.[820] Gesellschaftspolitisch ist folglich abzuwägen, ob soziale Gerechtigkeit schwerer wiegt als evtl. auftretende ökonomische Nutzeneinbußen.[821] Ein derart weit gefasstes Entscheidungsfeld schließt eine alleinige ökonomische Beurteilung der Wirkungsanalyse von risikoorientierter Unternehmenspublizität aus. Trotzdem erscheint gerade der Grundgedanke des *Rawlschen* Schleiers bedeutend. Man kann Parallelen zu den Ausführungen *von Hayeks* ziehen. Unternehmenspublizität folgt keinem ökonomischen Gesamtplan, sondern ist vielmehr ein Spiegel vieler Interessen.[822]

4.3.2 Public Choice Ansatz

Der Public Choice Ansatz ist die Übertragung ökonomischer Erkenntnisse auf politisches Handeln. Mit anderen Worten wird hier die Perspektive der Gerechtigkeitsmotive umgekehrt, da die ökonomische Sicht auch auf au-

---

816 Vgl. Merkt, H. (2001), S. 6 ff.
817 Vgl. Gassen, J. (2000), S. 78-79.
818 Vgl. Zeff, S. A. (2002).
819 Vgl. Gassen, J. (2000), S. 78 sowie allgemein zu der Position von John Rawls Stiglitz, J. E. (2000), S. 102-103.
820 Vgl. Stiglitz, J. E. (2000), S. 94 ff.
821 Vgl. Greer, D. E. (1993), S. 10 sowie Nishuyama, C./Leube, K. R. (1984), S. 62 ff.
822 Vgl. Nishuyama, C./Leube, K. R. (1984), S. 213.

ßerökonomische Bereiche, wie der Politik, übertragen wird. Im Public Choice Ansatz wird gefolgert, dass politische Entscheidungsträger, wie deren ökonomische Pendants, versucht sind, ihren individuellen Nutzen zu steigern.[823] Da die politischen Entscheidungsträger Kraft ihres Amtes berechtigt sind, in die Verfügungsrechte Dritter einzugreifen, könnten diese versucht sein, ihren Nutzen zu steigern.[824] *Gassen* stellt hierzu fest, dass die politischen Entscheidungsträger Monopolisten für die Regulierung der Unternehmenspublizität seien, die von den Adressaten und Erstellern von Unternehmenspublizität umworben werden.[825] Dies ist lediglich bedingt der Fall. Es bleibt zum einen zu berücksichtigen, dass politische Entscheidungsträger gewählt werden müssen und somit deren Nutzen nicht unabhängig vom Nutzen des Wählers ist. Durch eine gezielte Beeinflussung von Wählern wäre es dann folglich denkbar, dass Adressaten und Ersteller von Unternehmenspublizität, jeweils verstanden als homogene Interessengruppe, einen Einfluss auf die Regulierung ausüben können.[826] Außerdem ist zu berücksichtigen, dass die politischen Entscheidungsträger in unterschiedlichen Organisationen eingebunden sind, die in einem Verhältnis zueinander stehen. Es ist hierbei an die Beziehung zwischen europäischen und nationalen politischen Entscheidungsträgern zu denken. Der Regulierer tritt selbst als Nachfrager seiner Leistungen auf, wenn er zur eigenen Legitimation Regulierung schafft.[827] Die regulierenden Institutionen stehen folglich in einem Legitimationswettbewerb. *Gassen* stellt fest, dass sich aus diesen Konstellationen eine minimale Einkommensunsicherheit ergeben kann. Es besteht folglich auch kein Anreiz, die Rechnungslegung überhaupt zu deregulieren.[828]

Regulierung kann somit das Ergebnis eines Nachfragedrucks der Ersteller bzw. der Adressaten von Unternehmenspublizität sein. Andererseits könnte Regulierung auch Ergebnis der Geltungsbedürfnisse von Regulierenden sein.[829] Ferner sind Auswirkungen des Rechtssystems mit einzubeziehen.

Die risikoorientierte Unternehmenspublizität wurde in Deutschland durch das KonTraG zu positivem Recht. Vor dem Hintergrund einiger Unternehmenskrisen wurde seitens der Adressaten oder Regulierer von Unternehmenspublizität eine ausgewogenere Darstellung der Chancen und Risiken von Unternehmen gefordert. Es könnte aus diesem Grund für die poli-

---

823 Vgl. Self, P. (1993), S. 4 ff.
824 Vgl. Gassen, J. (2000), S. 79.
825 Vgl. Gassen, J. (2000), S. 79. Vgl. Svendsen, G. T. (1998), S. 34 ff. für ein übertragbares Beispiel
826 Vgl. Gassen, J. (2000), S. 79-80.
827 Vgl. Gassen, J. (2000), S. 80-81 sowie Ogus, A. (1994), S. 9.
828 Vgl. Gassen, J. (2000), S. 81.
829 Vgl. Gassen, J. (2000), S. 81.

tischen Entscheidungsträger Nutzen erhöhend gewesen sein, eine entsprechende Regulierung zu initiieren.[830]

Selbst wenn sich Indizien für eine organisierte Nachfrage nach risikoorientierter Unternehmenspublizität aus der Gesetzesbegründung zum KonTraG ergeben, so lässt sich eine wirklich aktive Einflussnahme auf eine entsprechende Normsetzung nicht nachweisen. Abschließend kann zur Public Choice Theorie festgehalten werden, dass sie strukturell in der Lage ist, die Regulierung als Phänomen zu erklären. Aussagen hinsichtlich der Verbreitung risikoorientierter Unternehmenspublizität lassen sich indes nicht gewinnen.

4.3.3 Krisentheorie

Die im Zusammenhang mit der Public Choice Theorie genannten Einflussfaktoren spielen auch im Rahmen der Krisentheorie eine bedeutende Rolle. Die Nachfrage nach Regulierung wird hierbei durch eine Krise verursacht. So entstanden der SA, der SEA und folglich die SEC im Rahmen der Gesetzgebung des New Deals als Reaktion auf die Weltwirtschaftskrise.[831] Ein aktuelleres Beispiel für eine krisenbedingte Unternehmenspublizität ist der Sarbanes-Oxley-Act.[832] Wie bereits erwähnt, stellt das KonTraG eine Reaktion auf eine als imparitätisch wahrgenommene Unternehmenspublizität dar, die in Zusammenhang mit parallel ablaufenden Unternehmenskrisen den Eindruck vermittelten, dass hier ein Handlungsbedarf vorliegt.[833]

Ursächlich für das Handeln der politischen Entscheidungsträger im Kontext der Krisentheorie ist, dass durch eine Krise der Nutzen der Wähler negativ beeinflusst werden kann.[834] Reagiert der politische Entscheidungsträger nicht darauf, läuft er Gefahr, von den Wählern sanktioniert zu werden. Insofern müsste ein politischer Entscheidungsträger in diesem Fall selbst mit Nutzeneinbußen rechnen. Grundvoraussetzung hierfür ist allerdings, dass der Entscheidungsträger eine Möglichkeit hat, auf die Krise zu reagieren, ohne eigene Nutzeneinbußen zu erleiden.[835]

Bezogen auf die risikoorientierte Unternehmenspublizität lässt sich insofern ableiten, dass eine Krise der Unternehmenspublizität vorgelegen haben muss, die den Regulierer veranlasst hat, aktiv zu werden. Wenig prob-

---

[830] Zumal das KonTraG gerade hinsichtlich seiner Risikoorientierung durch die anderen Interessengruppen kritisiert wurde.
[831] Vgl. Pellens, B. (2001), S. 64-65.
[832] Vgl. zum Sarbanes-Oxley-Act Ferlings, J./Lanfermann, G. (2002) sowie Lanfermann, G./Maul, S. (2002).
[833] Vgl. o. V. (1997), S. 25-26.
[834] Vgl. Greer, D. E. (1993), S. 51 für den Staat als Verursacher.
[835] Vgl. grundsätzlich Ogus, A. (1994), S. 9.

lematisiert ist in diesem Zusammenhang, welche Merkmale eine Krise aufweisen muss. Aufgrund dieser fehlenden Operationalisierung kann das Vorliegen einer Krise lediglich vermutet werden. Der Einführung der expliziten Risikoorientierung in Deutschland sind aber zumindest Unternehmenskrisen im Sinne des deutschen Gesetzgebers vorangegangen, die diesen zur Einführung des KonTraG veranlasst haben.[836]

Für die deutsche Rechnungslegung hat *Busse von Colbe* einen generellen Zusammenhang zwischen zeitlich vorgelagerten Krisen und einer hierdurch initiierten Regulierung der Rechnungslegung nachgewiesen.[837]

4.3.4 Follow the Leader Strategie

Abschließend für den Ausblick auf die Ursachen für Regulierung sei der „Follow the Leader" Ansatz vorgestellt. Dieser basiert auf den *Schumpeterschen* Überlegungen von Innovation und Imitation.[838] Die Entscheidung für eine Regulierungsinnovation oder -imitation stellt für einen politischen Entscheidungsträger eine strategische Fragestellung dar.[839] Um dem Risiko einer fehlgeschlagenen Regulierungsinnovation zu entgehen, kann er sich darauf zurückziehen, Regulierungen, die anderen politischen Entscheidungsträgern einen positiven Nutzen gestiftet haben, zu imitieren. Für den Fall, dass sich alle politischen Entscheidungsträger auf eine Follow the Leader Strategie zurückziehen, kommt es sukzessive zu einer Annäherung der Regulierungssysteme.[840] Allerdings bewirkt ein solches Vorgehen das Ausbleiben von Innovationen. Unternehmenspublizität ist somit das Ergebnis des zu einem Zeitpunkt stärksten Regulierungssystems.[841] Neue Anforderungen durch exogene Faktoren, wie z. B. den Unternehmenskrisen, erfordern eine Regulierungsinnovation.

Die Follow the Leader Strategie lässt sich auf die risikoorientierte Unternehmenspublizität übertragen. Demnach wäre die Einführung der expliziten Risikoorientierung in Deutschland die Imitation der Normen eines anderen Regulierers.

Ein solches Vorbild für den deutschen Regulierer könnte z. B. der SOP 96-4 sein. Aber auch im Rahmen europäischer Rechnungslegungsgremien wurde die risikoorientierte Unternehmenspublizität bereits vor der

[836] Vgl. Kendall, R. (1998), S. 17-48 für eine ausführliche Darstellung nationaler und internationaler Unternehmenskrisen.
[837] Vgl. Busse von Colbe, W. (1996).
[838] Vgl. Schumann, J. (1992), S. 360-361 grundlegend zu den Thesen von Schumpeter.
[839] Vgl. Greer, D. E. (1993), S. 51 ff.
[840] Vgl. Gassen, J. (2000), S. 83.
[841] Vgl. Gassen, J. (2000), S. 83.

KonTraG-Diskussion gefordert.[842] Allerdings haben sich diese Forderungen erst mit der Modernisierungsrichtlinie, also deutlich nach Einführung des KonTraG auf europäischer Ebene rechtlich bindenden Status erlangt.[843]

Bislang wurde ökonomisches Rationalverhalten auf politisches Entscheiden zu übertragen versucht. Hierbei wurde von den Auswirkungen des Rechtssystems abstrahiert. Dass dieses aber einen wesentlichen Einfluss auf die Regulierung hat, liegt in dem Umstand begründet, dass Rechtssysteme im internationalen Kontext ebenfalls in einer Wettbewerbsbeziehung stehen. Dieser Wettbewerb hat wiederum einen Einfluss auf das politische Handeln. Als Beispiel sei hier auf das US-amerikanische Gesellschaftsrecht hingewiesen, welches durch die Bundesstaaten reguliert wird. Zwischen den Bundesstaaten hat ein Liberalisierungseffekt des Gesellschaftsrechtes eingesetzt, der sog. Delaware-Effekt.[844]

4.3.5 Marktliche Koordination versus Regulierung

Wie aus obigen Darstellungen möglicher Regulierungsansätze deutlich geworden ist, handelt es sich bei dieser Fragestellung um einen äußerst komplexen Sachverhalt. Da die Regulierung letztlich versucht, die Marktkoordination zu simulieren, stellt sich die Frage nach dem Regulierungszweck.[845] Im Rahmen der messtheoretischen Analyse des dritten Kapitels wurde bereits intensiv diskutiert, was notwendig ist, damit aus einer Zwecksetzung operationale Unternehmenspublizität entstehen kann. Unbeantwortet blieb allerdings die Frage, welcher Zweck der Unternehmenspublizität tatsächlich in den Vordergrund zu stellen ist. Für jede Regulierungsinstanz stellt sich die Frage nach der Zwecksetzung. Diese Fragestellung wird am Markt durch das Zusammenspiel von Angebot und Nachfrage geklärt. Für Regulierer muss hier allerdings eine normative Vorgabe erfolgen, da keine marktliche Koordination erfolgt. Wird diese Zielsetzung willkürlich vorgegeben, läuft man Gefahr, dass diese letztlich nur ein Dogma ist.[846]

Aus diesen Überlegungen wird bereits ersichtlich, dass es wünschenswert wäre, wenn eine Marktkoordination die Informationsversorgung durch Unternehmenspublizität klären würde.[847]

---

842 Vgl. European Accounting Study Group (2000) für Hinweise auf eine derartige Diskussion risikoorientierter Unternehmenspublizität.

843 Vgl. hierzu die Modernisierungsrichtlinie, Art. 1(14).

844 Vgl. Pellens, B. (2001), S. 38-39.

845 Vgl. Gassen, J. (2000), S. 16 ff.

846 Vgl. Ballwieser, W. (1982), S. 772-773.

847 Vgl. Gassen, J. (2000), S. 16 ff.

Regulierung ist letztlich nur sinnvoll, wenn der Marktmechanismus nicht greift. Um ein derartiges Marktversagen feststellen zu können, ist es aber notwendig, ein normatives Leitbild zu entwickeln, wie ein funktionsfähiger Markt für Unternehmenspublizität auszusehen hätte.

Wie problematisch eine derartige Vorgabe ist, wurde durch *von Hayek* hervorgehoben.[848] Es stellt sich somit die Frage, ob eine Marktkoordination zu erreichen wäre. *Gassen* untersucht diese Fragestellung aus informationsökonomischer, aus institutionentheoretischer und aus evolutorischer Sicht. Er muss letztlich konstatieren, dass diese Ansätze zwar als Phänomen erklärbar sind, allerdings kann eine zweifelsfreie Notwendigkeit zur Regulierung nicht abgeleitet werden.[849]

Zusammenfassend wurde in Kapitel 4.3 demonstriert, dass Regulierung einen wesentlichen Einfluss auf die ökonomischen Wirkungen risikoorientierter Unternehmenspublizität haben kann. Zu diesem Zweck wurden einige Ansätze der Regulierungstheorie vorgestellt und auf die risikoorientierte Unternehmenspublizität übertragen. Hieraus wurde deutlich, dass diese letztlich eine ordnungspolitische Funktion hat, die Schwächen der Unternehmenspublizität zu vermindern.

Die ordnungspolitische Funktion risikoorientierter Unternehmenspublizität ist somit nicht Gegenstand marktlicher Koordination sondern eine normative Vorgabe des Gesetzgebers. Inwieweit diese normative Vorgabe des Gesetzgebers tatsächlich den Informationsbedürfnissen der Adressaten entspricht und ob die Ersteller sich verpflichtet fühlen, diese Regelung im Sinne des Gesetzgebers auszugestalten, kann letztlich nur empirisch überprüft werden. Dies wird Gegenstand des fünften Kapitels dieser Arbeit sein.

4.4 Empirische Untersuchungen zu risikoorientierter Unternehmenspublizität

Wie bereits erwähnt, muss es Untersuchungsgegenstand der betriebswirtschaftlichen Forschung sein, zu untermauern, ob die Einführung bzw. Ausweitung der risikoorientierten Unternehmenspublizität Rückwirkungen auf den Kapitalmarkt haben. Zu diesem Zweck werden nachfolgend die bislang gewonnenen empirischen Erkenntnisse dargelegt.

---

[848] Vgl. Hayek, F. A. von (1975).
[849] Vgl. Gassen, J. (2000), S. 19 ff.

4.4.1 Empirische Untersuchungen der allgemeinen Unternehmenspublizität

Es konnte aufgezeigt werden, dass eine Beurteilung der Wirkungsanalyse von risikoorientierter Unternehmenspublizität theoretisch nur bedingt möglich ist. Nunmehr werden maßgebliche empirische Studien untersucht, die sich mit risikoorientierter Unternehmenspublizität auseinander setzen.[850] Ziel ist es, den Status quo der empirischen Forschung hinsichtlich risikoorientierter Unternehmenspublizität aufzuarbeiten und vor dem Hintergrund der theoretischen Erkenntnisse zu würdigen.

Botosan hat diesen Versuch erstmals 1997 und anschließend nochmals 2002 jeweils für die allgemeine Unternehmenspublizität unternommen.[851] Folglich werden die Ergebnisse kurz vorgestellt und hinsichtlich ihrer Übertragbarkeit auf risikoorientierte Unternehmenspublizität untersucht. *Botosan* formuliert zwei grundlegende Thesen für ihre Arbeit:[852]

1. Zwischen den Eigenkapitalkosten und dem Publizitätsgrad besteht ein negativer Zusammenhang.

2. Der Vorteil reduzierter Eigenkapitalkosten ist weniger signifikant, falls genügend Analysten dem Unternehmen zugeordnet sind.

Die statistische Überprüfung solcher Hypothesen macht es erforderlich, dass die Publizitätsqualität ermittelt wird. Dies unterscheidet diese Empirie von den theoretischen Modellen, die bislang vorgestellt worden sind. *Botosan* unternimmt den Versuch, den Informationswert von Geschäftsberichten zu approximieren, indem sie ein Scoring-Modell aufstellt. Sie konzentriert sich bei der Untersuchung auf Geschäftsberichte. Der ermittelte „DScore" gründet sich auf:

- Hintergrundinformationen,
- Zehn- oder Fünf-Jahreszusammenfassung der historischen Ergebnisse,
- Statistiken nicht finanzieller Kenngrößen,
- Prognoseinformationen und
- Management Discussion and Analysis.

Um Brancheneffekte eliminieren zu können, hat *Botosan* den DScore lediglich für Unternehmen der Maschinenindustrie ermittelt. Neben dem

[850] Aufgrund der noch geringen internationalen Bedeutung der risikoorientierten Unternehmenspublizität werden hinsichtlich messtheoretischer Analysen lediglich deutsche Empirien untersucht.

[851] Vgl. Botosan, C. A./Plumlee, M. A. (2002) sowie Botosan, C. A. (1997).

[852] Vgl. Botosan, C. A. (1997).

DScore wurden folgende Daten zur Charakterisierung der in die Gesamtheit einbezogenen Unternehmen gewählt:

- Analystenabdeckung,
- ß-Faktor,
- Marktkapitalisierung,
- Bilanzsumme,
- Sachanlagevermögen,
- Umsatzerlöse sowie
- Anzahl der Mitarbeiter.

Da *Botosan* den Einfluss des DScores auf die Eigenkapitalkosten von Unternehmen zu identifizieren versucht, müssen diese zunächst ermittelt werden. Hierzu verwendet sie die auf *Edwards-Ohlsen-Bell* zurückgehende Preisbeziehung für ein Wertpapier:[853]

$$(4\text{-}10)\quad P_t = B_t + \sum_{\tau=1}^{T} \frac{E_t[x^a_{t+\tau}]}{(1+r_E)^\tau} + \frac{E_T[P_T - B_T]}{(1+r_E)^T}$$

wobei:

- P_t Wert des Eigenkapitals in t,
- B_t Buchwert des Eigenkapitals in t,
- $X^a_{t+\tau}$ Residualgewinn in $t+\tau$,
- r_E risikoadjustierte Eigenkapitalkosten,
- T Planungshorizont.

Hiernach ergibt sich der Preis eines Wertpapiers in der Periode t aus dem Buchwert des Eigenkapitals zuzüglich des Barwertes der künftig erwarteten Residualgewinne. *Botosan* legt ihrer Untersuchung einen Planungshorizont von vier Jahren zugrunde. Aus diesem Grund muss noch eine Hypothese für den „terminal value" formuliert werden. Dieser wird ermittelt aus der diskontierten Differenz zwischen dem in der vierten Periode T erwarteten Marktwert des Eigenkapitals und des Buchwertes dieser Periode.

Die so ermittelten Eigenkapitalkosten wurden anhand einer Mehrfachregression zunächst auf konsistente Ermittlung geprüft.

Für die folgende Regressionsgleichung ergab sich ein Korrelationskoeffizient von r = 0,14:

$$(4\text{-}11)\quad r_E = \gamma_0 + \gamma_1 \text{Beta}_i + \gamma_2 \ln(\text{MVAL}_i) + \varepsilon_i$$

---

[853] Vgl. zur Vorgehensweise und damit verbundenen Annahmen Ahmed, A. S./Morton, R. M./Schaeffer, T. F. (2000), Herzberg, M. M. (1998), Liu, J./Ohlson, J. A. (2000), Lo, K./Lys, T. (2000) sowie Ryan, S. G. (2000).

mit:

- r_E risikoadjustierte Eigenkapitalkosten,
- γ_n Sensitivität des Risikofaktors n,
- $Beta_i$ ß-Faktor des Unternehmens i,
- $MVAL_i$ Marktwert des Unternehmens i,
- ε_i Störterm der Regressionsgleichung.

Aus der geringen Korrelation muss geschlossen werden, dass die Schätzgenauigkeit der Eigenkapitalkosten gering ist.

Die ursprüngliche Regressionsgleichung wird nunmehr um den durchschnittlichen DScore ergänzt:

(4-12) $$r_E = \gamma_0 + \gamma_1 Beta_i + \gamma_2 \frac{DScore_i}{n} + \gamma_3 MVAL_i + \varepsilon_i$$

Für γ_2 ergibt sich ein leicht negativer Zusammenhang von $\gamma_2 = -0{,}021$. Grundsätzlich bestätigt dieses Ergebnis die erste Hypothese, dass eine verbesserte Unternehmenspublizität auch zu einer Senkung der Eigenkapitalkosten führt. Allerdings musste *Botosan* auch feststellen, dass der Zusammenhang statistisch nicht signifikant ist.

Botosan führte im Folgenden nochmals eine zusätzliche Komplexität ein. Sie führt in obige Mehrfachregression eine kategoriale Variable ein, mit der zwischen Unternehmen mit hoher und niedriger Analystenabdeckung differenziert werden kann. Als Ergebnis konnte festgestellt werden, dass Unternehmen mit hoher Analystenabdeckung keine signifikante Reduktion von Eigenkapitalkosten erzielen können. Unternehmen mit niedriger Analystenabdeckung hingegen erlangen einen statistisch signifikanten Eigenkapitalkostenvorteil, wenn sie ihre Unternehmenspublizität verbessern. *Botosan* ermittelte, dass diese Unternehmen durch eine Verbesserung des DScores um eine Einheit die Eigenkapitalkosten um 28 Basispunkte senken können.

Die Untersuchung von *Botosan* zeigt also einen Zusammenhang zwischen Eigenkapitalkosten und dem Ausmaß der Unternehmenspublizität auf. Es muss allerdings konstatiert werden, dass der DScore ein subjektives Maß der Unternehmenspublizitätsqualität ist. Für andere Maße würden sich folglich auch andere Zusammenhänge ergeben können. Ferner ist der Gesamtzusammenhang sehr schwach.

Botosan hat sich im Jahr 2002 nochmals mit der Wirkung von Unternehmenspublizität auf die Eigenkapitalkosten beschäftigt.[854] Diesmal differenzierte sie zwischen der Publizität zum Geschäftsjahresende, unterjähriger

---

[854] Vgl. Botosan, C. A./Plumlee, M. A. (2002).

Unternehmenspublizität sowie den Investor Relations. Sie kam in ihrer Untersuchung zu dem überraschenden Ergebnis, dass das Volumen der unterjährigen Unternehmenspublizität positiv mit den Eigenkapitalkostensätzen korreliert ist. Die Eigenkapitalkostensätze sinken bei Unternehmensgeschäftsberichten, die zunehmende Publizität aufweisen. Die Investor Relationsmaßnahmen hatten keinen signifikanten Einfluss auf die Eigenkapitalkostensätze.

Dies zeigt auf, dass die Untersuchung der Wirkungen von Unternehmenspublizität auf den Kapitalmarkt sehr komplex ist, da nicht nur Informationsmenge und –inhalte sondern auch die zeitliche Abfolge von Unternehmenspublizität Auswirkungen auf die Eigenkapitalkostensätze haben kann. Wie aus einer Vielzahl von Untersuchungen hervorgeht, scheinen insbesondere Analysten eine große Bedeutung für die Preisbildung zu haben.[855]

Zusammenfassend kann festgestellt werden, dass es Botosan gelingt, einen zumindest schwachen Zusammenhang zwischen Eigenkapitalkosten und Unternehmenspublizität herzuleiten. Somit kann vermutet werden, dass die risikoorientierte Unternehmenspublizität als Bestandteil der allgemeinen Publizität ebenfalls einen Einfluss auf die Eigenkapitalkosten haben könnte. Da der Zusammenhang bei der allgemeinen Unternehmenspublizität aber bereits schwach ist, wird im Folgenden die Auffassung vertreten, dass die risikoorientierte Unternehmenspublizität einen ebenfalls schwachen bzw. schwächeren Einfluss auf die Eigenkapitalkosten hat.

Für die eigene empirische Untersuchung, die in Kapitel fünf folgt, wird somit gefolgert, dass nicht die Wirkung der risikoorientierten Unternehmenspublizität auf Unternehmenskennzahlen untersucht werden soll, da der Zusammenhang nicht stark genug sein dürfte. Vielmehr wird die risikoorientierte Unternehmenspublizität durch die Ausprägungen bestimmter Unternehmenskennzahlen beeinflusst.

4.4.2 Empirische Untersuchungen der expliziten Risikoorientierung

Gibt es eine Vielzahl empirischer Untersuchungen zur allgemeinen Unternehmenspublizität, ist dies bei der risikoorientierten Unternehmenspublizität nicht mehr der Fall. Dies mag zum einen daran liegen, dass die risikoorientierte Unternehmenspublizität in Deutschland aufgrund des Status als positives Recht einen größeren Stellenwert hat als in anderen Ländern.[856]

---

[855] Vgl. hierzu z. B. Dutta, S./Gigler, F. (2002), Kallunki, J.-P./Martikainen, M. (2003), Kirschenheiter, M./Melumad, N. D. (2002), Moehrle, S. R. (2002), Payne, J. L./Robb, S. W. G. (2000) sowie Penman, S. H./Zhang, X.-J. (2002).

[856] Bei der deutschen Rechtsetzung handelt es sich zumindest um eine Regelung, die nicht explizit in die 4. und 7. EG-Richtlinie aufgenommen worden ist.

Allerdings muss festgestellt werden, dass Risikoberichterstattung einen vergleichbaren Umfang in Unternehmen genießt, deren Konzernabschluss nach anderen als den vorgestellten Rechnungslegungsnormen aufgestellt worden ist.[857] Da die regulative Auseinandersetzung mit der Pflicht zur Risikoberichterstattung erst seit 1998 durch das KonTraG in Angriff genommen wurde, ist die Anzahl der empirischen Untersuchungen zur risikoorientierten Unternehmenspublizität nicht sonderlich hoch. Außerdem wurde bislang nicht der Versuch unternommen, eine Verbindung zwischen der risikoorientierten Unternehmenspublizität und dem Kapitalmarkt herzustellen. Im Folgenden sollen die wesentlichen Untersuchungen in Deutschland vorgestellt werden.

Verfasser	**Untersuchungsgegenstand**	**Untersuchungsumfang und -zeitbezug**
Fröhling, O. (2000)	Risikoberichterstattung	Alle DAX 30-Unternehmen und zusätzlich die Metallgesellschaft; Geschäftsjahre 1998 bzw. 1997/1998
Kajüter, P. (2001)	Risikoberichterstattung von 82 Unternehmen aus DAX 30 und MDAX	Keine Banken und Versicherungen; nicht Babcock Borsig und Escada; Geschäftsjahre 1998/1999, 1999 bzw. 1999/2000
Kajüter, P./Winkler, C. (2003)	Risikoberichterstattung von 82 Unternehmen aus DAX 30 und MDAX	Aktualisierung der Untersuchung von 2001.

Tab. 4-1: Empirische Untersuchungen zur risikoorientierten Unternehmenspublizität.

Zunächst werden aus dem Jahr 2000 die Untersuchungsergebnisse von *Fröhling* bezüglich der risikoorientierten Unternehmenspublizität der DAX 30-Unternehmen kurz vorgestellt werden. Deren Bewertung erfolgt mittels eines Scoring-Modells.[858] Auf der obersten Aggregationsebene wurden die Publizität über Risikogrundlagen mit 25 % und die Risikoanalyse mit 75 % gewichtet. Der Bereich der Risikogrundlagen wird wiederum in die Unterelemente Risikodefinition (10 %), Risikopolitik (15 %) separiert. Die Risikoanalyse enthält als Bestandteile Kennzahlen zu Unternehmensrisiken (30 %), Marktrisiken (30 %) sowie deren Diskussion (15 %). Die Auswahl der Gewichte ist nicht weiter thematisiert. Sie scheinen nach dem Ermessen *Fröhlings* festgelegt worden zu sein. Unter Markt-

[857] Vgl. bspw. den Konzernabschluss der Vattenfall AB des Geschäftsjahres 2002, aufgestellt nach schwedischen Rechnungslegungsgrundsätzen, unter www.vattenfall.com.

[858] Vgl. Fröhling, O. (2000), S. 103 ff.

risiken fasst *Fröhling* das durch den Anteilseigner empfundene und durch Indikatoren dargestellte Unternehmensrisiko. Indikatoren sind in seinem Verständnis Eigenkapitalkosten oder aggregierte Performance-Maße wie der EVA oder der CVA. Unternehmensspezifische Risiken sind folglich diejenigen Risiken, die nicht marktspezifisch sind. Für unternehmensspezifische Risiken erachtet *Fröhling* den VaR als ideales Messinstrument. Für jedes Kriterium werden folgende Punkte verteilt:

- 0 Punkte: Das Element wird gar nicht oder unzureichend behandelt.
- 1 Punkt: Das Element wird mit aussagekräftigen Informationen unterlegt.
- 2 Punkte: Das Element enthält fundierte Informationen zu Sachverhalten
- 3 Punkte: Das Element wird detailliert und differenziert behandelt.

Diese Punktverteilung von *Fröhling* ist stark subjektiv geprägt. Eine kategoriale Abgrenzung des Informationsgehaltes eines Elementes ist allein durch den Bewertenden gebildet und somit lediglich impliziter Bestandteil der Punktbewertung. Das Ergebnis des Scoring-Modells ergibt sich aus der Summe der gewichteten Punkte.

Als erstes Ergebnis kann festgehalten werden, dass die Risikogrundlagen bei den Industrieunternehmen deutlich weniger umfangreich dargestellt werden als bei den Finanzdienstleistern. Ferner fällt die Risikoanalyse umfangreicher aus als die Darstellung der Risikogrundlagen. Die Darstellung der Risikopolitik eines Unternehmens oder die Einbindung von Glossaren würde nach Ansicht *Fröhlings* die Aussagekraft der Risikopublizität erhöhen.

Bezogen auf die Risikoanalyse wurde festgestellt, dass die Darstellung der Unternehmensrisiken die marktorientierten Risiken dominiert. Hieraus ist aus Sicht *Fröhlings* ein weiterer Verbesserungsbedarf ableitbar. Er sieht in einer erweiterten Publizität der finanzwirtschaftlichen Spitzenkennzahl und deren konstituierenden Elementen, wie bspw. EBIT und die Kapitalkosten sowie eines detaillierten segmentspezifischen Aufrisses dieser Informationen einen aus Sicht der Risikoorientierung höheren Informationswert. Vergleichsweise gut berichten die Energieversorger und die Finanzdienstleister über diese marktorientierten Risiken.

Die Auswertung der Geschäftsberichte aller Unternehmen des DAX 30 ergab ein ernüchterndes Bild. Die Risikoberichterstattung der Hälfte der Unternehmen lag im unteren Drittel der möglichen Gesamtpunktzahl. Die Spitzenreiter in der risikoorientierten Unternehmenspublizität waren die Deutsche Bank, DaimlerChrysler, VEBA (heute E.ON), Bayer und die Bayerische HypoVereinsbank.

Als „Siegerbranche" identifiziert *Fröhling* den Bereich Finanzdienstleistungen, gefolgt von der Energieversorgungsbranche. Aber auch diese Branchen lagen lediglich im Mittelfeld der möglichen Gesamtpunktzahl. Die Branchen mit dem schlechtesten Ergebnis bildeten nach *Fröhling* die Industrie und der Handel.

Die Ergebnisse dieser Untersuchung beruhen auf einem Datensatz von 1999. Da das KonTraG erstmals für Geschäftsberichte nach dem 31.12.1998 anzuwenden war, kann man von einer risikoorientierten Unternehmenspublizität in der Experimentierphase ausgehen. Diese Momentaufnahme kann folglich nicht die Entwicklung bis zum heutigen Tage reflektieren. Ferner fällt auf, dass das Scoring-Modell sehr grob konstruiert ist. Es erfolgt lediglich eine Erfassung von fünf Risikokategorien. Auf Basis dieses Modells kann letztlich keine fundierte Aussage über eine differenzierte risikoorientierte Unternehmenspublizität gemacht werden.

Ein deutlich differenzierteres Bild der Risikoberichterstattung in Deutschland zeichnet *Kajüter*. Er untersuchte die Geschäftsberichte der DAX 100-Unternehmen.[859] Aufgrund der branchenspezifischen Regelungen für Finanzdienstleister und Versicherungen werden diese in der Studie nicht berücksichtigt. Für 71 Unternehmen wurden die Lageberichte der Geschäftsjahre 1999 untersucht. Für 13 Unternehmen musste auf den Lagebericht des Geschäftsjahres 1998 zurückgegriffen werden.

Der Risikobericht, wenn auch mit unterschiedlichen Bezeichnungen versehen, wurde von 74 % aller untersuchten Unternehmen separat als Bestandteil der Lageberichterstattung veröffentlicht. Der Umfang der Risikoberichterstattung schwankt deutlich. Rheinmetall wurde mit vier Seiten Risikoberichterstattung als Primus, was den Umfang betrifft, identifiziert. KarstadtQuelle beschränkte sich hingegen auf eine kurze Darstellung im Rahmen des Prognoseberichtes. Eine branchenabhängige Streuung des Umfanges der Risikoberichterstattung konnte nicht ausgemacht werden. Somit scheint eine unternehmensspezifische Einschätzung der Bedeutung dieses Instrumentes zu dominieren.

[859] Vgl. Kajüter, P. (2001).

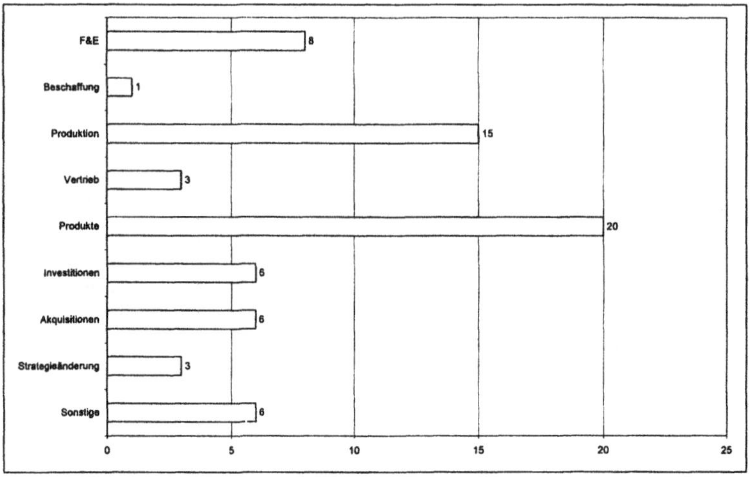

Abb. 4-9: Nennung interner Risiken - absolute Häufigkeit (Kajüter, P. (2001), S. 108).

Bei der Analyse der Risikoarten differenziert *Kajüter* zwei Obergruppen. Zum einen die internen Risiken und zum anderen die externen Risiken. Die Abb. 4-9 und 4-10 zeigen die Häufigkeiten der Nennungen interner und externer Risiken. Auffallend ist insbesondere die Verteilung zwischen internen und externen Risiken. *Kajüter* stellt fest, dass von 83 % der Unternehmen externe und lediglich von 55 % der Unternehmen interne Risiken genannt werden. Im Durchschnitt der untersuchten Gesamtheit werden 3,3 externe und nur 1,5 interne Risiken dargestellt. Hier scheint zumindest eine Tendenz vorzuliegen, über diejenigen Risiken zu berichten, die lediglich partiell durch die Unternehmensleistung beeinflusst werden können. Allerdings muss bei Gültigkeit dieser Annahme konstatiert werden, dass der Informationswert, den ein Unternehmen zusätzlich durch Darstellung von unternehmensübergreifenden Risiken generieren kann, begrenzt ist. Hier scheinen andere Institutionen besser geeignet zu sein, entsprechende Informationen kundzutun.

Bei den internen Risiken (vgl. Abb. 4-9) dominieren die Risiken der Produktion sowie der Produkte. Eine vergleichsweise geringe Bedeutung wiesen hingegen die Risiken der Beschaffung, des Vertriebs und der Strategieänderung auf. F&E-, Investitions- und Akquisitionsrisiken erreichten eine durchschnittliche Bedeutung. Bei den externen Risiken (vgl. Abb. 4-10) weisen die Risiken aus der Konjunkturentwicklung, des Wettbewerbsverhaltens sowie der Wechselkurse eine hohe Bedeutung auf. Eine durchschnittliche Anzahl von Nennungen wurde von den rechtlichen, politischen und Zinsniveaurisiken erreicht. Eine untergeordnete Rolle spielen hingegen technologische und steuerliche Risiken ebenso wie Beschaffungspreisrisiken.

Es kann ferner festgestellt werden, dass lediglich 15 % der Unternehmen Risikokategorien bilden. In allen anderen Fällen obliegt eine Zuordnung von Risiken dem Adressat der risikoorientierten Unternehmenspublizität. Hierdurch wird die Klarheit und Vergleichbarkeit von Risikoberichten eingeschränkt, da beim Adressaten wie auch bei den Erstellern unterschiedliche implizite Risikokategorisierungen vorliegen können.

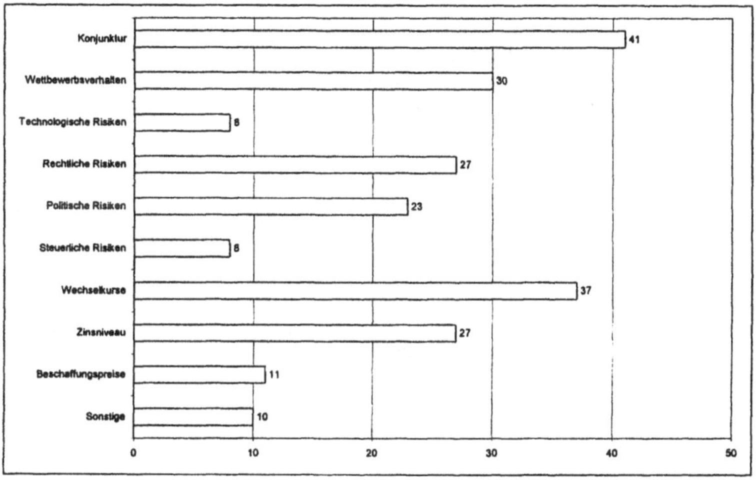

Abb. 4-10: Nennung externer Risiken - absolute Häufigkeiten (Kajüter, P. (2001), S. 108).

Eine Nennung von Risiken ist allerdings noch nicht mit einer Risikosteuerung verbunden. 61 % der Unternehmen, die Risiken erwähnen, schildern gleichzeitig die von ihnen initiierten Bewältigungsmaßnahmen. Allerdings machen lediglich 17 % qualitative Angaben zu möglichen negativen Konsequenzen. Quantitative Informationen haben im Zusammenhang mit der Risikoberichterstattung Seltenheitswert.

Ferner sind Angaben zu Eintrittswahrscheinlichkeiten von Risiken kaum vorzufinden. Auffallend ist die Zuordnung von Risiken zu Ausprägungskategorien. Wahrscheinlichkeiten werden als eben wahrscheinlich oder unwahrscheinlich klassifiziert, ohne dass der Adressat abschätzen kann, welche Relationen hinter diesen Klassen verborgen sind. Gleiches gilt für die Schadenshöhe. Bestandsgefährdende Risiken werden überhaupt nicht genannt. Allerdings werden am anderen Ende der Schadensskala selten Fehlanzeigen sichtlich gemacht (29 %). Aussagen, dass wesentliche Risiken vorliegen, haben für den Adressaten von Risikoberichterstattung keinerlei Informationswert, wenn nicht ersichtlich ist, welche Effekte von wesentlichen Risiken ausgehen. Allerdings wird vielfach freiwillig über Weiterentwicklungen des Risikomanagementsystems berichtet (89 %).

In einer Gesamtbetrachtung der Empirie von *Kajüter* kommt man wiederum zu einem ernüchternden Urteil. Die Risikoinformationen, welche dem Adressaten unterbreitet werden, sind in der Regel zu vage, als dass durch sie Transparenz geschaffen wird. Dass ein solches Verhalten aber sehr wohl im Interesse der Unternehmen sein kann, zeigt die o. g. cheap-talk Diskussion. Auf Basis der Risikoberichte dieser Untersuchung kann das Ziel des Gesetzgebers, Transparenz und eine neutrale Unternehmenspublizität durch Risikoberichterstattung zum Nutzen der Adressaten zu stärken, als bislang eher nicht erfüllt angesehen werden.

Im Jahr 2003 führten *Kajüter/Winkler* eine Anschlussempirie zu der bereits vorgestellten Studie durch.[860] Der Untersuchungszeitraum umfasst die Geschäftsjahre 1999 – 2001. Ziel der Untersuchung ist, eine zeitliche Entwicklung der Risikoberichterstattung bei den DAX 100-Unternehmen aufzuzeigen. *Kajüter/Winkler* stellen einen positiven Trend im Umfang der Risikoberichterstattung fest. Allerdings müssen sie konstatieren, dass die Aussagen sehr allgemein sind. Risikobewertung und -steuerung sind zumeist nicht adressiert. Aus diesem Grunde zweifeln *Kajüter/Winkler* an, dass bislang entscheidungsrelevante Informationen über unternehmensspezifische Risiken für die Adressaten der Unternehmenspublizität erwachsen sind. Ferner wird festgestellt, dass der DRS 5 nicht in vollem Umfang befolgt wird.

Zusammenfassend ergibt sich, dass die Ausführungen zur risikoorientierten Unternehmenspublizität eher genereller Natur sind, da konkrete Aussagen, insbesondere Bewertungen nur in geringem Umfang vorliegen. Auf Basis dieser empirischen Studien scheint eine Indikation dafür gegeben zu sein, dass die Annahme von cheap-talk Gleichgewichten im Rahmen der risikoorientierten Unternehmenspublizität gültig sein könnte.

4.5 Ergebnisse der wirkungstheoretischen Analyse

Ziel der wirkungstheoretischen Analyse dieses Kapitels war es, aufzuzeigen, inwieweit die risikoorientierte Unternehmenspublizität deren Adressaten und Erstellern einen Nutzen bringen kann. Die Wirkungsanalyse der risikoorientierten Unternehmenspublizität auf die Kapitalgeber wurde hierzu in drei Schritten vollzogen:

---

860 Vgl. Kajüter, P./Winkler, C. (2003).

Zunächst wurden die Wirkungen risikoorientierter Unternehmenspublizität auf einzelne Adressaten untersucht (Kapitel 4.1). Dies erfolgte mit dem Ziel zu problematisieren, unter welchen Voraussetzungen die Informationen der risikoorientierten Unternehmenspublizität von den Adressaten in eine vollständige (transitive) Ordnung gebracht werden können. Es konnte durch Anwendung des Feinheitstheorems aufgezeigt werden, dass die risikoorientierte Unternehmenspublizität von den Adressaten nur dann vollständig geordnet werden kann, wenn die Risikoorientierung von HGB, IAS/IFRS und US-GAAP sich hinsichtlich der Feinheit ordnen lässt. Wie in Kapitel drei aufgezeigt wurde, ist dies nicht möglich, sodass die Adressaten nicht in der Lage sind, die risikoorientierte Unternehmenspublizität hinsichtlich ihrer Vorziehenswürdigkeit zu ordnen. Ferner konnte aufgezeigt werden, dass das wünschenswerte Ausmaß der Einführung bzw. Ausweitung der risikoorientierten Unternehmenspublizität nach den genannten Rechnungslegungsnormen nur dann durch einen Vergleich von Grenznutzen und –kosten möglich ist, wenn diese voneinander separierbar sind. Dass dem nicht so ist, wurde anhand von Beispielen erläutert.

Anschließend wurde der Untersuchungsgegenstand auf mehrere Entscheidungsträger ausgeweitet (Kapitel 4.2); d. h., dass neben den Adressaten nun auch die Ersteller der risikoorientierten Unternehmenspublizität in die Wirkungsanalyse einbezogen wurden. Grundlegend hierfür ist das unraveling-Prinzip, da es, auf Basis der Annahme asymmetrischer Informationsverteilung zwischen Adressaten und Erstellern, aufzeigt, welche Wirkungen hiervon auf diese beiden Gruppen ausgehen (Kapitel 4.2.1). Es konnte demonstriert werden, dass Ersteller ein Interesse daran haben einer risikoorientierten Unternehmenspublizität nachzukommen, da sie davon ausgehen müssen, dass die Adressaten anderenfalls Schätzungen über diese anstellen. Zum einen wurde untersucht, welche Wirkungen von risikoorientierter Unternehmenspublizität zu erwarten sind, wenn diese von den Adressaten nicht verifiziert werden kann (Kapitel 4.2.2). Dass die Verifizierbarkeit der risikoorientierten Unternehmenspublizität Beschränkungen unterliegt, konnte bereits in Kapitel drei aufgezeigt werden. Durch die Anwendung von cheap-talk Gleichgewichten auf diese Problematik konnte identifiziert werden, dass fehlende Verifizierbarkeit der risikoorientierten Unternehmenspublizität von Unternehmen beabsichtigt wird, wenn sie mit konfligierenden Zielsetzungen der Adressaten konfrontiert werden. Für die Adressaten resultiert hieraus die Konsequenz, dass den Informationen der risikoorientierten Unternehmenspublizität nur teilweise Glauben geschenkt wird.

Ferner wurde untersucht, ob von der Gestaltung der risikoorientierten Unternehmenspublizität durch die Ersteller Wirkungen auf die Adressaten ausgehen. Diese ergeben sich hierbei auf den Marktwert des Unternehmens, wobei von der Annahme ausgegangen wird, dass eine Ausweitung der Unternehmenspublizität um risikoorientierte Informationen eine Änderung von Kapitalkostensätzen bzw. des erwarteten freien Cash flows bewirken kann.[861] Es konnte aufgezeigt werden, dass eine eindeutige Wirkung risikoorientierter Unternehmenspublizität auf den Marktwert des Unternehmens nur unter sehr restriktiven Annahmen hergeleitet werden kann (Kapitel 4.2.3.1 - 4.2.3.3). Aufbauend auf dieser Erkenntnis wurde ein Modell von *Jorgensen/Kirschenheiter* vorgestellt, welches sich explizit mit der Wirkung risikoorientierter Unternehmenspublizität auf den Marktwert des Unternehmens auseinander setzt (Kapitel 4.2.3.4). Es konnte aufgezeigt werden, dass auch bei diesem Modell nicht von einer eindeutigen Wirkung nicht ausgegangen werden kann.

Abschließend wurde die risikoorientierte Unternehmenspublizität vor dem Hintergrund der Regulierung untersucht (Kapitel 4.3). In den ersten zwei Schritten der Untersuchung wird unterstellt, dass Entscheidungsträger einen Wahlakt zwischen angebotenen Informationssystemen ausüben können. Diese Wahlentscheidung ist allerdings in der Realität durch regulative Vorgaben stark eingeschränkt. Eine derartige Einschränkung ist auch für die risikoorientierte Unternehmenspublizität gegeben, da sie zum einen als Rechtsbegriff handelsrechtlich kodifiziert und zum anderen durch den DRS 5 konkretisiert ist. Im Rahmen der Regulierungstheorie wurden Ansätze vorgestellt, die aufzeigen, warum risikoorientierte Unternehmenspublizität rechtlich implementiert worden ist. In Kapitel 4.3 wurde demonstriert, dass Regulierung einen wesentlichen Einfluss auf die ökonomischen Wirkungen risikoorientierter Unternehmenspublizität haben kann. Hieraus wurde deutlich, dass diese letztlich eine ordnungspolitische Funktion hat, die Schwächen der Unternehmenspublizität zu vermindern. Diese Funktion risikoorientierter Unternehmenspublizität ist somit aber nicht Gegenstand marktlicher Koordination sondern eine normative Vorgabe des Gesetzgebers, deren Wirksamkeit empirisch zu untersuchen ist.

An die wirkungstheoretische Analyse schließt sich eine Darstellung wesentlicher empirischer Untersuchung bezüglich der Wirkung von Unternehmenspublizität auf die Kapitalgeber an (Kapitel 4.4). Die Empirien werden dabei hinsichtlich ihrer Übertragbarkeit auf die Fragestellung der Risikoorientierung beurteilt. Es konnte aufgezeigt werden, dass die Wirkungen der risikoorientierten Unternehmenspublizität auf den Marktwert des Unternehmens vermutlich sehr schwach sind. Dies wurde abgeleitet aus einer empirischen Studie von *Botosan*, welche den Zusammenhang zwischen der Höhe der Eigenkapitalkostensätze und der allgemeinen Unternehmenspublizität untersucht. Abschließend wurden empirischen Untersuchungen vorgestellt, die sich mit der Ausgestaltung der risikoorientierten

[861] Modelle dieser Art werden zu den „efficiency-based disclosure" Arbeiten gezählt, vgl. Verrecchia, R. E. (2001), S. 164-165.

Unternehmenspublizität in Deutschland auseinander setzten. Es konnte identifiziert werden, dass diese eher genereller Natur ist, da konkrete Ausführungen, insbesondere Bewertungen kaum vorliegen. Auf Basis dieser empirischen Studien scheint eine Indikation dafür vorzuliegen, dass die Annahme von cheap-talk Gleichgewichten im Rahmen der risikoorientierten Unternehmenspublizität gültig sein könnte.

5 Empirische Untersuchung der risikoorientierten Unternehmenspublizität

Es wurde bereits dargelegt, dass weder die Ausgestaltung noch die Wirkung der risikoorientierten Unternehmenspublizität abschließend beurteilt werden kann. Die Argumentation wurde hierbei auf der grundsätzlichen Problematik aufgebaut, mit der jede normative Vorgabe im Rahmen der Unternehmenspublizität konfrontiert ist. Wenn es aber unmöglich ist, die Ausgestaltung bzw. Wirkung von risikoorientierter Unternehmenspublizität theoretisch herzuleiten, muss es zumindest ein Ziel sein, dieses Instrument so auszugestalten, dass es den Informationsbedürfnissen der jeweiligen Adressaten weitestgehend gerecht wird. Hinweise hierauf müssen empirisch erhoben werden. Aus diesem Grund wird die risikoorientierte Unternehmenspublizität in Deutschland näher untersucht. Die Empirie gründet sich dabei auf drei Säulen:

1.) Eine Befragung der Adressaten und Ersteller risikoorientierter Unternehmenspublizität hinsichtlich der jeweiligen Einschätzungen zur Relevanz der Instrumente.

2.) Eine Analyse der risikoorientierten Unternehmenspublizität bei den DAX 100-Unternehmen anhand der Geschäftsberichte der Geschäftsjahre 1999 - 2002.[862]

3.) Eine Untersuchung, welche unternehmensspezifischen Faktoren mit dem Ausmaß der risikoorientierten Unternehmenspublizität bei den DAX 100-Unternehmen korrelieren sowie mögliche Erklärungsansätze hierzu. Der Zeitraum der Analyse erstreckt sich hierbei auch auf die Geschäftsjahre 1999 – 2002.

In der theoretischen Analyse der risikoorientierten Unternehmenspublizität wurden deren Inhalte bislang allgemein als interne und externe Risikoorientierung diskutiert. Die folgende empirische Untersuchung muss eine spezifischere Abgrenzung von Risikoorientierung vornehmen, um den Untersuchungsgegenstand der Empirie operationalisieren zu können. Dass dies notwendig ist, lässt sich durch ein Beispiel erläutern. In den Geschäftsberichten finden sich, bspw. im Brief des Vorstandes an die Aktionäre, Kommentare der Unternehmensleitung zur Entwicklung des eigenen Geschäftes.[863] Hierin werden künftige Entwicklungsszenarien der Unternehmen zusammen mit deren Risiken angesprochen.[864] Da folglich eine

[862] Es wird der Zeitraum zwischen erstmaliger Anwendung des KonTraG und dem Zeitpunkt der Erstellung der Untersuchung vollständig abgedeckt.

[863] Vgl. z. B. Siemens Geschäftsbericht (2002), S. 12-17.

[864] Vgl. Siemens Geschäftsbericht (2002), S. 13-14.

Vielzahl von Aussagen in Geschäftsberichten in den Kontext der Risikoorientierung gebracht werden können, muss ein geeignetes inhaltliches Trennkriterium zwischen risikoorientierten und nicht risikoorientierten Informationen gesucht werden.

Aufgrund der hinlänglich beschriebenen Problematik der impliziten Risikoorientierung, die normativen Objektivierungen unterzogen ist, werden nunmehr nur die Ausgestaltungsmöglichkeiten der expliziten Risikoorientierung untersucht. Aufgrund des Rechtsstatus wird die explizite Risikoorientierung auf den Risikobericht verkürzt. Im Folgenden gelten also diejenigen Informationen der Geschäftsberichte, die explizit im Risikobericht als Bestandteil der Lageberichterstattung diskutiert werden, als Untersuchungsobjekt. Verweise innerhalb des Risikoberichtes auf andere Elemente des Geschäftsberichtes werden ebenfalls in die Untersuchung mit einbezogen.

5.1 Befragung von Adressaten und Erstellern risikoorientierter Unternehmenspublizität

Im Folgenden wird empirisch analysiert, welche Relevanz den Elementen der risikoorientierten Unternehmenspublizität von den Erstellern und Adressaten der risikoorientierten Unternehmenspublizität beigemessen wird. Zu diesem Zweck wurde eine Befragung durchgeführt.

Ein Ziel, welches mit der Befragung verbunden war, bestand in der Identifizierung des Nutzens der risikoorientierten Unternehmenspublizität für die Adressaten und Ersteller. Zunächst wird eine Möglichkeit vorgestellt, die Erwartungsunterschiede zu klassifizieren (vgl. Abb. 5-1).

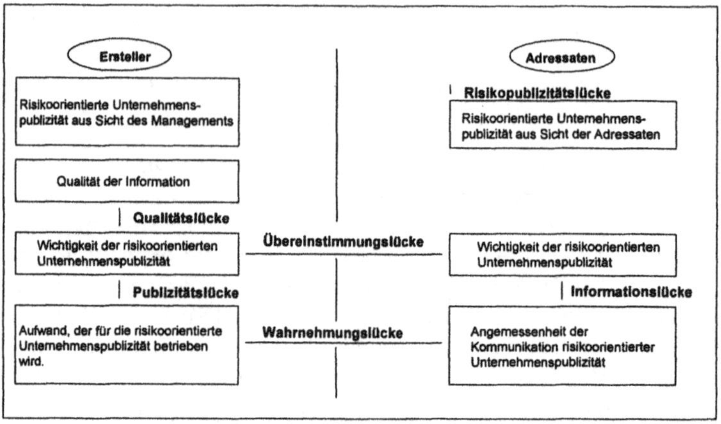

Abb. 5-1: Risikopublizitätslücke (in Anlehnung an Lücken unternehmenswertorientierter Publizität: Eccles, R. G./Herz, R. H./Keegan, E. M. et al. (2002), S. 161).

Eine Risikopublizitätslücke resultiert aus unterschiedlichen Erwartungen von Erstellern und Adressaten hinsichtlich der risikoorientierten Unternehmenspublizität, welche sich in abweichenden Einschätzungen des Unternehmenswertes widerspiegeln.[865] Abweichende Erwartungen werden, wie in Kapitel zwei bereits verdeutlicht, auf die Risiken der zukünftigen Entwicklung des zu analysierenden Unternehmens zurückgeführt. Unterschiedliche Erwartungen hinsichtlich des Unternehmenswerts können somit aus abweichenden Risikoeinschätzungen der Ersteller und der Adressaten risikoorientierter Unternehmenspublizität resultieren (vgl. Kapitel 4.2). Im Folgenden wird daher von Risikopublizitätslücken gesprochen. Die empirische Analyse dieser Risikopublizitätslücken ermöglicht es zu erkennen, worauf die unterschiedlichen Risikoeinschätzungen beruhen. Hieraus können Hinweise auf einen möglichen Änderungsbedarf der gegenwärtigen Ausgestaltung geschlossen werden.

Zunächst wird zwischen den horizontalen (Übereinstimmungs- und Wahrnehmungslücke) und den vertikalen Risikopublizitätslücken (Qualitäts-, Publizitäts- und Informationslücke) unterschieden. Die vertikalen Risikopublizitätslücken beziehen sich entweder auf den Verarbeitungsprozess risikoorientierter Unternehmenspublizität bei den Adressaten oder auf den Erarbeitungsprozess risikoorientierter Informationen durch die Ersteller. Auf die Problematik der Risikowahrnehmung durch die Adressaten ist in Kapitel zwei bereits eingegangen worden. Aufgrund der unzureichenden Messbarkeit von Risikowahrnehmung wird diese vertikale Risikopublizitätslücke im Rahmen der empirischen Untersuchung nicht weiter themati-

865 Vgl. hierzu Bracklo, M./Bilstein, A. (2002), S. 224.

siert. Damit entfällt im Folgenden die Auseinandersetzung mit der Informationslücke.[866] Diskutiert werden hingegen die Qualitäts- und die Publizitätslücke als vertikale Risikopublizitätslücken auf der Erstellerseite. Horizontale Risikopublizitätslücken in Form von Übereinstimmungs- und Wahrnehmungslücken ergeben sich hingegen aus der unterschiedlichen Perzeption des Angebots an risikoorientierter Unternehmenspublizität durch die Adressaten und die Ersteller. Zunächst werden die vertikalen Risikopublizitätslücken beschrieben.

Unter einer *Qualitätslücke* wird die Abweichung zwischen der Einschätzung der Bedeutung einer Risikoinformation und der Qualität des zugrunde liegenden Datenmaterials verstanden.[867] Qualitätslücken werden hier nur der Vollständigkeit halber definiert. Durch das Design der Befragung allein können keine Hinweise auf Qualitätslücken abgeleitet werden. Erst die parallele Auswertung der Befragungsergebnisse und der risikoorientierten Unternehmenspublizität in Geschäftsberichten ist dazu geeignet, zumindest schwache Hinweise darauf zu erhalten, ob Qualitätslücken vorliegen. Derartige Hinweise sind dann zu vermuten, wenn die Bedeutung einzelner Kriterien der risikoorientierten Unternehmenspublizität bei den Adressaten sehr hoch ist, aber die Darstellung der zugehörigen Risiken im Geschäftsbericht nicht mit diesen Erwartungen korrespondiert.

Die *Publizitätslücke* spiegelt eine unzureichende Umsetzung risikoorientierter Informationen in der Unternehmenspublizität wider.[868] Die Notwendigkeit einer angemessenen Kommunikation von Risiken wird von den Erstellern erkannt und die Fähigkeit zur Kommunikation mit den Adressaten ist gegeben. Es fehlt lediglich der Wille zu einer Umsetzung der Informationen in Publizität. Empirisch können die beiden vertikalen Risikopublizitätslücken nicht sauber voneinander getrennt werden, da es hierzu notwendig wäre, Informationen über die Datenqualität, die der risikoorientierten Unternehmenspublizität zugrunde liegt, zu erhalten. Da dies aus der externen Unternehmensperspektive nicht möglich ist, werden die Qualitäts- und die Publizitätslücke im Folgenden unter der Bezeichnung *Umsetzungslücke* subsumiert.

Nach der Vorstellung der vertikalen Risikopublizitätslücken werden nunmehr die beiden horizontalen Risikopublizitätslücken dargestellt. *Übereinstimmungslücken* sind gegeben, wenn die Bedeutung einer Risikoinformation für das Unternehmen von Erstellern und Adressaten unterschiedlich

---

866 Vgl. Eccles, R. G./Herz, R. H./Keegan, E. M. et al. (2002), S. 161 für eine Umschreibung der Informationslücke bei unternehmenswertorientierter Publizität.

867 Vgl. Eccles, R. G./Herz, R. H./Keegan, E. M. et al. (2002), S. 161 für den Fall der unternehmenswertorientierter Publizität.

868 Vgl. Eccles, R. G./Herz, R. H./Keegan, E. M. et al. (2002), S. 161 für den Fall der unternehmenswertorientierter Publizität.

eingeschätzt wird.[869] Das Vorhandensein von diesen Übereinstimmungslücken wird in der Befragung explizit untersucht.

Unter einer *Wahrnehmungslücke* wird die Abweichung zwischen der Intensität der Kommunikation von Risikoinformationen aus Sicht der Ersteller und der Verwertbarkeit dieser Informationen durch die Adressaten verstanden.[870] Wahrnehmungslücken können, genauso wie Umsetzungslücken, durch die Befragung nicht unmittelbar abgeleitet werden. Rückschlüsse auf das Vorliegen von Wahrnehmungslücken bietet aber wiederum der Vergleich zwischen der Umsetzung der risikoorientierten Unternehmenspublizität in Geschäftsberichten einerseits und den Ergebnissen der Befragung der Adressaten andererseits. Zusammenfassend zeigt Abb. 5-2 das Design für die nachfolgende Untersuchung der risikoorientierten Unternehmenspublizität.

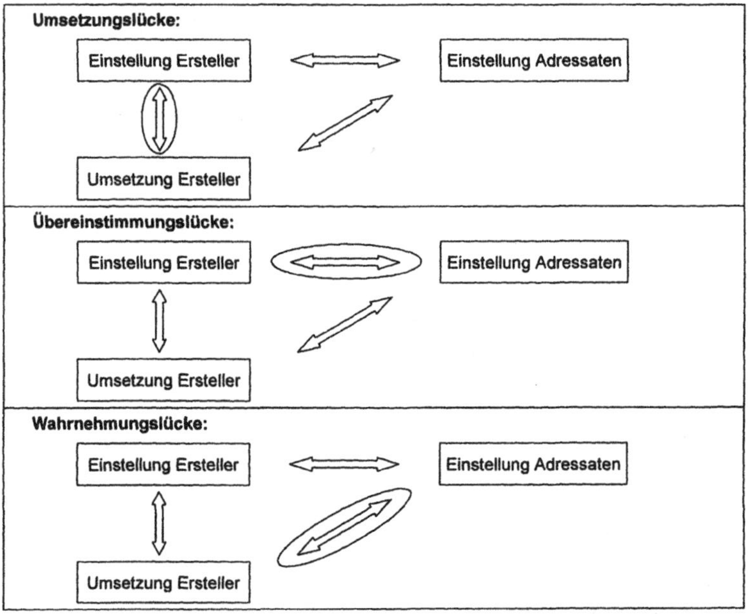

Abb. 5-2: Untersuchung der Risikopublizitätslücken (eigene Darstellung).

[869] Vgl. Eccles, R. G./Herz, R. H./Keegan, E. M. et al. (2002), S. 162 für den Fall der unternehmenswertorientierter Publizität.

[870] Vgl. Eccles, R. G./Herz, R. H./Keegan, E. M. et al. (2002), S. 162 für den Fall der unternehmenswertorientierter Publizität.

5.1.1 Befragungsdesign

Um eine Analyse entlang der soeben skizzierten Risikopublizitätslücken durchführen zu können, wurden jeweils Fragebögen für die Ersteller und Adressaten von risikoorientierter Unternehmenspublizität erstellt. Die Fragebögen gliederten sich dabei in vier Abschnitte:[871]

- Angaben zum Funktionsbereich und zum Unternehmen,
- gegenwärtiger Nutzen der risikoorientierten Unternehmenspublizität,
- Publizität über spezifische Unternehmensrisiken,
- Publizität über die Prozesse des Risikomanagements.

Die Fragebögen von Erstellern und Adressaten unterschieden sich lediglich in Bezug auf den ersten Abschnitt. Der weitere Aufbau war so gestaltet, dass die Ergebnisse der Befragung direkt miteinander verglichen werden konnten. Die Fragebögen können den Anhängen I und II entnommen werden.

Die *Ersteller* sollten zu den *Angaben zum Funktionsbereich und zum Unternehmen* folgendes beantworten:

- *Funktionsbereich im Unternehmen (Frage 1.1)*: Hierbei wurden diejenigen Funktionen vorgegeben, die entweder an der Erstellung risikoorientierter Unternehmenspublizität beteiligt sind, bzw. diese gegenüber den Adressaten zu vertreten haben. Folgende Antwortmöglichkeiten konnten gewählt werden:[872]
    - Vorstand,
    - Investor Relations,
    - Finanz- und Rechnungswesen,
    - Controlling;
- *Listing des Unternehmens (Frage 1.2)*: Mehrfachnennungen waren hierbei möglich. Da die Untersuchung im Wesentlichen auf die Unternehmen des DAX 100 rekurrierte, wurden zusätzlich zum DAX 30 und MDAX nur noch Börsenindizes vorgegeben, in denen die erstellenden Unternehmen zusätzlich zu DAX 30 und MDAX notiert sein könnten. Hierzu wurden der Euro Stoxx, der Dow Jones Sustainability Index Stoxx (DJSI) sowie ausländische Börsenplätze vorgegeben.

---

[871] In den Fragebögen wird statt risikoorientierter Unternehmenspublizität abweichend der Begriff Risikoberichterstattung verwendet, da dieser sich in der Praxis aufgrund des Titels des DRS 5 durchgesetzt hat, vgl. hierzu auch Kajüter, P./Winkler, C. (2003).

[872] Bei den vier Angaben zum Funktionsbereich und zum Unternehmen wurde zusätzlich jeweils die Antwortmöglichkeit „andere" eingeräumt.

- *Primäre Branche des Unternehmens (Frage 1.3)*: Auch bei dieser Frage waren Mehrfachnennungen möglich. Die Zusammenstellung der vorgegebenen Branchen orientiert sich an der Brachenzusammensetzung des CDAX.[873]
- *Rechnungslegungsnorm des Konzernabschlusses des Unternehmens (Frage 1.4)*: Vorgegeben wurde neben dem HGB/DRS die Konzernabschlüsse nach IAS/IFRS und US-GAAP sowie Überleitungsrechnungen vom HGB/DRS auf die internationalen Rechnungslegungsnormen. Die Auswahl erklärt sich, wie in Kapitel zwei bereits erläutert, aus der handels- und gesellschaftsrechtlichen Regelung in § 292 a HGB, befreiende Konzernabschlüsse nach IAS/IFRS und US-GAAP aufzustellen.

Die *Angaben zum Funktionsbereich und zum Unternehmen*, welche von den *Adressaten* zu geben waren, lauteten wie folgt:

- *Funktionsbereich des Adressaten (Frage 1.1)*: Hierbei wurde differenziert zwischen:
  - Analysten, welche als Informationsintermediäre eine bedeutende Rolle bei der Verarbeitung der risikoorientierten Unternehmenspublizität spielen.[874]
  - Wirtschaftsprüfer, die aufgrund der Prüfungspflicht des Jahresabschlusses und des Lageberichtes nach § 317 HGB sich u. a. mit der risikoorientierten Unternehmenspublizität auseinander setzen müssen.[875]
  - Fondsmanager, welche in ihrer Funktion als institutionelle Investoren, eine gewichtige Gruppe von Adressaten darstellt.[876]
- *Zugehörigkeit der von den Adressaten betreuten Unternehmen zu Börsenindizes (Frage 1.2)*: Mehrfachnennungen waren bei dieser Frage möglich. Wiederum aufgenommen wurden DAX 30, MDAX, DJSI sowie Euro Stoxx. Im Unterschied zu den Erstellern wurden die ausländischen Börsenplätze bei den Adressaten nicht als Antwortmöglichkeit aufgenommen, da angenommen wurde, dass Analysten, Wirtschaftsprüfer und Fondsmanager, die in Deutschland tätig sind, sich primär mit Unternehmen aus o. g. Börsenindizes auseinander setzen. Da eine internationale Tätigkeit aber nicht ausgeschlossen werden kann, wurde durch die Antwortmöglichkeit „Andere" eine Gelegenheit eingeräumt, auch auf internationale Börsenindizes zu verweisen. Da aber eine vorwiegend nationale Tätigkeit

873 Vgl. Deutsche Börse (2003), S. 7-10.
874 Vgl. DiPiazza Jr., S. A./Eccles, R. G. (2002), S. 171.
875 Vgl. Selchert, F. W./Erhardt, M./Fuhr, A. et al. (2000), S. 57 ff.
876 Vgl. Perridon, L./Steiner, M. (2002), S. 296.

unterstellt wurde, wurden der Nemax 50 und der SMAX als weitere deutsche Börsenindizes vorgegeben.[877]

- *Primäre Branchentätigkeit der Adressaten bzw. der Mandanten (Frage 1.3)*: Hier wurden dieselben Branchen vorgegeben wie bei den Erstellern. Mehrfachnennungen waren wiederum möglich.
- *Beschäftigung der Adressaten mit Rechnungslegungsnormen im Rahmen ihrer Berufsausübung (Frage 1.4)*: Mehrfachnennungen waren hierbei möglich. Vorgegeben wurden HGB/DRS, IAS/IFRS und US-GAAP. Auf die Nennung von Überleitungsrechnungen wurde verzichtet, da diese lediglich für die Ersteller relevant sind. Im Fall einer Überleitung eines HGB/DRS-Konzernabschlusses auf internationale Rechnungslegungsnormen erhalten die Adressaten lediglich Zugang zu den abgeleiteten Konzernabschlüssen nach IAS/IFRS und US-GAAP.

Im Anschluss an die Angaben zum Funktionsbereich und zum Unternehmen sollten die Adressaten und Ersteller jeweils den *gegenwärtigen Nutzen der risikoorientierten Unternehmenspublizität* beurteilen. Hierzu wurden beiden Gruppen jeweils sechs Fragen gestellt:

Zunächst sollten die Ersteller und Adressaten die risikoorientierte Unternehmenspublizität der Unternehmen hinsichtlich der folgenden Informations-GoB beurteilen (*Frage 2.1*):[878]

- Stetigkeit,
- Nachvollziehbarkeit,
- Detaillierungsgrad,
- Vollständigkeit,
- Verlässlichkeit.

Wie in Kapitel drei dargestellt wurde, erfüllt die risikoorientierte Unternehmenspublizität (insbesondere deren explizite Ausgestaltung) eine Informationsfunktion. Um beurteilen zu können, inwieweit dieser Informationsfunktion nachgekommen wird, können die Informations-GoB herangezogen werden (vgl. insbesondere Kapitel 3.3.1.2.4).

Im Anschluss sollten die Ersteller, dass Verständnis von Analysten und Investoren für das Risikoumfeld ihres Unternehmens einschätzen (*Frage 2.2*). Umgekehrt konnten die Adressaten das Risikoverständnis der Ersteller risikoorientierter Unternehmenspublizität beurteilen. Durch diese gegenseitigen Einschätzungen sollte ermittelt werden, welche Fähigkeiten Ersteller und Adressaten sich gegenseitig zubilligen, die risikoorientierte Unternehmenspublizität zu erstellen bzw. auszuwerten. Ergänzend wurde

[877] Vgl. Deutsche Börse (2003) zur Struktur der Börsenindizes in Deutschland.
[878] Vgl. Kapitel 3.3.1.2.4.

von den Adressaten beurteilt, inwieweit sie zusätzliche Informationen zur risikoorientierten Unternehmenspublizität bei den Erstellern nachfragen (*Frage 2.3*). Die Ersteller sollten hingegen beantworten, wie häufig Analysten und Investoren nach zusätzlichen Erläuterungen zur risikoorientierten Unternehmenspublizität fragen.

Die Fragen 2.4 und 2.5 dienten dazu, in Erfahrung zu bringen, ob die Kapitalstruktur ein Einflussfaktor auf die Ausgestaltung der risikoorientierten Unternehmenspublizität ist. In *Frage 2.4* wurde erfragt, ob die Adressaten bzw. Ersteller der Meinung sind, dass die Eigenkapitalbeteiligung der leitenden Mitarbeiter des Unternehmens einen Einfluss auf die Ausgestaltung der risikoorientierten Unternehmenspublizität hat. Wie in Kapitel 4.2 dargelegt, kann vermutet werden, dass das Management Anreize hat, eine Risikopublizitätsstrategie festzulegen, um den eigenen Nutzen zulasten der Kapitalgeber zu steigern. Mit Frage 2.4 wurde das Ziel verfolgt, einen Hinweis darauf zu gewinnen, ob Adressaten und Ersteller eine derartige Ausgestaltung der risikoorientierten Unternehmenspublizität erwarten. Im Anschluss hieran sollte Frage 2.5 Aufschluss darüber geben, ob die hohe Konzentration des Anteilsbesitzes einen Einfluss auf die risikoorientierte Unternehmenspublizität hat. Auch dieser Frage liegen die theoretischen Erkenntnisse aus Kapitel 4.2 zugrunde. Hierbei wurde unterstellt, dass ein Anteilseigner mit einem großen Kapitalanteil einen besseren Zugang zu Unternehmensinformationen haben könnte als kleine Investoren. Anteilseigner mit großen Kapitalanteilen könnten somit als informierter Händler mit privaten Informationen angesehen werden, wohingegen kleine Investoren liquiditätsorientierte Händler sein könnten. Wie in Kapitel 4.2 aufgezeigt wurde, könnte das Vorhandensein eines Händlers, der private Informationen hinsichtlich unternehmensspezifischer Risiken hat, eine Auswirkung auf den Marktwert des Unternehmens haben. Mit Frage 2.5 wurde das Ziel verfolgt zu beurteilen, ob die Adressaten und Ersteller der risikoorientierten Unternehmenspublizität eine asymmetrische Informationsverteilung zwischen den Adressaten annehmen.

Aus der Diskussion der cheap-talk Gleichgewichte in Kapitel 4.2 konnte abgeleitet werden, dass die Ersteller bei konfligierenden Zielsetzungen der Adressaten ein Interesse an einer wenig aussagekräftigen risikoorientierten Unternehmenspublizität haben könnten. Um in Erfahrung zu bringen, ob von konfligierenden Interessen der Adressaten ausgegangen werden kann, sollten die beiden Gruppen jeweils die Vor- und Nachteile der risikoorientierten Unternehmenspublizität gegenüber den Informationsinteressenten beurteilen (vgl. Kapitel 2.3.2):

Ergibt sich bei dieser Frage ein heterogenes Bild hinsichtlich der Beurteilung von Vor- und Nachteilen, kann davon ausgegangen werden, dass die

Adressaten bzw. Ersteller konfligierende Interessen der genannten Gruppen erwarten.

Die Abschnitte drei und vier des Fragebogens, Publizität über spezifische Unternehmenskrisen sowie Publizität über die Prozesse des Risikomanagements, fokussieren auf den Risikomanagementprozess.[879]

In Abschnitt drei wurde erfragt, welche Risiken aus Sicht von Adressaten und Erstellern relevant sind. Hierbei wurden die Risikokategorien aus Kapitel 2.3.2 wieder aufgenommen. Es musste beantwortet werden, welche Relevanz der Publizität über folgende Risikokategorien beigemessen wurde:[880]

- Marktrisiken (*Frage 3.1*),
- Organisations- und Personalrisiken (*Frage 3.2*),
- Finanzrisiken (*Frage 3.3*),
- leistungswirtschaftliche Risiken (*Frage 3.4*),
- IT-Risiken (*Frage 3.5*),
- sonstige Risiken (*Frage 3.6*).

Nachdem im dritten Abschnitt des Fragebogens die Relevanz einzelner Risikokategorien beurteilt wurde, sollten Adressaten und Ersteller der risikoorientierten Unternehmenspublizität in Abschnitt vier die Relevanz der Risikomanagementprozesse beurteilen. Entsprechend der Ausführungen zum Risikomanagementprozess in Kapitel 2.3.2 wurden auch hier die Teilprozesse:

- Risikoidentifikation (Frage 4.1),
- Risikobewertung (Fragen 4.2 – 4.4), inkl. der Aggregation der bewerteten Einzelrisiken (Fragen 4.7 – 4.9),
- Risikosteuerung (Fragen 4.5 – 4.6) sowie
- Risikokontrolle (Fragen 4.10 – 4.11).

aufgegriffen.

Zunächst sollten Adressaten und Ersteller der risikoorientierten Unternehmenspublizität beantworten, welche Bedeutung die Veröffentlichung von Methoden der Risikoidentifikation hat (*Frage 4.1*). Wie in Kapitel 2.3.2 erläutert, werden Frühwarn-, Früherkennungs- und Frühaufklärungssysteme als Methoden der Risikoidentifikation bezeichnet.

---

879 Vgl. Kapitel 2.2.2.

880 Vgl. Kapitel 2.3.2.

Anschließend wurde die Bedeutung der einzelnen Elemente der Risikobewertung beurteilt. Hierbei handelt es sich um:[881]

- Eintrittswahrscheinlichkeiten (*Frage 4.2*),
- Bewertungsmethoden und –annahmen (*Frage 4.3*) sowie
- Ergebnis der Quantifizierung (*Frage 4.4*).

Hierdurch sollte identifiziert werden, ob die Adressaten und Ersteller lediglich das Ergebnis der Quantifizierung für bedeutsam halten oder ob auch Informationen über das Zustandekommen des Bewertungsergebnisses gewünscht werden.

In *Frage 4.5* wird die Bedeutung der Risikosteuerung erfragt. Hierbei wird, entsprechend den Ausführungen in Kapitel 2.3.2, zwischen der Vermeidung, Verminderung, Überwälzung und Akzeptanz von Risiken differenziert.

In *Frage 4.6* mussten Adressaten und Ersteller der risikoorientierten Unternehmenspublizität angeben, welchen Zeitraum die Angaben hinsichtlich zukunftsorientierter Informationen in der risikoorientierten Unternehmenspublizität umfassen sollen. Hierbei war zwischen quantitativen und qualitativen Informationen zu differenzieren, wobei folgende Vorgaben galten:[882]

- bis ein Jahr,
- bis zwei Jahre,
- bis drei Jahre,
- mehr als drei Jahre.

Mit dieser Frage sollte festgestellt werden, ob ein Konsens zwischen den Erwartungen von Erstellern und Adressaten einerseits und den Vorgaben des DRS 5 (bis zwei Jahre) andererseits vorliegt.

Die Bewertung von einzelnen Risiken gibt noch keinen Hinweis darauf, welchem Gesamtrisiko ein Unternehmen unterliegt, da hierzu zusätzlich Risikointerdependenzen zu berücksichtigen sind (vgl. hierzu bereits Kapitel 2.3.1). Der Thematik der Risikoaggregation widmeten sich die Fragen 4.7 – 4.9. Zunächst mussten die Adressaten und Ersteller der risikoorientierten Unternehmenspublizität die Wichtigkeit der Aggregation von Einzelrisiken zu einem Gesamtrisiko beurteilen (*Frage 4.7*).[883] Hierbei wurde unterschieden zwischen der Aggregation für Bereiche des Unternehmens und für das Gesamtunternehmen. Im Anschluss sollte bestimmt werden,

---

[881] Vgl. Kapitel 2.3.1.
[882] Vgl. Kapitel 3.3.1.2.4.
[883] Vgl. Kapitel 2.3.2.

wie bedeutsam die Publizität über Interdependenzen zwischen Einzelrisiken für beide Gruppen ist (*Frage 4.8*). Ein weiteres Problem der Risikoaggregation liegt vor, wenn Risiken gleicher Art, die für sich genommen unwesentlich sind, sich kumulieren. Beispielsweise könnte das Risiko aus einer einzelnen Kundenbeziehung für ein Unternehmen unwesentlich sein. Für eine Gruppe von Kunden könnten derartige Risiken aber eine wesentliche Bedeutung für ein Unternehmen bekommen. Diese kumulativen Wirkungen werden im Folgenden als Konzentrationen von Einzelrisiken bezeichnet. In *Frage 4.9* wurden Adressaten und Ersteller nach deren Bedeutung befragt.[884]

Ferner wurde untersucht, welche Angaben zur Kontrolle des Risikomanagements in Unternehmen veröffentlicht werden sollten (*Frage 4.10*).[885]

Abschließend mussten die Adressaten und Ersteller der risikoorientierten Unternehmenspublizität beantworten, wie häufig diese durchgeführt werden sollte (*Frage 4.11*). Hierzu wurden folgende Häufigkeiten vorgegeben:

- vierteljährlich,
- halbjährlich,
- jährlich.

Ziel dieser Fragestellung war es in Erfahrung zu bringen, ob die gegenwärtig jährliche explizite Risikoorientierung auch auf Zwischenabschlüssen ausgeweitet werden sollte.

Die Erstbefragung wurde durchgeführt am 18. November 2002.[886] Insgesamt wurden 571 Fragebögen versandt. Davon entfielen 249 auf die Adressaten wie Fondsmanager, Wirtschaftsprüfer und Analysten und 322 auf Unternehmen, wobei ausschließlich Funktionsbereiche wie Finanz- und Rechnungswesen, Controlling und Investor Relations befragt wurden. Bei der Befragung wurden auch Unternehmen berücksichtigt, die nicht unter den DAX 100-Unternehmen zu finden sind. Die Nachfassaktion wurde am 11. Dezember 2002 gestartet. Tab. 5-1 zeigt die Daten zum Umfang der Befragung und deren Rücklauf:

[884] Vgl. Kapitel 3.3.1.2.4.

[885] Vgl. Kapitel 2.3.2.

[886] Der Pre-Test der Fragebogenaktion wurde mit zehn Testpersonen, die entweder als Ersteller oder Adressat anzusehen sind, durchgeführt. Der Zeitraum des Pre-Tests erstreckte sich von Ende September mit Mitte Oktober 2002.

	Erstbefragung	Nachfassaktion	Gesamt
Befragte Ersteller	322	246	322
Rücklauf absolut	36	8	44
Rücklauf in %	11	3	14
Befragte Adressaten	249	168	249
Rücklauf absolut	29	5	34
Rücklauf in %	12	3	14

Tab. 5-1: Auswertung des Rücklaufs der Befragung.

Für sämtliche Kriterien des Fragebogens wurde, getrennt nach Erstellern und Adressaten, überprüft, ob die Rückläufe der Nachfassaktion signifikant von denen der Erstbefragung abweichen. Hierzu wurde ein Kolmogorov-Smirnov (KS) -Homogenitätstest durchgeführt, der aufgrund der geringen Stichprobenumfänge bei der Nachfassaktion eine geeignete Methode darstellt.[887]

(5-1) H_0: $f(x_{Erstbefragung}) \neq f(x_{Nachfassaktion})$

Bei einer vorgegebenen Irrtumswahrscheinlichkeit von 5 % konnte weder für die Adressaten noch für die Ersteller eine signifikante Abweichung zwischen den entsprechenden Stichproben der Erstbefragung und denen der Nachfassaktion festgestellt werden (vgl. Anhang III).[888] Aufgrund dieses Ergebnisses wird nachfolgend nur noch zwischen Erstellern und Adressaten differenziert.

Zur Auswertung der beiden Fragebogengruppen wurde in einem ersten Schritt eine deskriptive Auswertung vorgenommen.[889] Die im ersten Abschnitt des Fragebogens enthaltenen nominal skalierten Informationen wurden in diesem Stadium der Untersuchung noch nicht berücksichtigt. Die Datenreihen der Abschnitte zwei bis vier sind hingegen ordinal skaliert. Für diese wird eine Häufigkeitsanalyse durchgeführt. Da der Median bei lediglich vier bis maximal fünf Häufigkeitsklassen wenig Differenzierung bietet, werden zusätzlich die metrischen Lageparameter Mittelwert und Standardabweichung bestimmt.[890] Diese metrische Analyse birgt den Vorteil in sich, dass die Positionierung des Mittelwertes auch zwischen den Häufigkeitsklassen erfolgen kann. Es muss dennoch betont werden, dass eine sinnvolle Interpretation dieser „Zwischenräume" nicht möglich ist. Die deskriptive Auswertung der Fragebögen wird um eine grafische Auswertung ergänzt, aus der die ordinale Zuordnung von Mittelwerten

---

[887] Vgl. Bleymüller, J./Gehlert, G./Gülicher, H. (2002), S. 133.

[888] Vgl. Michie, S./Marteau, T. (1999), S. 255 sowie Mohadjer, L./Bell, B./Waksberg, J. (1994), S. 19 ff.

[889] Anwendung findet hier das Statistikprogramm SPSS in der Version 10.1.

[890] Vgl. Bleymüller, J./Gehlert, G./Gülicher, H. (2002), S. 13 und 19.

hervorgeht. Für die Datenreihen des Abschnittes eins der Fragebögen werden hierzu Kreisdiagramme erstellt, mit denen die Struktur der Antworten dargestellt wird. Zudem werden die Ergebnisse der Häufigkeitsverteilung in Balkendiagrammen aufbereitet, sodass die Antworten von Erstellern und Adressaten der risikoorientierten Unternehmenspublizität verglichen werden können.

Ergänzend zur deskriptiven Auswertung der Befragungsergebnisse werden analytische, statistische Verfahren eingesetzt. Zunächst werden die einzelnen Datenreihen daraufhin überprüft, ob sie hinreichend normalverteilt sind.[891] Die Normalverteilung stellt eine notwendige Voraussetzung zur Durchführung parametrischer Testverfahren dar.[892] Aufgrund der geringen Anzahl an Häufigkeitsklassen liegt aber bereits im Vorfeld der Untersuchung nahe, dass die Normalverteilungshypothese nicht erfüllt ist. Um diese Hypothese zu überprüfen, wird auf den KS-Anpassungstest zurückgegriffen. Der Untersuchungsstichprobe wird dazu die theoretische Normalverteilung gegenübergestellt. Für ein unterstelltes Konfidenzniveau von 95 % wird folgende Nullhypothese getestet:[893]

(5-2) H_0: $f(x_i) \neq$ Normalverteilung (i = Adressaten oder Ersteller).

Für den Fall, dass die Nullhypothese zutrifft (Irrtumswahrscheinlichkeit $p < 0{,}05$) muss auf nichtparametrische Testverfahren ausgewichen werden. Für die Kriterien ergab sich nahezu vollständig, dass diese nicht hinreichend normalverteilt sind (vgl. Anhang IV).

Im Folgenden wurden daher nur die folgenden nichtparametrischen Testverfahren angewendet (vgl. Tab. 5-2).[894]

Verteilungstest bei zwei unabhängigen Stichproben	Kolmogorov-Smirnov Homogenitätstest
Verteilungstest bei n unabhängigen Verteilungen	Kruskal-Wallis H-Test

Tab. 5-2: Angewandte nichtparametrische Testverfahren.

Der KS-Homogenitätstest weist allgemein eine geringere Effizienz auf als der U-Test nach Mann und Whitney bzw. der Wilcoxon-Test.[895] Aufgrund

891 Vgl. Sauerbier, T. (2000), S. 338.
892 Vgl. Voß, W. (2000), S. 424.
893 Vgl. Bleymüller, J./Gehlert, G./Gülicher, H. (2002), S. 61.
894 Die Anwendung nichtparametrischer Testverfahren auf Stichproben, die auch parametrischen Tests zugänglich wären, ist unschädlich. Es muss aber konstatiert werden, dass die Trennschärfe nichtparametrischer Tests i. d. R. geringer ist, als die der parametrischen Tests, vgl. hierzu insbesondere Schäfer, W. (2000), S. 445.

der geringen Anzahl von Häufigkeitsklassen, die den Befragungsvariablen zugrunde liegen, ergeben sich bei Anwendung des U-Tests Ineffizienzen aufgrund geteilter Rangplätze.[896] Aus diesem Grund ist der KS-Homogenitätstest vorzuziehen.[897]

5.1.2 Auswertung der Befragung zur risikoorientierten Unternehmenspublizität

Zunächst werden die Rückantworten der Ersteller untersucht. Wie aus Abb. 5-3 deutlich wird, verteilten sich diese im Wesentlichen auf die Mitarbeiter des Finanz- und Rechnungswesens oder des Controllings. Aus der Aufarbeitung der Funktionsbereiche, welche an der Befragung teilgenommen haben, können Hinweise darauf gewonnen werden, welche Priorität die risikoorientierte Unternehmenspublizität in der Kommunikation mit der unternehmensrelevanten Umwelt hat. Die Mitarbeiter des Controllings spezifizierten vielfach ihr Tätigkeitsgebiet als Risikocontroller. Somit dominierten im Wesentlichen die Unternehmensfunktionen, die entweder den Risikomanagementprozess überwachen oder den Risikobericht verfassen.

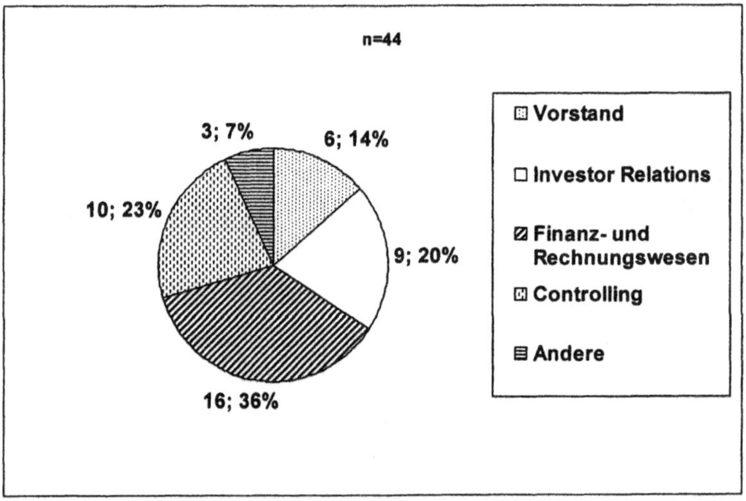

Abb. 5-3: Rücklauf der Ersteller nach Funktionsbereich.[898]

---

895 Vgl. Büning, H./Trenkler, G. (1994), S. 123 und 135. Vgl. Schäfer, W. (2000), S. 480 zur Identität des Wilcoxon-Tests und des U-Test für zwei Stichproben.

896 Vgl. Bühl, A./Zöfel, P. (2000), S. 295.

897 Vgl. Bühl, A./Zöfel, P. (2000), S. 295.

898 In dieser und den nachfolgenden Grafiken werden die Häufigkeiten in der Form „absolute Häufigkeit; relative Häufigkeit" angegeben.

Um evtl. branchenabhängige Befragungsergebnisse identifizieren zu können, sollten sich die befragten Ersteller einer Branche zuordnen. Aufgrund der konglomeraten Struktur einiger Unternehmen des DAX 100 wurden auch Mehrfachnennungen zugelassen. Die Struktur der Rückläufe der Ersteller zeigt Abb. 5-4.

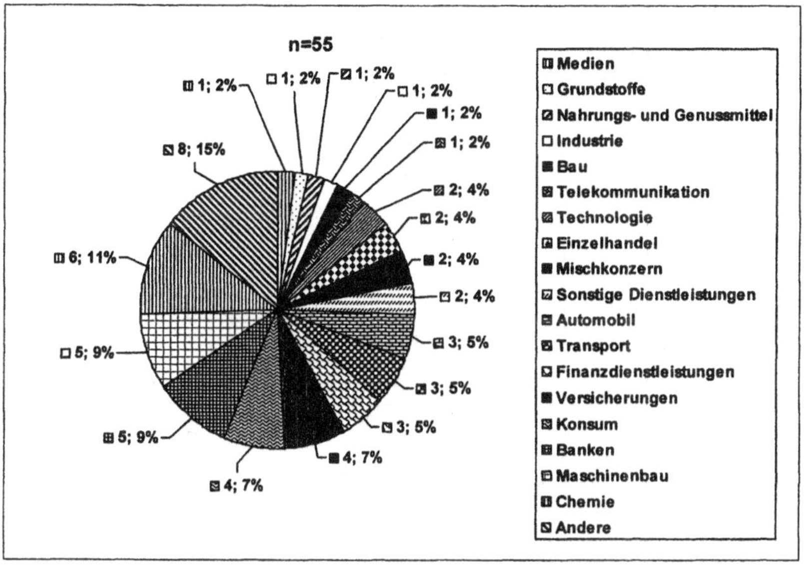

Abb. 5-4: Rücklauf der Ersteller nach Branchen.

Der Branchenstruktur der Ersteller kann entnommen werden, dass die Unternehmen der Chemieindustrie den größten Anteil an den untersuchten Rückläufen der Ersteller aufweisen, gefolgt von den Unternehmen der Maschinenbauindustrie, den Banken, der Konsumgüterindustrie und Versicherungen. Aufgrund der Vielzahl der Branchennennungen könnte gefolgert werden, dass die Einschätzung der Kriterien des Fragebogens branchenspezifischen Besonderheiten unterliegt. Diese Hypothese wurde mittels des Kruskal-Wallis H-Tests überprüft.[899]

(5-3) H_0: Die Verteilungsfunktionen der einzelnen Branchen sind ungleich.

Aufgrund des geringen Umfangs der branchenbezogenen Rückläufe ist die Generalisierbarkeit dieser Signifikanzaussagen allerdings nicht gegeben. Für die branchenspezifischen Stichproben konnten nur in zwei Fällen statistisch signifikante Abweichungen der Einschätzungen identifiziert wer-

[899] Vgl. Schäfer, W. (2000), S. 484.

den (vgl. Anhang V). Diese ergaben sich zum einen hinsichtlich der Bedeutung öffentlich-rechtlicher Risiken und bei der Einschätzung der Bedeutung der Überwälzung von Risiken (gesamt).[900] Aufgrund dieser geringfügigen Abweichungen wird die Auswertung der Fragebögen der Ersteller branchenunabhängig erfolgen.

Die Ersteller sollten ferner anhand vorgegebener Börsenindizes angeben, wo das Unternehmen gelistet ist. Abb. 5-5 gibt einen Überblick über die Verteilung der Rückantworten auf die vorgegebenen Börsenindizes.

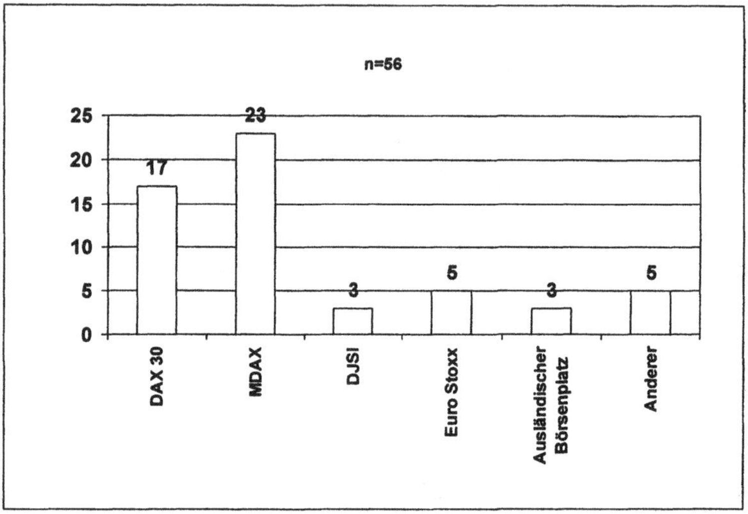

Abb. 5-5: Verteilung nach Börsenindizes in den Rückläufen der Ersteller (Mehrfachnennungen möglich).

Wie Abb. 5-5 entnommen werden kann, dominieren die Unternehmen des MDAX gegenüber denen des DAX 30. Bei relativer Betrachtung ergibt sich für den MDAX eine Rücklaufquote von 33 % und für den DAX 30 von 57 %. Für die Zuordnung DAX 30 und MDAX wurde mittels des KS-Homogenitätstests untersucht, ob sich das Beantwortungsverhalten der Ersteller in Abhängigkeit von der Indexzugehörigkeit unterscheidet.[901]

[900] Öffentlich-rechtliche Risiken werden in den Branchen Medien, Chemie und Transport signifikant höher eingeschätzt als bspw. in den Branchen Telekommunikation und Konsum. Insbesondere für die Telekommunikationsindustrie ist dies aufgrund der regulatorischen Unsicherheit netzbasierter Industrien in Europa verwunderlich (vgl. Frage 3.6 im Fragebogen).

[901] Die anderen Börsenindizes werden aufgrund des geringen Stichprobenumfangs nicht einbezogen.

(5-4) H_0: Die Verteilungsfunktionen der einzelnen Börsenindizes sind ungleich.

Hierbei ergab sich lediglich für das politische Dispositionsrisiko eine signifikant andere Beurteilung (vgl. Anhang VI). Die DAX 30-Unternehmen schätzen dieses als „wichtig" ein, wohingegen die MDAX-Unternehmen das politische Dispositionsrisiko als „weniger wichtig" einstuften. Dieser Unterschied könnte sich aus der größeren Internationalität der Geschäftstätigkeit der DAX 30-Unternehmen im Gegensatz zu denen des MDAX ergeben. Ansonsten sind die Einschätzungen der Ersteller unabhängig von der Indexzugehörigkeit zum MDAX oder zum DAX 30.

Die Ersteller wurden gebeten, die Rechnungslegungsnormen anzugeben, die im Rahmen der Konzernrechnungslegung angewandt werden (vgl. Abb. 5-6).

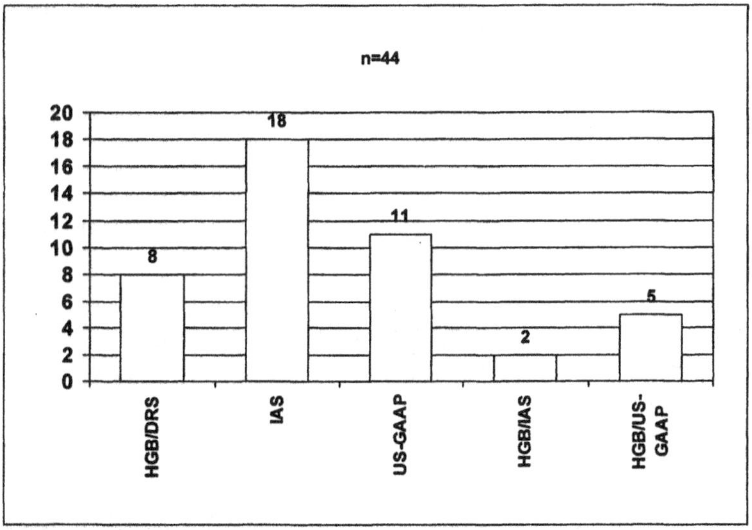

Abb. 5-6: Verteilung der Rückläufe von Erstellern nach Rechnungslegungsnorm.

Die Unternehmen, die ihren Konzernabschluss nach IAS/IFRS bzw. US-GAAP aufstellen, bildeten den größten Anteil am Rücklauf der Ersteller von risikoorientierter Unternehmenspublizität. Dies entspricht der mittlerweile üblichen Praxis bei den DAX 100-Unternehmen, befreiende Konzernabschlüsse nach § 292 a HGB zu erstellen.[902]

[902] Die Information ergab sich aus der Auswertung der Geschäftsberichte für das Geschäftsjahr 2001.

	DAX 100	Befragung
HGB/DRS	38	18
IAS	40	46
US-GAAP	22	36
Summe	100	100

Tab. 5-3: Vergleich der Struktur der Rückläufe von Erstellern nach Rechnungslegungsnorm mit den Rechnungslegungsnormen im DAX 100 (Angaben in %).

In Tab. 5-3 werden die Rückläufe von Erstellern nach Rechnungslegungsnorm mit den von den DAX 100-Unternehmen verwendeten Rechnungslegungsnormen verglichen.[903] Es ist zu erkennen, dass die Unternehmen, welche einen Konzernabschluss nach HGB/DRS aufstellen, in einem deutlich geringeren Maße an der Befragung teilgenommen haben. Dies wird im Wesentlichen durch eine höhere Partizipation der Unternehmen, die nach US-GAAP bilanzieren, kompensiert. Unternehmen, die nach internationalen Rechnungslegungsnormen bilanzieren, waren somit in einem größeren Maße gewillt, an dieser Befragung teilzunehmen.

Um festzustellen, ob das Antwortverhalten der Ersteller in Abhängigkeit von der zugrunde gelegten Rechnungslegungsnorm signifikant abweicht, wurde wiederum ein H-Test durchgeführt.

(5-5) H_0: Die Verteilungsfunktionen der einzelnen Rechnungslegungsnormen sind ungleich.

Für die Frage, welchen Zeitraum die Angaben hinsichtlich zukunftsorientierter Informationen in der risikoorientierten Unternehmenspublizität umfassen sollten, ergab sich für quantitative Risiken eine signifikant unterschiedliche Einschätzung (vgl. Anhang VII). Unterschiedliche Positionen nahmen hierbei die Unternehmen ein, die nach US-GAAP publizieren bzw. diejenigen, die auf US-GAAP überleiten. Unternehmen, die originäre US-GAAP Publizität erstellen, wünschen einen Prognosezeitraum von bis zu einem Jahr, wohingegen die Unternehmen, die eine US-GAAP Überleitungsrechnung auf Basis eines HGB Abschlusses vollziehen, einen Prognosezeitraum von bis zu drei Jahren forderten. Ursächlich für diese Unterschiede könnte sein, dass die Unternehmen mit originären Abschlüssen nach US-GAAP gleichzeitig auch an internationalen Finanzplätzen, insbesondere in den USA, notiert sind bzw. dieses planen. Die problematische rechtliche Situation für die Publizität von Prognoseinformationen in den

[903] Die Struktur der verwendeten Rechnungslegungsnormen der DAX 100-Unternehmen basiert auf einer eigenen Untersuchung der Geschäftsberichte dieser Unternehmen für das Geschäftsjahr 2001. Überleitungsrechnungen wurden der Rechnungslegungsverfassung zugeordnet, auf welche übergeleitet wurde.

USA könnte die Zurückhaltung dieser Unternehmen erklären.[904] Ferner wurde der Detaillierungsgrad der risikoorientierten Unternehmenspublizität (Frage 2.1) signifikant unterschiedlich eingeschätzt (vgl. Anhang VII).

In Abb. 5-7 wird der Rücklauf der Adressaten nach Funktionsbereich dargestellt.

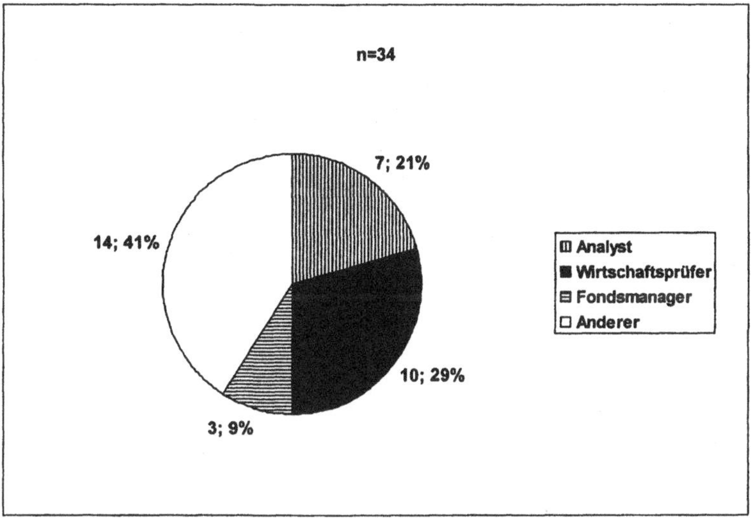

Abb. 5-7: Rücklauf der Adressaten nach Funktionsbereichen.

Die 14 Adressaten, die einen „anderen" Funktionsbereich angaben, entfallen im Wesentlichen auf Mitarbeiter von Corporate Finance Bereichen, insbesondere denen der Wirtschaftsprüfungsgesellschaften. Ferner enthält diese Position auch Rückläufe von Vertretern von Schutzvereinigungen der Aktionäre, etc.

Fondsmanager und Analysten als Vertreter der institutionellen Anleger sowie der Informationsintermediäre, die als wesentliche Adressaten von risikoorientierten Informationen gelten können, zeigten ein vergleichsweise geringes Interesse an der Thematik, wohingegen die Wirtschaftsprüfer und deren angeschlossene Corporate Finance Bereiche sich der Problemstellung gegenüber deutlich aufschlussreicher zeigten. Für die Wirtschaftsprüfer kann vermutet werden, dass dieses Interesse auf der intensiven Diskussion der Ausgestaltung und Prüfung von Risikoberichten mit den Erstellern beruht.

[904] Vgl. hierzu bereits Kapitel 3.3.3.2.4 dieser Arbeit.

Den Adressaten wurde ebenfalls die Möglichkeit gegeben, den Branchenbezug ihrer Tätigkeit anzugeben. Auf eine deskriptive Darstellung wird verzichtet, da die meisten Adressaten angaben, für eine Vielzahl von Branchen zuständig zu sein.[905] Vor diesem Hintergrund erscheint eine Analyse branchenspezifischer Einschätzungen der Adressaten nicht sinnvoll, zumal sich keine auffällige Häufung spezifischer Branchenerfahrungen ergab. Auf die Anwendung eines Verteilungstests zur statistischen Überprüfung dieser Annahme wurde aus diesem Grund verzichtet. Somit wird auch für die Adressaten deutlich, dass die erhaltenen Rückantworten branchenunabhängig ausgewertet werden können.

Für die Adressaten wurde die Anzahl der deutschen Börsenindizes erhöht, da diese, wie bereits in der Branchenbeurteilung zu erkennen war, i. d. R. einem breiteren Tätigkeitsfeld zugeordnet werden müssen. Dafür wurden die Kategorie „ausländische Börsenplätze" eliminiert, da zu vermuten ist, dass die befragten Adressaten vorwiegend national agieren (vgl. Abb. 5-8).

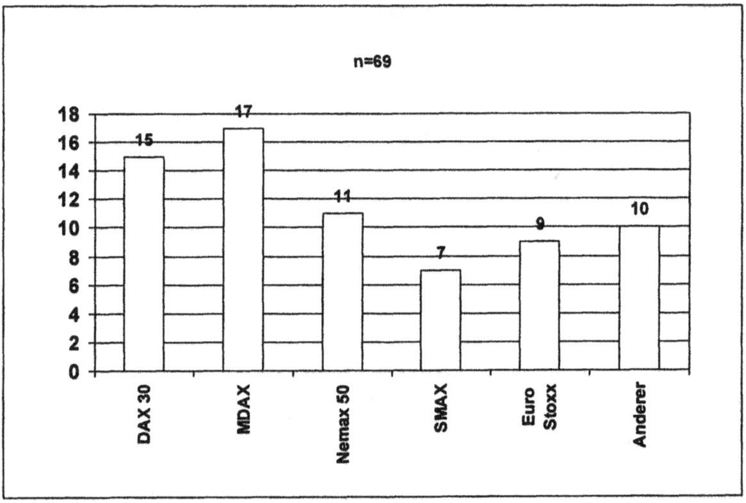

Abb. 5-8: Verteilung nach Börsenindizes in den Rückläufen der Adressaten (Mehrfachnennungen möglich).

Die Struktur der von den Adressaten betreuten Indizes wurde keinem Verteilungstest unterzogen, da die absolute Anzahl von 69 Nennungen nahe legt, dass die Adressaten die Börsenindizes jeweils vollständig abdecken.

Da die meisten Adressaten angaben, sich mit sämtlichen der genannten Rechnungslegungsnormen in der beruflichen Praxis auseinander zu setzen,

[905] Vielfach wurde eine Expertise für sämtliche Branchen, die vorgegeben waren, angegeben.

wurde für diese Gruppe keine weitere Untersuchung angestellt, da dieses Kriterium kein differenzierendes Merkmal darstellt.

Zusammenfassend kann festgestellt werden, dass die Kriterien Funktionsbereich, Index, Branchenzugehörigkeit und Rechnungslegungsnorm nicht zu signifikanten Einschätzungsunterschieden führten, die eine Differenzierung bei der nachfolgenden Analyse rechtfertigen würde. Somit wird im Folgenden nur zwischen den Gruppen „Adressaten" und „Ersteller" unterschieden. Den anschließenden Signifikanzauswer-tungen liegt infolgedessen folgende Nullhypothese zugrunde:

(5-6) H_0: $f(x_{Ersteller}) \neq f(x_{Adressaten})$.

5.1.2.1 Gegenwärtiger Nutzen der risikoorientierten Unternehmenspublizität

Der zweite Abschnitt des Fragebogens untersuchte die Einschätzung des gegenwärtigen Nutzens der risikoorientierten Unternehmenspublizität. Um eine differenziertere Aussage zu erlangen, wurde diese Nutzenfrage nicht direkt gestellt, sondern über Einzelfragen abgedeckt, die verschiedene Aspekte der Nutzeneinschätzungen beleuchten. Zunächst wurde erfragt, inwieweit Adressaten und Ersteller davon ausgehen, dass die Informations-GoB eine adäquate Umsetzung in der risikoorientierten Unternehmenspublizität erfahren haben. Obwohl dies bei den Erstellern zu einer Selbsteinschätzung der eigenen Arbeit führte, wurde diese Frage auch jener Gruppe gestellt. Es sollte identifiziert werden, ob die Ersteller die risikoorientierte Unternehmenspublizität, trotz ihrer Komplexität, als den Adressaten vermittelbar ansehen. Die Adressaten sollten hingegen die Qualität der risikoorientierten Unternehmenspublizität einschätzen (vgl. Abb. 5-9).[906]

[906] In den folgenden Abbildungen repräsentiert n den Stichprobenumfang, Me den Median, s_x die Standardabweichung und $\bar{x}$ den Mittelwert der Stichprobe.

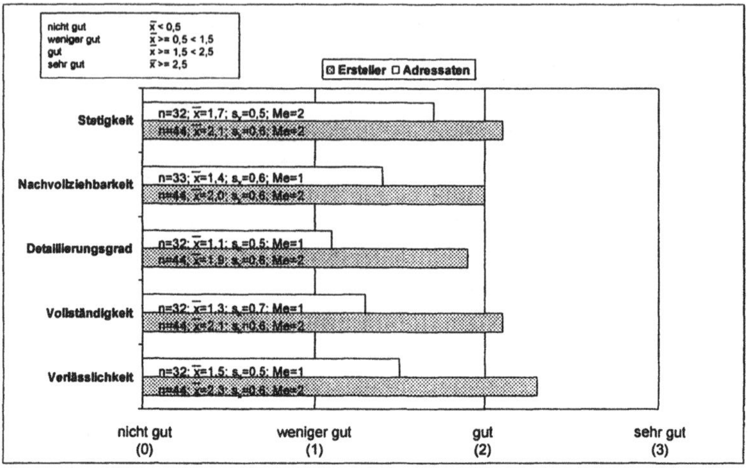

Abb. 5-9: Beurteilung der risikoorientierten Unternehmenspublizität.

Hierzu wurden in Anlehnung an die Informations-GoB die Kriterien Stetigkeit, Nachvollziehbarkeit, Detaillierungsgrad, Vollständigkeit und Verlässlichkeit abgefragt. Auffallend ist, dass deren Erfüllung von den Erstellern risikoorientierter Unternehmenspublizität durchgehend höher eingeschätzt wurde, als von den Adressaten. Am ehesten Übereinstimmung besteht noch hinsichtlich der Stetigkeit der Darstellung, welche von beiden als gut beurteilt wurde.

Merkmale der risikoorientierten Unternehmenspublizität
*** kennzeichnet Signifikanz bei einem Konfidenzintervall von 95 %**

	Extremste Differenzen			Kolmogorov-Smirnov Z	Asymp. Sig. (2-seitig)
	Absolut	Positiv	Negativ		
2.1 Stetigkeit	,276	,023	-,276	1,186	,120
2.1 Nachvollziebarkeit	,356	,000	-,356	1,546	*,017
2.1 Detaillierungsgrad	,608	,000	-,608	2,617	*,000
2.1 Vollständigkeit	,520	,000	-,520	2,238	*,000
2.1 Verlässlichkeit	,463	,000	-,463	1,993	*,001

Abb. 5-10: Merkmale der risikoorientierten Unternehmenspublizität.

Die Abweichungen bei der Beantwortung dieser Frage sind statistisch nicht signifikant (vgl. Abb. 5-10). Nachvollziehbarkeit, Detaillierungsgrad, Vollständigkeit und Verläss-lichkeit werden von den Adressaten durchweg als „weniger gut", von den Erstellern hingegen als „gut" beurteilt. Diese unterschiedlichen Einschätzungen sind statistisch hingegen signifikant (vgl. Abb. 5-10).

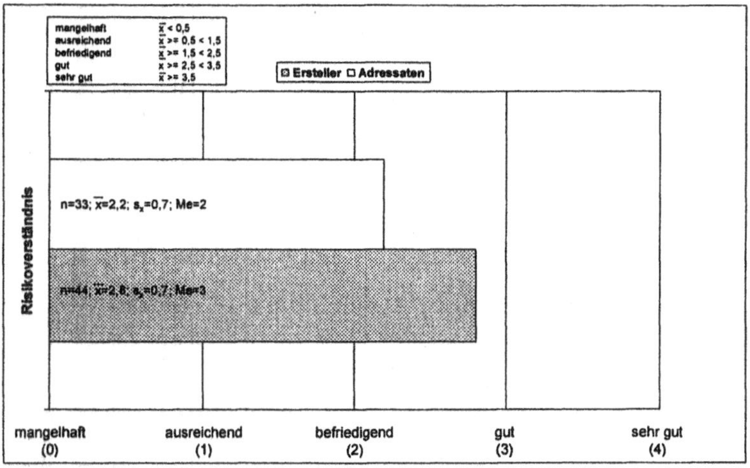

Abb. 5-11: Gegenseitige Beurteilung des Risikoverständnisses.

Bezogen auf das Risikoumfeld wurden Ersteller und Adressaten gebeten, das Verständnis der jeweils anderen Befragungsgruppe zu beurteilen (vgl. Abb. 5-11). Es ist zu erkennen, dass die Ersteller das Verständnis der Adressaten als „gut" erachteten, wohingegen die Adressaten die Fähigkeiten der Ersteller lediglich als „befriedigend" ansahen. Der Unterschied war statistisch signifikant (vgl. Abb. 5-14).

Gleichzeitig muss aber festgestellt werden, dass die Adressaten, die an der Befragung teilnahmen, angaben, „oft" Zusatzinformationen zur Risikosituation der Unternehmen einzuholen (vgl. Abb. 5-12).

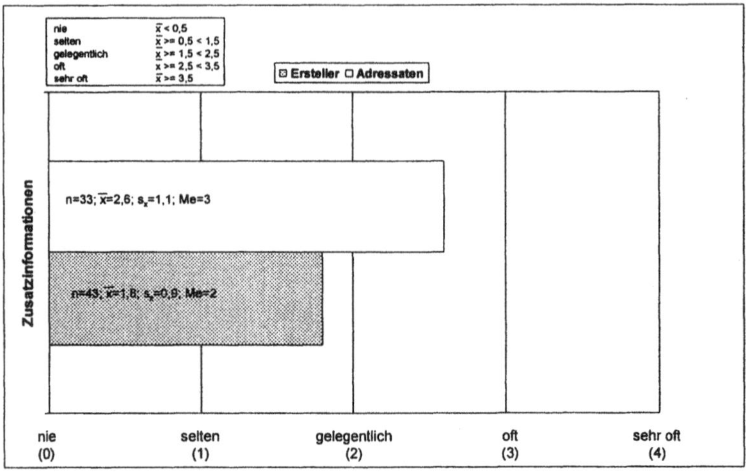

Abb. 5-12: Nachfrage nach Zusatzinformationen zur risikoorientierten Unternehmenspublizität.

Die Nachfrage nach Zusatzinformationen wurde von den Erstellern statistisch signifikant anders wahrgenommen (Abb. 5-12), da diese lediglich „gelegentliche" Nachfragen feststellten. Eine Ursache für diese Abweichung könnte allerdings sein, dass Mitarbeiter im Unternehmenscontrolling oder im Finanzbereich häufig nicht im direkten Kontakt zu den Adressaten stehen. Eine andere Erklärung dieser Diskrepanz kann an der hohen Rücklaufquote der wirtschaftsprüfungsnahen Berufe liegen, da diese im Wege ihrer Berufsausübung Zusatzinformationen einholen. Das Informationsinteresse der Wirtschaftsprüfer könnte in diesem Fall von den Unternehmen nicht als dasjenige eines Adressaten der risikoorientierten Unternehmenspublizität interpretiert werden.

Abschließend sollte noch beurteilt werden, ob die risikoorientierte Unternehmenspublizität durch die Aktionärsstruktur beeinflusst wurde (vgl. Abb. 5-13).

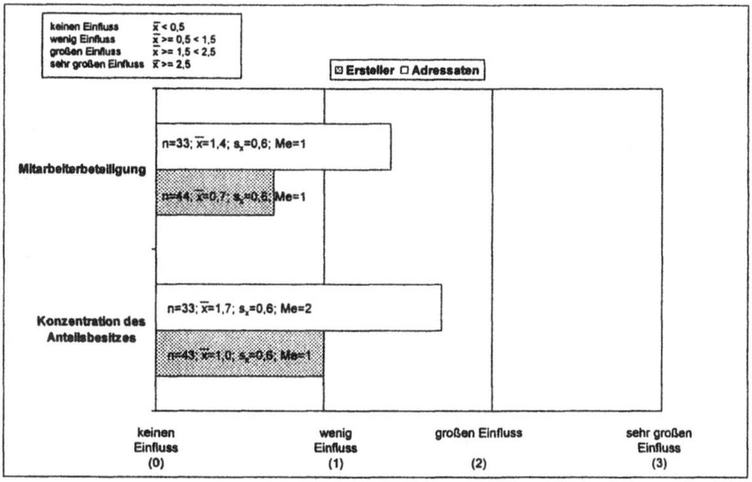

Abb. 5-13: Einfluss der Aktionärsstruktur auf die risikoorientierte Unternehmenspublizität.

Bei einer starken Konzentration des Anteilsbesitzes könnte die Vermutung nahe liegen, dass die Adressaten über die gesetzliche risikoorientierte Unternehmenspublizität hinaus Möglichkeiten haben, an risikobezogene Informationen zu gelangen (vgl. Kapitel 4.2). Hier sahen die Ersteller „weniger Einfluss", wohingegen die Adressaten einen „großen Einfluss" vermuten. Dieser Unterschied war statistisch signifikant (vgl. Abb. 5-14). Aufgrund der Art der Fragestellung ist allerdings zu vermuten, dass die Ersteller dazu geneigt waren, auf die Neutralität der eigenen risikoorientierten Unternehmenspublizität zu verweisen.[907] Dies korrespondiert letztlich mit der besseren Einschätzung der risikoorientierten Unternehmenspublizität bezogen auf die Informations-GoB, die von den Erstellern konstatiert wurde (vgl. Abb. 5-9). Außerdem muss hier des Weiteren einschränkend angemerkt werden, dass von den angeschriebenen Adressaten lediglich die Fondsmanager diesen Einfluss der Konzentration direkt geltend machen könnten. Die anderen Adressaten konnten hierüber lediglich Vermutungen anstellen.

Die Aktionärsstruktur wurde ebenfalls hinsichtlich der Managementbeteiligung untersucht (vgl. Abb. 5-13). Es sollten Angaben darüber gemacht werden, ob das Ausmaß der Mitarbeiterbeteiligung an den Unternehmen einen Einfluss auf die risikoorientierte Unternehmenspublizität hat. Aufgrund zu vermutender Informationsasymmetrien zwischen den Erstellern und Adressaten könnte bei hohen Mitarbeiterbeteiligungen vermutet wer-

907 Zur Neutralitätsfunktion der risikoorientierten Unternehmenspublizität; vgl. Kapitel 3.3.1.2.

den, dass ein Anreiz bestehen könnte, die Risikopublizitätsstrategie des Unternehmens im Sinne des Managements zu gestalten.[908] Hier muss konstatiert werden, dass die Ersteller „wenig Einfluss" der Managementbeteiligung auf die Risikoberichterstattung sahen. Dies korrespondiert mit der Einschätzung der Adressaten. Trotz gleicher Mediane lag aber bei den Gruppen ein signifikant unterschiedliches Antwortverhalten vor. Die Ersteller maßen der Mitarbeiterbeteiligung eine geringere Bedeutung bei als die Adressaten. Abb. 5-13 indiziert somit, ob Adressaten und Ersteller Verhaltensannahmen, wie sie in Kapitel 4.2 anhand von Modellen dargestellt wurden, als in der Realität gegeben ansehen. Der Gestaltung der Risikopublizitätsstrategie durch das Management wird dabei von beiden Gruppen eine geringe Bedeutung beigemessen, wobei die Adressaten zumindest eher einen Einfluss auf die risikoorientierte Unternehmenspublizität vermuten als die Ersteller. Für die Anteilseignerkonzentration schienen die Adressaten davon auszugehen, dass bedeutsame Anteilseigner von den Unternehmen mit privaten Informationen hinsichtlich der risikoorientierten Unternehmenspublizität versorgt werden könnten.

Gegenwärtiger Nutzen der risikoorientierten Unternehmenspublizität
*** kennzeichnet Signifikanz bei einem Konfidenzintervall von 95 %**

	Extremste Differenzen			Kolmogorov-Smirnov Z	Asymp. Sig. (2-seitig)
	Absolut	Positiv	Negativ		
2.2 Risikoumfeld	,432	,023	-,432	1,875	*,002
2.3 Zusatzinformationen	,366	,366	-,014	1,583	*,013
2.4 Mitarbeiterbeteiligung	,379	,379	,000	1,645	*,009
2.5 Anteilseignerkonzentration	,397	,397	,000	1,714	*,006

Abb. 5-14: Gegenwärtiger Nutzen der risikoorientierten Unternehmenspublizität.

Die Befragung zu den Nutzeneinschätzungen der Ersteller und Adressaten untersuchte auch die Vor- und Nachteile der risikoorientierten Unternehmenspublizität gegenüber den relevanten Anspruchsgruppen sowie den Wettbewerbern. Das Ergebnis ist Abb. 5-15 zu entnehmen.

[908] Vgl. Kapitel 4.2.

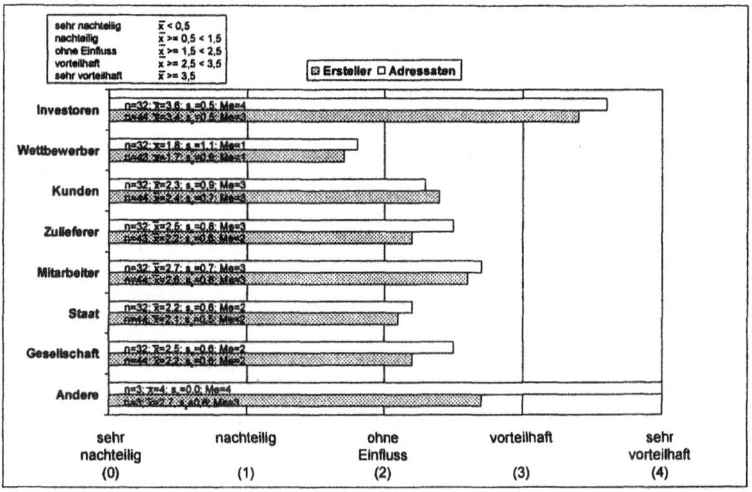

Abb. 5-15: Auswirkungen der risikoorientierten Unternehmenspublizität auf Anspruchsgruppen.

Von beiden Gruppen wurde gleichermaßen die Einschätzung vertreten, dass die risikoorientierte Unternehmenspublizität gegenüber den Wettbewerbern „ohne Einfluss" sei. Diese Beantwortung erscheint konsistent, da bei einer zunächst einmal zu unterstellenden homogenen Qualität der risikoorientierten Unternehmenspublizität in einer Branche jedes Unternehmen nicht nur Informationen preisgeben muss, sondern auch entsprechende Informationen erhält. Folglich ist diese Einschätzung nur dann zu verwerfen, wenn von einer heterogenen Qualität der risikoorientierten Unternehmenspublizität ausgegangen wird.

Für die anderen Anspruchsgruppen kann konstatiert werden, dass die Ersteller die Vorteile der risikoorientierten Unternehmenspublizität verglichen mit den Adressaten als geringer erachteten.[909] Diese Einschätzung spricht zunächst einmal für eine Wahrnehmungslücke hinsichtlich der Bedeutung der risikoorientierten Unternehmenspublizität. Die Unterschiede in den Einschätzungen waren aber lediglich hinsichtlich der Zulieferer statistisch signifikant (vgl. Abb. 5-16). Während die Adressaten keinen Einfluss der risikoorientierten Unternehmenspublizität auf diese Anspruchsgruppe ausmachen konnten, vermuteten die Ersteller Vorteile gegenüber den Zulieferern. Inwieweit hierdurch die Verhandlungsmacht der Zulieferer gegenüber den Unternehmen tangiert sein könnte, ist aber nicht unbedingt ersichtlich. Insgesamt kann Abb. 5-15 entnommen werden, dass sowohl Adressaten als auch Ersteller unterschiedlich ausgeprägte Vorteile

[909] Die Gruppe „Andere" umfasst insbesondere die Wissenschaft.

der risikoorientierten Unternehmenspublizität für Investoren, Mitarbeiter sowie „Andere" sahen. Somit schienen beide Gruppen zu vermuten, dass konfligierende Interessen der Adressaten durch die gegenwärtige Ausgestaltung der risikoorientierten Unternehmenspublizität nivelliert werden. Dies könnte ein Hinweis darauf sein, dass cheap-talk Gleichgewichte, wie in Kapitel 4.2 beschrieben, vorliegen könnten.

Vor- und Nachteile der risikoorientierten Unternehmenspublizität für Interessengruppen
*** kennzeichnet Signifikanz bei einem Konfidenzintervall von 95 %**

	Extremste Differenzen			Kolmogorov-Smirnov Z	Asymp. Sig. (2-seitig)
	Absolut	Positiv	Negativ		
2.6 Investoren	,170	,170	,000	,734	,655
2.6 Wettbewerber	,102	,102	-,051	,436	,991
2.6 Kunden	,159	,023	-,159	,685	,736
2.6 Zulieferer	,339	,339	-,071	1,451	*,030
2.6 Mitarbeiter	,142	,142	-,063	,611	,849
2.6 Staat	,037	,037	,000	,159	1,000
2.6 Gesellschaft	,196	,196	,000	,844	,475
2.6 Andere	1,000	1,000	,000	1,225	,100

Abb. 5-16: Vor- und Nachteile der risikoorientierten Unternehmenspublizität für Interessengruppen.

Die Fragen zur Einhaltung der Informations-GoB, zur Beurteilung des Risikoumfeldes sowie zu den zusätzlichen Erläuterungen sind Indikatoren für die wahrgenommene Aussagekraft der risikoorientierten Unternehmenspublizität. Zusammenfassend ist festzuhalten, dass die Adressaten die Aussagekraft skeptischer beurteilen als die Ersteller dieser Informationen. Aus Sicht der Adressaten dürfte dies den Nutzen der risikoorientierten Unternehmenspublizität zumindest verringern. Die Fragen nach der Mitarbeiterbeteiligung sowie der Konzentration des Anteilsbesitzes stellen Indikatoren für die Beeinflussbarkeit bzw. das Interesse an einer Gestaltung von risikoorientierter Unternehmenspublizität dar. Obwohl die Bedeutung dieser Fragestellung von beiden Gruppen als nicht so hoch angesehen wurde, ist doch ersichtlich, dass die Adressaten deutlicher die Gefahr sehen, dass diskretionäre Gestaltungsspielräume, wie in Kapitel 4.2 beschrieben, ausgenutzt werden. Die Beantwortung der Frage, welche Anspruchsgruppe am meisten von der risikoorientierten Unternehmenspublizität profitiert, wurde uneinheitlich beantwortet. Als Zwischenfazit kann aber zunächst abgeleitet werden, dass die Adressaten den Nutzen der risikoorientierten Unternehmenspublizität insgesamt skeptischer beurteilen als die Ersteller.

5.1.2.2 Relevanz der spezifischen Unternehmensrisiken

Nach der Einschätzung des wahrgenommenen Nutzens der risikoorientierten Unternehmenspublizität wird im Folgenden die Bedeutung einzelner Risiken analysiert. Grundlage für die Beurteilung der Relevanz von spezifischen Unternehmensrisiken waren die in Kapitel 2.3.2 vorgestellten Indikatoren. Zunächst werden die Ergebnisse für die Kundenrisiken vorgestellt (vgl. Abb. 5-17).

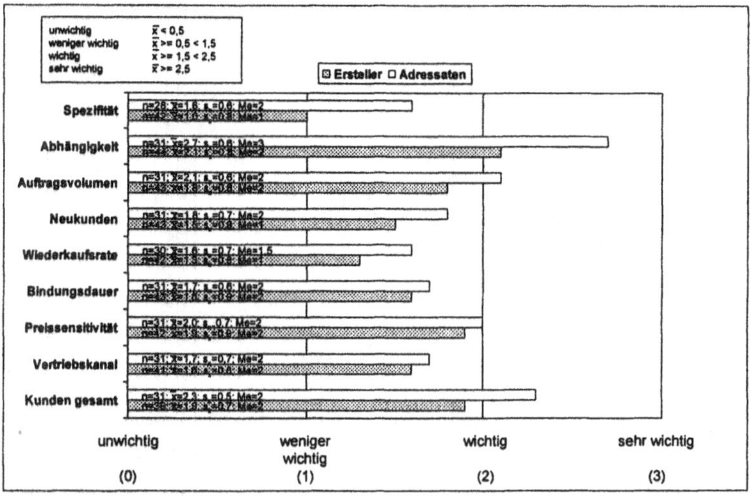

Abb. 5-17: Relevanz von Kundenrisiken.

Wie Abb. 5-17 entnommen werden kann, wurde die Wichtigkeit der Indikatoren zu Kundenrisiken von den Adressaten durchgehend höher eingeschätzt als von den Erstellern. Allerdings ergab sich nur für die Bedeutung der „Abhängigkeit" von einzelnen Kunden ein statistisch signifikanter Unterschied (vgl. Abb. 5-18). Adressaten empfanden eine Publizität über Kundenabhängigkeiten als „sehr wichtig". Ersteller hingegen beurteilen dies als „wichtig". Die Bedeutung von Kundenrisiken (gesamt) wurde von beiden Befragungsgruppen als „wichtig" identifiziert. Für beide Seiten „wichtig" waren die Publizitätselemente Zugang zu Vertriebskanälen, Preissensitivität, Bindungsdauer der Kunden, Anzahl Neukunden und das Auftragsvolumen. Von den Adressaten als „wichtig" von den Erstellern hingegen als „weniger wichtig" wurden die Spezifität von Kundenaufträgen und die Wiederkaufsrate eingeschätzt.

Für die Spezifität von Kundenaufträgen erscheint die Beantwortung der Ersteller plausibel, wenn man von der Annahme ausgeht, dass mit steigender Spezifität der Leistung die Kundenbindung i. d. R. intensiviert wird, da ein Abbruch der Beziehung für beide Seiten mit Kosten verbunden ist.

Erstaunlich ist hingegen, dass dem, in der einschlägigen Literatur eine hohe Bedeutung beigemessenen, Parameter Wiederkaufsrate von den Erstellern keine große Bedeutung hinsichtlich der Risikobeurteilung zugebilligt wurde.[910]

Kundenrisiken
*** kennzeichnet Signifikanz bei einem Konfidenzintervall von 95 %**

	Extremste Differenzen			Kolmogorov-Smirnov Z	Asymp. Sig. (2-seitig)
	Absolut	Positiv	Negativ		
3.1 Spezifität von Kundenaufträgen	,298	,298	,000	1,220	,102
3.1 Abhängigkeit von einzelnen Kunden	,337	,337	,000	1,435	*,030
3.1 Auftragsvolumen	,197	,197	,000	,834	,490
3.1 Anzahl Neukunden	,189	,189	,000	,802	,540
3.1 Wiederkaufsrate	,167	,167	,000	,697	,716
3.1 Bindungsdauer	,116	,116	-,020	,494	,968
3.1 Preissensitivität	,071	,071	-,012	,302	1,000
3.1 Zugang zu Vertriebskanälen	,098	,098	,000	,410	,996
3.1 Kunden gesamt	,227	,227	,000	,942	,338

Abb. 5-18: Signifikanzauswertung für die Kundenrisiken.

Als weiteres Element der Marktrisiken wurden die Probanden zur Relevanz von Zuliefererrisiken befragt. Diese wurde dargestellt durch folgende Indikatoren (vgl. Abb. 5-19).

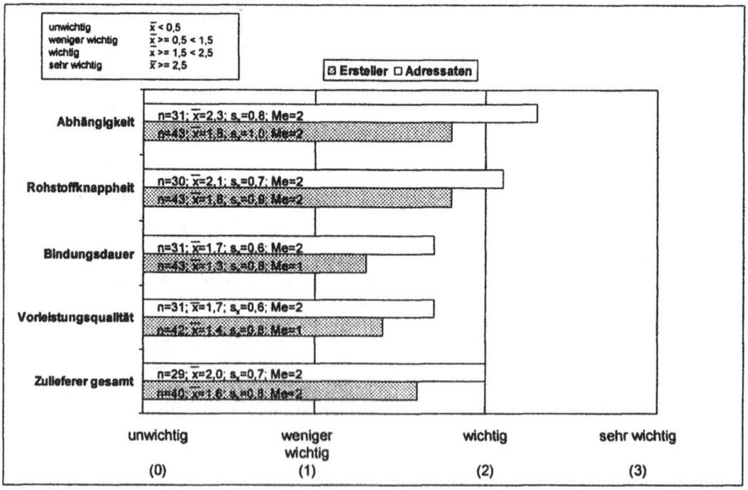

Abb. 5-19: Relevanz von Zuliefererrisiken.

910 Vgl. bspw. Blattberg, R. C./Getz, G./Thomas, J. S. (2001), S. 35 ff.

Auch für die Zuliefererrisiken ergab sich wiederum, dass deren Bedeutung von den Adressaten durchweg höher eingeschätzt wurde als von den Erstellern. Allerdings war für keinen der Indikatoren eine statistisch signifikante Abweichung der Rückantworten von Erstellern und Adressaten feststellbar (vgl. Abb. 5-20).

Die Bedeutung von Zuliefererrisiken (gesamt) wurde im Durchschnitt der Rückläufe von beiden Gruppen als „wichtig“ eingeschätzt. Allerdings zeigte sich, dass den kundenspezifischen Risiken eine etwas höhere Bedeutung beigemessen wurde.[911] Die Abhängigkeit von einzelnen Zulieferern sowie die Rohstoffknappheit wurden von beiden Gruppen jeweils als „wichtig“ beurteilt. Die „Bindungsdauer“ der Zulieferer an das Unternehmen sowie die Vorleistungsqualität wurde von den Erstellern als „weniger wichtig“ empfunden, wohingegen die Adressaten auch hier ein „wichtiges“ Risiko für die Unternehmenspublizität sahen.

Zuliefererrisiken
*** kennzeichnet Signifikanz bei einem Konfidenzintervall von 95 %**

	Extremste Differnezen			Kolmogorov-Smirnov Z	Asymp. Sig. (2-seitig)
	Absolut	Positiv	Negativ		
3.1 Abhängigkeit von einzelnen Zulieferern	,206	,206	,000	,872	,432
3.1 Rohstoffknappheit	,192	,192	,000	,808	,531
3.1 Bindungsdauer der Zulieferer	,167	,167	,000	,710	,694
3.1 Qualität der bezogenen Vorleistungen	,193	,193	,000	,814	,521
3.1 Zulieferer gesamt	,157	,157	,000	,643	,802

Abb. 5-20: Signifikanzauswertung für die Zuliefererrisiken.

Ferner war zu beurteilen, welchen Stellenwert die Wettbewerberrisken sowie die Marktrisiken als Risikokategorie, welche Kunden-, Zulieferer- und Wettbewerberrisiken umfasst, hatten (vgl. Abb. 5-21).

---

911 Diese Aussage wird anhand des arithmetischen Mittels getroffen.

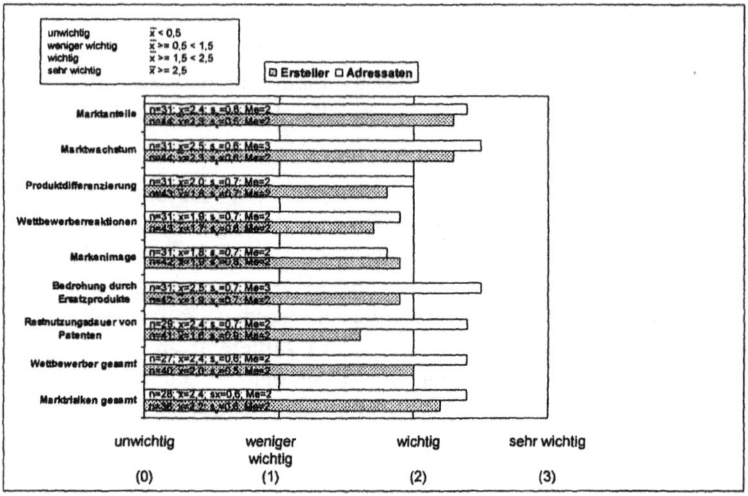

Abb. 5-21: Relevanz von Wettbewerber- und allgemeinen Marktrisiken.

Beruhend auf den Mittelwerten ergab sich für die Wettbewerberrisken ein heterogeneres Bild als bei den vorangegangenen Risikokategorien. Statistisch signifikante Unterschiede ergaben sich für das Kriterium der Bedrohung durch Ersatzprodukte (vgl. Abb. 5-22). Dieses wurde von den Adressaten als „sehr wichtig", von den Erstellern hingegen nur als „wichtig" beurteilt. Wiederum auffallend war, dass die Ersteller den Indikatoren für Wettbewerberrisiken mit Ausnahme des Markenimages, welches jeweils als „wichtig" angesehen wurde, bezogen auf den Mittelwert eine niedrigere Bedeutung beimaßen als die Adressaten. Besonders charakterisierend für Wettbewerberrisiken schienen der Marktanteil und das Marktwachstum zu sein. Bei den Adressaten zählte hierzu auch, wie bereits erwähnt, die Bedrohung durch Ersatzprodukte. Etwas weniger relevant schien die Publizität von Wettbewerberreaktionen zu sein. Dasselbe galt für die Publizität über Markenimage, der Restnutzungsdauer von Patenten und der Produktdifferenzierung. Sowohl die Wettbewerberrisken (gesamt) als auch die Marktrisiken (gesamt) wurden von beiden Parteien als „wichtig" eingestuft.

Wettbewerberrisiken
* kennzeichnet Signifikanz bei einem Konfidenzintervall von 95 %

	Extremste Differenzen			Kolmogorov-Smirnov Z	Asymp. Sig. (2-seitig)
	Absolut	Positiv	Negativ		
3.1 Marktanteile	,143	,143	-,042	,610	,851
3.1 Marktwachstum	,175	,175	,000	,747	,632
3.1 Produktdifferenzierung	,123	,123	,000	,522	,948
3.1 Reaktionsmöglichkeiten von Wettbewerbern	,156	,156	,000	,662	,773
3.1 Markenimage	,085	,024	-,085	,360	,999
3.1 Bedrohung durch Ersatzprodukte	,414	,414	,000	1,748	*,004
3.1 Restnutzungsdauer von Patenten	,312	,312	,000	1,286	,073
3.1 Wettbewerber gesamt	,282	,282	,000	1,134	,153
3.1 Marktrisiken gesamt	,087	,087	,000	,346	1,000

Abb. 5-22: Signifikanzauswertung für die Wettbewerberrisiken.

Nach der Beurteilung der Marktrisiken wurde die Bedeutung von Organisations- und Personalrisiken untersucht (vgl. Abb. 5-23 und 5-24).

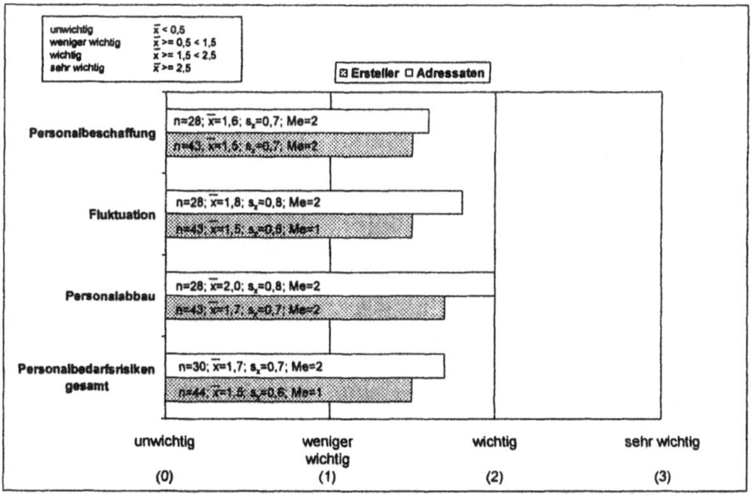

Abb. 5-23: Relevanz von Personalbedarfsrisiken.

Wie aus Abb. 5-23 deutlich wird, hatten Personalbedarfsrisiken für die Adressaten eine größere Bedeutung als für die Ersteller. Die Bedeutungsunterschiede waren jedoch statistisch nicht signifikant (vgl. Abb. 5-25). Die höchste Relevanz besaßen bezogen auf den Mittelwert Angaben zum Risiko des Personalabbaus. Hier ist zu vermuten, dass Personalreduzierung letztlich als ein Indikator für Unternehmenskrisen wahrgenommen wurde. Deshalb erscheint es auch folgerichtig, dass die mit der Personalbeschaffung verbundenen Risiken am geringsten eingeschätzt wurden. In der ordinalen Zuordnung wurden aber sämtliche Personalbedarfsrisiken sowohl von Adressaten als auch von Erstellern als „wichtig“ erachtet.

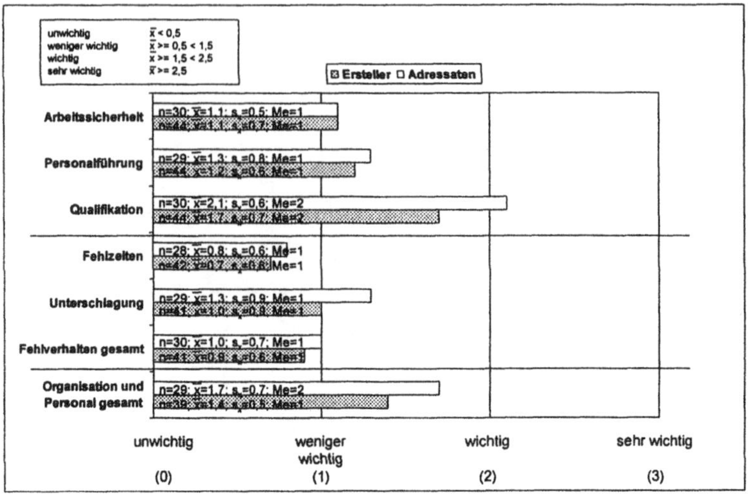

Abb. 5-24: Relevanz der übrigen Organisations- und Personalrisiken.

Die Adressaten maßen den übrigen *Organisations- und Personalrisiken* mit Ausnahme der Arbeitssicherheit, welche identisch beurteilt wurde, ebenfalls eine größere Bedeutung bei als die Ersteller (vgl. Abb. 5-24). Insgesamt gesehen ergab sich aber für keines der Einzelkriterien ein statistisch signifikanter Unterschied zwischen den Antworten der Ersteller und Adressaten (vgl. Abb. 5-25). Dem Fehlverhalten (gesamt) und den Fehlzeiten wurde von beiden Parteien jeweils die geringste Bedeutung zugeschrieben. Als besonders wichtig wurden die Angaben hinsichtlich der Mitarbeiterqualifikation erachtet. Organisations- und Personalrisiken (gesamt) wurden von den Erstellern als „weniger wichtig“ von den Adressaten hingegen noch als „wichtig“ eingeschätzt. Als „weniger wichtig“ wurden von beiden Gruppen die Indikatoren Arbeitssicherheit, Personalführung, Fehlzeiten, Unterschlagung und Fehlzeiten (gesamt) erachtet.

Organisations- und Personalrisiken
*** kennzeichnet Signifikanz bei einem Konfidenzintervall von 95 %**

	Extremste Differenzen			Kolmogorov-Smirnov Z	Asymp. Sig. (2-seitig)
	Absolut	Positiv	Negativ		
3.2 Personalbeschaffung	,037	,037	,000	,154	1,000
3.2 Fluktuation	,178	,178	-,012	,732	,658
3.2 Personalabbau	,228	,228	,000	,941	,339
3.2 Personalbedarf gesamt	,123	,123	-,011	,518	,951
3.2 Arbeitssicherheit	,117	,115	-,117	,493	,968
3.2 Personalführung	,103	,103	-,020	,433	,992
3.2 Qualifikation der Mitarbeiter	,195	,195	,000	,825	,503
3.2 Fehlzeiten	,048	,048	,000	,195	1,000
3.2 Betrug/Unterschlagung	,229	,229	-,004	,943	,336
3.2 Individuelles Fehlverhalten gesamt	,111	,111	,000	,464	,983
3.2 Organisation- und Persobal gesamt	,116	,116	,000	,472	,979

Abb. 5-25: Signifikanzauswertung für die Organisations- und Personalrisiken.

Anschließend wurde auf die Bedeutung der Publizität über *Finanzrisiken* eingegangen. Dieser Bereich wurde unterteilt in die Kategorien:

- Finanzanlagerisiken,
- Kapitalstrukturrisiken sowie
- sonstige Risiken.

Zunächst wurde das *Finanzanlagerisiko* untersucht. Dieses wird weiterhin in Grund- und Spekulationsgeschäfte differenziert (vgl. Abb. 5-26).

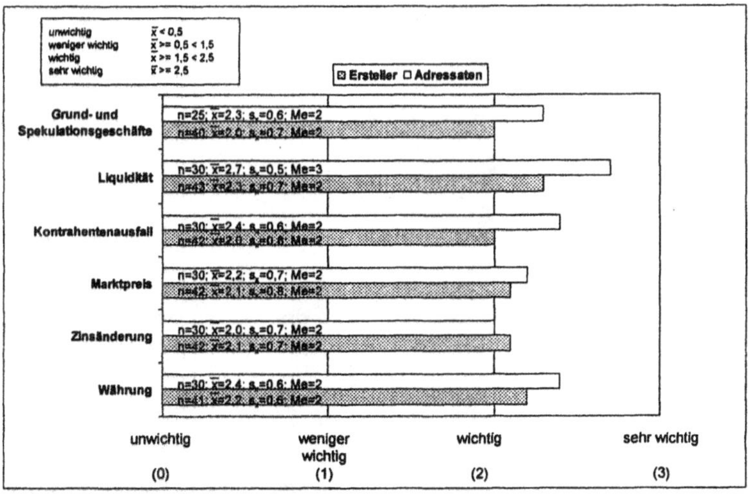

Abb. 5-26: Relevanz von Finanzanlagerisiken – Grund- und Spekulationsgeschäfte.

Es zeigte sich wiederum, dass, bezogen auf das arithmetische Mittel, die Adressaten die Relevanz von Risiken aus Grund- und Spekulationsgeschäften grundsätzlich höher einschätzten als die Ersteller. Eine Ausnahme stellten die Zinsänderungsrisiken i. e. S. dar. Der Unterschied fiel allerdings so gering aus, dass hier nicht von einer wirklich abweichenden Einschätzung gesprochen werden kann. Hinsichtlich statistischer Signifikanz unterschied sich das Antwortverhalten von Erstellern und Adressaten nicht (vgl. Abb. 5-28). Als am bedeutendsten wurde das mit einer Finanzanlage verbundene Liquiditätsrisiko eingeschätzt. Für die Ersteller war dieses „wichtig"; für die Adressaten sogar „sehr wichtig". Das Zinsänderungsrisiko wurde von den Erstellern und Adressaten als das relativ unbedeutendste angesehen. Allerdings handelt es sich in der absoluten Betrachtung nach wie vor um ein „wichtiges" Risiko. Beide Gruppen nahmen die Indikatoren Kontrahentenausfall, Marktpreis und Währung als „wichtig" wahr.

Die Publizität über mit den Grund- und Sicherungsgeschäften verbundene Finanzanlagerisiken wurde von beiden Gruppen als „wichtig" empfunden.

Nun erfolgt die Untersuchung der *Sicherungsgeschäfte* der Finanzanlagerisiken (Abb. 5-27).

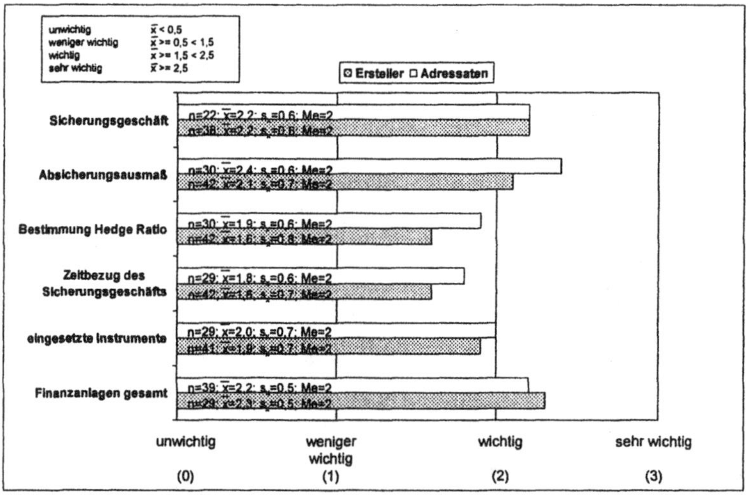

Abb. 5-27: Relevanz von Finanzanlagerisiken – Sicherungsgeschäfte.

Für Angaben zu Risiken von Sicherungsgeschäften ergaben sich auf Basis der Mittelwerte identische Beurteilungen. Für die übrigen Indikatoren zur Relevanz von Sicherungsgeschäften war wieder die Dominanz der Bedeutung, die vonseiten der Adressaten zugebilligt wurde, feststellbar. Ein statistisch signifikanter Unterschied bei den Antworten ergab sich nicht (vgl.

Abb. 5-28). Für die Kategorie Finanzanlagen (gesamt) waren die Einschätzungen der Ersteller höher als die der Adressaten.

Finanzanlagerisiken
*** kennzeichnet Signifikanz bei einem Konfidenzintervall von 95 %**

	Extremste Differenzen			Kolmogorov-Smirnov Z	Asymp. Sig. (2-seitig)
	Absolut	Positiv	Negativ		
3.3 Grund- und Spekulationsgeschäfte	,175	,175	,000	,686	,734
3.3 Liquidität	,291	,291	,000	1,225	,099
3.3 Kontrahentenausfall	,195	,195	,000	,817	,517
3.3 Marktpreis	,105	,105	,000	,438	,991
3.3 Zinsänderung	,033	,024	-,033	,139	1,000
3.3 Währung	,141	,141	,000	,585	,883
3.3 Sicherungsgeschäfte	,055	,055	-,012	,205	1,000
3.3 Absicherungsausmaß	,138	,138	,000	,578	,892
3.3 Bestimmung der Hedge Ratio	,148	,148	,000	,618	,840
3.3 Zeitbezug des Sicherungsgeschäftes	,081	,081	,000	,337	1,000
3.3 Art der eingesetzten Instrumente	,061	,061	-,012	,250	1,000
3.3 Finanzanlagen gesamt	,088	,088	-,009	,361	,999

Abb. 5-28: Signifikanzauswertung für die Finanzanlagerisiken.

Die Publizität über die Risiken, welche mit den Sicherungsgeschäften verbunden sind, wurde von beiden Parteien als „wichtig" eingestuft. Gleiches galt für die Beurteilung der Publizität über die Finanzanlagerisiken (gesamt). Aus Sicht der Ersteller und Adressaten hatten der Zeitbezug des Sicherungsgeschäfts sowie die Bestimmung der Hedge Ratio die geringste Bedeutung für die risikoorientierte Unternehmenspublizität. Das Ausmaß der Absicherung war hingegen für beide Gruppen das bedeutendste Einzelkriterium. Lediglich die übergeordneten Kriterien Risiken aus Sicherungsgeschäften und Finanzanlagen (gesamt) wurden, bezogen auf den Mittelwert, am bedeutsamsten eingestuft. Von beiden Gruppen ebenfalls als „wichtig" beurteilt wurde die Art der eingesetzten Sicherungsinstrumente.

Die Ergebnisse der Analyse von *Kapitalstrukturrisiken* zeigt Abb. 5-29.

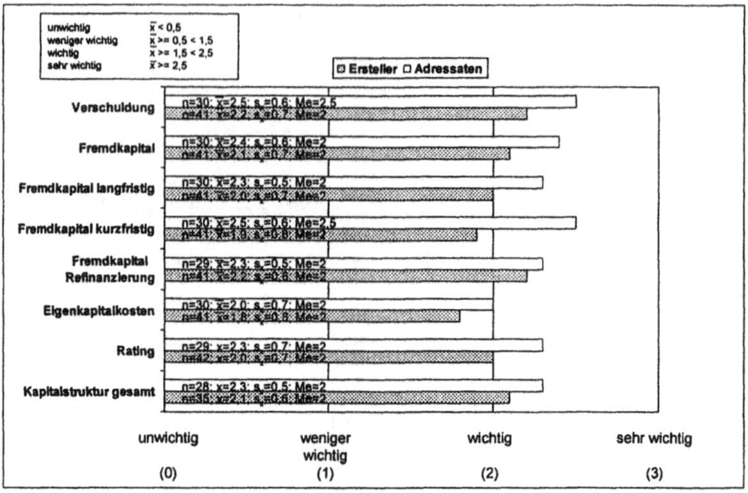

Abb. 5-29: Relevanz von Kapitalstrukturrisiken.

Auch für die Kapitalstrukturrisiken lagen höhere Mittelwerte in der Beurteilung der Adressaten verglichen mit den Erstellern vor. Die Antwortunterschiede der Gruppen waren allerdings wiederum statistisch nicht signifikant (vgl. Abb. 5-30). Das Kapitalstrukturrisiko (gesamt) wurde von beiden Probandengruppen als „wichtig" innerhalb der risikoorientierten Unternehmenspublizität beurteilt. Aus Sicht der Ersteller kam der Publizität über das Eigenkapitalkostenrisiko die geringste Bedeutung zu, wohingegen dem Verschuldungsrisiko die höchste Aufmerksamkeit gewidmet wurde. Für die Adressaten kam der Publizität über das Risiko des kurzfristigen Fremdkapitals sowie der Verschuldung die höchste Bedeutung zu. Wahrscheinlich verbanden die Adressaten diese Frage direkt mit einer Bedrohung der Liquidität der betrachteten Unternehmen. Als am unbedeutendsten wurde wiederum die Publizität über die Eigenkapitalkostenrisiken aufgefasst. Deren vergleichsweise geringe Bedeutung verwundert, da insbesondere im Rahmen der wertorientierten Unternehmenspublizität vielfach Informationen über wertorientierte Kennzahlen gefordert werden, die wiederum risikoadjustierte Eigenkapitalkosten als Parameter verwenden.[912] In der ordinalen Zuordnung wurden sämtliche Kapitalstrukturrisiken von beiden Gruppen als „wichtig" erachtet. Lediglich die Verschuldung und das Risiko des kurzfristigen Fremdkapitals wurden von den Adressaten als „sehr wichtig" eingestuft.

912 Vgl. Raab, H. (2001), S. 235 ff.

Kapitalstrukturrisiken
*** kennzeichnet Signifikanz bei einem Konfidenzintervall von 95 %**

	Extremste Differenzen Absolut	Extremste Differenzen Positiv	Extremste Differenzen Negativ	Kolmogorov-Smirnov Z	Asymp. Sig. (2-seitig)
3.3 Verschuldungsgrad	,207	,207	,000	,863	,446
3.3 Fremdkapital	,223	,223	,000	,927	,356
3.3 Fremdkapital langfr.	,186	,186	,000	,775	,585
3.3 Fremdkapital kurzfr.	,280	,280	,000	1,167	,131
3.3 Fremdkapital Refinanzierung	,087	,087	,000	,360	,999
3.3 Eigenkapitalkosten	,199	,199	,000	,829	,498
3.3 Rating	,200	,200	,000	,826	,502
3.3 Kapitalstruktur gesamt	,100	,100	,000	,394	,998

Abb. 5-30: Signifikanzauswertung für Kapitalstrukturrisiken.

Abschließend wurden verschiedene Einzelkriterien als „sonstige Finanzrisiken" untersucht (vgl. Abb. 5-31).

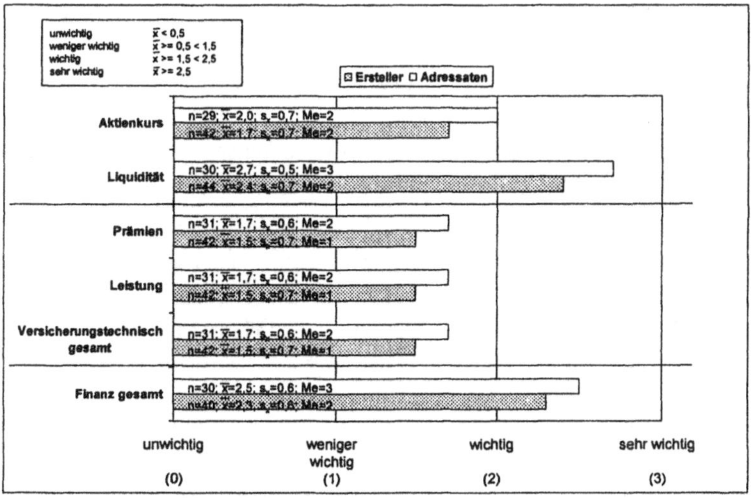

Abb. 5-31: Relevanz sonstiger Finanzrisiken.

Am unbedeutendsten bei den sonstigen Finanzrisiken waren die Einschätzungen bezüglich der versicherungstechnischen Risiken und deren Ausprägungen als Prämien- bzw. Leistungsrisiken.[913] Dies ist aufgrund der Spezifität des Versicherungsgeschäftes auch nicht überraschend. Eine besonders hohe Bedeutung kam der Publizität über Liquiditätsrisiken der Unternehmen zu. Dies deckt sich mit der Beurteilung der kurzfristigen Fremdkapitalrisiken im vorangegangenen Abschnitt. Die Bedeutung der

[913] Vgl. DRS 5-20, Tz. 23-24.

Finanzrisiken (gesamt) sowie der Liquiditätsrisiken wurde von den Adressaten als „sehr wichtig“, von den Erstellern immerhin als „wichtig“ beurteilt. Die Publizität über Risiken aus der Entwicklung des eigenen Aktienkurses sowie der versicherungstechnischen Risiken wurde von beiden Gruppen als „wichtig“ beurteilt. Es ergaben sich wiederum höhere Mittelwerte für die Antworten der Adressaten verglichen mit denen der Ersteller. Diese war allerdings für keines der Einzelkriterien statistisch signifikant (vgl. Abb. 5-32).

Sonstige Finanzrisiken
*** kennzeichnet Signifikanz bei einem Konfidenzintervall von 95 %**

	Extremste Differenzen			Kolmogorov-Smirnov Z	Asymp. Sig. (2-seitig)
	Absolut	Positiv	Negativ		
3.3 Aktienkurs	,222	,222	-,034	,918	,368
3.3 Liquidität des Unternehmens	,289	,289	,000	1,222	,101
3.3 Prämien	,208	,208	-,007	,879	,422
3.3 Leistungen	,240	,240	-,007	1,015	,254
3.3 Versicherungstechnisch gesamt	,176	,176	-,031	,743	,639
3.3 Finanzen gesamt	,183	,183	,000	,759	,612

Abb. 5-32: Signifikanzauswertung für die sonstigen Finanzrisiken.

Im Anschluss an die Finanzrisiken sollten die leistungswirtschaftlichen Risiken beurteilt werden (vgl. Abb. 5-33).

Hierfür wurden zunächst die Risiken aus Forschung und Entwicklung, Logistik und Produktion analysiert (vgl. Abb. 5-33). Hierbei waren höhere Mittelwerte bei den Antworten der Adressaten verglichen mit denen der Ersteller zu beobachten. Dies war aber lediglich für die Publizität über Risiken aus Forschung und Entwicklung statistisch signifikant (vgl. Abb. 5-34).

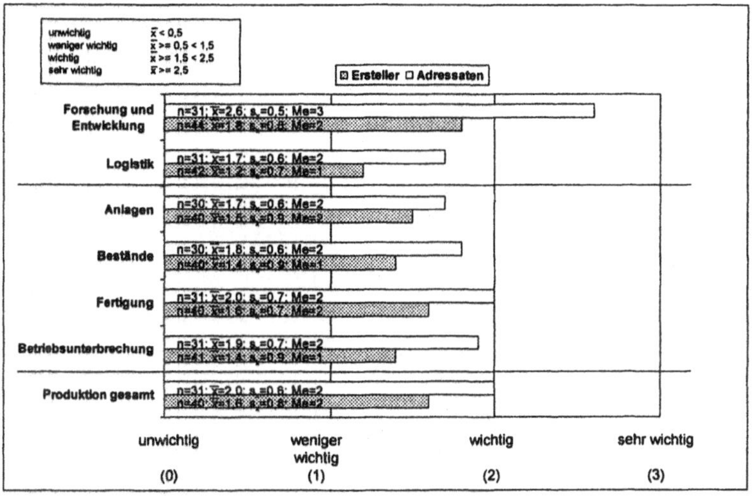

Abb. 5-33: Relevanz von leistungswirtschaftlichen Risiken.

Das für beide Gruppen bedeutendste Risiko ergab sich aus den Forschungs- und Entwicklungsaktivitäten. Die geringste Bedeutung für die Ersteller wiesen logistische Risiken auf. Bei den Adressaten kam neben den logistischen Risiken auch den Anlagenrisiken eine geringe Bedeutung zu. Die Publizität über Risiken aus der Produktion wurde hinsichtlich der Indikatoren Anlagen, Fertigung sowie Produktion (gesamt) von beiden Gruppen als „wichtig" beurteilt. Die Publizität über Risiken aus Logistik, Beständen und Betriebsunterbrechungen wurden von den Adressaten jeweils als „wichtig" von den Erstellern hingegen als „weniger wichtig" eingestuft. Risiken aus Forschung und Entwicklung waren für die Adressaten „sehr wichtig" für die Ersteller hingegen „wichtig".

Leistungswirtschaftliche Risiken
*** kennzeichnet Signifikanz bei einem Konfidenzintervall von 95 %**

	Extremste Differenzen			Kolmogorov -Smirnov Z	Asymp. Sig. (2-seitig)
	Absolut	Positiv	Negativ		
3.4 F&E	,367	,367	,000	1,563	*,015
3.4 Logistik	,320	,320	,000	1,353	,052
3.4 Anlagen	,150	,150	-,025	,621	,835
3.4 Bestände	,250	,250	,000	1,035	,234
3.4 Fertigung	,181	,181	,000	,758	,613
3.4 Betriebsunterbrechung	,254	,254	,000	1,068	,204
3.4 Produktion gesamt	,264	,264	,000	1,102	,176

Abb. 5-34: Signifikanzauswertung für die leistungswirtschaftlichen Risiken.

Zusätzlich wurden auch die Risiken aus Service und Vertrieb sowie des Standorts im Rahmen der leistungswirtschaftlichen Risiken analysiert (vgl. Abb. 5-35).

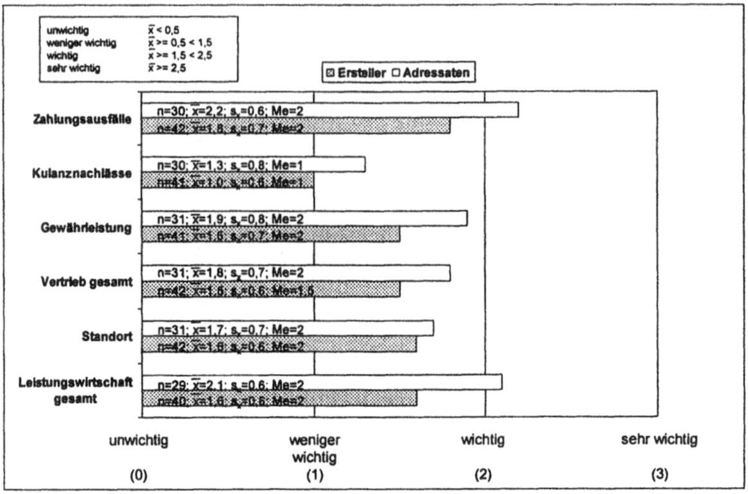

Abb. 5-35: Relevanz von weiteren leistungswirtschaftlichen Risiken.

Grundsätzlich dominierten auch bei diesen Risiken die Mittelwerte der Rückläufe der Adressaten diejenigen der Ersteller. Eine statistische Signifikanz dieser Unterschiede lag aber nicht vor (vgl. Abb. 5-36). Im Zusammenhang mit den Vertriebs- und Servicerisiken wurden Risiken aus Kulanznachlässen als weniger bedeutsam wahrgenommen, wohingegen das Risiko von Zahlungsausfällen eine vergleichsweise hohe Bedeutung aufwies. Kulanznachlässe zu gewähren, dürfte im Wesentlichen eine Kundenbindungsmaßnahme sein. Zahlungsausfälle sind hingegen Ausdruck für finanzielle Probleme des Kunden. Aus der Gewährung von Kulanznachlässen können sich somit auch zukünftige Chancen ergeben, wohingegen dies bei Zahlungsausfällen nicht der Fall sein dürfte. Zunächst muss festgestellt werden, dass die Bedeutung von Produktionsrisiken (gesamt) einerseits und Vertriebs- und Servicerisiken (gesamt) andererseits von beiden Gruppen jeweils nahezu als gleich bedeutend eingeschätzt wurde. Im Gesamturteil der Antwortenden ergab sich, dass beide Gruppen die leistungswirtschaftlichen Risiken als „wichtig" einschätzten. Die Publizität von Risiken aus Zahlungsausfällen, Gewährleistungen, des Vertriebs (gesamt) und des Standortes wurde von beiden Gruppen jeweils als „wichtig" wahrgenommen. Lediglich die Kulanzrisiken wurden von beiden Gruppen als „weniger wichtig" angesehen.

Weitere leistungswirtschaftliche Risiken
*** kennzeichnet Signifikanz bei einem Konfidenzintervall von 95 %**

	Extremste Differenzen			Kolmogorov-Smirnov Z	Asymp. Sig. (2-seitig)
	Absolut	Positiv	Negativ		
3.4 Zahlungsausfälle	,214	,214	,000	,896	,398
3.4 Kulanznachlässe	,172	,172	,000	,714	,688
3.4 Gewährleistung	,205	,205	,000	,863	,446
3.4 Vertrieb- und Service gesamt	,210	,210	,000	,886	,413
3.4 Standort	,089	,089	-,032	,376	,999
3.4 Leistungswirtschaftlich gesamt	,262	,262	,000	1,075	,198

Abb. 5-36: Signifikanzauswertung für weitere leistungswirtschaftliche Risiken.

Als nächste Kategorie von Einzelrisiken wurden die IT-Risiken untersucht (vgl. Abb. 5-37).[914]

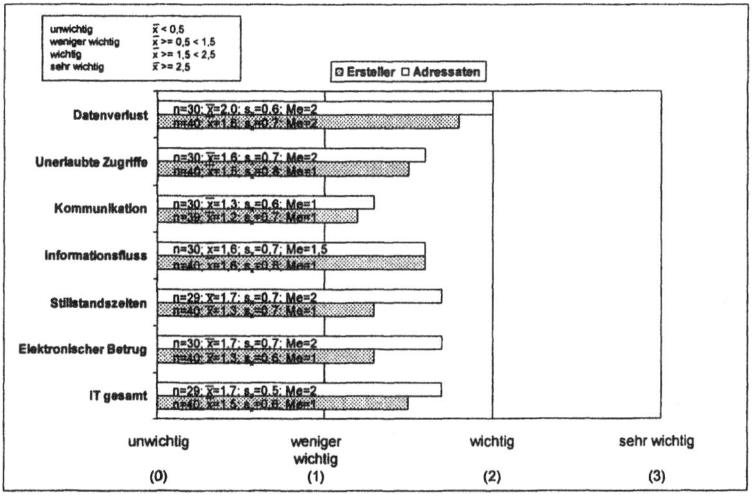

Abb. 5-37: Relevanz von IT-Risiken.

Für die IT-Risiken ergaben sich wiederum höhere Mittelwerte für die Antworten der Adressaten gegenüber denen der Ersteller. Hierbei wurde allerdings allein das Kriterium der Stillstandszeiten signifikant unterschiedlich beantwortet (vgl. Abb. 5-38). Hier könnte ein Publizitätsbedarf abgeleitet werden, indem bspw. über redundante Systeme berichtet wird. In der Gesamtbeurteilung wurden die IT-Risiken aber von den Adressaten und Erstellern als „wichtig" klassifiziert. Die niedrigste Bedeutung kam dabei der nicht autorisierten Nutzung von Kommunikationsdaten zu („weniger wichtig" von beiden Gruppen), wohingegen die Publizität über das Risiko des Datenverlustes, unerlaubte Zugriffe sowie Risiken des Informa-

[914] Vgl. zur Auswahl Paulus, S. (2000), S. 401-402.

tionsflusses als „wichtig“ erachtet wurde. Die Adressaten beurteilten die Publizität über elektronischen Betrug sowie Stillstandszeiten als „wichtig“, wohingegen die Ersteller diese als „weniger wichtig“ wahrnahmen.[915]

IT-Risiken
*** kennzeichnet Signifikanz bei einem Konfidenzintervall von 95 %**

	Extremste Differenzen			Kolmogorov-Smirnov Z	Asymp. Sig. (2-seitig)
	Absolut	Positiv	Negativ		
3.5 Datenverlust	,208	,208	,000	,863	,446
3.5 Zugriffe	,183	,183	-,058	,759	,612
3.5 Kommunikation	,095	,095	,000	,391	,998
3.5 Informationsfluss	,025	,025	-,025	,104	1,000
3.5 Stillstandszeiten	,346	,346	,000	1,417	*,036
3.5 Betrug	,225	,225	,000	,932	,351
3.5 IT gesamt	,215	,215	-,016	,880	,421

Abb. 5-38: Signifikanzauswertung für die IT-Risiken.

Abschließend werden noch die „sonstigen Risiken“, die sich nicht einem Unternehmensprozess, wie er in Kapitel zwei dargestellt wurde, zuordnen ließen, untersucht. Hierzu gehören:

- politische Risiken,
- rechtliche Risiken,
- makroökonomische Risiken,
- ökologische Risiken.

Zunächst werden die Ergebnisse der Untersuchung *politischer Risiken* vorgestellt (vgl. Abb. 5-39). Wiederum waren höhere Mittelwerte bei den Antworten der Adressaten gegenüber denen der Ersteller zu erkennen. Als einzige Ausnahme hiervon ist das politische Dispositionsrisiko zu nennen, welches von den Adressaten und Erstellern bezogen auf den Mittelwert als gleich bedeutsam eingestuft wurde. Diese Abweichung war, wie auch alle weiteren Abweichungen, hinsichtlich der politischen Risiken statistisch nicht signifikant (vgl. Abb. 5-41).

---

[915] Hinsichtlich des Medians wurden die Risiken des Informationsflusses von den Adressaten als zwischen „weniger wichtig“ und „wichtig“ beurteilt.

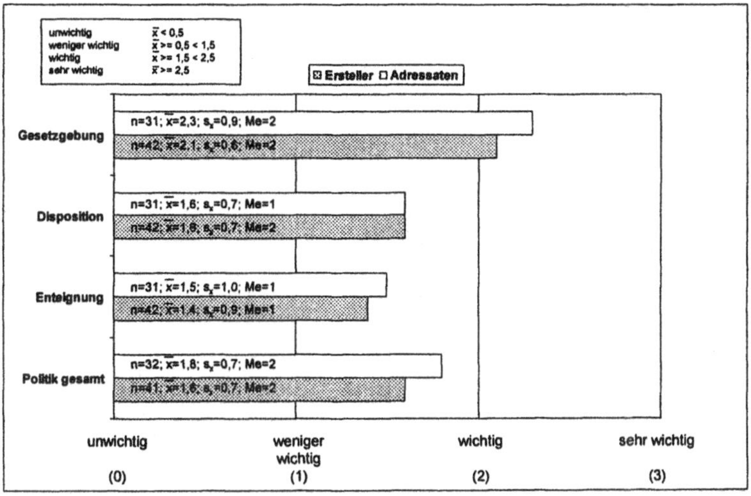

Abb. 5-39: Relevanz von politischen Risiken.

Für die politischen Risiken wurden insbesondere die Risiken aus der Gesetzgebung und Disposition als „wichtig" empfunden.[916] Die Adressaten beurteilten die Risiken aus einer potenziellen Enteignung als „wichtig" die Ersteller hingegen als „weniger wichtig". Die Beurteilung der Ersteller dürfte in den hohen rechtlichen Hürden für eine Enteignung begründet sein. Die politischen Risiken (gesamt) wurden von beiden Gruppen als „wichtig" erachtet.

Nunmehr werden die Ergebnisse der Analyse rechtlicher Risiken vorgestellt (vgl. Abb. 5-40).

[916] Beispiele für derartige Risiken könnten bspw. das jüngst eingeführte Dosenpfand oder der Ausstieg aus der Atomenergie sein.

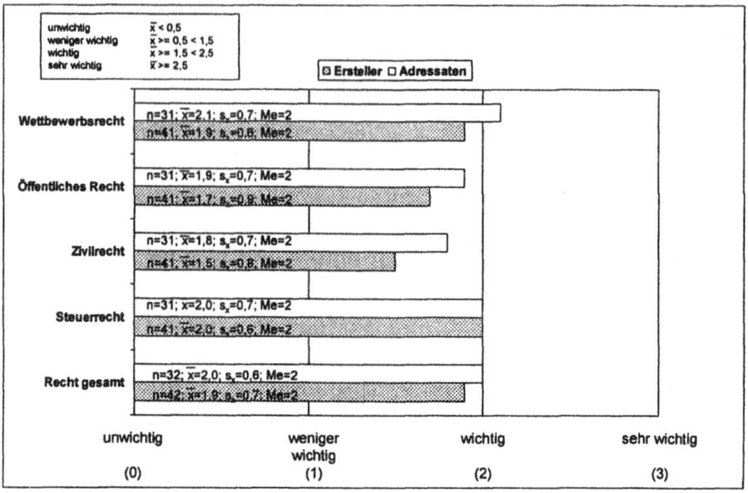

Abb. 5-40: Relevanz rechtlicher Risiken.

Für die Risiken aus dem Steuerrecht ergab sich hinsichtlich des Mittelwerts eine identische Beurteilung durch die Adressaten und Ersteller der risikoorientierten Unternehmenspublizität. Für die übrigen rechtlichen Risiken waren wiederum höhere Mittelwerte bei den Antworten der Adressaten gegenüber denen der Ersteller zu beobachten. Diese Abweichungen waren statistisch nicht signifikant (vgl. Abb. 5-41). Aus Adressatensicht besitzen Angaben zu wettbewerbsrechtlichen Risiken die größte Bedeutung im Rahmen der risikoorientierten Unternehmenspublizität. Ein Erklärungsansatz hierfür könnte sein, dass durch die anhaltende Deregulierung ganzer Industriezweige in Europa, wie z. B. der Telekommunikations-, Strom- und Gasbranche, sowie durch die kartellrechtlichen Verfahren im Rahmen großer Unternehmenszusammenschlüsse, die Bedeutung des Wettbewerbsrechts zunimmt. Auch die Ersteller schätzten wettbewerbsrechtliche Risiken als „wichtig“ ein. Steuerrechtliche Risiken wurden von den Erstellern und Adressaten ebenfalls als „wichtig“ eingeschätzt. Der Grund hierfür dürfte in der Komplexität des deutschen Steuerrechts liegen. Publizität über zivilrechtliche und öffentlich-rechtliche Risiken wurde von beiden Gruppen als „wichtig“ angesehen. Gleiches galt für die Einschätzung der rechtlichen Risiken (gesamt).

Politische und rechtliche Risiken * kennzeichnet Signifikanz bei einem Konfidenzintervall von 95 %					
	Extremste Differenzen			Kolmogorov-Smirnov Z	Asymp. Sig. (2-seitig)
	Absolut	Positiv	Negativ		
3.6 Gesetzgebung	,222	,222	-,051	,937	,343
3.6 Disposition	,064	,000	-,064	,269	1,000
3.6 Enteigung	,094	,094	-,042	,399	,997
3.6 Politik gesamt	,095	,095	,000	,404	,997
3.6 Wettbewerbsrecht	,144	,144	-,032	,605	,858
3.6 Öffentliches Recht	,181	,181	-,009	,760	,610
3.6 Zivilrecht	,133	,133	,000	,559	,914
3.6 Steuerrecht	,079	,079	-,055	,334	1,000
3.6 Recht gesamt	,076	,076	,000	,323	1,000

Abb. 5-41: Signifikanzauswertung für die politischen und rechtlichen Risiken.

Zusätzlich wurden auch die makroökonomischen Risiken von den Adressaten und Erstellern der risikoorientierten Unternehmenspublizität beurteilt (vgl. Abb. 5-42).

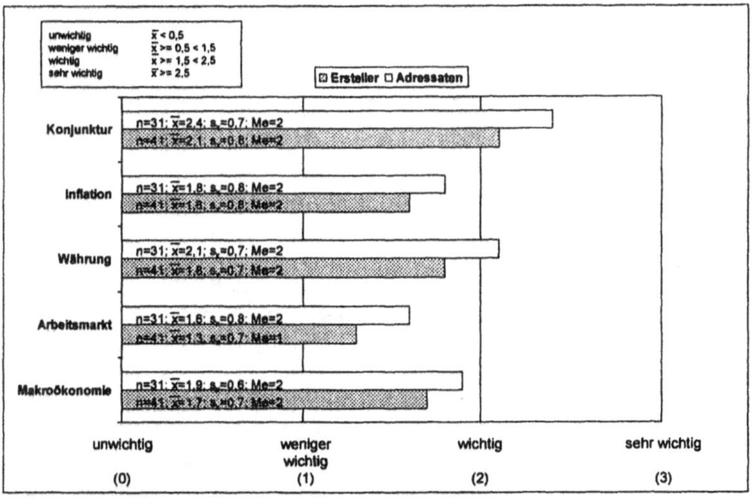

Abb. 5-42: Relevanz von makroökonomischen Risiken.

Auch für die makroökonomischen Risiken ergaben sich wiederum höhere Mittelwerte für die Rückantworten der Adressaten gegenüber denen der Ersteller. Diese waren statistisch hingegen nicht signifikant (vgl. Abb. 5-44). Innerhalb der makroökonomischen Risiken dominierten Angaben zu Konjunkturrisiken. Dies ist folgerichtig, wenn man die Auswirkungen der konjunkturellen Situation für die Tätigkeit vieler Unternehmen bedenkt. Arbeitsmarktrisiken wurden hingegen als vergleichsweise weniger bedeutend angesehen. Bezogen auf die ordinale Zuordnung wurden sämtliche makroökonomischen Risiken als „wichtig“ angesehen. Lediglich die Arbeitsmarktrisiken wurden von den Adressaten als „weniger wichtig“ eingestuft.

Die Untersuchung der sonstigen Risiken wurde mit den ökologischen Risiken abgeschlossen (vgl. Abb. 5-43). Auch diese wurden von den Adressaten im Durchschnitt als bedeutsamer eingeschätzt als von den Erstellern.

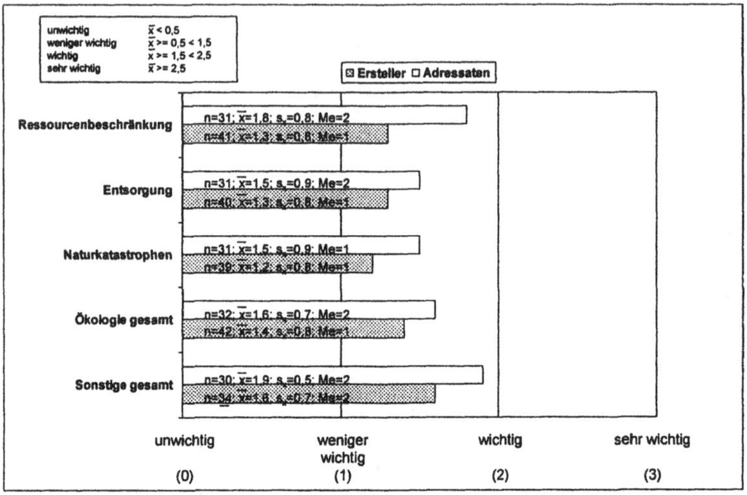

Abb. 5-43: Relevanz ökologischer Risiken.

Das Kriterium mit der geringsten Bedeutung war das Risiko von Naturkatastrophen, welches von beiden Gruppen als weniger bedeutsam beurteilt wurde. Dies könnte durch das geografische Umfeld in Deutschland bedingt sein. Die Publizität über sämtliche ökologische Risiken wurde von den Adressaten als „wichtig“ von den Erstellern hingegen als „weniger wichtig“ angesehen. Die Einbeziehung der sonstigen Risiken (gesamt) in die risikoorientierte Unternehmenspublizität wurde von beiden Gruppen als „wichtig“ erachtet. Ein statistisch signifikanter Unterschied der Beurteilung ökologischer Risiken durch Adressaten und Ersteller lag nur für die Risiken aus Ressourcenbeschränkungen vor (vgl. Abb. 5-44).

Makroökonomische und ökologische Risiken
*** kennzeichnet Signifikanz bei einem Konfidenzintervall von 95 %**

	Extremste Differenzen			Kolmogorov-Smirnov Z	Asymp. Sig. (2-seitig)
	Absolut	Positiv	Negativ		
3.6 Konjunktur	,167	,167	,000	,701	,710
3.6 Inflation	,133	,133	,000	,559	,914
3.6 Währung	,124	,124	,000	,519	,950
3.6 Arbeitsmarkt	,101	,101	,000	,426	,993
3.6 Makroökonomie gesamt	,181	,181	,000	,760	,610
3.6 Ressourcen	,360	,360	,000	1,511	*,021
3.6 Entsorgung	,231	,231	,000	,964	,311
3.6 Naturkatastrophen	,118	,118	,000	,492	,969
3.6 Ökologie gesamt	,158	,158	-,009	,672	,757
3.6 Sonstige gesamt	,271	,271	,000	1,080	,194

Abb. 5-44: Signifikanzauswertung für die makroökonomischen und ökologischen Risiken.

Den sonstigen Risiken gemein ist, dass sie durch ein Unternehmen nur sehr bedingt beeinflusst werden können und dass für sie andere Informationsquellen als Unternehmenspublizität vorliegen.[917] Umso erstaunlicher ist die relativ hohe Bedeutung, die einzelnen Kriterien von beiden Gruppen zugebilligt wurde. Dies betrifft z. B. die Beurteilung des konjunkturellen Umfeldes. Die größte relative Bedeutung wiesen die rechtlichen Risiken auf. Die politischen Risiken wurden hingegen als vergleichsweise unbedeutend empfunden.

Abschließend soll in Tab. 5-4 noch eine Reihenfolge der Hauptrisikokategorien aufgestellt werden.[918]

Die Bedeutung finanzwirtschaftlicher Risiken wurde am höchsten eingeschätzt. Dies resultiert wahrscheinlich aus der Praxis der Risikoberichterstattung. Schon im Rahmen der Konsultationen zum DRS 5 wurde konstatiert, dass diese sich aufgrund ihrer Messbarkeit am ehesten für eine risikoorientierte Unternehmenspublizität eignen.[919] Auffallend ist aber ferner, dass sowohl den IT- als auch den Organisations- und Personalrisiken im Vergleich zu den anderen Risikokategorien eine untergeordnete Bedeutung zukam (vgl. Tab. 5-4).

917 Für Konjunkturrisiken können dies Informationen der Wirtschaftsinstitute sein.

918 Die Bedeutung der Risikokategorien erfolgte in Tab. 5-4 auf Basis der ordinalen Zuordnung, wie in den Abb. aufgeführt. Die Mittelwerte entsprechen denen, die auch in der grafischen Auswertung der Relevanz von Risiken angegeben sind.

919 Vgl. E-DRS 5, B1.

Ersteller				Adressaten			
Reihenfolge	Risikokategorie	Mittelwert	Beurteilung	Reihenfolge	Risikokategorie	Mittelwert	Beurteilung
1.	Finanzrisiken	2,3	wichtig	1.	Finanzrisiken	2,5	sehr wichtig
2.	Marktrisiken	2,2	wichtig	2.	Marktrisiken	2,4	wichtig
3.	Leistungswirtschaftliche Risiken	1,6	wichtig	3.	Leistungswirtschaftliche Risiken	2,1	wichtig
	Sonstige Risiken	1,6	wichtig	4.	Sonstige Risiken	1,9	wichtig
4.	IT-Risiken	1,5	wichtig	5.	Organisations-/ Personalrisiken	1,7	wichtig
5.	Organisations-/ Personalrisiken	1,4	weniger wichtig		IT-Risiken	1,7	wichtig

Tab. 5-4: Bedeutung der Risikokategorien.

Auffallend ist ferner die vergleichsweise homogene Einschätzung der Bedeutung von Einzelrisiken für die Unternehmenspublizität zwischen Adressaten und Erstellern. Es gab kaum statistisch signifikante Unterschiede zu verzeichnen. Bezüglich der Bedeutung von Einzelrisiken kann folglich nicht von einer Übereinstimmungslücke gesprochen werden. Somit verbleiben nach dem Stand der bisherigen Auswertung des Fragebogens lediglich die Wahrnehmungslücke respektive die Umsetzungslücke als derartige Auslöser einer Risikopublizitätslücke (vgl. Abb. 5-2).[920]

5.1.2.3 Relevanz der Prozesse des Risikomanagements

Im Folgenden wird die Bedeutung der Darstellung des Risikomanagementprozesses in der risikoorientierten Unternehmenspublizität für Adressaten und Ersteller untersucht.

Hierbei wurde ein Risikomanagementprozess zugrunde gelegt, der aus folgenden Teilprozessen besteht:[921]

- Risikoidentifikation,
- Risikobewertung,
- Risikosteuerung und
- Risikokontrolle.

Abb. 5-45 zeigt die Ergebnisse der Befragung für die Prozesse Risikoidentifikation und -bewertung.

[920] Wenn eine Übereinstimmungslücke nicht feststellbar ist, konvergieren Umsetzungs- und Wahrnehmungslücke; vgl. hierzu auch nochmals Abb. 5-2.

[921] Vgl. Ausführungen in Kapitel 2.3.2.

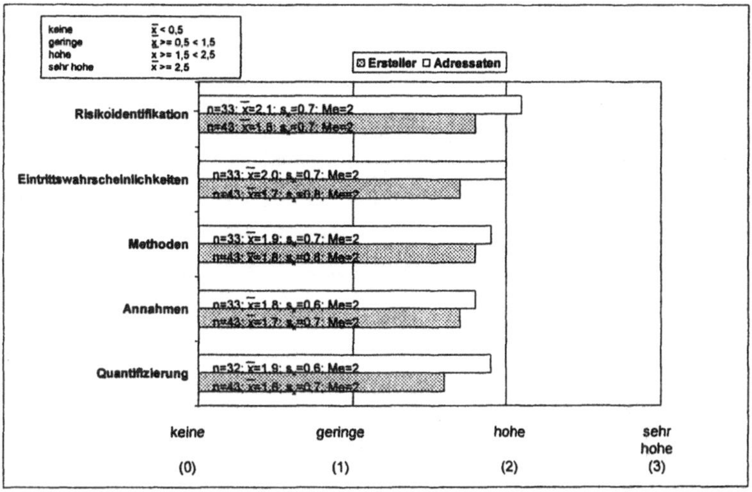

Abb. 5-45: Relevanz von Risikoidentifikation und –bewertung.

Auch bei der Einschätzung der Bedeutung dieser Risikomanagementteilprozesse war ersichtlich, dass die Mittelwerte bei den Urteilen der Adressaten höher waren als bei den Erstellern. Diese Unterschiede waren jedoch statistisch nicht signifikant (vgl. Abb. 5-46). Für Adressaten und Ersteller galt, dass die Bedeutung der Risikoidentifikation als „hoch" eingeschätzt wurde. Dasselbe ergab sich auch für die Bewertung von Risiken. Die Methoden und die Annahmen der Bewertung bestimmen die Risikotragweite. Den Angaben kam „hohe" Bedeutung zu. Die, bezogen auf den Mittelwert, größte Abweichung bei der Bedeutungseinschätzung ergab sich bei der Quantifizierung der Risiken. Der Publizierung dieser Ergebnisse schien von den Erstellern eine im Vergleich zu den anderen Kriterien der Risikoidentifikation und -bewertung geringere Priorität zuzukommen.[922]

[922] Diese Beurteilung bezieht sich auf den Mittelwert. Die ordinale Interpretation führt sowohl für Ersteller als auch für Adressaten dazu, dass den Ergebnissen eine „hohe" Bedeutung kam.

Bedeutung der Methoden der Risikoidentifikation
*** kennzeichnet Signifikanz bei einem Konfidenzintervall von 95 %**

	Extremste Differenzen			Kolmogorov-Smirnov Z	Asymp. Sig. (2-seitig)
	Absolut	Positiv	Negativ		
4.1 Risikoidentifikation	,167	,167	,000	,722	,675
4.2 Eintrittswahrscheinlichkeiten	,153	,153	,000	,661	,775
4.3 Bewertungsmethoden	,099	,099	,000	,429	,993
4.3 Bewertungsannahmen	,099	,099	-,025	,429	,993
4.4 Quantifizierung von Einzelrisiken	,270	,270	,000	1,155	,139

Abb. 5-46: Signifikanzauswertung für die Teilprozesse Risikoidentifikation und -bewertung.

In den folgenden Abb. 5-47 bis 5-52 werden die Einschätzungen hinsichtlich des Teilprozesses der Risikosteuerung untersucht. Die Risikosteuerung lässt sich in mehrere Handlungsalternativen separieren:[923]

- Risikovermeidung,
- Risikoverminderung,
- Risikoüberwälzung,
- Risikoakzeptanz.

In der Praxis ist davon auszugehen, dass wahrscheinlich mehrere Alternativen zur Risikosteuerung parallel zum Einsatz kommen. Teilrisiken, wie z. B. Feuerschäden, könnten auf eine Feuerversicherung übertragen werden. Das verbleibende Restrisiko in Form einer Selbstbeteiligung verbleibt im Unternehmen. Durch aktive Brandschutzmaßnahmen könnte das Restrisiko noch vermindert werden.

Zunächst wurde die Einstellung von Adressaten und Erstellern der risikoorientierten Unternehmenspublizität hinsichtlich der Risikovermeidung untersucht (vgl. Abb. 5-47).

---

[923] Vgl. wiederum die Ausführungen in Kapitel 2.3.2.

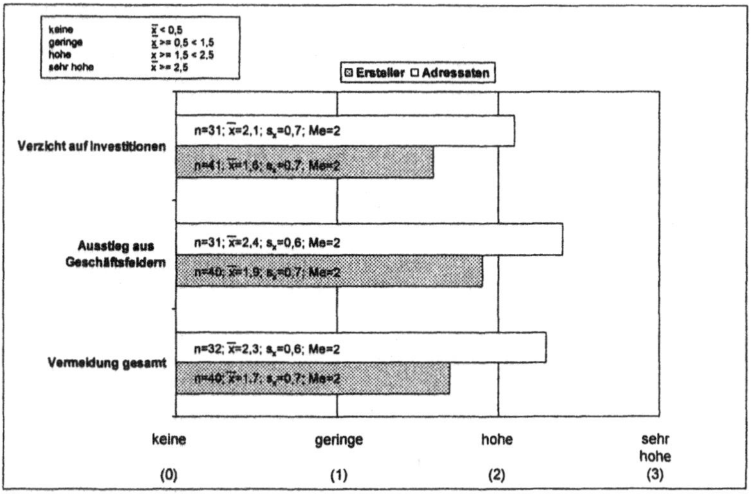

Abb. 5-47: Bedeutung der Risikovermeidung als Steuerungsinstrument.

Die Publizität über Risikovermeidung war für beide Parteien sehr bedeutsam. Bezogen auf den Mittelwert kam dem Verzicht auf Investitionen die geringste Bedeutung zu. Auf Basis der ordinalen Zuordnung ergab sich sowohl für den Verzicht auf Investitionen als auch den Ausstieg aus Geschäftsfeldern, dass die Adressaten und Ersteller die Bedeutung dieser Informationen als „hoch" ansahen. Die Bedeutung der Publizität über die Risikovermeidung (gesamt) wurde von beiden Gruppen als „hoch" eingestuft. Es zeigten sich wiederum höhere Mittelwerte bei den Antworten der Adressaten gegenüber denen der Ersteller. Erneut war kein statistisch signifikant unterschiedliches Antwortverhalten beobachtbar (vgl. Abb. 5-49).

Hieran anschließend wurde die Einstellung hinsichtlich der Risikoverminderung erfragt (vgl. Abb. 5-48).

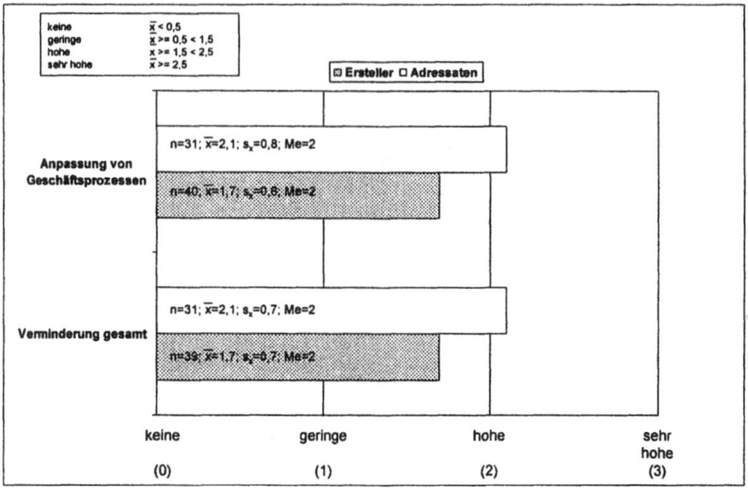

Abb. 5-48: Bedeutung der Risikoverminderung als Steuerungsinstrument.

Als Möglichkeit, Risiken zu vermindern wurden Angaben zur Anpassung von Geschäftsprozessen beurteilt.[924] Auch für die Risikoverminderung ergaben sich höhere Mittelwerte bei den Antworten der Adressaten gegenüber denen der Ersteller. Statistische Signifikanz konnte diesem Unterschied aber nicht zugeordnet werden (vgl. Abb. 5-49). Der Publizität hinsichtlich der Risikoverminderung kam eine „hohe“ Bedeutung in der Wahrnehmung beider Gruppen zu.

Bedeutung der Risikosteuerung - Risikovermeidung und -verminderung
*** kennzeichnet Signifikanz bei einem Konfidenzintervall von 95 %**

	Extremste Differenzen			Kolmogorov-Smirnov Z	Asymp. Sig. (2-seitig)
	Absolut	Positiv	Negativ		
4.5 Verzicht auf Investitionen	,249	,249	,000	1,048	,222
4.5 Ausstieg aus Geschäftsfeldern	,309	,309	,000	1,291	,071
4.5 Vermeidung gesamt	,281	,281	,000	1,186	,120
4.5 Anpassung von Geschäftsprozessen	,206	,206	-,032	,863	,446
4.5 Verminderung gesamt	,249	,249	-,007	1,035	,235

Abb. 5-49: Signifikanzauswertung für die Risikovermeidung und -verminderung.

Als weitere Alternative der Risikosteuerung wurde auf die Risikoüberwälzung eingegangen (vgl. Abb. 5-50).

924 In den Fragbögen wurde neben der Anpassung von Geschäftsprozessen zusätzlich noch die Antwortmöglichkeit „Andere“ vorgegeben. Diese wurde von beiden Gruppen nicht genutzt.

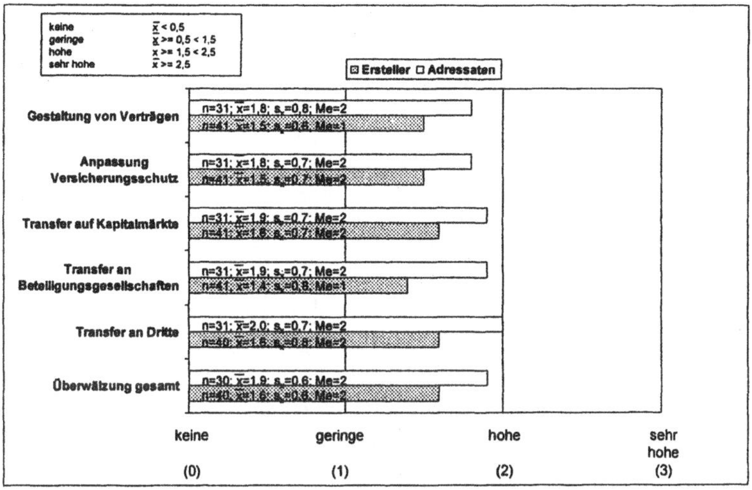

Abb. 5-50: Bedeutung der Risikoüberwälzung als Steuerungsinstrument.

Auch hier war eine Mittelwertdominanz der Antworten der Adressaten gegenüber denen der Ersteller festzustellen. Ein statistisch signifikant abweichendes Antwortverhalten von Erstellern und Adressaten war nicht zu beobachten (vgl. Abb. 5-52). Der Publizität über die Risikoüberwälzung (gesamt) wurde von beiden Parteien eine „hohe" Bedeutung beigemessen. Auch den übrigen Kriterien kam aus Sicht beider Gruppen eine „hohe" Bedeutung zu. Lediglich für den Transfer an Beteiligungsgesellschaften ergab sich aus Sicht der Ersteller eine „geringe" Bedeutung.

Abschließend wird die Steuerungsalternative der Risikoakzeptanz untersucht (vgl. Abb. 5-51).

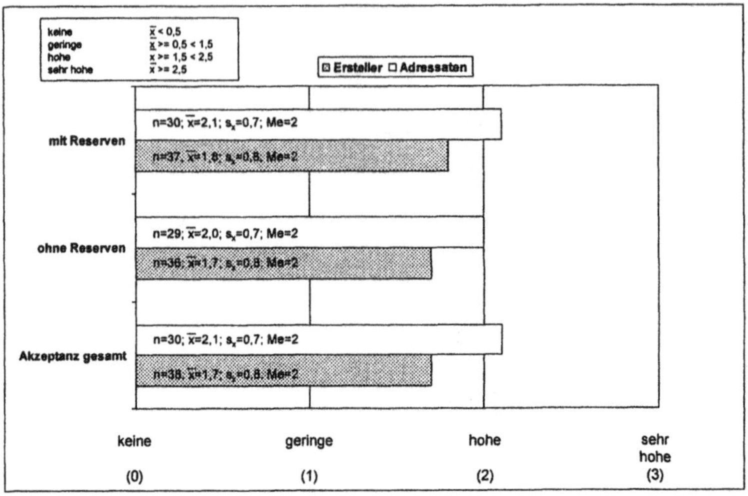

Abb. 5-51: Bedeutung der Risikoakzeptanz als Steuerungsinstrument.

Auch für diese Maßnahmen der Risikosteuerung war eine Mittelwertdominanz der Antworten der Adressaten gegenüber denen der Ersteller zu beobachten. Statistisch waren diese allerdings nicht signifikant (vgl. Abb. 5-52). Auch einer Publizität über die Risikoakzeptanz (gesamt) wurde eine „hohe" Bedeutung beigemessen. Dasselbe war für die Risikoakzeptanz mit bzw. ohne Reserven zu beobachten. Interessant ist, dass bezogen auf den Mittelwert festgestellt werden konnte, dass der Publizität über eine Risikovorsorge mit Reserven eine höhere Bedeutung zugebilligt wurde, als einer Risikoakzeptanz ohne Reserven. Wird unterstellt, dass die Risikotragweite und Eintrittswahrscheinlichkeit nicht zu einer unterschiedlichen Einordnung in Risikoakzeptanz mit oder ohne Reservebildung führen, kann von einem höheren Gefährdungspotenzial der Risiken ohne Vorsorge ausgegangen werden. Folgerichtig wäre es sinnvoll, gerade diese Risiken in der Unternehmenspublizität zu dokumentieren. Augenscheinlich steht hinter dieser Einschätzung eine implizite Annahme über das geringe Gefährdungspotenzial, welches von Risiken ausgeht, für die im Vorfeld keine Reserven gebildet wurden.

Bedeutung der Risikosteuerung - Überwälzung und Akzeptanz von Risiken
*** kennzeichnet Signifikanz bei einem Konfidenzintervall von 95 %**

	Extremste Differenzen			Kolmogorov-Smirnov Z	Asymp. Sig. (2-seitig)
	Absolut	Positiv	Negativ		
4.5 Gestaltung von Verträgen	,214	,214	-,008	,899	,394
4.5 Anpassung des Versicherungsschutzes	,133	,133	,000	,559	,914
4.5 Risikotransfer auf Kapitalmärkte	,181	,181	,000	,760	,610
4.5 Risikotransfer an Beteiligungsgesellschaften	,279	,279	,000	1,170	,129
4.5 Risikotransfer an Dritte	,289	,289	,000	1,207	,109
4.5 Überwälzung gesamt	,158	,158	,000	,656	,783
4.5 Akzeptanz mit Bildung von Reserven	,178	,178	,000	,726	,668
4.5 Akzeptanz ohne Bildung von Reserven	,231	,231	,000	,925	,359
4.5 Akzeptanz gesamt	,228	,228	,000	,934	,348

Abb. 5-52: Signifikanzauswertung für die Risikoüberwälzung und -akzeptanz.

Im DRS 5 sind Regelungen bezüglich des Planungshorizontes und der Publizität über Risikoverbundeffekte enthalten. Nachfolgend werden die Einschätzungen von Erstellern und Adressaten diesbezüglich untersucht.

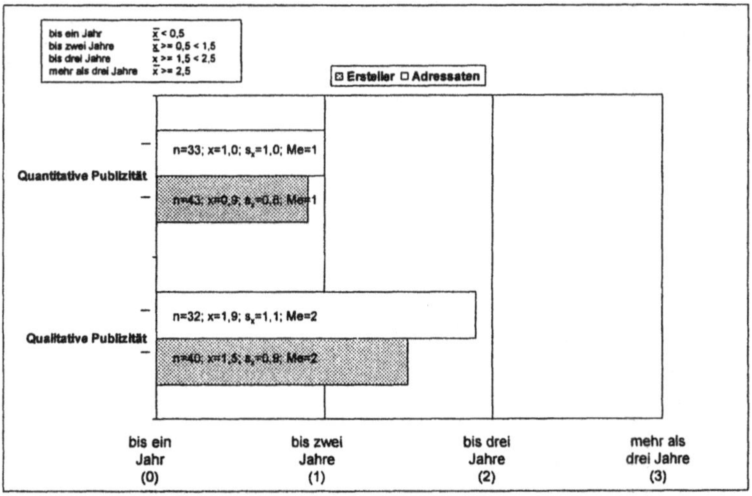

Abb. 5-53: Zeitraum der risikoorientierten Unternehmenspublizität.

Im DRS 5 wird gefordert, dass die Prognose der Entwicklung zukünftiger Risiken zwei Geschäftsjahre umfassen solle. Lediglich für bestandsgefährdende Risiken reicht die Prognose für ein Jahr aus.[925] Ersteller und Adressaten mussten angeben, auf welchen Zeitraum sich die Risikoprognosen beziehen sollten (vgl. Abb. 5-53). In Anbetracht der Tatsache, dass qualitative Prognosen i. d. R. einfacher zu erstellen sind als quantitative, wurden die Parteien gebeten, zwischen diesen beiden Kategorien zu differenzieren. Als Ergebnis ließ sich auf Basis einer Mittelwertanalyse wiederum feststel-

925 Vgl. DRS 5, Tz. 24.

len, dass die Adressaten einen längeren Zeitraum bevorzugten. Allerdings waren diese Unterschiede statistisch nicht signifikant (vgl. Abb. 5-54). Es zeigte sich, dass für quantitative Informationen ein Prognosezeitraum von zwei Jahren präferiert wurde. Für qualitative Informationen wurde abweichend vom DRS 5 sogar ein bis zu drei Jahre umfassender Prognosezeitraum gefordert.

Anschließend wurde erfragt, wie wichtig die Aggregation der Teilrisiken zu einem Gesamtrisiko sei. Hierbei wurde nochmals differenziert zwischen Geschäftsbereichsrisiken und dem Risiko des Gesamtunternehmens (vgl. Abb. 5-54).

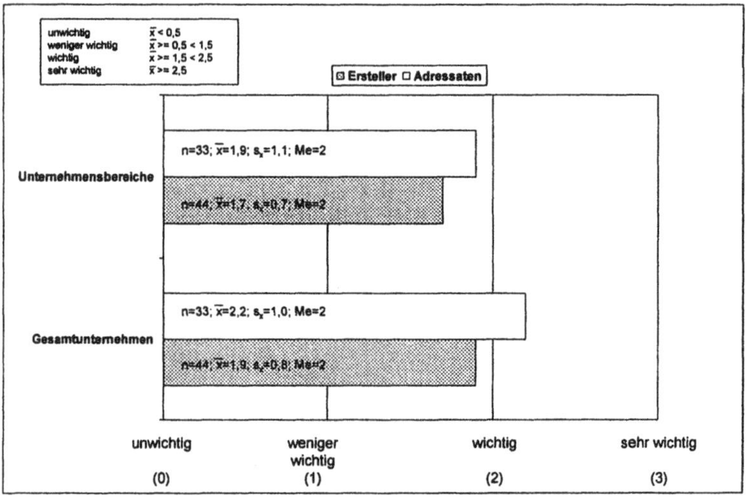

Abb. 5-54: Bedeutung der Risikoaggregation.

Signifikant unterschiedliche Antworten von Erstellern und Adressaten waren nicht zu ermitteln (vgl. 5-56). Die Aggregation von Risiken sowohl bezogen auf Geschäftsbereiche als auch auf das Gesamtunternehmen wurde als „wichtig" erachtet.

Im DRS 5 wird ebenfalls die Forderung erhoben, dass über Risikointerdependenzen und –konzentrationen zu berichten sei.[926] Aus diesem Grund mussten Adressaten und Ersteller die Publizität über derartige Verbundeffekte beurteilen (vgl. Abb. 5-55).

[926] Vgl. DRS 5, Tz. 25.

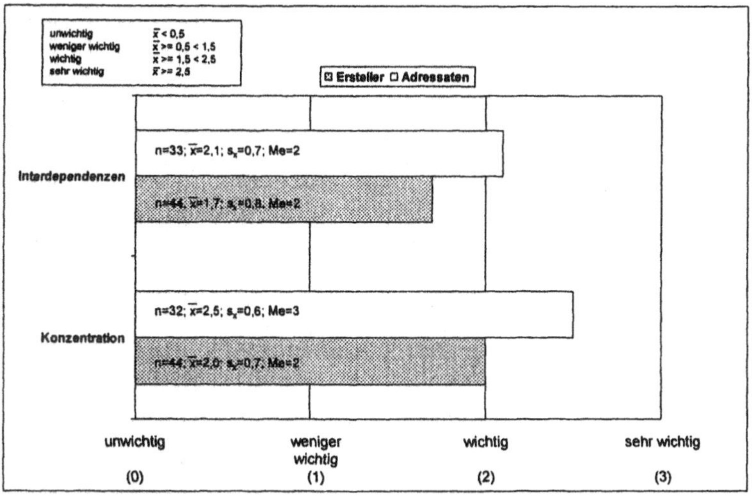

Abb. 5-55: Bedeutung der Verbundeffekte in der risikoorientierten Unternehmenspublizität.

Für die Risikointerdependenzen konnte wiederum kein statistisch signifikanter Unterschied festgestellt werden. Die Publizität dieser Information wurde von beiden Gruppen als „wichtig“ eingestuft. Für die Publizität über Risikokonzentrationen konnte hingegen ein statistisch signifikanter Unterschied ausgemacht werden (vgl. Abb. 5-56). Für die Ersteller war eine solche Information „wichtig“; für die Adressaten war sie sogar „sehr wichtig“.

Bezogen auf die Mittelwertbeurteilung zeigte sich wiederum über alle Kriterien eine Dominanz bei der Einstellung von Adressaten im Vergleich zu den Erstellern. Allerdings konnte, wie bereits erwähnt, nur für die Publizität über Risikokonzentrationen eine signifikant unterschiedliche Einstellung ausgemacht werden (vgl. Abb. 5-56).

Aggregation von Einzelrisiken
*** kennzeichnet Signifikanz bei einem Konfidenzintervall von 95 %**

	Extremste Differenzen			Kolmogorov-Smirnov Z	Asymp. Sig. (2-seitig)
	Absolut	Positiv	Negativ		
4.6 Zeitraum quantitativer Publizität	,091	,091	-,013	,393	,998
4.6 Zeitraum qualitativer Publizität	,281	,281	,000	1,186	,120
4.7 Risiken für Unternehmensbereiche	,182	,182	-,008	,790	,561
4.7 Risiken für das Gesamtunternehmen	,235	,235	-,015	1,020	,249
4.8 Publizität über Risikointerdependenzen	,258	,258	,000	1,119	,164
4.9 Publizität über Risikokonzentrationen	,358	,358	,000	1,541	*,017

Abb. 5-56: Signifikanzauswertung für die Aggregation von Einzelrisiken.

Abschließend werden noch die Einstellungen von Erstellern und Adressaten hinsichtlich der Bedeutung des Kontrollsystems für das Risikomanagement untersucht (vgl. Abb. 5-57).

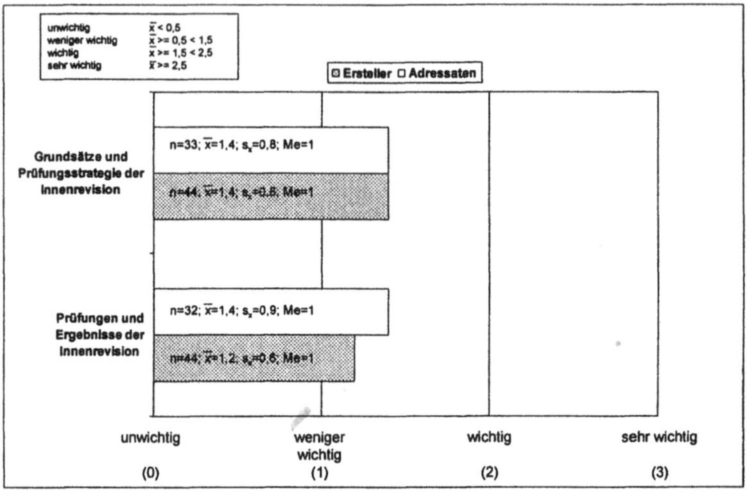

Abb. 5-57: Bedeutung der institutionellen Angaben zur Risikokontrolle.

Insgesamt ließ sich feststellen, dass diese Informationen zu den institutionellen Aufgaben, die von der Innenrevision übernommen werden, von beiden Parteien als „weniger wichtig" eingestuft wurden. Statistisch signifikante Unterschiede lagen nicht vor (vgl. Abb. 5-60). Für die Ersteller war eine leichte Zurückhaltung hinsichtlich der Publizität über Prüfungen und Ergebnisse der Innenrevision ersichtlich. Die Adressaten schienen nicht zwischen den Grundsätzen und den Prüfungsergebnissen zu differenzieren.

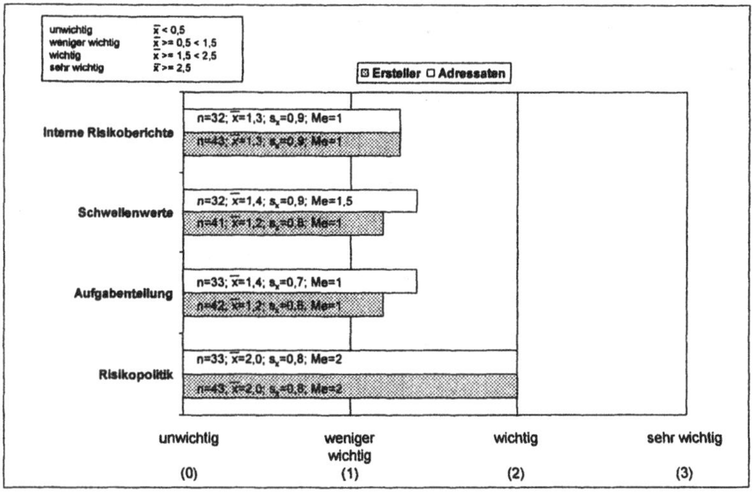

Abb. 5-58: Bedeutung der systembezogenen Kontrollen im Risikomanagementprozess.

Bezüglich der systembezogenen Kontrollen wurde allein die Publizität der Risikopolitik als „wichtig" eingestuft (vgl. Abb. 5-58). Statistisch signifikante Unterschiede waren nicht zu beobachten (vgl. Abb. 5-60). Bei den Angaben zu systembezogenen Kontrollen dominierte die Relevanz von Informationen über die Risikopolitik der Unternehmen. Die übrigen Kriterien wurden als „weniger wichtig" eingestuft. Dies erscheint zumindest für die Angabe von Schwellenwerten erstaunlich, da hierdurch wertvolle Informationen über die Risikotoleranz des Unternehmens gewonnen werden können.

Abschließend wurde gefragt, wie häufig eine externe Risikoberichterstattung, als bedeutsamstes Element der risikoorientierten Unternehmenspublizität, durchgeführt werden sollte. Es bestand die Möglichkeit, entweder für die Zwischenberichterstattungszeiträume viertel- und halbjährlich oder für den Jahresabschlusszeitraum jährlich zu plädieren. Für die Ersteller ergab sich, bezogen auf den Mittelwert, eine leichte Präferenz hinsichtlich der jährlichen Publizität, wohingegen die Adressaten eine Tendenz zur halbjährlichen Publizität aufwiesen (vgl. Abb. 5-59). Dieser Unterschied bei den Rückantworten war statistisch nicht signifikant (vgl. Abb. 5-60).

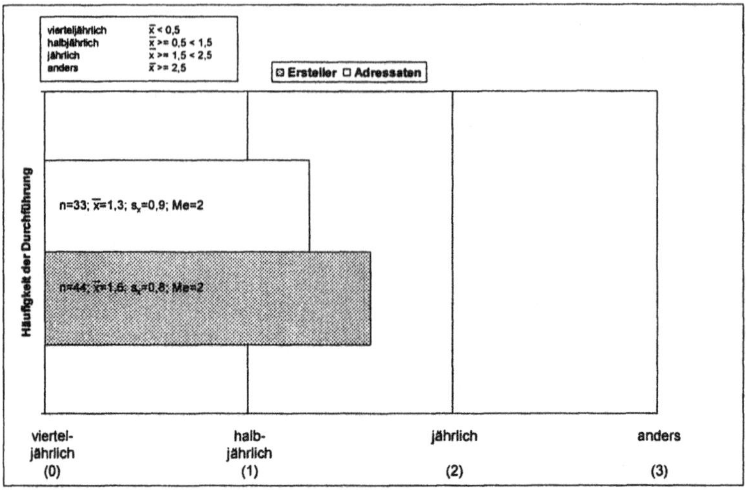

Abb. 5-59: Häufigkeit der risikoorientierten Unternehmenspublizität.

Für die Darstellung des Risikomanagementprozesses und der –kontrollen konnte nur in einem Fall ein statistisch signifikanter Unterschied identifiziert werden. Auch hier waren sich Adressaten und Ersteller weitgehend einig über die Bedeutung dieser Darstellung für das Risikoverständnis. Somit kann abschließend festgestellt werden, dass sowohl bei der Darstellung der Einzelrisiken als auch des Risikomanagementprozesses und der -kontrollen keine Übereinstimmungslücken vorliegen.

Risikokontrolle
* kennzeichnet Signifikanz bei einem Konfidenzintervall von 95 %

	Extremste Differenzen			Kolmogorov-Smirnov Z	Asymp. Sig. (2-seitig)
	Absolut	Positiv	Negativ		
4.10 Grundsätze und Prüfungsstrategie der Innenrevision	,068	,068	-,030	,296	1,000
4.10 Angaben über Prüfungen und Ergebnisse der Innenrevision	,188	,188	-,065	,807	,533
4.10 Interne Risikoberichte	,089	,089	-,025	,380	,999
4.10 Schwellenwerte	,183	,183	,000	,776	,584
4.10 Aufgabenteilung	,076	,076	,000	,326	1,000
4.10 Risikopolitik	,067	,067	-,007	,289	1,000
4.11 Häufigkeit der risikoorientierten Unternehmenspublizität	,189	,030	-,189	,822	,508

Abb. 5-60: Signifikanzauswertung für die Risikokontrolle.

5.1.3 Zusammenfassung der Ergebnisse der Befragung

Die Befragung verfolgte die folgenden Zielsetzungen:

- Identifikation, ob die Funktionsbereiche der Adressaten und Ersteller einen Einfluss auf deren Informationswünsche haben.
- Nutzenbeurteilung der risikoorientierten Unternehmenspublizität für Adressaten und Ersteller.

- Identifikation von Informationswünschen der Adressaten und Ersteller hinsichtlich einzelner Risikokategorien.
- Beurteilung, welchen Stellenwert die Publizität über den Risikomanagementprozess für die Adressaten und Ersteller hat.

Mit den Angaben zum Funktionsbereich und zum Unternehmen, welche Adressaten und Ersteller der risikoorientierten Unternehmenspublizität vornehmen mussten, konnte identifiziert werden, inwieweit:

- Börsenindizes,
- Branchenzugehörigkeit,
- Art der angewandten Rechnungslegungsnorm

einen Einfluss auf deren Informationswünsche und Nutzeneinschätzungen haben.

Ergebnis 5-1: Die Ausgestaltungswünsche und Nutzeneinschätzungen der Adressaten und Ersteller der risikoorientierten Unternehmenspublizität sind unabhängig von Börsenindizes, Branchenzugehörigkeit und Art der angewandten Rechnungslegungsnormen.

Aufgrund des Ergebnisses 5-1 wurden lediglich die Ausgestaltungswünsche und Nutzeneinschätzungen der risikoorientierten Unternehmenspublizität getrennt nach Adressaten und Erstellern untersucht. Auf dieser Basis wurde beurteilt, welchen gegenwärtigen Nutzen der risikoorientierten Unternehmenspublizität zukommt.

Ergebnis 5-2: Es konnte grundsätzlich aufgezeigt werden, dass die Adressaten zumindest einen geringen Einfluss der Anteilseignerkonzentration sowie der Mitarbeiterbeteiligung auf die Ausgestaltung der risikoorientierten Unternehmenspublizität vermuteten. Die Ersteller nahmen diese Einflussfaktoren als noch weniger bedeutsam wahr, sahen auf zumindest deren Möglichkeit. Dies kann als schwacher Indikator dafür gelten, dass die wirkungstheoretischen Thesen aus Kapitel 4.2 zutreffen könnten.

Zusätzlich wurde untersucht, ob der risikoorientierten Unternehmenspublizität Vor- bzw. Nachteile gegenüber spezifischen Interessengruppen beigemessen werden.

Ergebnis 5-3: Sowohl Adressaten als auch Ersteller sahen differierende Ausprägungen der Vor- bzw. Nachteile von risikoorientierter Unternehmenspublizität für einzelne Interessengruppen. Hieraus kann abgeleitet werden, dass die Ersteller unter Umständen konfligierende Interessen der unterschiedlichen Adressatengruppen in der Ausgestaltung der risikoorientierten Unternehmenspublizität zu berücksichtigen haben.

Dies ist ein Hinweis darauf, dass cheap-talk Gleichgewichte ein reales Phänomen beschreiben könnten. Unternehmen hätten demnach ein Interesse an einer unpräzisen Formulierung der risikoorientierten Unternehmenspublizität.

Die Untersuchung der Ausgestaltung der risikoorientierten Unternehmenspublizität in Abschnitt drei des Fragebogens ist bereits sehr ausführlich dargestellt worden. Zentrales Ergebnis hierbei ist:

Ergebnis 5-4: Die Ausgestaltungswünsche hinsichtlich der in der risikoorientierten Unternehmenspublizität abzubildenden Risikokategorien variierten zwischen Adressaten und Erstellern nur in wenigen Fällen.

Statistisch signifikante Unterschiede ergaben sich für:

- Abhängigkeit von einzelnen Kunden,
- Bedrohung durch Ersatzprodukte,
- Risiken aus Forschung und Entwicklung,
- Stillstandszeiten der IT sowie
- Ressourcenbeschränkungen.

Der Abschnitt vier des Fragebogens untersuchte die Publizität über die Prozesse des Risikomanagements.

Ergebnis 5-5: Die Ausgestaltungswünsche hinsichtlich der in der risikoorientierten Unternehmenspublizität dargestellten Risikomanagementprozesse waren bei den Adressaten und Erstellern nahezu identisch. Ein statistisch signifikanter Unterschied ergab sich lediglich für die Publizität über Risikokonzentrationen.

Die unterschiedlichen Ausgestaltungswünsche von Erstellern und Adressaten der risikoorientierten Unternehmenspublizität wurden durch die in Abb. 5-2 dargestellte Systematik der Risikopublizitätslücken abgebildet. Aus den Ergebnissen 5-4 und 5-5 lässt sich nunmehr ableiten:

Ergebnis 5-6: Eine Übereinstimmungslücke zwischen Adressaten und Erstellern liegt nicht vor. Es könnte somit eine Umsetzungslücke vorliegen.

Um das Vorliegen einer Umsetzungslücke beurteilen zu können, muss im Folgenden eine Analyse der risikoorientierten Unternehmenspublizität in Geschäftsberichten erfolgen (vgl. Abb. 5-2).

5.2 Auswertung der Geschäftsberichte der DAX 100-Unternehmen für die Geschäftsjahre 1999 - 2002

Mittels der Befragung war es möglich, die Übereinstimmungslücke als Ursache für Erwartungsunterschiede hinsichtlich der risikoorientierten Unternehmenspublizität auszuschließen. Im Folgenden wird nun die verbleibende Risikopublizitätslücke analysiert. Im Einzelnen ist zu untersuchen, ob eine Wahrnehmungs- bzw. Umsetzungslücke in der risikoorientierten Unternehmenspublizität vorliegt. Da die implizite Risikoorientierung einer Normierung unterliegt und hierdurch eigentlich keine Umsetzungslücke zu erwarten ist,[927] wird im Folgenden nur die explizite Risikoorientierung berücksichtigt. Da die explizite Risikoorientierung auch unpräzise, nicht verifizierbare Aussagen umfasst und diese sich in vielerlei Hinsicht in den Kontext der Risikoorientierung bringen lassen, wird im Folgenden nur auf den Risikobericht nach §§ 289 I sowie 315 I HGB sowie den darin enthaltenen Verweisen auf andere risikoorientierte Informationen innerhalb des Geschäftsberichtes rekurriert.[928] Hierdurch wird sichergestellt, dass die Ersteller von risikoorientierter Unternehmenspublizität bewusst hierfür relevante Informationen kommunizieren wollen, da sie hiermit der ihnen auferlegten Pflichtpublizität nachkommen. Es wurde bereits deutlich gemacht, dass die Gesamtmenge der in Geschäftsberichten publizierten risikoorientierten Informationen über den Risikobericht hinausgehen kann (vgl. einleitend zu Kapitel fünf). Im Verlauf der Geschäftsberichtsauswertung wurde allerdings deutlich, dass es sich hierbei um keine wesentliche Einschränkung der Aussagefähigkeit der Analyse handelt, da im Risikobericht entweder auf andere risikobezogene Angaben verwiesen wurde oder diese wieder aufgegriffen wurden.

5.2.1 Design des RDScores

Die risikoorientierte Unternehmenspublizität beinhaltet wiederum eine Vielzahl unpräziser, nicht verifizierbarer Informationen, die es zu bewerten gilt. Hierzu wurde ein entsprechendes Bewertungsschema entwickelt, welches auf den Anforderungen des DRS 5 und den branchenspezifischen Ergänzungen im DRS 5-10 und DRS 5-20 beruht. Aufgrund der Unterschiedlichkeit der Anforderungen an die risikoorientierte Unternehmenspublizität wurden für Banken und Versicherungen jeweils eigene Bewertungsmaße entwickelt, die in wesentlichen Teilen von den Bewertungselementen der

[927] Am ehesten käme hier die Qualitätslücke in Betracht.

[928] Die Begriffe Risikobericht und Risikoberichterstattung haben sich nicht zuletzt aufgrund des DRS 5 durchgesetzt.

Industrieunternehmen abweichen.[929] Die Bewertung der risikoorientierten Unternehmenspublizität erfolgt mittels eines Scoringmodells. Der ermittelte „Risk Disclosure Score (RDScore)"[930] beschreibt nicht die absolute Qualität der risikoorientierten Unternehmenspublizität. Ein solches Unterfangen würde es erforderlich machen, die Risikosituation der zu untersuchenden Unternehmen abschließend beurteilen zu können. Da einem externen Adressaten risikoorientierter Unternehmenspublizität weder Informationen über die Vollständigkeit der dargestellten Risiken noch über die Angemessenheit der gewählten Gegenmaßnahmen vorliegen, kann der RDScore kein absoluter Qualitätsmaßstab sein. Das im späteren Verlauf erstellte Ranking der untersuchten Geschäftsberichte impliziert somit auch nicht, dass die Unternehmen mit einem hohen RDScore eine bessere risikoorientierte Unternehmenspublizität aufweisen (vgl. Anhänge VIII, X, XI). Hier liegt lediglich ein Indikator für die relative Qualität der risikoorientierten Unternehmenspublizität vor, der die Anzahl der im Rahmen des Risikomanagements relevanten Elemente verdichtet, um sie einer statistischen Beurteilung zugänglich zu machen. Dass der RDScore lediglich ein Indikator für die relative Qualität der risikoorientierten Unternehmenspublizität sein kann, liegt letztlich wiederum daran, dass die Vollständigkeit der risikoorientierten Unternehmenspublizität für einen Adressaten nicht verifizierbar ist, sodass deren Vergleich erschwert wird.

5.2.1.1 Design des RDScores für Industrieunternehmen

Zunächst wird der RDScore für Industrieunternehmen vorgestellt. Dieser setzt sich aus drei Gruppen von Elementen zusammen:[931]

- Risikoidentifikation und -kontrolle,
- Bewertung und Steuerung von Einzelrisiken sowie
- Aggregation zu einem Gesamtrisiko.

Zunächst werden diejenigen Elemente beschrieben, die ausgewählt wurden, um das Risikomanagementsystem zu beschreiben. Da die Darstellung der Risikobewertung und -steuerung jeweils eigenständig im Zusammenhang mit der Auswertung der Einzelrisiken erfolgt, umfasst das Risikomanagement hier lediglich die Teilprozesse Risikoidentifikation und -kontrolle. Zur Beschreibung der *Risikoidentifikation* wurden folgende Elemente gewählt:[932]

---

[929] Im Folgenden werden Unternehmen, die nicht eine Bank bzw. ein Versicherungsunternehmen sind, unter dem Begriff Industrieunternehmen subsumiert.
[930] Vgl. Botosan, C. A. (1997) für eine ähnliche Namensgebung.
[931] Vgl. Kapitel 2.3.2 zum Risikomanagement.
[932] Vgl. ebenfalls Kapitel 2.3.2 zur Risikoidentifikation.

- Nennung der systematischen Risikoidentifikation als Teilprozess des Risikomanagements,
- Nennung der zugrunde gelegten Methode der Risikoidentifikation, d. h.:
  - o Frühwarnsysteme: Verwendung von Kennzahlen bzw. Kennzahlensystemen auf Basis quantitativer Informationen (1 Punkt).
  - o Früherkennungssysteme: umfasst das Frühwarnsystem, verwendet aber darüber hinaus auch qualitative Indikatoren zur Identifikation von Risiken (2 Punkte).
  - o Frühaufklärungssysteme: umfasst Früherkennungssysteme, verwendet aber zusätzlich die ungerichtete Suche nach schwachen Signalen, die auf ein zukünftiges Risiko hindeuten (3 Punkte).
- Nennung des Prognosehorizontes für die Risikoidentifikation,
- Nennung weiterer Annahmen hinsichtlich des Risikoidentifikationsprozesses,
- Nennung, ob bestandsgefährdende Risiken identifiziert worden sind: dieses Element setzt bereits eine Bewertung und letztlich auch eine Steuerungsentscheidung voraus, da erst bei deren Vorliegen beurteilt werden kann, ob eine Bestandsgefährdung von solchen Risiken ausgeht. Diese Erkenntnis ist somit das Ergebnis sämtlicher Teilprozesse des Risikomanagements. Aus diesem Grund wurde es willkürlich dem Teilprozess Risikoidentifizierung zugerechnet.

Der zweite Teilprozess zur Beschreibung des Risikomanagementsystems ist die *Risikokontrolle.* Zu deren Darstellung wurden folgende Elemente ausgewählt:[933]

- Aussagen zur Risikopolitik des Unternehmens,
- Darstellung, wie das Risikomanagement im Unternehmen implementiert wurde, z. B. Zuteilung von Risikoverantwortlichen, Einbettung in das Controlling, etc.
- Aussagen zur Risikokommunikation, insbesondere zu einer regelmäßigen internen Risikoberichterstattung,
- Aussagen zu der Frequenz der internen Risikokommunikation,
- Aussagen zu Schwellenwerten, die risikokommunikative Maßnahmen im Unternehmen auslösen,
- Aussagen hinsichtlich der Innenrevision und deren Einsatz im Risikomanagement des Unternehmens,
- Aussagen hinsichtlich der Funktion des Risikomanagements im Rahmen der Corporate Governance sowie eines Verweises auf einen Corporate Governance Kodex. Damit wurde beurteilt, ob der Ge-

[933] Vgl. Kapitel 2.3.2.

samtkomplex Corporate Governance in den Kontext der risikoorientierten Unternehmenspublizität gerückt wurde.[934]

Im Anschluss an die Risikoidentifikation und -kontrolle folgt die *Bewertung und Steuerung* der Einzelrisiken. Für jedes Einzelrisiko wurden folgende Informationen erhoben:[935]

- Aussagen hinsichtlich zugrunde gelegter Bewertungsannahmen, wie z. B. Verteilungsannahmen, Kausalitäten, etc.
- Aussagen zu den Eintrittswahrscheinlichkeiten, für Einzelrisiken in der nachfolgenden Kategorisierung,
- Aussagen zur Risikobewertung, wobei folgende Auswahlmöglichkeiten bestanden:
    - keine (0 Punkte),
    - Fehlanzeige (1 Punkt),
    - Nennung bzw. Beschreibung von Risiken (1 Punkt),
    - Qualitative Risikobewertung, bspw. mit Scoringmodellen (2 Punkte),
    - Quantitative Risikobewertung, bspw. mit VaR (3 Punkte).
- Aussagen zur Risikosteuerung, wobei wiederum mehrere Auswahlmöglichkeiten bestanden:[936]
    - keine (0 Punkte),
    - aktive Risikosteuerung (1 Punkt),
        - Risikoakzeptanz, d. h. keine Beeinflussung von Eintrittswahrscheinlichkeit bzw. Risikotragweite,
        - Risikovermeidung, d. h. Reduzierung der Eintrittswahrscheinlichkeit eines Risikos auf null,
        - Risikoverminderung, d. h. Reduzierung von Eintrittswahrscheinlichkeit und/oder Risikotragweite, bspw. durch Anpassung von Geschäftsprozessen,
    - passive Risikosteuerung (2 Punkte),
        - Risikoüberwälzung durch Gestaltung von Verträgen und Versicherungen,
        - Risikotransfer, bspw. an den Kapitalmarkt.

Sowohl die Auswahlkategorien für Risikobewertung als auch -steuerung sind kumulativ zu verstehen. Für den Fall der passiven Risikosteuerung bedeutet dies, dass parallel auch Methoden der aktiven Risikosteuerung

[934] Vgl. Kapitel 2.3.2 zur Kontrolle des Risikomanagements im Rahmen der Corporate Governance. Die Überprüfung, ob ein Verweis auf den Corporate Governanc Kodex vorliegt, ist für das Geschäftsjahr 2002 eigentlich hinfällig, da eine Entsprechungserklärung von den Unternehmen abzugeben ist.

[935] Vgl. Dörner, D./Doleczik, G. (2000), S. 199 ff.

[936] Vgl. Rücker, U. (2000), S. 365 ff.

Anwendung finden können. Ähnlich verhält es sich bei der Risikobewertung. Eine quantitative Bewertung schließt nicht aus, dass gleichzeitig auch qualitative Bewertungen verwendet werden. Die Kategorisierung der Einzelrisiken bedeutet nicht, dass jeweils ein einzelnes Risiko dieser Kategorie zugeordnet werden kann. Vielmehr ist offensichtlich, dass sich den Risikokategorien mehrere Einzelrisiken zuordnen lassen. Zu denken ist bspw. an rechtliche Risiken, die in einer Kategorie zusammengefasst werden, die Prozesse umfasst, in denen ein Unternehmen entweder als Beklagter oder aber als Kläger fungiert. Eine derartige Zusammenfassung von Einzelrisiken zu einer Risikokategorie erweist sich bei näherer Betrachtung als nicht einschränkend, da Bewertungsmethoden und Steuerungsmechanismen im Rahmen dieser Risikokategorien zumeist homogen sind. Auf eine segmentspezifische Erfassung der Einzelrisiken wurde verzichtet, da im Rahmen der Auswertung deutlich wurde, dass keine vollständige, segmentspezifische Risikoberichterstattung vorlag.[937]

Die Einzelrisiken wurden in Anlehnung an die Befragung wie folgt kategorisiert:

- Marktrisiken,
    - kundenspezifische Risiken,
    - zuliefererspezifische Risiken,
    - wettbewerberspezifische Risiken,
    - Risiken durch Substitutionsprodukte,
- Finanzrisiken,
    - Risiken aus Aktiva außer Liquidität (Leasing, gehedgte Vorratspositionen, etc.),
    - Risiken aus Passiva (Kapitalstrukturrisiken, Rating, etc.),
    - Risiken bezüglich der Unternehmensliquidität,
    - Zinsrisiken,
    - Währungsrisiken,
- leistungswirtschaftliche Risiken,
    - Risiken aus Investitionen/Desinvestitionen,
    - Risiken aus Forschung und Entwicklung,
    - Risiken aus der Warenein- und –ausgangslogistik,
    - Risiken aus dem Produktionsprozess,
    - Risiken aus dem Vertrieb (inkl. Delkredererisiken),[938]
- sonstige Risiken,
    - politische Risiken,
    - rechtliche Risiken,
    - makroökonomische Risiken,

[937] Vgl. z. B. den Geschäftsbericht von ThyssenKrupp 2002 für eine segmentspezifische Darstellung.
[938] Hier werden auch Servicerisiken erfasst.

- ökologische Risiken,
- Risiken aus der Informationstechnologie,
- Risiken aus Personal und Organisation.

Bei der Kategorisierung wurde versucht, weitestgehend sicherzustellen, dass es zu möglichst geringen Überschneidungen der Risikokategorien kommt. Allerdings machten es unpräzise Formulierungen in den Risikoberichten mitunter notwendig, Aussagen nach eigenem Verständnis einer Risikokategorie zuzuordnen. Die makroökonomischen Risiken nahmen dabei eine besondere Stellung ein, da vielfach lediglich von konjunkturellen Risiken und deren Auswirkungen auf das Unternehmen gesprochen wurde. Hinsichtlich der Kategorisierung wäre es auch denkbar gewesen, die makroökonomischen Risken den Marktrisiken zuzuordnen. Da aber nicht in jedem Fall der unmittelbare Zusammenhang zu den relevanten marktspezifischen Risiken vorlag, wurde diese Kategorie unter den „sonstigen Risiken" eingeordnet.

Der letzte Bestandteil des RDScores ist die *Aggregationskomponente.* In dieser wurden erfasst:[939]

- Risikointerdependenzen,
- Risikokonzentrationen,
- Risikoaggregation auf Geschäftsbereichsebene,
  - keine (0 Punkte),
  - Nennung (1 Punkt),
  - qualitativ (2 Punkte),
  - quantitativ (3 Punkte).

Risikointerdependenzen und –konzentrationen werden ähnlich bewertet wie die Einzelrisiken (max. drei Punkte). Die Risikoaggregation ist abzugrenzen von der Nennung bestandsgefährdender Risiken. Bei der Aggregation geht es darum, eine Gesamtbeurteilung aller identifizierten Risiken vorzunehmen, wohingegen es bei der Nennung bestandsgefährdender Risiken letztlich um den kritischen Umfang eines Einzelrisikos handelt.

Den Elementen des RDScores liegt eine implizite Gewichtung zugrunde.

- Darstellung des Risikomanagementsystems (16 Punkte),
- Darstellung der Einzelrisiken (140 Punkte),
- Darstellung der Risikoaggregation (9 Punkte).

---

[939] Vgl. insbesondere Kapitel 3.3.1.2.4 bzw. DRS 5, Tz. 13 und 25 und Gleißner, W./Meier, G. (2001), S. 55.

Insgesamt sind folglich 165 Punkte erreichbar. Die Gewichtung der Einzelrisiken entspricht den Ergebnissen der Befragung. Durch die Differenzierung der Risikokategorien in Einzelrisiken:

- Marktrisiken (4 Risiken),
- Finanzrisiken (5 Risiken),
- leistungswirtschaftliche Risiken (5 Risiken),

werden diese Kategorien stärker gewichtet als die Unterstützungsprozesse, wie z. B. IT und Personal/Organisation, die nicht weiter in Einzelrisiken differenziert wurden.

RDScores wurden für die Geschäftsjahre 1999 – 2002 ermittelt. Untersucht wurden die Unternehmen des DAX 30 und des MDAX basierend auf den jeweiligen Indexständen April 2001. Für vom 31.12. abweichende Geschäftsjahre wurde folgende Zurechnung getroffen:

- bis zum 30.6. des Geschäftsjahres t wurde der Risikobericht dem Geschäftsjahr t-1 zugeordnet;
- für den Zeitraum nach dem 30.6. des Geschäftsjahres t wurde der Risikobericht ebenfalls dem Geschäftsjahr t zugeordnet.

Rumpfgeschäftsjahre wurden ebenfalls erfasst. Fehlende Risikoberichte wurden nicht berücksichtigt. Das Fehlen war auf drei Ursachen zurückzuführen:

- Unternehmen existierte nicht (z. B. E.ON oder Epcos, die 1999 nicht noch gegründet waren),
- Insolvenz des Unternehmens (z. B. Cargolifter),
- nicht beschaffbare Geschäftsberichte (insbesondere für das Geschäftsjahr 1999 gab es Beschaffungslücken, da die Unternehmen teilweise zu vergangenen Geschäftsjahren keine Geschäftsberichte vorhielten und auch eine Beschaffung über das Internet nicht immer möglich war).

5.2.1.2 Design des RDScores für Versicherungen

Der RDScore ist sehr spezifisch auf die Unternehmensprozesse von produzierenden oder dienstleistenden Unternehmen ausgerichtet. Die Spezifika des Bank- oder Versicherungsgeschäftes werden nicht adäquat berücksichtigt. Dies macht es notwendig für diese Segmente eigene RDScore zu entwickeln. Zunächst wird der RDScore für Versicherungsunternehmen vorgestellt.

Der *RDScore für Versicherungen* umfasst wiederum drei Dimensionen:[940]

- Darstellung des Risikomanagementsystems,
- Darstellung der versicherungstechnischen Risiken,
- Darstellung nicht versicherungstechnischer Risiken,
    - prozessuale Risiken,
    - Personal- und Organisationsrisiken,
    - rechtliche Risiken,
    - politische Risiken,
    - makroökonomische Risiken,
    - Währungsrisiken, die nicht versicherungstechnisch berücksichtigt werden,
    - sonstige Risiken.

Die Erfassung der nicht versicherungstechnischen Risiken erfolgt parallel zur Erfassung der Einzelrisiken im RDScore für Industrieunternehmen. Die Darstellung des Risikomanagements entspricht ebenfalls der Erfassung bei den Industrieunternehmen. Hinzu kommen allerdings weitere Punkte, wenn eine Risikoaggregation sowie eine Risikokategorisierung vorgenommen worden sind. Die Forderung nach einer Risikokategorisierung wird im DRS-20 erhoben.[941]

Die *versicherungstechnischen Risiken* werden separiert in:[942]

- Unfallversicherungen,
- Lebensversicherungen,
- versicherungstechnische Forderungen,
- versicherungstechnische Kapitalanlagen.

Daneben wird noch erfasst, ob versicherungstechnische Risiken auf eigene Rechnung eingegangen werden.

Die *Unfallversicherung* wird wie folgt erfasst:[943]

- Bewertung,
    - keine (0 Punkte),
    - andere (1 Punkt),
    - aktuarielle Methoden (2 Punkte),
    - Szenariotechnik, Sensitivitätsanalyse, Stresstests (2 Punkte),
    - Embedded-Value-Ansatz (2 Punkte),
    - Value-at-Risk (2 Punkte),
    - mehrere (3 Punkte),

---

940 Vgl. DRS 5-20, Tz. 3.
941 Vgl. DRS 5-20, Tz. 3.
942 Vgl. DRS 5-20, Tz. 23-24.
943 Vgl. DRS 5-20, Tz. 23-24.

- Schadenquote,
    - keine (0 Punkte),
    - vor Kumulrisiken (1 Punkt),
    - nach Kumulrisiken (2 Punkte),
- Abwicklung,
    - keine (0 Punkte),
    - weniger als 10 Jahre (1 Punkt),
    - mehr als 10 Jahre (2 Punkte).

Lebensversicherungsrisiken werden nach folgendem Schema analysiert:[944]

- Bewertung,
    - keine (0 Punkte),
    - andere (1 Punkt),
    - aktuarielle Methoden (2 Punkte),
    - Szenariotechnik, Sensitivitätsanalyse, Stresstests (2 Punkte),
    - Embedded-Value-Ansatz (2 Punkte),
    - Value-at-Risk (2 Punkte),
    - mehrere (3 Punkte),
- biometrische Informationen,
- Stornoquote,
- Risiken aus Zinsgarantien.

Als *versicherungstechnische Forderungen* werden untersucht:[945]

- Altersstruktur der Risiken,
- Ausfallrisiken,
- Rückversicherungsvolumen,
    - keine (0 Punkte),
    - nur auf Basis von Forderungsbeträgen (1 Punkt),
    - auf Basis von Forderungsbeträgen und Rating (2 Punkte),
- Bewertung der Forderungen,
    - keine (0 Punkte),
    - andere (1 Punkt),
    - aktuarielle Methoden (2 Punkte),
    - Szenariotechnik, Sensitivitätsanalyse, Stresstests (2 Punkte),
    - Embedded-Value-Ansatz (2 Punkte),
    - Value-at-Risk (2 Punkte),
    - mehrere (3 Punkte).

Als letztes Element der versicherungstechnischen Risiken werden die *Risiken der Kapitalanlagen* wie folgt analysiert:[946]

---

944 Vgl. DRS 5-20, Tz. 25-26.
945 Vgl. DRS 5-20, Tz. 27.

- Streuung der Kapitalanlagen,
- Bewertung,
  - o keine (0 Punkte),
  - o andere (1 Punkt),
  - o wahrscheinlichkeitstheoretisch (2 Punkte),
  - o Aktiv-/Passivsteuerung (2 Punkte),
  - o Szenariotechnik, Sensitivitätsanalyse, Stresstests (2 Punkte),
  - o mehrere (3 Punkte),
- Wertpapiere,
  - o keine (0 Punkte),
  - o andere (1 Punkt),
  - o quantifiziert (2 Punkte),
  - o quantifiziert für 20 % Veränderung (3 Punkte),
- Festzinspapiere,
  - o keine (0 Punkte),
  - o andere (1 Punkt),
  - o quantifiziert (2 Punkte),
  - o quantifiziert für 1 % Veränderung (3 Punkte),
- Bonität,
  - o keine (0 Punkte),
  - o Art des Emittenten (1 Punkt),
  - o Ratingklassen (1 Punkt),
- Liquidität.

Es ergibt sich eine Gesamtpunktzahl des RDScores für Versicherungsunternehmen von 103. Aufgrund der Konstruktionsunterschiede kann der RDScore für Versicherungsunternehmen nicht unmittelbar mit dem RDScore für Industrieunternehmen verglichen werden.

5.2.1.3 Design des RDScores für Banken

Abschließend wird nun die Konstruktion des RDScores für die Banken in Anlehnung an den DRS-10 dargelegt. Dieser setzt sich wie der RDScore für Versicherungen aus drei Komponenten zusammen:[947]

- Darstellung des Risikomanagementsystems,
- Darstellung der bankspezifischen Risiken,
- Darstellung der nicht bankspezifischen Risiken.

Die Darstellung der nicht bankspezifischen Risiken erfolgt parallel zu der im RDScore für Versicherungsunternehmen. Gleiches gilt für die Darstel-

[946] Vgl. DRS 5-20, Tz. 28-33.
[947] Vgl. DRS 5-10, Tz. 2-3.

lung des Risikomanagementsystems, welches lediglich um die Darstellung der bereits erfolgten Umsetzungen der Basel-II-Konsultationspapiere ergänzt wurde. Detailliert werden hier lediglich die *bankspezifischen Risiken* dargestellt:[948]

- Adressatenrisiken,
    - Kreditrisiken,
    - Kontrahentenrisiken,
    - landesspezifische Risiken,
    - Risiken der Beteiligungen/Anteile,
- Liquiditätsrisiken,
    - Zahlungsrisiken,
    - Refinanzierungsrisiken,
    - Marktrisiken,
- Marktpreisrisiken,
    - Zinsänderungsrisiken,
    - Währungsrisiken,
    - Eigenkapitalrisiken,
    - Preisrisiken.

Für die *Adressatenrisiken* werden folgende Daten erfasst:[949]

- Ausfallwahrscheinlichkeiten,
- Risikoexposure,
- Sicherheiten,
- Bewertung,
    - keine (0 Punkte),
    - andere (1 Punkt),
    - externes Rating (2 Punkte),
    - internes Rating (2 Punkte),
    - Credit Value-at-Risk (3 Punkte),
    - Rating und Value-at-Risk (4 Punkte),
    - mehrere (5 Punkte),
- Risikovorsorge,
- Risikogruppen.

Für die *Liquiditätsrisiken* wird folgendes Schema zugrunde gelegt:[950]

- Annahmen,
- Verfahren,
    - keine (0 Punkte),
    - andere (1 Punkt),

---

[948] Vgl. DRS 5-10, Tz. 9.
[949] Vgl. DRS 5-10, Tz. 27.
[950] Vgl. DRS 5-10, Tz. 30 ff.

  - Liquiditätsablaufbilanzen (2 Punkte),
  - Cash flow Prognosen (2 Punkte),
  - Liquiditätskennzahlen (2 Punkte),
  - Beobachtungskennzahlen (2 Punkte),
  - mehrere (3 Punkte).
- Partner,
- Märkte.

Für die *Marktpreisrisiken* werden untersucht:[951]

- Annahmen,
- Verfahren,
  - keine (0 Punkte),
  - andere (1 Punkt),
  - Sensitivitätsanalysen (2 Punkte),
  - Value-at-Risk (3 Punkte),
  - Value-at-Risk und Backtesting (4 Punkte),
  - Value-at-Risk, Backtesting und Stresstests (5 Punkte).

Insgesamt können beim RDScore für Banken 157 Punkte erreicht werden. Aufgrund der Konstruktionsunterschiede kann auch der RDScore für Banken nicht mit dem RDScore für Versicherungsunternehmen bzw. dem RDScore für Industrieunternehmen verglichen werden.

5.2.2 Deskriptive Auswertung des RDScores

In den Geschäftsjahren 2001 und 2000 wurden mehr als einhundert Geschäftsberichte ausgewertet (vgl. Tab. 5-5).[952] Dies lag wie bereits erläutert daran, dass auch Rumpfgeschäftsberichte ausgewertet wurden.

---

[951] Vgl. DRS 5-10, Tz. 33 ff.

[952] In die Auswertung wurden nur Geschäftsberichte von Unternehmen zum o. g. Indexstand mit einem Risikobericht aufgenommen. Unternehmen, die während des Untersuchungszeitraums insolvent wurden, wurden nicht durch die in den Börsenindex aufrückenden Unternehmen ersetzt. Vgl. Amin, G. S./Kat, H. M. (2003), S. 65 ff. für eine vergleichbare Vorgehensweise.

	Industrie-unternehmen	Banken	Versiche-rungen	Summe
1999	80	5	5	90
2000	92	5	5	102
2001	90	6	5	101
2002	84	5	5	94
Insgesamt	346	21	20	387

Tab. 5-5: Anzahl der ausgewerteten Risikoberichte.

Tab. 5-5 zeigt ebenso auf, dass mit einer Untersuchungsquote von 96,75 % eine nahezu vollständige Analyse der Geschäftsjahre 1999 – 2002 erfolgt ist.

5.2.2.1 Deskriptive Auswertung des RDScores für Industrieunternehmen

Im Folgenden werden die empirischen Ergebnisse der Untersuchung des RDScores für Industrieunternehmen vorgestellt. Um festzustellen, ob der RDScore einer metrischen Analyse zugänglich ist, obwohl er eigentlich ein pseudometrisches Maß darstellt, wurde zunächst die Normalverteilungseigenschaft des RDScores untersucht.[953] Hierzu wurden die RDScores über alle Geschäftsjahre sowie die geschäftsjahresspezifischen RDScores mittels des KS-Anpassungstests einer theoretischen Normalverteilung gegenübergestellt.[954]

(5-7) H_0: $f(x_i) \neq$ Normalverteilung (i=Adressaten oder Ersteller).

Hieraus ergab sich, dass alle genannten RDScores bei einem Konfidenzniveau von 95 % tatsächlich hinreichend normalverteilt sind.[955] Aufgrund dieser Ergebnisse werden im Folgenden die parametrischen statistischen Testverfahren zur Beurteilung des RDScores herangezogen.

Zunächst wird untersucht, inwieweit die RDScores branchenabhängig sind. Die Unternehmen wurden zunächst Branchen zugeordnet.[956] Hierauf auf-

953 Vgl. Adam, D. (1996), S. 420-421.

954 Vgl. Bleymüller, J./Gehlert, G./Gülicher, H. (2002), S. 61.

955 Vgl. Anhang XII.

956 Die hier untersuchte Branchenstruktur ist differenzierter als diejenige, die dem Fragebogen zugrunde liegt. Führt man den statistischen Test mit der Branchenstruktur des Fragebogens durch, ergibt sich das gleiche Ergebnis hinsichtlich der Signifikanz. Die Branchenzuordnung ist Anhang XIII zu entnehmen.

bauend wurde eine einseitige ANOVA (Analysis of Variance) Analyse durchgeführt. Die Informationen, die es zu generieren galt, waren:[957]

- Mittelwertvergleiche,
- Varianzhomogenität,
- homogene Klassen.

Zunächst wurde die RDScores für jedes Geschäftsjahre untersucht. Im Ergebnis konnten für keines der betrachteten Geschäftsjahre signifikante Branchenunterschiede beim RDScore identifiziert werden (vgl. Anhang XIV).

Die einseitige ANOVA Systematik wurde ebenfalls auf höher aggregierte Gruppen von Branchen ausgedehnt, um einen größeren Umfang der Stichproben als bei der branchenspezifischen Auswertung zu erhalten. Untersucht wurden in diesem Zusammenhang die Gruppen Handel, Industrie, sonstige Dienstleistungen und innovative Unternehmen.[958] Auch bei dieser höheren Aggregationsstufe waren keine signifikanten Gruppenunterschiede für die einzelnen Geschäftsjahre zu identifizieren (vgl. Anhang XV).

Ergebnis 5-7: Die RDScores für Industrieunternehmen sind unabhängig von der Branchenzugehörigkeit der einbezogenen Unternehmen.

Abschließend wurde noch untersucht, ob die RDScores der DAX 30-Unternehmen signifikant von denen der MDAX Unternehmen abweichen. Hierzu wurde wiederum eine einseitige ANOVA Analyse durchgeführt. Als Ergebnis ergab sich, dass sich die Mittelwerte der DAX 30-Unternehmen signifikant von denen der MDAX Unternehmen unterscheiden. Gleiches Ergebnis zeigt sich, wenn die RDScores bezogen auf jedes einzelne Geschäftsjahr untersucht werden.[959]

Ergebnis 5-8: Die RDScores für Industrieunternehmen des DAX 30 sind statistisch signifikant höher als diejenigen des MDAX.

Der RDScore setzt sich aus den drei Komponenten Risikoidentifikation und -kontrolle, Darstellung von Einzelrisiken und deren Aggregation zusammen. Im Zeitablauf wird deutlich, dass die Bedeutung der Darstellung von Einzelrisiken stetig zunimmt (vgl. Tab. 5-6). Entfallen 1999 lediglich 69,1 % der vergebenen Punkte auf die Darstellung der Einzelrisiken, so sind es 2002 77,4 %. Dieser Anstieg geht zulasten des Anteils, den die Darstellung der Risikoidentifikation und -kontrolle an den vergebenen

[957] Vgl. Bühl, A./Zöfel, P. (2000), S. 281 ff.
[958] Vgl. Anhang XIII für die Zuordnung der Unternehmen.
[959] Vgl. Anhang XVI für die Abhängigkeit des RDScores vom Börsenindex.

Punkten hat. Betrug dieser 1999 noch 30,5 % sind es im Geschäftsjahr 2002 nur noch 21,9 %. Wie sich zeigt, spielt die Aggregation der Einzelrisiken zu einem Gesamtrisiko keine Rolle.

	2002	2001	2000	1999
Risikomanagement	21,9	21,7	24,2	30,5
Einzelrisiken	77,4	77,6	75,3	69,1
Aggregation	0,7	0,7	0,5	0,4
Summe	100	100	100	100

Tab. 5-6: Struktur RDScore in %.

Dieses Ergebnis wird in Abb. 5-61 mittels absoluter RDScores aufgezeigt.

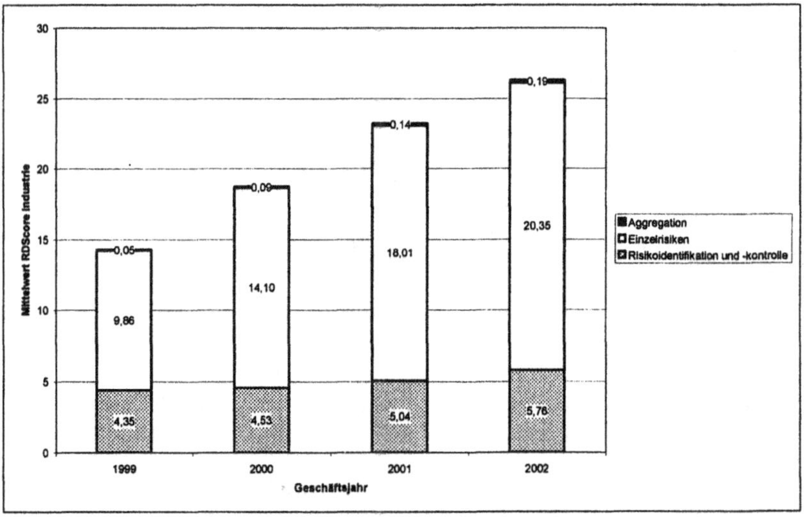

Abb. 5-61: Struktur RDScore in absoluten Werten.

Es zeigt sich bei dieser Betrachtungsweise, dass der absolute Beitrag der Risikoidentifikation und -kontrolle zum RDScore im Zeitablauf um 32 % zunimmt. Der Beitrag der Darstellung von Einzelrisiken verdoppelt sich im gleichen Zeitraum.

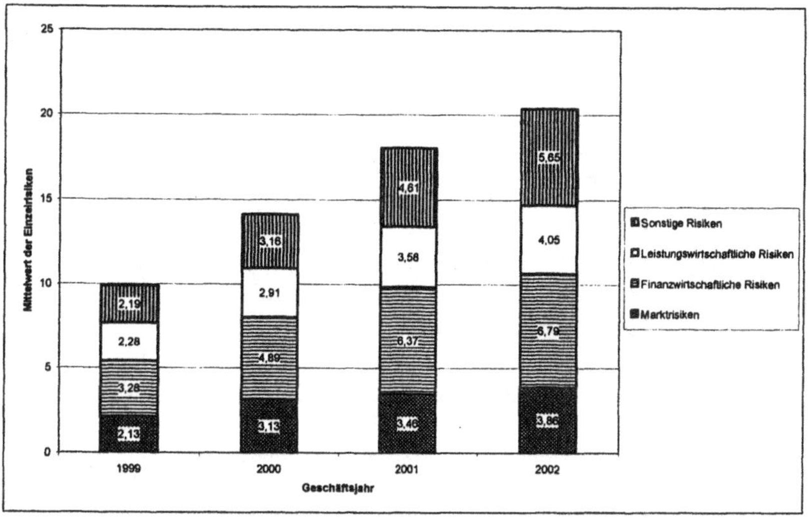

Abb. 5-62: Struktur der Einzelrisiken in absoluten Werten.

Die Struktur der Einzelrisiken, wie sie im RDScore erhoben worden ist, weicht von der Struktur, wie sie sich aus dem Fragebogen ergeben hat, kaum ab (vgl. Abb. 5-62). Der Bereich der sonstigen Risiken hat deswegen ein größeres Gewicht, da er mehr Einzelrisiken umfasst als die gleiche Kategorie in der Befragung. Größere Verwerfungen im Zeitablauf ergaben sich hierbei nicht. Was lediglich auffällt, ist die hohe Bedeutung der Finanzrisiken (vgl. Tab. 5-7).

	2002	2001	2000	1999
Marktrisiken	19	19	22,2	21,5
Finanzrisiken	33,4	35	34,7	33,2
Leistungswirtschaftliche Risken	19,9	20	20,7	23,1
Sonstige Risiken	27,7	26	22,4	22,2
Summe	100	100	100	100

Tab. 5-7: Struktur der Einzelrisiken in %.

Die Marktrisiken lassen sich wiederum separieren (vgl. Tab. 5-8). Das geringste relative Gewicht kommt hierbei den Substitutionsrisiken zu. Das größte Gewicht hat hingegen die Publizität der Wettbewerberrisiken. Erstaunlich ist die hohe Gewichtung der Zuliefererrisiken. Nach der Auswertung der Fragebögen war dies nicht unbedingt zu vermuten. Die Marktrisiken werden nahezu durchgehend von allen Unternehmen qualitativ beurteilt bzw. nur genannt. Hinsichtlich der Steuerung ergibt sich, dass die Unternehmen sich gegenüber Dritten je nach Einschätzung ihrer Marktmacht absichern, indem sie längerfristige Verträge abschließen. Von diesem Risikotransfer sind insbesondere die Zulieferer betroffen. Hieraus erklärt sich die relativ hohe Bedeutung der Zulieferrisiken für den RDScore. Bei den Wettbewerbern und den Kunden ist deren relative Bedeutung hingegen auf die große Anzahl an Nennungen zurückzuführen.

	2002	2001	2000	1999
Kundenrisiken	25,3	31,5	25,7	35,9
Zuliefererrisiken	32,1	30,2	31,6	18,8
Wettberwerberrisiken	37	33,4	38,2	40
Substitutionsrisiken	5,6	4,9	4,5	5,3
Summe	100	100	100	100

Tab. 5-8: Struktur der Marktrisiken in %.

Aus der in Tab. 5-8 angegebenen Struktur der Marktrisiken kann nicht entnommen werden, wie viele der möglichen Punkte erreicht worden sind. Die folgende Abb. 5-63 zeigt diese prozentuale Auslastung (erreichte Punkte / erreichbare Punkte) pro Geschäftsjahr. Es ist zu erkennen, dass selbst für Wettbewerberrisiken im Jahr 2002 nicht mehr als 20,4 % Auslastung erreicht werden. Für Substitutionsprodukte ergibt sich im gleichen Geschäftsjahr lediglich eine Auslastung von 3,1 %. Die erreichten Punktwerte sind i. d. R. nur auf die Nennungen von Marktrisiken zurückzuführen. Eine quantitative und qualitative Bewertung findet nicht statt. Annahmen und Eintrittswahrscheinlichkeiten der Einschätzungen zu Marktrisiken spielen ebenfalls keine Rolle. Für die Steuerung von Risiken konnten sowohl aktive als auch passive Steuerungsinstrumente identifiziert werden.

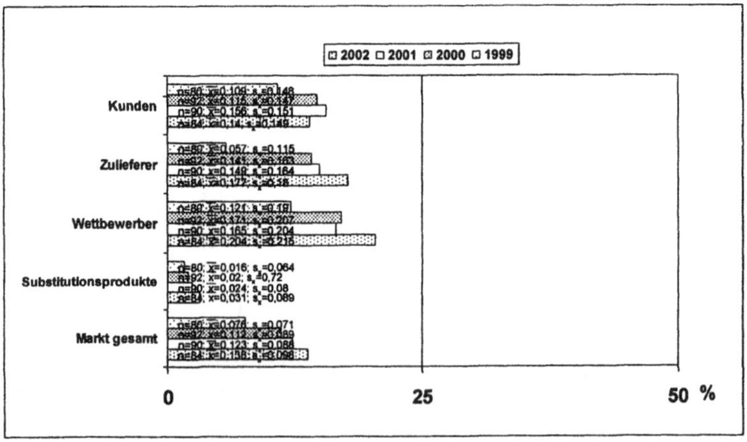

Abb. 5-63: Auslastung der Marktrisiken.

Die finanzwirtschaftlichen Risiken haben das größte Gewicht innerhalb der Einzelrisiken des RDScores. Hierbei fällt besonders die Bedeutung der Zins- und Währungsrisiken auf (vgl. Tab. 5-9). Diese werden vielfach an

Kapitalmärkte transferiert, indem geeignete Hedgeverträge abgeschlossen werden. Ferner schlägt in diesem Bereich durch, dass diese Risiken mit Methoden, wie z. B. dem VaR, quantifiziert werden. Außerdem ist die Anzahl der Nennungen dieser Risiken sehr hoch. Die Kapitalstrukturrisiken sind im Wesentlichen auf die Nennung von Risiken im Zusammenhang mit Pensionsrückstellungen bzw. die Quantifizierung durch Ratings zurückzuführen. Die Risiken der Vermögensstruktur umfassen im Wesentlichen Risiken aus Sicherungsgeschäften für an Börsen gehandelte Rohstoffe, wie z. B. Öl, sowie Leasingrisiken.

	2002	2001	2000	1999
Vermögensstruktur-risiken	9,5	10,5	8,9	9,2
Kapitalstrukturrisiken	10,2	9,6	5,8	4,2
Liquiditätsrisiken	10,7	9,9	5,1	8
Zinsrisiken	30,7	31,6	35,6	31,3
Währungsrisiken	38,9	38,4	44,6	47,3
Summe	100	100	100	100

Tab. 5-9: Struktur der Finanzrisiken in %.

Die Auslastungsgrade für die Vermögens- und Kapitalstruktur sowie für die Liquidität sind gering (vgl. Abb. 5-64). Auch bei diesen Risiken erfolgt lediglich eine Nennung. Hinsichtlich Annahmen und Eintrittswahrscheinlichkeiten werden keine Informationen gegeben. Die Steuerung erstreckt sich wiederum sowohl auf aktive als auch auf passive Maßnahmen. Das Risiko des Fremdkapitals erfolgt gelegentlich unter Verweis auf Ratingurteile. Berücksichtigt man, dass die Ratingurteile über die Internetseiten der Agenturen abgerufen werden können, muss konstatiert werden, dass Ratings vergleichsweise selten im Rahmen der Geschäftsberichte wieder aufgegriffen werden.

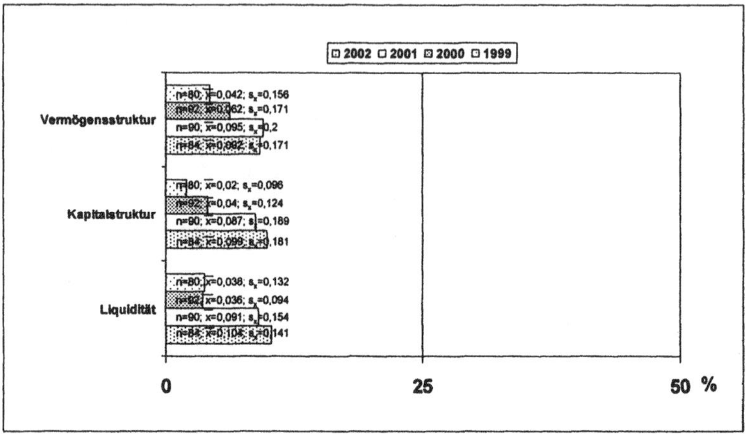

Abb. 5-64: Auslastung Finanzrisiken – Vermögens-, Kapitalstruktur und Liquidität.

Besser sieht die Situation für die Zins- und Währungsrisiken aus (vgl. Abb. 5-65). Diese werden, wie bereits erwähnt, nahezu vollständig durch Hedgingmaßnahmen gesichert, was im Durchschnitt zu einer höheren Auslastung führt. Im Jahr 2002 beläuft sich der Auslastungsgrad zumindest auf 37,8 %. Bei den Zinsrisiken werden immerhin noch 29,8 % erreicht. Allein für diese drei Risiken ist überhaupt eine Quantifizierung zu beobachten. Diese erfolgt zumeist auf Basis des VaR.

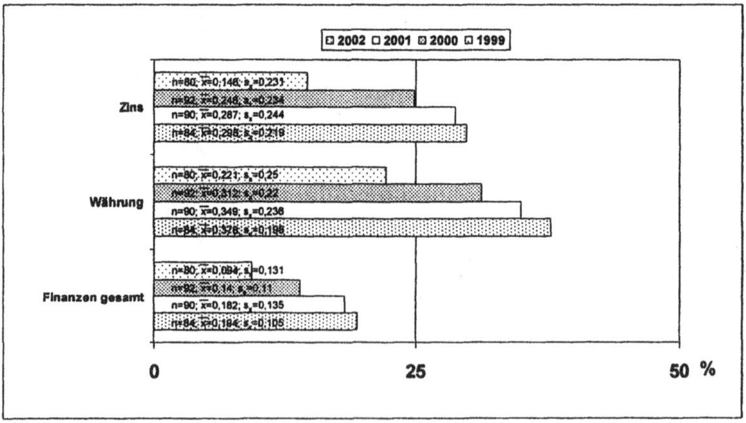

Abb. 5-65: Auslastung Finanzrisiken – Zins, Währung und Finanzen (gesamt).

Die Struktur der leistungswirtschaftlichen Risiken ist über die Geschäftsjahre hinweg nahezu konstant (vgl. Tab. 5-10).

	2002	2001	2000	1999
Investitionsrisiken	15,9	14,6	14,9	16,2
F&E-Risiken	12,1	11,2	11,2	12,9
Logistikrisiken	2,2	5,6	4,9	5,3
Produktionsrisiken	44,5	43,3	43,5	36,5
Vertriebsrisiken	25,3	25,3	25,5	29,1
Summe	100	100	100	100

Tab. 5-10: Struktur der leistungswirtschaftlichen Risiken in %.

Auffallend ist die durchweg geringe Bedeutung der logistischen Risiken. Produktionsrisiken weisen den höchsten Anteil an den leistungswirtschaftlichen Risiken auf. Dies liegt in dem Umstand begründet, dass Produktionsrisiken sehr häufig in Zusammenhang mit Betriebsunterbrechungs- und Qualitätsrisiken in Verbindung gebracht werden. Ferner von Bedeutung sind die Vertriebsrisiken,[960] wobei hier dem Delkrederemanagement eine hohe Bedeutung zukommt. In dessen Rahmen werden vielfach Kreditversicherungen abgeschlossen, sodass auch hier eine vergleichsweise hohe Punktzahl erreicht werden konnte. Eine Quantifizierung findet bei den leistungswirtschaftlichen Risiken nicht statt. Als Steuerung werden lediglich Versicherungen im Bereich der Produktions- und Vertriebsrisiken abgeschlossen.

Auch hinsichtlich des Auslastungsgrades zeigt sich, dass Risiken aus Sachinvestitionen, Forschung und Entwicklung sowie Logistik eine untergeordnete Rolle spielen (vgl. Abb. 5-66). Berücksichtigt man die Diskussion um die Bedeutung von Forschungs- und Entwicklungsaufwendungen, so ist diese geringe Auslastung verwunderlich.[961]

[960] Diese umfassen auch die Servicerisiken.

[961] Vgl. Stewart, G. B. (1991), S. 28 ff.

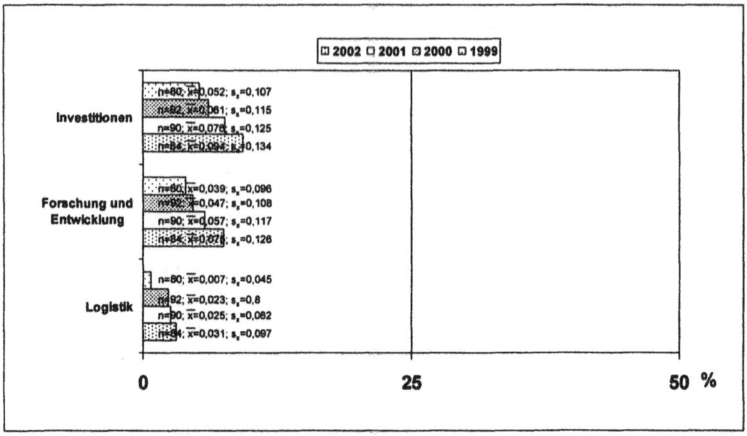

Abb. 5-66: Auslastung der leistungswirtschaftlichen Risiken.

Lediglich für die Produktions- und Vertriebsrisiken ist eine höhere Auslastung zu erkennen (vgl. Abb. 5-67). Bei den Produktionsrisiken wird häufig auf die Implementierung von Qualitätsmanagementsystemen und ISO-Zertifizierungen verwiesen.

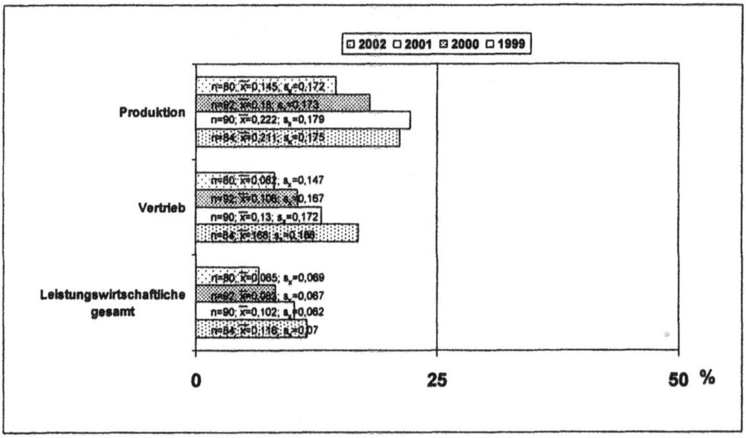

Abb. 5-67: Auslastung der sonstigen leistungswirtschaftlichen Risiken.

Die sonstigen Risiken weisen einen relativ hohen Anteil an den Einzelrisiken auf (vgl. Tab. 5-11). Allerdings findet auch bei diesen Risiken eine Bewertung nicht statt. Ausnahme sind hierbei die Rückstellungen, die für rechtliche Risiken gebildet werden. Grundlagen der Rückstellungsbewertung sowie Eintrittswahrscheinlichkeiten werden aber auch hier nicht ausgewiesen.

	2002	2001	2000	1999
Politische Risiken	11,2	9,2	12	17,7
Rechtliche Risiken	24,8	27,2	27,8	30,3
Makroökonomische Risiken	24,8	23,1	23	24,6
Ökologische Risiken	7,8	9,4	11	12
IT-Risiken	15,2	14,2	11,3	8,6
Personal-/ Organisationsrisiken	16,2	16,9	14,9	6,8
Summe	100	100	100	100

Tab. 5-11: Struktur der sonstigen Risiken in %.

Zunächst fallen die rechtlichen Risiken hinsichtlich ihres Auslastungsgrades auf (vgl. Abb. 5-68). Eine Darstellung der zivilrechtlichen Prozesse wird vielfach zusätzlich zu den Anhangangaben bei den Rückstellungen aufbereitet. Ferner spielen die makroökonomischen Risiken eine bedeutende Rolle. Auf allgemeine Aussagen zur konjunkturellen Entwicklung wird ebenfalls sehr häufig eingegangen.

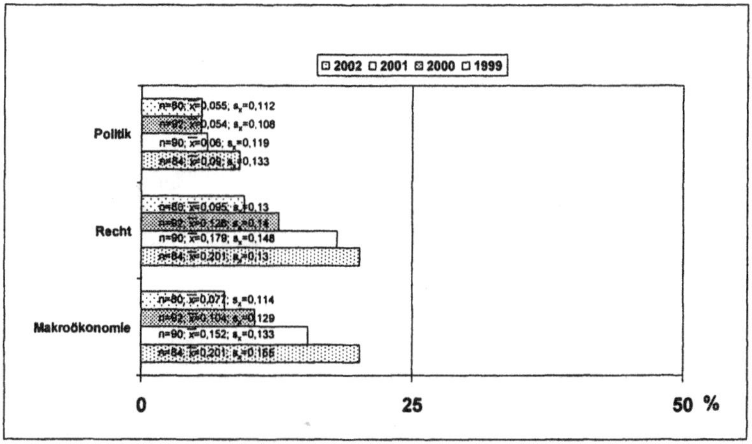

Abb. 5-68: Auslastung politischer, rechtlicher und makroökonomischer Risiken.

Erstaunlich ist, dass ökologische Risiken eine derart geringe Bedeutung haben (vgl. Abb. 5-69). Aufgrund der zunehmenden Bedeutung dieser Problematik in der gesellschaftlichen Diskussion wäre zu vermuten gewesen, dass hier ein deutlich größeres Gewicht vorliegen würde. Auch vor dem Hintergrund, dass die Bedeutung der Nachhaltigkeitsberichterstattung zunimmt, wäre ein größeres Gewicht zu erwarten gewesen.[962] IT- sowie Personal- und Organisationsrisiken haben, wie bereits in der Befragung identifiziert, ein vergleichsweise geringes Gewicht.

[962] Vgl. Kothes Kleves (Hrsg.) (2001), S. 18.

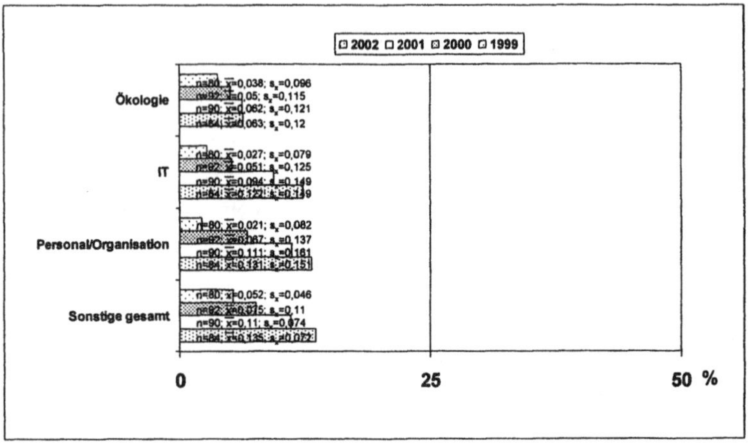

Abb. 5-69: Auslastung von Ökologie-, IT-, Personal- und Organisationsrisiken.

Die Darstellung des Risikomanagements umfasst die beiden Teilprozesse Risikoidentifikation und –kontrolle. Hierbei ist ersichtlich, dass die Darstellung der Identifikation vergleichsweise wenig Raum einnimmt (vgl. Tab. 5-12).

	2002	2001	2000	1999
Risikoidentifikation	37,4	39	37,4	39,1
Risikokontrolle	62,6	61	62,6	60,9
Summe	100	100	100	100

Tab. 5-12: Struktur des Risikomanagements in %.

Bei den Risikomanagementprozessen zeigt sich eine vergleichsweise hohe Auslastung (vgl. Abb. 5-70). Es ist ersichtlich, dass hier kein großes Potenzial zur Erhöhung der RDScores vorliegt.

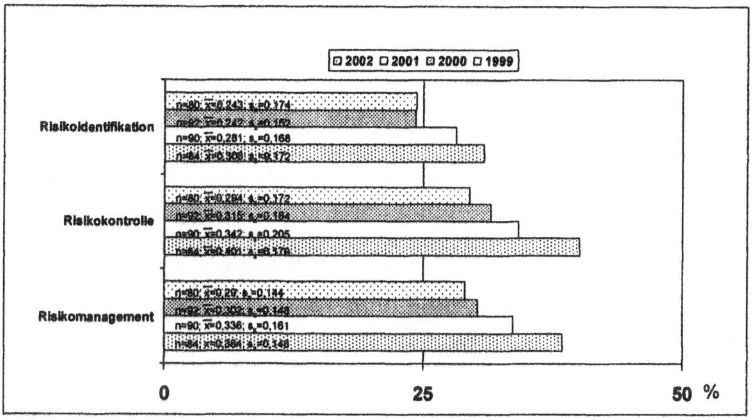

Abb. 5-70: Auslastung der Risikomanagementprozesse.

Die einzelnen Elemente zur Risikoidentifikation liefern nahezu den gleichen Beitrag (vgl. Tab. 5-13). Allein die Darstellung des zugrunde gelegten Prognosezeitraums (Zeitbezug) hat eine sehr geringe Bedeutung.

	2002	2001	2000	1999
Nennung	37,6	39	44,9	39,7
Methode	30,9	33,3	26,3	31,6
Zeitbezug	1,7	2,1	1,2	2,9
Bestandsgefährdung	29,8	25,6	27,6	25,8
Summe	100	100	100	100

Tab. 5-13: Struktur der Risikoidentifikation in %.

Die Struktur innerhalb des Teilprozesses Risikokontrolle wird dominiert durch die Prozesselemente Innenrevision, Implementierung des Risikomanagements in die Kontrollsysteme sowie Risikokommunikation (vgl. Tab. 5-14). Auffallend ist die geringe Bedeutung der Nennung von Schwellenwerten, die eine risikokommunikative Maßnahme auslösen.

	2002	2001	2000	1999
Governance	4,3	4	3	1,9
Innenrevision	27,4	28,5	29,9	26,8
Implementierung	26,1	28,9	29,9	32,1
Schwellenwerte	1,7	0,7	1,1	-
Kommunikation	20,8	18,8	19,5	21,2
Zeitraum	9,2	11,9	8,4	8,5
Risikopolitik	10,5	7,2	8,2	9,5
Summe	100	100	100	100

Tab. 5-14: Struktur der Risikokontrolle in %.

Eine zu vernachlässigende Rolle spielt die Aggregation von Risiken (vgl. Tab. 5-15). Hier ist ersichtlich, dass erst im Geschäftsjahr 2002 der Risikoidentifikation und der Konzentration eine gewisse Rolle zugebilligt werden darf. Da der relative Anteil der Aggregation am RDScore aber sehr gering ist, kann hier die Bedeutung der prozentualen Punkteverteilung nicht als Trendwechsel in der gesamten Bedeutung interpretiert werden. Risikointerdependenzen und -konzentrationen werden in keinem Fall quantifiziert oder mit qualitativen Methoden beurteilt. Hier liegen lediglich allgemeine Aussagen zur Bedeutung dieser Aggregationselemente vor.

	2002	2001	2000	1999
Interdependenzen	25	7,7	12,5	-
Konzentration	50	7,7		25
Aggregation	25	84,6	87,5	75
Summe	100	100	100	100

Tab. 5-15: Struktur der Risikoverbundeffekte in %.

Die bisherige Analyse der Struktur des RDScores gibt allerdings noch keinen Aufschluss darüber, ob eine Umsetzungslücke vorliegt. Aus diesem Grund zeigt die nachfolgende Abb. 5-71 die durchschnittliche Auslastung der RDScore-Komponenten an. Wie bereits erwähnt, kann diese Auslastung für ein einzelnes Unternehmen nicht als absolutes Qualitätsurteil interpretiert werden. Die Auslastungsgrade über alle Geschäftsjahre und alle Unternehmen können hingegen wichtige Hinweise darauf geben, ob eine Umsetzungslücke in der risikoorientierten Unternehmenspublizität vorliegt. Wie aus der nachfolgenden Abb. 5-71 deutlich wird, ist der relative Auslastungsgrad der RDScores vergleichsweise gering. Dies deutet insbesondere für die Einzelrisiken darauf hin, dass die Umsetzung sich im Wesentlichen auf verbale Darstellungen ohne systematische, qualitative oder quantitative Bewertungen gründet. Für die Risikosteuerung ist vielfach nur eine Risikoakzeptanz, respektive der Versuch einer Risikoverminderung durch Geschäftsprozessgestaltung, zu ersehen. Bedeutsam ist, dass sich die Gewichtung der Einzelrisiken, wie sie sich aus dem Fragebogen ergab, auch näherungsweise im RDScore widerspiegelt. Allein die Umsetzung erscheint hier noch nicht weit entwickelt. Hierfür können letztlich eine Vielzahl von Gründen angeführt werden. Eine Quantifizierung von Risiken ist, wie auch schon im DRS 5 konstatiert, lediglich in Ansätzen möglich.[963] Umso wichtiger erscheint es, die Prämissen einer solchen Bewertung offen zu legen, um den Adressaten ein eigenständiges Urteil hierüber zu ermöglichen. Erst dies würde die Adressaten im Sinne Schneiders in die Lage versetzen, auf einer vernünftigen Datengrundlage eigenständige Prognosen zu erstellen.[964] Andererseits würde dies nicht nur die Offenlegung ggf. ver-

963 Vgl. E-DRS 5, B3.
964 Vgl. Schneider, D. (1997), S. 201.

traulicher Daten bedingen. Vielmehr ist eine solche Darstellung für Unternehmen der Größenordnung von DAX 100-Unternehmen sehr komplex. Um eine derartige Bewertung verstehen und evaluieren zu können, müsste eine detaillierte Publizität erfolgen, welche die Adressaten in die Lage versetzt, das Geschäftsmodell hinreichend zu verstehen. Ferner scheint eine Reihe von Risiken tatsächlich nicht kommunizierbar. Man stelle sich vor, was eine Publizität über wahrscheinliche Risiken der Illiquidität bewirken könnte und welche Chancen für das Management verbleiben würden, diesem Risiko zu begegnen. Hier könnte sich das Problem einer „self fulfilling prophecy" ergeben. Aus Unternehmenssicht scheint sich aber das in Kapitel vier beschriebene Phänomen der cheap-talk Gleichgewicht empirisch zu bestätigen. Die getroffenen Aussagen sind unverbindlich. Lediglich für die finanziellen Risiken ist überhaupt eine Quantifizierung zu beobachten. Diese könnte letztlich auch damit erklärt werden, dass das Zins- und Währungsrisikomanagement zu keinen Interessenkonflikten mit anderen Zielsetzungen des Unternehmens gegenüber seinen Anspruchsgruppen führt und daher einer Publizität nichts im Wege steht.

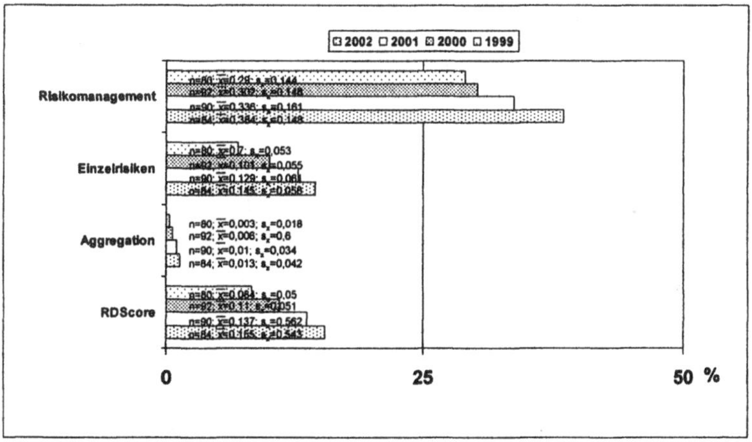

Abb. 5-71: Auslastung des RDScores.

5.2.2.2 Deskriptive Auswertung des RDScores für Versicherungsunternehmen

Bei diesem RDScore fällt auf, dass die Darstellung der versicherungstechnischen Risiken den größten Raum einnimmt. Diese stehen daher im Folgenden im Mittelpunkt der Analyse. Für die Geschäftsjahre 2001 und 2002 ist eine besonders große Zunahme der Beschreibung versicherungstechnischer Risiken zu beobachten (vgl. Abb. 5-72). Dies ist durch die erstmalige Anwendung des DRS 5-20 ab dem Geschäftsjahr 2001 zu erklären. Die dem RDScore für Versicherungsunternehmen zugrunde liegenden versicherungsspezifischen Risiken basieren auf den Anforderungen, wie sie in DRS 5-20 formuliert worden sind.

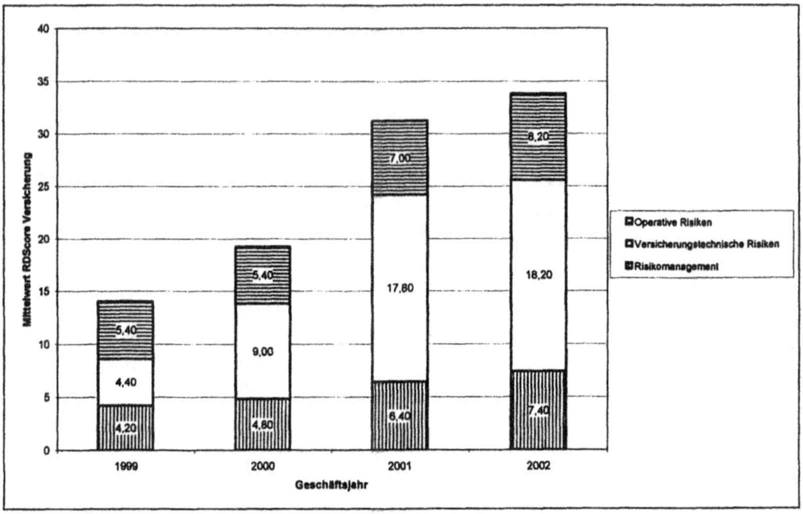

Abb. 5-72: Struktur des RDScores für Versicherungsunternehmen in absoluten Werten.

Betrachtet man die Struktur des RDScores für Versicherungsunternehmen auf Basis relativer Werte, ergibt sich ein vergleichbares Bild (vgl. Tab. 5-16). Die relative Abnahme der Bedeutung versicherungstechnischer Risiken resultiert aus der Zunahme der Mittelwerte von Risikomanagement und operativen Risiken.

	2002	2001	2000	1999
Risikomanagement	21,9	20,5	25	30
Versicherungen	53,8	57,1	46,9	31,4
Operative Risiken	24,3	22,4	28,1	38,6
Summe	100	100	100	100

Tab. 5-16: Struktur des RDScores für Versicherungsunternehmen in %.

Besonders deutlich zeigt sich die Dominanz der versicherungstechnischen Risiken bei Betrachtung des Auslastungsgrades (vgl. Abb. 5-73). Für die Geschäftsjahre 2001 und 2002 ist zu erkennen, dass mehr als zwei Drittel der möglichen Punkte im Durchschnitt erreicht wurden.

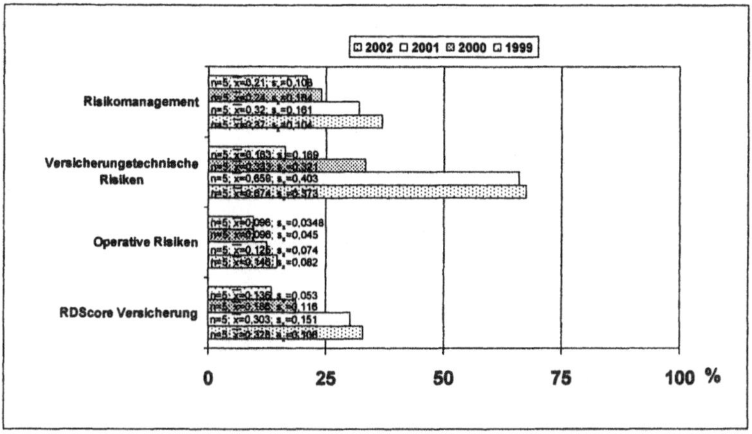

Abb. 5-73: Auslastung des RDScores für Versicherungsunternehmen.

Auch beim RDScore für Versicherungsunternehmen nimmt die Risikokontrolle einen breiteren Raum ein als die Risikoidentifikation (vgl. Tab. 5-17). Dieses Ergebnis ist vergleichbar mit den RDScores für Industrieunternehmen. Aufgrund der vergleichsweise geringen Bedeutung des Risikomanagements für den Gesamtscore, wird auf die Darstellung der Auslastungsgrade verzichtet.

	2002	2001	2000	1999
Risikoidentifikation	16,2	18,8	25	23,8
Risikokontrolle	83,8	81,2	75	76,2
Summe	100	100	100	100

Tab. 5-17: Struktur des Risikomanagements in %.

Bei den *versicherungstechnischen Risiken* dominiert die Beschreibung der Risiken aus Kapitalanteilen (vgl. Tab. 5-18). Die Darstellung der Risiken aus Lebensversicherungen ist hingegen nur für ein Drittel der erreichten Punkte verantwortlich.

	2002	2001	2000	1999
Unfallversicherung	25,8	26,1	24,4	13,6
Lebensversicherung	11,2	11,4	4,4	18,2
Kapitalanteile	44,9	45,5	57,8	68,2
Forderungen	18,1	17	13,4	-
Summe	100	100	100	100

Tab. 5-18: Struktur der versicherungstechnischen Risiken in %.

Zu erklären ist dies anhand der Auslastung (vgl. Abb. 5-74). Es zeigt sich, dass die Darstellung der Risiken aus Kapitalanteilen in den Geschäftsjahren 2001 und 2002 voll den Anforderungen des DRS 5-20 entspricht.

Deutlich weniger umfangreich ist die Darstellung der Risiken aus Lebensversicherungen.[965] Die Beschreibung des Versicherungstypus Unfallversicherung fällt deutlich umfangreicher aus als bei den Lebensversicherungen.[966]

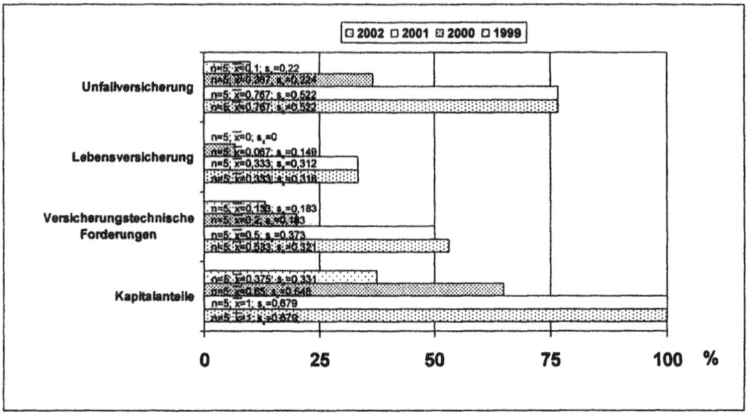

Abb. 5-74: Auslastung der versicherungstechnischen Risiken.

Die Darstellung der operativen Risiken ist kaum vergleichbar, da deren Umfang im RDScore für Versicherungen zu gering ist. Im Unterschied zu den Industrieunternehmen haben IT-Risiken bei Versicherungsunternehmen eine höhere Bedeutung (vgl. Tab. 5-19). Auch wenn die Darstellung der versicherungstechnischen Risiken sachgerecht erscheint, so basiert die Darstellung der operativen Risiken wiederum auf vage formulierte Aussagen. Quantifizierungen erfolgen in den untersuchten Geschäftsberichten nicht.

965 Vgl. DRS 5-20, Tz. 23-24, Lebensversicherungen stehen hier repräsentativ für Prämien/
Leistungsversicherungen.

966 Vgl. DRS 5-20, Tz. 23-24, Unfallversicherungen stehen hier repräsentativ für Prämien/
Schadensversicherungen.

	2002	2001	2000	1999
Prozesse	7,3	2,9	7,4	7,4
Personal/Organisation	9,8	5,7	-	-
IT	24,4	22,9	22,4	22,2
Recht	19,5	11,4	14,8	11,1
Politik	-	-	-	3,7
Makroökonomie	12,2	14,3	22,2	25,9
Währung	7,3	11,4	-	-
Sonstige	19,5	31,4	33,2	29,7
Summe	100	100	100	100

Tab. 5-19: Struktur der operativen Risiken in %.

Insgesamt lässt sich feststellen, dass die Auslastung der RDScores für Versicherungsunternehmen deutlich höher ist als bei den Industrieunternehmen. Dies ist allerdings auf die umfangreicheren regulativen Vorgaben des DRS 5-20 im Vergleich zum DRS 5 zurückzuführen. Führt man die in Kapitel vier diskutierten cheap-talk Gleichgewichte an, so liegt der Schluss nahe, dass, verursacht durch detaillierte regulative Vorgaben, die Möglichkeiten zur Entstehung derartiger Gleichgewichte verringert werden. Fehlen diese Vorgaben, wie bei den operativen Risiken, fallen die Ersteller wiederum in eine unpräzise Formulierungsweise zurück. Sollte dies ein gültiger Erklärungsansatz sein, so müsste sich dies auch beim RDScore für Banken zeigen, da diese ebenfalls stark reguliert sind.

5.2.2.3 Deskriptive Auswertung des RDScores für Banken

Im Folgenden werden die Ergebnisse der Auswertung der risikoorientierten Unternehmenspublizität von Banken vorgestellt. Wie bereits erwähnt, müssen bei der Beurteilung der Bankgeschäftsberichte eine Vielzahl bankspezifischer Risiken und Bewertungsmethoden berücksichtigt werden. Aus diesem Grund wurde der RDScore für Industrieunternehmen auf Basis der Vorschriften des DRS 5-10 modifiziert. Auffallend ist, dass den bankspezifischen Risiken sowohl nach DRS 5-10 als auch in der praktischen Umsetzung eine große Bedeutung zukommt. Wie nachstehender Abb. 5-75 sowie Tab. 5-20 entnommen werden kann, macht der Anteil der bankspezifischen Risiken mehr als zwei Drittel der Punktzahl des Jahres-RDScores aus. Den operativen Risiken kommt dabei eine geringe Bedeutung zu. Dies ist erstaunlich, da im Basel II-Konsultationspapier explizit eine größere Gewichtung der operativen Risiken vorgesehen ist.[967] Die für deutsche Großbanken besonders bedeutsamen Kostenstrukturrisiken, die sich in geringen Gewinnmargen ausdrücken, werden bspw. nur am Rande angesprochen.[968] Lediglich die HypoVereinsbank geht auf derartige Risiken ein. Die hohe

[967] Vgl. Baseler Ausschuss für Bankenaufsicht (2003), S. 10.

[968] Vgl. Griemert, S. (2001) zu einer Ausdehnung des Bankmanagements über bankspezifische Fragestellungen hinaus.

Gewichtung der bankspezifischen Risiken erklärt sich aus der schon aus regulativen Zwängen sehr guten quantitativen und ratingbasierten Bewertung von Risiken. Die Qualität der Darstellung des Risikomanagements ist ebenfalls durchgehend besser als bei den Industrieunternehmen.

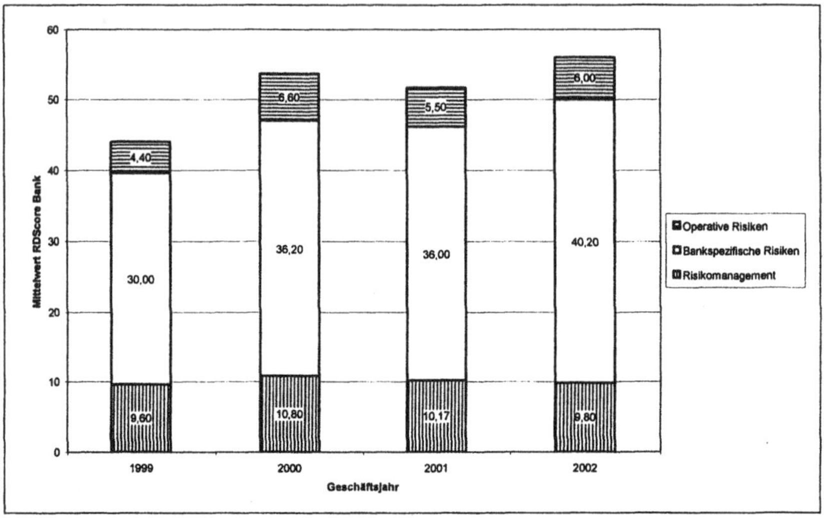

Abb. 5-75: Struktur des RDScores für Banken in absoluten Werten.

Durch die Analyse der absoluten Struktur des RDScores für Banken in Abb. 5-75 ist zu erkennen, dass die Beiträge der operativen Risiken und des Risikomanagements nahezu konstant verlaufen, wohingegen bei den bankspezifischen Risiken ein größerer Anstieg zu beobachten ist.

	2002	2001	2000	1999
Risikomanagement	17,5	19,7	20,1	21,8
Bankspezifische Risiken	71,8	69,7	67,5	68,2
Operative Risiken	10,7	10,6	12,3	10
Summe	100	100	99,9	100

Tab. 5-20: Struktur des RDScores für Banken in %.

Im Folgenden wird der Auslastungsgrad des RDScore für Banken untersucht. Da die Dominanz der bankspezifischen Risiken bereits hinreichend belegt worden ist, werden hier zunächst das Risikomanagement und die Darstellung der operativen Risiken in den Vordergrund der Betrachtung gerückt. Auf die bankspezifischen Risiken wird im weiteren Verlauf vertiefend eingegangen. Abb. 5-76 ist zu entnehmen, dass bei der Publizität zum Risikomanagement über alle vier Jahre Auslastungsgrade von ca. 50 % erreicht wurden. Dieser Wert ist deutlich höher als bei den Industrie- bzw. Versicherungsunternehmen. Die deutschen Großbanken (DAX 30) widmen der Beschreibung des Risikomanagements ein Seitenvolumen, welches die Gesamtlänge der Risikoberichte von Industrieunternehmen übersteigt. Die operativen Risiken spielen, wie bereits aus den vorangegangenen Analysen deutlich wird, eine untergeordnete Rolle.

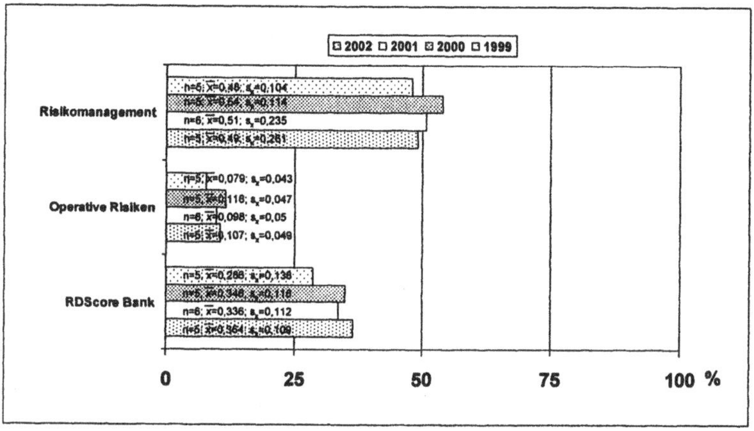

Abb. 5-76: Auslastung des RDScores für Banken.

Wie Tab 5-21 zeigt, blieb die Entwicklung der Struktur des Risikomanagements nahezu unverändert. Es wird deutlich, dass die Kontrolle des Risikomanagements ein größeres Gewicht haben als dessen Identifikation. Dieses Ergebnis ist konsistent zu dem der Industrie- und Versicherungsunternehmen.

	2002	2001	2000	1999
Risikoidentifikation	26,5	27,9	27,8	37,5
Risikokontrolle	73,5	72,1	72,2	62,5
Summe	100	100	100	100

Tab. 5-21: Struktur des Risikomanagements in %.

Die Struktur der bankspezifischen Risiken zeigt auf, dass die Darstellung von Kredit-, Kontrahenten- und Länderrisiken ein vergleichbares Niveau aufweisen (vgl. Tab. 5-22). Lediglich die Risiken aus Anteilsbesitz haben ein geringeres Volumen. Hier zeigt sich ein Verbesserungspotenzial.

	2002	2001	2000	1999
Kreditrisiken	30,5	34,1	38,4	32,3
Kontrahentenrisiken	25,6	23,9	28,8	33,9
Länderrisiken	30,5	29,5	23,3	27,4
Beteiligungsrisiken	13,4	12,5	9,5	6,4
Summe	100	100	100	100

Tab. 5-22: Struktur der Adressatenrisiken in %.

Wie Abb. 5-22 verdeutlicht, zeigte sich selbst bei den Risiken aus Anteilsbesitz eine Auslastung von 24,4 % für das Geschäftsjahr 2002. Für die anderen Adressatenrisiken ergaben sich im selben Betrachtungszeitraum Auslastungsgrade von ca. 50 %. Für die gesamten Adressatenrisiken waren hohe Auslastungsgrade von nahezu 50 % in 2002 zu beobachten.

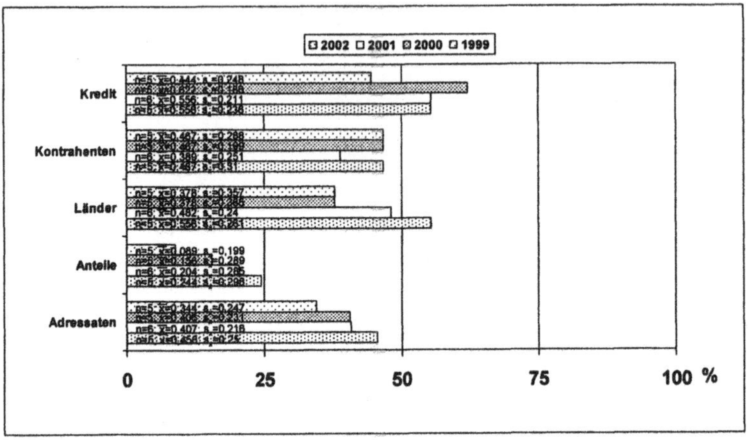

Abb. 5-77: Auslastung der Adressatenrisiken.

Bei den Liquiditätsrisiken dominierten gemäß Tab. 5-23 im Wesentlichen die Zahlungsrisiken. Auffallend ist die gewachsene Bedeutung der Marktrisiken für die Beurteilung der Liquidität und die gesunkene Relevanz der Refinanzierungsrisiken.

	2002	2001	2000	1999
Zahlungsrisiken	59,3	52,9	56,3	57,1
Refinanzierungsrisiken	25,9	35,3	28,1	38,1
Marktrisiken	14,8	11,8	15,6	4,8
Summe	100	100	100	100

Tab. 5-23: Struktur der Liquiditätsrisiken in %.

Analysiert man wiederum die Auslastungsgrade der Liquiditätsrisiken (vgl. Abb. 5-78), so ergeben sich auch hier vergleichsweise hohe Werte. Wie auch schon durch die Strukturanalyse in Tab. 5-24 ersichtlich, sind es die Zahlungsrisiken, die den insgesamt hohen Auslastungsgrad der Liquiditätsrisiken erklären.

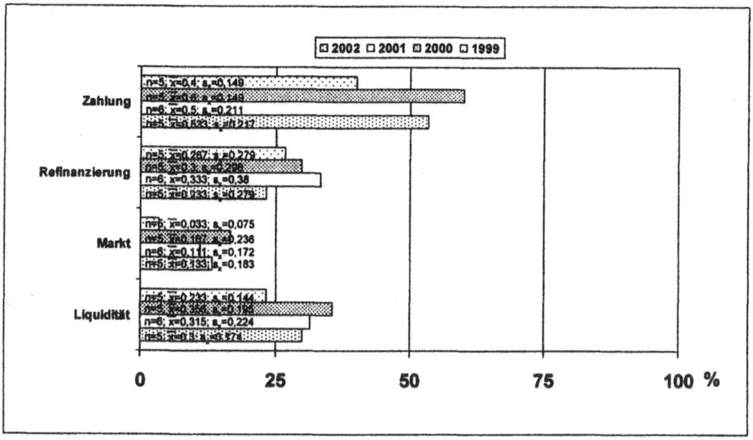

Abb. 5-78: Auslastung der Liquiditätsrisiken.

Als dritter Bestandteil der bankspezifischen Risiken sind noch die Marktpreisrisiken zu berücksichtigen (vgl. Tab. 5-24). Hierbei nehmen die Zins-, Währungs- und Wertpapierrisiken eine besondere Bedeutung ein. Lediglich die reinen Marktpreisrisiken haben eine geringere Bedeutung.

	2002	2001	2000	1999
Zins	32,8	35,1	38,2	32,8
Währung	26,9	24,5	23,7	26,9
Wertpapiere	31,3	28,7	30,3	31,3
Marktpreis	9	11,7	7,8	9
Summe	100	100	100	100

Tab. 5-24: Struktur der Marktrisiken in %.

Ergänzt man die Strukturanalyse um eine Betrachtung der jeweiligen Auslastungsgrade (vgl. Abb. 5-79), so ist ersichtlich, dass insbesondere die Zinsrisiken eine vollständige Auslastung aufweisen. Die Währungs- bzw. Eigenkapitalrisiken zeigten eine ähnliche Auslastung. Dass Marktpreisrisiken eine geringe Bedeutung für die Marktrisiken aufwiesen, bestätigt sich auch bei Betrachtung der entsprechenden Auslastungsgrade.

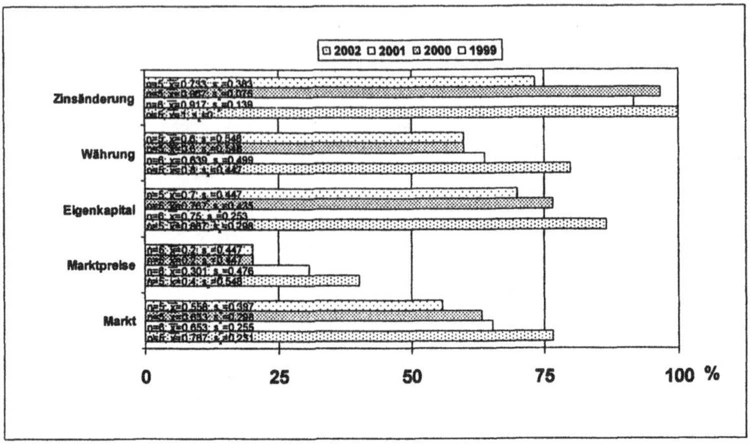

Abb. 5-79: Auslastung der Marktrisiken.

Vergleicht man die strukturelle Ausprägung der bankspezifischen Risiken, so fällt auf, dass die Markt- und Adressatenrisiken eine relative hohe Bedeutung aufweisen (vgl. Tab. 5-25). Insbesondere der Gebrauch quantitativer Bewertungsmethoden fällt in diesem Zusammenhang auf. Die bedingt quantifizierbaren Liquiditätsrisiken spielen eine entsprechend geringere Rolle.

	2002	2001	2000	1999
Adressaten	40,8	40,7	40,3	41,3
Liquidität	13,4	15,7	17,7	14
Markt	45,8	43,6	42	44,7
Summe	100	100	100	100

Tab. 5-25: Struktur der bankspezifischen Risiken in %.

Noch deutlicher wird dies, wenn man die jeweiligen Auslastungsgrade betrachtet (vgl. Abb. 5-80). Es dominiert eindeutig die Auslastung der Marktrisiken. Im Geschäftsjahr 2002 wurden durchschnittlich Werte von über 75 % erreicht. Aber selbst die Liquiditätsrisiken, die eine vergleichsweise geringe Auslastung aufwiesen, zeigten Mittelwerte von über 30 %. Vergleicht man diese Ergebnisse mit denen der Industrie- und Versicherungsunternehmen, so muss konstatiert werden, dass die Banken ihre geschäftsspezifischen Risiken mit Abstand am umfangreichsten darstellen. Hierfür können mehrere Gründe angeführt werden. Zum einen ist die Regulierungsdichte für Banken sehr hoch. Dies ist allerdings auch für Versicherungsunternehmen der Fall. Deshalb müssen hierbei auch zusätzlich die gegenwärtigen Konsultationen zu Basel II berücksichtigt werden.[969] Hier

---

[969] Vgl. Baseler Ausschuss für Bankenaufsicht (2003).

erfolgt eine Abkehr von einer pauschalen zu einer methodisch fundierten Risikohinterlegung. Insbesondere Verfahren wie der VaR, die vor diesem Hintergrund Anwendung finden, führen dazu, dass bankspezifische Risiken standardisiert bewertet werden, sodass auch ein Vergleich zwischen Unternehmen dieser Branche möglich wird. Zum anderen muss auch konstatiert werden, dass gerade für bankspezifische Risiken geeignete Bewertungsmethoden vorliegen. Eine derartige standardisierte, bewertbare Risikostruktur ist bei den meisten Industrieunternehmen so nicht gegeben.[970] Ferner ist der RDScore für Banken so konstruiert, dass die bankspezifischen Risiken nach DRS 5-10 zu erfassen sind. Dieser Standard ist der älteste der drei Verlautbarungen zur Risikoberichterstattung, sodass hier von einem, wenn auch nur einjährigen, Erfahrungsvorteil von Banken ausgegangen werden kann.

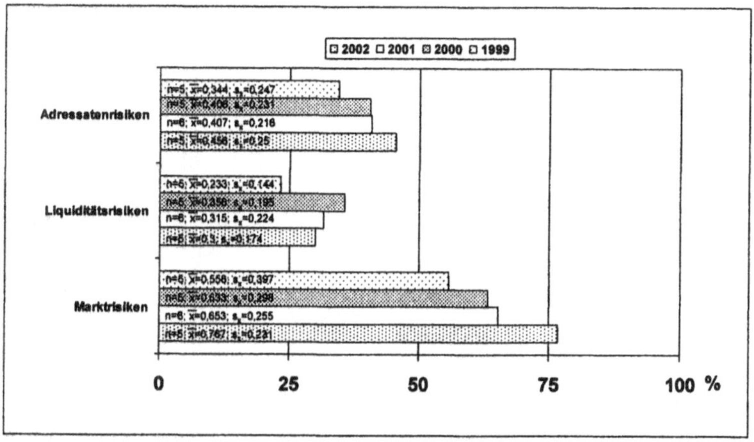

Abb. 5-80: Auslastung der bankspezifischen Risiken.

Die operativen Risiken in Banken werden im Wesentlichen auf Prozessrisiken sowie rechtliche Risiken zurückgeführt (vgl. Tab. 5-26). Eine sinnvolle Interpretation ist in diesem Zusammenhang aber nur begrenzt möglich, da die vergebene Gesamtpunktzahl für diese Risiken vergleichsweise gering ist.

970 Vgl. wiederum E-DRS 5, B3.

	2002	2001	2000	1999
Prozesse	20	24,2	6,1	18,2
Personal/Organisation	6,7	6,1	12,1	-
IT	13,3	12,1	24,2	36,4
Recht	26,7	30,3	21,2	13,6
Politik	-	-	6,1	-
Makroökonomie	10	18,2	21,2	18,2
Währung	-	-	-	-
Sonstige	23,3	9,1	9,1	13,6
Summe	100	100	100	100

Tab. 5-26: Struktur der operativen Risiken in %.

Zusammenfassend werden die Ergebnisse der deskriptiven Analyse des RDScores für Banken dargestellt.

Ergebnis 5-9: Es lässt sich feststellen, dass die Auslastung der RDScores für Banken deutlich höher ist als bei den Industrie- und Versicherungsunternehmen.

Wie bereits bei der Analyse der RDScores für Versicherungsunternehmen vermutet, ist auch beim RDScore für Banken zu beobachten, dass eine detaillierte Regulierung von Informationsinhalten zu besseren Ergebnissen führt, als eine allgemeine Vorgabe von Anforderungen, wie sie im DRS 5 formuliert sind. Somit scheint sich der Schluss, dass detaillierte regulative Vorgaben die Möglichkeiten zur Entstehung von *cheap-talk Gleichgewichten*, wie in Kapitel vier vorgestellt, verringern, zu bestätigen.

Ergebnis 5-10: Hieraus ließe sich dann auch die Konsequenz ableiten, dass weitere verbindliche Vorgaben, bspw. hinsichtlich der Risikokategorisierung oder zu Bewertungsmethoden und -annahmen, zu einer Verbesserung der RDScores für Industrieunternehmen führen könnten.

Bezogen auf das zu Beginn des Kapitels fünf dargestellte Schema der Risikopublizitätslücken konnte bereits nach der Auswertung der Befragung vermutet werden, dass eine Umsetzungslücke seitens der Ersteller der risikoorientierten Unternehmenspublizität vorliegen könnte. Trotz der Verbesserung der RDScores für Industrie-, Versicherungsunternehmen und Banken im Verlauf der Geschäftsjahre 1999 – 2002 sind die Auslastungsgrade nach wie vor auf einem relativ geringen Niveau.

Ergebnis 5-11: Es ist aber davon auszugehen, dass bei Betrachtung der RDScores für alle drei Gruppen von Unternehmen und Berücksichtigung der Ergebnisse der Befragung gegenwärtig noch eine Umsetzungslücke vorliegt, deren Ausmaß unterschiedlich zu beurteilen ist.

5.3 Empirische Untersuchung der Einflussfaktoren auf risikoorientierte Unternehmenspublizität

In den theoretischen Vorüberlegungen (vgl. Kapitel drei und vier) wurde deutlich, dass eine abschließende Beurteilung der Effektivität von risikoorientierter Unternehmenspublizität im Rahmen der gegenwärtigen Modelle nicht möglich ist. Gerade vor diesem Hintergrund erscheint es notwendig, sich darüber Gedanken zu machen, ob sich Einflussfaktoren identifizieren lassen, welche die Verteilung der RDScores erklären, um Hinweise darauf zu bekommen, was die Ersteller veranlassen könnte, in entsprechender Art und Weise über Risiken zu berichten. Zum einen wird die zeitliche Entwicklung der RDScores analysiert. Zum anderen wird nach unternehmensspezifischen Einflussfaktoren auf die Höhe des RDScores gesucht. Bislang wurde lediglich die Zugehörigkeit zum DAX 30 oder MDAX als statistisch signifikanter Einflussfaktor für die Höhe der RDScores für Industrieunternehmen identifiziert.

5.3.1 Analyse der zeitlichen Entwicklung des RDScores

Eine Zeitreihenanalyse im engen Sinne scheidet für den RDScore aus. Dies liegt in dem Umstand begründet, dass der Untersuchungszeitraum lediglich vier Geschäftsjahre umfasst.[971] Für eine Untersuchung möglicher Trendkomponenten ist dieser Zeitraum bedeutend zu kurz, insbesondere wenn man berücksichtigt, dass die risikoorientierte Unternehmenspublizität, die dem RDScore zugrunde liegt, erst mit Beginn des Untersuchungszeitraums 1999 rechtlich bindend zu erstellen war. Eine Zeitreihenanalyse auf Basis von Regressionsmodellen wird aus diesem Grund nicht durchgeführt. Es stellt sich aber sehr wohl die Frage, ob sich für die vier beobachteten Geschäftsjahre signifikant unterschiedliche Verteilungen der RDScores ergeben haben.

Im Folgenden wird die zeitliche Entwicklung der RDScores zwischen 1999 und 2002 hinsichtlich signifikanter Veränderungen untersucht. Aus diesem Grund wird zwischen den RDScores der Geschäftsjahre ein t-Test durchgeführt, um festzustellen, ob sich die Mittelwerte der Stichproben signifikant voneinander unterscheiden. Anschließend wird ein Varianzhomogenitätstest nach Levene durchgeführt.[972] Im Falle der Varianzhomogenität wird zusätzlich noch das Waller-Duncan-Maß berechnet. Mit diesem werden Kombinationen der einzelnen Geschäftsjahre daraufhin verglichen, ob sie

[971] Vgl. Stier, W. (2000), S. 244 ff.
[972] Vgl. Bühl, A./Zöfel, P. (2000), S. 277.

homogen sind.[973] Eine signifikant positive Entwicklung der risikoorientierten Unternehmenspublizität liegt vor, wenn die Mittelwerte der RDScores in jedem Geschäftsjahr signifikant zunehmen und bei Anwendung des Waller-Duncan-Maßes jeweils eine eigenständige Gruppe bilden (vgl. Anhang XVII).

Hinsichtlich des Mittelwertvergleiches ergab sich eine signifikante Abweichung zwischen den Mittelwerten des RDScores für Industrieunternehmen der jeweiligen Geschäftsjahre. Die Hypothese der Varianzhomogenität nach Levene wurde bestätigt. Aufgrund der Varianzhomogenität wurden die homogenen Klassen des RDScores für Industrieunternehmen auf Basis des Waller-Duncan Maßes gebildet.[974] Es ergab sich, dass jedes einzelne Geschäftsjahr eine eigenständige Klasse bildet. Tab. 5-27 gibt die Ergebnisse der deskriptiven Auswertung wieder. Hieraus kann zusätzlich entnommen werden, dass die Mittelwerte der Stichproben nicht nur signifikant voneinander abweichen. Es ist ebenfalls ersichtlich, dass der RDScore für Industrieunternehmen sich positiv entwickelt. Betrachtet man allein das jeweilige Maximum, ist aber zu erkennen, dass dieses im Jahr 2001 größer war im Jahr 2002.

Deskriptive Analyse

RDSCORE

	N	Mittelwert	Standardabweichung	Standardfehler	95% Konfidenzintervall für Mittelwert		Minimum	Maximum
					Untere Grenze	Obere Grenze		
1999	80	14,2625	8,49980	,95031	12,3710	16,1540	1,00	42,00
2000	92	18,7174	8,66003	,90287	16,9239	20,5108	1,00	43,00
2001	90	23,2000	9,55199	1,00687	21,1994	25,2006	3,00	51,00
2002	84	26,2976	9,22252	1,00626	24,2962	28,2990	4,00	48,00
Total	346	20,6936	10,01210	,53825	19,6350	21,7523	1,00	51,00

Tab. 5-27: Deskriptive Auswertung des RDScores nach Geschäftsjahren.

Die Standardabweichung des RDScores hat 2002 erstmals abgenommen. Um eine bessere Aussage über die empirische Verteilung treffen zu können, wird die Schiefe als drittes Verteilungsmoment hinzugezogen werden. Für die Geschäftsjahre 1999 – 2001 ergibt sich jeweils eine linkssteile Verteilung, wobei eine Tendenz zur Symmetrie erkennbar ist (vgl. Anhang IX).

Im Geschäftsjahr 2002 schlägt dieser Trend zu einer rechtssteilen Verteilung um. Hieraus wird ersichtlich, dass die RDScores in den Geschäftsjahren sich tendenziell auf höhere Punktwerte zu bewegen. Aus diesem Grund ist auch der maximale RDScore im Geschäftsjahr 2002 geringer als im

[973] SPSS (2003), S. 3.

[974] Der Waller Duncan t-Test wird im Folgenden mit einem Konfidenzniveau von 95 % durchgeführt.

Vorjahr. Dieser Effekt wird überkompensiert durch die generelle Bewegung der RDScores in Richtung hoher Punktwerte (vgl. Tab. 5-27).

Die grafische Darstellung der Häufigkeitsverteilung sowie die metrische Darstellung der Schiefe der jeweiligen Geschäftsjahre können Anhang IX entnommen werden.

Für die Bedeutung der Zeit als Einflussfaktor auf den RDScore von Industrieunternehmen kann abschließend konstatiert werden, dass hier ein statistisch signifikanter Faktor vorliegt. Die Stärke dieses Bedeutungszusammenhangs, bspw. in Form eines linearen Bestimmtheitsmaßes, kann nicht ermittelt werden, da es sich bei den Datenreihen um sog. Querschnittsdaten handelt, die mathematisch eine Relation zu der unabhängigen Variable Zeit bilden.[975] Durch die deskriptive Analyse des RDScores für Industrieunternehmen konnte bezogen auf die vier Geschäftsjahre zumindest festgestellt werden, dass sich das allgemeine Niveau des RDScore-Mittelwertes erhöht.

Ergebnis 5-12: Der RDScore für Industrieunternehmen hat sich im Verlauf der Geschäftsjahre 1999 – 2002 statistisch signifikant verbessert (vgl. Anhang XVII).

Es ist zu vermuten, dass die Industrieunternehmen seit der rechtlich verpflichtenden Einführung der Risikoberichterstattung im Jahre 1999 Erfahrungen im Umgang mit dieser neuen Publizitätspflicht sammeln mussten. Im Zeitablauf und unterstützt durch die Einführung des DRS 5 führte die Auseinandersetzung mit Inhalten der risikoorientierten Unternehmenspublizität zu besseren Risikoberichten und damit einhergehend zu höheren RDScores. Inwieweit diese Verbesserung ursächlich dem DRS 5 zuzurechnen ist, kann in diesem Zusammenhang nicht ermittelt werden.

5.3.2 Analyse unternehmensspezifischer Einflussfaktoren

Nach der Analyse der zeitlichen Entwicklung des RDScores für Industrieunternehmen wird nun untersucht, ob die Querschnittsdaten eines jeden Geschäftsjahres wesentlich durch unternehmensspezifische Einflussfaktoren beeinflusst worden sind. Hierzu wurden insbesondere Jahresabschluss- und Marktinformationen mittels Datastream, Onvista, BaFin-Datenbanken und eigenständiger Geschäftsberichtsanalysen zusammengetragen. Die Analyse umfasst wiederum die Geschäftsjahre 1999 – 2002.

---

[975] Vgl. Stier, W. (2000), S. 243.

5.3.2.1 Formulierung der Hypothesen

Im Folgenden werden nun zehn Hypothesen aufgestellt, die anschließend auf ihre statistische Haltbarkeit überprüft werden.

Grundlage der Hypothesen bildet jeweils das unraveling-Prinzip (vgl. Kapitel 4.2.1). Die Adressaten der risikoorientierten Unternehmenspublizität nutzen jeweils spezifische Merkmale von Unternehmen, wie z. B. Bilanzrelationen, um Erwartungen hinsichtlich der zukünftigen Unternehmensentwicklung zu bilden. Die Ersteller der risikoorientierten Unternehmenspublizität antizipieren wiederum diese Erwartungsbildung der Adressaten und passen ihre Risikopublizitätsstrategie im Rahmen der gesetzlichen Möglichkeiten an. Somit ist davon auszugehen, dass diese Merkmale einen Einfluss auf den RDScore haben könnten. Es wird folglich in diesem Kapitel nach denjenigen Indikatoren gesucht, die einen unraveling-Prozess für die risikoorientierte Unternehmenspublizität, wie er in Kapitel vier beschrieben worden ist, auslösen.

H_1: Der RDScore ist abhängig von der Unternehmensgröße.

Als Indikatoren für die Unternehmensgröße werden der Umsatz, die durchschnittliche Anzahl der Mitarbeiter, die Bilanzsumme sowie die Marktkapitalisierung überprüft.[976] Die Unternehmensgröße kann zweierlei Wirkungen auf den RDScore haben. Zum einen steigt mit der Unternehmensgröße annahmegemäß die Komplexität der Risikostruktur, sodass es mehr zu publizieren gibt.[977] D. h. unter Vernachlässigung von Informationsasymmetrien kann ein positiver Wirkungszusammenhang zwischen RDScore und Unternehmensgröße vermutet werden. Umso größer und somit komplexer ein Unternehmen, desto einfacher ist es aber auch für das Management, relevante Risikoinformationen zurückzuhalten. Wie bereits in Kapitel vier aufgezeigt, ergeben sich somit Möglichkeiten zur Festlegung einer Risikopublizitätsstrategie durch das Management.[978] Unterstellt man zunächst diese diskretionären Spielräume bei der Ausgestaltung von risikoorientierter Unternehmenspublizität, könnte man vermuten, dass das Management großer Unternehmen einen Anreiz hat möglichst wenig über Risiken der künftigen Entwicklung zu publizieren. Insofern wäre ein geringer RDScore zu erwarten. Falls die Adressaten dieses Verhalten antizipieren, wäre es für das Management großer Unternehmen wiederum sinnvoll mehr über Risiken der künftigen Entwicklung zu publizieren (unraveling-Prinzip). In diesem Fall könnten die unternehmensgrößenabhängigen Möglichkeiten zur Ausgestaltung der Risikopublizitätsstrategie durch das Unternehmensmanagement nivelliert werden.

---

976 Die ersten drei Indikatoren ergeben sich aus den Größenkriterein in § 267 HGB.

977 Vgl. allgemein hierzu Strack, J. (2001), S. 1-2.

978 Vgl. zusätzlich hierzu Beaver, W. H. (1998), S. 84-87.

H_2: Der RDScore ist abhängig von der Performance der Unternehmen.

Als zweite Hypothese wird untersucht, ob der RDScore signifikant von der Unternehmensperformance beeinflusst wird. Die Unternehmensperformance lässt sich zum einen durch absolute zum anderen durch relative Performancekennzahl beschreiben.[979] Durch absolute Performancekennzahlen lässt sich der Zusammenhang zwischen der risikoorientierten Unternehmenspublizität und dem erwirtschafteten Ergebnis einer Periode bestimmen. Als Indikatoren wurden hierbei der Jahresüberschuss, das operative Ergebnis (Jahresüberschuss vor Zinsaufwand, außerordentlichem Ergebnis und Ertragsteuern), der EBITDA (Jahresüberschuss vor Zinsaufwand, Ertragsteuern, außerordentlichem Ergebnis und planmäßigen Abschreibungen) sowie der Cash flow (Jahresüberschuss vor planmäßigen Abschreibungen)[980] herangezogen. Bei der Auswahl der Indikatoren wurde insbesondere darauf geachtet, dass zum einen Ergebnisgrößen herangezogen wurden, die auch für die Berechnung der relativen Performancemaße genutzt werden können. Aus diesem Grund wurden sowohl Ergebnisgrößen vor als auch nach Zinsaufwendungen ermittelt. Zum anderen wurden in der Bilanzanalyse verwendete pro-forma Ergebnisse herangezogen, die durch Eliminierung außerordentlicher Ergebnisse sowie der Eliminierung nicht zahlungswirksamer Abschreibungen eine Verbesserung der Aussagekraft der Ergebnisgröße zu erreichen versuchen.[981]

Relative Performancekennzahlen setzten den erwirtschafteten Überschuss in Beziehung zu dem eingesetzten Kapital. Entsprechend lassen sich Eigenkapital- und Gesamtkapitalrenditen bestimmen. Als Indikatoren für die relative Unternehmensperformance wurden verwendet: die Eigenkapitalrendite auf Basis des Jahresüberschusses (Jahresüberschuss dividiert durch das bilanzielle Eigenkapital), die Eigenkapitalrendite auf Basis des Cash flows (Cash flow dividiert durch das bilanzielle Eigenkapital)[982] sowie die Gesamtkapitalrendite (Operatives Ergebnis dividiert durch die Bilanzsumme). Als weiteres relatives Performancemaß wurde die Umsatzrendite (Jahresüberschuss dividiert durch Umsatzerlöse) herangezogen.[983] Das Produkt aus Umsatzrendite und Kapitalumschlagsgeschwindigkeit (Hypothese H_5) ergibt wiederum die Gesamtkapitalrendite. Durch die Verwendung der Umsatzrendite kann entsprechend ermittelt werden, ob dieses Element der Gesamtkapitalrendite einen Einfluss auf die risikoorientierten Unternehmenspublizität haben könnte. Die Daten zur Berechnung der ab-

[979] Vgl. Helfert, E. A. (1994), S. 101-103.

[980] Vgl. Baetge, J. (1998), S. 592 für eine derartige Cash flow-Definition und deren Verwendung in der Bilanzanalyse.

[981] Vgl. Küting, K./Weber, C.-P. (2001), S. 307-308.

[982] Vgl. Baetge, J. (1998), S. 584.

[983] Vgl. Küting, K./Weber, C.-P. (2001), S. 290 ff. für die Kennzahlendefinitionen.

soluten und relativen Performancekennzahlen stammen aus einer entsprechenden Datastreamabfrage.

Die Idee, die sich hinter dieser Hypothese verbirgt, ist, dass Unternehmen mit einer hohen absoluten bzw. relativen Performance eher geneigt sind, über Risiken der zukünftigen Entwicklung zu berichten, als Unternehmen, deren Performance ohnehin schon schwach ist und bei denen ggf. vermutet werden muss, dass Publizität über Risiken negative Effekte verstärkt. Auch diese Hypothese lässt sich unter Anwendung der Verhaltensannahmen des unraveling-Prinzips begründen. Hierzu ist allerdings notwendig, dass die Adressaten der risikoorientierten Unternehmenspublizität die Unternehmensperformance als Indikator für deren zukünftige Entwicklung ansehen.[984] In diesem Fall könnten die Adressaten die Unternehmensperformance dazu nutzen, die Risikopublizitätsstrategie der Ersteller einzuschätzen. Insofern könnte eine schlechte Unternehmensperformance dazu führen, dass die Ersteller der risikoorientierten Unternehmenspublizität bereit sind, dieses Instrument zu nutzen, um die auf Basis der Unternehmensperformance gebildeten Erwartungen der Adressaten zu relativieren.[985]

H_3: Der RDScore ist abhängig von der Kapitalbindungsdauer der Aktiva.

Eine hohe Kapitalbindung auf der Aktivseite der Bilanz erhöht das Investitionsrisiko. Es könnte vermutet werden, dass der RDScore eines Unternehmens von der Kapitalbindung abhängig ist, da die Bindungsdauer der Aktiva ein Indikator für eine negative zukünftige Unternehmensperformance sein könnte. Die Beziehung zwischen Unternehmensperformance und Kapitalbindung ergibt sich grundlegend aus dem Return on Investment, der sich aus dem Produkt von Kapitalumschlagsgeschwindigkeit und Umsatzrendite ergibt. Bei einer hohen Bindungsdauer der Aktiva verringert sich die Kapitalumschlagsgeschwindigkeit und infolgedessen c. p. der Return on Investment. Auf Basis dieser Vorüberlegungen ist zu erwarten, dass eine hohe Bindungsdauer der Aktiva den bereits in Hypothese H_2 beschriebenen unraveling-Prozess initiiert. Als Indikatoren für die Kapitalbindungsdauer der Aktiva werden die Beschäftigungslage (Umsatz dividiert durch Sachanlagevermögen) sowie die Umschlaggeschwindigkeit der Vorräte (Vorräte dividiert durch Umsatzerlöse) und der Forderungen und sonstigen Vermögensgegenstände verwendet (Forderungen und sonstige Vermögensgegenstände dividiert durch Umsatzerlöse).[986]

H_4: Der RDScore ist abhängig von der Liquidität der Unternehmen.

[984] Vgl. De Bondt, W. F. M./Thaler, R. (1985) sowie De Bondt, W. F. M./Thaler, R. H. (1987) zur Stützung dieser These.

[985] Vgl. Kapitel 4.2.1.

[986] Vgl. Baetge, J. (1998), S. 29-30.

Ein RDScore ist dann höher, wenn ein Unternehmen demonstrieren kann, dass es nicht mit Liquiditätsproblemen konfrontiert ist. Bei drohender Insolvenz wird ein Unternehmen weniger geneigt sein, über die Entwicklung der zukünftigen Risiken zu berichten. Als Indikatoren für diese These dienen die drei statischen Liquiditätsgrade:[987]

$$\text{Liquidität ersten Grades} = \frac{\text{Zahlungsmittelbestand}}{\text{kurzfristiges Fremdkapital}}$$ [988]

$$\text{Liquidität zweiten Grades} = \frac{\text{Zahlungsmittelbestand} + \text{kurzfristige Forderungen}}{\text{kurzfristiges Fremdkapital}}$$

$$\text{Liquidität dritten Grades} = \frac{\text{Umlaufvermögen}}{\text{kurzfristiges Fremdkapital}}$$

Durch die Verwendung dieser statischen Liquiditätskennzahlen können Hinweise darauf gewonnen werden, ob ein Unternehmen den kurzfristigen Liquiditätsbedarf zu dem betrachteten Bilanzstichtag decken kann. Diese statischen Liquiditätskennzahlen geben allerdings nur bedingt Hinweise darauf, ob die Gefahr der Illiquidität droht, da eine Deckung des kurzfristigen Fremdkapitals nicht nur durch kurzfristige Aktiva erfolgen kann sondern auch durch die Aufnahme von Kapital.[989] Das Datenmaterial zur Berechnung dieser Kennzahlen wurde wiederum mittels Datastream generiert. Die theoretische Grundlage für Hypothese H_3 ist identisch mit der von Hypothese H_2.

H_5: Der RDScore ist abhängig von der Verschuldung der Unternehmen.

Je höher der Verschuldungsgrad, umso höher auch die Möglichkeit einer finanziellen Schieflage, die ggf. zu einer Insolvenz führen kann. In diesem Zusammenhang gelten die bereits bei den anderen Hypothesen angestellten Überlegungen. Es ist zu vermuten, dass für den Fall eines hohen Verschuldungsgrades die Neigung der Manager zunimmt, die risikoorientierte Unternehmenspublizität zu nutzen, um die negativen Erwartungen der Adressaten hinsichtlich der zukünftigen Unternehmensentwicklung zu relativieren. Überträgt man derartige Überlegungen auf den RDScore, wäre zunächst zu vermuten, dass hiermit ein höheres Niveau des RDScores einhergehen könnte, da eine ausführliche Publizität unternehmensspezifischer Risiken diese Erwartungsänderung herbeiführen könnte.[990] Als Indikatoren wurden hierbei der statische Verschuldungsgrad (bilanzielles Fremdkapital

[987] Vgl. Küting, K./Weber, C.-P. (2001), S. 123.
[988] Kurzfristigkeit bedeutet in diesem Fall Fälligkeit innerhalb eines Jahres.
[989] Vgl. Küting, K./Weber, C.-P. (2001), S. 123-124.
[990] Vgl. Kapitel 4.2.1.

zu bilanziellem Eigenkapital), die Fremdkapitalquote (bilanzielles Fremdkapital zu Bilanzsumme), die Effektivverschuldung sowie die dynamische Verschuldungsfähigkeit herangezogen. Die Effektivverschuldung wurde wie folgt berechnet:[991]

	bilanzielles Fremdkapital
-	Pensionsrückstellungen
-	liquide Mittel
-	Wertpapiere des Umlaufvermögens
-	kurzfristige Forderungen
=	Effektivverschuldung

Die dynamische Verschuldungsfähigkeit ergibt sich entsprechend als Quotient aus Effektivverschuldung und Cash flow. Bei der Auswahl dieser Indikatoren wurde darauf geachtet, dass es sich um gängige Kennzahlen der Kapitalstrukturanalyse handelt, die in dieser Form Anwendung im Rahmen der Bilanzanalyse finden.[992]

Ferner wurde ein Indikator für die Kapitalbindungsdauer der kurzfristigen Verbindlichkeiten verwendet (kurzfristige Verbindlichkeiten x 360 / Umsatzerlöse).[993] Diese Kennzahl wurde ausgewählt, da sie im Rahmen moderner bilanzanalytischer Methoden eine Relevanz bei der Vorhersage eines Insolvenzrisikos aufweist.[994] Die Informationen zur Berechnung dieser Kennzahlen wurden abermals mittels Datastream generiert.

H_6: Der RDScore ist abhängig von der Finanzierungskraft der Unternehmen.

Auch die Finanzierungskraft eines Unternehmens wird daraufhin untersucht, ob sie geeignet ist, einen unraveling-Prozess auszulösen. Unter der Finanzierungskraft eines Unternehmens ist deren Möglichkeit zur Schuldentilgung durch Selbstfinanzierung zu verstehen.[995] Unternehmen, die eine schwach ausgeprägte Finanzierungskraft ausweisen, könnten wiederum versuchen die risikoorientierte Unternehmenspublizität zu nutzen, um eine Erwartungsbildung der Adressaten auf Basis dieser Kennzahl zu relativieren. Zur Bestimmung der Finanzierungskraft werden verschiedene Indikatoren herangezogen. Allgemein wird die Finanzierungskraft gemessen als Ergebnisgröße zu Fremdkapital.[996] Als Ergebnisgrößen wurden das opera-

---

[991] Vgl. Küting, K./Weber, C.-P. (2001), S. 105 und 138.
[992] Vgl. Küting, K./Weber, C.-P. (2001), S. 103 ff.
[993] Vgl. Baetge, J. (1998), S. 584.
[994] Vgl. Baetge, J. (1998), S. 584.
[995] Vgl. Baetge, J. (1998), S. 584 sowie Perridon, L./Steiner, M. (2002), S. 354 zur Selbstfinanzierung.
[996] Vgl. Baetge, J. (1998), S. 584.

tive Ergebnis, der Jahresüberschuss sowie der Cash flow verwendet. Das Fremdkapital wurde zum einen als Bilanzsumme abzüglich Eigenkapital und zum anderen als Bilanzsumme abzüglich Eigenkapital, langfristigen Verbindlichkeiten und Pensionsrückstellungen definiert.[997] Hieraus ergeben sich sechs Kennzahlen zur Messung der Finanzierungskraft der Unternehmen. Diese Kennzahlen wurden bestimmt, da sie im Rahmen der Prognose zukünftiger Insolvenzrisiken eine besondere Bedeutung aufweisen.[998] Ferner wurde die statische Tragfähigkeit der Zinsverpflichtungen überprüft.[999] Diese ergibt sich als Quotient aus Zinsaufwand und Cash flow. Durch diese Kennzahl wird erhoben, ob die Deckung des Zinsaufwands durch die Selbstfinanzierung gesichert ist. Das Datenmaterial zur Berechnung dieser Indikatoren wurde mit Datastream erhoben.

H_7: Der RDScore ist abhängig von der Beteiligung der Mitarbeiter an den Unternehmen.

In Kapitel vier ist das Modell von *Baiman/Verrecchia* vorgestellt worden, welches den Zusammenhang zwischen der risikoorientierten Unternehmenspublizität und dem Marktwert des Unternehmens aufgezeigt hat. Mit diesem Modell konnte aufgezeigt werden, dass eine Beteiligung des Managements am Unternehmen deren Risikopublizitätsstrategie und somit den RDScore beeinflussen kann.[1000] Die Mitarbeiterbeteiligung wurde aus Geschäftsberichtsangaben zur Anzahl von ausgegebenen Aktienoptionen und anderen Beteiligungsformen abgeleitet. Soweit sich die Mitarbeiterbeteiligung auf Vorstände und Führungskräfte eingrenzen ließ, wurde diese als Mitarbeiterbeteiligung herangezogen, da Vorstände und Führungskräfte einen wesentlichen Einfluss auf die Gestaltung einer Risikopublizitätsstrategie ausüben können. Ein derartiger Einfluss ist bei Mitarbeitern ohne Managementfunktion nicht zu vermuten. Die Anzahl der gewährten Aktienoptionen und anderer Beteiligungsformen wurde in Bezug gesetzt zu den ausgegebenen Aktien am jeweiligen Bilanzstichtag.

H_8: Der RDScore ist abhängig von der Anteilseignerkonzentration.

Das ebenfalls in Kapitel vier diskutierte Modell von *Diamond/Verrecchia* zeigte auf, dass das Vorhandensein eines informierten Händlers Einfluss auf den Marktwert des Unternehmens haben kann.[1001] Umso höher die Anteilseignerkonzentration, desto größer ist deren Fähigkeit einzuschätzen, risikoorientierte Informationen auf anderem Wege als über die risikoorientierte Unternehmenspublizität zu beschaffen. Folglich könnte es sich

[997] Vgl. Baetge, J. (1998), S. 584 sowie Helfert, E. A. (1994), S. 119-120.
[998] Vgl. Baetge, J. (1998), S. 584.
[999] Vgl. Helfert, E. A. (1994), S. 146.
[1000] Vgl. Kapitel 4.2.3.2.
[1001] Vgl. Kapitel 4.2.3.1.

hierbei um informierte Händler handeln. Risikoorientierte Unternehmenspublizität könnte dazu geeignet sein, den Informationsvorsprung dieser Anteilseigner zu begrenzen. Die Anteilseignerkonzentration kann direkt über den Informationsdienst Onvista ermittelt werden. Ergänzend hierzu wurden die Eintragungen zu Stimmrechten in den Datenbanken des BaFin herangezogen.

H_9: Der RDScore ist abhängig von den Eigenkapitalkostensätzen der Unternehmen.

Das Modell von *Diamond/Verrecchia,* welches in Kapitel vier skizziert wurde, beschreibt ebenso die Wirkungen der risikoorientierten Unternehmenspublizität auf die Eigenkapitalkostensätze. Wie aufgezeigt wurde, hat die Wahl der Risikopublizitätsstrategie durch die Ersteller unter gewissen Voraussetzungen eine Wirkung auf die Eigenkapitalkostensätze. Unterstellt man wiederum die Gültigkeit des unraveling-Prinzips, könnten die Ersteller der risikoorientierten Unternehmenspublizität diese Wirkungen antizipieren und ihrerseits die von ihnen gewählte Risikopublizitätsstrategie anpassen. Als Indikator für die Höhe der Eigenkapitalkosten wurde der ß-Faktor herangezogen.[1002] Da die Geschäftsberichte als Kommunikationsmittel für die risikoorientierte Unternehmenspublizität erst mehrere Monate nach dem Bilanzstichtag publiziert werden, wurde nicht der ß-Faktor am Bilanzstichtag sondern fünf Monate nach dem Bilanzstichtag zugrunde gelegt. Die ß-Faktoren wurden wiederum unter Verwendung von Datastream ermittelt.

H_{10}: Der RDScore ist abhängig von den Fremdkapitalkostensätzen der Unternehmen.

Die Überlegungen bezüglich der Eigenkapitalkostensätze, die aufgrund von Informationsasymmetrien entstehen, wurden auf die Fremdkapitalkosten übertragen. Als Indikator für die Fremdkapitalkosten diente der pagatorische Zinsaufwand aus der Gewinn- und Verlustrechnung. Diese Informationen wurden mittels Datastream beschafft.

H_{11}: Der RDScore ist abhängig vom Rating der Unternehmen.

Das Rating ist ein Maß für die erwartete zukünftige Ausfallwahrscheinlichkeit von Fremdkapitaltiteln eines Unternehmens.[1003] Insofern ist auch hier zu vermuten, dass Rating ein Einflussfaktor sein könnte, welcher das Management von Unternehmen dazu veranlassen könnte, die jeweilige Risikopublizitätsstrategie dem Ratingurteil anzupassen. Da eine Ratinghistorie für die Geschäftsjahre 1999 – 2002 bei den Ratingagenturen nicht be-

[1002] Zugrunde gelegt wurde hierbei ein 270-Tage ß-Faktor.
[1003] Vgl. hierzu Kapitel 2.3.2.

schaffbar war, wurden die Ratingangaben in den jeweiligen Geschäftsberichtern herangezogen. Hierbei wurde lediglich das langfristige Rating verwendet. Soweit Ratingurteile über ein Unternehmen von mehreren Agenturen vorlagen, wurde jeweils nur ein Urteil für die empirische Untersuchung herangezogen. Der Auswahl potenziell konkurrierender Ratingurteile wurde folgende Reihenfolge zugrunde gelegt: (1) Standard & Poors, (2) Moody's und (3) Fitch.

5.3.2.2 Signifikanz der Hypothesen

Um diese Hypothesen zu testen, wird in einem ersten Schritt eine bivariate Korrelationsanalyse auf Basis des Pearson-Maßes durchgeführt.[1004] Die Analyse erfolgt hierbei getrennt nach Geschäftsjahren.

Diejenigen Faktoren, die eine signifikante Korrelation mit dem RDScore aufweisen, wurden anschließend in ein lineares Mehrfachregressionsmodell übertragen. Der RDScore fungierte hierbei als abhängige Variable. Diejenigen Indikatoren, deren Einfluss auf den RDScore signifikant war, wurden als unabhängige Variablen einbezogen (vgl. Anhang XVIII).

Das Regressionsmodell wurde unter Verwendung der *schrittweisen* Einbeziehung von unabhängigen Variablen konstruiert. Hierdurch werden auf Basis der partiellen Korrelationen diejenigen Variablen eliminiert, die bereits durch andere Variablen erklärt worden sind. Durch diese Vorgehensweise wird sichergestellt, dass auch Abhängigkeiten zwischen den einzelnen Hypothesen sowie den einzelnen Indikatoren berücksichtigt werden. Diese werden folglich nicht einzeln sondern kumulativ überprüft. Für alle Geschäftsjahre 1999 - 2001 konnte auf Basis dieser Vorgehensweise ein einzelner Faktor als erklärend identifiziert werden. Das Ergebnis wird in Tab. 5-28 aufgezeigt. In der vollständigen kumulativen Analyse der signifikanten unabhängigen Variablen zeigt sich für das Geschäftsjahr 2002, dass ein lineares Regressionsmodell mit den unabhängigen Variablen:

- Umschlagsgeschwindigkeit von Forderungen aus Lieferungen und Leistungen sowie den sonstigen Vermögensgegenständen (Forderungsumschlag) und
- Umsatzerlöse

einen höheren Erklärungsbeitrag liefert als die alleinige unabhängige Variable Umsatzerlöse. Das Bestimmtheitsmaß dieses Modells beträgt $r^2 = 0{,}254$ (vgl. Anhang XVIII für die bivariaten Korrelationen sowie die hieraus berechneten Regressionsmodelle).

[1004] Vgl. Bühl, A./Zöfel, P. (2000), S. 488.

	2002	2001	2000	1999
Einflussfaktoren	Umsatzerlöse	Anzahl Mitarbeiter	Umsatzerlöse	Operatives Ergebnis
	Forderungsumschlag	Bilanzsumme	-	-
Bestimmtheitsmaß	0,254	0,157	0,157	0,165
Korrigiertes Bestimmtheitsmaß	0,231	0,131	0,145	0,152
Pearson-Korrelation	0,504	0,397	0,397	0,406

Tab. 5-28: Bestimmtheitsmaße aus schrittweiser, linearer Regression.

Für die Geschäftsjahre 2001 und 2000 ist die Hypothese H_1 anzunehmen, wohingegen alle anderen Hypothesen verworfen werden müssen. Aus den Korrelationen der Regressionsmodelle ist ersichtlich, dass die Indikatoren für die Unternehmensgröße im Zeitablauf schwanken.

Für die Geschäftsjahre 2000 und 2002 bilden die Umsatzerlöse den geeignetsten Indikator für die Unternehmensgröße, wohingegen im Geschäftsjahr 2001 eine Kombination aus Anzahl der Mitarbeiter und Bilanzsumme den höchsten Erklärungsbeitrag für die RDScores liefert.

Für das Geschäftsjahr 1999 müsste zunächst die Hypothese H_2 angenommen werden. Die anderen Hypothesen sind zu verwerfen.

Die Annahme von H_2 im Geschäftsjahr 1999 könnte allerdings ebenfalls implizieren, dass das operative Ergebnis lediglich ein geeigneter Indikator für die Unternehmensperformance ist. Da man grundsätzlich auch von der Hypothese ausgehen kann, dass das operative Ergebnis durch die Unternehmensgröße determiniert wird, wurde zusätzlich eine partielle Korrelation zwischen dem RDScore und dem operativen Ergebnis 1999 ermittelt, wobei die Umsatzerlöse als Kontrollvariable für die Unternehmensgröße fungiert haben. Hiernach scheint das operative Ergebnis ebenfalls als ein Indikator für die Unternehmensgröße zu fungieren (vgl. partielle Korrelation in Anhang XVIII). Für die Regression zeigt sich lediglich, dass das operative Ergebnis 1999 ein besserer Indikator für die Unternehmensgröße war als die Umsatzerlöse. In den Folgeperioden 2000 und 2001 weisen die Indikatoren für die Unternehmensgröße jeweils den höchsten Erklärungsbeitrag hinsichtlich der Entwicklung des RDScores auf. Die Korrelation zwischen dem RDScore und der Unternehmensgröße ist hierbei positiv. Mit anderen Worten verbessert sich der RDScore mit zunehmender Unternehmensgröße. Bezogen auf die theoretischen Grundlagen der Hypothese H_1 bedeutet dies, dass die Adressaten mit der Unternehmensgröße eine höhere Komplexität des Unternehmens assoziieren. Aus diesem Grund vermuten sie, dass ihnen relevante Informationen der risikoorientierten Unternehmenspublizität vorenthalten werden. Diese Erwartung wird von den Erstellern vorhergesehen. Da diese Sanktionen der Adressaten befürchten müssen, nutzen sie die risikoorientierte Unternehmenspublizität zur Relativierung der Erwartungen der Adressaten.

Die anderen Einflussfaktoren und somit die Hypothesen zwei bis zehn sind in dieser kumulativen Gesamtbetrachtung als nicht signifikant zu verwerfen.[1005]

Ein etwas anderes Bild ergibt sich für das Geschäftsjahr 2002. Neben der Hypothese H_1 muss auch die Hypothese H_3 als statistisch signifikant angesehen werden. Für die Umsatzerlöse als Indikator für die Unternehmensgröße ist wiederum eine positive Korrelation mit dem RDScore für Industrieunternehmen zu erkennen. Für die Umschlagshäufigkeit der Forderungen und sonstigen Vermögensgegenstände bezogen auf die Umsatzerlöse ergibt sich eine negative Korrelation mit dem RDScore für Industrieunternehmen. Folglich steigt der RDScore, wenn die Umschlaggeschwindigkeit von Forderungen und sonstigen Vermögensgegenständen sinkt. Somit ist auch Hypothese H_3 anzunehmen. Die Umschlaggeschwindigkeit von Forderungen und sonstigen Vermögensgegenständen wird von den Adressaten als wichtiges Element der Kapitalumschlaggeschwindigkeit angesehen. Infolgedessen könnte dieser Indikator wiederum einen unraveling-Prozess auslösen.

Die verbleibenden Hypothesen H_4 – H_{11} sind entsprechend in allen Geschäftsjahren abzulehnen.

Zusammenfassend ergibt sich:

Ergebnis 5-13: Der RDScore für Industrieunternehmen ist für die Geschäftsjahre 1999 - 2002 jeweils abhängig von der Unternehmensgröße. Im Geschäftsjahr 2002 kommt zusätzlich noch die Kapitalumschlagsgeschwindigkeit hinzu. Diese Einflussgrößen sind in der Lage, einen unraveling-Prozess hinsichtlich der risikoorientierten Unternehmenspublizität zu initiieren.

Der *statistische Erklärungsbeitrag*, welcher hierbei der Unternehmensgröße zukommt, ist dabei sehr hoch. Für die Unternehmensgröße konnten Bestimmtheitsmaße von 14 % in 1999 bis 18,5 % (25,4 % abzüglich des Erklärungsbeitrages der Umschlagsgeschwindigkeit von Forderungen und sonstigen Vermögensgegenständen; vgl. Anhang XVIII) für das Geschäftsjahr 2002 festgestellt werden. Dies bedeutet, dass eine Pearson-Korrelation r von 43 % (50,4 % für beide Einflussfaktoren des Geschäftsjahres 2002) vorliegt.

[1005] Hierbei wird bereits der jeweilige Korrekturfaktor der partiellen Korrelation berücksichtigt. Vgl. hierzu Bühl, A./Zöfel, P. (2000), S. 323.

Ergebnis 5-14: Bedeutsam scheint in diesem Zusammenhang, dass diejenigen Hypothesen, die in einen Zusammenhang mit einer Gefährdung des Unternehmens gebracht werden könnten,[1006] wie die Entwicklung der Unternehmensperformance, der Liquidität, der Verschuldung und der Finanzierungskraft, keinen Zusammenhang zum RDScore aufweisen.[1007]

Zukünftig zu untersuchen wäre, ob sich das Ergebnis 5-8 auch noch herleiten lässt, wenn ein deutlich längerer Beobachtungsszeitraum vorliegt.

Ergebnis 5-15: Der RDScore ist ebenfalls unabhängig von der Anteilseignerkonzentration sowie der Managementbeteiligung am Unternehmen.

Auch dieses Ergebnis ist bedeutend, da in der Befragung identifiziert werden konnte, dass zumindest die Adressaten einen gewissen Einfluss der Anteilseignerkonzentration auf die risikoorientierte Unternehmenspublizität vermuten. Bezogen auf den RDScore ist dieser aber nicht feststellbar.

5.4 Zusammenfassung der Ergebnisse der empirischen Untersuchung

Ziel dieser empirischen Analysen war es, die mess- und wirkungstheoretischen Erkenntnisse der Kapitel drei und vier empirisch zu untermauern. Die Ausgestaltungswünsche der Adressaten (Messtheorie) der risikoorientierten Unternehmenspublizität wurden mittels der Befragung untersucht. Diesen wurden die Ausgestaltungswünsche der Ersteller gegenübergestellt, um identifizieren zu können, ob sich eine Übereinstimmungslücke hinsichtlich der Bedeutung einzelner Inhalte der risikoorientierten Unternehmenspublizität aufzeigen lässt. Ferner wurde die risikoorientierte Unternehmenspublizität der DAX 100-Unternehmen für die Geschäftsjahre 1999 – 2002 untersucht, um festzustellen, ob seitens der Ersteller der risikoorientierten Unternehmenspublizität eine Umsetzungslücke vorliegt. In Kapitel vier wurde mit den cheap-talk Gleichgewichten ein Erklärungsansatz für derartige Umsetzungslücken vorgestellt (Wirkungstheorie). In Kapitel vier wurde dargestellt, dass die Ausgestaltung der risikoorientierten Unternehmenspublizität eine Wirkung auf die Beziehung zwischen Adressaten und Erstellern ausüben kann. Es bedarf allerdings einer empirischen Untersuchung, um feststellen zu können, welche Faktoren Einfluss auf die Ausgestaltung der risikoorientierte Unternehmenspublizität haben. Infolgedessen wurden Hypothesen für entsprechende Einflussfaktoren aufge-

[1006] Vgl. Winnefeld, R. (2002), N Tz. 940 ff.

[1007] Mit Ausnahme der Umschlaggeschwindigkeit von Forderungen und sonstigen Vermögens-gegenständen.

stellt und statistisch getestet. Die wesentlichen Ergebnisse werden nochmals kurz zusammengefasst.

1. Es konnte festgestellt werden, dass keine Übereinstimmungslücke zwischen den Adressaten und Erstellern hinsichtlich der gewünschten Inhalte risikoorientierte Unternehmenspublizität vorliegt.

2. Bei der Auswertung der risikoorientierten Unternehmenspublizität der DAX 100-Unternehmen für die Geschäftsjahre 1999 – 2002 konnte aufgezeigt werden, dass die Informationswünsche der Adressaten, wie sie aus der Befragung abzuleiten waren, nur ansatzweise in den Geschäftsberichten umgesetzt wurden, da hier zumeist unpräzise, nicht verifizierbare Informationen vorlagen. Insoweit scheint eine Umsetzungslücke seitens der Ersteller für die risikoorientierte Unternehmenspublizität vorzuliegen.

3. Durch die Befragung (Frage 2.6) wurde ersichtlich, dass die Adressaten und Ersteller Vor- und Nachteile der risikoorientierten Unternehmenspublizität gegenüber einzelnen Interessengruppen vermuten. Derartige Interessenkonflikte sind eine Grundvoraussetzung für cheap-talk Gleichgewichte. Zusammen mit den unpräzisen, nicht verifizierbaren Informationen der risikoorientierten Unternehmenspublizität in den Geschäftsberichten ist zu vermuten, dass ein cheap-talk vorliegt. Die risikoorientierte Unternehmenspublizität der Banken und Versicherungsunternehmen war aufgrund regulativer Vorgaben in diesen Branchen i. d. R. umfangreicher als bei Industrieunternehmen.

4. Durch eine einfache Zeitreihenanalyse konnte identifiziert werden, dass die RDScores für Industrieunternehmen sich im Beobachtungszeitraum statistisch signifikant verbessert haben.

5. Ferner wurde deutlich, dass die Unternehmensgröße der maßgebliche Einflussfaktor für die relative Qualität der risikoorientierten Unternehmenspublizität ist. Dies kann mit dem bereits in Kapitel vier vorgestellten unraveling-Prozess erklärt werden. Somit war auch kein Zusammenhang der RDScores für Industrieunternehmen mit denjenigen Einflussfaktoren erkennbar, die auf Unternehmenskrisen hinweisen könnten, wie z. B. die Entwicklung der Unternehmensperformance, der Liquidität, der Verschuldung und der Finanzierungskraft. Der RDScore ist des Weiteren unabhängig von der Anteilseignerkonzentration sowie der Mitarbeiterbeteiligung am Unternehmen.

6 Schlussbemerkung

Die vorliegende Arbeit befasste sich mit einer bilanztheoretischen Analyse und empirischen Untersuchung der risikoorientierten Unternehmenspublizität. Diese wurde zum einen messtheoretisch, d. h. hinsichtlich einer zweckadäquaten Ausgestaltung und zum anderen wirkungstheoretisch, d. h. hinsichtlich der Auswirkungen risikoorientierter Unternehmenspublizität auf die asymmetrische Informationsverteilung zwischen Erstellern und Adressaten untersucht.

Die Messtheorien stehen im Vordergrund der bislang in Deutschland angestellten Untersuchungen zur risikoorientierten Unternehmenspublizität. Hierbei liegt der Fokus auf dem durch das KonTraG geschaffenen Risikobericht als Pflichtbestandteil der Lageberichterstattung. Dieser war ebenfalls Gegenstand dieser Arbeit und wurde im Folgenden unter die explizite Risikoorientierung subsumiert. Um die risikoorientierte Unternehmenspublizität messtheoretisch würdigen zu können, muss berücksichtigt werden, dass Risiken zukünftiger Entwicklungen sich auch in den Ansatz-, Bewertungs- und Ausweisvorschriften von Rechnungslegungsverfassungen widerspiegeln können. Es wurde somit ebenfalls untersucht, wie diese, als implizite Risikoorientierung bezeichneten, Informationen ausgestaltet sind und inwieweit es zu Widersprüchen zwischen impliziter und expliziter Risikoorientierung kommen kann.

Die Messtheorien beschäftigen sich mit der Frage, welche Ausgestaltung Unternehmenspublizität annehmen muss, um die Informationsbedürfnisse der Adressaten zu befriedigen. Nicht problematisiert wird hingegen, welche Wirkungen von einer bestehenden Ausgestaltung von risikoorientierter Unternehmenspublizität auf das Unternehmen einerseits und Informationsinteressenten andererseits ausgehen. Dieser Aspekt wird im Rahmen der Wirkungstheorien aufgegriffen.

Ausgestaltung und Wirkung risikoorientierter Unternehmenspublizität sind interdependente Probleme. Eine reine Fokussierung auf die Ausgestaltung der risikoorientierten Unternehmenspublizität ist somit für deren Beurteilung nicht sinnvoll. Aus diesem Grund wurden im Rahmen der vorliegenden Arbeit sowohl mess- als auch wirkungstheoretische Aspekte der risikoorientierten Unternehmenspublizität untersucht.

In *Kapitel zwei* wurde das Ziel verfolgt, zu klären, was die risikoorientierte Unternehmenspublizität inhaltlich darstellt. Hierzu wurde Unternehmenspublizität als eine Informationsgewährung an einen unbestimmten, offenen Adressatenkreis definiert.

Auf Basis dieser Definition wurden die gesetzlichen und freiwilligen Instrumente der Informationsgewährung in Deutschland daraufhin untersucht, ob sie Unternehmenspublizität im Sinne obiger Definition darstellen. Weiterhin wurden die Instrumente gegeneinander abgewogen, um zu identifizieren, ob es Instrumente der Informationsgewährung gibt, die nicht hinsichtlich ihrer Risikoorientierung untersucht werden müssen, da sie bereits von anderen Instrumenten dominiert werden. Es konnte aufgezeigt werden, dass es einen trade-off zwischen Aktualität und Umfang der Unternehmenspublizität gibt. Vor diesem Hintergrund wurde die regelmäßige handels- und gesellschaftsrechtliche Publizität als dominant identifiziert.

Nach der Abgrenzung der zu untersuchenden Unternehmenspublizität wurde der entscheidungstheoretische Risikobegriff analysiert, um Prämissen herzuleiten, denen eine risikoorientierte Unternehmenspublizität unterliegt. Es konnte festgestellt werden, dass es kein einheitliches Risikoverständnis in der Entscheidungstheorie gibt. Es gibt lediglich einen Konsens über die konstituierenden Merkmale einer Entscheidungssituation. Diese sind die erwarteten Umweltzustände, deren Eintrittswahrscheinlichkeiten sowie die Handlungsalternativen.

Um herzuleiten, welcher Risikobegriff einer messtheoretischen Untersuchung risikoorientierter Unternehmenspublizität zugrunde liegt, muss festgestellt werden, wie Risiken in der Unternehmenspublizität abgebildet werden. Die risikoorientierte Unternehmenspublizität spiegelt sich sowohl *implizit* in bilanziellen Ansatz-, Ausweis- und Bewertungsvorschriften als auch *explizit* in den narrativen Publizitätsinstrumenten wider. Aufgrund der normierten Bezugsobjekte der impliziten Risikoorientierung im Gegensatz zu den weitergehenden Abbildungsfreiheiten der expliziten Risikoorientierung ist davon auszugehen, dass der risikoorientierten Unternehmenspublizität unterschiedliche Risikodefinitionen zugrunde liegen.

Die implizite und explizite Risikoorientierung sind lediglich Abbildungsregeln für Risiken. Um festzustellen, welche Risiken von den Unternehmen abzubilden sind, muss ein Risikomanagement implementiert sein. Aus diesem Grund wurde abschließend der Risikomanagementprozess erläutert. Ferner wurden Risikokategorien dargestellt.

Im *Kapitel drei* wurden Anforderungen an eine messtheoretische Analyse der risikoorientierten Unternehmenspublizität formuliert. Zunächst wurde der Entscheidungsbezug von risikoorientierter Unternehmenspublizität aufgearbeitet. Die Funktion der risikoorientierten Unternehmenspublizität im Entscheidungsprozess des Adressaten ist die Schaffung von Transparenz. Diese ist ein dynamischer Prozess und nicht ein zu erreichender Zustand. Im Anschluss wurde untersucht, inwieweit risikoorientierte Unternehmenspublizität eine effiziente Entscheidungsfindung von Adressaten gewährleisten kann. Das Entscheidungsfeld der Adressaten ist gekennzeichnet durch Strukturdefekte. Risikoorientierte Unternehmenspublizität kann nur dann hinsichtlich ihrer Effizienz beurteilt werden, wenn sich die Strukturdefekte beseitigen lassen. Als ein bedeutsamer Strukturdefekt wurden die Zielsetzungsdefekte identifiziert. Die risikoorientierte Unternehmenspublizität wird von einer Vielzahl an Informationsinteressenten begleitet. Homogene Informationsinteressen sind nicht herleitbar. Somit kann ein unmittelbarer Entscheidungsbezug von risikoorientierter Unternehmenspublizität nicht abgeleitet werden. Um zumindest einen mittelbaren Entscheidungsbezug herstellen zu können, sind Zwecksysteme der Unternehmenspublizität heranzuziehen. Es obliegt somit einem Regulierer, sei es eine staatliche Behörde oder eine privatrechtliche Institution, ein konsistentes Zwecksystem der (risikoorientierten) Unternehmenspublizität vorgeben zu müssen, von welchem vermutet wird, dass es einen Entscheidungsbezug für die Adressaten aufweist. Die Effizienz risikoorientierter Unternehmenspublizität kann somit nicht beurteilt werden. Eine messtheoretische Analyse der risikoorientierten Unternehmenspublizität ist hinsichtlich der Zweckadäquanz durchzuführen.

Im Vorfeld der Untersuchung der Zweckadäquanz wurden zweckunabhängige Ausgestaltungsmöglichkeiten diskutiert, um ein Beurteilungsschema für die zweckabhängige Untersuchung ableiten zu können. Die implizite Risikoorientierung wurde hinsichtlich der Messhypothesen des Ansatzes und der Bewertung beurteilt. Um die implizite Risikoorientierung des bilanziellen Ansatzes untersuchen zu können, wurden die Ansatzhypothesen der Aktivierung und Passivierung analysiert.

Die bilanzielle Bewertung kann ein- bzw. mehrwertig erfolgen. Eine einwertige, bilanzielle Bewertung kann Risiken nur durch Typisierungen abbilden, da auf Wahrscheinlichkeitsfunktionen beruhende Risikokorrekturen der Bewertungsansätze eine zu hohe Komplexität aufweisen. Typisierte, einwertige Bewertungsmethoden allokieren Risiken mittels heuristischer Annahmen auf Vermögensgegenstände und Schulden. Eine verursachungsgerechte Zuordnung ist aus diesem Grund nicht zwangsläufig gewährleistet. Eine mehrwertige bilanzielle Bewertungsmethodik ist ebenfalls zu komplex. Die implizite Risikoorientierung ist folglich mittels einwertiger, typisierter Risikokorrekturen abzubilden.

Anschließend wurde die explizite Risikoorientierung untersucht, um Kriterien herzuleiten, die zweckabhängige Ausgestaltung der expliziten Risikoorientierung zu beurteilen. Die explizite Risikoorientierung soll die Nachteile der objektivierten impliziten Risikoorientierung kompensieren. Um der Ausgestaltung der expliziten Risikoorientierung einen Rahmen zu geben, wurde vorgeschlagen, diese am Risikomanagementprozess eines Unternehmens auszurichten.

Beurteilt man abschließend die Merkmale sowohl der impliziten als auch der expliziten Risikoorientierung, lassen sich grundsätzlich zwei unterschiedliche Risikodefinitionen identifizieren. Bei der impliziten Risikoorientierung ist diese geprägt durch Typisierungen und Objektivierungen. Die Risikodefinition, die sich aus der Ausgestaltung der expliziten Risikoorientierung ergibt, ist hingegen entobjektiviert.

Anschließend wurde der Frage nachgegangen, wie die gegenwärtige und eine mögliche zukünftige Ausgestaltung der risikoorientierten Unternehmenspublizität vor dem Hintergrund der jeweiligen Zwecksysteme zu bewerten ist.

Als Erstes konnte festgestellt werden, dass sich das adressatenspezifische Risiko nicht hinreichend operationalisieren lässt. Die Informationsinteressen innerhalb und zwischen den Adressaten sind nicht notgedrungen deckungsgleich. Publizität steht somit in der Pflicht, eine Abwägung zwischen den einzelnen Informationsinteressen vornehmen zu müssen. Lediglich das HGB nimmt eine entsprechende Gewichtung der Informationsinteressen vor. Die Einkommensbemessungsfunktion des HGB ist geprägt durch das Gläubigerschutzprinzip, welches im Wege der Gewinnverkürzung der Schutzfunktion gegenüber den Gläubigern nachzukommen versucht. Die internationalen Rechnungslegungsverfassungen verfolgen lediglich informatorische Zwecksetzungen. Eine Gewichtung einzelner Zwecke wird nicht näher begründet, sondern als Annahme formuliert. Dies bedeutet, dass die Informationsinteressen der Kapitalgeber in den Vordergrund gestellt werden. Gleichzeitig wird aber die Auffassung vertreten, dass die Informationsinteressen der anderen Adressaten durch eine derartige Fokussierung weitestgehend erfüllt werden. Eine Risikoorientierung durch Gewinnverkürzung ist diesen Rechnungslegungsverfassungen weitestgehend fremd. Aufgrund der mangelnden Operationalisierbarkeit der Informationsinteressen der Adressaten werden Informationen vielfach so aufbereitet, dass sie der Managementsicht auf das Unternehmen entsprechen. Hierdurch wird nicht automatisch erreicht, dass die Informationsinteressenten diejenigen Informationen bekommen, die für sie unmittelbar entscheidungsrelevant sind. Allerdings wird versucht, die Informationen so aufzubereiten, dass die Stakeholder in der Lage sind, die Entscheidungen des Managements nachzuvollziehen und dessen zukünftige Einschätzungen kennen zu lernen.

Im Anschluss an die zwecksystemabhängige Operationalisierungsdiskussion wurde die implizite Risikodefinition untersucht. Es konnte festgestellt werden, dass sich die Risikodefinition zwischen den internationalen Rechnungslegungsverfassungen, IAS/IFRS und US-GAAP, einerseits und HGB andererseits unterscheidet. Verursacher dieser Differenz ist wiederum die handelsrechtliche Gewinnverkürzung. Auch die Abgrenzungen für das explizite Risiko nach US-GAAP und HGB sind nur bedingt miteinander zu vergleichen. Während das

HGB bewusst auf zukunftsbezogene Risiken abstellt, sind in den US-GAAP vorwiegend die aus der Vergangenheit ableitbaren Risikotrends zu zeigen.

Es konnte aufgezeigt werden, dass die implizite Risikoorientierung geprägt ist durch Objektivierungen und Typisierungen. Dies gilt nicht nur für die implizite Risikoorientierung nach HGB sondern auch für die nach IAS/IFRS und US-GAAP. Die explizite Risikoorientierung ist hingegen weitestgehend frei von Objektivierungsregeln. Die gegenwärtige Ausgestaltung der expliziten Risikoorientierung setzt sich allerdings nur unzureichend mit den Informationsbedürfnissen der Adressaten auseinander. Insbesondere die Zielsetzung des DRS 5 wird nicht deutlich. Da, wie aufgezeigt wurde, eine Effizienz der Regelungen der expliziten Risikoorientierung nicht festgestellt werden kann, können Aussagen über eine Eignung dieser Regelungen nur empirisch erhoben werden.

Ziel der wirkungstheoretischen Analyse des *vierten Kapitels* war es, aufzuzeigen, inwieweit die risikoorientierte Unternehmenspublizität deren Adressaten und Erstellern einen Nutzen bringen kann.

Zunächst wurden die Wirkungen risikoorientierter Unternehmenspublizität auf einzelne Adressaten untersucht. Dies erfolgte mit dem Ziel zu problematisieren, unter welchen Voraussetzungen die Informationen der risikoorientierten Unternehmenspublizität von den Adressaten in eine vollständige (transitive) Ordnung gebracht werden können. Es konnte durch Anwendung des Feinheitstheorems aufgezeigt werden, dass die risikoorientierte Unternehmenspublizität von den Adressaten nur dann vollständig geordnet werden kann, wenn die Risikoorientierung von HGB, IAS/IFRS und US-GAAP sich hinsichtlich der Feinheit ordnen lässt. Wie in Kapitel drei aufgezeigt wurde, ist dies nicht möglich, sodass die Adressaten nicht in der Lage sind, die risikoorientierte Unternehmenspublizität hinsichtlich ihrer Vorziehenswürdigkeit zu ordnen. Ferner konnte aufgezeigt werden, dass das wünschenswerte Ausmaß der Einführung bzw. Ausweitung der risikoorientierten Unternehmenspublizität nach den genannten Rechnungslegungsverfassungen nur dann durch einen Vergleich von Grenznutzen und -kosten möglich ist, wenn diese voneinander separierbar sind. Dass dem nicht so ist, wurde anhand von Beispielen erläutert.

Anschließend wurde der Untersuchungsgegenstand auf mehrere Entscheidungsträger ausgeweitet, d. h., dass neben den Adressaten nun auch die Ersteller der risikoorientierten Unternehmenspublizität in die Wirkungsanalyse einbezogen wurden. Grundlegend hierfür ist das unraveling-Prinzip, da es, auf Basis der Annahme asymmetrischer Informationsverteilung zwischen Adressaten und Erstellern, aufzeigt, welche Wirkungen hiervon auf diese beiden Gruppen ausgehen. Es konnte demonstriert werden, dass Ersteller ein Interesse daran haben, einer risikoorientierten Unternehmenspublizität nachzukommen, da sie davon ausgehen müssen, dass die Adressaten anderenfalls Schätzungen über diese anstellen. Zum einen wurde untersucht, welche Wirkungen von risikoorientierter Unternehmenspublizität zu erwarten sind, wenn diese von den Adressaten nicht verifiziert werden kann. Dass die Verifizierbarkeit der risikoorientierten Unternehmenspublizität Beschränkungen unterliegt, konnte bereits in Kapitel drei aufgezeigt werden. Durch die Anwendung von cheap-talk Gleichgewichten auf diese Problematik konnte identifiziert werden, dass fehlende Verifizierbarkeit der risikoorientierten Unternehmenspublizität von Unternehmen beabsichtigt wird, wenn sie mit konfligierenden Zielsetzungen der Adressaten konfrontiert werden. Für die Adressaten resultiert hieraus die Konsequenz, dass den Informationen der risikoorientierten Unternehmenspublizität nur teilweise Glauben geschenkt wird.

Ferner wurde untersucht, ob von der Gestaltung der risikoorientierten Unternehmenspublizität durch die Ersteller Wirkungen auf die Adressaten ausgehen. Diese ergeben sich hierbei auf den Marktwert des Unternehmens, wobei von der Annahme ausgegangen wird, dass eine Ausweitung der Unternehmenspublizität um risikoorientierte Informationen eine Änderung von Kapitalkostensätzen bzw. des erwarteten freien Cash flows bewirken kann. Hierzu wurde ein Modell von *Jorgensen/Kirschenheiter* vorgestellt, welches sich mit der Wirkung risikoorientierter Unternehmenspublizität auf den Marktwert des Unternehmens auseinander setzt. Es konnte aufgezeigt werden, dass eine eindeutige Wirkung risikoorientierter Unternehmenspublizität auf den Marktwert des Unternehmens nur unter sehr restriktiven Annahmen hergeleitet werden kann. Hebt man einige dieser Annahmen auf, ist zu erkennen, dass von einer eindeutigen Wirkung nicht ausgegangen werden kann.

Abschließend wurde die risikoorientierte Unternehmenspublizität vor dem Hintergrund der Regulierung untersucht. Zuvor wurde unterstellt, dass Entscheidungsträger einen Wahlakt zwischen angebotenen Informationssystemen ausüben können. Diese Wahlentscheidung ist allerdings in der Realität durch regulative Vorgaben stark eingeschränkt. Eine derartige Einschränkung ist auch für die risikoorientierte Unternehmenspublizität gegeben, da sie zum einen als Rechtsbegriff handelsrechtlich kodifiziert und zum anderen durch den DRS 5 konkretisiert ist. Im Rahmen der Regulierungstheorie wurden Ansätze vorgestellt, die aufzeigen, warum risikoorientierte Unternehmenspublizität rechtlich implementiert worden sein könnte. Es wurde demonstriert, dass Regulierung einen wesentlichen Einfluss auf die ökonomischen Wirkungen risikoorientierter Unternehmenspublizität haben kann. Hieraus wurde deutlich, dass diese letztlich eine ordnungspolitische Funktion hat, die Schwächen der Unternehmenspublizität zu vermindern. Diese Funktion risikoorientierter Unternehmenspublizität ist somit aber nicht Gegenstand marktlicher Koordination sondern eine normative Vorgabe des Gesetzgebers, deren Wirksamkeit empirisch zu untersuchen ist.

An die wirkungstheoretische Analyse schloss sich eine Darstellung wesentlicher empirischer Untersuchungen bezüglich der Wirkung von Unternehmenspublizität auf die Kapitalgeber an. Die Empirien wurden dabei hinsichtlich ihrer Übertragbarkeit auf die Fragestellung der Risikoorientierung beurteilt. Es konnte aufgezeigt werden, dass die Wirkungen der risikoorientierten Unternehmenspublizität auf den Marktwert des Unternehmens vermutlich sehr schwach sind. Dies wurde abgeleitet aus einer empirischen Studie von *Botosan*, welche den Zusammenhang zwischen der Höhe der Eigenkapitalkostensätze und der allgemeinen Unternehmenspublizität untersucht. Abschließend wurden empirischen Untersuchungen vorgestellt, die sich mit der Ausgestaltung der risikoorientierten Unternehmenspublizität in Deutschland auseinander setzten. Es konnte identifiziert werden, dass diese eher genereller Natur ist, da konkrete Ausführungen zu Risiken, insbesondere Bewertungen kaum vorliegen. Auf Basis dieser empirischen Studien scheint eine Indikation dafür vorzuliegen, dass die Annahme von cheap-talk Gleichgewichten im Rahmen der risikoorientierten Unternehmenspublizität gültig sein könnte.

In *Kapitel fünf* wurden abschließend eine eigene empirische Untersuchung der risikoorientierten Unternehmenspublizität durchgeführt. Ziel dieser empirischen Analysen war es, die mess- und wirkungstheoretischen Erkenntnisse der Kapitel drei und vier empirisch zu untermauern. Diesbezüglich werden folgende empirische Auswertungen durchgeführt:

1. Eine Befragung von Unternehmen, Analysten und Wirtschaftsprüfern bezüglich deren Einschätzung zur gegenwärtigen Ausgestaltung von risikoorientierter Unternehmenspublizität und möglicher Entwicklungsperspektive dieses Instrumentes. Mittels dieser Befragung sollten Erwartungslücken zwischen den publizierenden Unternehmen einerseits und den Nutzern von risikoorientierter Unternehmenspublizität andererseits aufgedeckt werden.

2. Ferner wurden die Geschäftsberichte der Geschäftsjahre 1999 – 2002 in Bezug auf Risikoinformationen ausgewertet. Um diese Auswertung einer tiefer gehenden statistischen Analyse zugänglich zu machen, wurden die gewonnenen Informationen zu einer Kennzahl (Risk Disclosure Score - RDScore) aggregiert. Mittels des RDScore sollten zwei Dinge untersucht werden:

a. Gibt es eine Umsetzungslücke zwischen dem, was die Ersteller von risikoorientierter Unternehmenspublizität für sinnvoll halten und dem, was sie tatsächlich in Geschäftsberichten realisieren?

b. Existiert eine Übereinstimmungslücke zwischen dem, was Ersteller von risikoorientierter Unternehmenspublizität als wichtig erachten und den Anforderungen von Adressaten dieser Publizität?

Anschließend wurde eine empirische Analyse der Wirkungen von risikoorientierter Unternehmenspublizität durchgeführt. Diese stellt lediglich einen kleinen, schwer abzugrenzenden Teil der Gesamtpublizität dar, sodass auch in Rahmen der Wirkungsanalyse auf die Ausgestaltung der Risikoberichte fokussiert wurde. Anhand der RDScores konnten sowohl zeitliche als auch inhaltliche Muster zwischen den Risikoberichten identifiziert werden. Methodisch wurde hierzu hauptsächlich auf deskriptive, statistische Verfahren zurückgegriffen. Zusätzlich wurden Hypothesen über die Wirkungszusammenhänge zwischen dem Maß der risikoorientierten Unternehmenspublizität (RDScore) und unternehmensspezifischen Größen formuliert, von denen zu vermuten ist, dass ihre Ausprägungen Einfluss auf die Wirkungen risikoorientierter Unternehmenspublizität haben. Neben den einfachen deskriptiven Auswertungsmöglichkeiten wurde dabei insbesondere auf Regressions- bzw. Korrelationsanalysen sowie parametrische und nichtparametrische Testmethoden zurückgegriffen.

Die Befragung verfolgte die folgenden Zielsetzungen:

- Identifikation, ob folgende Faktoren einen Einfluss auf die Informationswünsche der Adressaten und Ersteller haben:
    - Börsenindizes,
    - Branchenzugehörigkeit,
    - Rechnungslegungsnormen.
- Nutzenbeurteilung der risikoorientierten Unternehmenspublizität für Adressaten und Ersteller.
- Identifikation von Informationswünschen der Adressaten und Ersteller hinsichtlich einzelner Risikokategorien.
- Beurteilung, welchen Stellenwert die Publizität über den Risikomanagementprozess für die Adressaten und Ersteller hat.

Zunächst konnte festgestellt werden, dass die Ausgestaltungswünsche und Nutzeneinschätzungen der Adressaten und Ersteller der risikoorientierten Unternehmenspublizität unabhängig von Börsenindizes, Branchenzugehörigkeit und Art der angewandten Rechnungslegungsnormen waren.

Aufgrund dessen wurden lediglich die Ausgestaltungswünsche und Nutzeneinschätzungen der risikoorientierten Unternehmenspublizität getrennt nach Adressaten und Erstellern untersucht. Auf dieser Basis wurde beurteilt, welchen gegenwärtigen Nutzen der risikoorientierten Unternehmenspublizität zukommt. Hierbei waren zwei wesentliche Ergebnisse zu beobachten.

- Es konnte grundsätzlich aufgezeigt werden, dass die Adressaten zumindest einen geringen Einfluss der Anteilseignerkonzentration sowie der Mitarbeiterbeteiligung auf die Ausgestaltung der risikoorientierten Unternehmenspublizität vermuten. Die Ersteller nahmen diese Einflussfaktoren als noch weniger bedeutsam wahr, sahen aber zumindest deren Möglichkeit. Dies kann als schwacher Indikator dafür gelten, dass die wirkungstheoretischen Thesen aus Kapitel vier zutreffen könnten.
- Sowohl Adressaten als auch Ersteller sahen Vor- bzw. Nachteile der risikoorientierten Unternehmenspublizität für einzelne Interessengruppen. Hieraus kann abgeleitet werden, dass die Ersteller unter Umständen konfligierende Interessen der unterschiedlichen Adressatengruppen in der Ausgestaltung der risikoorientierten Unternehmenspublizität zu berücksichtigen haben. Dies ist ein Hinweis darauf, dass cheap-talk Gleichgewichte ein reales Phänomen beschreiben könnten. Unternehmen hätten demnach ein Interesse an einer unpräzisen Formulierung der risikoorientierten Unternehmenspublizität.

Bei der Untersuchung der Ausgestaltung der risikoorientierten Unternehmenspublizität ergab sich, dass die Ausgestaltungswünsche hinsichtlich der in der risikoorientierten Unternehmenspublizität abzubildenden Risikokategorien zwischen Adressaten und Erstellern nur unwesentlich variierten. Dasselbe Ergebnis war für die Ausgestaltungswünsche hinsichtlich der in der risikoorientierten Unternehmenspublizität dargestellten Risikomanagementprozesse zu beobachten.

Somit konnte festgestellt werden, dass eine Übereinstimmungslücke zwischen Adressaten und Erstellern nicht vorliegt.

Um das Vorliegen einer Umsetzungslücke beurteilen zu können, wurden eine Analyse der risikoorientierten Unternehmenspublizität in Geschäftsberichten sowie eine Untersuchung möglicher Einflussfaktoren auf risikoorientierte Unternehmenspublizität durchgeführt.

Die wesentlichen Ergebnisse werden kurz zusammengefasst.

- Bei der Auswertung der risikoorientierten Unternehmenspublizität der DAX 100-Unternehmen (RDScore) für die Geschäftsjahre 1999 – 2002 konnte aufgezeigt werden, dass die Informationswünsche der Adressaten, wie sie aus der Befragung abzuleiten waren, nur ansatzweise in den Geschäftsberichten umgesetzt wurden, da hier zumeist unpräzise, nicht veri-

fizierbare Informationen vorlagen. Die risikoorientierte Unternehmenspublizität der Banken und Versicherungsunternehmen war aufgrund regulativer Vorgaben in diesen Branchen i. d. R. umfangreicher als bei Industrieunternehmen.
- Durch die Befragung (Frage 2.6) wurde ersichtlich, dass die Adressaten und Ersteller den einzelnen Interessengruppen unterschiedliche Ausprägungen von Vor- bzw. Nachteilen der risikoorientierten Unternehmenspublizität beimessen. Dies könnte ein Hinweis auf mögliche Interessenkonflikte sein. Diese sind eine Grundvoraussetzung für cheap-talk Gleichgewichte. Zusammen mit den unpräzisen, nicht verifizierbaren Informationen der risikoorientierten Unternehmenspublizität in den Geschäftsberichten, ist zu vermuten, dass ein cheap-talk vorliegt.
- Durch eine einfache Zeitreihenanalyse konnte identifiziert werden, dass die RDScores für Industrieunternehmen sich im Beobachtungszeitraum statistisch signifikant verbessert haben.
- Ferner wurde deutlich, dass die Unternehmensgröße der maßgebliche Einflussfaktor für die relative Qualität der risikoorientierten Unternehmenspublizität ist. Dies kann mit dem bereits in Kapitel vier vorgestellten unraveling-Prozess erklärt werden. Somit war auch kein Zusammenhang der RDScores für Industrieunternehmen mit denjenigen Einflussfaktoren erkennbar, die auf Unternehmenskrisen hinweisen könnten, wie z. B. die Entwicklung der Unternehmensperformance, der Liquidität, der Verschuldung und der Finanzierungskraft. Der RDScore ist des Weiteren unabhängig von der Anteilseignerkonzentration sowie der Mitarbeiterbeteiligung am Unternehmen.

Insgesamt konnte verdeutlicht werden, dass die Beurteilung der risikoorientierten Unternehmenspublizität sowohl theoretisch als auch empirisch ein sehr komplexes Unterfangen ist. Festzustellen bleibt, dass durch die Kodifizierung der expliziten Risikoorientierung in Form eines Risikoberichts eine gewisse Dynamik in der Unternehmenspublizität in Gang gesetzt worden ist. Inwieweit dieses neue Instrument aber den Erwartungen von Adressaten und Erstellern gerecht werden wird, bleibt abzuwarten. Diese Fragestellung kann in dieser Arbeit nicht abschließend beantwortet werden, da es hierzu notwendig wäre, längere Beobachtungszeiträume zu untersuchen. Nach einem längeren Beobachtungszeitraum verbleibt es somit künftigen Studien zu beurteilen, ob die gegenwärtige Implementierung der risikoorientierten Unternehmenspublizität zweckadäquat im Sinne des deutschen Gesetzgebers ist. Diese Arbeit hatte das Ziel einen ersten Anstoß zu dieser Diskussion zu geben. Im Unterschied zu den bisherigen Studien zur risikoorientierten Unternehmenspublizität wurde hierbei nicht nur ein Vergleich der Publizitätspraxis durchgeführt. Vielmehr wurde ein theoretischer Bezugsrahmen für die Ausgestaltung und Wirkung risikoorientierter Unternehmenspublizität aufgestellt, der anschließend einer empirischen Analyse unterzogen wurde. Diese umfasste zusätzlich zu der Frage der Ausgestaltung die Untersuchung der Nutzenwahrnehmung durch die Adressaten und Ersteller.

Anhangverzeichnis

Anhang I: Fragebogen Ersteller

Bitte senden Sie den ausgefüllten Fragebogen zurück an:

Prof. Dr. Thomas M. Fischer
Lehrstuhl für Unternehmensrechnung und Controlling, Revisions- und Treuhandwesen
Handelshochschule Leipzig (HHL)
Jahnallee 59
04109 Leipzig

Ansprechpartner an der HHL:

Dipl.-Kfm. Uwe Vielmeyer
Wissenschaftlicher Mitarbeiter
E-Mail: vielmeyer@controll.hhl.de
Tel.: 0341/9851-708
Fax: 0341/9851-702

Risikoberichterstattung von deutschen börsennotierten Unternehmen – Nutzen und Ansätze zur Weiterentwicklung –

– Fragebogen (Ersteller) –

Der Fragebogen gliedert sich in vier Abschnitte

1 Angaben zum Funktionsbereich und zum Unternehmen

2 Gegenwärtiger Nutzen der externen Risikoberichterstattung

3 Externe Berichterstattung über spezifische Unternehmensrisiken

4 Externe Berichterstattung über die Prozesse des Risikomanagements

(Abschnitt bitte abtrennen)

Bitte senden Sie mir den Auswertungsbericht „Risikoberichterstattung von deutschen börsennotierten Unternehmen – Nutzen und Ansätze zur Weiterentwicklung" zu.

Herrn
Prof. Dr. Thomas M. Fischer
Lehrstuhl für Unternehmensrechnung und Controlling, Revisions- und Treuhandwesen
Handelshochschule Leipzig (HHL)
Jahnallee 59
04109 Leipzig

Absender:

Name: ______________________

____

Adresse: ______________________

____

E-Mail: ______________________

1. Angaben zum Funktionsbereich und zum Unternehmen

1.1 In welchem Funktionsbereich sind Sie im Unternehmen tätig?

☐ Vorstand ☐ Investor Relations ☐ Finanz- und Rechnungswesen
☐ Controlling ☐ Anderer: ____________

1.2 Wo ist Ihr Unternehmen gelistet (Mehrfachnennungen möglich)?

☐ DAX 30 ☐ Euro Stoxx ☐ Dow Jones Sustainability Index Stoxx
☐ MDAX ☐ Ausländischer Börsenplatz: ____________
☐ Anderer: ____________

1.3 In welcher Branche sind Sie primär tätig (Mehrfachnennungen möglich)?

☐ Automobil	☐ Banken	☐ Chemie
☐ Medien	☐ Grundstoffe	☐ Nahrungs- u. Genussmittel
☐ Technologien	☐ Versicherungen	☐ Transport
☐ Maschinenbau	☐ Industrie	☐ Bau
☐ Pharma	☐ Einzelhandel	☐ Finanzdienste
☐ Telekommunikation	☐ Versorger	☐ Software
☐ Konsum	☐ Mischkonzern	☐ Sonstige Dienstleistungen
☐ Andere: ____________		

1.4 Nach welcher Rechnungslegungsnorm wird der Konzernabschluss Ihres Unternehmens erstellt?

☐ HGB/DRS	☐ IAS	☐ US-GAAP
☐ HGB/IAS	☐ HGB/US-GAAP	☐ Andere: ____________

2. Gegenwärtiger Nutzen der externen Risikoberichterstattung

2.1 Wie beurteilen Sie die externe Risikoberichterstattung Ihres Unternehmens in Bezug auf folgende Merkmale?

	sehr gut	gut	weniger gut	nicht gut
• Stetigkeit	☐	☐	☐	☐
• Nachvollziehbarkeit	☐	☐	☐	☐
• Detaillierungsgrad	☐	☐	☐	☐
• Vollständigkeit	☐	☐	☐	☐
• Verlässlichkeit	☐	☐	☐	☐

2.2 Wie ist das Verständnis von Analysten und Investoren für das Risikoumfeld Ihres Unternehmens?

☐ sehr gut ☐ gut ☐ befriedigend ☐ ausreichend ☐ mangelhaft

2.3 Fragen Analysten und Investoren nach zusätzlichen Erläuterungen zur Risikoberichterstattung Ihres Unternehmens?

☐ sehr oft ☐ oft ☐ gelegentlich ☐ selten ☐ nie

2.4 Sind Sie der Meinung, dass eine Eigenkapitalbeteiligung der leitenden Mitarbeiter des Unternehmens einen Einfluss auf die Risikoberichterstattung hat?

☐ sehr großen Einfluss ☐ großen Einfluss ☐ wenig Einfluss ☐ keinen Einfluss

2.5 Sind Sie der Meinung, dass eine hohe Konzentration des Anteilsbesitzes einen Einfluss auf die Risikoberichterstattung hat?

☐ sehr großen Einfluss ☐ großen Einfluss ☐ wenig Einfluss ☐ keinen Einfluss

2.6 Beurteilen Sie bitte die Vor- und Nachteile einer Risikoberichterstattung gegenüber folgenden Stakeholdergruppen:

	sehr vorteilhaft	vorteilhaft	ohne Einfluss	nachteilig	sehr nachteilig
• Investoren	☐	☐	☐	☐	☐
• Wettbewerber	☐	☐	☐	☐	☐
• Kunden	☐	☐	☐	☐	☐
• Zulieferer	☐	☐	☐	☐	☐
• Mitarbeiter	☐	☐	☐	☐	☐
• Staat	☐	☐	☐	☐	☐
• Gesellschaft	☐	☐	☐	☐	☐
• Andere: ______________	☐	☐	☐	☐	☐

3. Externe Berichterstattung über spezifische Unternehmensrisiken

3.1 Über welche Marktrisiken sollte extern berichtet werden?

	sehr wichtig	wichtig	weniger wichtig	un-wichtig
• Verhandlungsmacht der Kunden				
– Spezifität von Kundenaufträgen	☐	☐	☐	☐
– Abhängigkeit von einzelnen Kunden	☐	☐	☐	☐
– Auftragsvolumen	☐	☐	☐	☐
– Anzahl Neukunden	☐	☐	☐	☐
– Wiederkaufsrate	☐	☐	☐	☐
– Kundenbindungsdauer	☐	☐	☐	☐
– Preissensitivität	☐	☐	☐	☐
– Zugang zu Vertriebskanälen	☐	☐	☐	☐
– Andere: ______________	☐	☐	☐	☐
– Kunden gesamt	☐	☐	☐	☐
• Verhandlungsmacht der Zulieferer				
– Abhängigkeit von einzelnen Zulieferern	☐	☐	☐	☐
– Rohstoffknappheit	☐	☐	☐	☐
– Bindungsdauer der Zulieferer	☐	☐	☐	☐
– Qualität der bezogenen Vorleistungen	☐	☐	☐	☐
– Andere: ______________	☐	☐	☐	☐
– Zulieferer gesamt	☐	☐	☐	☐
• Bedrohung durch Wettbewerber				
– Marktanteile	☐	☐	☐	☐
– Marktwachstum	☐	☐	☐	☐
– Produktdifferenzierung	☐	☐	☐	☐
– Reaktionsmöglichkeiten von Wettbewerbern	☐	☐	☐	☐
– Markenimage	☐	☐	☐	☐
– Bedrohung durch Ersatzprodukte	☐	☐	☐	☐
– Restnutzungsdauer von Patenten	☐	☐	☐	☐
– Andere: ______________	☐	☐	☐	☐
– Wettbewerber gesamt	☐	☐	☐	☐
• Marktrisiken gesamt	☐	☐	☐	☐

3.2 Über welche Organisations- und Personalrisiken sollte extern berichtet werden?

	sehr wichtig	wichtig	weniger wichtig	un-wichtig
• Personalbedarfsrisiken				
– Personalbeschaffung	☐	☐	☐	☐
– Fluktuation	☐	☐	☐	☐
– Personalabbau	☐	☐	☐	☐
– Personalbedarfsrisiken gesamt	☐	☐	☐	☐
• Sicherheit am Arbeitsplatz	☐	☐	☐	☐
• Personalführung	☐	☐	☐	☐
• Qualifikation der Mitarbeiter	☐	☐	☐	☐
• Individuelles Fehlverhalten	☐	☐	☐	☐
– Fehlzeiten	☐	☐	☐	☐
– Betrug/Unterschlagung	☐	☐	☐	☐
– Individuelles Fehlverhalten gesamt	☐	☐	☐	☐
• Andere: ______________	☐	☐	☐	☐
• Organisations- und Personalrisiken gesamt	☐	☐	☐	☐

3.3 Über welche Finanzrisiken sollte extern berichtet werden?

	sehr wichtig	wichtig	weniger wichtig	un-wichtig
• Finanzanlagerisiko				
– Grund- und Spekulationsgeschäfte	☐	☐	☐	☐
- Liquiditätsrisiko	☐	☐	☐	☐
- Kontrahentenausfallrisiko	☐	☐	☐	☐
- Marktpreisrisiko	☐	☐	☐	☐
- Zinsänderungsrisiko	☐	☐	☐	☐
- Währungsrisiko	☐	☐	☐	☐
– Sicherungsgeschäfte (Hedging)	☐	☐	☐	☐
- Ausmaß der Absicherung	☐	☐	☐	☐
- Bestimmung der Hedge Ratio	☐	☐	☐	☐
- Zeitbezug des Sicherungsgeschäftes	☐	☐	☐	☐
- Art der eingesetzten Instrumente und deren Risiken	☐	☐	☐	☐
– Andere: ____________	☐	☐	☐	☐
– Finanzanlagerisiko gesamt	☐	☐	☐	☐
• Kapitalstrukturrisiko				
– Verschuldungsrisiko	☐	☐	☐	☐
– Fremdkapitalrisiko	☐	☐	☐	☐
- langfristig	☐	☐	☐	☐
- kurzfristig	☐	☐	☐	☐
- Refinanzierungsrisiko	☐	☐	☐	☐
– Eigenkapitalkostenrisiko	☐	☐	☐	☐
– Rating	☐	☐	☐	☐
– Andere: ____________	☐	☐	☐	☐
– Kapitalstrukturrisiko gesamt	☐	☐	☐	☐
• Risiko aus der Entwicklung des eigenen Aktienkurses	☐	☐	☐	☐
• Liquiditätsrisiko des Unternehmens	☐	☐	☐	☐
• Versicherungstechnische Risiken				
– Schaden-/Prämienrisiken	☐	☐	☐	☐
– Schaden-/Leistungsrisiken	☐	☐	☐	☐
– Versicherungstechnische Risiken gesamt	☐	☐	☐	☐
• Andere: ____________	☐	☐	☐	☐
• Finanzrisiken gesamt	☐	☐	☐	☐

3.4 Über welche leistungswirtschaftlichen Risiken sollte extern berichtet werden?

	sehr wichtig	wichtig	weniger wichtig	un-wichtig
• Forschung und Entwicklung	☐	☐	☐	☐
• Logistik	☐	☐	☐	☐
• Produktion				
– Anlagenrisiko	☐	☐	☐	☐
– Beständerisiko	☐	☐	☐	☐
– Fertigungsrisiko (z. B. Qualität)	☐	☐	☐	☐
– Betriebsunterbrechungsrisiko	☐	☐	☐	☐
– Produktion gesamt	☐	☐	☐	☐
• Vertrieb- und Service				
– Zahlungsausfälle	☐	☐	☐	☐
– Kulanznachlässe	☐	☐	☐	☐
– Gewährleistungsrisiko	☐	☐	☐	☐
– Vertrieb- und Service gesamt	☐	☐	☐	☐
• Standortrisiko	☐	☐	☐	☐
• Andere: ____________	☐	☐	☐	☐
• Leistungswirtschaftliche Risiken gesamt	☐	☐	☐	☐

3.5 Über welche IT-Risiken sollte extern berichtet werden?

	sehr wichtig	wichtig	weniger wichtig	unwichtig
• Datenverlust	☐	☐	☐	☐
• Unerlaubte Zugriffe	☐	☐	☐	☐
• Zugriff auf Kommunikationsdaten (e-Mail, etc.)	☐	☐	☐	☐
• Risiken des Informationsflusses	☐	☐	☐	☐
• Stillstandszeiten	☐	☐	☐	☐
• Elektronischer Betrug	☐	☐	☐	☐
• Andere: ____________	☐	☐	☐	☐
• IT-Risiken gesamt	☐	☐	☐	☐

3.6 Über welche sonstigen Risiken sollte extern berichtet werden?

	sehr wichtig	wichtig	weniger wichtig	unwichtig
• Politische Risiken				
– Risiken aus der Gesetzgebung	☐	☐	☐	☐
– Dispositionsrisiko (Handlungsfreiheit)	☐	☐	☐	☐
– Enteignungsrisiko	☐	☐	☐	☐
– Politische Risiken gesamt	☐	☐	☐	☐
• Rechtliche Risiken				
– Wettbewerbsrechtliche Risiken	☐	☐	☐	☐
– Öffentlich-rechtliche Risiken	☐	☐	☐	☐
– Zivilrechtliche Risiken	☐	☐	☐	☐
– Steuerrechtliche Risiken	☐	☐	☐	☐
– Rechtliche Risiken gesamt	☐	☐	☐	☐
• Makroökonomische Risiken				
– Konjunkturelle Risiken	☐	☐	☐	☐
– Inflationsrisiko	☐	☐	☐	☐
– Währungsrisiko	☐	☐	☐	☐
– Arbeitsmarktrisiko	☐	☐	☐	☐
– Makroökonomische Risiken gesamt	☐	☐	☐	☐
• Ökologische Risiken				
– Ressourcenbeschränkung	☐	☐	☐	☐
– Entsorgungsrisiko	☐	☐	☐	☐
– Naturkatastrophen	☐	☐	☐	☐
– Ökologische Risiken gesamt	☐	☐	☐	☐
• Andere: ____________	☐	☐	☐	☐
• Sonstige Risiken gesamt	☐	☐	☐	☐

4. Externe Berichterstattung über die Prozesse des Risikomanagements

4.1 Welche Bedeutung hat die Veröffentlichung von Methoden der Risikoidentifikation (z. B. Früherkennungssysteme)?

☐ sehr hohe ☐ hohe ☐ geringe ☐ keine

4.2 Welche Bedeutung hat die Veröffentlichung von Eintrittswahrscheinlichkeiten für bestimmte Risiken?

☐ sehr hohe ☐ hohe ☐ geringe ☐ keine

4.3 Welche Bedeutung hat die Veröffentlichung von Methoden zur Risikobewertung?

	sehr hohe	hohe	geringe	keine
• Bewertungsmethoden (z.B. Value at Risk, Kapitalwert, etc.)	☐	☐	☐	☐
• Bewertungsannahmen (z.B. Konfidenzintervall, Nutzungsdauer, etc.)	☐	☐	☐	☐

4.4 Welche Bedeutung hat die Veröffentlichung von Ergebnissen der Quantifizierung von Einzelrisiken?

☐ sehr hohe ☐ hohe ☐ geringe ☐ keine

4.5 Welche Bedeutung hat die Veröffentlichung von Informationen zur Steuerung von Risiken?

	sehr hohe	hohe	geringe	keine
• Vermeidung von Risiken				
– Verzicht auf Investitionen	☐	☐	☐	☐
– Ausstieg aus Geschäftsfeldern	☐	☐	☐	☐
– Andere: ____________	☐	☐	☐	☐
– Vermeidung von Risiken gesamt	☐	☐	☐	☐
• Verminderung von Risiken				
– Anpassung von Geschäftsprozessen	☐	☐	☐	☐
– Andere: ____________	☐	☐	☐	☐
– Verminderung von Risiken gesamt	☐	☐	☐	☐
• Überwälzung von Risiken				
– Optimierung von Verträgen	☐	☐	☐	☐
– Optimierung des Versicherungsschutzes	☐	☐	☐	☐
– Risikotransfer auf Kapitalmärkte	☐	☐	☐	☐
– Risikotransfer an Beteiligungsgesellschaften (z. B. Captives)	☐	☐	☐	☐
– Risikotransfer an externe Dritte (z. B. Factoring)	☐	☐	☐	☐
– Andere: ____________	☐	☐	☐	☐
– Überwälzung von Risiken gesamt	☐	☐	☐	☐
• Risikoakzeptanz				
– mit Bildung von Reserven	☐	☐	☐	☐
– ohne Bildung von Reserven	☐	☐	☐	☐
– Risikoakzeptanz gesamt	☐	☐	☐	☐

4.6 Welchen Zeitraum sollten die Angaben hinsichtlich zukunftsorientierter Informationen in der externen Risikoberichterstattung umfassen?

• Quantitativ:	☐ bis 1 Jahr	☐ bis 2 Jahre	☐ bis 3 Jahre	☐ mehr als 3 Jahre
• Qualitativ:	☐ bis 1 Jahr	☐ bis 2 Jahre	☐ bis 3 Jahre	☐ mehr als 3 Jahre

4.7 Wie wichtig ist für Sie die Aggregation der Einzelrisiken zu einem Gesamtrisiko?

	sehr wichtig	wichtig	weniger wichtig	un-wichtig
• Risiken für Bereiche des Unternehmens	☐	☐	☐	☐
• Risiken für das Gesamtunternehmen	☐	☐	☐	☐

4.8 Wie wichtig ist die externe Berichterstattung über Interdependenzen zwischen Einzelrisiken?

☐ sehr wichtig ☐ wichtig ☐ weniger wichtig ☐ unwichtig

4.9 Wie wichtig ist die externe Berichterstattung über Konzentrationen von Einzelrisiken?

☐ sehr wichtig ☐ wichtig ☐ weniger wichtig ☐ unwichtig

4.10 Welche Angaben zur Kontrolle des Risikomanagements sollten veröffentlicht werden?

	sehr wichtig	wichtig	weniger wichtig	un-wichtig
Institutionelle Angaben:				
• Grundsätze und Prüfungsstrategie der Innenrevision	☐	☐	☐	☐
• Angaben über Prüfungen und Ergebnisse der Innenrevision	☐	☐	☐	☐
• Andere: ____________	☐	☐	☐	☐
Systembezogene Angaben:				
• Interne Risikoberichte	☐	☐	☐	☐
• Schwellenwerte	☐	☐	☐	☐
• Aufgabenteilung	☐	☐	☐	☐
• Risikopolitik	☐	☐	☐	☐

4.11 Wie häufig sollte eine externe Risikoberichterstattung durchgeführt werden?

☐ vierteljährlich ☐ halbjährlich ☐ jährlich ☐ anders: ____________

Herzlichen Dank, dass Sie sich die Zeit genommen haben, uns bei dieser Untersuchung zu unterstützen!

Anhang II: Fragebogen Adressaten

Bitte senden Sie den ausgefüllten Fragebogen zurück an:

Prof. Dr. Thomas M. Fischer
Lehrstuhl für Unternehmensrechnung und Controlling, Revisions- und Treuhandwesen
Handelshochschule Leipzig (HHL)
Jahnallee 59
04109 Leipzig

Ansprechpartner an der HHL:

Dipl.-Kfm. Uwe Vielmeyer
Wissenschaftlicher Mitarbeiter
E-Mail: vielmeyer@controll.hhl.de
Tel.: 0341/9851-708
Fax: 0341/9851-702

Risikoberichterstattung von deutschen börsennotierten Unternehmen – Nutzen und Ansätze zur Weiterentwicklung –

– Fragebogen (Adressaten) –

Der Fragebogen gliedert sich in vier Abschnitte

1 Angaben zum Funktionsbereich und zum Unternehmen

2 Gegenwärtiger Nutzen der Risikoberichterstattung

3 Berichterstattung über spezifische Unternehmensrisiken

4 Berichterstattung über die Prozesse des Risikomanagements

(Abschnitt bitte abtrennen)

✂--

Bitte senden Sie mir den Auswertungsbericht „Risikoberichterstattung von deutschen börsennotierten Unternehmen – Nutzen und Ansätze zur Weiterentwicklung" zu.

Herrn
Prof. Dr. Thomas M. Fischer
Lehrstuhl für Unternehmensrechnung und Controlling, Revisions- und Treuhandwesen
Handelshochschule Leipzig (HHL)
Jahnallee 59
04109 Leipzig

Absender:

Name: ____________________

____

Adresse: ____________________

____

E-Mail: ____________________

1. Angaben zum Funktionsbereich und zum Unternehmen

1.1 In welchem Funktionsbereich sind Sie tätig?

☐ Analyst ☐ Wirtschaftsprüfer ☐ Fondsmanager

☐ Anderer: ________________

1.2 Zu welchen Börsenindizes gehören die von Ihnen betreuten Unternehmen (Mehrfachnennung möglich)?

☐ DAX 30 ☐ Nemax 50 ☐ Dow Jones Sustainability Index Stoxx

☐ MDAX ☐ Euro Stoxx

☐ SMAX ☐ Andere: ____________

1.3 In welcher Branche sind Sie oder Ihre Mandanten primär tätig (Mehrfachnennungen möglich)?

☐ Automobil ☐ Banken ☐ Chemie

☐ Medien ☐ Grundstoffe ☐ Nahrungs- u. Genussmittel

☐ Technologien ☐ Versicherungen ☐ Transport

☐ Maschinenbau ☐ Industrie ☐ Bau

☐ Pharma ☐ Einzelhandel ☐ Finanzdienste

☐ Telekommunikation ☐ Versorger ☐ Software

☐ Konsum ☐ Mischkonzern ☐ Sonstige Dienstleistungen

☐ Andere: ____________

1.4 Mit welchen Rechnungslegungsnormen beschäftigen Sie sich im Rahmen Ihrer Berufsausübung vorwiegend (Mehrfachnennung möglich)?

☐ HGB/DRS ☐ IAS ☐ US-GAAP

☐ Andere: ____________

2. Gegenwärtiger Nutzen der Risikoberichterstattung

2.1 Wie beurteilen Sie allgemein die Darstellung der Risikoberichterstattung von deutschen börsennotierten Unternehmen in Bezug auf folgende Merkmale?

	sehr gut	gut	weniger gut	nicht gut
• Stetigkeit	☐	☐	☐	☐
• Nachvollziehbarkeit	☐	☐	☐	☐
• Detaillierungsgrad	☐	☐	☐	☐
• Vollständigkeit	☐	☐	☐	☐
• Verlässlichkeit	☐	☐	☐	☐

2.2 Wie beurteilen Sie allgemein das Risikoverständnis in deutschen börsennotierten Unternehmen?

☐ sehr gut ☐ gut ☐ befriedigend ☐ ausreichend ☐ mangelhaft

2.3 Fragen Sie nach zusätzlichen Erläuterungen zur Risikoberichterstattung der Unternehmen?

☐ sehr oft ☐ oft ☐ gelegentlich ☐ selten ☐ nie

2.4 Sind Sie der Meinung, dass eine Eigenkapitalbeteiligung der leitenden Mitarbeiter des Unternehmens einen Einfluss auf die Risikoberichterstattung hat?

☐ sehr großen Einfluss ☐ großen Einfluss ☐ wenig Einfluss ☐ keinen Einfluss

2.5 Sind Sie der Meinung, dass eine hohe Konzentration des Anteilsbesitzes einen Einfluss auf die Risikoberichterstattung hat?

☐ sehr großen Einfluss ☐ großen Einfluss ☐ wenig Einfluss ☐ keinen Einfluss

2.6 Beurteilen Sie bitte die Vor- und Nachteile einer Risikoberichterstattung gegenüber folgenden Stakeholdergruppen:

	sehr vorteilhaft	vorteilhaft	ohne Einfluss	nachteilig	sehr nachteilig
• Investoren	☐	☐	☐	☐	☐
• Wettbewerber	☐	☐	☐	☐	☐
• Kunden	☐	☐	☐	☐	☐
• Zulieferer	☐	☐	☐	☐	☐
• Mitarbeiter	☐	☐	☐	☐	☐
• Staat	☐	☐	☐	☐	☐
• Gesellschaft	☐	☐	☐	☐	☐
• Andere: ____________	☐	☐	☐	☐	☐

3. Berichterstattung über spezifische Unternehmensrisiken

3.1 Über welche Marktrisiken sollte berichtet werden?

	sehr wichtig	wichtig	weniger wichtig	unwichtig
• Verhandlungsmacht der Kunden				
– Spezifität von Kundenaufträgen	☐	☐	☐	☐
– Abhängigkeit von einzelnen Kunden	☐	☐	☐	☐
– Auftragsvolumen	☐	☐	☐	☐
– Anzahl Neukunden	☐	☐	☐	☐
– Wiederkaufsrate	☐	☐	☐	☐
– Kundenbindungsdauer	☐	☐	☐	☐
– Preissensitivität	☐	☐	☐	☐
– Zugang zu Vertriebskanälen	☐	☐	☐	☐
– Andere: ______________	☐	☐	☐	☐
– Kunden gesamt	☐	☐	☐	☐
• Verhandlungsmacht der Zulieferer				
– Abhängigkeit von einzelnen Zulieferern	☐	☐	☐	☐
– Rohstoffknappheit	☐	☐	☐	☐
– Bindungsdauer der Zulieferer	☐	☐	☐	☐
– Qualität der bezogenen Vorleistungen	☐	☐	☐	☐
– Andere: ______________	☐	☐	☐	☐
– Zulieferer gesamt	☐	☐	☐	☐
• Bedrohung durch Wettbewerber				
– Marktanteile	☐	☐	☐	☐
– Marktwachstum	☐	☐	☐	☐
– Produktdifferenzierung	☐	☐	☐	☐
– Reaktionsmöglichkeiten von Wettbewerbern	☐	☐	☐	☐
– Markenimage	☐	☐	☐	☐
– Bedrohung durch Ersatzprodukte	☐	☐	☐	☐
– Restnutzungsdauer von Patenten	☐	☐	☐	☐
– Andere: ______________	☐	☐	☐	☐
– Wettbewerber gesamt	☐	☐	☐	☐
• Marktrisiken gesamt	☐	☐	☐	☐

3.2 Über welche Organisations- und Personalrisiken sollte berichtet werden?

	sehr wichtig	wichtig	weniger wichtig	unwichtig
• Personalbedarfsrisiken				
– Personalbeschaffung	☐	☐	☐	☐
– Fluktuation	☐	☐	☐	☐
– Personalabbau	☐	☐	☐	☐
– Personalbedarfsrisiken gesamt	☐	☐	☐	☐
• Sicherheit am Arbeitsplatz	☐	☐	☐	☐
• Personalführung	☐	☐	☐	☐
• Qualifikation der Mitarbeiter	☐	☐	☐	☐
• Individuelles Fehlverhalten	☐	☐	☐	☐
– Fehlzeiten	☐	☐	☐	☐
– Betrug/Unterschlagung	☐	☐	☐	☐
– Individuelles Fehlverhalten gesamt	☐	☐	☐	☐
• Andere: ______________	☐	☐	☐	☐
• Organisations- und Personalrisiken gesamt	☐	☐	☐	☐

3.3 Über welche Finanzrisiken sollte berichtet werden?

	sehr wichtig	wichtig	weniger wichtig	un-wichtig
• Finanzanlagerisiko				
– Grund- und Spekulationsgeschäfte	☐	☐	☐	☐
- Liquiditätsrisiko	☐	☐	☐	☐
- Kontrahentenausfallrisiko	☐	☐	☐	☐
- Marktpreisrisiko	☐	☐	☐	☐
- Zinsänderungsrisiko	☐	☐	☐	☐
- Währungsrisiko	☐	☐	☐	☐
– Sicherungsgeschäfte (Hedging)	☐	☐	☐	☐
- Ausmaß der Absicherung	☐	☐	☐	☐
- Bestimmung der Hedge Ratio	☐	☐	☐	☐
- Zeitbezug des Sicherungsgeschäftes	☐	☐	☐	☐
- Art der eingesetzten Instrumente und deren Risiken	☐	☐	☐	☐
– Andere: ____________	☐	☐	☐	☐
– Finanzanlagerisiko gesamt	☐	☐	☐	☐
• Kapitalstrukturrisiko				
– Verschuldungsrisiko	☐	☐	☐	☐
– Fremdkapitalrisiko	☐	☐	☐	☐
- langfristig	☐	☐	☐	☐
- kurzfristig	☐	☐	☐	☐
- Refinanzierungsrisiko	☐	☐	☐	☐
– Eigenkapitalkostenrisiko	☐	☐	☐	☐
– Rating	☐	☐	☐	☐
– Andere: ____________	☐	☐	☐	☐
– Kapitalstrukturrisiko gesamt	☐	☐	☐	☐
• Risiko aus der Entwicklung des eigenen Aktienkurses	☐	☐	☐	☐
• Liquiditätsrisiko des Unternehmens	☐	☐	☐	☐
• Versicherungstechnische Risiken				
– Schaden-/Prämienrisiken	☐	☐	☐	☐
– Schaden-/Leistungsrisiken	☐	☐	☐	☐
– Versicherungstechnische Risiken gesamt	☐	☐	☐	☐
• Andere: ____________	☐	☐	☐	☐
• Finanzrisiken gesamt	☐	☐	☐	☐

3.4 Über welche leistungswirtschaftlichen Risiken sollte berichtet werden?

	sehr wichtig	wichtig	weniger wichtig	un-wichtig
• Forschung und Entwicklung	☐	☐	☐	☐
• Logistik	☐	☐	☐	☐
• Produktion				
– Anlagenrisiko	☐	☐	☐	☐
– Beständerisiko	☐	☐	☐	☐
– Fertigungsrisiko (z. B. Qualität)	☐	☐	☐	☐
– Betriebsunterbrechungsrisiko	☐	☐	☐	☐
– Produktion gesamt	☐	☐	☐	☐
• Vertrieb- und Service				
– Zahlungsausfälle	☐	☐	☐	☐
– Kulanznachlässe	☐	☐	☐	☐
– Gewährleistungsrisiko	☐	☐	☐	☐
– Vertrieb- und Service gesamt	☐	☐	☐	☐
• Standortrisiko	☐	☐	☐	☐
• Andere: ____________	☐	☐	☐	☐
• Leistungswirtschaftliche Risiken gesamt	☐	☐	☐	☐

3.5 Über welche IT-Risiken sollte berichtet werden?

	sehr wichtig	wichtig	weniger wichtig	un-wichtig
• Datenverlust	☐	☐	☐	☐
• Unerlaubte Zugriffe	☐	☐	☐	☐
• Zugriff auf Kommunikationsdaten (e-Mail, etc.)	☐	☐	☐	☐
• Risiken des Informationsflusses	☐	☐	☐	☐
• Stillstandszeiten	☐	☐	☐	☐
• Elektronischer Betrug	☐	☐	☐	☐
• Andere: ____________	☐	☐	☐	☐
• IT-Risiken gesamt	☐	☐	☐	☐

3.6 Über welche sonstigen Risiken sollte berichtet werden?

	sehr wichtig	wichtig	weniger wichtig	un-wichtig
• Politische Risiken				
– Risiken aus der Gesetzgebung	☐	☐	☐	☐
– Dispositionsrisiko (Handlungsfreiheit)	☐	☐	☐	☐
– Enteignungsrisiko	☐	☐	☐	☐
– Politische Risiken gesamt	☐	☐	☐	☐
• Rechtliche Risiken				
– Wettbewerbsrechtliche Risiken	☐	☐	☐	☐
– Öffentlich-rechtliche Risiken	☐	☐	☐	☐
– Zivilrechtliche Risiken	☐	☐	☐	☐
– Steuerrechtliche Risiken	☐	☐	☐	☐
– Rechtliche Risiken gesamt	☐	☐	☐	☐
• Makroökonomische Risiken				
– Konjunkturelle Risiken	☐	☐	☐	☐
– Inflationsrisiko	☐	☐	☐	☐
– Währungsrisiko	☐	☐	☐	☐
– Arbeitsmarktrisiko	☐	☐	☐	☐
– Makroökonomische Risiken gesamt	☐	☐	☐	☐
• Ökologische Risiken				
– Ressourcenbeschränkung	☐	☐	☐	☐
– Entsorgungsrisiko	☐	☐	☐	☐
– Naturkatastrophen	☐	☐	☐	☐
– Ökologische Risiken gesamt	☐	☐	☐	☐
• Andere: ____________	☐	☐	☐	☐
• Sonstige Risiken gesamt	☐	☐	☐	☐

4. Berichterstattung über die Prozesse des Risikomanagements

4.1 Welche Bedeutung hat die Berichterstattung über die Methoden der Risikoidentifikation (z. B. Früherkennungssysteme)?

☐ sehr hohe ☐ hohe ☐ geringe ☐ keine

4.2 Welche Bedeutung hat die Berichterstattung über Eintrittswahrscheinlichkeiten für bestimmte Risiken?

☐ sehr hohe ☐ hohe ☐ geringe ☐ keine

4.3 Welche Bedeutung hat die Berichterstattung über Methoden zur Risikobewertung?

	sehr hohe	hohe	geringe	keine
• Bewertungsmethoden (z.B. Value at Risk, Kapitalwert, etc.)	☐	☐	☐	☐
• Bewertungsannahmen (z.B. Konfidenzintervall, Nutzungsdauer, etc.)	☐	☐	☐	☐

4.4 Welche Bedeutung hat die Berichterstattung über Ergebnisse der Quantifizierung von Einzelrisiken?

☐ sehr hohe ☐ hohe ☐ geringe ☐ keine

4.5 Welche Bedeutung hat die Berichterstattung über Informationen zur Steuerung von Risiken?

	sehr hohe	hohe	geringe	keine
• Vermeidung von Risiken				
– Verzicht auf Investitionen	☐	☐	☐	☐
– Ausstieg aus Geschäftsfeldern	☐	☐	☐	☐
– Andere: ____________	☐	☐	☐	☐
– Vermeidung von Risiken gesamt	☐	☐	☐	☐
• Verminderung von Risiken				
– Anpassung von Geschäftsprozessen	☐	☐	☐	☐
– Andere: ____________	☐	☐	☐	☐
– Verminderung von Risiken gesamt	☐	☐	☐	☐
• Überwälzung von Risiken				
– Gestaltung von Verträgen	☐	☐	☐	☐
– Anpassung des Versicherungsschutzes	☐	☐	☐	☐
– Risikotransfer auf Kapitalmärkte	☐	☐	☐	☐
– Risikotransfer an Beteiligungsgesellschaften (z. B. Captives)	☐	☐	☐	☐
– Risikotransfer an externe Dritte (z. B. Factoring)	☐	☐	☐	☐
– Andere: ____________	☐	☐	☐	☐
– Überwälzung von Risiken gesamt	☐	☐	☐	☐
• Risikoakzeptanz				
– mit Bildung von Reserven	☐	☐	☐	☐
– ohne Bildung von Reserven	☐	☐	☐	☐
– Risikoakzeptanz gesamt	☐	☐	☐	☐

4.6 Welchen Zeitraum sollten die Angaben hinsichtlich zukunftsorientierter Informationen in der Risikoberichterstattung umfassen?

- Quantitativ: ☐ bis 1 Jahr ☐ bis 2 Jahre ☐ bis 3 Jahre ☐ mehr als 3 Jahre
- Qualitativ: ☐ bis 1 Jahr ☐ bis 2 Jahre ☐ bis 3 Jahre ☐ mehr als 3 Jahre

4.7 Wie beurteilen Sie die Wichtigkeit der Aggregation von Einzelrisiken zu einem Gesamtrisiko?

	sehr wichtig	wichtig	weniger wichtig	un-wichtig
• Risiken für Bereiche des Unternehmens	☐	☐	☐	☐
• Risiken für das Gesamtunternehmen	☐	☐	☐	☐

4.8 Wie bedeutsam ist die Berichterstattung über Interdependenzen zwischen Einzelrisiken?

☐ sehr wichtig ☐ wichtig ☐ weniger wichtig ☐ unwichtig

4.9 Wie bedeutsam ist die Berichterstattung über Konzentration von Einzelrisiken?

☐ sehr wichtig ☐ wichtig ☐ weniger wichtig ☐ unwichtig

4.10 Welche Angaben zur Kontrolle des Risikomanagements in Unternehmen sollten veröffentlicht werden?

	sehr wichtig	wichtig	weniger wichtig	un-wichtig
Institutionelle Angaben:				
• Grundsätze und Prüfungsstrategie der Innenrevision	☐	☐	☐	☐
• Angaben über Prüfungen und Ergebnisse der Innenrevision	☐	☐	☐	☐
• Andere: ____________________	☐	☐	☐	☐
Systembezogene Angaben:				
• Interne Risikoberichte	☐	☐	☐	☐
• Schwellenwerte	☐	☐	☐	☐
• Aufgabenteilung	☐	☐	☐	☐
• Risikopolitik	☐	☐	☐	☐

4.11 Wie häufig sollte eine externe Risikoberichterstattung durchgeführt werden?

☐ vierteljährlich ☐ halbjährlich ☐ jährlich ☐ anders: ____________________

Herzlichen Dank, dass Sie sich die Zeit genommen haben, uns bei dieser Untersuchung zu unterstützen!

Anhang III: Statistische Auswertung von Unterschieden zwischen Erstbefragung und Nachfassaktion

Asymp. Sig. (2-seitig) größer 0,05 kennzeichnet, dass keine Unterschiede zwischen den Rückläufen der Erstbefragung und der Nachfassaktion für Adressaten und Ersteller vorliegen.

Non-response Bias - Adressaten					
	Extremste Differenzen			Kolmogorov-Smirnov Z	Asymp. Sig. (2-seitig)
	Absolut	Positiv	Negativ		
2.1 Stetigkeit	0,067	0	-0,067	0,137	1
2.1 Nachvollziehbarkeit	0,136	0,136	0	0,28	1
2.1 Detaillierungsgrad	0,163	0,015	-0,163	0,335	1
2.1 Vollständigkeit	0,304	0,304	-0,089	0,624	0,831
2.1 Verlässlichkeit	0,63	0,63	0	1,293	0,071
2.2 Risikoumfeld	0,15	0,15	-0,093	0,309	1
2.3 Zusatzinformationen	0,214	0,179	-0,214	0,441	0,99
2.4 Mitarbeiterbeteiligung	0,264	0	-0,264	0,544	0,928
2.5 Anteilseignerkonzentration	0,071	0	-0,071	0,147	1
2.6 Investoren	0,207	0,207	0	0,426	0,993
2.6 Wettbewerber	0,43	0,43	0	0,882	0,417
2.6 Kunden	0,319	0,319	0	0,654	0,785
2.6 Zulieferer	0,37	0,37	0	0,761	0,609
2.6 Mitarbeiter	0,363	0,363	0	0,746	0,635
2.6 Staat	0,215	0,215	0	0,441	0,99
2.6 Gesellschaft	0,156	0,156	-0,037	0,32	1
3.1 Kunde: Spezifität	0,25	0,25	-0,042	0,463	0,983
3.1 Kunde: Abhängigkeit	0,146	0,146	0	0,299	1
3.1 Kunde: Auftragsvolumen	0,154	0,154	-0,069	0,315	1
3.1 Kunde: Neukunden	0,385	0,385	0	0,788	0,564
3.1 Kunde: Wiederkaufsrate	0,36	0,36	0	0,735	0,653
3.1 Kunde: Bindungsdauer	0,423	0,423	0	0,866	0,441
3.1 Kunde: Preissensitivität	0,208	0,208	0	0,425	0,994
3.1 Kunde: Vertriebskanal	0,085	0,085	-0,015	0,173	1
3.1 Kunde: Gesamt	0,054	0,054	0	0,11	1
3.1 Zulieferer: Abhängigkeit	0,215	0,215	0	0,441	0,99
3.1 Zulieferer: Rohstoffknappheit	0,2	0,2	0	0,408	0,996
3.1 Zulieferer: Bindungsdauer	0,4	0,4	0	0,819	0,513
3.1 Zulieferer: Vorleistungsqualität	0,423	0,423	0	0,866	0,441
3.1 Zulieferer: Gesamt	0,292	0,292	-0,008	0,593	0,873
3.1 Wettbewerber: Marktanteile	0,138	0,138	0	0,284	1
3.1 Wettbewerber: Marktwachstum	0,2	0	-0,2	0,41	0,996
3.1 Wettbewerber: Produktdifferenzierung	0,169	0,169	0	0,347	1
3.1 Wettbewerber: Reaktion	0,446	0,446	0	0,914	0,374
3.1 Wettbewerber: Markenimage	0,092	0,085	-0,092	0,189	1
3.1 Wettbewerber: Ersatzprodukte	0,077	0,077	0	0,158	1
3.1 Wettbewerber: Patentrestnutzung	0,383	0,383	0	0,78	0,577
3.1 Wettbewerber: Gesamt	0,045	0,045	-0,009	0,092	1
3.1 Marktrisiken: Gesamt	0,043	0,043	0	0,088	1
3.2 Personalbedarf: Beschaffung	0,25	0,25	0	0,463	0,983
3.2 Personalbedarf: Fluktuation	0,375	0,375	-0,25	0,694	0,721
3.2 Personalbedarf: Abbau	0,5	0,5	0	0,926	0,358
3.2 Personalbedarf: Gesamt	0,173	0,173	0	0,322	1
3.2 Arbeitssicherheit	0,423	0,423	0	0,788	0,564
3.2 Personalführung	0,55	0,55	0	1,021	0,248
3.2 Qualifikation	0,308	0,308	0	0,573	0,898
3.2 Fehlverhalten: Fehlzeiten	0,333	0,333	0	0,617	0,841
3.2 Fehlverhalten: Unterschlagung	0,24	0,24	0	0,446	0,989
3.2 Fehlverhalten: Gesamt	0,308	0,308	0	0,573	0,898
3.2 Organisation/Personal: Gesamt	0,52	0,52	0	0,966	0,309
3.3 Finanzanlage: Grundgeschäft	0,15	0	-0,15	0,3	1
3.3 Finanzanlage: Liquidität	0,08	0,08	0	0,163	1
3.3 Finanzanlage: Kontrahenten	0,4	0,4	0	0,816	0,518
3.3 Finanzanlage: Marktpreisrisiko	0,16	0,16	0	0,327	1
3.3 Finanzanlage: Zinsänderung	0,2	0,2	-0,04	0,408	0,996
3.3 Finanzanlage: Währung	0,28	0,04	-0,28	0,572	0,9

3.3 Finanzanlage: Sicherungsgeschäft	0,118	0,118	0	0,231	1
3.3 Finanzanlage: Absicherungsausmaß	0,04	0,04	0	0,082	1
3.3 Finanzanlage: Hedge Ratio	0,28	0,28	0	0,572	0,9
3.3 Finanzanlage: Zeitbezug	0,117	0,117	0	0,237	1
3.3 Finanzanlage: Instrumente	0,042	0,042	-0,008	0,085	1
3.3 Finanzanlage: Gesamt	0,067	0,067	0	0,136	1
3.3 Kapitalstruktur: Verschuldung	0,12	0,12	0	0,245	1
3.3 Kapitalstruktur: Fremdkapital	0,16	0,16	0	0,327	1
3.3 Kapitalstruktur: FK langfristig	0,36	0,36	0	0,735	0,653
3.3 Kapitalstruktur: FK kurzfristig	0,12	0,04	-0,12	0,245	1
3.3 Kapitalstruktur: FK Refinanzierung	0,35	0,35	0	0,712	0,691
3.3 Kapitalstruktur: Eigenkapitalkosten	0,2	0,2	-0,04	0,408	0,996
3.3 Kapitalstruktur: Rating	0,125	0,125	-0,017	0,254	1
3.3 Kapitalstruktur: Gesamt	0,052	0,052	0	0,106	1
3.3 eigener Aktienkurs	0,042	0,042	-0,008	0,085	1
3.3 Liquidität	0,04	0,04	0	0,082	1
3.3 Versicherungstechnisch: Prämien	0,162	0,162	-0,015	0,331	1
3.3 Versicherungstechnisch: Leistung	0,162	0,162	-0,054	0,331	1
3.3 Versicherungstechnisch: Gesamt	0,162	0,162	0	0,331	1
3.3 Finanzen: Gesamt	0,08	0,08	0	0,163	1
3.4 Forschung & Entwicklung	0,062	0,062	0	0,126	1
3.4 Logistik	0,385	0,385	0	0,788	0,564
3.4 Produktion: Anlage	0,2	0,2	0	0,408	0,996
3.4 Produktion: Bestände	0,32	0,32	-0,12	0,653	0,787
3.4 Produktion: Fertigung	0,446	0,446	-0,008	0,914	0,374
3.4 Produktion: Betriebsunterbrechung	0,308	0,308	0	0,63	0,822
3.4 Produktion: Gesamt	0,285	0,285	0	0,583	0,886
3.4 Vertrieb: Zahlungsausfälle	0,12	0,12	0	0,245	1
3.4 Vertrieb: Kulanznachlässe	0,52	0,52	-0,12	1,061	0,21
3.4 Vertrieb: Gewährleistung	0,246	0,246	-0,162	0,504	0,961
3.4 Vertrieb: Gesamt	0,323	0,323	0	0,662	0,774
3.4 Standortrisiko	0,223	0,223	0	0,457	0,985
3.4 Leistungswirtschaftlich: Gesamt	0,233	0,233	-0,075	0,475	0,978
3.5 Datenverlust	0,2	0,2	0	0,408	0,996
3.5 Zugriffe	0,2	0,2	-0,08	0,408	0,996
3.5 Kommunikation	0,08	0,08	-0,04	0,163	1
3.5 Informationsfluss	0,12	0,04	-0,12	0,245	1
3.5 Stillstandszeiten	0,458	0,458	-0,083	0,932	0,35
3.5 Elektronischer Betrug	0,24	0,24	0	0,49	0,97
3.5 IT: Gesamt	0,133	0,133	-0,042	0,271	1
3.6 Politik: Gesetzgebung	0,231	0,231	0	0,473	0,979
3.6 Politik: Disposition	0,138	0,138	0	0,284	1
3.6 Politik: Enteignung	0,192	0,192	0	0,394	0,998
3.6 Politik: Gesamt	0,289	0,289	0	0,593	0,873
3.6 Recht: Wettbewerb	0,192	0,192	0	0,394	0,998
3.6 Recht: Öffentlich	0,069	0,069	0	0,142	1
3.6 Recht: Zivil	0,285	0,285	-0,054	0,583	0,886
3.6 Recht: Steuern	0,208	0,208	0	0,425	0,994
3.6 Recht: Gesamt	0,222	0,222	0	0,456	0,985
3.6 Makro: Konjunktur	0,377	0,377	0	0,772	0,591
3.6 Makro: Inflation	0,423	0,423	0	0,866	0,441
3.6 Makro: Währung	0,231	0,231	0	0,473	0,979
3.6 Makro: Arbeitsmarkt	0,338	0,338	-0,162	0,693	0,723
3.6 Makro: Gesamt	0,308	0,308	0	0,63	0,822
3.6 Ökologie: Ressourcen	0,269	0,269	0	0,551	0,921
3.6 Ökologie: Entsorgung	0,262	0,262	0	0,536	0,937
3.6 Ökologie: Naturkatastrophen	0,177	0,177	0	0,362	0,999
3.6 Ökologie: Gesamt	0,281	0,281	0	0,578	0,892
3.6 Sonstige: Gesamt	0,36	0,36	0	0,735	0,653

4.1 Risikoidentifikation	0,257	0	-0,257	0,53	0,942
4.2 Eintrittswahrscheinlichkeiten	0,286	0,05	-0,286	0,588	0,879
4.3 Methoden	0,086	0,086	-0,014	0,177	1
4.3 Annahmen	0,364	0,364	0	0,75	0,627
4.4 Quantifizierung	0,052	0,052	0	0,107	1
4.5 Vermeidung: Investitionen	0,092	0,092	-0,008	0,189	1
4.5 Vermeidung: Geschäftsfelder	0,162	0	-0,162	0,331	1
4.5 Vermeidung: Gesamt	0,126	0,067	-0,126	0,259	1
4.5 Verminderung: Prozesse	0,231	0,231	0	0,473	0,979
4.5 Verminderung: Gesamt	0,192	0,192	0	0,394	0,998
4.5 Überwälzung: Verträge	0,246	0,246	-0,092	0,504	0,961
4.5 Überwälzung: Versicherung	0,185	0,185	0	0,378	0,999
4.5 Überwälzung: Kapitalmärkte	0,308	0,308	0	0,63	0,822
4.5 Überwälzung: Beteiligungen	0,285	0,285	0	0,583	0,886
4.5 Überwälzung: Dritte	0,285	0,285	0	0,583	0,886
4.5 Überwälzung: Gesamt	0,32	0,32	0	0,653	0,787
4.5 Akzeptanz: mit Reserven	0,24	0,24	0	0,49	0,97
4.5 Akzeptanz: ohne Reserven	0,05	0,05	-0,008	0,102	1
4.5 Akzeptanz: Gesamt	0,2	0,2	0	0,408	0,996
4.6 Quantitativ	0,421	0,421	0	0,868	0,438
4.6 Qualitativ	0,23	0,23	0	0,472	0,979
4.7 Bereiche	0,157	0,157	0	0,324	1
4.7 Gesamtunternehmen	0,1	0,071	-0,1	0,206	1
4.8 Interdependenzen	0,179	0,179	-0,086	0,368	0,999
4.9 Konzentrationen	0,193	0,037	-0,193	0,396	0,998
4.10 Grundsätze Revision	0,407	0,407	-0,093	0,839	0,483
4.10 Prüfungen Revision	0,193	0,193	-0,111	0,396	0,998
4.10 Interne Risikoberichte	0,281	0	-0,281	0,578	0,892
4.10 Schwellenwerte	0,126	0,126	-0,052	0,259	1
4.10 Aufgabenteilung	0,107	0,107	-0,071	0,221	1
4.10 Risikopolitik	0,15	0,15	0	0,309	1
4.11 Häufigkeit	0,1	0,1	-0,036	0,206	1

Non-response Bias - Ersteller	Extremste Differenzen			Kolmogorov-Smirnov Z	Asymp. Sig. (2-seitig)
	Absolut	Positiv	Negativ		
2.1 Stetigkeit	0,125	0,028	-0,125	0,32	1
2.1 Nachvollziehbarkeit	0,111	0	-0,111	0,284	1
2.1 Detaillierungsgrad	0,139	0,097	-0,139	0,355	1
2.1 Vollständigkeit	0,278	0,167	-0,278	0,711	0,693
2.1 Verlässlichkeit	0,083	0,083	-0,083	0,213	1
2.2 Risikoumfeld	0,167	0,167	-0,097	0,426	0,993
2.3 Zusatzinformationen	0,257	0,15	-0,257	0,656	0,782
2.4 Mitarbeiterbeteiligung	0,056	0	-0,056	0,142	1
2.5 Anteilseignerkonzentration	0,257	0,046	-0,257	0,656	0,782
2.6 Investoren	0,125	0	-0,125	0,32	1
2.6 Wettbewerber	0,104	0,057	-0,104	0,264	1
2.6 Kunden	0,278	0,278	-0,042	0,711	0,693
2.6 Zulieferer	0,032	0,032	-0,011	0,082	1
2.6 Mitarbeiter	0,097	0,097	-0,083	0,249	1
2.6 Staat	0,389	0,389	-0,028	0,995	0,275
2.6 Gesellschaft	0,278	0,278	0	0,711	0,693
3.1 Kunde: Spezifität	0,294	0	-0,294	0,748	0,63
3.1 Kunde: Abhängigkeit	0,264	0	-0,264	0,675	0,752
3.1 Kunde: Auftragsvolumen	0,246	0,246	-0,068	0,629	0,824
3.1 Kunde: Neukunden	0,018	0,018	0	0,046	1
3.1 Kunde: Wiederkaufsrate	0,221	0,221	0	0,561	0,911
3.1 Kunde: Bindungsdauer	0,164	0,054	-0,164	0,419	0,995
3.1 Kunde: Preissensitivität	0,14	0	-0,14	0,356	1
3.1 Kunde: Vertriebskanal	0,08	0,08	-0,034	0,202	1
3.1 Kunde: Gesamt	0,156	0,076	-0,156	0,374	0,999
3.1 Zulieferer: Abhängigkeit	0,314	0,018	-0,314	0,802	0,541
3.1 Zulieferer: Rohstoffknappheit	0,368	0	-0,368	0,939	0,342
3.1 Zulieferer: Bindungsdauer	0,121	0,018	-0,121	0,31	1
3.1 Zulieferer: Vorleistungsqualität	0,096	0,022	-0,096	0,243	1
3.1 Zulieferer: Gesamt	0,095	0	-0,095	0,229	1
3.1 Wettbewerber: Marktanteile	0,111	0,028	-0,111	0,284	1
3.1 Wettbewerber: Marktwachstum	0,111	0,083	-0,111	0,284	1
3.1 Wettbewerber: Produktdifferenzierung	0,121	0,121	-0,075	0,31	1
3.1 Wettbewerber: Reaktion	0,311	0	-0,311	0,793	0,556
3.1 Wettbewerber: Markenimage	0,228	0,228	0	0,58	0,89
3.1 Wettbewerber: Ersatzprodukte	0,059	0,059	-0,051	0,15	1
3.1 Wettbewerber: Patentrestnutzung	0,057	0,027	-0,057	0,144	1
3.1 Wettbewerber: Gesamt	0,152	0,152	-0,152	0,364	0,999
3.1 Marktrisiken: Gesamt	0,167	0,1	-0,167	0,373	0,999
3.2 Personalbedarf: Beschaffung	0,139	0,139	0	0,355	1
3.2 Personalbedarf: Fluktuation	0,096	0,096	0	0,246	1
3.2 Personalbedarf: Abbau	0,193	0,193	-0,032	0,492	0,969
3.2 Personalbedarf: Gesamt	0,125	0,097	-0,125	0,32	1
3.2 Arbeitssicherheit	0,153	0,069	-0,153	0,391	0,998
3.2 Personalführung	0,25	0,25	0	0,64	0,808
3.2 Qualifikation	0,208	0,208	-0,083	0,533	0,939
3.2 Fehlverhalten: Fehlzeiten	0,066	0,066	-0,051	0,168	1
3.2 Fehlverhalten: Unterschlagung	0,193	0,193	-0,091	0,49	0,97
3.2 Fehlverhalten: Gesamt	0,197	0,197	0	0,478	0,977
3.2 Organisation/Personal: Gesamt	0,165	0,165	0	0,396	0,998
3.3 Finanzanlage: Grundgeschäft	0,219	0	-0,219	0,553	0,919
3.3 Finanzanlage: Liquidität	0,389	0	-0,389	0,993	0,277
3.3 Finanzanlage: Kontrahenten	0,199	0,029	-0,199	0,505	0,961
3.3 Finanzanlage: Marktpreisrisiko	0,257	0	-0,257	0,655	0,784
3.3 Finanzanlage: Zinsänderung	0,228	0	-0,228	0,58	0,89
3.3 Finanzanlage: Währung	0,208	0	-0,208	0,529	0,943

3.3 Finanzanlage: Sicherungsgeschäft	0,175	0,1	-0,175	0,44	0,99
3.3 Finanzanlage: Absicherungsausmaß	0,169	0,147	-0,169	0,43	0,993
3.3 Finanzanlage: Hedge Ratio	0,316	0,316	-0,118	0,805	0,537
3.3 Finanzanlage: Zeitbezug	0,059	0,059	-0,059	0,15	1
3.3 Finanzanlage: Instrumente	0,129	0,129	0	0,327	1
3.3 Finanzanlage: Gesamt	0,106	0,03	-0,106	0,239	1
3.3 Kapitalstruktur: Verschuldung	0,164	0,164	0	0,395	0,998
3.3 Kapitalstruktur: Fremdkapital	0,148	0,03	-0,148	0,375	0,999
3.3 Kapitalstruktur: FK langfristig	0,087	0,03	-0,087	0,221	1
3.3 Kapitalstruktur: FK kurzfristig	0,053	0,053	0	0,135	1
3.3 Kapitalstruktur: FK Refinanzierung	0,053	0	-0,053	0,135	1
3.3 Kapitalstruktur: Eigenkapitalkosten	0,061	0,061	-0,057	0,154	1
3.3 Kapitalstruktur: Rating	0,074	0,059	-0,074	0,187	1
3.3 Kapitalstruktur: Gesamt	0,1	0	-0,1	0,207	1
3.3 eigener Aktienkurs	0,397	0	-0,397	1,01	0,259
3.3 Liquidität	0,028	0,028	-0,014	0,071	1
3.3 Versicherungstechnisch: Prämien	0,191	0,066	-0,191	0,487	0,972
3.3 Versicherungstechnisch: Leistung	0,191	0,066	-0,191	0,487	0,972
3.3 Versicherungstechnisch: Gesamt	0,191	0,059	-0,191	0,487	0,972
3.3 Versicherungstechnisch: Gesamt	0,082	0	-0,082	0,198	1
3.4 Forschung & Entwicklung	0,222	0	-0,222	0,569	0,903
3.4 Logistik	0,176	0,176	0	0,449	0,988
3.4 Produktion: Anlage	0,188	0,031	-0,188	0,474	0,978
3.4 Produktion: Bestände	0,188	0,188	-0,125	0,474	0,978
3.4 Produktion: Fertigung	0,125	0,125	-0,063	0,316	1
3.4 Produktion: Betriebsunterbrechung	0,326	0,326	0	0,827	0,502
3.4 Produktion: Gesamt	0,177	0,121	-0,177	0,427	0,993
3.4 Vertrieb: Zahlungsausfälle	0,169	0,169	0	0,43	0,993
3.4 Vertrieb: Kulanznachlässe	0,223	0,223	0	0,567	0,905
3.4 Vertrieb: Gewährleistung	0,265	0,265	-0,064	0,673	0,756
3.4 Vertrieb: Gesamt	0,154	0,154	-0,029	0,393	0,998
3.4 Standortrisiko	0,057	0,057	-0,057	0,138	1
3.4 Leistungswirtschaftlich: Gesamt	0,078	0,078	-0,029	0,177	1
3.5 Datenverlust	0,063	0,031	-0,063	0,158	1
3.5 Zugriffe	0,25	0,063	-0,25	0,632	0,819
3.5 Kommunikation	0,198	0,161	-0,198	0,498	0,965
3.5 Informationsfluss	0,188	0,188	0	0,474	0,978
3.5 Stillstandszeiten	0,125	0,125	-0,063	0,316	1
3.5 Elektronischer Betrug	0,094	0,094	0	0,237	1
3.5 IT: Gesamt	0,167	0,029	-0,167	0,378	0,999
3.6 Politik: Gesetzgebung	0,176	0,176	-0,015	0,449	0,988
3.6 Politik: Disposition	0,147	0,096	-0,147	0,374	0,999
3.6 Politik: Enteigung	0,331	0,331	-0,162	0,842	0,477
3.6 Politik: Gesamt	0,125	0,08	-0,125	0,317	1
3.6 Recht: Wettbewerb	0,182	0,117	-0,182	0,461	0,983
3.6 Recht: Öffentlich	0,212	0	-0,212	0,538	0,934
3.6 Recht: Zivil	0,121	0	-0,121	0,308	1
3.6 Recht: Steuern	0,057	0,057	-0,027	0,144	1
3.6 Recht: Gesamt	0,176	0,029	-0,176	0,449	0,988
3.6 Makro: Konjunktur	0,303	0,303	-0,239	0,769	0,595
3.6 Makro: Inflation	0,295	0,295	-0,095	0,75	0,628
3.6 Makro: Währung	0,083	0,083	-0,027	0,211	1
3.6 Makro: Arbeitsmarkt	0,261	0,261	-0,03	0,663	0,771
3.6 Makro: Gesamt	0,235	0,235	0	0,596	0,87
3.6 Ökologie: Ressourcen	0,091	0,027	-0,091	0,231	1
3.6 Ökologie: Entsorgung	0,125	0,063	-0,125	0,316	1
3.6 Ökologie: Naturkatastrophen	0,29	0,29	0	0,695	0,719
3.6 Ökologie: Gesamt	0,272	0,272	-0,088	0,692	0,724
3.6 Sonstige: Gesamt	0,071	0,036	-0,071	0,159	1

4.1 Risikoidentifikation	0,275	0,275	0	0,702	0,708
4.2 Eintrittswahrscheinlichkeiten	0,2	0,179	-0,2	0,51	0,957
4.3 Methoden	0,15	0,15	-0,125	0,383	0,999
4.3 Annahmen	0,096	0,011	-0,096	0,246	1
4.4 Quantifizierung	0,293	0,293	-0,114	0,747	0,632
4.5 Vermeidung: Investitionen	0,136	0	-0,136	0,346	1
4.5 Vermeidung: Geschäftsfelder	0,219	0,063	-0,219	0,553	0,919
4.5 Vermeidung: Gesamt	0,147	0,029	-0,147	0,332	1
4.5 Verminderung: Prozesse	0,125	0,031	-0,125	0,316	1
4.5 Verminderung: Gesamt	0,121	0,03	-0,121	0,273	1
4.5 Überwälzung: Verträge	0,356	0,356	-0,061	0,904	0,388
4.5 Überwälzung: Versicherung	0,606	0,606	0	1,538	'0,018
4.5 Überwälzung: Kapitalmärkte	0,235	0,235	0	0,596	0,87
4.5 Überwälzung: Beteiligungen	0,356	0,356	-0,159	0,904	0,388
4.5 Überwälzung: Dritte	0,406	0,406	0	1,028	0,241
4.5 Überwälzung: Gesamt	0,108	0,108	-0,059	0,244	1
4.5 Akzeptanz: mit Reserven	0,29	0,29	0	0,692	0,724
4.5 Akzeptanz: ohne Reserven	0,123	0,034	-0,123	0,292	1
4.5 Akzeptanz: Gesamt	0,073	0,073	0	0,184	1
4.6 Quantitativ	0,103	0,103	0	0,25	1
4.6 Qualitativ	0,225	0,049	-0,225	0,509	0,958
4.7 Bereiche	0,194	0,194	0	0,497	0,966
4.7 Gesamtunternehmen	0,208	0,208	0	0,533	0,939
4.8 Interdependenzen	0,194	0,194	-0,042	0,497	0,966
4.9 Konzentrationen	0,125	0,125	-0,097	0,32	1
4.10 Grundsätze Revision	0,167	0,042	-0,167	0,428	0,993
4.10 Prüfungen Revision	0,153	0	-0,153	0,391	0,998
4.10 Interne Risikoberichte	0,046	0,046	0	0,118	1
4.10 Schwellenwerte	0,227	0,227	-0,091	0,577	0,894
4.10 Aufgabenteilung	0,456	0,456	-0,029	1,16	0,135
4.10 Risikopolitik	0,343	0,343	-0,007	0,875	0,428
4.11 Häufigkeit	0,264	0	-0,264	0,675	0,752

Anhang IV: Kolmogorov-Smirnov-Anpassungstest angewandt auf Fragebögen

* bei der asymp. Sig. (2-seitig) größer 0,05 kennzeichnet hinreichende Normalverteilung der Rückantworten von Adressaten und Erstellern.

Kolmogorov-Smirnov Anpassungstest - Adressaten					
	Extremste Differenzen			Kolmogorov-Smirnov Z	Asymp. Sig. (2-seitig)
	Absolut	Positiv	Negativ		
2.1 Stetigkeit	0,418	0,257	-0,418	2,365	0
2.1 Nachvollziehbarkeit	0,311	0,27	-0,311	1,785	0,003
2.1 Detaillierungsgrad	0,413	0,413	-0,337	2,335	0
2.1 Vollständigkeit	0,292	0,292	-0,239	1,654	0,008
2.1 Verlässlichkeit	0,354	0,354	-0,321	2,001	0,001
2.2 Risikoumfeld	0,332	0,332	-0,274	1,909	0,001
2.3 Zusatzinformationen	0,237	0,157	-0,237	1,362	0,049
2.4 Mitarbeiterbeteiligung	0,366	0,366	-0,257	2,1	0
2.5 Anteilseignerkonzentraion	0,318	0,263	-0,318	1,829	0,002
2.6 Investoren	0,402	0,273	-0,402	2,275	0
2.6 Wettbewerber	0,323	0,323	-0,208	1,827	0,003
2.6 Kunden	0,332	0,199	-0,332	1,878	0,002
2.6 Zulieferer	0,399	0,258	-0,399	2,255	0
2.6 Mitarbeiter	0,338	0,256	-0,338	1,91	0,001
2.6 Staat	0,435	0,435	-0,315	2,461	0
2.6 Gesellschaft	0,306	0,306	-0,272	1,731	0,005
3.1 Kunde: Spezifität	0,309	0,305	-0,309	1,633	0,01
3.1 Kunde: Abhängigkeit	0,418	0,26	-0,418	2,326	0
3.1 Kunde: Auftragsvolumen	0,325	0,325	-0,288	1,807	0,003
3.1 Kunde: Neukunden	0,27	0,246	-0,27	1,504	0,022
3.1 Kunde: Wiederkaufsrate	0,313	0,313	-0,223	1,715	0,006
3.1 Kunde: Bindungsdauer	0,304	0,244	-0,304	1,692	0,007
3.1 Kunde: Preissensitivität	0,274	0,274	-0,274	1,527	0,019
3.1 Kunde: Vertriebskanal	0,26	0,249	-0,26	1,45	0,03
3.1 Kunde: Gesamt	0,37	0,37	-0,25	2,059	0
3.1 Zulieferer: Abhängigkeit	0,279	0,205	-0,279	1,553	0,016
3.1 Zulieferer: Rohstoffknappheit	0,328	0,305	-0,328	1,798	0,003
3.1 Zulieferer: Bindungsdauer	0,264	0,246	-0,264	1,47	0,027
3.1 Zulieferer: Vorleistungsqualität	0,304	0,244	-0,304	1,692	0,007
3.1 Zulieferer: Gesamt	0,279	0,273	-0,279	1,502	0,022
3.1 Wettbewerber: Marktanteile	0,309	0,267	-0,309	1,722	0,005
3.1 Wettbewerber: Marktwachstum	0,334	0,288	-0,334	1,857	0,002
3.1 Wettbewerber: Produktdifferenzierung	0,26	0,26	-0,256	1,448	0,03
3.1 Wettbewerber: Reaktion	0,245	0,239	-0,245	1,364	0,048
3.1 Wettbewerber: Markenimage	0,294	0,255	-0,294	1,636	0,009
3.1 Wettbewerber: Ersatzprodukte	0,361	0,22	-0,361	2,01	0,001
3.1 Wettbewerber: Patentrestnutzung	0,303	0,23	-0,303	1,633	0,01
3.1 Wettbewerber: Gesamt	0,337	0,337	-0,275	1,749	0,004
3.1 Marktrisiken: Gesamt	0,346	0,346	-0,268	1,83	0,002
3.2 Personalbedarf: Beschaffung	0,259	0,259	-0,239	1,371	0,047
3.2 Personalbedarf: Fluktuation	0,25	0,214	-0,25	1,324	*0,06
3.2 Personalbedarf: Abbau	0,233	0,196	-0,233	1,233	*0,096
3.2 Personalbedarf: Gesamt	0,28	0,226	-0,28	1,536	0,018
3.2 Arbeitssicherheit	0,426	0,426	-0,374	2,331	0
3.2 Personalführung	0,382	0,382	-0,273	2,06	0
3.2 Miterbeiterqualifikation	0,359	0,359	-0,308	1,966	0,001
3.2 Fehlverhalten: Fehlzeiten	0,329	0,278	-0,329	1,741	0,005
3.2 Fehlverhalten: Unterschlagung	0,229	0,188	-0,229	1,233	*0,096
3.2 Fehlverhalten: Gesamt	0,287	0,287	-0,28	1,569	0,015
3.2 Organisation/Personal: Gesamt	0,284	0,284	-0,248	1,531	0,018
3.3 Finanzanlage: Grundgeschäft	0,295	0,295	-0,261	1,475	0,026
3.3 Finanzanlage: Liquidität	0,457	0,277	-0,457	2,501	0
3.3 Finanzanlage: Kontrahenten	0,3	0,273	-0,3	1,641	0,009
3.3 Finanzanlage: Marktpreisrisiko	0,285	0,285	-0,248	1,561	0,015
3.3 Finanzanlage: Zinsänderung	0,315	0,285	-0,315	1,724	0,005
3.3 Finanzanlage: Währung	0,328	0,328	-0,29	1,796	0,003

3.3 Finanzanlage: Sicherungsgeschäft	0,327	0,327	-0,264	1,532	0,018
3.3 Finanzanlage: Absicherungsausmaß	0,345	0,345	-0,273	1,891	0,002
3.3 Finanzanlage: HedgeRatio	0,332	0,301	-0,332	1,819	0,003
3.3 Finanzanlage: Zeitbezug	0,337	0,284	-0,337	1,814	0,003
3.3 Finanzanlage: Instrumente	0,312	0,274	-0,312	1,68	0,007
3.3 Finanzanlage: Gesamt	0,372	0,372	-0,249	2,003	0,001
3.3 Kapitalstruktur: Verschuldung	0,325	0,293	-0,325	1,779	0,004
3.3 Kapitalstruktur: Fremdkapital	0,31	0,31	-0,307	1,7	0,006
3.3 Kapitalstruktur: FK langfristig	0,396	0,396	-0,271	2,167	0
3.3 Kapitalstruktur: FK kurzfristig	0,325	0,293	-0,325	1,779	0,004
3.3 Kapitalstruktur: FK Refinanzierung	0,389	0,389	-0,266	2,096	0
3.3 Kapitalstruktur: Eigenkapitalkosten	0,315	0,285	-0,315	1,724	0,005
3.3 Kapitalstruktur: Rating	0,267	0,267	-0,266	1,438	0,032
3.3 Kapitalstruktur: Gesamt	0,364	0,364	-0,249	1,927	0,001
3.3 eigener Aktienkurs	0,312	0,274	-0,312	1,68	0,007
3.3 Liquidität	0,462	0,304	-0,462	2,532	0
3.3 Versicherungstechnisch: Prämien	0,318	0,258	-0,318	1,769	0,004
3.3 Versicherungstechnisch: Leistung	0,334	0,246	-0,334	1,861	0,002
3.3 Versicherungstechnisch: Gesamt	0,301	0,275	-0,301	1,675	0,007
3.3 Finanzen: Gesamt	0,342	0,275	-0,342	1,874	0,002
3.4 Forschung & Entwicklung	0,362	0,312	-0,362	2,018	0,001
3.4 Logistik	0,382	0,263	-0,382	2,128	0
3.4 Produktion: Anlage	0,295	0,241	-0,295	1,615	0,011
3.4 Produktion: Bestände	0,302	0,265	-0,302	1,652	0,009
3.4 Produktion: Fertigung	0,294	0,294	-0,287	1,636	0,009
3.4 Produktion: Betriebsunterbrechung	0,28	0,269	-0,28	1,557	0,016
3.4 Produktion: Gesamt	0,339	0,339	-0,339	1,886	0,002
3.4 Vertrieb: Zahlungsausfälle	0,312	0,312	-0,255	1,709	0,006
3.4 Vertrieb: Kulanznachlässe	0,303	0,303	-0,23	1,661	0,008
3.4 Vertrieb: Gewährleistung	0,306	0,243	-0,306	1,701	0,006
3.4 Vertrieb: Gesamt	0,318	0,263	-0,318	1,771	0,004
3.4 Standortrisiko	0,266	0,219	-0,266	1,479	0,025
3.4 Leistungswirt. Gesamt	0,339	0,339	-0,316	1,828	0,003
3.5 Datenverlust	0,322	0,322	-0,312	1,762	0,004
3.5 Zugriffe	0,328	0,238	-0,328	1,799	0,003
3.5 Kommunikation	0,375	0,375	-0,258	2,056	0
3.5 Informationsfluss	0,282	0,282	-0,224	1,544	0,017
3.5 Stillstandszeiten	0,317	0,253	-0,317	1,707	0,006
3.5 Elektronischer Betrug	0,277	0,259	-0,277	1,52	0,02
3.5 IT: Gesamt	0,389	0,266	-0,389	2,096	0
3.6 Politik: Gesetzgebung	0,291	0,193	-0,291	1,621	0,01
3.6 Politik: Disposition	0,292	0,292	-0,218	1,626	0,01
3.6 Politik: Enteignung	0,229	0,229	-0,168	1,277	*0,077
3.6 Politik: Gesamt	0,263	0,237	-0,263	1,467	0,024
3.6 Recht: Wettbewerb	0,287	0,261	-0,287	1,599	0,012
3.6 Recht: Öffentlich	0,313	0,267	-0,313	1,744	0,005
3.6 Recht: Zivil	0,254	0,23	-0,254	1,412	0,037
3.6 Recht: Steuern	0,274	0,274	-0,274	1,527	0,019
3.6 Recht: Gesamt	0,301	0,301	-0,293	1,7	0,006
3.6 Makro: Konjunktur	0,305	0,235	-0,305	1,697	0,006
3.6 Makro: Inflation	0,262	0,222	-0,262	1,457	0,029
3.6 Makro: Währung	0,28	0,28	-0,269	1,557	0,016
3.6 Makro: Arbeitsmarkt	0,246	0,246	-0,238	1,372	0,046
3.6 Makro: Gesamt	0,325	0,288	-0,325	1,807	0,003
3.6 Ökologie: Ressourcen	0,352	0,261	-0,352	1,961	0,001
3.6 Ökologie: Entsorgung	0,287	0,196	-0,287	1,6	0,012
3.6 Ökologie: Naturkatastrophen	0,243	0,243	-0,183	1,352	*0,052
3.6 Ökologie: Gesamt	0,292	0,222	-0,292	1,652	0,009
3.6 Sonstige: Gesamt	0,372	0,328	-0,372	2,04	0

4.1 Risikoidentifikation	0,266	0,266	-0,249	1,528	0,019
4.2 Eintrittswahrscheinlichkeiten	0,258	0,258	-0,258	1,48	0,025
4.3 Methoden	0,262	0,254	-0,262	1,503	0,022
4.3 Annahmen	0,35	0,287	-0,35	2,008	0,001
4.4 Quantifizierung	0,321	0,304	-0,321	1,818	0,003
4.5 Vermeidung: Investitionen	0,249	0,249	-0,235	1,385	0,043
4.5 Vermeidung:Geschäftsfelder	0,309	0,267	-0,309	1,722	0,005
4.5 Vermeidung: Gesamt	0,312	0,312	-0,25	1,767	0,004
4.5 Verminderung: Prozesse	0,273	0,243	-0,273	1,521	0,02
4.5 Verminderung: Gesamt	0,287	0,261	-0,287	1,599	0,012
4.5 Überwälzung: Verträge	0,259	0,224	-0,259	1,445	0,031
4.5 Überwälzung: Versicherung	0,277	0,239	-0,277	1,544	0,017
4.5 Überwälzung: Kapitalmärkte	0,301	0,28	-0,301	1,676	0,007
4.5 Überwälzung: Beteiligungen	0,313	0,287	-0,313	1,744	0,005
4.5 Überwälzung: Dritte	0,358	0,319	-0,358	1,995	0,001
4.5 Überwälzung: Gesamt	0,317	0,283	-0,317	1,738	0,005
4.5 Akzeptanz: mit Reserven	0,272	0,272	-0,262	1,488	0,024
4.5 Akzeptanz: ohne Reserven	0,279	0,273	-0,279	1,502	0,022
4.5 Akzeptanz: Gesamt	0,278	0,278	-0,256	1,52	0,02
4.6 Quantitativ	0,245	0,245	-0,154	1,407	0,038
4.6 Qualitativ	0,253	0,193	-0,253	1,432	0,033
4.7 Bereiche	0,21	0,193	-0,21	1,204	0,11
4.7 Gesamtunternehmen	0,29	0,195	-0,29	1,667	0,008
4.8 Interdependenzen	0,301	0,301	-0,275	1,731	0,005
4.9 Konzentrationen	0,358	0,263	-0,358	2,027	0,001
4.10 Grundsätze Revision	0,241	0,241	-0,211	1,383	0,044
4.10 Prüfungen Revision	0,229	0,229	-0,201	1,296	*0,069
4.10 Interne Risikoberichte	0,211	0,211	-0,204	1,193	0,116
4.10 Schwellenwerte	0,239	0,191	-0,239	1,353	*0,051
4.10 Aufgabenteilung	0,277	0,277	-0,216	1,589	0,013
4.10 Risikopolitik	0,272	0,243	-0,272	1,564	0,015
4.11 Häufigkeit	0,3	0,185	-0,3	1,724	0,005

Kolmogorov-Smirnov Anpassungstest - Ersteller				
	Extremste Differenzen		Kolmogorov-Smirnov Z	Asymp. Sig. (2-seitig)
	Positiv	Negativ		
2.1 Stetigkeit	0,363	-0,341	2,411	0
2.1 Nachvollziehbarkeit	0,341	-0,341	2,261	0
2.1 Detaillierungsgrad	0,322	-0,36	2,385	0
2.1 Vollständigkeit	0,333	-0,304	2,207	0
2.1 Verlässlichkeit	0,35	-0,264	2,32	0
2.2 Risikoumfeld	0,266	-0,325	2,154	0
2.3 Zusatzinformationen	0,207	-0,212	1,388	0,042
2.4 Mitarbeiterbeteiligung	0,251	-0,362	2,404	0
2.5 Anteilseignerkonzentration	0,321	-0,307	2,104	0
2.6 Investoren	0,331	-0,306	2,197	0
2.6 Wettbewerber	0,28	-0,185	1,837	0,002
2.6 Kunden	0,208	-0,315	2,09	0
2.6 Zulieferer	0,291	-0,244	1,909	0,001
2.6 Mitarbeiter	0,294	-0,279	1,951	0,001
2.6 Staat	0,437	-0,336	2,899	0
2.6 Gesellschaft	0,371	-0,288	2,464	0
3.1 Kunde: Spezifität	0,275	-0,249	1,78	0,004
3.1 Kunde: Abhängigkeit	0,203	-0,252	1,671	0,008
3.1 Kunde: Auftragsvolumen	0,215	-0,274	1,794	0,003
3.1 Kunde: Neukunden	0,213	-0,216	1,418	0,036
3.1 Kunde: Wiederkaufsrate	0,267	-0,209	1,73	0,005
3.1 Kunde: Bindungsdauer	0,195	-0,27	1,77	0,004
3.1 Kunde: Preissensitivität	0,217	-0,283	1,832	0,002
3.1 Kunde: Vertriebskanal	0,196	-0,268	1,713	0,006
3.1 Kunde: Gesamt	0,29	-0,377	2,352	0
3.1 Zulieferer: Abhängigkeit	0,169	-0,273	1,789	0,003
3.1 Zulieferer: Rohstoffknappheit	0,179	-0,263	1,721	0,005
3.1 Zulieferer: Bindungsdauer	0,283	-0,228	1,857	0,002
3.1 Zulieferer: Vorleistungsqualität	0,225	-0,226	1,464	0,028
3.1 Zulieferer: Gesamt	0,243	-0,357	2,257	0
3.1 Wettbewerber: Marktanteile	0,389	-0,247	2,584	0
3.1 Wettbewerber: Marktwachstum	0,338	-0,252	2,245	0
3.1 Wettbewerber: Produktdifferenzierung	0,226	-0,24	1,577	0,014
3.1 Wettbewerber: Reaktion	0,25	-0,321	2,105	0
3.1 Wettbewerber: Markenimage	0,224	-0,252	1,632	0,01
3.1 Wettbewerber: Ersatzprodukte	0,269	-0,326	2,112	0
3.1 Wettbewerber: Patentrestnutzung	0,178	-0,261	1,67	0,008
3.1 Wettbewerber: Gesamt	0,375	-0,375	2,372	0
3.1 Marktrisiken: Gesamt	0,341	-0,27	2,046	0
3.2 Personalbedarf: Beschaffung	0,265	-0,258	1,74	0,005
3.2 Personalbedarf: Fluktuation	0,315	-0,256	2,067	0
3.2 Personalbedarf: Abbau	0,242	-0,316	2,075	0
3.2 Personalbedarf: Gesamt	0,309	-0,264	2,053	0
3.2 Arbeitssicherheit	0,291	-0,277	1,931	0,001
3.2 Personalführung	0,302	-0,266	2,003	0,001
3.2 Qualifikation	0,269	-0,368	2,439	0
3.2 Fehlverhalten: Fehlzeiten	0,256	-0,339	2,197	0
3.2 Fehlverhalten: Unterschlagung	0,28	-0,207	1,796	0,003
3.2 Fehlverhalten: Gesamt	0,284	-0,326	2,086	0
3.2 Organisation/Personal: Gesamt	0,337	-0,295	2,103	0
3.3 Finanzanlage: Grundgeschäft	0,29	-0,285	1,835	0,002
3.3 Finanzanlage: Liquidität	0,242	-0,281	1,843	0,002
3.3 Finanzanlage: Kontrahenten	0,214	-0,238	1,543	0,017
3.3 Finanzanlage: Marktpreisrisiko	0,217	-0,217	1,404	0,039
3.3 Finanzanlage: Zinsänderung	0,28	-0,268	1,815	0,003
3.3 Finanzanlage: Währung	0,314	-0,271	2,013	0,001

3.3 Finanzanlage: Sicherungsgeschäft	0,335	-0,323	2,063	0
3.3 Finanzanlage: Absicherungsausmaß	0,29	-0,329	2,131	0
3.3 Finanzanlage: Hedge Ratio	0,221	-0,303	1,965	0,001
3.3 Finanzanlage: Zeitbezug	0,245	-0,35	2,267	0
3.3 Finanzanlage: Instrumente	0,298	-0,36	2,307	0
3.3 Finanzanlage: Gesamt	0,427	-0,291	2,664	0
3.3 Kapitalstruktur: Verschuldung	0,308	-0,301	1,974	0,001
3.3 Kapitalstruktur: Fremdkapitalrisiko	0,315	-0,32	2,046	0
3.3 Kapitalstruktur: FK langfristig	0,277	-0,308	1,973	0,001
3.3 Kapitalstruktur:FK kurzfristig	0,23	-0,258	1,651	0,009
3.3 Kapitalstruktur:FK Refinanzierung	0,314	-0,271	2,013	0,001
3.3 Kapitalstruktur: Eigenkapitalkosten	0,209	-0,254	1,626	0,01
3.3 Kapitalstruktur: Rating	0,273	-0,322	2,088	0
3.3 Kapitalstruktur: Gesamt	0,337	-0,292	1,992	0,001
3.3 eigener Aktienkurs	0,272	-0,228	1,762	0,004
3.3 Liquidität	0,225	-0,301	1,995	0,001
3.3 Versicherungstechnisch: Prämien	0,345	-0,226	2,239	0
3.3 Versicherungstechnisch: Leistung	0,345	-0,226	2,239	0
3.3 Versicherungstechnisch: Gesamt	0,325	-0,223	2,106	0
3.3 Finanzen: Gesamt	0,327	-0,248	2,068	0
3.4 Forschung & Entwicklung	0,243	-0,326	2,16	0
3.4 Logistik	0,271	-0,229	1,759	0,004
3.4 Produktion: Anlage	0,185	-0,235	1,483	0,025
3.4 Produktion: Bestände	0,227	-0,204	1,435	0,032
3.4 Produktion: Fertigung	0,235	-0,34	2,152	0
3.4 Produktion: Betriebsunterbrechung	0,206	-0,229	1,466	0,027
3.4 Produktion: Gesamt	0,208	-0,292	1,849	0,002
3.4 Vertrieb: Zahlungsausfälle	0,281	-0,338	2,19	0
3.4 Vertrieb: Kulanznachlässe	0,321	-0,313	2,054	0
3.4 Vertrieb: Gewährleistung	0,228	-0,29	1,858	0,002
3.4 Vertrieb: Gesamt	0,274	-0,296	1,916	0,001
3.4 Standortrisiko	0,31	-0,29	2,007	0,001
3.4 Leistungswirtschaftlich: Gesamt	0,245	-0,351	2,219	0
3.5 Datenverlust	0,219	-0,24	1,52	0,02
3.5 Zugriffe	0,298	-0,202	1,888	0,002
3.5 Kommunikation	0,322	-0,268	2,008	0,001
3.5 Informationsfluss	0,284	-0,192	1,795	0,003
3.5 Stillstandszeiten	0,371	-0,279	2,343	0
3.5 Elektronischer Betrug	0,314	-0,25	1,987	0,001
3.5 IT: Gesamt	0,307	-0,257	1,945	0,001
3.6 Politik: Gesetzgebung	0,313	-0,283	2,027	0,001
3.6 Politik: Disposition	0,264	-0,236	1,713	0,006
3.6 Politik: Enteignung	0,306	-0,218	1,981	0,001
3.6 Politik: Gesamt	0,257	-0,261	1,67	0,008
3.6 Recht: Wettbewerb	0,306	-0,328	2,103	0
3.6 Recht: Öffentlich	0,219	-0,216	1,399	0,04
3.6 Recht: Zivil	0,243	-0,237	1,554	0,016
3.6 Recht: Steuern	0,337	-0,346	2,218	0
3.6 Recht: Gesamt	0,274	-0,321	2,08	0
3.6 Makro: Konjunktur	0,222	-0,217	1,419	0,036
3.6 Makro: Inflation	0,263	-0,216	1,685	0,007
3.6 Makro: Währung	0,246	-0,29	1,86	0,002
3.6 Makro: Arbeitsmarkt	0,274	-0,244	1,756	0,004
3.6 Makro: Gesamt	0,279	-0,239	1,786	0,003
3.6 Ökologie: Ressourcen	0,246	-0,202	1,575	0,014
3.6 Ökologie: Entsorgung	0,267	-0,208	1,689	0,007
3.6 Ökologie: Naturkatastrophen	0,275	-0,212	1,715	0,006
3.6 Ökologie: Gesamt	0,269	-0,207	1,746	0,004
3.6 Sonstige: Gesamt	0,272	-0,277	1,618	0,011

4.1 Risikoidentifikation	0,239	-0,273	1,79	0,003
4.2 Eintrittswahrscheinlichkeiten	0,213	-0,242	1,584	0,013
4.3 Methoden	0,219	-0,235	1,538	0,018
4.3 Annahmen	0,225	-0,286	1,877	0,002
4.4 Quantifizierung	0,265	-0,238	1,738	0,005
4.5 Vermeidung: Investitionen	0,225	-0,311	1,994	0,001
4.5 Vermeidung: Geschäftsfelder	0,253	-0,272	1,722	0,005
4.5 Vermeidung: Gesamt	0,231	-0,294	1,859	0,002
4.5 Verminderung: Prozesse	0,26	-0,278	1,759	0,004
4.5 Verminderung: Gesamt	0,24	-0,273	1,702	0,006
4.5 Überwälzung: Verträge	0,315	-0,253	2,014	0,001
4.5 Überwälzung: Versicherung	0,264	-0,277	1,775	0,004
4.5 Überwälzung: Kapitalmärkte	0,235	-0,282	1,808	0,003
4.5 Überwälzung: Beteiligungen	0,23	-0,249	1,594	0,012
4.5 Überwältung: Dritte	0,219	-0,257	1,625	0,01
4.5 Überwälzung: Gesamt	0,254	-0,311	1,97	0,001
4.5 Akzeptanz: mit Reserven	0,219	-0,23	1,399	0,04
4.5 Akzeptanz: ohne Reserven	0,273	-0,173	1,639	0,009
4.5 Akzeptanz: Gesamt	0,229	-0,241	1,484	0,024
4.6 Quantitativ	0,24	-0,186	1,571	0,014
4.6 Qualitativ	0,17	-0,238	1,506	0,021
4.7 Bereiche	0,243	-0,283	1,876	0,002
4.7 Gesamtunternehmen	0,206	-0,248	1,646	0,009
4.8 Interdependenzen	0,24	-0,231	1,594	0,012
4.9 Konzentrationen	0,282	-0,286	1,9	0,001
4.10 GrundsätzeRevision	0,303	-0,22	2,007	0,001
4.10 Prüfungen Revision	0,365	-0,294	2,423	0
4.10 Interne Risikoberichte	0,279	-0,209	1,831	0,002
4.10 Schwellenwerte	0,274	-0,213	1,757	0,004
4.10 Aufgabenteilung	0,242	-0,223	1,569	0,015
4.10 Risikopolitik	0,221	-0,245	1,604	0,012
4.11 Häufigkeit	0,275	-0,429	2,848	0

Anhang V: Statistische Auswertung der Branchenabhängigkeit der Befragungsergebnisse

* kennzeichnet signifikante Branchenunterschiede für asymp. Signifikanz kleiner 0,05.

Kruskal-Wallis H-Test (Branchenabhängigkeit)			
	Chi-Quadrat	df	Asymp. Sig.
2.1 Stetigkeit	24,396	18	0,142
2.1 Nachvollziehbarkeit	19,434	18	0,366
2.1 Detaillierungsgrad	16,862	18	0,533
2.1 Vollständigkeit	20,197	18	0,322
2.1 Verlässlichkeit	19,793	18	0,345
2.2 Risikoumfeld	9,204	18	0,955
2.3 Zusatzinformationen	20,918	18	0,284
2.4 Mitarbeiterbeteiligung	15,714	18	0,613
2.5 Anteilseignerkonzentration	15,714	18	0,613
2.6 Investoren	17,495	18	0,489
2.6 Wettbewerber	12,821	18	0,802
2.6 Kunden	13,955	18	0,732
2.6 Zulieferer	10,281	18	0,922
2.6 Mitarbeiter	15,587	18	0,621
2.6 Staat	15,641	18	0,618
2.6 Gesellschaft	24,37	18	0,143
2.6 Andere	2	1	0,157
3.1 Kunde: Spezifität	19,7	18	0,35
3.1 Kunde: Abhängigkeit	14,101	18	0,722
3.1 Kunde: Auftragsvolumen	13,168	18	0,782
3.1 Kunde: Neukunden	17,919	18	0,461
3.1 Kunde: Wiederkaufsrate	14,299	18	0,709
3.1 Kunde: Bindungsdauer	16,764	18	0,539
3.1 Kunde: Preissensitivität	24,837	17	0,098
3.1 Kunde: Vertriebskanal	12,121	17	0,793
3.1 Kunde: Gesamt	15,182	18	0,649
3.1 Zulieferer: Abhängigkeit	17,444	18	0,493
3.1 Zulieferer: Rohstoffknappheit	22,992	18	0,191
3.1 Zulieferer: Bindungsdauer	13,139	18	0,783
3.1 Zulieferer: Vorleistungsqualität	18,093	18	0,45
3.1 Zulieferer: Gesamt	21,793	18	0,241
3.1 Wettbewerber: Marktanteile	18,955	18	0,395
3.1 Wettbewerber: Marktwachstum	13,179	18	0,781
3.1 Wettbewerber: Produktdifferenzierung	12,088	18	0,843
3.1 Wettbewerber: Reaktion	15,34	18	0,639
3.1 Wettbewerber: Markenimage	16,578	18	0,552
3.1 Wettbewerber: Ersatzprodukte	16,969	17	0,456
3.1 Wettbewerber: Patentrestnutzung	12,709	17	0,755
3.1 Wettbewerber: Gesamt	25,186	18	0,12
3.1 Marktrisiken: Gesamt	13,388	17	0,71
3.2 Personalbedarf: Beschaffung	18,183	18	0,444
3.2 Personalbedarf: Fluktuation	14,533	18	0,694
3.2 Personalbedarf: Abbau	16,135	18	0,583
3.2 Personalbedarf: Gesamt	24,89	18	0,128
3.2 Arbeitssicherheit	19,935	18	0,337
3.2 Personalführung	19,948	18	0,336
3.2 Qualifikation	21,552	18	0,252
3.2 Fehlverhalten: Fehlzeiten	15,647	18	0,617
3.2 Fehlverhalten: Unterschlagung	14,755	18	0,679
3.2 Fehlverhalten: gesamt	8,698	18	0,966
3.2 Organisation/Personal: Gesamt	19,236	17	0,315
3.3 Finanzanlage: Grundgeschäft	15,321	16	0,501
3.3 Finanzanlage: Liquidität	17,917	18	0,461
3.3 Finanzanlage: Kontrahenten	15,077	18	0,657

3.3 Finanzanlage: Marktpreisrisiko	17,62	18	0,481
3.3 Finanzanlage: Zinsänderung	24,625	18	0,136
3.3 Finanzanlage: Währung	13,329	17	0,714
3.3 Finanzanlage: Sicherungsgeschäft	18,916	16	0,273
3.3 Finanzanlage: Absicherungsausmaß	21,949	18	0,234
3.3 Finanzanlage: Hedge Ratio	24,285	18	0,146
3.3 Finanzanlage: Zeitbezug	21,702	18	0,245
3.3 Finanzanlage: Instrumente	18,646	17	0,349
3.3 Finanzanlage: Gesamt	18,809	17	0,34
3.3 Kapitalstruktur: Verschuldung	14,957	18	0,665
3.3 Kapitalstruktur: Fremdkapital	17,744	18	0,473
3.3 Kapitalstruktur: FK langfristig	20,5	18	0,305
3.3 Kapitalstruktur: FK kurzfristig	20,305	18	0,316
3.3 Kapitalstruktur: FK Refinanzierung	18,113	18	0,448
3.3 Kapitalstruktur: Eigenkapitalkosten	17,069	18	0,518
3.3 Kapitalstruktur: Rating	17,43	18	0,494
3.3 Kapitalstruktur: Gesamt	13,727	15	0,546
3.3 eigener Aktienkurs	15,993	18	0,593
3.3 Liquidität	20,333	18	0,314
3.3 Versicherungstechnisch: Prämien	21,737	18	0,244
3.3 Versicherungstechnisch: Leistung	21,737	18	0,244
3.3 Versicherungstechnisch: Gesamt	20,906	18	0,284
3.3 Finanzen: Gesamt	17,809	17	0,401
3.4 Forschung & Entwicklung	22,755	18	0,2
3.4 Logistik	20,163	17	0,266
3.4 Produktion: Anlage	20,028	17	0,273
3.4 Produktion: Bestände	16,605	17	0,481
3.4 Produktion: Fertigung	21,209	17	0,217
3.4 Produktion: Betriebsunterbrechung	11,125	18	0,889
3.4 Produktion: Gesamt	16,341	17	0,5
3.4 Vertrieb: Zahlungsausfälle	8,669	18	0,967
3.4 Vertrieb: Kulanznachlässe	13,08	17	0,731
3.4 Vertrieb: Gewährleistung	13,605	17	0,695
3.4 Vertrieb: Gesamt	11,279	17	0,842
3.4 Standort	17,261	18	0,505
3.4 Leistungswirtschaftlich: Gesamt	11,502	17	0,829
3.5 Datenverlust	24,221	17	0,114
3.5 Zugriffe	19,053	17	0,326
3.5 Kommunikation	19,227	17	0,316
3.5 Informationsfluss	16,342	17	0,5
3.5 Stillstandszeiten	20,762	17	0,237
3.5 Elektronischer Betrug	17,838	17	0,399
3.5 IT: Gesamt	18,934	18	0,396
3.6 Politik: Gesetzgebung	15,649	18	0,617
3.6 Politik: Disposition	22,299	18	0,219
3.6 Politik: Enteigung	11,486	18	0,873
3.6 Politik: Gesamt	21,524	17	0,204
3.6 Recht: Wettbewerb	20,06	18	0,329
3.6 Recht: Öffentlich	30,934	18	*0,029
3.6 Recht: Zivil	23,632	18	0,167
3.6 Recht: Steuern	20,151	18	0,324
3.6 Recht: Gesamt	23,236	17	0,142
3.6 Makro: Konjunktur	13,634	18	0,753
3.6 Makro: Inflation	24,522	18	0,139
3.6 Makro: Währung	14,671	18	0,684
3.6 Makro: Arbeitsmarkt	20,915	18	0,284

3.6 Makro: Gesamt	12,292	16	0,724
3.6 Ökologie: Ressourcen	16,165	18	0,581
3.6 Ökologie: Entsorgung	16,386	17	0,497
3.6 Ökologie: Naturkatastrophen	18,771	17	0,342
3.6 Ökologie: Gesamt	11,381	17	0,836
3.6 Sonstige: Gesamt	18,1	17	0,383
4.1 Risikoidentifikation	18,004	18	0,455
4.2 Eintrittswahrscheinlichkeiten	17,057	18	0,519
4.3 Methoden	20,263	18	0,318
4.3 Annahmen	23,47	18	0,173
4.4 Quantifizierung	16,015	18	0,591
4.5 Vermeidung: Investitionen	18,754	18	0,407
4.5 Vermeidung: Geschäftsfelder	15,061	18	0,658
4.5 Vermeidung: Gesamt	20,384	17	0,255
4.5 Verminderung: Prozesse	19,374	18	0,369
4.5 Verminderung: Gesamt	18,87	17	0,336
4.5 Überwälzung: Verträge	21,469	18	0,256
4.5 Überwälzung: Versicherung	21,03	18	0,278
4.5 Überwälzung: Kapitalmärkte	25,369	18	0,115
4.5 Überwälzung: Beteiligungen	17,738	18	0,473
4.5 Überwälzung: Dritte	17,651	18	0,479
4.5 Überwälzung: Gesamt	28,741	17	*0,037
4.5 Akzeptanz: mit Reserven	19,132	16	0,262
4.5 Akzeptanz: ohne Reserven	14,037	15	0,523
4.5 Akzeptanz: Gesamt	17,938	17	0,393
4.6 Quantitativ	20,988	18	0,28
4.6 Qualitativ	14,748	18	0,679
4.7 Bereiche	20,824	18	0,288
4.7 Gesamtunternehmen	17,739	18	0,473
4.8 Interdependenzen	20,386	18	0,312
4.9 Konzentrationen	12,461	18	0,823
4.10 Grundsätze Revision	16,449	18	0,561
4.10 Prüfungen Revision	16,848	18	0,534
4.10 Interne Risikoberichte	17,868	18	0,464
4.10 Schwellenwerte	19,33	17	0,31
4.10 Aufgabenteilung	13,225	17	0,721
4.10 Risikopolitik	11,412	17	0,834
4.11 Häufigkeit	21,026	18	0,278

Anhang VI: Statistische Auswertung der Abhängigkeit der Befragungsergebnisse von der Zugehörigkeit zu einem Börsenindex

* kennzeichnet signifikante Unterschiede zwischen DAX 30 und MDAX bei asmyp. Sig. (2-seitig) kleiner 0,05.

Kolmogorov-Smirnov Homogenitätstest für die Börsenindizes DAX 30 und MDAX - Ersteller

	Extremste Differenzen			Kolmogorov-Smirnov Z	Asymp. Sig. (2-seitig)
	Absolut	Positiv	Negativ		
2.1 Stetigkeit	0,167	0,167	0	0,506	0,96
2.1 Nachvollziehbarkeit	0,033	0,033	0	0,101	1
2.1 Detaillierungsgrad	0,117	0,117	0	0,354	1
2.1 Vollständigkeit	0,167	0,167	0	0,506	0,96
2.1 Verlässlichkeit	0,15	0,15	0	0,456	0,986
2.2 Risikoumfeld	0,117	0,117	-0,108	0,354	1
2.3 Zusatzinformationen	0,089	0,089	-0,042	0,265	1
2.4 Mitarbeiterbeteiligung	0,217	0	-0,217	0,658	0,779
2.5 Anteilseignerkonzentration	0,128	0,041	-0,128	0,384	0,998
2.6 Investoren	0,183	0,183	0	0,557	0,916
2.6 Wettbewerber	0,159	0,159	-0,043	0,48	0,975
2.6 Kunden	0,208	0,208	0	0,633	0,818
2.6 Zulieferer	0,229	0,229	0	0,69	0,728
2.6 Mitarbeiter	0,3	0,3	-0,017	0,911	0,377
2.6 Staat	0,208	0,208	-0,042	0,633	0,818
2.6 Gesellschaft	0,15	0,15	0	0,456	0,986
3.1 Kunde: Spezifität	0,073	0,073	0	0,217	1
3.1 Kunde: Abhängigkeit	0,217	0,217	-0,025	0,658	0,779
3.1 Kunde: Auftragsvolumen	0,357	0,357	0	1,074	0,199
3.1 Kunde: Neukunden	0,267	0,267	-0,003	0,804	0,538
3.1 Kunde: Wiederkauferate	0,146	0,146	-0,087	0,431	0,992
3.1 Kunde: Bindungsdauer	0,075	0,064	-0,075	0,227	1
3.1 Kunde: Preissensitivität	0,298	0,298	0	0,88	0,422
3.1 Kunde: Vertriebskanal	0,267	0,267	0	0,789	0,562
3.1 Kunde: Gesamt	0,214	0,214	0	0,621	0,835
3.1 Zulieferer: Abhängigkeit	0,27	0,27	0	0,812	0,524
3.1 Zulieferer: Rohstoffknappheit	0,125	0,125	-0,046	0,376	0,999
3.1 Zulieferer: Bindungsdauer	0,133	0,133	-0,014	0,402	0,997
3.1 Zulieferer: Vorleistungsquote	0,394	0,394	0	1,176	0,126
3.1 Zulieferer: Gesamt	0,078	0,078	0	0,228	1
3.1 Wettbewerber: Marktanteile	0,15	0,15	0	0,456	0,986
3.1 Wettbewerber: Marktwachstum	0,042	0,042	0	0,127	1
3.1 Wettbewerber: Produktdifferenzierung	0,113	0,113	0	0,341	1
3.1 Wettbewerber: Reaktion	0,212	0,212	0	0,638	0,811
3.1 Wettbewerber: Markenimage	0,136	0,136	0	0,41	0,996
3.1 Wettbewerber: Ersatzprodukte	0,176	0,176	-0,021	0,525	0,946
3.1 Wettbewerber: Patentrestnutzung	0,105	0	-0,105	0,31	1
3.1 Wettbewerber: Gesamt	0,174	0,174	-0,01	0,501	0,963
3.1 Marktrisiken: Gesamt	0,095	0,095	0	0,283	1
3.2 Personalbedarf: Beschaffung	0,342	0,342	-0,02	1,031	0,239
3.2 Personalbedarf: Fluktuation	0,165	0,043	-0,165	0,498	0,965
3.2 Personalbedarf: Abbau	0,101	0,101	0	0,306	1
3.2 Personalbedarf: Gesamt	0,333	0,333	0	1,013	0,257
3.2 Arbeitssicherheit	0,033	0	-0,033	0,101	1
3.2 Personalführung	0,142	0,142	-0,067	0,43	0,993
3.2 Qualifikation	0,092	0,092	-0,042	0,279	1
3.2 Fehlverhalten: Fehlzeiten	0,096	0	-0,096	0,288	1
3.2 Fehlverhalten: Unterschlagung	0,062	0,062	-0,047	0,183	1
3.2 Fehlverhalten: Gesamt	0,11	0,032	-0,11	0,323	1
3.2 Organisation/Personal: Gesamt	0,31	0,31	0	0,897	0,397
3.3 Finanzanlage: Grundgeschäft	0,367	0,367	0	1,073	0,199
3.3 Finanzanlage: Liquidität	0,196	0,196	0	0,584	0,885
3.3 Finanzanlage: Kontrahenten	0,211	0,211	0	0,623	0,832
3.3 Finanzanlage: Marktpreisrisiko	0,276	0,276	0	0,815	0,519
3.3 Finanzanlage: Zinsänderung	0,261	0,261	0	0,77	0,594
3.3 Finanzanlage: Währung	0,201	0,201	0	0,589	0,879

3.3 Finanzanlage: Sicherungsgeschäft	0,35	0,35	0	1,004	0,265
3.3 Finanzanlage: Absicherungsausmaß	0,255	0,255	0	0,751	0,625
3.3 Finanzanlage: Hedge Ratio	0,174	0,174	0	0,513	0,955
3.3 Finanzanlage: Zeitbezug	0,087	0,087	-0,009	0,257	1
3.3 Finanzanlage: Instrumente	0,312	0,312	0	0,912	0,377
3.3 Finanzanlagen: Gesamt	0,167	0,167	0	0,483	0,974
3.3 Kapitalstruktur: Verschuldung	0,435	0,435	0	1,273	0,078
3.3 Kapitalstruktur: Fremdkapital	0,227	0,227	0	0,665	0,769
3.3 Kapitalstruktur: FK langfristig	0,233	0,233	0	0,687	0,733
3.3 Kapitalstruktur FK kurzfristig	0,342	0,342	0	1,008	0,262
3.3 Kapitalstruktur: FK Refinanzierung	0,217	0,217	0	0,641	0,805
3.3 Kapitalstruktur: Eigenkapitalkosten	0,24	0,24	-0,026	0,703	0,707
3.3 Kapitalstruktur: Rating	0,27	0,27	0	0,797	0,549
3.3 Kapitalstruktur: Gesamt	0,222	0,222	0	0,624	0,832
3.3 eigener Aktienkurs	0,127	0,127	0	0,376	0,999
3.3 Liquidität	0,225	0,225	0	0,684	0,738
3.3 Versicherungstechnisch: Prämien	0,196	0,196	-0,071	0,577	0,893
3.3 Versicherungstechnisch: Leistung	0,196	0,196	-0,071	0,577	0,893
3.3 Versicherungstechnisch: Gesamt	0,119	0,119	-0,023	0,358	1
3.3 Finanzen Gesamt	0,227	0,227	0	0,665	0,769
3.4 Forschung & Entwicklung	0,192	0,075	-0,192	0,582	0,887
3.4 Logistik	0,306	0,306	0	0,914	0,374
3.4 Produktion: Anlage	0,108	0,108	0	0,31	1
3.4 Produktion: Bestände	0,175	0,175	0	0,5	0,964
3.4 Produktion: Fertigung	0,224	0,224	0	0,64	0,808
3.4 Produktion: Betriebsunterbrechung	0,344	0,344	-0,01	0,993	0,278
3.4 Produktion: Gesamt	0,143	0,143	0	0,418	0,995
3.4 Vertrieb: Zahlungsausfälle	0,205	0,205	-0,102	0,605	0,858
3.4 Vertrieb: Kulanznachlässe	0,149	0,149	-0,032	0,437	0,991
3.4 Vertrieb: Gewährleistung	0,188	0,188	-0,097	0,551	0,922
3.4 Vertrieb: Gesamt	0,165	0,165	-0,023	0,498	0,965
3.4 Standort	0,122	0,122	0	0,367	0,999
3.4 Leistungswirtaftlich: Gesamt	0,31	0,31	0	0,897	0,397
3.5 Datenverlust	0,262	0,262	0	0,759	0,612
3.5 Zugriffe	0,143	0,143	0	0,414	0,995
3.5 Kommunikation	0,194	0,194	0	0,55	0,923
3.5 Informationsfluss	0,262	0,262	-0,024	0,759	0,612
3.5 Stillstandszeit	0,119	0,119	-0,095	0,345	1
3.5 Elekronischer Betrug	0,071	0,024	-0,071	0,207	1
3.5 IT: Gesamt	0,288	0,288	0	0,845	0,473
3.6 Politik: Gesetzgebung	0,039	0,039	0	0,118	1
3.6 Politik: Disposition	0,615	0,615	-0,07	1,837	*0,002
3.6 Politik: Enteignung	0,261	0,261	0	0,778	0,58
3.6 Politik: Gesamt	0,331	0,331	-0,019	0,969	0,305
3.6 Recht: Wettbewerb	0,247	0,247	0	0,722	0,675
3.6 Recht: Öffentlich	0,143	0,143	-0,039	0,418	0,995
3.6 Recht: Zivil	0,234	0,234	0	0,684	0,738
3.6 Recht: Steuern	0,156	0,156	0	0,458	0,985
3.6 Recht: Gesamt	0,276	0,276	-0,003	0,824	0,506
3.6 Makro: Konjunktur	0,318	0,318	0	0,931	0,352
3.6 Makro: Inflation	0,162	0,162	-0,071	0,475	0,978
3.6 Makro: Währung	0,24	0,24	-0,071	0,703	0,707
3.6 Makro: Arbeitsmarkt	0,299	0,299	0	0,874	0,43
3.6 Makro: Gesamt	0,419	0,419	0	1,24	0,093
3.6 Ökologie:Ressourcen	0,182	0,182	0	0,532	0,94
3.6 Ökologie: Entsorgung	0,143	0,143	0	0,414	0,995
3.6 Ökologie: Naturkatastrophen	0,229	0,229	0	0,656	0,783
3.6 Ökologie: Gesamt	0,115	0,115	0	0,344	1
3.6 Sonstige: Gesamt	0,357	0,357	0	0,97	0,303

4.1 Risikoidentifikation	0,191	0,191	0	0,576	0,894
4.2 Eintrittswahrscheinlichkeiten	0,119	0	-0,119	0,358	1
4.3 Methoden	0,313	0,313	0	0,943	0,336
4.3 Annahmen	0,223	0,223	-0,009	0,672	0,756
4.4 Quantifizierung	0,133	0,133	-0,023	0,402	0,997
4.5 Vermeidung: Investitionen	0,169	0,169	-0,045	0,494	0,968
4.5 Vermeidung: Geschäftsfelder	0,286	0,286	-0,071	0,828	0,499
4.5 Vermeidung: Gesamt	0,183	0,183	0	0,537	0,936
4.5 Verminderung: Prozesse	0,19	0,19	0	0,552	0,921
4.5 Verminderung: Gesamt	0,26	0,26	0	0,752	0,624
4.5 Überwälzung: Verträge	0,208	0,208	0	0,608	0,854
4.5 Überwälzung: Versicherung	0,117	0,117	-0,026	0,342	1
4.5 Überwälzung: Kapitalmärkte	0,214	0,214	0	0,627	0,827
4.5 Überwälzung: Beteiligungen	0,162	0,162	0	0,475	0,978
4.5 Überwälzung: Dritte	0,238	0,238	0	0,69	0,728
4.5 Überwälzung: Gesamt	0,283	0,283	0	0,83	0,497
4.5 Akzeptanz: mit Reserven	0,283	0,283	0	0,776	0,584
4.5 Akzeptanz: ohne Reserven	0,246	0,246	0	0,666	0,767
4.5 Akzeptanz: Gesamt	0,192	0,192	0	0,54	0,933
4.6 Quantitativ	0,173	0,173	0	0,513	0,955
4.6 Qualitativ	0,149	0,149	0	0,417	0,995
4.7 Bereiche	0,067	0,025	-0,067	0,203	1
4.7 Gesamtunternehmen	0,083	0	-0,083	0,253	1
4.8 Interdependenzen	0,183	0,183	-0,025	0,557	0,916
4.9 Konzentrationen	0,317	0,317	0	0,962	0,313
4.10 Grundsätze Revision	0,108	0,058	-0,108	0,329	1
4.10 Prüfungen Revision	0,142	0,142	0	0,43	0,993
4.10 Interne Risikoberichte	0,092	0,092	-0,033	0,279	1
4.10 Schwellenwerte	0,112	0	-0,112	0,33	1
4.10 Aufgabenteilung	0,162	0,162	-0,026	0,489	0,97
4.10 Risikopolitik	0,116	0,116	-0,072	0,349	1
4.11 Häufigkeit	0,067	0,067	-0,033	0,203	1

Anhang VII: Statistische Auswertung der Abhängigkeit der Befragungsergebnisse von der Anwendung des HGB, IAS/IFRS oder US-GAAP

* kennzeichnet signifikante Unterschiede zwischen den Rechnungslegungsnormen bei asympt. Sig. kleiner 0,05.

Kruskal-Wallis H-Test (Rechnungslegungsverfassung)			
	Chi-Quadrat	df	Asymp. Sig.
2.1 Stetigkeit	4,985	4	0,289
2.1 Nachvollziehbarkeit	8,181	4	0,085
2.1 Detaillierungsgrad	13,005	4	*0,011
2.1 Vollständigkeit	6,777	4	0,148
2.1 Verlässlichkeit	4,378	4	0,357
2.2 Risikoumfeld	3,221	4	0,522
2.3 Zusatzinformationen	4,027	4	0,402
2.4 Mitarbeiterbeteiligung	3,774	4	0,438
2.5 Anteilseignerkonzentration	7,367	4	0,118
2.6 Investoren	2,05	4	0,727
2.6 Wettbewerber	4,608	4	0,33
2.6 Kunden	5,825	4	0,213
2.6 Zulieferer	7,011	4	0,135
2.6 Mitarbeiter	4,178	4	0,382
2.6 Staat	9,351	4	0,053
2.6 Gesellschaft	4,41	4	0,353
2.6 Andere	2	2	0,368
3.1 Kunde: Spezifität	1,724	4	0,786
3.1 Kunde: Abhängigkeit	2,917	4	0,572
3.1 Kunde: Auftragsvolumen	1,379	4	0,848
3.1 Kunde: Neukunden	1,307	4	0,86
3.1 Kunde: Wiederkaufsrate	0,908	4	0,923
3.1 Kunde: Bindungsdauer	6,622	4	0,157
3.1 Kunde: Preissensitivität	1,445	4	0,836
3.1 Kunde: Vertriebskanal	4,325	4	0,364
3.1 Kunde: Gesamt	2,659	4	0,616
3.1 Zulieferer: Abhängigkeit	1,631	4	0,803
3.1 Zulieferer: Rohstoffknappheit	4	4	0,406
3.1 Zulieferer: Bindungsdauer	4,108	4	0,392
3.1 Zulieferer: Vorleistungsqualität	3,384	4	0,496
3.1 Zulieferer: Gesamt	5,15	4	0,272
3.1 Wettbewerber: Marktanteile	1,016	4	0,907
3.1 Wettbewerber: Marktwachstum	1,941	4	0,747
3.1 Wettbewerber: Produktdifferenzierung	1,62	4	0,805
3.1 Wettbewerber: Reaktion	7,358	4	0,118
3.1 Wettbewerber: Markenimage	5,196	4	0,268
3.1 Wettbewerber: Ersatzprodukte	7,97	4	0,093
3.1 Wettbewerber: Patentrestnutzung	2,278	4	0,685
3.1 Wettbewerber: Gesamt	3,51	4	0,476
3.1 Marktrisiken: Gesamt	3,582	4	0,466
3.2 Personalbedarf: Beschaffung	4,435	4	0,35
3.2 Personalbedarf: Fluktuation	3,384	4	0,496
3.2 Personalbedarf: Abbau	2,781	4	0,595
3.2 Personalbedarf: Gesamt	4,311	4	0,366
3.2 Arbeitssicherheit	1,086	4	0,896
3.2 Personalführung	4,343	4	0,362
3.2 Qualifikation	1,491	4	0,828
3.2 Fehlverhalten: Fehlzeiten	1,826	4	0,768
3.2 Fehlverhalten: Unterschlagung	0,883	4	0,927
3.2 Fehlverhalten: Gesamt	2,299	4	0,681
3.2 Organisation/Personal: Gesamt	0,401	4	0,982
3.3 Finanzanlage: Grundgeschäft	0,619	4	0,961
3.3 Finanzanlage: Liquidität	7,408	4	0,116
3.3 Finanzanlage: Kontrahenten	1,851	4	0,763

3.3 Finanzanlage: Marktpreisrisiko	2,78	4	0,595
3.3 Finanzanlage: Zinsänderung	6,713	4	0,152
3.3 Finanzanlage: Währung	6,15	4	0,188
3.3 Finanzanlage: Sicherungsgeschäft	2,158	4	0,707
3.3 Finanzanlage: Absicherungsausmaß	7,418	4	0,115
3.3 Finanzanlage: Hedge Ratio	7,132	4	0,129
3.3 Finanzanlage: Zeitbezug	6,083	4	0,193
3.3 Finanzanlage: Instrumente	6,275	4	0,18
3.3 Finanzanlage: Gesamt	1,787	4	0,775
3.3 Kapitalstruktur: Verschuldung	3,112	4	0,539
3.3 Kapitalstruktur: Fremdkapital	1,911	4	0,752
3.3 Kapitalstruktur: FK langfristig	2,966	4	0,563
3.3 Kapitalstruktur: FK kurzfristig	0,688	4	0,953
3.3 Kapitalstruktur: FK Refinanzierung	1,646	4	0,8
3.3 Kapitalstruktur: Eigenkapitalkosten	1,098	4	0,895
3.3 Kapitalstruktur: Rating	1,76	4	0,78
3.3 Kapitalstruktur: Gesamt	0,146	4	0,997
3.3 eigener Aktienkurs	4,921	4	0,295
3.3 Liquidität	2,035	4	0,729
3.3 Versicherungstechnisch: Prämien	7,312	4	0,12
3.3 Versicherungstechnisch: Leistung	7,312	4	0,12
3.3 Versicherungstechnisch: Gesamt	5,916	4	0,206
3.3 Finanzen: Gesamt	1,958	4	0,744
3.4 Forschung & Entwicklung	5,149	4	0,272
3.4 Logistik	2,912	4	0,573
3.4 Produktion: Anlage	3,806	4	0,433
3.4 Produktion: Bestände	3,721	4	0,445
3.4 Produktion: Fertigung	1,598	4	0,809
3.4 Produktion: Betriebsunterbrechung	3,34	4	0,503
3.4 Produktion: Gesamt	0,258	4	0,992
3.4 Vertrieb: Zahlungsausfälle	0,328	4	0,988
3.4 Vertrieb: Kulanznachlässe	4,076	4	0,396
3.4 Vertrieb: Gewährleistung	2,393	4	0,664
3.4 Vertrieb: Gesamt	4,596	4	0,331
3.4 Standortrisiko	1,902	4	0,754
3.4 Leistungswirtschaftlich: Gesamt	2,501	4	0,644
3.5 Datenverlust	1,114	4	0,892
3.5 Zugriffe	2,032	4	0,73
3.5 Kommunikation	1,707	4	0,789
3.5 Informationsfluss	2,426	4	0,658
3.5 Stillstandszeiten	2,967	4	0,563
3.5 Elektronischer Betrug	1,864	4	0,761
3.5 IT: Gesamt	1,326	4	0,857
3.6 Politik: Gesetzgebung	1,992	4	0,737
3.6 Politik: Disposition	3,017	4	0,555
3.6 Politik: Enteigung	0,746	4	0,945
3.6 Politik: Gesamt	2,626	4	0,622
3.6 Recht: Wettbewerb	2,733	4	0,604
3.6 Recht: Öffentlich	0,661	4	0,956
3.6 Recht: Zivil	2,755	4	0,6
3.6 Recht: Steuern	3,68	4	0,451
3.6 Recht: Gesamt	2,295	4	0,682
3.6 Makro: Konjunktur	0,95	4	0,917
3.6 Makro: Inflation	5,187	4	0,269
3.6 Makro: Währung	1,413	4	0,842
3.6 Makro: Arbeitsmarkt	4,22	4	0,377

3.6 Makro: Gesamt	1,28	4	0,865
3.6 Ökologie: Ressourcen	0,573	4	0,966
3.6 Ökologie: Entsorgung	2,608	4	0,625
3.6 Ökologie: Naturkatastrophen	2,288	4	0,683
3.6 Ökologie: Gesamt	0,691	4	0,952
3.6 Sonstige: Gesamt	0,604	4	0,963
4.1 Risikoidentifikation	4,61	4	0,33
4.2 Eintrittswahrscheinlichkeiten	2,833	4	0,586
4.3 Methoden	1,163	4	0,884
4.3 Annahmen	1,521	4	0,823
4.4 Quantifizierung	2,346	4	0,672
4.5 Vermeidung: Investitionen	6,154	4	0,188
4.5 Vermeidung: Geschäftsfelder	7,237	4	0,124
4.5 Vermeidung: Gesamt	4,399	4	0,355
4.5 Verminderung: Prozesse	4,149	4	0,386
4.5 Verminderung: Gesamt	2,9	4	0,575
4.5 Überwälzung: Verträge	0,981	4	0,913
4.5 Überwälzung: Versicherung	1,542	4	0,819
4.5 Überwälzung: Kapitalmärkte	7,528	4	0,11
4.5 Überwälzung: Beteiligungen	2,142	4	0,71
4.5 Überwälzung: Dritte	4,558	4	0,336
4.5 Überwälzung: Gesamt	1,236	4	0,872
4.5 Akzeptanz: mit Reserven	0,657	4	0,957
4.5 Akzeptanz: ohne Reserven	0,564	4	0,967
4.5 Akzeptanz: Gesamt	0,399	4	0,983
4.6 Quantitativ	11,605	4	*0,021
4.6 Qualitativ	1,039	4	0,904
4.7 Bereiche	3,487	4	0,48
4.7 Gesamtunternehmen	2,871	4	0,58
4.8 Interdependenzen	3,382	4	0,496
4.9 Konzentrationen	0,907	4	0,924
4.10 Grundsätze Revision	1,627	4	0,804
4.10 Prüfungen Revision	5,036	4	0,284
4.10 Interne Risikoberichte	4,019	4	0,404
4.10 Schwellenwerte	1,812	4	0,77
4.10 Aufgabenteilung	5,935	4	0,204
4.10 Risikopolitik	1,095	4	0,895
4.11 Häufigkeit	8,484	4	0,075

Anhang VIII: RDScore für Industrieunternehmen

RDScore für Industrieunternehmen				
	Geschäftsjahr			
Unternehmen	1999	2000	2001	2002
Adidas-Salomon	16	27	23	35
BASF	11	17	41	40
Bayer	25	26	33	31
BMW	6	16	35	36
DaimlerChrysler	36	43	39	48
Degussa	12,5	16	31	26
Deutsche Post	10	15	29	25
Deutsche Telekom	19	32	23	36
E.on		25	25	24
Epcos	13	28	26	16
Fresenius Medical Care	21	21	23	24
Henkel	8	15	29	27
Infineon		13	18	21
Linde	23	30	34	35
Lufthansa	36	33	48	33
MAN	18	24,5	29	27
Metro	42	35	51	35
Preussag/TUI		19,5	26	27
RWE	23	25	22	26
SAP	21	25	29	24
Schering	17	21	25	25
Siemens	7	28	40	41
ThyssenKrupp	23	34	27	46
VW	10	20	21	29
Agiv Real Estate	6	23	17	
Altana	13	10	10	27
AVA	6	10	7	6
AWD	12	10	21	21
Babcock Borsig		17	4	
Beate Uhse	5	13	17	20
Beiersdorf	7	9	32	22
Beru	12	12	16	
Bilfinger Berger	7	12	13	18
Buderus	9	9	16	26
Cargolifter		19	17	
Celanese	21	22	26	20
Continental	9	15	14	15
Deutsche Börse	10	14	19	23
DIS	10	11	23	24
Douglas	15	6	9	29
Dürr	9	16	25	23
Dyckerhoff	28	39	38	35
Escada		23	23	29
Fielmann	1	1	11	4
Fraport	16	14	27	27
Fresenius	23	27	33	35
Gehe	4	18	18	18
Gerry Weber		14	9	10
GfK	27	27	31	33
Gildemeister	21	36	41	
Gold-Zack	17	14		
Heidelberger Druck	17	20	30	31
Heidelberger Zement	8	6	27	20

RDScore für Industrieunternehmen				
	Geschäftsjahr			
Unternehmen	1999	2000	2001	2002
Hochtief	9	20	25	38
Hugo Boss	18	17	25	27
Indus	2	6	6	5
IVG	15	22	24	22
IWKA	6	25	27	27
Jenoptik	19	28	35	37
Jungheinrich	7	17	16	24
Kamps	3,5		17	15
KarstadtQuelle		3	24	27
König & Bauer	16	24	21	36
Kolbenschmidt Pierburg	17	29	26	26
Krones	9	10	11	14
Kali + Salz	22	19	32	37
Loewe	8	29	28	23
Merck	19	29	20	22
mg technologies	17	19	35	37
Norddt. Affinerie		6	35	41
Phoenix	4	3	3	39
ProSiebenSat1 Media	14	11	17	19
Puma	12	11	13	27
Rheinmetall	28	32	30	40
Rhön Klinik	4	10	26	29
Salzgitter	29	22,5	24	29
Schwarz Pharma		12	16	22
SGL Carbon	2	13	12	19
Sixt	9	12	15	18
Software	14	14	16	16
Stada		15	20	31
Stinnes	16	16	20	24
Südzucker	17	17	14	8
Techem		15	20	36
Tecis	7	9	15	
Vossloh	26	30	32	35,5
WCM	10	10	10	15
Wedeco	9	13	11	11
Wella	20	21	22	25
Zapf Creation	6	10	22	19
Total	**14,3**	**18,7**	**23,2**	**26,3**

Anhang IX: Häufigkeitsverteilung und metrische Angabe der Schiefe des RDScores für Industrieunternehmen

Abszissen bezeichnen den RDScore, Ordinaten zeigen die Häufigkeiten.

Die Häufigkeitsverteilung des RDScores für Industrieunternehmen im Geschäftsjahr 1999 ist linkssteil.

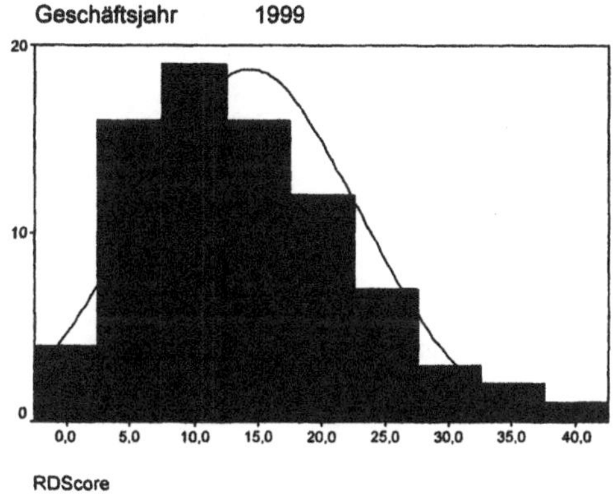

Die Häufigkeitsverteilung des RDScores für Industrieunternehmen im Geschäftsjahr 2000 ist linkssteil.

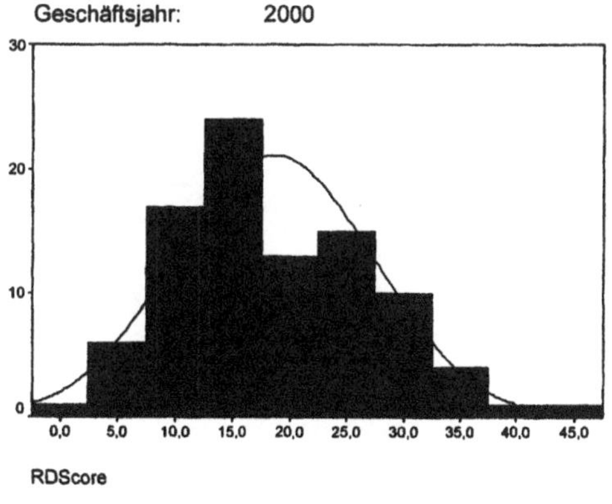

Die Häufigkeitsverteilung des RDScores für Industrieunternehmen im Geschäftsjahr 2001 ist linkssteil.

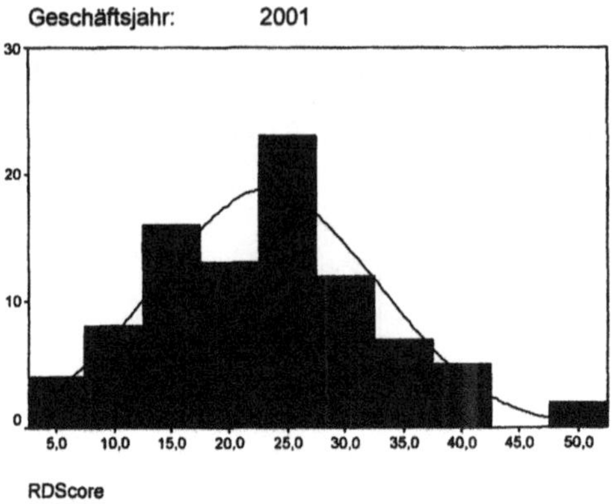

Die Häufigkeitsverteilung des RDScores für Industrieunternehmen im Geschäftsjahr 2002 ist rechtssteil.

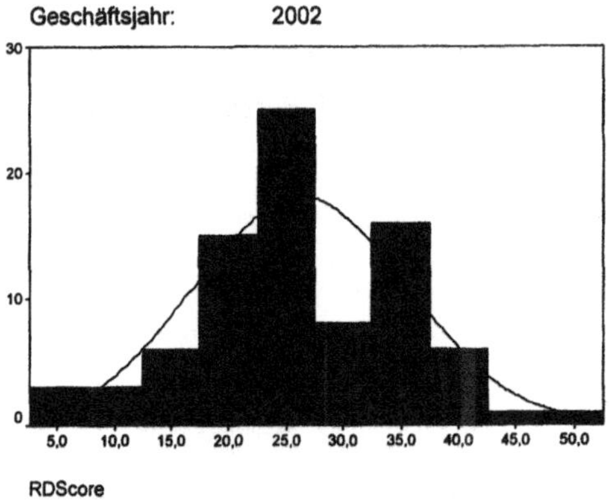

Schiefe der RDScores nach Geschäftsjahren

RDSCORE

1999	N	Gültig	80
		Fehlend	0
	Schiefe		,844
	Standardfehler der Schiefe		,269
2000	N	Gültig	92
		Fehlend	0
	Schiefe		,395
	Standardfehler der Schiefe		,251
2001	N	Gültig	90
		Fehlend	0
	Schiefe		,320
	Standardfehler der Schiefe		,254
2002	N	Gültig	84
		Fehlend	0
	Schiefe		-,153
	Standardfehler der Schiefe		,263

Schiefe > 0 bedeutet linkssteile Verteilung.

Schiefe < 0 bedeutet rechtssteile Verteilung.

Anhang X: RDScore für Versicherungsunternehmen

RDScore für Versicherungsunternehmen

				Unternehmen	RDSCORE
Geschäftsjahr	1999	1		AMB Generali	16,00
		2		Allianz	18,00
		3		MLP	5,00
		4		Münchner Rück	13,00
		5		Hannover Rück	18,00
		Total	N	5	5
	2000	1		AMB Generali	15,00
		2		Allianz	19,00
		3		MLP	4,00
		4		Münchner Rück	37,00
		5		Hannover Rück	21,00
		Total	N	5	5
	2001	1		AMB Generali	51,00
		2		Allianz	28,00
		3		MLP	8,00
		4		Münchner Rück	35,00
		5		Hannover Rück	34,00
		Total	N	5	5
	2002	1		Allianz	28,00
		2		AMB Generali	51,00
		3		Münchner Rück	35,00
		4		MLP	21,00
		5		Hannover Rück	34,00
		Total	N	5	5
	Total	N		20	20

Anhang XI: RDScore für Banken

RDScore für Banken

				Unternehmen	RDSCORE
Geschäftsjahr	1999	1		Commerzbank	56,00
		2		Deutsche Bank	58,00
		3		HVB	63,00
		4		IKB	28,00
		5		BHW	15,00
		Total	N	5	5
	2000	1		Commerzbank	67,00
		2		Deutsche Bank	60,00
		3		HVB	72,00
		4		IKB	39,00
		5		BHW	30,00
		Total	N	5	5
	2001	1		Commerzbank	57,00
		2		Deutsche Bank	70,00
		3		HVB	72,00
		4		Allianz	41,00
		5		BHW	30,00
		6		IKB	40,00
		Total	N	6	6
	2002	1		Commerzbank	60,00
		2		Deutsche Bank	70,00
		3		HVB	72,00
		4		BHW	33,00
		5		Allianz	45,00
		Total	N	5	5
	Total	N		21	21

Anhang XII: Kolmogorov-Smirnov-Anpassungstests angewandt auf den RDScore für Industrieunternehmen in den Geschäftsjahren 1999 – 2002

Kolmogorov-Smirnov-Anpassungstest 1999

		RDScore
N		80
Parameter der Normalverteilung[a,b]	Mittelwert	14,2625
	Standardabweichung	8,49980
Extremste Differenzen	Absolut	,129
	Positiv	,129
	Negativ	-,066
Kolmogorov-Smirnov Z		1,158
Asymp. Sig. (2-seitig)		,137

a. Die zu testende Verteilung ist eine Normalverteilung.

b. Die RDScores des Geschäftsjahres 1999 sind hinreichend normalverteilt.

Da die asymp. Sig. (2-seitig) größer als 0,05 ist, ist der RDScore für Industrieunternehmen im Geschäftsjahr 1999 hinreichend normalverteilt.

Kolmogorov-Smirnov-Anpassungstest 2000

		RDScore
N		92
Parameter der Normalverteilung[a,b]	Mittelwert	18,7174
	Standardabweichung	8,66003
Extremste Differenzen	Absolut	,100
	Positiv	,100
	Negativ	-,055
Kolmogorov-Smirnov Z		,962
Asymp. Sig. (2-seitig)		,312

a. Die zu testende Verteilung ist eine Normalverteilung.

b. Die RDScores des Geschäftsjahres 2000 sind hinreichend normalverteilt.

Da die asymp. Sig. (2-seitig) größer als 0,05 ist, ist der RDScore für Industrieunternehmen im Geschäftsjahr 2000 hinreichend normalverteilt.

Kolmogorov-Smirnov-Anpassungstest 2001

		RDScore
N		90
Parameter der Normalverteilung[a,b]	Mittelwert	23,2000
	Standardabweichung	9,55199
Extremste Differenzen	Absolut	,056
	Positiv	,056
	Negativ	-,036
Kolmogorov-Smirnov Z		,536
Asymp. Sig. (2-seitig)		,936

a. Die zu testende Verteilung ist eine Normalverteilung.

b. Die RDScores des Geschäftsjahres 2001 sind hinreichend normalverteilt.

Da die asymp. Sig. (2-seitig) größer als 0,05 ist, ist der RDScore für Industrieunternehmen im Geschäftsjahr 2001 hinreichend normalverteilt.

Kolmogorov-Smirnov-Anpassungstest 2002

		RDScore
N		84
Parameter der Normalverteilung[a,b]	Mittelwert	26,2976
	Standardabweichung	9,22252
Extremste Differenzen	Absolut	,089
	Positiv	,089
	Negativ	-,089
Kolmogorov-Smirnov Z		,818
Asymp. Sig. (2-seitig)		,516

a. Die zu testende Verteilung ist eine Normalverteilung.

b. Die RDScores desGeschäftsjahres 2002 sind hinreichend normalverteilt.

Da die asymp. Sig. (2-seitig) größer als 0,05 ist, ist der RDScore für Industrieunternehmen im Geschäftsjahr 2002 hinreichend normalverteilt.

Anhang XIII: Gruppen-/Branchenzuordnung des RDScores für Industrieunternehmen

Unternehmen	Index	Branche	Gruppe
Adidas-Salomon	DAX 30	Life Style	Sonstige Dienstleistungen
BASF	DAX 30	Chemie	Industrie
Bayer	DAX 30	Pharma	Industrie
BMW	DAX 30	Automobil	Industrie
DaimlerChrysler	DAX 30	Automobil	Industrie
Degussa	DAX 30	Chemie	Industrie
Deutsche Post	DAX 30	Transport	Industrie
Deutsche Telekom	DAX 30	Telekommunikation	Industrie
E.ON	DAX 30	Versorger	Industrie
Epcos	DAX 30	Technologie	Industrie
Fresenius Medical Care	DAX 30	Gesundheitsdienstleister	Industrie
Henkel	DAX 30	Konsumgüter	Industrie
Infineon	DAX 30	Technologie	Industrie
Linde	DAX 30	Maschinenbau	Industrie
Lufthansa	DAX 30	Transport	Industrie
MAN	DAX 30	Maschinenbau	Industrie
Metro	DAX 30	Einzelhandel	Handel
TUI	DAX 30	Mischkonzern	Industrie
RWE	DAX 30	Versorger	Industrie
SAP	DAX 30	Software	Industrie
Schering	DAX 30	Pharma	Industrie
Siemens	DAX 30	Mischkonzern	Industrie
ThyssenKrupp	DAX 30	Industrie	Industrie
VW	DAX 30	Automobil	Industrie

Unternehmen	Index	Branche	Gruppe
Agiv Real Estate	MDAX	Immobilien	Sonstige Dienstleistungen
Altana	MDAX	Pharma	Industrie
AVA	MDAX	Einzelhandel	Handel
AWD	MDAX	Banken & Finanzdienstleistungen	Sonstige Dienstleistungen
Babcock Borsig	MDAX	Mischkonzern	Industrie
Beate Uhse	MDAX	Life Style	Handel
Beiersdorf	MDAX	Konsumgüter	Industrie
Beru	MDAX	Maschinenbau	Industrie
Bilfinger Berger	MDAX	Baugewerbe	Industrie
Buderus	MDAX	Industrie	Industrie
Cargolifter	MDAX	Transport	F&E
Celanese	MDAX	Pharma	Industrie
Continental	MDAX	Industrie	Industrie
Deutsche Börse	MDAX	Banken & Finanzdienstleistungen	Sonstige Dienstleistungen
DIS	MDAX	Industrie	Industrie
Douglas	MDAX	Einzelhandel	Handel
Dürr	MDAX	Industrie	Industrie
Dyckerhoff	MDAX	Industrie	Industrie
Escada	MDAX	Life Style	Industrie
Fielmann	MDAX	Life Style	Handel
Fraport	MDAX	Transport	Industrie
Fresenius	MDAX	Pharma	Industrie
Gehe	MDAX	Industrie	Industrie
Gerry Weber	MDAX	Konsumgüter	Industrie
GfK	MDAX	Sonstige Dienstleistungen	Sonstige Dienstleistungen
Gildemeister	MDAX	Maschinenbau	Industrie
Gold-Zack	MDAX	Banken & Finanzdienstleistungen	Sonstige Dienstleistungen
Heidelberger Druck	MDAX	Industrie	Industrie
Heidelberger Zement	MDAX	Industrie	Industrie
Hochtief	MDAX	Baugewerbe	Industrie
Hugo Boss	MDAX	Konsumgüter	Industrie
Indus	MDAX	Industrie	Industrie
IVG	MDAX	Immobilien	Industrie
IWKA	MDAX	Industrie	Industrie
Jenoptik	MDAX	Technologie	Industrie
Jungheinrich	MDAX	Maschinenbau	Industrie
Kamps	MDAX	Konsumgüter	Industrie
KarstadtQuelle	MDAX	Einzelhandel	Handel
König & Bauer	MDAX	Industrie	Industrie
Kolbenschmidt	MDAX	Maschinenbau	Industrie
Krones	MDAX	Maschinenbau	Industrie
Kali + Salz	MDAX	Industrie	Industrie
Loewe	MDAX	Konsumgüter	Industrie
Merck	MDAX	Pharma	Industrie
mg technologies	MDAX	Software	Industrie
Norddt. Affinerie	MDAX	Industrie	Industrie
Phoenix	MDAX	Technologie	Industrie
ProSiebenSat1 Media	MDAX	Medien und Unterhaltung	Industrie
Puma	MDAX	Konsumgüter	Industrie
Rheinmetall	MDAX	Industrie	Industrie
Rhön Klinik	MDAX	Gesundheitsdienstleister	Sonstige Dienstleistungen
Salzgitter	MDAX	Industrie	Industrie
Schwarz Pharma	MDAX	Pharma	Industrie
SGL Carbon	MDAX	Industrie	Industrie
Sixt	MDAX	Sonstige Dienstleistungen	Sonstige Dienstleistungen
Software	MDAX	Software	Industrie
Stada	MDAX	Pharma	Industrie
Stinnes	MDAX	Industrie	Industrie
Südzucker	MDAX	Industrie	Industrie
Techem	MDAX	Sonstige Dienstleistungen	Sonstige Dienstleistungen
Tecis	MDAX	Banken & Finanzdienstleistungen	Sonstige Dienstleistungen
Vossloh	MDAX	Technologie	Industrie
WCM	MDAX	Immobilien	Sonstige Dienstleistungen
Wedeco	MDAX	Technologie	Industrie
Wella	MDAX	Konsumgüter	Industrie
Zapf Creation	MDAX	Life Style	Industrie

Anhang XIV: Statistische Auswertung der Branchenabhängigkeit des RDScores für Industrieunternehmen

Branchenauswertung für die RDScores 1999

RDSCORE

	N	Mittelwert	Standardabweichung	Standardfehler	95% Konfidenzintervall für Mittelwert: Untere Grenze	95% Konfidenzintervall für Mittelwert: Obere Grenze	Minimum	Maximum
Automobil	3	17,3333	16,28906	9,40449	-23,1309	57,7976	6,00	36,00
Banken & Finanzdienstleister	4	11,5000	4,20317	2,10159	4,8118	18,1882	7,00	17,00
Transport	3	20,6667	13,61372	7,85988	-13,1517	54,4850	10,00	36,00
Einzelhandel	3	21,0000	18,73499	10,81665	-25,5403	67,5403	6,00	42,00
Baugewerbe	2	8,0000	1,41421	1,00000	-4,7062	20,7062	7,00	9,00
Medien und Unterhaltung	1	14,0000	.	.	.	.	14,00	14,00
Maschinenbau	7	15,2857	6,07493	2,29611	9,6673	20,9041	7,00	23,00
Konsumgüter	8	10,0000	6,34710	2,24404	4,6937	15,3063	1,00	20,00
Versorger	1	23,0000	.	.	.	.	23,00	23,00
Software	3	17,3333	3,51188	2,02759	8,6093	26,0573	14,00	21,00
Pharma	6	19,6667	4,32049	1,76383	15,1326	24,2007	13,00	25,00
Industrie	18	14,1667	8,96562	2,11322	9,7082	18,6252	2,00	29,00
Chemie	3	12,0000	6,55744	3,78594	-4,2896	28,2896	6,00	19,00
Technologie	5	14,2000	8,58487	3,83927	3,5405	24,8595	4,00	26,00
Telekommunikation	1	19,0000	.	.	.	.	19,00	19,00
Mischkonzern	1	7,0000	.	.	.	.	7,00	7,00
Gesundheitsdienstleister	2	12,5000	12,02082	8,50000	-95,5027	120,5027	4,00	21,00
Life Style	4	7,0000	6,37704	3,18852	-3,1473	17,1473	1,00	16,00
Immobilien	3	10,3333	4,50925	2,60342	-,8683	21,5349	6,00	15,00
Sonstige Dienstleistungen	2	18,0000	12,72792	9,00000	-96,3558	132,3558	9,00	27,00
Total	80	14,2625	8,49980	,95031	12,3710	16,1540	1,00	42,00

Homogenitätstest für die Varianz der RDScores 1999

RDSCORE

Levene Statistik	df1	df2	Sig.
2,914	19	60	*0,001

Sig. < 0,05 bedeutet heterogene Varianz, d. h. potenzielle Branchenunterschiede sind paarweise zu ermitteln.

ANOVA-Auswertung: RDScore 1999

RDSCORE

	Quadratsumme	df	Mittelwert der Quadrate	F	Sig.
Zwischen den Gruppen	1211,259	19	63,750	,851	,641
Innerhalb der Gruppen	4496,229	60	74,937		
Gesamt	5707,488	79			

Sig. > 0,05 bedeutet keine Branchenunterschiede beim RDScore für Industrieunternehmen im Geschäftsjahr 1999.

Branchenauswertung für die RDScores 2000

RDSCORE

	N	Mittelwert	Standardabweichung	Standardfehler	95% Konfidenzintervall für Mittelwert		Minimum	Maximum
					Untere Grenze	Obere Grenze		
Automobil	3	26,3333	14,57166	8,41295	-9,8647	62,5313	16,00	43,00
Banken & Finanzdienstleister	4	11,7500	2,62996	1,31498	7,5652	15,9348	9,00	14,00
Transport	4	20,2500	8,77021	4,38511	6,2946	34,2054	14,00	33,00
Einzelhandel	4	13,5000	14,61734	7,30867	-9,7595	36,7595	3,00	35,00
Baugewerbe	2	16,0000	5,65685	4,00000	-34,8248	66,8248	12,00	20,00
Medien und Unterhaltung	1	11,0000	.	.	.	.	11,00	11,00
Maschinenbau	8	22,8750	9,17197	3,24278	15,2070	30,5430	10,00	36,00
Konsumgüter	7	16,5714	6,72947	2,54350	10,3477	22,7951	9,00	29,00
Versorger	2	25,0000	,00000	,00000	25,0000	25,0000	25,00	25,00
Software	3	19,3333	5,50757	3,17980	5,6518	33,0149	14,00	25,00
Pharma	8	20,2500	7,16639	2,53370	14,2587	26,2413	10,00	29,00
Industrie	20	18,5500	9,25359	2,06917	14,2192	22,8808	6,00	39,00
Chemie	2	16,5000	,70711	,50000	10,1469	22,8531	16,00	17,00
Technologie	6	19,1667	11,05290	4,51233	7,5674	30,7660	3,00	30,00
Telekommunikation	1	32,0000	.	.	.	.	32,00	32,00
Mischkonzern	4	21,0000	5,59762	2,79881	12,0929	29,9071	16,00	28,00
Gesundheitsdienstleister	2	15,5000	7,77817	5,50000	-54,3841	85,3841	10,00	21,00
Life Style	5	14,8000	10,40192	4,65188	1,8843	27,7157	1,00	27,00
Immobilien	3	18,3333	7,23418	4,17665	,3626	36,3040	10,00	23,00
Sonstige Dienstleistungen	3	18,0000	7,93725	4,58258	-1,7172	37,7172	12,00	27,00
Total	92	18,7174	8,66003	,90287	16,9239	20,5108	1,00	43,00

Homogenitätstest für die Varianz der RDScores 2000

RDSCORE

Levene Statistik	df1	df2	Sig.
1,543	19	72	,097

Sig. > 0,05 bedeutet homogene Varianz, d. h. potenzielle Branchenunterschiede sind mit dem Waller-Duncan-Maß zu ermitteln.

ANOVA-Auswertung: RDScore 2000

RDSCORE

	Quadratsumme	df	Mittelwert der Quadrate	F	Sig.
Zwischen den Gruppen	1138,480	19	59,920	,759	,746
Innerhalb der Gruppen	5686,173	72	78,975		
Gesamt	6824,652	91			

Sig. > 0,05 bedeutet keine Branchenunterschiede beim RDScore für Industrieunternehmen im Geschäftsjahr 2000.

Branchenauswertung für die RDScores 2001

RDSCORE

	N	Mittelwert	Standardabweichung	Standardfehler	95% Konfidenzintervall für Mittelwert		Minimum	Maximum
					Untere Grenze	Obere Grenze		
Automobil	3	31,6667	9,45163	5,45690	8,1875	55,1458	21,00	39,00
Banken & Finanzdienstleister	3	18,3333	3,05505	1,76383	10,7442	25,9225	15,00	21,00
Transport	4	30,2500	12,94540	6,47270	9,6510	50,8490	17,00	48,00
Einzelhandel	4	22,7500	20,30394	10,15197	-9,5581	55,0581	7,00	51,00
Baugewerbe	2	19,0000	8,48528	6,00000	-57,2372	95,2372	13,00	25,00
Medien und Unterhaltung	1	17,0000	.	.	.	.	17,00	17,00
Maschinenbau	7	24,7143	10,88905	4,11567	14,6436	34,7850	11,00	41,00
Konsumgüter	8	21,8750	8,18426	2,89357	15,0328	28,7172	9,00	32,00
Versorger	3	23,0000	2,64575	1,52753	16,4276	29,5724	20,00	25,00
Software	3	26,6667	9,71253	5,60753	2,5394	50,7939	16,00	35,00
Pharma	8	22,8750	8,00781	2,83119	16,1803	29,5697	10,00	33,00
Industrie	19	23,1053	8,36590	1,91927	19,0730	27,1375	6,00	38,00
Chemie	2	36,0000	7,07107	5,00000	-27,5310	99,5310	31,00	41,00
Technologie	6	20,8333	12,44856	5,08210	7,7694	33,8973	3,00	35,00
Telekommunikation	1	23,0000	.	.	.	.	23,00	23,00
Mischkonzern	3	23,3333	18,14754	10,47749	-21,7477	68,4143	4,00	40,00
Gesundheitsdienstleister	2	24,5000	2,12132	1,50000	5,4407	43,5593	23,00	26,00
Life Style	5	19,2000	5,21536	2,33238	12,7243	25,6757	11,00	23,00
Immobilien	3	17,0000	7,00000	4,04145	-,3890	34,3890	10,00	24,00
Sonstige Dienstleistungen	3	22,0000	8,18535	4,72582	1,6665	42,3335	15,00	31,00
Total	90	23,2000	9,55199	1,00687	21,1994	25,2006	3,00	51,00

Homogenitätstest für die Varianz der RDScores 2001

RDSCORE

Levene Statistik	df1	df2	Sig.
1,666	19	70	,064

Sig. > 0,05 bedeutet homogene Varianz, d. h. potenzielle Branchenunterschiede sind mit dem Waller-Duncan-Maß zu ermitteln.

ANOVA-Auswertung: RDScore 2001

RDSCORE

	Quadratsumme	df	Mittelwert der Quadrate	F	Sig.
Zwischen den Gruppen	1191,132	19	62,691	,633	,868
Innerhalb der Gruppen	6929,268	70	98,990		
Gesamt	8120,400	89			

Sig. > 0,05 bedeutet keine Branchenunterschiede beim RDScore für Industrieunternehmen im Geschäftsjahr 2001.

Branchenauswertung für die RDScores 2002

RDSCORE

	N	Mittelwert	Standardabweichung	Standardfehler	95% Konfidenzintervall für Mittelwert: Untere Grenze	95% Konfidenzintervall für Mittelwert: Obere Grenze	Minimum	Maximum
Automobil	3	37,6667	9,60902	5,54777	13,7965	61,5368	29,00	48,00
Banken & Finanzdienstleister	2	22,0000	1,41421	1,00000	9,2938	34,7062	21,00	23,00
Transport	3	28,3333	4,16333	2,40370	17,9910	38,6756	25,00	33,00
Einzelhandel	4	24,2500	12,63263	6,31631	4,1487	44,3513	6,00	35,00
Baugewerbe	2	28,0000	14,14214	10,00000	-99,0620	155,0620	18,00	38,00
Medien und Unterhaltung	1	19,0000	.	.	.	.	19,00	19,00
Maschinenbau	5	25,2000	7,52994	3,36749	15,8503	34,5497	14,00	35,00
Konsumgüter	8	22,0000	6,30193	2,22807	16,7315	27,2685	10,00	27,00
Versorger	2	25,0000	1,41421	1,00000	12,2938	37,7062	24,00	26,00
Software	3	25,6667	10,59874	6,11919	-,6621	51,9954	16,00	37,00
Pharma	8	26,6250	5,31675	1,87976	22,1801	31,0699	20,00	35,00
Industrie	19	26,5263	11,06731	2,53902	21,1920	31,8606	5,00	46,00
Chemie	2	33,0000	9,89949	7,00000	-55,9434	121,9434	26,00	40,00
Technologie	7	27,8571	11,52430	4,35578	17,1989	38,5153	11,00	39,00
Telekommunikation	1	36,0000	.	.	.	.	36,00	36,00
Mischkonzern	2	34,0000	9,89949	7,00000	-54,9434	122,9434	27,00	41,00
Gesundheitsdienstleister	2	26,5000	3,53553	2,50000	-5,2655	58,2655	24,00	29,00
Life Style	5	21,4000	11,76010	5,25928	6,7979	36,0021	4,00	35,00
Immobilien	2	18,5000	4,94975	3,50000	-25,9717	62,9717	15,00	22,00
Sonstige Dienstleistungen	3	29,0000	9,64365	5,56776	5,0438	52,9562	18,00	36,00
Total	84	26,2976	9,22252	1,00626	24,2962	28,2990	4,00	48,00

Homogenitätstest für die Varianz der RDScores 2002

RDSCORE

Levene Statistik	df1	df2	Sig.
1,391	19	64	,164

Sig. > 0,05 bedeutet homogene Varianz, d. h. potenzielle Branchenunterschiede sind mit dem Waller-Duncan-Maß zu ermitteln.

ANOVA-Auswertung: RDScore 2002

RDSCORE

	Sum of Squares	df	Mean Square	F	Sig.
Between Groups	1256,341	19	66,123	,729	,775
Within Groups	5803,219	64	90,675		
Total	7059,560	83			

Sig. > 0,05 bedeutet keine Branchenunterschiede beim RDScore für Industrieunternehmen im Geschäftsjahr 2002.

Anhang XV: Statistische Auswertung der Gruppenabhängigkeit des RDScores für Industrieunternehmen

Gruppenauswertung für die RDScores 1999

RDSCORE

	N	Mittelwert	Standardabweichung	Standardfehler	95% Konfidenzintervall für Mittelwert		Minimum	Maximum
					Obere Grenze	Untere Grenze		
Sonstige Dienstleistungen	10	11,8000	6,72970	2,12812	6,9859	16,6141	4,00	27,00
Handel	5	13,8000	16,57408	7,41215	-6,7794	34,3794	1,00	42,00
Industrie	65	14,6769	8,03140	,99617	12,6868	16,6670	1,00	36,00
Total	80	14,2625	8,49980	,95031	12,3710	16,1540	1,00	42,00

Homogenitätstest für die Varianz der RDScores 1999

RDSCORE

Levene Statistik	df1	df2	Sig.
3,350	2	77	*0,04

Sig. < 0,05 bedeutet heterogene Varianz d. h. potenzielle Branchenunterschiede sind paarweise zu ermitteln.

ANOVA-Auswertung: RDScore 1999

RDSCORE

	Sum of Squares	df	Mean Square	F	Sig.
Zwischen den Gruppen	72,872	2	36,436	,498	,610
Innerhalb der Gruppen	5634,615	77	73,177		
Gesamt	5707,487	79			

Sig. > 0,05 bedeutet keine Gruppenunterschiede beim RDScore für Industrieunternehmen im Geschäftsjahr 1999.

Gruppenauswertung für die RDScores 2000

RDSCORE

	N	Mittelwert	Standardab-weichung	Standard-fehler	95% Konfidenzintervall für Mittelwert Untere Grenze	Obere Grenze	Minimum	Maximum
Sonstige Dienstleistungen	11	15,5455	6,86096	2,06866	10,9362	20,1547	9,00	27,00
Handel	6	11,3333	12,40430	5,06403	-1,6842	24,3508	1,00	35,00
Industrie	74	19,7838	8,32766	,96807	17,8544	21,7131	3,00	43,00
F/E	1	19,0000	.	.	.	.	19,00	19,00
Total	92	18,7174	8,66003	,90287	16,9239	20,5108	1,00	43,00

Homogenitätstest für die Varianz der RDScores 2000

RDSCORE

Levene Statistik	df1	df2	Sig.
1,100	3	88	,353

Sig. > 0,05 bedeutet homogene Varianz, d. h. potenzielle Branchenunterschiede sind mit dem Waller-Duncan-Maß zu ermitteln.

ANOVA-Auswertung: RDScore 2000

RDSCORE

	Quadrat-summe	df	Mittelwert der Quadrate	F	Sig.
Zwischen den Gruppen	522,051	3	174,017	2,430	,071
Innerhalb der Gruppen	6302,601	88	71,620		
Gesamt	6824,652	91			

Sig. > 0,05 bedeutet keine Gruppenunterschiede beim RDScore für Industrieunternehmen im Geschäftsjahr 2000.

Gruppenauswertung für die RDScores 2001

RDSCORE

	N	Mittelwert	Standardab-weichung	Standard-fehler	95% Konfidenzintervall für Mittelwert Untere Grenze	Obere Grenze	Minimum	Maximum
Sonstige Dienstleistungen	10	19,7000	6,01941	1,90351	15,3940	24,0060	10,00	31,00
Handel	6	19,8333	16,47321	6,72516	2,5458	37,1209	7,00	51,00
Industrie	73	24,0411	9,24728	1,08231	21,8835	26,1986	3,00	48,00
F/E	1	17,0000	.	.	.	.	17,00	17,00
Total	90	23,2000	9,55199	1,00687	21,1994	25,2006	3,00	51,00

Homogenitätstest für die Varianz der RDScores 2001

RDSCORE

Levene Statistik	df1	df2	Sig.
2,443	3	86	,070

Sig. > 0,05 bedeutet homogene Varianz, d. h. potenzielle Branchenunterschiede sind mit dem Waller-Duncan-Maß zu ermitteln.

ANOVA-Auswertung: RDScore 2001

RDSCORE

	Quadrat-summe	df	Mittelwert der Quadrate	F	Sig.
Zwischen den Gruppen	280,590	3	93,530	1,026	,385
Innerhalb der Gruppen	7839,810	86	91,161		
Gesamt	8120,400	89			

Sig. > 0,05 bedeutet keine Gruppenunterschiede beim RDScore für Industrieunternehmen im Geschäftsjahr 2001.

Gruppenauswertung für die RDScores 2002

RDSCORE

	N	Mittelwert	Standardab-weichung	Standard-fehler	95% Konfidenzintervall für Mittelwert		Minimum	Maximum
					Untere Grenze	Obere Grenze		
Sonstige Dienstleistungen	8	26,2500	8,08438	2,85826	19,4913	33,0087	15,00	36,00
Handel	6	20,1667	12,70302	5,18599	6,8357	33,4977	4,00	35,00
Industrie	70	26,8286	8,96850	1,07194	24,6901	28,9670	5,00	48,00
Total	84	26,2976	9,22252	1,00626	24,2962	28,2990	4,00	48,00

Homogenitätstest für die Varianz der RDScores 2002

RDSCORE

Levene Statistik	df1	df2	Sig.
,955	2	81	,389

Sig. > 0,05 bedeutet homogene Varianz, d. h. potenzielle Branchenunterschiede sind mit dem Waller-Duncan-Maß zu ermitteln.

ANOVA-Auswertung: RDScore 2002

RDSCORE

	Quadrat-summe	df	Mittelwert der Quadrate	F	Sig.
Zwischen den Gruppen	245,283	2	122,642	1,458	,239
Innerhalb der Gruppen	6814,276	81	84,127		
Gesamt	7059,560	83			

Sig. > 0,05 bedeutet keine Gruppenunterschiede beim RDScore für Industrieunternehmen im Geschäftsjahr 2002.

Anhang XVI: Abhängigkeit des RDScores für Industrieunternehmen von einem Börsenindex

Börsenindexauswertung für die RDScores

RDSCORE

Geschäftsjahr		N	Mittelwert	Standardabweichung	Standardfehler	95% Konfidenzinterval für Mittelwert		Minimum	Maximum
						Untere Grenze	Obere Grenze		
1999	DAX 30	22	18,6364	9,94052	2,11933	14,2290	23,0437	6,00	42,00
	MDAX	58	12,6034	7,31722	,96080	10,6795	14,5274	1,00	29,00
	Total	80	14,2625	8,49980	,95031	12,3710	16,1540	1,00	42,00
2000	DAX 30	26	24,3462	7,40779	1,45279	21,3541	27,3382	13,00	43,00
	MDAX	66	16,5000	8,13776	1,00169	14,4995	18,5005	1,00	39,00
	Total	92	18,7174	8,66003	,90287	16,9239	20,5108	1,00	43,00
2001	DAX 30	25	29,9600	8,46798	1,69360	26,4646	33,4554	18,00	51,00
	MDAX	65	20,6000	8,67612	1,07614	18,4502	22,7498	3,00	41,00
	Total	90	23,2000	9,55199	1,00687	21,1994	25,2006	3,00	51,00
2002	DAX 30	24	30,7083	7,91520	1,61568	27,3660	34,0506	16,00	48,00
	MDAX	60	24,5333	9,17341	1,18428	22,1636	26,9031	4,00	41,00
	Total	84	26,2976	9,22252	1,00626	24,2962	28,2990	4,00	48,00

Homogenitätstest für die Varianz der RDScores

RDSCORE

Geschäftsjahr	Levene Statistik	df1	df2	Sig.
1999	1,494	1	78	,225
2000	,385	1	90	,536
2001	,208	1	88	,650
2002	,456	1	82	,502

Sig. > 0,05 bedeutet homogene Varianz, d. h. potenzielle Branchenunterschiede sind mit dem Waller-Duncan-Maß zu ermitteln.

ANOVA-Auswertung: RDScore

RDSCORE

Geschäftsjahr		Quadrat-summe	df	Mittelwert der Quadrate	F	Sig.
1999	Ziwschen den Gruppen	580,517	1	580,517	8,832	*0,004
	Innerhalb der Gruppen	5126,970	78	65,730		
	Gesamt	5707,488	79			
2000	Ziwschen den Gruppen	1148,268	1	1148,268	18,206	*0,000
	Innerhalb der Gruppen	5676,385	90	63,071		
	Gesamt	6824,652	91			
2001	Ziwschen den Gruppen	1581,840	1	1581,840	21,289	*0,000
	Innerhalb der Gruppen	6538,560	88	74,302		
	Gesamt	8120,400	89			
2002	Ziwschen den Gruppen	653,668	1	653,668	8,367	*0,005
	Innerhalb der Gruppen	6405,892	82	78,121		
	Gesamt	7059,560	83			

Sig. < 0,05 bedeutet signifikante Unterschiede zwischen DAX 30 und MDAX für den RDScore für Industrieunternehmen in den Geschäftsjahren 1999 – 2002.

Anhang XVII: Zeitreihenanalyse des RDScores für Industrieunternehmen

Zeitreihenauswertung für die RDScores

RDSCORE

	N	Mittelwert	Standardabweichung	Standardfehler	95% Konfidenzintervall für Mittelwert: Untere Grenze	95% Konfidenzintervall für Mittelwert: Obere Grenze	Minimum	Maximum
1999	80	14,2625	8,49980	,95031	12,3710	16,1540	1,00	42,00
2000	92	18,7174	8,66003	,90287	16,9239	20,5108	1,00	43,00
2001	90	23,2000	9,55199	1,00687	21,1994	25,2006	3,00	51,00
2002	84	26,2976	9,22252	1,00626	24,2962	28,2990	4,00	48,00
Total	346	20,6936	10,01210	,53825	19,6350	21,7523	1,00	51,00

Homogenitätstest für die Varianz der RDScores

RDSCORE

Levene Statistik	df1	df2	Sig.
,203	3	342	,894

Sig. > 0,05 bedeutet homogene Varianz, d. h. potenzielle Unterschiede zwischen den Geschäftsjahren sind mit dem Waller-Duncan-Maß zu ermitteln.

ANOVA-Auswertung: RDScore

RDSCORE

	Quadratsumme	df	Mittelwert der Quadrate	F	Sig.
Zwischen den Gruppen	6871,427	3	2290,476	28,267	*0,000
Innerhalb der Gruppen	27712,1	342	81,030		
Gesamt	34583,5	345			

Sig. < 0,05 bedeutet signifikanter Unterschied für den RDScore für Industrieunternehmen zwischen den Geschäftsjahren.

Homogene Gruppen für RDScore

Waller-Duncan

Geschäftsjahr	N	Untergruppe für alpha = .05: 1	2	3	4
1999	80	14,2625			
2000	92		18,7173913		
2001	90			23,2	
2002	84				26,297619

Angezeigt werden die Mittelwerte für die homogenen Gruppen.

Jedes Geschäftsjahr bildet für sich allein eine homogene Gruppe. Dies bedeutet, dass der RDScore für Industrieunternehmen sich in den Geschäftsjahren 1999 – 2002 signifikant voneinander unterscheidet.

Anhang XVIII: Regressions- und Korrelationsanalyse des RDScores für Industrieunternehmen mit spezifischen Einflussfaktoren

Bivariate Korrelationen für die Geschäftsjahre 1999 – 2002: (*) bzw. (**) kennzeichnet Einflussfaktoren, die als unabhängige Variablen in das Regressionsmodell aufgenommen werden.

Bivariate Korrelation - 1999		
		RDScore
RDScore	Pearson Korrelation	1
	Sig. (2-seitig)	.
	N	84
Bilanzsumme	Pearson Korrelation	,299(**)
	Sig. (2-seitig)	0,006
	N	82
Umsatzerlöse	Pearson Korrelation	,315(**)
	Sig. (2-seitig)	0,004
	N	83
Operatives Ergebnis (OE)	Pearson Korrelation	,350(**)
	Sig. (2-seitig)	0,001
	N	84
Zinsaufwand	Pearson Korrelation	0,118
	Sig. (2-seitig)	0,285
	N	84
Jahresüberschuss (JÜ)	Pearson Korrelation	,343(**)
	Sig. (2-seitig)	0,002
	N	82
Marktkapitalisierung	Pearson Korrelation	0,105
	Sig. (2-seitig)	0,374
	N	74
Beta-Faktor	Pearson Korrelation	0
	Sig. (2-seitig)	0,999
	N	69
Anzahl Mitarbeiter	Pearson Korrelation	,278(*)
	Sig. (2-seitig)	0,011
	N	83
Rating	Pearson Korrelation	-0,305
	Sig. (2-seitig)	0,506
	N	7
Managementbeteiligung	Pearson Korrelation	-0,191
	Sig. (2-seitig)	0,088
	N	81
Festbesitz >5 %	Pearson Korrelation	0,329
	Sig. (2-seitig)	0,426
	N	8
Verschuldungsgrad	Pearson Korrelation	-0,163
	Sig. (2-seitig)	0,187
	N	67

Liquidität 1. Grades	Pearson Korrelation	-0,033
	Sig. (2-seitig)	0,771
	N	81
Liquidität 2. Grades	Pearson Korrelation	-0,015
	Sig. (2-seitig)	0,896
	N	81
Liquidität 3. Grades	Pearson Korrelation	-0,051
	Sig. (2-seitig)	0,651
	N	81
Kapitalbindung kurzfr. Verbindlichkeiten	Pearson Korrelation	0,05
	Sig. (2-seitig)	0,66
	N	80
Finanzierungskraft 1 (OE/FK)	Pearson Korrelation	-0,08
	Sig. (2-seitig)	0,524
	N	65
Finanzierungskraft 2 (OE/adjust. FK)	Pearson Korrelation	-0,097
	Sig. (2-seitig)	0,442
	N	65
Umsatzrendite	Pearson Korrelation	0,049
	Sig. (2-seitig)	0,66
	N	82
Finanzierungskraft 3 (JÜ/FK)	Pearson Korrelation	0,019
	Sig. (2-seitig)	0,868
	N	81
Finanzierungskraft 4 (JÜ/adjust. FK)	Pearson Korrelation	-0,055
	Sig. (2-seitig)	0,657
	N	67
Cash flow (CF)	Pearson Korrelation	,302(**)
	Sig. (2-seitig)	0,006
	N	81
Finanzierungskraft 5 (CF/FK)	Pearson Korrelation	0,007
	Sig. (2-seitig)	0,953
	N	66
Finanzierungskraft 6 (CF/adjust. FK)	Pearson Korrelation	-0,029
	Sig. (2-seitig)	0,819
	N	66
EBITDA	Pearson Korrelation	,305(**)
	Sig. (2-seitig)	0,006
	N	81
Effektivverschuldung	Pearson Korrelation	,301(*)
	Sig. (2-seitig)	0,013
	N	67

Verschuldungsfähigkeit	Pearson Korrelation	-0,038
	Sig. (2-seitig)	0,76
	N	66
Eigenkapitalrendite (JÜ)	Pearson Korrelation	-0,012
	Sig. (2-seitig)	0,922
	N	67
Eigenkapitalrendite (CF)	Pearson Korrelation	-0,109
	Sig. (2-seitig)	0,385
	N	66
Gesamtkapitalrendite	Pearson Korrelation	-0,104
	Sig. (2-seitig)	0,352
	N	82
Vorräteumschlag	Pearson Korrelation	-0,054
	Sig. (2-seitig)	0,629
	N	83
Forderungsumschlag	Pearson Korrelation	0,049
	Sig. (2-seitig)	0,666
	N	81
Tragfähigkeit der Zinsverpflichtungen	Pearson Korrelation	0,006
	Sig. (2-seitig)	0,959
	N	81
Fremdkapitalquote	Pearson Korrelation	0,004
	Sig. (2-seitig)	0,974
	N	67
Beschäftigungslage	Pearson Korrelation	-0,182
	Sig. (2-seitig)	0,101
	N	82

** Korrelation ist signifikant für 0.01 Niveau (2-seitig).

* Korrelation ist signifikant für 0.05 Niveau (2-seitig).

Bivariate Korrelation - 2000		
		RDScore
RDScore	Pearson Korrelation	1
	Sig. (2-seitig)	,
	N	89
Bilanzsumme	Pearson Korrelation	,340(**)
	Sig. (2-seitig)	0,002
	N	84
Umsatzerlöse	Pearson Korrelation	,398(**)
	Sig. (2-seitig)	0
	N	84
Operatives Ergebnis (OE)	Pearson Korrelation	,336(**)
	Sig. (2-seitig)	0,002
	N	85
Zinsaufwand	Pearson Korrelation	,278(*)
	Sig. (2-seitig)	0,01
	N	85
Jahresüberschuss (JÜ)	Pearson Korrelation	,366(**)
	Sig. (2-seitig)	0,001
	N	84
Marktkapitalisierung	Pearson Korrelation	0,019
	Sig. (2-seitig)	0,868
	N	78
Beta-Faktor	Pearson Korrelation	0,202
	Sig. (2-seitig)	0,092
	N	71
Anzahl Mitarbeiter	Pearson Korrelation	,381(**)
	Sig. (2-seitig)	0
	N	86
Rating	Pearson Korrelation	0,297
	Sig. (2-seitig)	0,404
	N	10
Managementbeteiligung	Pearson Korrelation	-0,098
	Sig. (2-seitig)	0,373
	N	84
Festbesitz >5 %	Pearson Korrelation	0,022
	Sig. (2-seitig)	0,885
	N	45
Verschuldungsgrad	Pearson Korrelation	0,013
	Sig. (2-seitig)	0,907
	N	84

Liquidität 1. Grades	Pearson Korrelation	-0,118
	Sig. (2-seitig)	0,287
	N	84
Liquidität 2. Grades	Pearson Korrelation	-0,127
	Sig. (2-seitig)	0,249
	N	84
Liquidität 3. Grades	Pearson Korrelation	-0,155
	Sig. (2-seitig)	0,16
	N	84
Kapitalbindung kurzfr. Verbindlichkeiten	Pearson Korrelation	-0,008
	Sig. (2-seitig)	0,943
	N	82
Finanzierungskraft 1 (OE/FK)	Pearson Korrelation	-,235(*)
	Sig. (2-seitig)	0,034
	N	81
Finanzierungskraft 2 (OE/adjust. FK)	Pearson Korrelation	-,250(*)
	Sig. (2-seitig)	0,024
	N	81
Umsatzrendite	Pearson Korrelation	-0,026
	Sig. (2-seitig)	0,818
	N	82
Finanzierungskraft 3 (JÜ/FK)	Pearson Korrelation	-0,129
	Sig. (2-seitig)	0,241
	N	84
Finanzierungskraft 4 (JÜ/adjust. FK)	Pearson Korrelation	-0,055
	Sig. (2-seitig)	0,622
	N	84
Cash flow (CF)	Pearson Korrelation	,365(**)
	Sig. (2-seitig)	0,002
	N	73
Finanzierungskraft 5 (CF/FK)	Pearson Korrelation	-0,039
	Sig. (2-seitig)	0,746
	N	73
Finanzierungskraft 6 (CF/adjust. FK)	Pearson Korrelation	-0,043
	Sig. (2-seitig)	0,716
	N	73
EBITDA	Pearson Korrelation	,340(**)
	Sig. (2-seitig)	0,003
	N	73
Effektivverschuldung	Pearson Korrelation	,387(**)
	Sig. (2-seitig)	0
	N	84

Verschuldungsfähigkeit	Pearson Korrelation	0,16
	Sig. (2-seitig)	0,175
	N	73
Eigenkapitalrendite (JÜ)	Pearson Korrelation	-0,047
	Sig. (2-seitig)	0,668
	N	84
Eigenkapitalrendite (CF)	Pearson Korrelation	0,056
	Sig. (2-seitig)	0,639
	N	73
Gesamtkapitalrendite	Pearson Korrelation	-0,16
	Sig. (2-seitig)	0,146
	N	84
Vorräteumschlag	Pearson Korrelation	0,043
	Sig. (2-seitig)	0,701
	N	83
Forderungsumschlag	Pearson Korrelation	-0,031
	Sig. (2-seitig)	0,785
	N	82
Tragfähigkeit der Zinsverpflichtungen	Pearson Korrelation	0,082
	Sig. (2-seitig)	0,49
	N	73
Fremdkapitalquote	Pearson Korrelation	,221(*)
	Sig. (2-seitig)	0,043
	N	84
Beschäftigungslage	Pearson Korrelation	0,078
	Sig. (2-seitig)	0,529
	N	67
** Korrelation ist signifikant für 0.01 Niveau (2-seitig).		
* Korrelation ist signifikant für 0.05 Niveau (2-seitig).		

Bivariate Korrelation - 2001		
		RDScore
RDScore	Pearson Korrelation	1
	Sig. (2-seitig)	,
	N	79
Bilanzsumme	Pearson Korrelation	,262(*)
	Sig. (2-seitig)	0,021
	N	77
Umsatzerlöse	Pearson Korrelation	,358(**)
	Sig. (2-seitig)	0,001
	N	77
Operatives Ergebnis (OE)	Pearson Korrelation	0,16
	Sig. (2-seitig)	0,162
	N	78
Zinsaufwand	Pearson Korrelation	0,142
	Sig. (2-seitig)	0,214
	N	78
Jahresüberschuss (JÜ)	Pearson Korrelation	0,223
	Sig. (2-seitig)	0,052
	N	77
Marktkapitalisierung	Pearson Korrelation	0,016
	Sig. (2-seitig)	0,89
	N	73
Beta-Faktor	Pearson Korrelation	0,231
	Sig. (2-seitig)	0,062
	N	66
Anzahl Mitarbeiter	Pearson Korrelation	,380(**)
	Sig. (2-seitig)	0,001
	N	79
Rating	Pearson Korrelation	0,211
	Sig. (2-seitig)	0,509
	N	12
Managementbeteiligung	Pearson Korrelation	-0,11
	Sig. (2-seitig)	0,339
	N	77
Festbesitz >5 %	Pearson Korrelation	-0,065
	Sig. (2-seitig)	0,627
	N	58
Verschuldungsgrad	Pearson Korrelation	0,083
	Sig. (2-seitig)	0,473
	N	77

Liquidität 1. Grades	Pearson Korrelation	0,026
	Sig. (2-seitig)	0,819
	N	77
Liquidität 2. Grades	Pearson Korrelation	0,013
	Sig. (2-seitig)	0,912
	N	77
Liquidität 3. Grades	Pearson Korrelation	-0,017
	Sig. (2-seitig)	0,884
	N	77
Kapitalbindung kurzfr. Verbindlichkeiten	Pearson Korrelation	-0,151
	Sig. (2-seitig)	0,197
	N	75
Finanzierungskraft 1 (OE/FK)	Pearson Korrelation	-0,19
	Sig. (2-seitig)	0,103
	N	75
Finanzierungskraft 2 (OE/adjust. FK)	Pearson Korrelation	-0,217
	Sig. (2-seitig)	0,062
	N	75
Umsatzrendite	Pearson Korrelation	-0,133
	Sig. (2-seitig)	0,252
	N	76
Finanzierungskraft 3 (JÜ/FK)	Pearson Korrelation	-0,003
	Sig. (2-seitig)	0,982
	N	77
Finanzierungskraft 4 (JÜ/adjust. FK)	Pearson Korrelation	0,002
	Sig. (2-seitig)	0,987
	N	77
Cash flow (CF)	Pearson Korrelation	,245(*)
	Sig. (2-seitig)	0,046
	N	67
Finanzierungskraft 5 (CF/FK)	Pearson Korrelation	0,04
	Sig. (2-seitig)	0,749
	N	67
Finanzierungskraft 6 (CF/adjust. FK)	Pearson Korrelation	0,028
	Sig. (2-seitig)	0,822
	N	67
EBITDA	Pearson Korrelation	0,177
	Sig. (2-seitig)	0,152
	N	67
Effektivverschuldung	Pearson Korrelation	0,206
	Sig. (2-seitig)	0,073
	N	77

Verschuldungsfähigkeit	Pearson Korrelation	-0,134
	Sig. (2-seitig)	0,279
	N	67
Eigenkapitalrendite (JÜ)	Pearson Korrelation	0,06
	Sig. (2-seitig)	0,602
	N	77
Eigenkapitalrendite (CF)	Pearson Korrelation	0,114
	Sig. (2-seitig)	0,357
	N	67
Gesamtkapitalrendite	Pearson Korrelation	-0,048
	Sig. (2-seitig)	0,679
	N	77
Vorräteumschlag	Pearson Korrelation	-0,146
	Sig. (2-seitig)	0,205
	N	77
Forderungsumschlag	Pearson Korrelation	0,054
	Sig. (2-seitig)	0,644
	N	75
Tragfähigkeit der Zinsverpflichtungen	Pearson Korrelation	-0,136
	Sig. (2-seitig)	0,272
	N	67
Fremdkapitalquote	Pearson Korrelation	0,214
	Sig. (2-seitig)	0,062
	N	77
Beschäftigungslage	Pearson Korrelation	-0,147
	Sig. (2-seitig)	0,272
	N	58

** Korrelation ist signifikant für 0.01 Niveau (2-seitig).

* Korrelation ist signifikant für 0.05 Niveau (2-seitig).

Bivariate Korrelation - 2002		
		RDSCORE
RDScore	Pearson Korrelation	1
	Sig. (2-seitig)	,
	N	68
Bilanzsumme	Pearson Korrelation	,316(**)
	Sig. (2-seitig)	0,009
	N	68
Umsatzerlöse	Pearson Korrelation	,433(**)
	Sig. (2-seitig)	0
	N	68
Marktkapitalisierung	Pearson Korrelation	,324(**)
	Sig. (2-seitig)	0,007
	N	67
Jahresüberschuss (JÜ)	Pearson Korrelation	-0,016
	Sig. (2-seitig)	0,895
	N	68
Operatives Ergebnis (OE)	Pearson Korrelation	0,006
	Sig. (2-seitig)	0,959
	N	68
Cash flow	Pearson Korrelation	0,227
	Sig. (2-seitig)	0,105
	N	52
EBITDA	Pearson Korrelation	0,221
	Sig. (2-seitig)	0,115
	N	52
Eigenkapitalrendite (JÜ)	Pearson Korrelation	-0,096
	Sig. (2-seitig)	0,441
	N	67
Eigenkapitalrendite (CF)	Pearson Korrelation	-0,044
	Sig. (2-seitig)	0,761
	N	51
Gesamtkapitalrendite	Pearson Korrelation	-0,122
	Sig. (2-seitig)	0,323
	N	68
Umsatzrendite	Pearson Korrelation	-0,093
	Sig. (2-seitig)	0,448
	N	68
Liquidität 3. Grades	Pearson Korrelation	0,04
	Sig. (2-seitig)	0,747
	N	68
Liquidität 2. Grades	Pearson Korrelation	0,126
	Sig. (2-seitig)	0,306
	N	68
Liquidität 1. Grades	Pearson Korrelation	-0,208
	Sig. (2-seitig)	0,088
	N	68
Fremdkapitalquote	Pearson Korrelation	0,206
	Sig. (2-seitig)	0,092
	N	68
Verschuldungsgrad	Pearson Korrelation	0,041
	Sig. (2-seitig)	0,743
	N	67
Tragfähigkeit der Zinsverpflichtungen	Pearson Korrelation	0,126
	Sig. (2-seitig)	0,371
	N	53

Effektivverschuldung	Pearson Korrelation	,290(*)
	Sig. (2-seitig)	0,016
	N	68
Dynamischer Verschuldungsgrad	Pearson Korrelation	0,063
	Sig. (2-seitig)	0,659
	N	52
Kapitalbindung kurzfr. Verb	Pearson Korrelation	-0,094
	Sig. (2-seitig)	0,451
	N	67
Beschäftigungslage	Pearson Korrelation	0,148
	Sig. (2-seitig)	0,227
	N	68
Vorräteumschlag	Pearson Korrelation	-0,03
	Sig. (2-seitig)	0,809
	N	68
Forderungsumschlag, inkl. sonstige Vermögensgegenstände	Pearson Korrelation	-,341(**)
	Sig. (2-seitig)	0,004
	N	68
Finanzierungskraft 1 (OE/FK)	Pearson Korrelation	-0,212
	Sig. (2-seitig)	0,083
	N	68
Finanzierungskraft 2 (OE/adjust. FK)	Pearson Korrelation	-0,202
	Sig. (2-seitig)	0,099
	N	68
Finanzierungskraft 3 (JÜ/FK)	Pearson Korrelation	-0,183
	Sig. (2-seitig)	0,135
	N	68
Finanzierungskraft 4 (JÜ/adjust. FK)	Pearson Korrelation	-0,165
	Sig. (2-seitig)	0,178
	N	68
Finanzierungskraft 5 (CF/FK)	Pearson Korrelation	-0,251
	Sig. (2-seitig)	0,073
	N	52
Finanzierungskraft 6 (CF/adjust. FK)	Pearson Korrelation	-0,234
	Sig. (2-seitig)	0,095
	N	52
Beta-Faktor	Pearson Korrelation	0,148
	Sig. (2-seitig)	0,247
	N	63
Anteilseignerkonz.	Pearson Korrelation	0,214
	Sig. (2-seitig)	0,095
	N	62
Zinsaufwand	Pearson Korrelation	0,206
	Sig. (2-seitig)	0,091
	N	68
** Korrelation ist signifikant für 0.01 Niveau (2-seitig).		
* Korrelation ist signifikant für 0.05 Niveau (2-seitig).		

Zusammenfassung der Regressionsergebnisse

Modellzusammenfassung 1999

Modell	R	R Quadrat	Adjust. R Quadrat	Standardfehler der Schätzung
1	,406[a]	,165	,152	8,216

a. Einflussvariablen: (konstant), Operatives Ergebnis

Modellzusammenfassung 2000

Modell	R	R Quadrat	Adjust. R Quadrat	Standardfehler der Schätzung
1	,397[a]	,157	,145	8,245

a. Einflussfaktoren: (konstant), Umsatzerlöse

Modellzusammenfassung 2001

Modell	R	R Quadrat	Adjust. R Quadrat	Standardfehler der Schätzung
1	,315[a]	,099	,085	9,419
2	,397[b]	,157	,131	9,180

a. Einflussfaktoren: (konstant), Anzahl Mitarbeiter

b. Einflussfaktoren: (konstant), Anzahl Mitarbeiter, Bilanzsumme

Modellzusammenfassung 2002

Modell	R	R Quadrat	Adjust. R Quadrat	Standardfehler der Schätzung
1	,430[a]	,185	,173	8,843
2	,504[b]	,254	,231	8,526

a. Einflussvariablen: (konstant), Umsatzerlöse

b. Einflussvariablen: (konstant), Umsatzerlöse, Forderungsumschlag, inkl. sonst. VG.

Partielle Korrelation zwischen RDScore und operativem Ergebnis für das Geschäftsjahr 1999 unter Verwendung der Kontrollvariablen Umsatzerlöse:

Das operative Ergebnis hat keinen signifikanten Einfluss mehr auf den RDScore, wenn es um den Erklärungsbeitrag der Umsatzerlöse korrigiert wird.

- - - Partielle Korrelationskoeffizienten - - -

Kontrollvariable: Umsatzerlöse

	Operatives Ergebnis	RDScore
Operatives Ergebnis	1,0000	,1789
RDScore	,1789	1,0000

* Signif. Niveau ,05 ** - Signif. Niveau ,01 (2-seitig)

Verzeichnis deutscher Gesetze, Verordnungen und Verwaltungsanweisungen

AktG (2001): Aktiengesetz vom 6.9.1965 (BGBl I S. 1089) in der Fassung vom 20.12.2001 (BGBl I S. 3822).

BörsG (2001): Börsengesetz vom 9.9.1998 (BGBl I S. 2683) in der Fassung vom 29.10.2001 (BGBl I S. 2875).

BörsZulV (2001): Verordnung über die Zulassung von Wertpapieren zur amtlichen Notierung an einer Wertpapierbörse (Börsenzulassungs-Verordnung – BörsZulV) vom 9.9.1998 (BGBl I S. 2833) in der Fassung vom 13.7.2001 (BGBl I S. 1542).

Deutscher Rechnungslegungs Standard Nr. 5 (DRS 5): Risikoberichterstattung, verabschiedet am 3.4.2001, Bekanntmachung am 29.5.2001, in: Deutsches Rechnungslegungs Standards Committee [Hrsg.], Deutsche Rechnungslegungsstandards, Loseblattsammlung, Stuttgart 2002.

Deutscher Rechnungslegungs Standard Nr. 5-10 (DRS 5-10): Risikoberichterstattung von Kredit- und Finanzdienstleistungsinstituten, verabschiedet am 29.8.2000, Bekanntmachung am 30.12.2000, in: Deutsches Rechnungslegungs Standards Committee [Hrsg.], Deutsche Rechnungslegungsstandards, Loseblattsammlung, Stuttgart 2002.

Deutscher Rechnungslegungs Standard Nr. 5-20 (DRS 5-20): Risikoberichterstattung von Versicherungsunternehmen, verabschiedet am 3.4.2001, Bekanntmachung am 29.5.2001, in: Deutsches Rechnungslegungs Standards Committee [Hrsg.], Deutsche Rechnungslegungsstandards, Loseblattsammlung, Stuttgart 2002.

Deutscher Rechnungslegungs Standard Nr. 6 (DRS 6): Zwischenberichterstattung, verabschiedet am 11.1.2001, Bekanntmachung am 13.2.2001, in: Deutsches Rechnungslegungs Standards Committee [Hrsg.], Deutsche Rechnungslegungsstandards, Loseblattsammlung, Stuttgart 2002.

EGHGB (2002): Einführungsgesetz zum Handelsgesetzbuch vom 10. Mai 1897 (RGBl. S. 437) in der Fassung vom 19.7.2002 (BGBl I S. 2681).

GmbHG (2001): Gesetz betreffend die Gesellschaften mit beschränkter Haftung vom 20.4.1892 (RGBl S. 477) in der Fassung vom 13.7.2001 (BGBl I S. 1542).

HGB (2002): Handelsgesetzbuch vom 10.5.1897 (RGBl S. 219) in der Fassung vom 19.7.2002 (BGBl I S. 2681).

PublG (2001): Gesetz über die Rechnungslegung von bestimmten Unternehmen und Konzernen (Publizitätsgesetz – PublG) vom 15.8.1969 (BGBl I S. 1189, ber. 1970 I S. 1113) in der Fassung vom 10.12.2001 (BGBl I S. 3414).

WpHG (2002): Gesetz über den Wertpapierhandel (Wertpapierhandelsgesetz – WpHG) vom 9.9.1998 (BGBl I S.2708) in der Fassung vom 23.7.2002 (BGBl I S. 2778).

UmwG (2001): Umwandlungsgesetz vom 28.10.1994 (BGBl I S. 3210, berichtigt 1995 I S. 428) in der Fassung vom 26.11.2001 (BGBl I S. 3138).

Verzeichnis europäischer und anderer internationaler Rechtsquellen

Rat der Europäischen Gemeinschaften, Richtlinie 2003/51/EG des Europäischen Parlaments und des Rates vom 18.6.2003 zur Änderung der Richtlinien 78/660/EWG, 86/635/EWG und 91/674/EWG über den Jahresabschluss und den konsolidierten Abschluss von Gesellschaften bestimmter Rechtsformen, von Banken und anderen Finanzinstituten sowie von Versicherungsunternehmen, in Amtsblatt der Europäischen Gemeinschaften vom 17.7.2003, Nr. L 178/16 (Modernisierungsrichtlinie).

Rat der Europäischen Gemeinschaften, Verordnung (EG) Nr. 1606/2002 des Europäischen Parlaments und des Rates vom 19.7.2002 betreffend die Anwendung internationaler Rechnungslegungsstandards, in: Amtsblatt der Europäischen Gemeinschaften vom 11.9.2002, Nr. L 243/1 (EU-Verordnung IAS/IFRS).

Rat der Europäischen Gemeinschaften, Siebte Richtlinie des Rates vom 13. Juni 1983 aufgrund von Artikel 54 Absatz 3 Buchstabe g) des Vertrages über den konsolidierten Abschluss (83/349/EWG), in: Amtsblatt der Europäischen Gemeinschaften vom 18.7.1983, Nr. L 193/1-17 (7. EG-Richtlinie).

Rat der Europäischen Gemeinschaften, Vierte Richtlinie des Rates vom 25. Juli 1978 aufgrund von Artikel 54 Absatz 3 Buchstabe g) des Vertrages über den Jahresabschluss von Gesellschaften bestimmter Rechtsform (78/660/EWG), in: Amtsblatt der Europäischen Gemeinschaften vom 14.8.1978, Nr. L 222/11-31 (4. EG-Richtlinie).

Verzeichnis der verwendeten Internetquellen

Baker, C. R. (1997): Implementing the SOP on Risks and Uncertainties: The SOP is one year old. What lessons were learned?, in: www.nysscpa.org/cpajournal/ 1997/0297/features/f36.htm, 1997, verfügbar, Stand: Oktober 2003.

Baseler Ausschuss für Bankenaufsicht (2003): Konsultationspapier: Überblick über die Neue Baseler Eigenkapitalvereinbarung, in: www.bundesbank.de/bank/download/ pdf/Overview_Deutsch.pdf, verfügbar, Stand: Oktober 2003.

Deutsche Börse (2003): Leitfaden für die Aktienindizes der Deutschen Börse, in: deutscheboerse.com/dbag/dispatch/s/E67ACC1DAD431BC2806FB94F43C4B4B9/de/isg/gdb_navigation/information_services/30_Indices_Index_Licensing/30_Equity_Indices/95_CDAX?active=furtherinfo&module=InFurtherInfo_Index&wp=DE0008469602&wplist=DE0008469602&foldertype=_Index, 2003, verfügbar, Stand: Oktober 2003.

E-DRS 5 (2000): Risikoberichterstattung: Deutscher Rechnungslegungs Standard Nr. 5 (E-DRS 5): in: www.drsc.de/ger/standards/index.html, 2000, verfügbar, Stand: Oktober 2003.

E-DRS 20 (2003): Lageberichterstattung: Deutscher Rechnungslegungs Standard Nr. 20 (E-DRS 20): in: www.standardsetter.de/drsc/docs/press_releases/E-DRS%2020_website_131103.pdf, 2003, verfügbar, Stand: November 2003.

E-DRS Rahmenkonzept (2002): Grundsätze ordnungsmäßiger Rechnungslegung (Rahmenkonzept), in: www.standardsetter.de/drsc/ docs/drafts/framework.pdf, 2002, verfügbar, Stand: Februar 2003.

European Accounting Study Group (2000): Management's Analysis of the Business: A Position Paper issued for comment by the European Accounting Study Group, in: www.nivra.nl/download/Directors%20report%20final%20version.pdf, verfügbar, Stand: November 2002.

Kothes Kleves (Hrsg.) (2001): Meinungsbarometer 15: Juni 2001, in: www.agenturcafe.de/downloads/Meinungsbarometer15end.pdf, verfügbar, Stand: Oktober 2003.

Metz, J. T. (1997): What Risks? Who Said Anything Was Uncertain? SOP 94-6 Revisited, in: www.sikich.com/sg/pdf/FASB.pdf, 1997, verfügbar, Stand: Oktober 2002.

Mohadjer, L./Bell, B./Waksberg, J. (1994): National Health and Nutrition Examination Survey III: Accounting for Item Nonresponse Bias, in: www.cdc.gov/nchs/data/ nhanes/nhanes3/cdrom/NCHS/MANUALS/NR_BIAS.PDF, verfügbar, Stand: September 2003.

O. V. (1997): Entwurf eines Gesetzes zur Kontrolle und Transparenz im Unternehmensbereich (KonTraG), in: www.bmj.bund.de/images/ 11371.pdf, verfügbar, Stand: Oktober 2003.

O. V. (2001): Corporate Ratings Criteria, in: Standard & Poors [Hrsg.], www.standardandpoors.com/rating, verfügbar, Stand: September 2003.

SEC (2000): Final Rule: Selective Disclosure and Insider Trading, in: www.sec.gov/rules/final/33-7881.htm, verfügbar, Stand: Februar 2002, S. 1-60.

SEC (2000a): Market Maker, in: www.sec.gov/answers/mktmaker. htm,verfügbar, Stand: Oktober 2003.

SPSS (2003): Statistical support, in: www.spss.com/tech/ stat/Algorithms/11.5/app10_post_hoc_test.pdf, verfügbar, Stand: Okober 2003.

Literaturverzeichnis

AAA Financial Accounting Standards Committee (2002): Recommendations on Disclosures of Nonfinancial Performance Measures, in: Accounting Horizons, Vol. 16, No. 4, 2002, S. 353-362.

Abarbanell, J./Lehavy, R. (2003): Can Stock Recommendations Predict Earnings Management and Analysts' Earnings Forecast Errors?, in: Journal of Accounting Research, Vol. 41, No. 1, 2003, S. 1-31.

Achleitner, A.-K./Bassen, A./Pietzsch, L. (2001): Kapitalmarktkommunikation von Wachstumsunternehmen: Kriterien zur effizienten Ansprache von Finanzanalysten, Stuttgart 2001.

Adam, D. (1996): Planung und Entscheidung: Modelle - Ziele - Methoden, 4. Aufl., Wiesbaden 1996.

ADS (1995 ff.): Rechnungslegung und Prüfung der Unternehmen, in: Forster, K.-H./Goerdeler, J./Lanfermann, H.-P./Siepe, G./Stolberg, K. [Hrsg.], 6. Aufl., Teilband 1-6, Stuttgart 1995-1996.

Affleck-Graves, J./Callahan, C. M./Chipalkatti, N. (2002): Earnings Predictability, Information Asymmetry, and Market Liquidity, in: Journal of Accounting Research, Vol. 40, No. 3, 2002, S. 561-583.

Ahmed, A. S./Morton, R. M./Schaeffer, T. F. (2000): Accounting Conservatism and the Valuation of Accounting Numbers: Evidence on the Feltham-Ohlson (1996) Model, in: Journal of Accounting, Auditing and Finance, Vol. 15, No. 3, 2000, S. 271-292.

Amelingmeyer, J. (2000): Wissensmanagement: Analyse und Gestaltung der Wissensbasis von Unternehmen, Wiesbaden 2000.

Amihud, Y./Mendelson, H. (1980): Dealership Market: Market-Making with Inventory, in: Journal of Financial Economics, Vol. 8, 1980, S. 31-53.

Amihud, Y./Mendelson, H. (1986): Asset Pricing And The Bid-Ask Spread, in: Journal of Financial Economics, Vol. 17, 1986, S. 223-249.

Amihud, Y./Mendelson, H. (1987): Trading Mechanisms and Stock Returns: An Empirical Investigation, in: The Journal of Finance, Vol. 42, No. 3, 1987, S. 533-553.

Amin, G. S./Kat, H. M. (2003): Welcome to the Dark Side: Hedge Fund Attrition and Survivorship Bias Over the Period 1994-2001, in: The Journal of Alternative Investments, Vol. 6, No. 2, 2003, S. 57-73.

Ansoff, H. I. (1976): Managing Surprise and Discontinuity: Strategic Response to Weak Signals, in: Zeitschrift für betriebswirtschaftliche Forschung, 28. Jg., 1976, S. 129-152.

Arbeitskreis Bilanzrecht der Hochschullehrer Rechtswissenschaft (2002): Zur Fortentwicklung des deutschen Bilanzrechts, in: Betriebs-Berater, 57. Jg., Heft 46, 2002, S. 2372-2381.

Baetge, J. (1998): Bilanzanalyse, Düsseldorf 1998.

Baetge, J./ Manolopoulos, P. R. (1999): Bilanz-Ratings zur Beurteilung der Unternehmensbonität: Entwicklung und Einsatz des BBR Baetge-Bilanz-Ratings® im Rahmen des Benchmarking, in: Die Unternehmung, 53. Jg., Heft 5, 1999, S. 351-371.

Baetge, J./Fischer, T. R./Paskert, D. (1989): Der Lagebericht, Aufstellung, Prüfung, Offenlegung, Stuttgart 1989.

Baetge, J./Jerschensky, A. (1999): Frühwarnsysteme als Instrumente eines effizienten Risikomanagement und -Controlling, in: Controlling, 11. Jg., Heft 4/5, 1999, S. 171-176.

Baetge, J./Kirchhoff, K. R. (1997): Der Geschäftsbericht: Bedeutung, Inhalt, Sprache, Design, Servicefunktion, Praxisbeispiele, Wien 1997.

Baetge, J./Kirsch, H.-J./Thiele, S. (2002): Bilanzen, 6. Aufl., Düsseldorf 2002.

Baetge, J./Kirsch, H.-J./Thiele, S. (2002a): Konzernbilanzen, 6. Aufl., Düsseldorf 2002.

Baiman, S./Verrecchia, R. E. (1996): The Relation among Capital Markets, Financial Disclosure, Production Efficiency, and Insider Trading, in: Journal of Accounting Research, Vol. 34, No. 1, 1996, S. 1-22.

Ballwieser, W. (1982): Zur Begründbarkeit informationsorientierter Jahresabschlussverbesserungen, in: Zeitschrift für betriebswirtschaftliche Forschung, 34. Jg., Heft 8/9, 1982, S. 772-793.

Ballwieser, W. (1999): Grundsätze ordnungsmäßiger Buchführung, in: Castan, E./Heymann, G./Ordelheide, D./Pfitzer, N./Scheffler, E.

[Hrsg.], Beck'sches Handbuch der Rechnungslegung, Band I, München 1999, B 105.

Ballwieser, W. (2002): Informations-GoB - auch im Lichte von IAS und US-GAAP, in: Kapitalmarktorientierte Rechnungslegung, 2. Jg., Heft 3, 2002, S. 115-121.

Ballwieser, W. (2002a): Rechnungslegung im Umbruch: Entwicklungen, Ziele, Missverständnisse, in: Der Schweizer Treuhänder, 76. Jg., Heft 4, 2002, S. 295-304.

Barry, C. B./Brown, S. J. (1985): Differential Information and Security Market Equilibrium, in: Journal of Financial and Quantitative Analysis, Vol. 29, No. 4, 1985, S. 407-422.

Beatty, A./Weber, J. (2003): The Effects of Debt Contracting on Voluntary Accounting Method Changes, in: The Accounting Review, Vol. 78, No. 1, 2003, S. 119-142.

Beaver, W. H. (1998): Financial Reporting: An Accounting Revolution, 3. Aufl., Upper Saddle River 1998.

Beaver, W. H. (2002): Perspectives on Recent Capital Market Research, in: The Accounting Review, Vol. 77, No. 2, 2002, S. 453-474.

Beets, S. D./Souther, C. C. (1999): Corporate Environmental Reports: The Need for Standards and an Environmental Assurance Service, in: Accounting Horizons, Vol. 13, No. 2, 1999, S. 129-145.

Berger, A./Lütticke, S. (2003): § 292 a HGB, in: Berger, A./Ellrott, H./Förschle, G./Hense, B. [Hrsg.], Beck'scher Bilanz-Kommentar: Handels- und Steuerrecht - §§ 238 bis 339 HGB, 5. Aufl., München 2003, S. 1383-1395.

Bischoff, J. (1994): Das Shareholder-Value-Konzept: Darstellung - Probleme - Handhabungsmöglichkeiten, Wiesbaden 1994.

Bittner, T. (1996): Die Wirkungen von Investor Relations-Maßnahmen auf Finanzanalysten, Lohmar et al. 1996.

Bitz, H. (2000): Risikomanagement nach KonTraG: Einrichtung von Frühwarnsystemen zur Effizienzsteigerung und zur Vermeidung persönlicher Haftung, Stuttgart 2000.

Black, E. L./White, J. J. (2003): An international comparison of income statement and balance sheet information: Germany, Japan and the US, in: The European Accounting Review, Vol. 12, No. 1, 2003, S. 29-46.

Black, F./Scholes, M. (1973): The Pricing of Options and Corporate Liabilities, in: Journal of Political Economy, Vol. 81, 1973, S. 637-654.

Blackwell, D./Girshik, M. A. (1954): Theory of Games and Statistical Decisions, New York 1954.

Blattberg, R. C./Getz, G./Thomas, J. S. (2001): Customer Equity, Boston 2001.

Bleymüller, J./Gehlert, G./Gülicher, H. (2002): Statistik für Wirtschaftswissenschaftler, 13. Aufl., München 2002.

Bloech, J. (2001): Management von Standortrisiken, in: Götze, U./Henselmann, K./Mikus, B. [Hrsg.], Risikomanagement, Heidelberg 2001, S. 257-274.

Blondel, S. (2002): Testing Theories of Choice Under Risk: Estimation of Individual Functionals, in: The Journal of Risk and Uncertainty, Vol. 24, No. 3, 2002, S. 251-265.

Bloomfield, R. (1996): The Interdependence of Reporting Discretion and Informational Efficiency in Laboratory Markets, in: The Accounting Review, Vol. 71, No. 4, 1996, S. 493-511.

Blume, A./DeJong, D. V./Kim, Y.-G. et al. (1998): Experimental Evidence on the Evolution of Meaning of Messages in Sender-Receiver Games, in: American Economic Review, Vol. 88, No. 5, 1998, S. 1323-1340.

Böcking, H.-J./Orth, C. (1998): Kann das "Gesetz zur Kontrolle und Transparenz im Unternehmensbereich (KonTraG)" einen Beitrag zur Verringerung der Erwartungslücke leisten?: Eine Würdigung auf Basis von Rechnungslegung und Kapitalmarkt, in: Die Wirtschaftsprüfung, 51. Jg., Heft 8, 1998, S. 351-364.

Botosan, C. A. (1997): Disclosure Level and the Cost of Equity Capital, in: The Accounting Review, Vol. 72, No. 3, 1997, S. 323-349.

Botosan, C. A./Plumlee, M. A. (2002): A Re-examination of Disclosure Level and the Expected Cost of Equity Capital, in: Journal of Accounting Research, Vol. 40, No. 1, 2002, S. 21-40.

Boulton, R. E. S./Libert, B. D./Samek, S. M. (2001): Value Code: Werte schaffen in der Neuen Wirtschaft, München 2001.

Brachinger, H.W./Weber, M. (1997): Risk as a primitive: a survey of measures of perceived risk, in: OR Spektrum, 19. Jg., 1997, S. 235-250.

Bracklo, M./Bilstein, A. (2002): Value Reporting, Kapitalmarkt und Unternehmensbewertung, in: Küting, K./Weber, C. P. [Hrsg.], Vom Financial Reporting zum Business Reporting: Kapitalmarktorientierte Rechnungslegung und integrierte Unternehmenssteuerung, Stuttgart 2002, S. 219-233.

Brauner, H. U./Lescher, J. (2002): Due Diligence aus finanzwirtschaftlicher Sicht, in: Berens, W./Brauner, H. U./Strauch, J. [Hrsg.], Due Diligence bei Unternehmensakquisitionen, 3. Aufl., Stuttgart 2002, S. 325-361.

Brealey, R. A./Myers, S. C. (1996): Principles of Corporate Finance, 5. Aufl., New York et al. 1996.

Brieger, P. (2001): Risikomanagement bei Messe- und Kongressgesellschaften, in: Der Betrieb, 54. Jg., Heft 49, 2001, S. 2566-2568.

Brown, L. D. (1996): Analyst Forecasting Errors and Their Implications for Security Analysis: An Alternative Perspective, in: Financial Analysts' Journal, Vol. 52, 1996, S. 40-88.

Brown, L. D. (1997): Analyst Forecasting Errors: Additional Evidence, in: Financial Analysts' Journal, Vol. 53, 1997, S. 81-88.

Brown, S. (1979): The Effect of Estimation Risk on Capital Market Equilibrium, in: Journal of Financial and Quantitative Analysis, Vol. 14, No. 2, 1979, S. 215-220.

Buderath, H./Amling, T. (2000): Das Interne Überwachungssystem als Teil des Risikomanagementsystems, in: Dörner, D./Horváth, P./Kagermann, H. [Hrsg.], Praxis des Risikomanagements: Grundlagen, Kategorien, branchenspezifische und strukturelle Aspekte, Stuttgart 2000, S. 127-152.

Bühl, A./Zöfel, P. (2000): SPSS Version 10: Einführung in die moderne Datenanalyse unter Windows, 7. Aufl., München et al. 2000.

Bühner, R. (1993): Shareholder Value: Eine Analyse von 50 großen Aktiengesellschaften in der Bundesrepublik Deutschland, in: Die Betriebswirtschaft, 53. Jg., Heft 6, 1993, S. 749-769.

Bühner, R. (1994): Betriebswirtschaftliche Organisationslehre, 7. Aufl., München 1994.

Büning, H./Trenkler, G. (1994): Nichtparametrische statistische Methoden, 2. Aufl., Berlin et al. 1994.

Busse von Colbe, W. (1996): Accounting and the business economics tradition in Germany, in: The European Accounting Review, Vol. 5, 1996, S. 413-434.

Clarkson, P./Guedes, J./Thompson, R. (1996): On the Diversification, Observability, and Measurement of Estimation Risk, in: Journal of Financial and Quantitative Analysis, Vol. 31, No. 1, 1996, S. 69-84.

Coenenberg, A. G. (2003): Jahresabschluss und Jahresabschlussanalyse: Betriebswirtschaftliche, handelsrechtliche, steuerrechtliche und internationale Grundlagen - HGB, IAS/IFRS, US-GAAP, DRS, 19. Aufl., Stuttgart 2003.

Copeland, T. E./Weston J. F. (1992): Financial theory and corporate policy, 3. Aufl., Reading 1992.

Creifelds, C. (Begr.) (2002): Rechtswörterbuch, in: Weber, K. [Hrsg.], 17. Aufl., München 2002.

Daub, S. (2000): Rückstellungen nach HGB, US-GAAP und IAS, Baden-Baden 2000.

Daum, J. H. (2002): Werttreiber Intangible Assets: Brauchen wir ein neues Rechnungswesen und Controlling: Ein Ansatz für ein verbessertes Managementsystem, in: Controlling, 14. Jg., Heft 1, 2002, S. 15-24.

De Bondt, W. F. M./Thaler, R. (1985): Does the Stock Market Overreact?, in: The Journal of Finance, Vol. 40, No. 3, 1985, S. 794-805.

De Bondt, W. F. M./Thaler, R. H. (1987): Further Evidence on Investor Overreaction and Stock Market Seasonality, in: The Journal of Finance, Vol. 42, No. 3, 1987, S. 557-581.

Demougin, D./Jost, P.-J. (2001): Theoretische Grundlagen der Prinzipal-Agenten-Theorie, in: Jost, P.-J. [Hrsg.], Die Prinzipal-Agenten-Theorie in der Betriebswirtschaftslehre, Stuttgart 2001, S. 45-81.

Dempsey, S. J./Gatti, J. F. (1997): The Use of Strategic Performance Variables As Leading Indicators in Financial Analysts' Forecasts, in: Journal of Financial Statement Analysis, Vol. 2, No. 4, 1997, S. 61-80.

Demski, J. S. (1973): The General Impossibility of Normative Accounting Standards, in: The Accounting Review, Vol. 48, 1973, S. 718-723.

Demski, J. S. (1976): An Economic Analysis of the Chambers' Normative Standard, in: The Accounting Review, Vol. 51, 1976, S. 653-656.

Deutsche Börse AG (Hrsg.) (2001): DAX, MDAX, SMAX: Indizes und Segmente für Value-Aktien, Frankfurt a. M. 2001.

Diamond, D. W./Verrecchia, R. E. (1991): Disclosure, Liquidity, and the Cost of Capital, in: The Journal of Finance, Vol. 46, No. 4, 1991, S. 1325-1359.

DiPiazza Jr., S. A./Eccles, R. G. (2002): Building Public Trust: The Future of Corporate Reporting, New York 2002.

Dixit, A. K./Nalebuff, B. J. (1997): Spieltheorie für Einsteiger: Strategisches Know-how für Gewinner, Stuttgart 1997.

Dörner, D./Doleczik, G. (2000): Prüfung des Risikomanagements, in: Dörner, D./Horváth, P./Kagermann, H. [Hrsg.], Praxis des Risikomanagements: Grundlagen, Kategorien, branchenspezifische und strukturelle Aspekte, Stuttgart 2000, S. 193-217.

Dörner, D./Wollmert, P./Bischof, S. (2003): Risikoberichterstattung im Konzernlagebericht, in: Wollmert, P./Schönbrunn, N./Jung, U. et al. [Hrsg.], Wirtschaftsprüfung und Unternehmensüberwachung, Düsseldorf 2003, S. 305-333.

Dutta, S./Gigler, F. (2002): The Effect of Earnings Forecasts on Earnings Management, in: Journal of Accounting Research, Vol. 40, No. 3, 2002, S. 631-655.

Eccles, R. G. (1991): The Performance Measurement Manifesto, in: Harvard Business Review, Vol. 78, No. 1, 1991, S. 131-137.

Eccles, R. G./Herz, R. H./Keegan, E. M. et al. (2002): Die ValueReporting Revolution: Neue Wege in der kapitalmarktorientierten Unternehmensberichterstattung, Weinheim 2002.

Eccles, R. G./Mavrinac, S. C. (1995): Improving the Corporate Disclosure Process: in: Sloan Management Review, Vol. 36, Summer Issue, 1995, S. 11-25.

Eggemann, G./Petry, M. (2002): Fast Close - Verkürzung von Aufstellungs- und Veröffentlichungszeiten für Jahres- und Konzernabschlüsse, in: Betriebs-Berater, 57. Jg., Heft 32, 2002, S. 1635-1639.

Eggers, B./Eickhoff, M. (1996): Instrumente des strategischen Controlling, Wiesbaden 1996.

Ellrott, H. (2003): § 289 HGB, in: Berger, A./Ellrott, H./Förschle, G./Hense, B. [Hrsg.], Beck'scher Bilanz-Kommentar: Handels- und Steuerrecht - §§ 238 bis 339 HGB, 5. Aufl., München 2003,S. 1291-1343.

Ellrott, H. (2003a): § 286 HGB, in: Berger, A./Ellrott, H./Förschle, G./Hense, B. [Hrsg.], Beck'scher Bilanz-Kommentar: Handels- und Steuerrecht - §§ 238 bis 339 HGB, 5. Aufl., München 2003, S. 1279-1286.

Ellrott, H./Spremann, B. (2003): § 327 HGB, in: Berger, A./Ellrott, H./Förschle, G./Hense, B. [Hrsg.], Beck'scher Bilanz-Kommentar: Handels- und Steuerrecht - §§ 238 bis 339 HGB, 5. Aufl., München 2003, S. 2121-2126.

Ellrott, H./Spremann, B. (2003a): § 328 HGB, in: Berger, A./Ellrott, H./Förschle, G./Hense, B. [Hrsg.], Beck'scher Bilanz-Kommentar: Handels- und Steuerrecht - §§ 238 bis 339 HGB, 5. Aufl., München 2003, S. 2125-2134.

Ewert, R./Wagenhofer, A. (2003): Interne Unternehmensrechnung, 5. Aufl., Berlin et al. 2003.

Eyerer, P./Schöch, H./Betz, M. (2000): Umweltrisiken, in: Dörner, D./Horváth, P./Kagermann, H. [Hrsg.], Praxis des Risikomanagements: Grundlagen, Kategorien, branchenspezifische und strukturelle Aspekte, Stuttgart 2000, S. 415-442.

Fama, E. F. (1970): Efficient Capital Markets: A Review Of Theory And Empirical Work, in: The Journal of Finance, Vol. 25, 1970, S. 383-423.

Fama, E. F. (1991): Efficient Capital Markets: II, in: The Journal of Finance, Vol. 46, 1991, S. 1575-1617.

Farrell, J. (1987): Cheap talk, coordination, and entry, in: Rand Journal of Economics, Vol. 18, No. 1, 1987, S. 34-39.

Farrell, J./Gibbons, R. (1989): Cheap Talk with Two Audiences, in: American Economic Review, Vol. 79, No. 5, 1989, S. 1214-1223.

Ferlings, J./Lanfermann, G. (2002): Unabhängigkeit von deutschen Abschlussprüfern nach Verabschiedung des Sarbanes-Oxley Acts, in: Der Betrieb, 55. Jg., Heft 41, 2002, S. 2117-2122.

Figge, F./Schaltegger, S. (2000): Was ist "Stakeholder Value"?: Vom Schlagwort zur Messung, Lüneburg 2000.

Fischer, N. (2002): Web-Controlling, in: Controller Magazin, 27. Jg., Heft 1, 2000 S. 98-99.

Fischer, T. M./Becker, S./Wenzel, J. (2002): Wertorientierte Berichterstattung - Ein empirischer Vergleich der internetbasierten Geschäftsberichte von DAX 30- und NEMAX 50-Unternehmen, in: Kapitalmarktorientierte Rechnungslegung, 2. Jg., Heft 1, 2002, S. 14-25.

Fishburn, P. C. (1982): Foundations of Risk Measurement II. Effects of Gains on Risk, in: Journal of Mathematical Psychology, Vol. 25, 1982, S. 226-242.

Fishburn, P. C. (1984): Foundations of Risk Measurement I. Risk As Probable Loss, in: Management Science, Vol. 30, No. 4, 1984, S. 396-406.

Fleischer, H. (2002): Einführung in das Handelsgesetzbuch, in: Handelsgesetzbuch, 39. Aufl., München 2002.

Förschle, G./Hoffmann, K. (1999): Bilanzierung beim Formwechsel, in: Budde, D./Förschle, G. [Hrsg.], Sonderbilanzen: Von der Gründungs- bis zur Liquidationsbilanz, 2. Aufl., München 1999, S. 409-445.

Förschle, G./Kofahl, G. (1999): Einführung, in: Budde, D./Förschle, G. [Hrsg.], Sonderbilanzen: Von der Gründungs- bis zur Liquidationsbilanz, 2. Aufl., München 1999, S. 1-5.

Franz, K.-P. (2000): Corporate Governance, in: Dörner, D./Horváth, P./Kagermann, H. [Hrsg.], Praxis des Risikomanagements: Grundlagen, Kategorien, branchenspezifische und strukturelle Aspekte, Stuttgart 2000, S. 41-72.

Freidank, C.-C. (2000): Die Risiken in Produktion, Logistik und Forschung und Entwicklung, in: Dörner, D./Horváth, P./Kagermann, H. [Hrsg.], Praxis des Risikomanagements: Grundlagen, Kategorien, branchenspezifische und strukturelle Aspekte, Stuttgart 2000, S. 345-378.

Fröhling, O. (2000): KonTraG und Controlling: Eckpfeiler eines entscheidungsrelevanten und transparenten Segmentcontrolling und -reporting, München 2000.

Fülbier, R. U. (1998): Regulierung der Ad hoc Publizität: Ein Beitrag zur ökonomischen Analyse des Rechts, Wiesbaden 1998.

Gassen, J. (2000): Datenbankgestützte Rechnungslegungspublizität: Ein Beitrag zur Evolution der Rechnungslegung, Frankfurt am Main et al. 2000.

Geißler, J. (1995): Frühaufklärungssysteme: Instrumente zur frühzeitigen Wahrnehmung von Chancen und Risiken im Unternehmen, Dresden 1995.

Gigler, F. B./Hemmer, T. (2001): Conservatism, Optimal Disclosure Policy, and the Timeliness of Financial Reporting, in: The Accounting Review, Vol. 76, No. 4, 2001, S. 471-493.

Givoly, D./Hayn, C. (2002): Rising Conservatism: Implications for Financial Analysis, in: Financial Analysts' Journal, Vol. 58, No. 1, 2002, S. 56-74.

Gleason, C. A./Lee C. M. C. (2003): Analyst Forecast Revisions and Market Price Discovery, in: The Accounting Review, Vol. 78, No. 1, 2003, S. 193-225.

Gleißner, W./Meier, G. (2001): Risiko-Management als integraler Bestandteil der wertorientierten Unternehmensführung, in: Gleißner, W./Meier, G. [Hrsg.], Wertorientiertes Risiko-Management für Industrie und Handel: Methoden, Fallbeispiele, Checklisten, Wiesbaden 2001, S. 53-62.

Gleißner, W./Wolfrum, M. (2001): Risiko: Grundlagen aus Statistik, Entscheidungs- und Kapitalmarkttheorie, in: Gleißner, W./Meier, G. [Hrsg.], Wertorientiertes Risiko-Management für Industrie und Handel: Methoden, Fallbeispiele, Checklisten, Wiesbaden 2001, S. 139-160.

Greer, D. E. (1993): Business, Government, And Society, 3. Aufl., New York et al. 1993.

Griemert, S. (2001): Sicherung des Unternehmenserfolgs durch Stakeholder-Management: Am Beispiel des Global-Diversity-Projekts der Deutschen Bank, in: ioManagement, 70. Jg., Heft 9, 2001, S. 46-50.

Grieve, H. R. (1998): Performance, Aspirations And Risky Organizational Change, in: Administrative Science Quarterly, Vol. 46, No. 1, 1998, S. 58-87.

Grossman, S. J. (1976): On the Efficiency of Competitive Stock Markets: Where Trades Have Diverse Information, in: The Journal of Finance, Vol. 31, No. 2, 1976, S. 573-585.

Grossman, S. J./Hart, O. D. (1983): An Analysis of the Principal-Agent Problem, in: Econometrica, Vol. 51, No. 1, 1983, S. 7-45.

Grossman, S. J./Stiglitz, J. E. (1980): On the Impossibility of Informationally Efficient Markets, in: American Economic Review, Vol. 70, 1980, S. 393-408.

Hahn, D. (1979): Frühwarnsysteme, Krisenmanagement und Unternehmensplanung, in: Zeitschrift für Betriebswirtschaft, 49. Jg., Ergänzungsheft 2, 1979, S. 25-46.

Hahn, D./Hungenberg, H. (2001): PuK: Wertorientierte Controllingkonzepte, 6. Aufl., Wiesbaden 2001.

Hahn, D./Krystek, U. (2000): Früherkennungssysteme und KonTraG, in: Dörner, D./Horváth, P./Kagermann, H. [Hrsg.], Praxis des Risikomanagements: Grundlagen, Kategorien, branchenspezifische und strukturelle Aspekte, Stuttgart 2000, S. 73-97.

Hayek, F. A. von (1975): The pretence of knowledge, in: Swedish Journal of Economics, Vol. 77, 1975, S. 433-442.

Heflin, F./Subramanyam, K. R./Zhang, Y. (2003): Regulation FD and the Financial Information Environment: Early Evidence, in: The Accounting Review, Vol. 78, No. 1, 2003, S. 1-37.

Helfert, E. A. (1994): Techniques of Financial Analysis, 8. Aufl., Boston et al. 1994.

Hendricks, D. (1996): Evaluation of Value-at-Risk Models Using Historical Data, in: FRBNY Economic Policy Review, 1996, S. 39-69.

Henes, F. (1994): Börsenrechtliche Zwischenberichtspublizität, Stuttgart 1994.

Hense, B. (2003): § 335 a HGB, in: Berger, A./Ellrott, H./Förschle, G./Hense, B. [Hrsg.], Beck'scher Bilanz-Kommentar: Handels- und Steuerrecht - §§ 238 bis 339 HGB, 5. Aufl., München 2003, S. 2196-2201.

Hense, B./Taetzner, T. (2003): § 280 HGB, in: Berger, A./Ellrott, H./Förschle, G./Hense, B. [Hrsg.], Beck'scher Bilanz-Kommentar: Handels- und Steuerrecht - §§ 238 bis 339 HGB, 5. Aufl., München 2003, S. 1165-1175.

Henselmann, K. (2001): Das KonTraG und seine Anforderungen an das Risikomanagement, in: Götze, U./Henselmann, K./Mikus, B. [Hrsg.], Risikomanagement, Heidelberg 2001, S. 29-46.

Herzberg, M. M. (1998): Implementing EBO/EVA® Analysis in Stock Selection, in: Journal of Investing, Vol. 7, Issue 1, 1998, S. 45-54.

HFA (1999): IDW Prüfungsstandard: Die Prüfung des Risikofrüherkennungssystems nach § 317 Abs. 4 HGB (IDW PS 340), in: Die Wirtschaftsprüfung, 52. Jg., Heft 16, 1999, S. 658-662.

Hirshleifer, J. (1973): Where Are We in the Theory of Information?, in: American Economic Association, Vol. 63, No. 2, 1973, S. 31-39.

Hodge, F. D. (2001): Hyperlinking Unaudited Information to Audited Financial Statements: Effects on Investor Judgments, in: The Accounting Review, Vol. 76, No. 4, 2001, S. 675-691.

Holler, M . J./Illing, G. (1996): Einführung in die Spieltheorie, 3. Aufl., Berlin et al. 1996.

Holst, J. (2001): Management finanzieller Risiken - Risikomanagement im Finanzbereich, in: Götze, U./Henselmann, K./Mikus, B. [Hrsg.], Risikomanagement, Heidelberg 2001, S. 129-157.

Hope, O.-K. (2003): Disclosure Practices, Enforcement of Accounting Standards, and Analysts's Forecast Accuracy: An International Study, in: Journal of Accounting Research, Vol. 41, No. 2, 2003, S. 235-283.

Hornung, K. (2002): Immaterielle Vermögenswerte als Herausforderung der Zeit, in: Küting, K./Weber, C.-P. [Hrsg.], Vom Financial Accounting zum Business Reporting: Kapitalmarktorientierte Rechnungslegung und integrierte Unternehmenssteuerung, Stuttgart 2002, S. 13-41.

Hornung, K./Reichmann, T./Diederichs, M. (1999): Risikomanagement Teil I: Konzeptionelle Ansätze zur pragmatischen Realisierung gesetzlicher Anforderungen, in: Controlling, 11. Jg., Heft 7, 1999, S. 317-325.

How, J. C. Y./Yeo, J. J. L. (2000): The Impact of Forecast Disclosure and Accuracy on Equity Pricing: The IPO Perspective, in: Journal of Accounting, Auditing and Finance, Vol. 15, No. 3, 2000, S. 401-425.

Huch, B./Tecklenburg, T. (2001): Risikomanagement in der Bauwirtschaft, in: Götze, U./Henselmann, K./Mikus, B. [Hrsg.], Risikomanagement, Heidelberg 2001, S. 299-325.

Hunton, J. E./McEwen, R. A. (1997): An Assessment of the Relation Between Analysts' Earnings Forecast Accuracy, Motivational Incentives and Cognitive Information Search Strategy, in: The Accounting Review, Vol. 72, No. 4, 1997, S. 497-515.

IDW (Hrsg.) (2000): Wirtschaftsprüferhandbuch 2000: Handbuch für Rechnungslegung, Prüfung und Beratung, Band I, 12. Aufl., Düsseldorf 2000.

IDW PS 340 (1999): Die Prüfung des Risikofrüherkennungssystems nach § 317 IV HGB, in: Die Wirtschaftsprüfung, 52. Jg., 1999, S. 658-671.

Irani, A. J./Karamanou, I. (2003): Regulation Fair Disclosure, Analyst Following, and Analyst Forecast Dispersion, in: Accounting Horizons, Vol. 17, No. 1, 2003, S. 15-29.

Jacob, H. (1974): Unsicherheit und Flexibilität: Zur Theorie der Planung bei Unsicherheit, in: Zeitschrift für Betriebswirtschaft, 44. Jg., 1974, S. 299-326.

Jasmer, S./Ramm, M./Stöterau, M. (2003): Handels- und Gesellschaftsrecht: sowie Grundzüge des Wertpapier-, Steuer- und Bilanzrechts, Grasberg 2003.

Johnen, J./Ganske, T. (2002): Management's Discussion and Analysis (MD&A), in: Ballwieser, W./Coenenberg, A. G./Wysocki, K. [Hrsg.],

Handwörterbuch der Rechnungslegung und Prüfung, 3. Aufl., Stuttgart 2002, Sp. 1520-1536.

Jorgensen, B. N./Kirschenheiter, M. T. (2003): Discretionary Risk Disclosures, in: The Accounting Review, Vol. 78, No. 2, 2003, S. 449-469.

Jorion, P. (1997): Value At Risk: The New Benchmark for Controlling Market Risk, New York et al. 1997.

Kahneman, D./Tversky, A. (1979): Prospect Theory: An Analysis Of Decision Under Risk, in: Econometrica, Vol. 47, No. 2, 1979, S. 263-291.

Kajüter, P. (2001): Risikoberichterstattung: Empirische Befunde und der Entwurf des DRS 5, in: Der Betrieb, 54. Jg., Heft 3, 2001, S. 105-111.

Kajüter, P./Winkler, C. (2003): Die Risikoberichterstattung der DAX 100-Unternehmen im Zeitvergleich: Ergebnisse einer empirischen Untersuchung, in: Kapitalmarktorientierte Rechnungslegung, 3. Jg., Heft 5, 2003, S. 217-228.

Kallunki, J.-P./Martikainen, M. (2003): Earnings Management as a predictor of future profitability of Finnish firms, in: The European Accounting Review, Vol. 12, No. 2, 2003, S. 311-325.

Kallwass, W. (1992): Privatrecht: Ein Basisbuch, 12. Aufl., Köln 1992.

Kara, A./Denning, K. C. (1998): A model and empirical test of the strong form of US capital markets: more evidence of insider trading profitability, in: Applied Financial Economics, Vol. 8, 1998, S. 211-220.

Kasznik, R./McNichols, M. F. (2002): Does Meeting Earnings Expectations Matter? Evidence from Analyst Forecast Revisions and Share Prices, in: Journal of Accounting Reseach, Vol. 40, No. 3, 2002, S. 727-759.

Kayser, R. (2002): Value Based Management: Von der Spitzenkennzahl zum wertorientierten Management, in: Küting, K./Weber, C.-P. [Hrsg.], Vom Financial Accounting zum Business Reporting: Kapitalmarktorientierte Rechnungslegung und integrierte Unternehmenssteuerung, Stuttgart 2002, S. 237-251.

Keenan, D. C./Snow, A. (2002): Greater Downside Risk Aversion, in: The Journal of Risk and Uncertainty, Vol. 24, No. 3, 2002, S. 267-277.

Keeney, R. L./Raiffa, H. (1976): Decisions with Multiple Objectives: Preferences and Value Tradeoffs, New York et al. 1976.

Kendall, R. (1998): Risk Management: Unternehmenskrisen erkennen und bewältigen, Wiesbaden 1998.

Kirchhoff, K. R. (2001): Grundlagen der Investor Relations, in: Kirchhoff, K. R./Piwinger, M. [Hrsg.], Die Praxis der Investor Relations: effiziente Kommunikation zwischen Unternehmen und Kapitalmarkt, Neuwied et al. 2001, S. 25-55.

Kirschenheiter, M./Melumad, N. D. (2002): Can "Big Bath" and Earnings Smoothing Co-exist as Equilibrium Financial Reporting Strategies?, in: Journal of Accounting Research, Vol. 40, No. 3, 2002, S. 761-796.

Klein, R. W./Bawa, V. S. (1976): The Effect of Estimation Risk on Optimal Portfolio Choice, in: Journal of Financial Economics, Vol. 3, 1976, S. 215-231.

Kleekämper, H./Kuhlewind, A.-M./Alvarez, M. (2002): Ziele, Organisation, Entwicklung und Bedeutung des IASB, in: Baetge, J./Dörner, D./Kleekämper, H./Wollmert, P./Kirsch, H.-J. [Hrsg.], Rechnungslegung nach International Accounting Standards (IAS/IFRS): Kommentar auf Grundlage des deutschen Bilanzrechts, 2. Aufl., Loseblattsammlung, Stuttgart 2002.

Kless, T. (1998): Beherrschung der Unternehmensrisiken: Aufgaben und Prozesse eines Risikomanagements, in: Deutsches Steuerrecht, 36. Jg., Heft 3, 1998, S. 93-96.

Kley, C. R./Everling, O. (2001): Allgemeine Pflichten von Ratingagenturen (I), in: Finanz Betrieb, 3. Jg., Heft 3, 2001, S. 172-175.

Kley, C. R./Everling, O. (2001a): Allgemeine Pflichten von Ratingagenturen (II), in: Finanz Betrieb, 3. Jg., Heft 4, 2001, S. 247-253.

Korn, E./Lengsfeld, S./Schiller, U. (2002): Disclosures, in: Ballwieser, W./Coenenberg, A. G./Wysocki, K. [Hrsg.], Handwörterbuch der Rechnungslegung und Prüfung, 3. Aufl., Stuttgart 2002, Sp. 549-561.

Krampe, G./Müller, G. (1981): Diffusionsfunktionen als theoretisches und praktisches Konzept zur strategischen Frühaufklärung, in: Zeitschrift für betriebswirtschaftliche Forschung, 53. Jg., Heft 5, 1981, S. 384-401.

Krisement, V. M. (1993): Ansätze zur Messung des Harmonisierungs- und Standardisierungsgrades der externen Rechnungslegung, Frankfurt a. M. 1993.

Kritzman, M./Rich, D. (2002): The Mismeasurement of Risk, in: Financial Analysts' Journal, Vol. 58, No. 3, 2002, S. 91-99.

Kromschröder, B./Lück, W. (1998): Grundsätze risikoorientierter Unternehmensüberwachung, in: Der Betrieb, 51. Jg., Heft 32, 1998, S. 1573-1576.

Kross, W./Ro, B./Schroeder, D. (1990): Earnings Expectations: The Analysts' Information Advantage, in: The Accounting Review, Vol. 65, No. 2, 1990, S. 461-476.

Krystek, U./Müller, M. (1999): Frühaufklärungssysteme: Spezielle Informationssysteme zur Erfüllung der Risikokontrollpflicht nach KonTraG, in: Controlling, 11. Jg., Heft 4/5, 1999, S. 177-183.

Krystek, U./Müller-Stewens, G. (1993): Frühaufklärung für Unternehmen: Identifikation und Handhabung zukünftiger Chancen und Bedrohungen, Stuttgart 1993.

Kühne, M. (2002): Kapitalmarktorientierte Rechnungslegung nach US-GAAP: Weiterentwicklung deutscher Rechnungslegungsregeln vor dem Hintergrund US-amerikanischer Einflüsse, Bielefeld 2002.

Küting, K. (2001): Bilanzanalyse am Neuen Markt, in: Küting, K./Weber, C.-P. [Hrsg.], Vom Financial Accounting zum Business Reporting: Kapitalmarktorientierte Rechnungslegung und integrierte Unternehmenssteuerung, Stuttgart 2001, S. 101-145.

Küting, K./Hütten, C. (1997): Die Lageberichterstattung über Risiken der künftigen Entwicklung, in: Die Aktiengesellschaft, 42. Jg., Heft 6, 1997, S. 250-256.

Küting, K./Weber, C.-P. (2001): Die Bilanzanalyse: Lehrbuch zur Beurteilung von Einzel- und Konzernabschlüssen, 6. Aufl., Stuttgart 2001.

Labhart, P. A. (1999): Value Reporting: Informationsbedürfnisse des Kapitalmarktes und Wertsteigerung durch Reporting, Zürich 1999.

Lanfermann, G./Maul, S. (2002): Auswirkungen des Sarbanes-Oxley Acts in Deutschland, in: Der Betrieb, 55. Jg., Heft 34, 2002, S. 1725-1732.

Lang, M. H./Lins, K. V./Miller, D. P. (2003): ADRs, Analysts, and Accuracy: Does Cross Listing in the United States Improve a Firm's Information Environment and Increase Market Value?, in: Journal of Accounting Research, Vol. 41, No. 2, 2003, S. 317-362.

Lang, M. H./Lundholm, R. J. (1996): Corporate Disclosure Policy and Analyst Behavior, in: The Accounting Review, Vol. 71, No. 4, 1996, S. 467-492.

Laux, H. (1998): Risikoteilung, Anreiz und Kapitalmarkt, Berlin et al. 1998.

Laux, H. (2003): Entscheidungstheorie, 5. Aufl., Berlin et al. 2003.

Laux, H. (2003a): Wertorientierte Unternehmensführung und Kapitalmarkt: Fundierung von Unternehmenszielen und Anreize für ihre Umsetzung, Berlin et al. 2003.

Leffson, U. (1987): Die Grundsätze ordnungsmäßiger Buchführung, 7. Aufl., Düsseldorf 1987.

Leland, H. E./Pyle, D. H. (1977): Informational Asymmetries, Financial Structure, And Financial Intermediation, in: The Journal of Finance, Vol. 32, No. 2, 1977, S. 371-387.

Lev, B. (2001): Intangibles: Management, Measurement, and Reporting, Washington 2001.

Lev, B./Penman, S. H. (1990): Voluntary Forecast Disclosure, Nondisclosure, and Stock Prices, in: Journal of Accounting Research, Vol. 28, No. 1, 1990, S. 49-76.

Lim, T. (2001): Rationality and Analysts' Forecast Bias, in: The Journal of Finance, Vol. 61, No. 1, 2001, S. 369-385.

Linter, J. (1969): The Aggregation of Investors' Diverse Judgement and Preferences in Purely Competitive Securities Markets, in: Journal of Financial and Quantitative Analysis, Vol. 4, 1969, S. 347-400.

Liu, J./Ohlson, J. A. (2000): The Feltham-Ohlson (1995) Model: Empirical Implications, in: Journal of Accounting, Auditing and Finance, Vol. 15, No. 3, 2000, S. 321-335.

Lo, K./Lys, T. (2000): The Ohlson Model: Contribution to Valuation Theory, Limitations, and Empirical Applications, in: Journal of Accounting, Auditing and Finance, Vol. 15, No. 3, 2000, S. 337-367.

Lorson, P./Schedler, J. (2002): Unternehmenswertorientierung von Unternehmens-rechnung, Finanzberichterstattung und Jahresabschlussanalyse, in: Küting, K./Weber, C.-P. [Hrsg.], Vom Financial Accounting zum Business Reporting: Kapitalmarktorientierte Rechnungslegung und integrierte Unternehmenssteuerung, Stuttgart 2002, S. 253-294.

Löw, E./Lorenz, K. (2001): Risikoberichterstattung nach den Standards des DRSC und im internationalen Vergleich, in: Kapitalmarktorientierte Rechnungslegung, 1. Jg., Heft 5, S. 211-222.

Lück, W. (1998): Elemente eines Risiko-Managementsystems: Die Notwendigkeit eines Risiko-Managementsystems durch den Entwurf eines Gesetzes zur Kontrolle und Transparenz im Unternehmensbereich (KonTraG), in: Der Betrieb, 51. Jg., Heft 39, 1998, S. 1925-1930.

Lück, W. (2000): Managementrisiken, in: Dörner, D./Horváth, P./Kagermann, H. [Hrsg.], Praxis des Risikomanagements: Grundlagen, Kategorien, branchenspezifische und strukturelle Aspekte, Stuttgart 2000, S. 311-343.

Madrian, J.-P. (1998): Interessengruppenorientierte Unternehmensführung: Eine organisationstheoretische Analyse am Beispiel großer Aktiengesellschaften, Hamburg 1998.

Markowitz, H. M. (1952): Portfolio Selection, in: The Journal of Finance, Vol. 7, 1952, S. 77-91.

Martin, E. (2000): Risikomanagement in Versicherungen, in: Dörner, D./Horváth, P./Kagermann, H. [Hrsg.], Praxis des Risikomanagements: Grundlagen, Kategorien, branchenspezifische und strukturelle Aspekte, Stuttgart 2000, S. 669-680.

McEnroe, J. E./Martens, S. C. (2001): Auditors' and Investors' Perceptions of the "Expectation Gap", in: Accounting Horizons, Vol. 15, No. 4, 2001, S. 345-358.

McEwen, R. A./Hunton, J. E. (1999): Is Analyst Forecast Accuracy Associated With Accounting Information Use?, in: Accounting Horizons, Vol. 13, No. 1, 1999, S. 1-16.

Meyding, T./Fabian, C.-P. (2000): Rechtliche Risiken, in: Dörner, D./Horváth, P./Kagermann, H. [Hrsg.], Praxis des

Risikomanagements: Grundlagen, Kategorien, branchenspezifische und strukturelle Aspekte, Stuttgart 2000, S. 283-309.

Merkt, H. (2001): Unternehmenspublizität: Offenlegung von Unternehmensdaten als Korrelat der Marktteilnahme, Tübingen 2001.

Merton, R. C. (1973): An Intertemporal Capital Asset Pricing Modell, in: Econometrica, Vol. 41, No. 5, 1973, S. 867-887.

Michaely, R./Thaler, R. H./Womack, K. L. (1995): Price Reactions to Dividend Initiations and Omissions: Overreaction or Drift?, in: The Journal of Finance, Vol. 50, No. 2, 1995, S. 573-608.

Michie, S./Marteau, T. (1999): Non-response bias in prospective studies of patients and health care professionals, in: International Journal of Social Research Methodology, Vol. 2, No. 3, S. 203-212.

Mikus, B. (2001): Risiken und Risikomanagement - ein Überblick, in: Götze, U./Henselmann, K./Mikus, B. [Hrsg.], Risikomanagement, Heidelberg 2001, S. 3-28.

Milgrom, P. R. (1981): Good news and bad news: representation theorems and applications, in: The Bell Journal of Economics, Vol. 12, 1981, S. 380-391.

Mochty, L. (2001): Unternehmenswertorientiertes Controlling von Netzwerk-organisationen, in: Wagner, U. [Hrsg.], Zum Erkenntnisstand der Betriebswirtschaftslehre am Beginn des 21. Jahrhunderts, Berlin 2001, S. 223-247.

Moehrle, S. R. (2002): Do Firms Use Restructuring Charge Reversals to Meet Earnings Targets?, in: The Accounting Review, Vol. 77, No. 2, 2002, S. 397-413.

Moll, G. (2002): Wertkommunikation im unternehmerischen Kontext: ein handlungsorientierter Ansatz, Zürich 2002.

Mott, B. P. (2001): Organisatorische Gestaltung von Risiko-Managementsystemen, in: Gleißner, W./Meier, G. [Hrsg.], Wertorientiertes Risiko-Management für Industrie und Handel: Methoden, Fallbeispiele, Checklisten, Wiesbaden 2001, S. 199-232.

Moxter, A. (1982): Betriebswirtschaftliche Gewinnermittlung, Tübingen 1982.

Moxter, A. (1991): Grundsätze ordnungsmäßiger Unternehmensbewertung, 2. Aufl., Wiesbaden 1991.

Moxter, A. (1993): Bilanzlehre: Band I Einführung in die Bilanztheorie, 3. Aufl., Wiesbaden 1993.

Moxter, A. (1999): Bilanzrechtsprechung, 5. Aufl., Tübingen 1999.

Moxter, A. (2003): Grundsätze ordnungsgemäßer Rechnungslegung, Düsseldorf 2003.

Muir, R. A./Levan, G. P. (2000): Assurance and Business Advisory Services, in: PricewaterhouseCoopers [Hrsg.], SEC Vol. 2, USA 2000.

Müller, A. (2001): Systematische Gewinnung von Frühindikatoren für Frühaufklärungssysteme, in: Kostenrechnungspraxis, 45. Jg., Heft 4, 2001, S. 212-222.

Muller, K. A. III/Riedl, E. J. (2002): External Monitoring of Property Appraisal Estimates and Information Asymmetry, in: Journal of Accounting Research, Vol. 40, No. 3, 2002, S. 865-881.

Neilson, W./Stowe, J. (2002): A Further Examination of Cumulative Prospect Theory Parameterizations, in: The Journal of Risk and Uncertainty, Vol. 24, No. 1, 2002, S. 31-46.

Nishiyama, C./Leube, K. R. (1984): The Essence of Hayek, Stanford 1984.

Nonaka, I./Takeuchi, H. (1995): The Knowledge-Creating Company: How Japanese Companies Create the Dynamics of Innovation, New York et al. 1995.

O'Rourke, J. (2001): Creating Financial Information in XBRL, in: Strategic Finance, June Issue, 2001, S. 55-73.

Ogus, A. (1994): Regulation: Legal Form and Economic Theory, Oxford 1994.

Osterwalder, D. (2001): Risikofaktor Mitarbeiter zwischen Vertrauen und Sicherheit: Vertrauenskultur als präventives Sicherheitsmanagement, in: ioManagement, 70. Jg., Heft 3, 2001, S. 56-64.

O. V. (1970): Langenscheidts Universal-Wörterbuch Lateinisch, Berlin et al. 1970.

O. V. (1997a): Brockhaus – Die Enzyklopädie: in 24 Bänden, Bd. 10, 20. Aufl., Leipzig et al. 1997.

O. V. (1997b): Brockhaus – Die Enzyklopädie: in 24 Bänden, Bd. 17, 20. Aufl., Leipzig et al. 1997.

O. V. (1998): Rechnungslegung, in: Busse von Colbe, W./Pellens, B. [Hrsg.], Lexikon des Rechnungswesens: Handbuch der Bilanzierung und Prüfung, der Erlös-, Finanz-, Investitions- und Kostenrechnung, 4. Aufl., München et al. 1998, S. 599.

O. V. (2000): Die deutsche Rechtschreibung, Duden Band I, 22. Aufl., Mannheim 2000.

O. V. (2000a): Einführung, in: Dörner, D./Horváth, P./Kagermann, H. [Hrsg.], Praxis des Risikomanagements: Grundlagen, Kategorien, branchenspezifische und strukturelle Aspekte, Stuttgart 2000, S. 221-222.

Park, I.-U. (2002): Cheap-talk coordination of entry by privately informed firms, in: Rand Journal of Economics, Vol. 33, No. 3, 2002, S. 377-393.

Paulus, S. (2000): Risiken beim Einsatz von Informationstechnologie, in: Dörner, D./Horváth, P./Kagermann, H. [Hrsg.], Praxis des Risikomanagements: Grundlagen, Kategorien, branchenspezifische und strukturelle Aspekte, Stuttgart 2000, S. 7-40.

Payne, J. L./Robb, S. W. G. (2000): Earnings Management: The Effect of Ex Ante Earnings Expectation, in: Journal of Accounting, Auditing and Finance, Vol. 15, No. 4, 2000, S. 371-392.

Pellens, B. (2001): Internationale Rechnungslegung, 4. Aufl., Stuttgart 2001.

Penman, S. H. (1980): An Empirical Investigation of the Voluntary Disclosure of Corporate Earnings Forecasts, in: The Accounting Review, Vol. 55, 1980, S. 132-160.

Penman, S. H./Zhang, X.-J. (2002): Accounting Conservatism, the Quality of Earnings, and Stock Returns, in: The Accounting Review, Vol. 77, No. 2, 2002, S. 237-264.

Perridon, L./Steiner, M. (2002): Finanzwirtschaft der Unternehmung, 11. Aufl., München 2002.

Pohle, K./Werder, A. v. (2001): Die Einschätzung der Kernthesen des German Code of Corporate Governance (GCCG) durch die Praxis: Ergebnisse einer Befragung der DAX 100-Unternehmen, in: Der Betrieb, 54. Jg., Heft 21, 2001, S. 1101-1107.

Popper, K. R. (2002): Logik der Forschung, Jubiläumsausgabe, Nachdruck der 10. Aufl., Tübingen 2002.

Porter, M. E. (1999): Wettbewerbsvorteile: Spitzenleistungen erreichen und behaupten, 5. Aufl., Frankfurt a. M. et al. 1999.

Porter, M. E. (1999a): Wettbewerbsstrategie: Methoden zur Analyse von Branchen und Konkurrenten, 10. Aufl., Frankfurt a. M. et al. 1999.

Prahalad, C. K./Hamel, G. (1990): The Core Competence of the Corporation, in: Harvard Business Review, Vol. 68, No. 3, 1990, S. 79-91.

Raab, H. (2001): Shareholder Value und Verfahren der Unternehmensbewertung: Leitmaxime für das Management?, Herne et al. 2001.

Rennie, M. (1999): Accounting for knowledge assets: Do we need a new financial statement?, in: International Journal of Technology Management, Vol. 18, Nr. 5-8, 1999, S. 648-659.

Röder, K. (2002): Ad hoc-Publizität, in: Ballwieser, W./Coenenberg, A. G./Wysocki, K. [Hrsg.], Handwörterbuch der Rechnungslegung und Prüfung, 3. Aufl., Stuttgart 2002, Sp. 35-42.

Ross, S. A. (1978): A Simple Approach to the Valuation of Risky Streams, in: Journal of Business, Vol. 51, No. 3, 1978, S. 453-475.

Rücker, U. (2000): Finite Risk Konzepte als Beispiel hybrider Instrumente der Risikofinanzierung, in: Schierenbeck, H. [Hrsg.], Risk Controlling in der Praxis: Rechtliche Rahmenbedingungen und geschäftspolitische Konzeptionen in Banken, Versicherungen und Industrie, Stuttgart 2000, S. 365-411.

Ruhnke, K. (2002): Geschäftsrisikoorientierte Abschlussprüfung: Revolution im Prüfungswesen oder Weiterentwicklung des risikoorientierten Prüfungsansatzes?, in: Der Betrieb, 55. Jg., Heft 9, 2002, S. 437-443.

Ryan, S. G. (2000): Discussion: "Accounting Conservatism and the Valuation of Accounting Numbers: Evidence on the Feltham-Ohlson

(1996) Model“, in: Journal of Accounting, Auditing and Finance, Vol. 15, No. 3, 2000, S. 293-299.

Sapusek, A. (1998): Informationseffizienz auf Kapitalmärkten: Konzepte und empirische Ergebnisse, Wiesbaden 1998.

Schäfer, J. (1999): Evolutionärer Erklärungsansatz von v. Hayek über die Entstehung von Organisationen, Aachen 1999.

Schäfer, P. (2000): Studienbuch Europarecht : Das Wirtschaftsrecht der EG, Stuttgart et al. 2000.

Schäfer, W. (2000): Nichtparametrische Tests, in: Voß, W. [Hrsg.], Taschenbuch der Statistik, München et al. 2000, S. 445-510.

Scharpf, P. (2000): Finanzrisiken, in: Dörner, D./Horváth, P./Kagermann, H. [Hrsg.], Praxis des Risikomanagements: Grundlagen, Kategorien, branchenspezifische und strukturelle Aspekte, Stuttgart 2000, S. 253-282.

Sauerbier, T. (2000): Wahrscheinlichkeitsverteilungen, in: Voß, W. [Hrsg.], Taschenbuch der Statistik, München et al. 2000, S. 309-349.

Schierenbeck, H./Lister, M. (2001): Value Controlling: Grundlagen Wertorientierter Unternehmensführung, München et al. 2001.

Schmidt, A. (2002): Immaterielle Vermögenswerte als Werttreiber des Unternehmens, in: Küting, K./Weber, C.-P. [Hrsg.], Vom Financial Accounting zum Business Reporting: Kapitalmarktorientierte Rechnungslegung und integrierte Unternehmenssteuerung, Stuttgart 2002, S. 295-318.

Schneider, D. (1992): Investition, Finanzierung und Besteuerung, 7. Aufl., Wiesbaden 1992.

Schneider, D. (1994): Bilanzen im Rechtssinne als Vorläufer dynamischer und "rein betriebswirtschaftlicher" Bilanzen, in: Ballwieser, W. [Hrsg.], Festschrift zum 65. Geburtstag von Adolf Moxter, Düsseldorf 1984, S. 1149-1174.

Schneider, D. (1997): Betriebswirtschaftslehre Band. 2: Rechnungswesen, 2. Aufl., München 1997.

Schneider, D. (2001): Betriebswirtschaftslehre Band. 4: Geschichte und Methoden der Wirtschaftswissenschaften, München 2001.

Schumann, J. (1992): Grundzüge der mikroökonomischen Theorie, 6. Aufl., Berlin et al. 1992.

Seidl, C. (2001): Sind Unternehmer auch Menschen?, in: Wagner, U. [Hrsg.], Zum Erkenntnisstand der Betriebswirtschaftslehre am Beginn des 21. Jahrhunderts, Berlin 2001, S. 327-344.

Selchert, F. W./Erhardt, M./Fuhr, A. et al. (2000): Prüfung des Lageberichts einschließlich Konzernlagebericht nach deutschem und internationalem Recht, Bielefeld 2000.

Selchert, F. W./Greinert, M. (2002): Der Lagebericht als Informationsinstrument, in: Castan, E./Heymann, G./Ordelheide, D./Pfitzer, N./Scheffler, E. [Hrsg.], Beck'sches Handbuch der Rechnungslegung, Band II, 2002, B 500.

Selchert, F. W./Greinert, M. (2002a): Aufstellung des Lageberichts, in: Castan, E./Heymann, G./Ordelheide, D./Pfitzer, N./Scheffler, E. [Hrsg.], Beck'sches Handbuch der Rechnungslegung, Band II, 2002, B 510.

Self, P. (1993): Government by the Market?: The Politics of Public Choice, Houndmills et al. 1993.

Siebenmorgen, N. (2001): Risk perception and diversification behavior in investment decisions, Berlin 2001.

Sjöberg, L. (2002): Risk, Politik och Näringsliv, in: SSE/EFI Working Paper Series in Business Administration No 2002:6: http://swoba.hhs.se/hastba/ papers/hastba2002_006.pdf, Handelshögskolan i Stockholm 2002.

Sougiannis, T./Yaekura, T. (2001): The Accuracy and Bias of Equity Values Inferred from Analysts' Earnings Forecast, in: Journal of Accounting, Auditing and Finance, Vol. 16, No. 4, 2001, S. 331-362.

Steiner, M./Wallmeier, M. (1999): Discounted Cash Flow-Methode und Economic Value Added, in: Finanz Betrieb, 1. Jg., Heft 5, 1999, S. 1-10.

Stewart, G. B. (1991): The Quest for Value: The EVA™ Management Guide, New York 1991.

Stier, W. (2000): Zeitreihenanalyse, in: Voß, W. [Hrsg.], Taschenbuch der Statistik, München et al. 2000, S. 243-276.

Stiglitz, J. E. (2000): Economics of the public sector, 3. Aufl., New York et al. 2000.

Stocken, P. C./Verrecchia, R. E. (1999): Performance Monitoring and Financial Disclosure Choice, in: Journal of Institutional and Theoretical Economics, Vol. 155, 1999, S. 214-232.

Strack, J. (2001): Controlling virtueller Unternehmen: Konzept zur Flexibilisierung und Steuerung dezentraler Netzwerkstrukturen, Aachen 2001.

Strieder, T. (2002): Abgrenzung der Regelberichterstattung von der Ad-hoc-Publizität, in: Finanz Betrieb, 4. Jg., Heft 12, 2002, S. 735-739.

Svendsen, G. T. (1998): Public Choice and Environmental Regulation: Tradable Permit Systems in the United States and CO_2 Taxation in Europe, Cheltenham et al. 1998.

Täubert, A. (1998): Unternehmenspublizität und Investor Relations: Analyse von Auswirkungen der Medienberichterstattung auf Aktienkurse, Münster 1998.

Terrell, D. (1998): Biases in Assessments of Probabilities: New Evidence from Greyhound Races, in: Journal of Risk and Uncertainty, Vol. 17, 1998, S. 151-166.

The Institute of Chartered Accountants in England & Wales (ICAEW) (1999): No surprises, London 1999.

Tichy, G. E. (2001): Offene Probleme der Unternehmensbewertung - und kein Ende?, in: Wagner, U. [Hrsg.], Zum Erkenntnisstand der Betriebswirtschaftslehre am Beginn des 21. Jahrhunderts, Berlin 2001, S. 385-401.

Töpfer, A./Heymann, A. (2000): Marktrisiken, in: Dörner, D./Horváth, P./Kagermann, H. [Hrsg.], Praxis des Risikomanagements: Grundlagen, Kategorien, branchenspezifische und strukturelle Aspekte, Stuttgart 2000, S. 225-251.

Uhlir, H./Steiner, P. (1994): Wertpapieranalyse, 3. Aufl., Heidelberg 1994.

Verrecchia, R. E. (2001): Essays on disclosure, in: Journal of Acconting and Economics, Vol. 32, 2001, S. 97-180.

Vogler, M./Gundert, M. (1998): Einführung von Risikomanagementsystemen: Hinweise zur praktischen Ausgestaltung, in: Der Betrieb, 51. Jg., Heft 48, S. 2377-2383.

Voß, W. (2000): Parametrische Tests bei großen Stichproben, in: Voß, W. [Hrsg.], Taschenbuch der Statistik, München et al. 2000, S. 421-444.

Wagenhofer, A. (2003): Economic Consequences of Internet Financial Reporting, in: Schmalenbach Business Review, Vol. 55, No. 4, 2003, S. 262-279.

Wagenhofer, A./Ewert, R. (2003): Externe Unternehmensrechnung, Berlin et al. 2003.

Weber, E. U. (1988): A Descriptive Measure of Risk, in: Acta Psychologica, Vol. 69, 1988, S. 185-203.

Weber, E. U./Hsee, C. (1998): Cross-cultural Differences in Risk Perception, but Cross-cultural Similarities in Attitudes Towards Perceived Risk, in: Management Science, Vol. 44, No. 9, 1998, S. 1205-1217.

Weber, E. U./Milliman, R. A. (1997): Perceived Risk Attitudes: Relating Risk Perception to Risky Choice, in: Management Science, Vol. 43, No. 2, 1997, S. 123-144.

Weber, J./Weißenberger, B. E./Liekweg, A. (2001): Risk Tracking & Reporting - Ein umfassender Ansatz unternehmerischen Chancen- und Risikomanagements, in: Götze, U./Henselmann, K./Mikus, B. [Hrsg.], Risikomanagement, Heidelberg 2001, S. 47-66.

Wefers, M./Fleckenstein, T. (2002): Strategie-Umsetzung mit der Balanced Scorecard, in: Küting, K./Weber, C.-P. [Hrsg.], Vom Financial Accounting zum Business Reporting: Kapitalmarktorientierte Rechnungslegung und integrierte Unternehmenssteuerung, Stuttgart 2002, S. 463-487.

Wehrspohn, U. (2001): Standardabweichung und Value at Risk als Maße für das Kreditrisiko, in: Die Bank, Heft 8, 2001, S. 582-588.

Wilkens, M./Völker, J. (2001): Value-at-Risk: Eine anwendungsorientierte Darstellung zentraler Methoden und Techniken des modernen Risikomanagements, in: Götze, U./Henselmann, K./Mikus, B. [Hrsg.], Risikomanagement, Heidelberg 2001, S. 413-442.

Wilks, T. J. (2002): Predecisional Distortion of Evidence as a Consequence of Real-Time Audit Review, in: The Accounting Review, Vol. 77, No. 1, 2002, S. 51-71.

Winnefeld, R. (2002): Bilanz-Handbuch: Handels- und Steuerbilanz, rechtsformspezifisches Bilanzrecht, bilanzielle Sonderfragen, IAS/US-GAAP, 3. Aufl., München 2002.

Wöhe, G. (1992): Betriebswirtschaftliche Steuerlehre, Band I, 2. Halbband: Der Einfluss der Besteuerung auf das Rechnungswesen des Betriebes - Steuerbilanz - Vermögensaufstellung - Steuerliche Betriebsprüfung, 7. Aufl., München 1992.

Xiao, Z./Jones, M. J./Lymer, A. (2002): Immediate trends in Internet reporting, in: The European Accounting Review, Vol. 11, No. 2, 2002, S. 245-275.

Zeff, S. A. (2002): "Political" Lobbying on Proposed Standards: A Challenge to the IASB, in: Accounting Horizons, Vol. 16, No. 1, 2002, S. 43-54.

Kolibri 360 GmbH
Ferdinand-Jühlke-Straße 7
99095 Erfurt, Deutschland
produktsicherheit@kolibri360.de

Druck:
CPI Druckdienstleistungen GmbH
im Auftrag der
Kolibri 360 GmbH
Ferdinand-Jühlke-Str. 7
99095 Erfurt